2021

Belle amie
De mon âme
à ton âme

Sophie B

Amoureuse Colette

Geneviève Dormann

Amoureuse Colette

Conception éditoriale et documentation :
Sylvie Delassus

Maquette : Jacques Maillot

Herscher

REMERCIEMENTS

Avant tout nous tenons à remercier ici M. Bertrand de Jouvenel et Mme Jannie Malige sans lesquels ce livre n'aurait pu se faire.

Nous tenons également à remercier tout particulièrement, pour leur aide et leur collaboration précieuse, M. Richard Anacréon, M. Jean-Louis Lécard, M. Jean-Pierre Mouchard, M. Michel Remy-Bieth.

Enfin nous tenons à exprimer toute notre gratitude à Mme Dominique Aury, M. Alain Bernardin, Mme Yannick Bellon, Mme Sybille Billot, Mme Marguerite Boivin, Mme Helena Bossis, Mlle Maria-Catherine Boutterin, Mlle Yvonne Brochard, Mme Delanoë, l'amiral Marcel Duval, le service photo des Editions Flammarion, la Fondation Florence J. Gould, M. Charles Hathaway, Mme Auguste Hériot, Mme Irène Le Cornec, Mme Denise Tual, Mme Jeanne-Marie Viel, M. Bernard Villaret, les conservateurs de la Bibliothèque Doucet et de la Bibliothèque Nationale de Paris, la Société des amis de Colette à Saint-Sauveur, ainsi qu'à tous ceux qui nous ont aidé pour la réalisation de ce livre.

Imprimé en France par Offset Aubin

ISBN : 2 7335 0071 6
Dépôt légal : 0075 - 4e trimestre 1984

SOMMAIRE

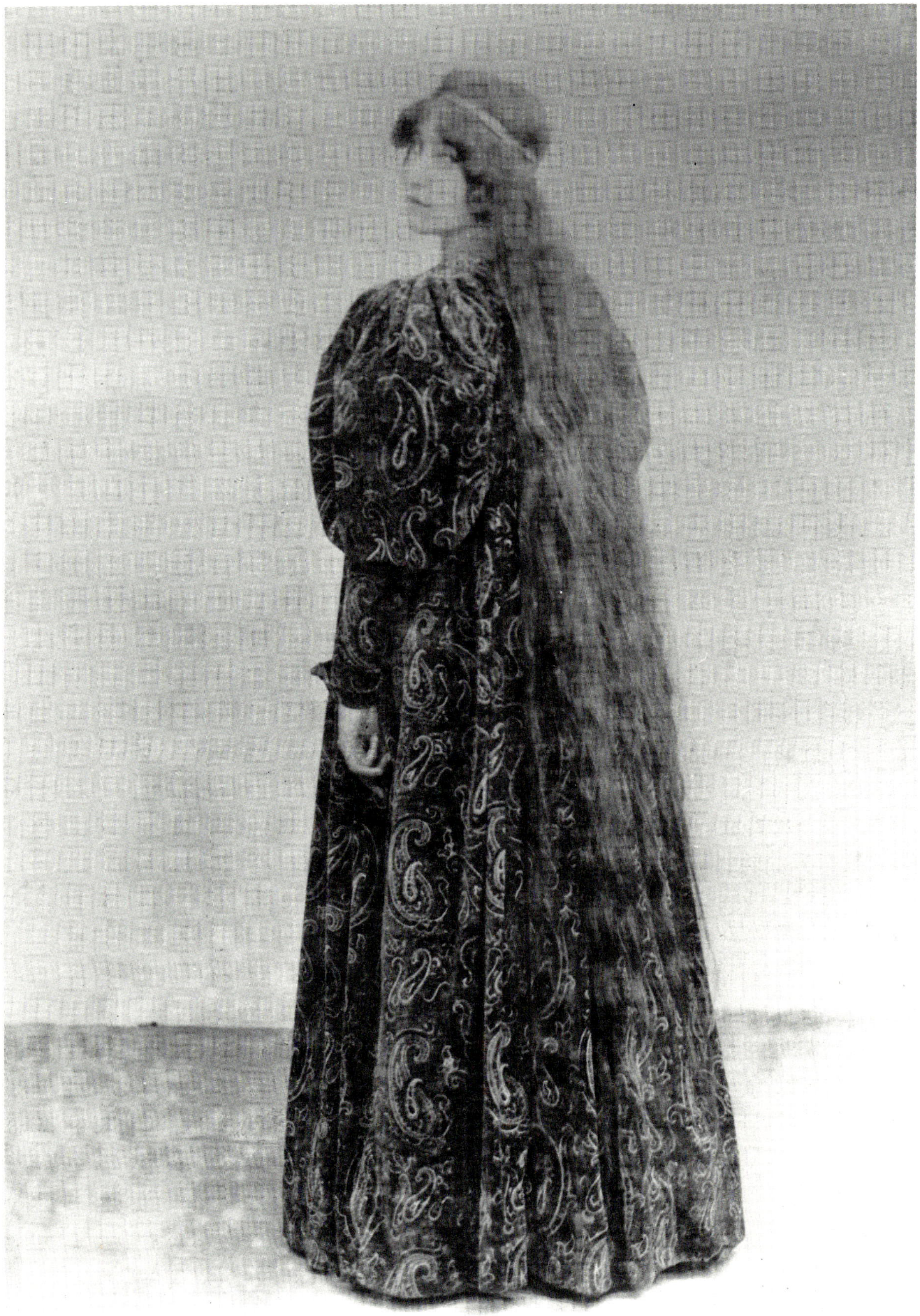

Colette jeune femme, déguisée en costume Renaissance.

Et voilà Colette. C'est en faisant l'école buissonnière qu'elle a conquis la gloire et charmé toutes les écoles. C'est la seule personne au monde qui sache faire des bulles de savon avec de la boue.

Jean Cocteau

La maison de Colette

"*Mme Willy, traînant la corde à puits de ses cheveux, regarde le doux Julia et éclate de rire*[1]." Ainsi, Jules Renard décrit en 1894, mêlée à la foule brillante d'une "première théâtrale à Paris, la jeune épouse d'Henry Gauthier-Villars, dit Willy en littérature".

Une longue, très longue tresse de cheveux blond cendré et un éclat de rire définissent assez bien cette petite dame de vingt et un ans, née Gabrielle, Sidonie Colette, dans une Bourgogne dont elle conservera l'accent toute sa vie.

Mais si la longueur exceptionnelle de ses cheveux étonne ce XIXe siècle finissant dont toutes les femmes, pourtant, portent les cheveux longs, l'éclat de rire n'est pas quotidien chez la jeune Mme Willy. Au contraire, ses photos d'alors nous montrent le plus souvent un petit visage d'adolescente empreint d'une rêverie qui confine à l'ennui et à la tristesse.

Au vrai, en cet automne 1894, celle que sa mère appelle encore Gabri ou Minet-Chéri, que son mari nomme déjà Colette, patronyme en forme de prénom qu'elle va bientôt rendre célèbre, Colette, après seulement dix-huit mois de mariage, a déjà compris que le bonheur est une vue de l'esprit et qu'elle vient d'accomplir la première grosse bêtise de sa vie en se mariant. Déjà, elle regrette d'avoir fui, pour un Paris brillant mais qui l'étouffe, le paradis provincial de son enfance et l'insouciance heureuse d'une famille aussi bizarre que chaleureuse.

Sa mère, d'abord, Sidonie Landoy, Sido, blonde aux yeux gris, intelligente et d'un grand bon sens, fille d'un métis quarteron, marchand de chocolat et mari fugueur, surnommé "le Gorille". Sido, orpheline, élevée par son frère aîné en Belgique, dans un milieu très gai d'écrivains, de musiciens et d'artistes. Sido, mal mariée, une première fois, à un Jules Robineau-Duclos rencontré à Saint-Sauveur-en-Puisaye, dans l'Yonne où elle était allée rendre visite à sa vieille nourrice. Ce mari qu'on appelle, lui, "le Sauvage" – on a le goût des surnoms dans la famille – va s'avérer ivrogne, brutal et coureur, pour le malheur de Sido. Mais le Sauvage a du bien au soleil : des fermes, des terres, une grande maison bourgeoise et, quand il aura le bon goût de déserter ce monde, Sido, à trente ans, sera une jeune veuve très aisée avec ses deux enfants, Juliette et Achille. Et Sido sera enfin heureuse avec son deuxième mari, Jules Colette, un galant et charmant Toulonnais, gai et cultivé, aussi épris de la jeune femme que le Sauvage avait été odieux. Et aussi jaloux qu'amoureux, le capitaine Colette. Mais il a sans doute des raisons pour cela ; Sido lui avait-elle résisté longtemps, lorsqu'il lui faisait la cour, du temps de son premier mariage ?

Jules Colette, militaire de son état, issu de Saint-Cyr à vingt-trois ans, avait fait campagne en Kabylie puis en Crimée, sous le drapeau du 1er Zouave. Capitaine en 1855, il avait perdu sa jambe gauche en 1859, pendant la campagne d'Italie, ce qui n'avait altéré ni sa bonne humeur ni sa galanterie. Désormais impropre au métier militaire, la patrie reconnaissante lui avait octroyé un poste de percepteur à Saint-Sauveur-en-Puisaye où la triste Sido subissait encore son ivrogne.

Jules la consola. Il la consola si bien qu'on murmurait en ville qu'Achille, le deuxième enfant de Sido, né Robineau-Duclos, aurait aussi bien pu s'appeler Colette. Mais que ne raconte-t-on pas dans un chef-lieu de canton de mille sept cents habitants où les cancans tiennent lieu de distraction !

Quoi qu'il en soit, Sido, douze mois à peine après son veuvage, avait sauté officiellement dans les bras de son bel invalide et avait mis au monde deux autres enfants : Léopold, né en 1866, et Gabrielle, notre Colette, née sous le signe du Verseau, le 28 janvier 1873... *"dans une pièce qu'aucun poêle n'arrivait à chauffer suffisamment... laborieusement, à demi-étourdie mais montrant une volonté déterminée de vivre..."*.

A Paris, cette année-là, le conservateur Mac Mahon va remplacer Thiers à la présidence de la République, Bazaine va en prendre pour vingt ans, Remington, à New York, construit les premières machines à écrire ; à Vouziers, dans les Ardennes, Arthur Rimbaud, jeune poète de dix-neuf ans quelque peu nerveux, rédige *Une Saison en enfer.* Cependant, à Paris comme à Londres, New York ou Saint-Sauveur-en-Puisaye, les jeunes filles ont deux voies principales en ce qui concerne leur avenir : celle honorable et sans surprise du mariage et de la maternité ou celle, plus amusante mais plus dangereuse, de la galanterie, du demimonde et des cocottes en tous genres.

Que la vie est donc gaie dans la grande maison des Colette, avec son perron double, son vaste grenier, ses dépendances et ses deux jardins. Avec cette mère active, vive, amoureuse de la vie, de son mari, de ses enfants, des plantes et des animaux. Quel personnage attachant que cette Sido dont Saint-Simon est le livre de chevet; cette mécréante qui ne manque jamais la messe du dimanche où elle va lire Corneille sous couverture d'un livre de prières et se bagarre avec le curé quand elle ne lui soutire pas des boutures de fleurs. Même si sa fille en a embelli l'image, qu'on aimerait l'avoir pour mère, cette femme traditionnelle et fantaisiste à la fois, poétesse sans le savoir, qui désigne ses voisins par des points cardinaux, trouve que la pensée est une fleur qui ressemble à Henry VIII, relève *"les roses par le menton pour les regarder en plein visage"* et accepte de réveiller sa fille de dix ans à trois heures du matin pour lui permettre d'aller surprendre une aube d'été dans la campagne. Comme on comprend que cette femme ait fait de notre Colette une amoureuse née de la vie. Comme on comprend Colette de l'avoir prise pour confidente jusqu'à sa mort en 1912 et de lui avoir consacré les admirables pages de *Sido,* de *La Maison de Claudine,* etc. Et il y a tant de courant, tant d'affinités entre elles deux que Colette ne se consolera jamais de l'avoir perdue. En 1912, elle reprendra à son compte cette phrase de Marguerite Moreno à la mort de sa mère : *"Je ne suis plus petite pour personne, maintenant."*

Il faut dire que, de ses quatre enfants qu'elle aime pourtant tendrement, ce n'est pas l'aînée que Sido préfère, cette Juliette bizarre dont les traits mongoloïdes recèlent l'hérédité alcoolique du premier mari, ce n'est pas cette jeune fille inquiétante aux cheveux sombres anormalement fournis et qui s'abrutit de lecture. Ce n'est pas non plus Achille qui sera médecin ni même Léo, fils de son bonheur, mais sa petite dernière, Gabri, notre Colette. Des années plus tard, elle lui écrira : *"... Oui, tu étais mon soleil d'or... je te disais aussi que lorsque tu entrais dans la chambre où je me tenais, elle devenait plus claire*[2]*..."*

Gabri, Minet-Chéri, Soleil d'Or, comme elle était gâtée la benjamine des Colette, comme elle était heureuse dans son enfance vagabonde en Puisaye. Comme elle était jolie avec ses sarraus d'écolière, ses yeux pers et ses rubans "à la Vigée-Lebrun" que Sido nouait dans ses cheveux. Un peu garçon manqué aussi, à force de partager les jeux de ses deux frères. A huit ans, elle rêvait d'être marin et de faire le tour du monde. Gamine imaginative, aiguë, sensuelle, elle avait, comme ses pareilles, le goût du drame. Elle n'aurait pas détesté, par exemple, qu'on l'enlevât. Elle en rêvait la nuit.

Et puis, il y avait la lecture. Les enfants, heureusement privés de télévision, faisaient grande consommation de livres, en ce temps-là. Par bonheur, la maison des Colette en était une réserve où les enfants de Sido et de Jules se plongeaient à l'envie. Minet-Chéri n'était pas la dernière. Si elle boudait Dumas, elle découvrit très tôt Musset, Voltaire, Balzac et Shakespeare. A part les délicieux contes de Perrault, on ne trouvait pas, chez les Colette, de ces livres dits "pour enfants" mais Labiche, mais Daudet, mais Hugo et des récits de voyages. Une seule interdiction était faite aux enfants : Zola. Certains Zola, du moins, qu'on leur dissimulait à cause de leur crudité (...*"cette irruption de boue et de purin dans la littérature française"*, dira Léon Daudet). Mais les livres interdits sont les plus désirés et bientôt dérobés. Minet-Chéri, le feu aux joues, les lisait en cachette, était troublée par les histoires brutales, certains mots... Troublée et fascinée à la fois.

Comme on l'imagine bien, cette jolie petite fille de treize ans, précoce, avertie déjà par une curiosité qui lui faisait prêter l'oreille aux propos des grandes personnes et à ce qui leur arrive. Cette petite sauvageonne moqueuse et sentimentale, si pressée de devenir grande, de devenir femme, de porter enfin chignon et robe longue. Comme on la voit bien, cette petite Colette dont elle fera, bientôt, le modèle de *Claudine.*

Dans le chef-lieu de canton arrivait parfois l'écho d'une vie parisienne tout à fait étourdissante avec ses femmes élégantes, souveraines, toutes de plumes, de froufrous et de pierres précieuses; ces Parisiennes, inégalables, disait-on, dans le monde entier. Des lianes, des lionnes, belles comme des fleurs vénéneuses et qui menaient la vie à grandes guides. On racontait qu'elles régnaient sur des hommes éperdus d'amour qui se battaient en duel pour elles, se bousculaient pour mettre leur fortune à leurs pieds et se brûlaient la cervelle pour un mépris. Ah, que la vie devait être gaie à Paris quand on était une jolie fille à la taille fine! Ah, qu'il nous tardait de faire voler nos jupons sur nos bas noirs comme, au Moulin-Rouge, la Goulue ou cette Mme Arthur que chantait Yvette Guilbert!

Mais le temps n'était pas encore venu de se faire enlever et notre Colette grandissait dans les jeux et les promenades. Son père, *"affligé de philanthropie"*, décida de devenir député. Il emmena sa benjamine dans ses tournées électorales à travers le canton jusqu'au jour où Sido mit le holà : la petite avait pris le goût du vin chaud partagé avec les électeurs et revenait pompette. C'était le temps où le capitaine Colette, qui taquinait volontiers la muse, demandait conseil à sa fille et acceptait d'ôter de ses poèmes et de ses discours des adjectifs qu'elle jugeait superflus.

Brave capitaine Colette dont la voix de baryton et l'accent méridional réjouissaient sa famille lorsque, guignant Sido du coin de l'œil, il entonnait :

> *"Je pense à toi, je te vois, je t'adore*
> *A tout instant, à toute heure, en tous lieux..."*

Il pensait tendrement à celle qu'il appelait "ma chère âme", c'est vrai, mais cet idéaliste enjoué se doublait d'un déplorable gestionnaire et, en quelques années, la fortune de Sido se réduisit à rien. Pour comble, en 1885, Juliette, la vilaine sœur aînée, qui avait déjà vingt-cinq ans, finit par se trouver un mari, dans le bourg. Un certain Dr Roché qui sentait le vermouth. Sans doute influencée par son mari, le "premier chien coiffé", comme disait Sido qui n'aimait pas ce gendre, Juliette réclama des comptes de tutelle à son beau-père Colette, ce qui acheva de mettre la famille sur la paille. On dut quitter la jolie maison de Saint-Sauveur et ses jardins. Adieu les souvenirs d'enfance, adieu les jolis meubles bien cirés et les bibelots. Si la maison elle-même demeura la propriété d'Achille – elle représentait une partie de son héritage paternel –, tout ce qu'elle contenait fut vendu aux enchères et les Colette s'en allèrent vivre chez Achille, établi médecin de campagne à Châtillon-Coligny, à une quarantaine de kilomètres de Saint-Sauveur. Là, le capitaine obtint la gérance du bureau de tabac.

Premier gros chagrin de Colette qui, toute sa vie, aura la nostalgie de sa maison natale et de son village. Elle y reviendra, une fois, en 1895, et lui consacrera des pages si vivantes que ses lecteurs auront toujours l'impression d'y avoir vécu.

1 . *Journal,* 6 novembre 1894, Gallimard.

2 . Lettre de Sido à Colette du 30 décembre 1911, citée par *Le Figaro littéraire* du 24 janvier 1953.

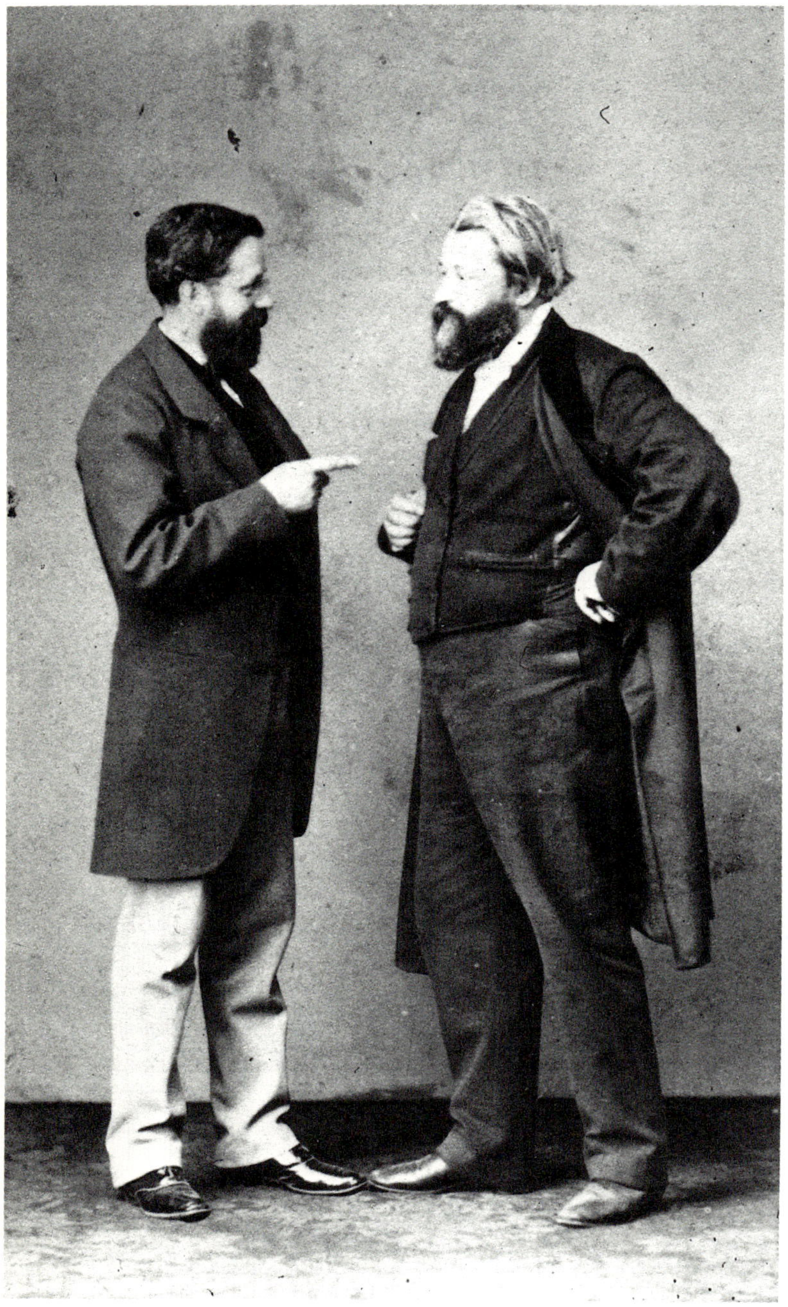
1

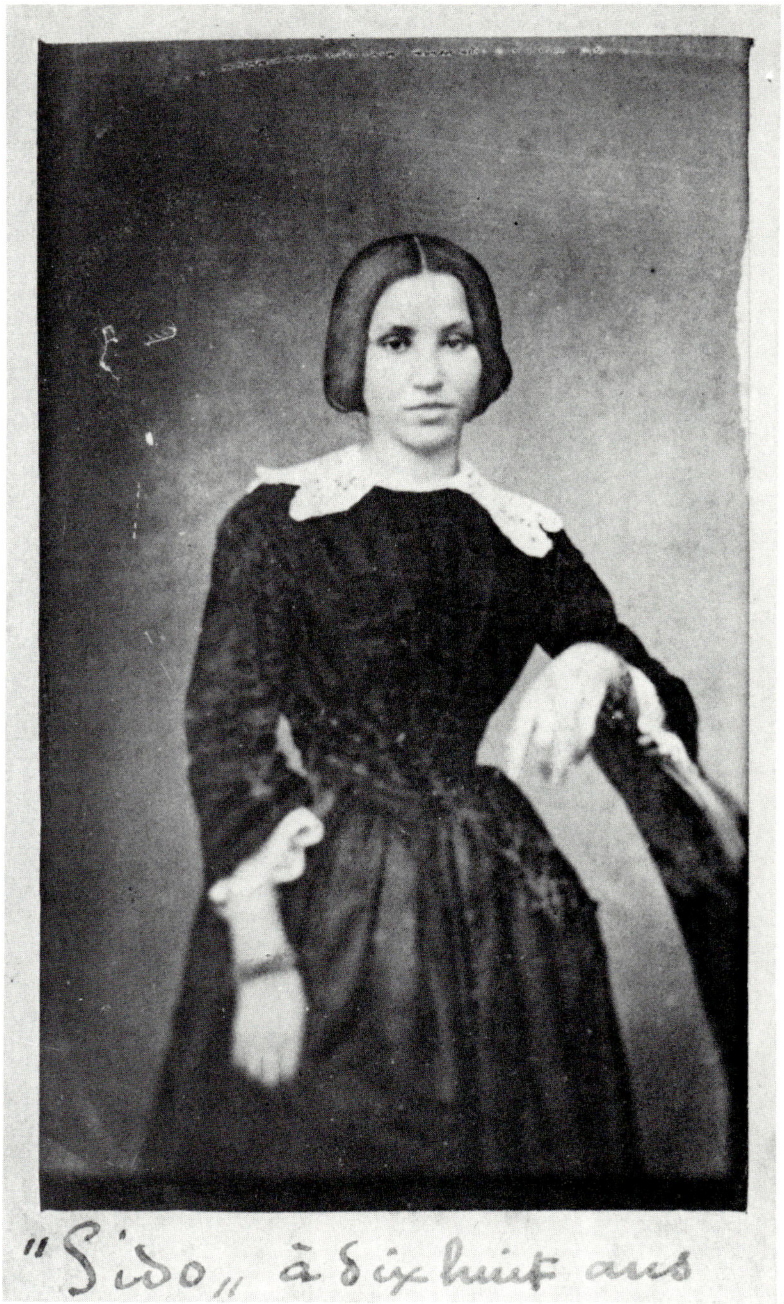

2

(1) Eugène et Jules Landoy, les oncles maternels de Colette, avaient dix-neuf et douze ans de plus que leur jeune sœur, Sidonie. Ils avaient émigré en Belgique vers 1840. Eugène était journaliste. Après la mort des parents Landoy, Eugène et Jules élevèrent Sido en Belgique, dans un milieu de journalistes, de peintres et de musiciens, d'où la culture de la jeune fille et son goût pour la lecture. – (2) Adèle, Eugénie, Sidonie Landoy, dite Sido, à dix-huit ans, d'après un daguerréotype. Elle était née à Paris en 1835.

Page suivante : (1) Ce portrait de Sophie Chatenay, épouse Eugène Landoy et grand'mère maternelle de Colette, lui fut un jour volé dans son appartement. Trente ans plus tard, Colette le retrouva miraculeusement, au marché aux Puces où elle était allée "chiner" avec Charlotte Lysès, la femme de Sacha Guitry. *"La miniature,* écrit Colette, *représente une jeune dame à coiffure trilobée – une grosse coque en haut, une grappe de boucles, genre chipolatas, sur chaque tempe. Elle sourit, bien contente, je pense, d'avoir retrouvé le coin de ma cheminée. Elle mourut jeune et vingt fois trompée par son mari ; je ne sais d'elle que sa mort prématurée et son silence d'épouse trahie : l'essentiel, en somme." (L'Étoile Vesper).* – (2) Le père de Sido, Henry Landoy, surnommé "le Gorille", *"tant soit peu coloured"* dira sa petite-fille Colette, était marchand de chocolat et mari fugueur.

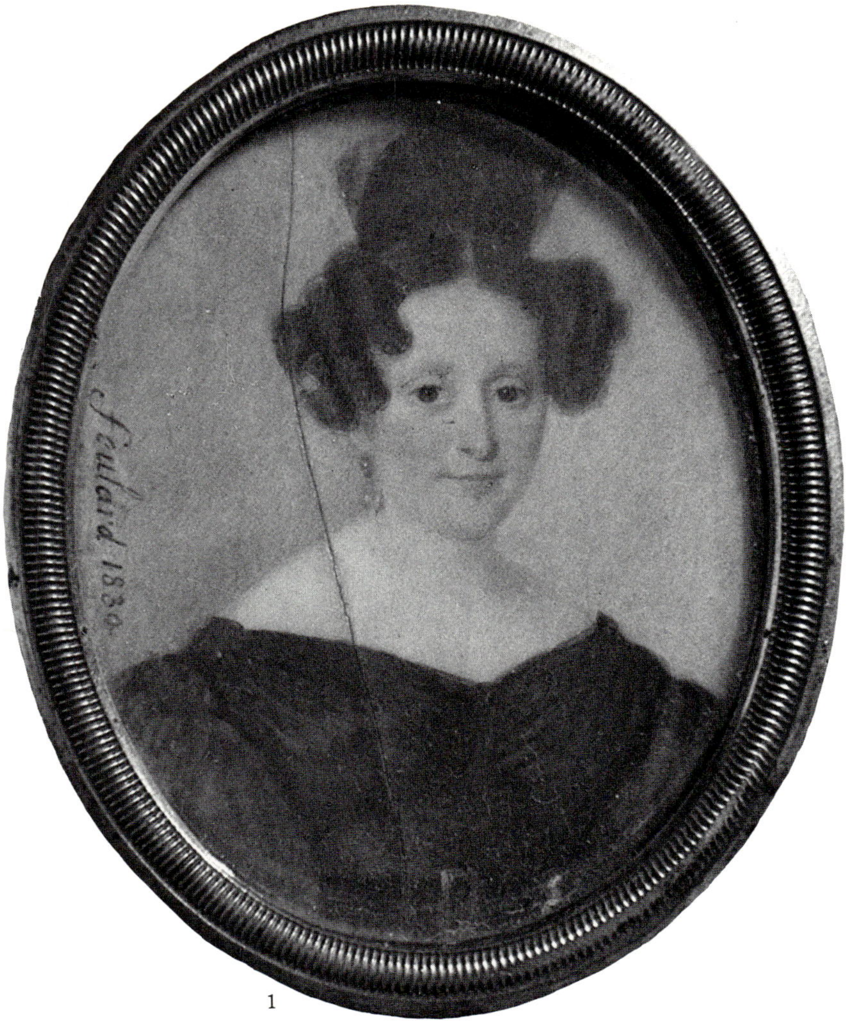

1

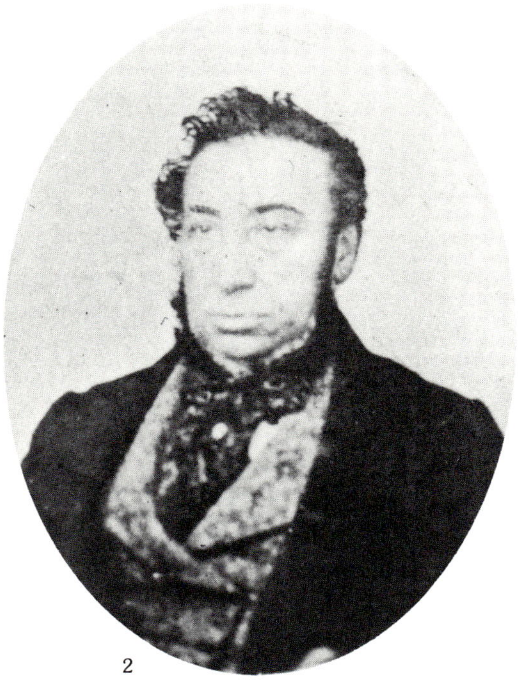

2

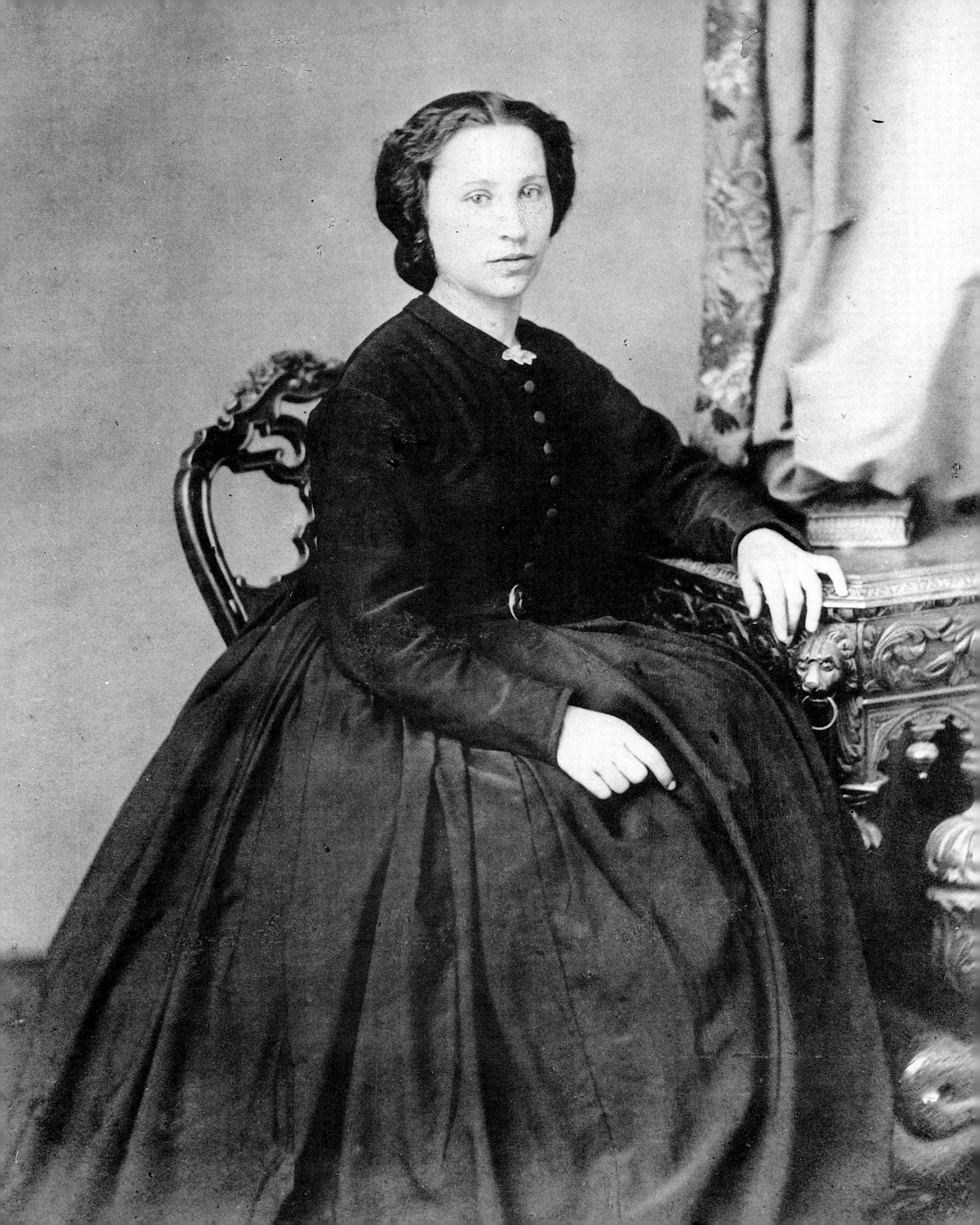

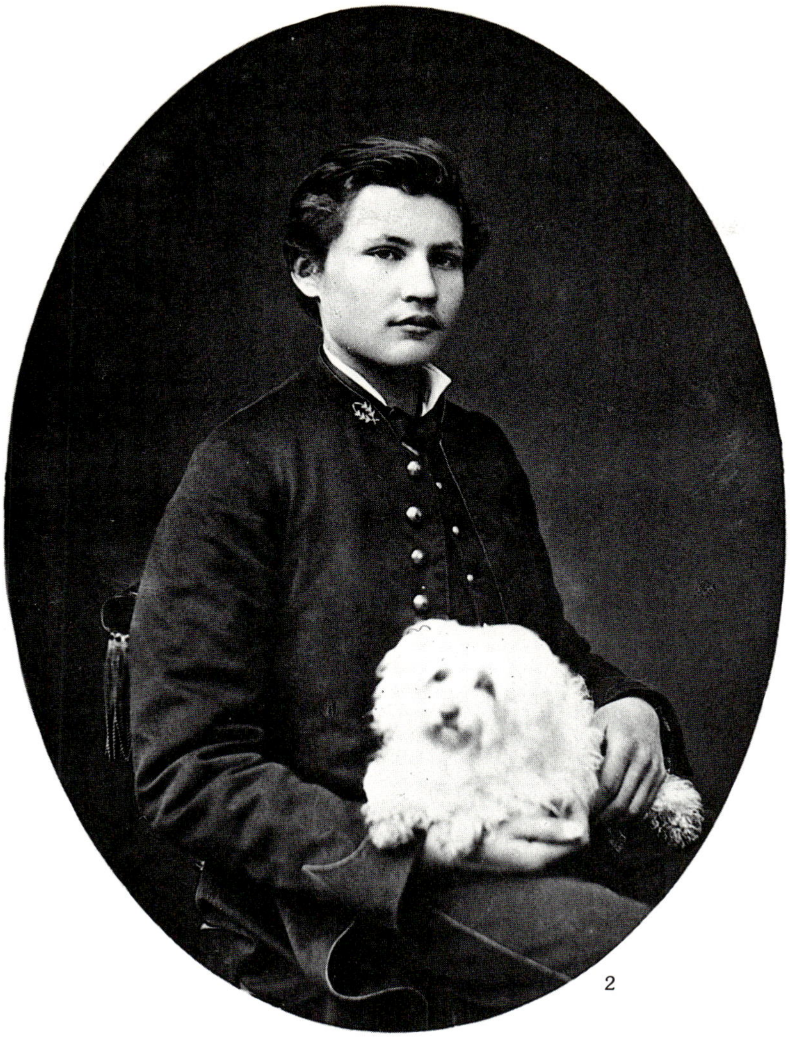

2

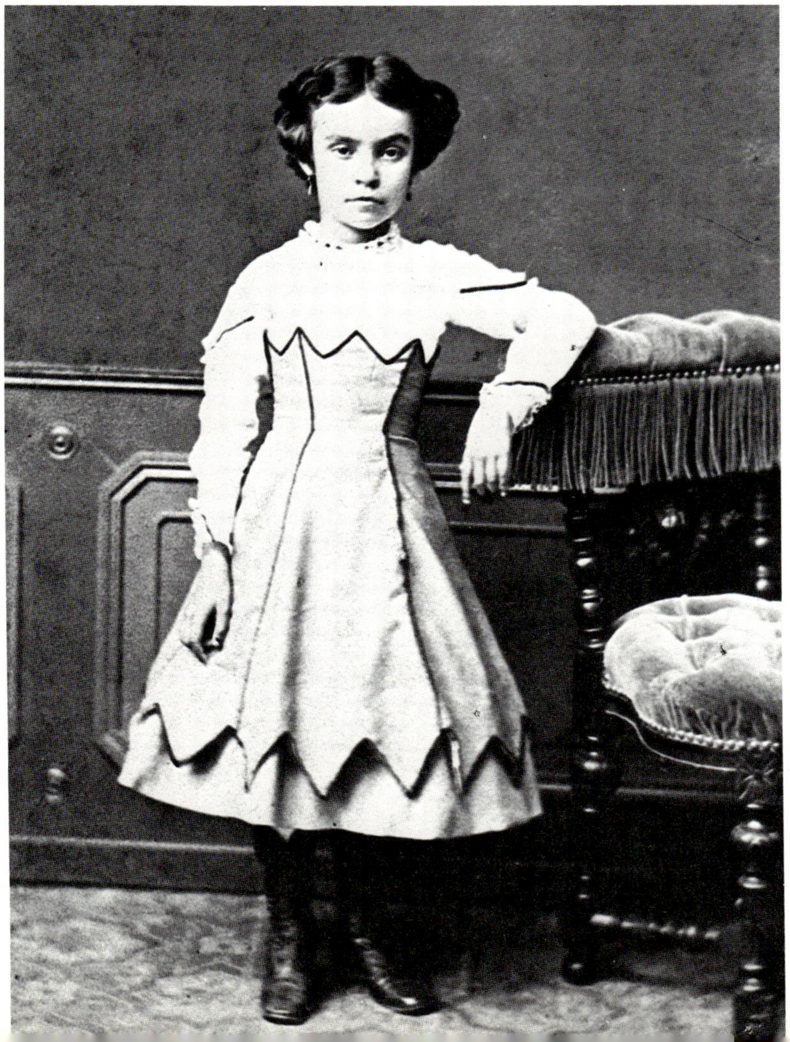

3

Page précédente : Sido, veuve à trente ans de son premier mari Jules Robineau-Duclos dont elle a eu deux enfants, Juliette et Achille, va se remarier avec le capitaine Colette qui est très amoureux d'elle. – (2) Achille Robineau, le demi-frère de Colette, sera médecin à Châtillon-Coligny. C'est lui qui hébergera toute la famille, quand les Colette quitteront Saint-Sauveur-en-Puisaye. – (3) Juliette Robineau, demi-sœur de Colette, l'inquiétante jeune fille aux cheveux trop abondants et qui s'étourdissait de romans.

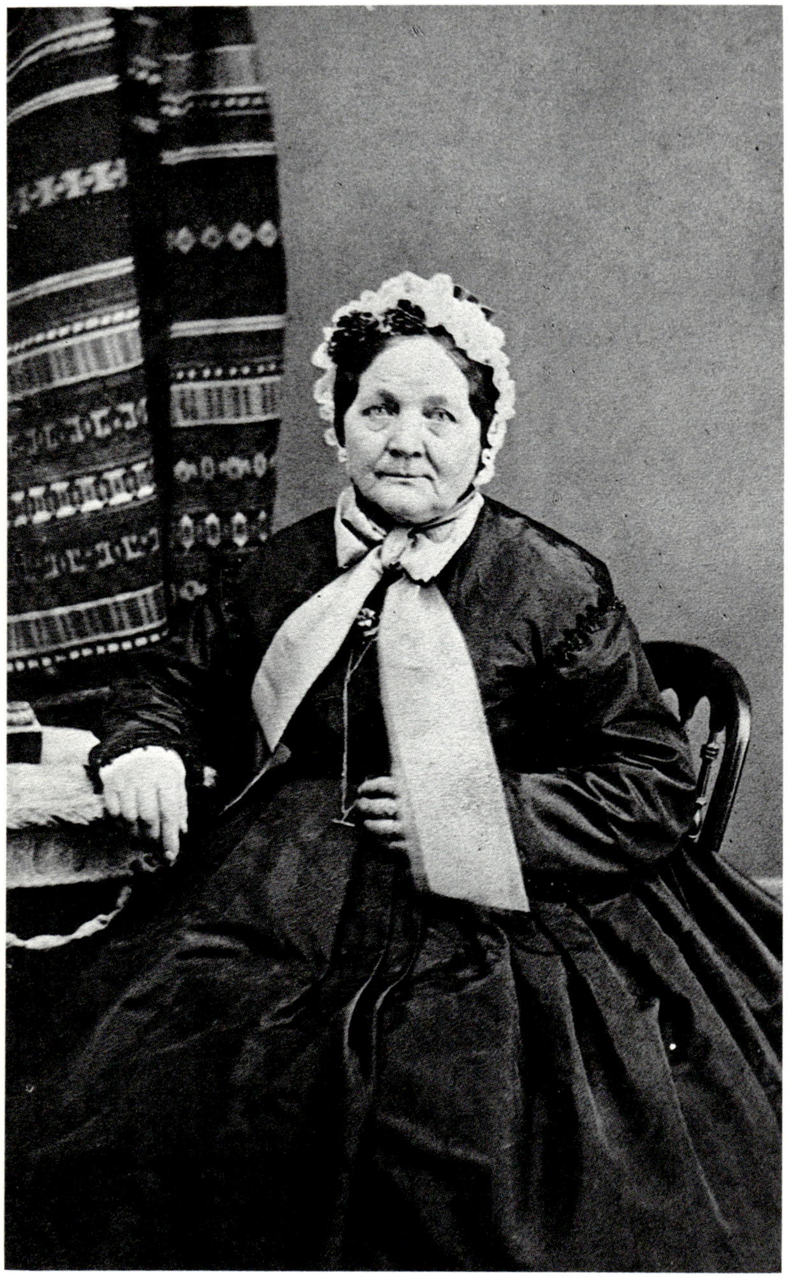
1

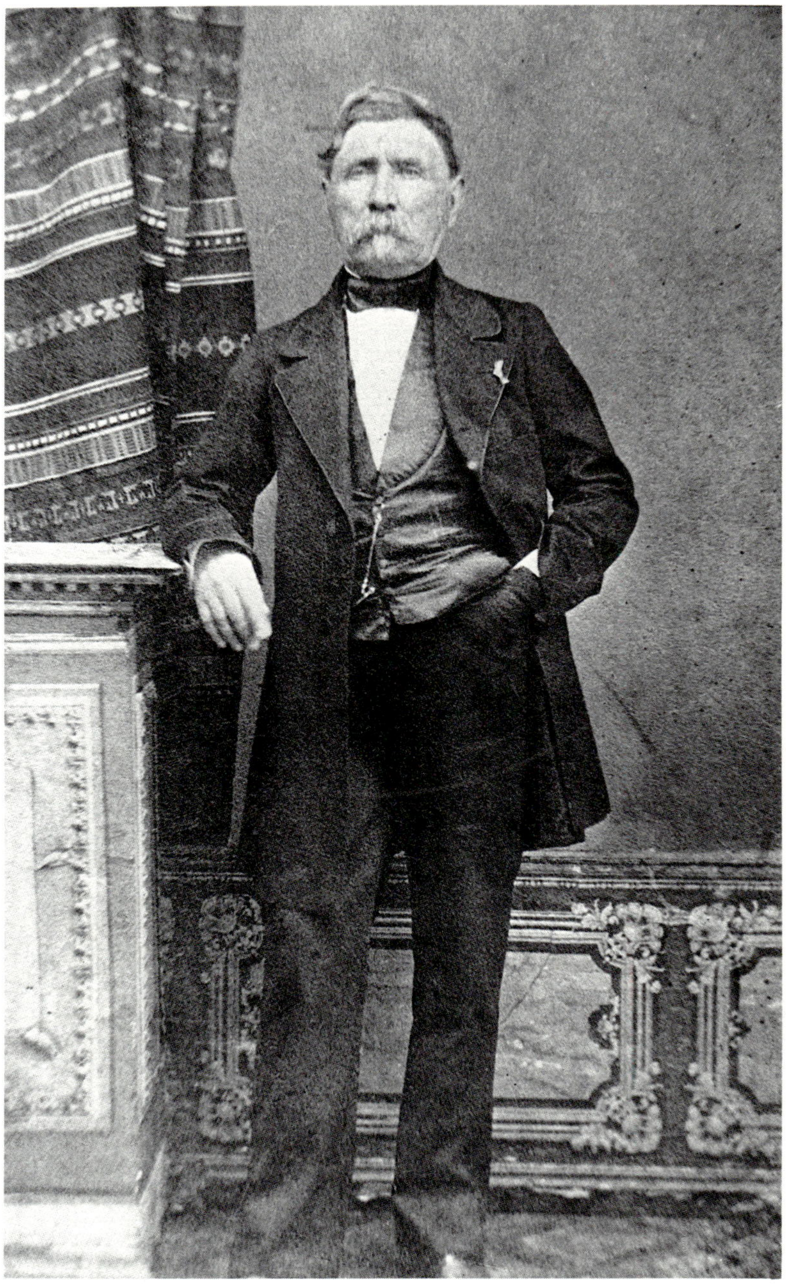
2

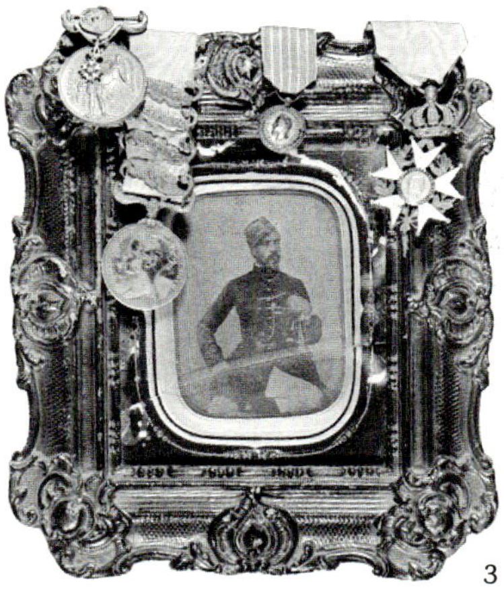
3

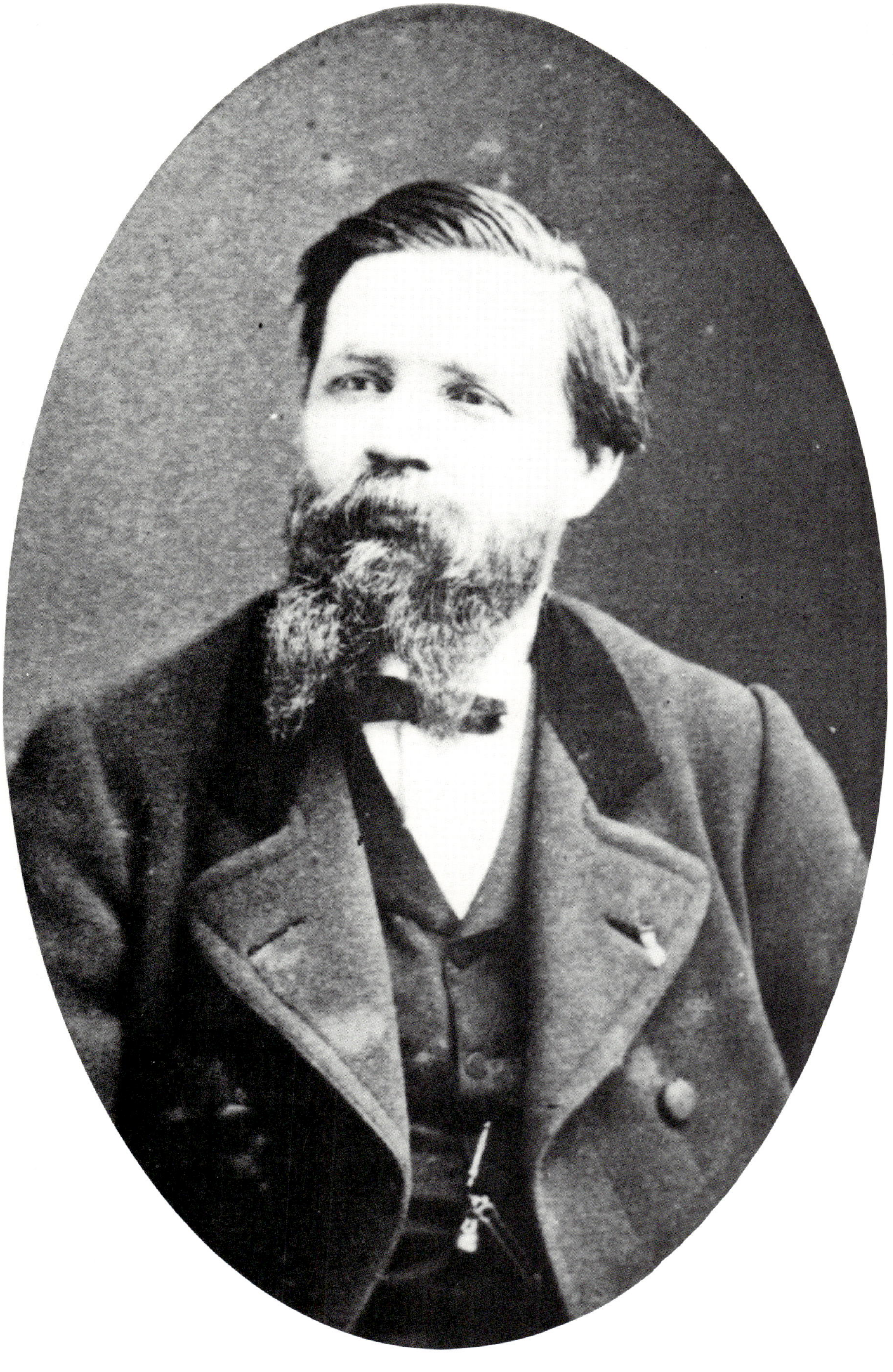

Page précédente : (1) La provençale grand'mère paternelle de Colette était née Funel. *"Elle avait sur un œil vert un sourcil roux, abaissé, elle déplaçait une majesté corporelle épaisse, à grands jupons de taffetas noirs..."* Colette l'appelait : *"Ma grand'mère la méchante."* – (2) Son mari, le grand'père Colette, fut harcelé toute sa vie par l'inquisition jalouse de sa terrible épouse. – (3) L'héritage paternel de Colette : un ruban de Crimée, une médaille d'Italie, la croix de la Légion d'honneur et une photographie du capitaine Colette, zouave héroïque. – Ci-contre : Joseph, Jules Colette, second mari de Sido et père de Gabrielle... *"Né pour plaire et pour combattre, improvisateur et conteur d'anecdotes, j'ai pensé plus tard qu'il eût pu séduire une Chambre, comme il charmait une femme." (La Maison de Claudine).*

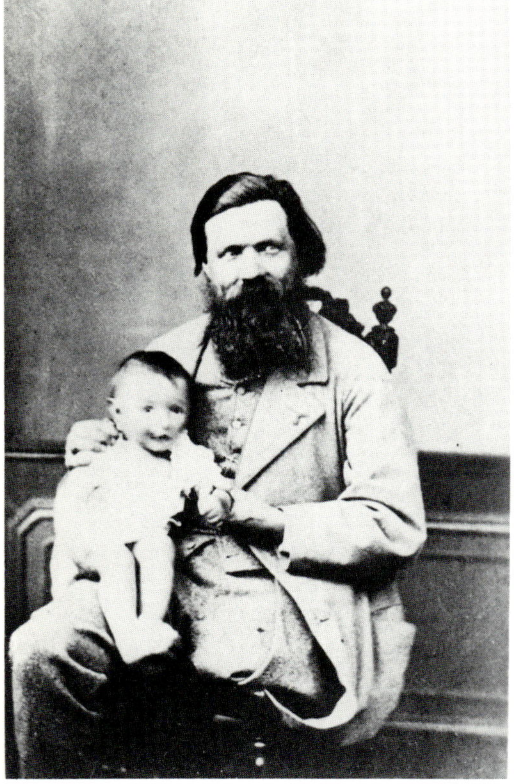

2

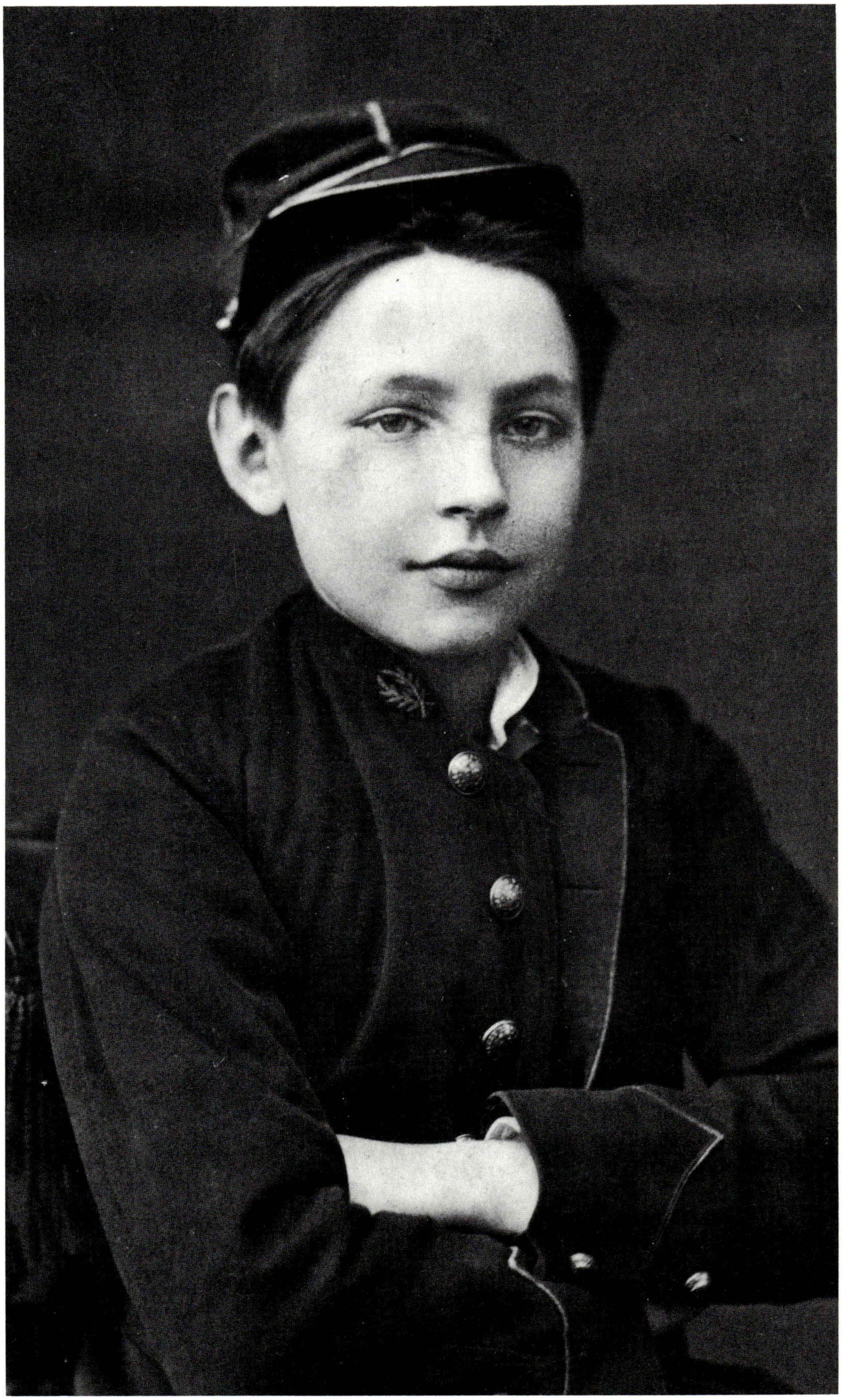

1

(1) Fils de Sido et de Jules Colette, Léopold a sept ans de plus que sa sœur Gabrielle. – (2) C'est cet enfant de son bonheur que le capitaine porte fièrement sur la jambe qui lui reste. – **Page suivante :** Sido à quarante-cinq ans. Attentive à son mari, à ses enfants, à son jardin, aux animaux et aux saisons, elle est clémente à ceux qui souffrent et demandent protection. Longtemps après sa mort, sa fille évoquera, dans *La Maison de Claudine,* la protection chaleureuse de cette mère et l'interrogation qu'elle lançait à travers le jardin : *"Où sont les enfants ?"* A sa fille, Sido transmettra son goût des livres, son amour de la nature et son humour. Elle sera, jusqu'à la fin de sa vie, la plus chère confidente de Colette.

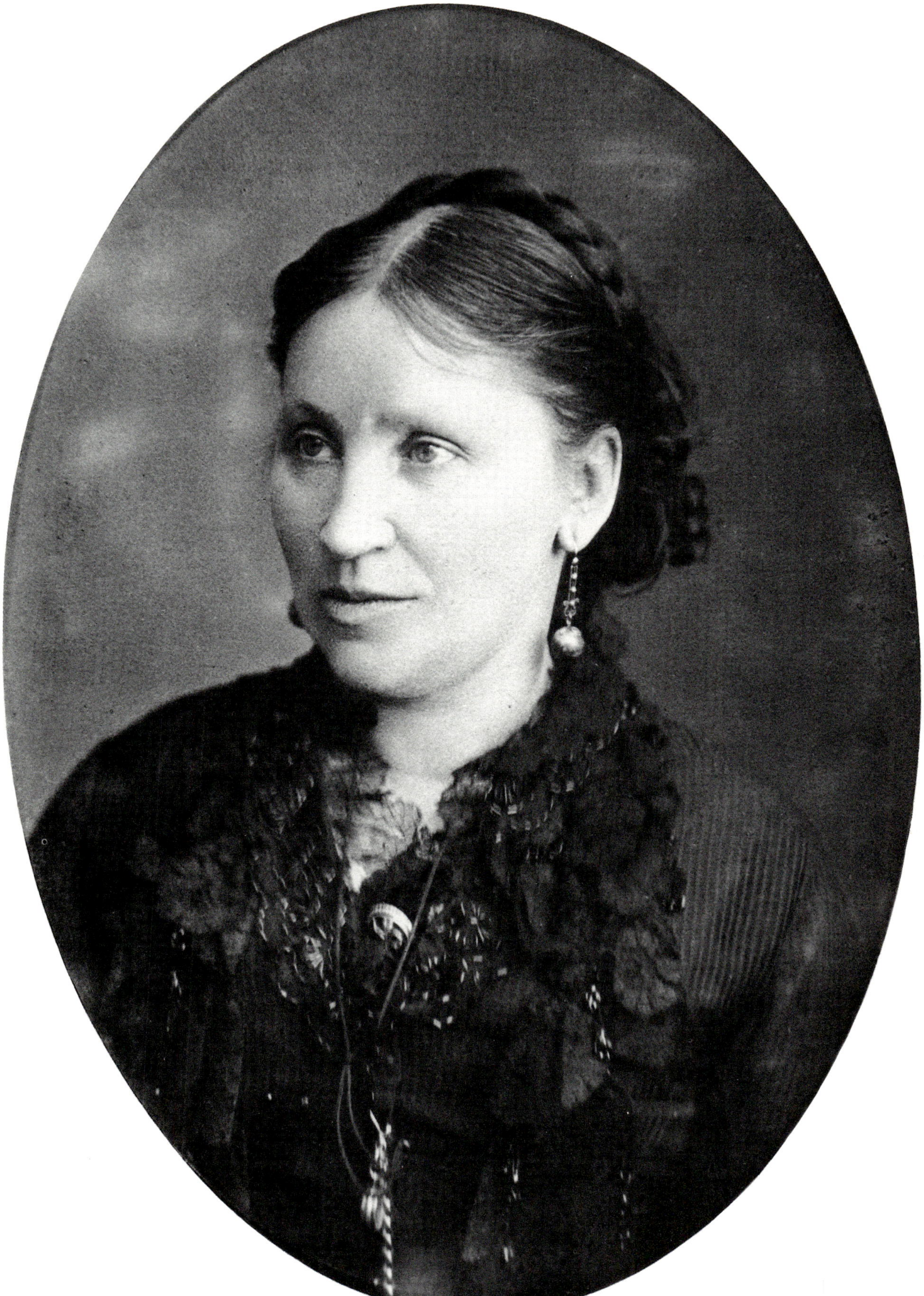

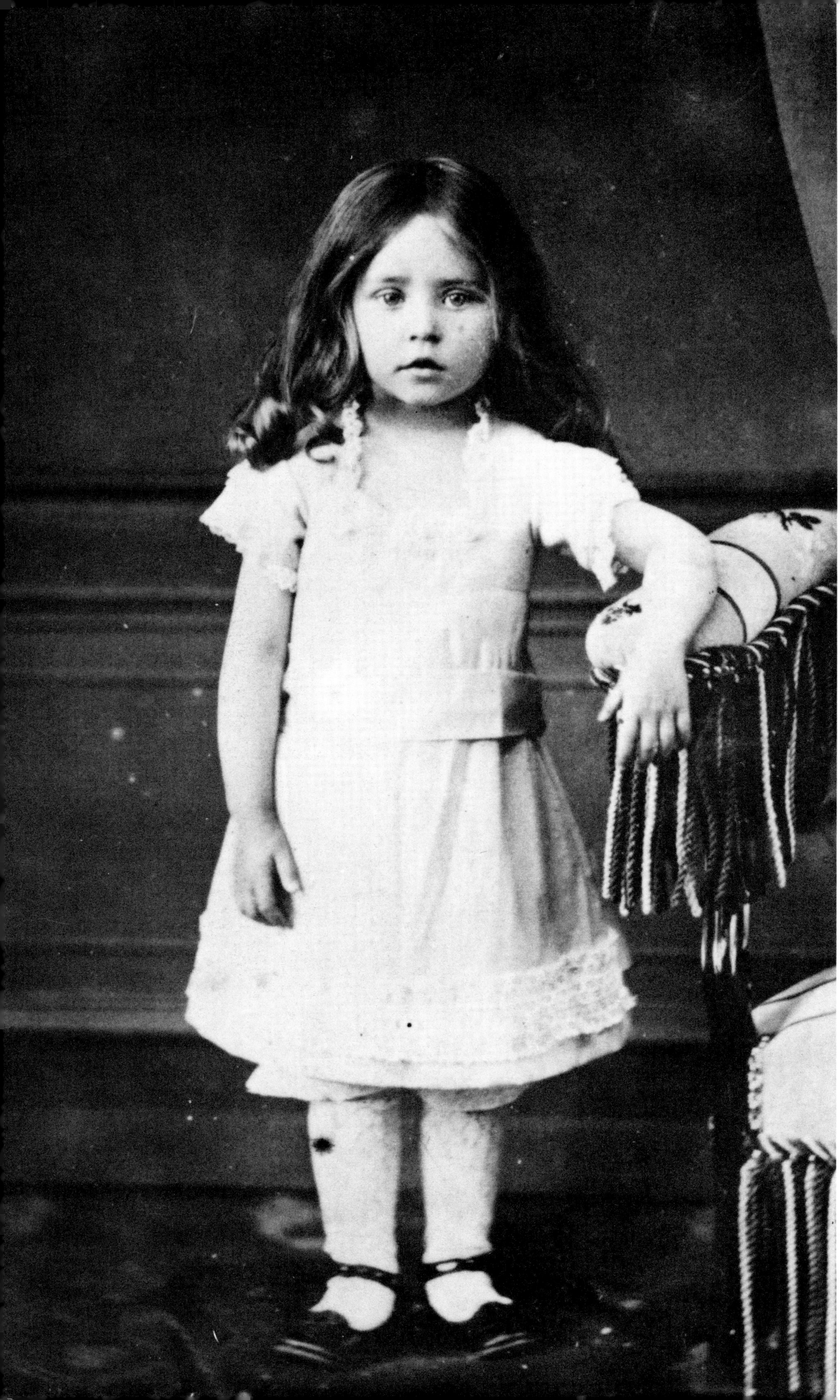

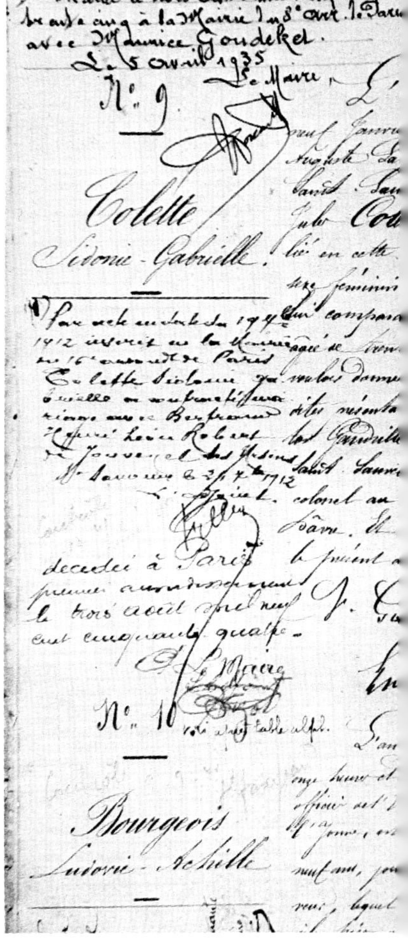

Mariée le trois avril mil neuf cent trente cinq à la Mairie du 8e Arrt. de Paris avec Mr Maurice Goudeket.
Le 5 avril 1935 Le Maire

N° 9

Colette
Sidonie-Gabrielle

N° 10

Bourgeois
Ludovic-Achille

Acte de naissance de Sidonie, Gabrielle Colette, le 28 janvier 1873, à dix heures du soir, sous le signe du Verseau. Son père a quarante-trois ans, sa mère trente-sept. – **Page de gauche :** première photo "posée" de Colette, à l'âge de trois ans. – **Page de droite :** Gabrielle, à cinq ans, porte des boucles d'oreilles qu'elle détestera tant plus tard. Elle a déjà le regard mélancolique qui sera le sien toute sa vie.

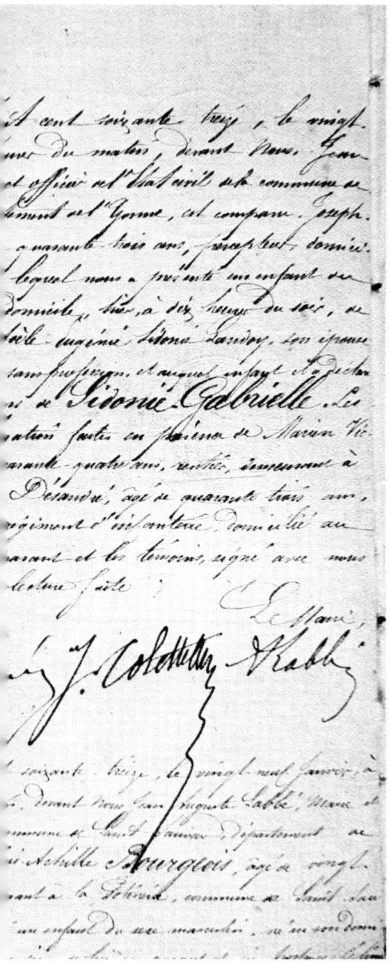

...t cent soixante treize, le vingt
...ure du matin, devant Nous, Jean
...et officier de l'état civil de la commune de
...ement de l'Yonne, est comparu Joseph
...quarante trois ans, percepteur, domici-
...lequel nous a présenté un enfant de
...domicile, hier, à six heures du soir, de
...Adèle Eugénie Sidonie Landoy, son épouse
...sans profession, et auquel enfant il a déclar-
...ms de Sidonie Gabrielle. Les
...ration faites en présence de Marien Vé-
...quarante-quatre ans, rentier, demeurant à
...Désandré, âgé de quarante trois ans,
...régiment d'infanterie, domicilié au
...clarant et les témoins, signé avec nous
...lecture faite

Le Maire,

J. Colette ... Labbé

...soixante treize, le vingt-neuf janvier, à
..., devant Nous Jean Auguste Labbé, Maire d...
...commune de Saint Sauveur, département de
...Achille Bourgeois, âgé de vingt
...ant à la Gâtine, commune de Saint Sau...
...un enfant du sexe masculin, né en son domi...

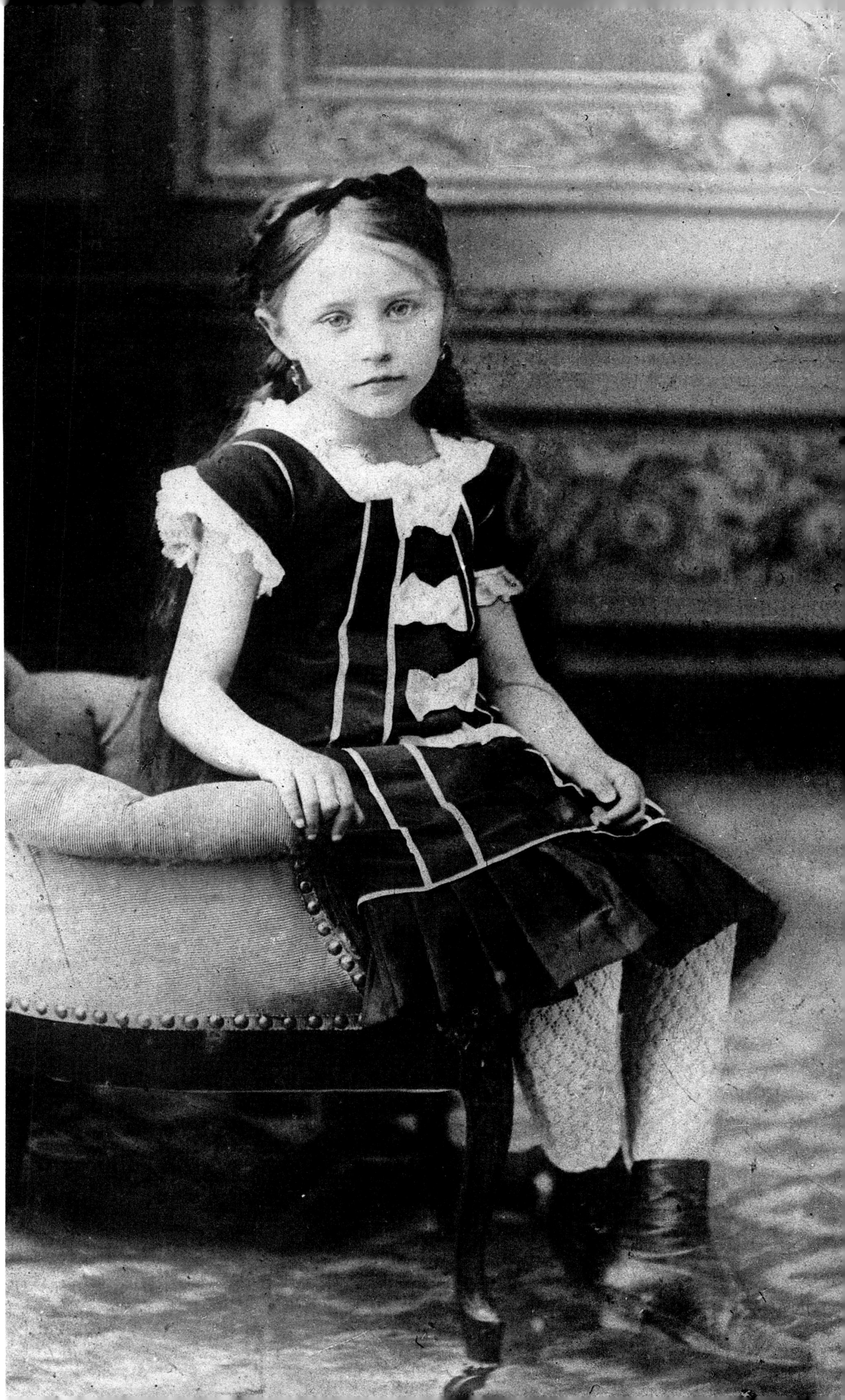

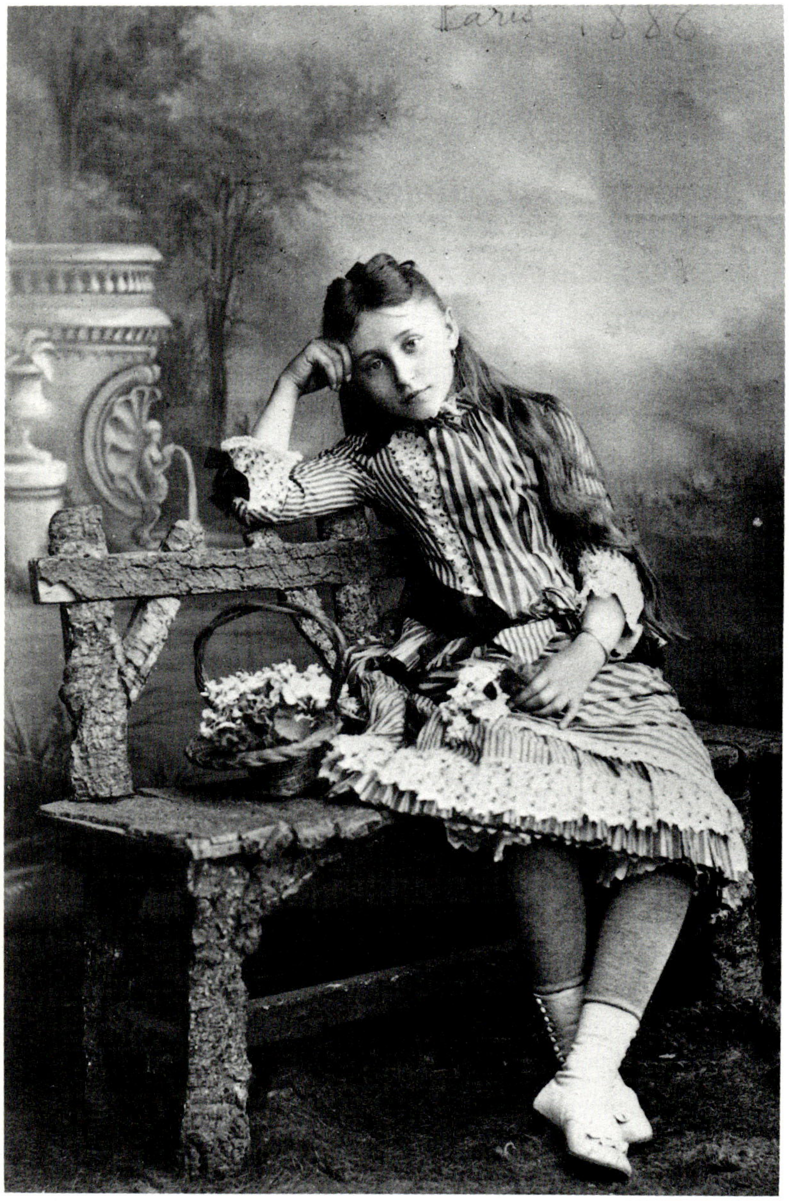
Paris 1886

1

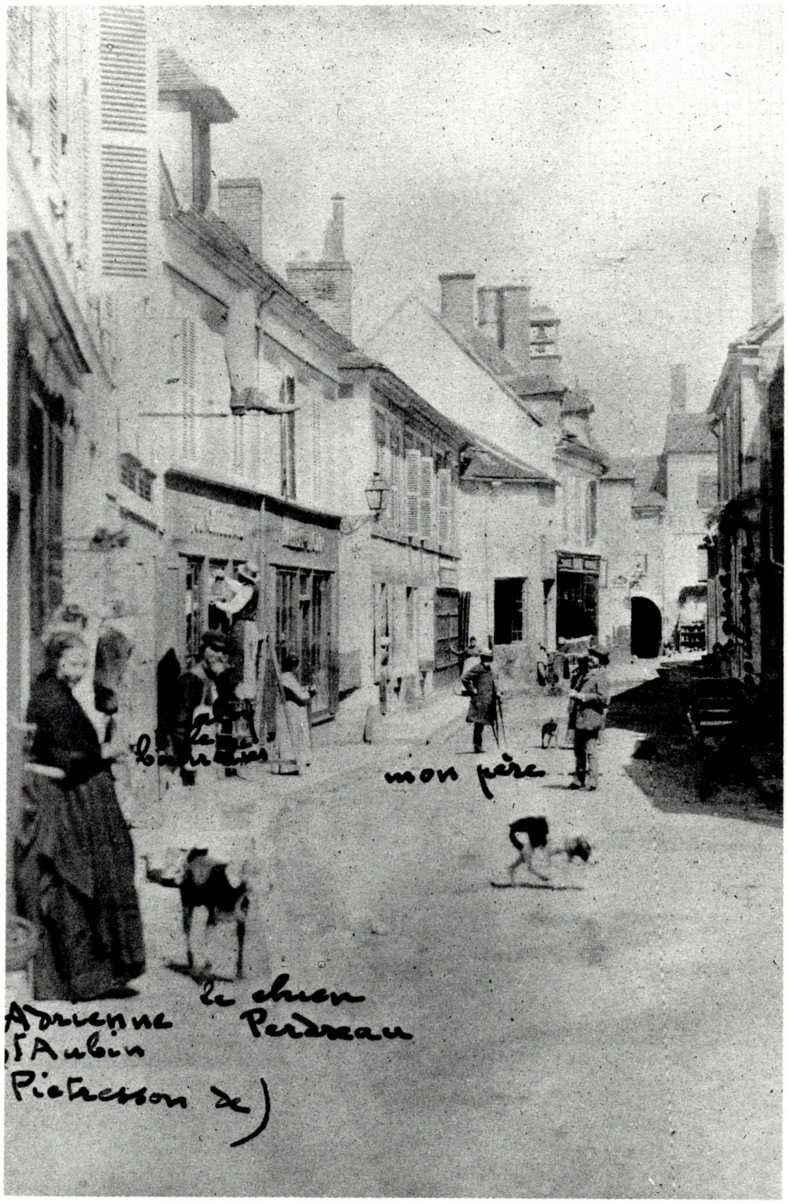
mon père
le chien
Perdreau
Adrienne
St Aubin
(Pietresson de)

2

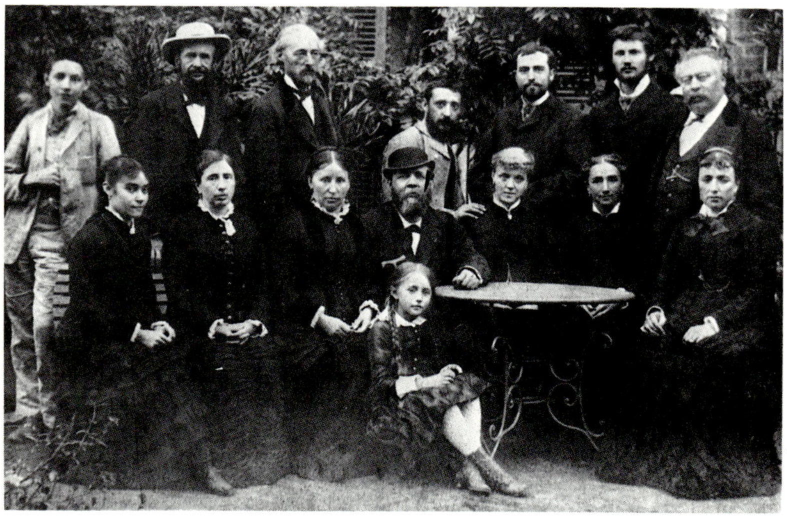

3

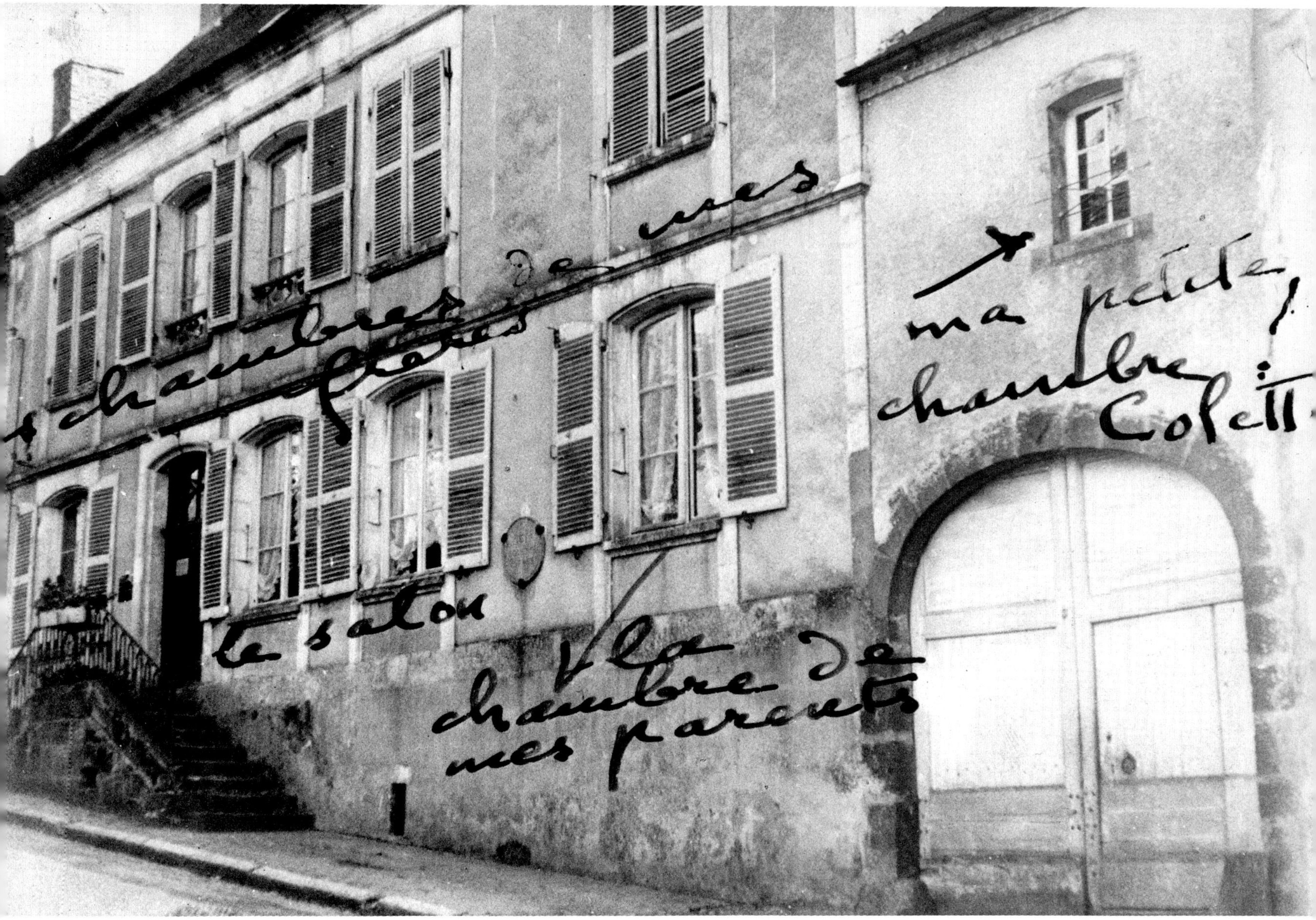

Page précédente : (1) Colette à treize ans en 1886, lors d'un premier voyage à Paris. Gourmande, sensuelle, la petite fille très éveillée rêve déjà de se faire enlever. Elle est choyée par ses frères, admirée par son père à qui elle donne des conseils de style et idolâtrée par sa mère qui l'appelle Minet-Chéri ou "mon-joyau-tout-en-or." – (2) La rue principale de Saint-Sauveur-en-Puisaye, annotée de la main de Colette et telle qu'elle l'a vue dans son enfance. – (3) La famille Colette. Aux pieds de ses parents, Gabrielle à l'âge ingrat, avec ses *"deux nattes cordées derrière les oreilles"*. Ci-dessus : la maison des Colette à Saint-Sauveur-en-Puisaye, vue de la rue de l'Hospice... *"une maison bourgeoise de vieux village..."* Colette, toute sa vie, en éprouvera la nostalgie. Elle y mènera les hommes de son cœur : Willy d'abord, Bertrand de Jouvenel, plus tard.

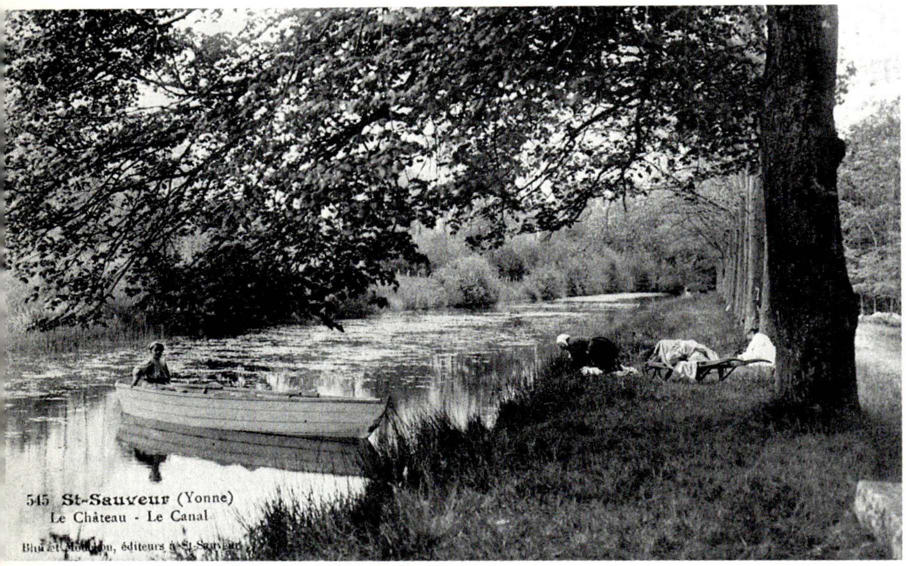
545 St-Sauveur (Yonne)
Le Château - Le Canal

1

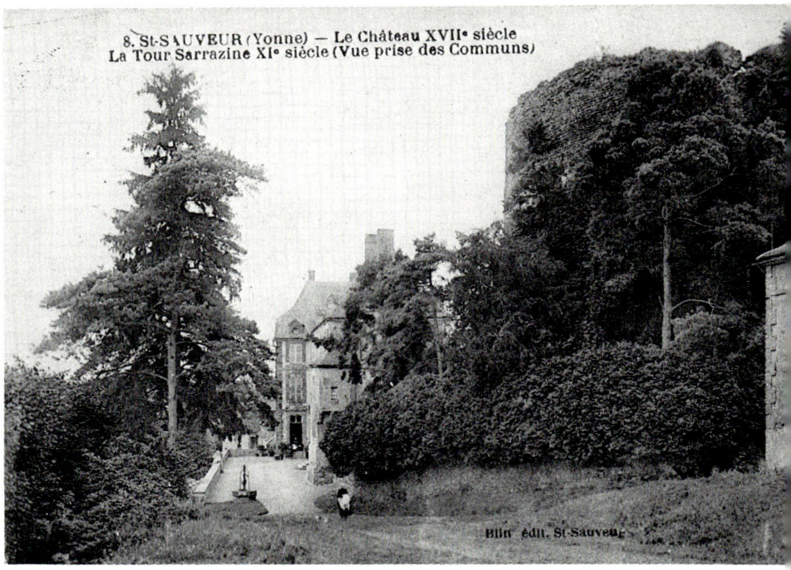
8. St-SAUVEUR (Yonne) — Le Château XVIIe siècle
La Tour Sarrazine XIe siècle (Vue prise des Communs)
Blin édit. St-Sauveur

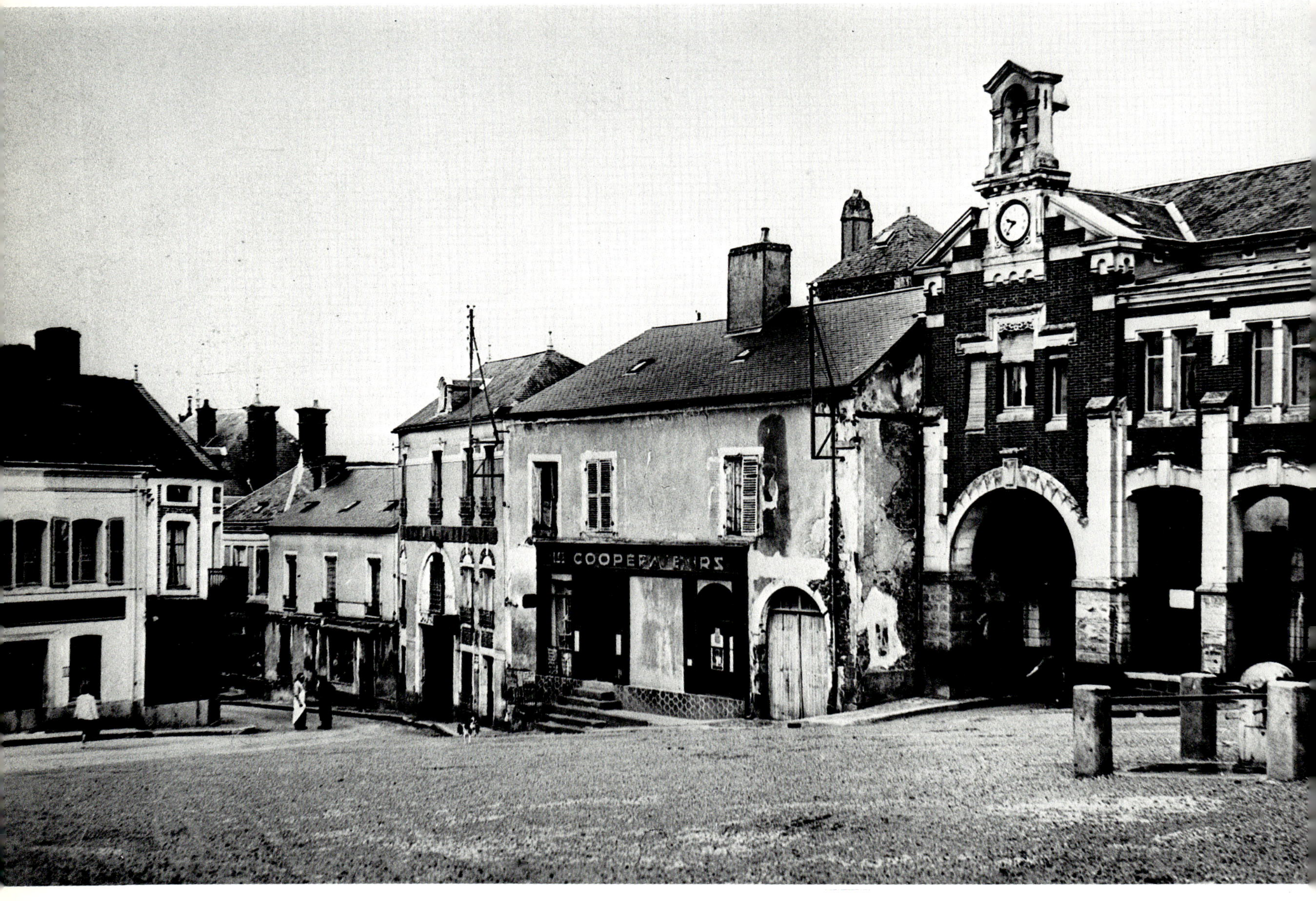

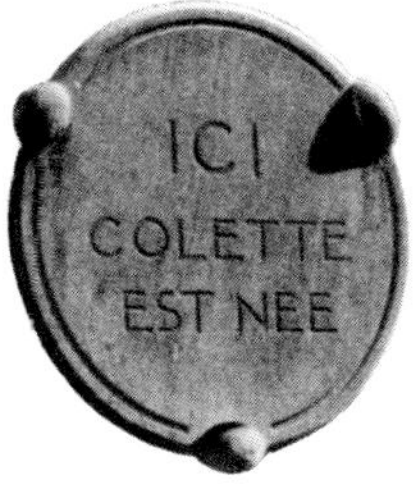

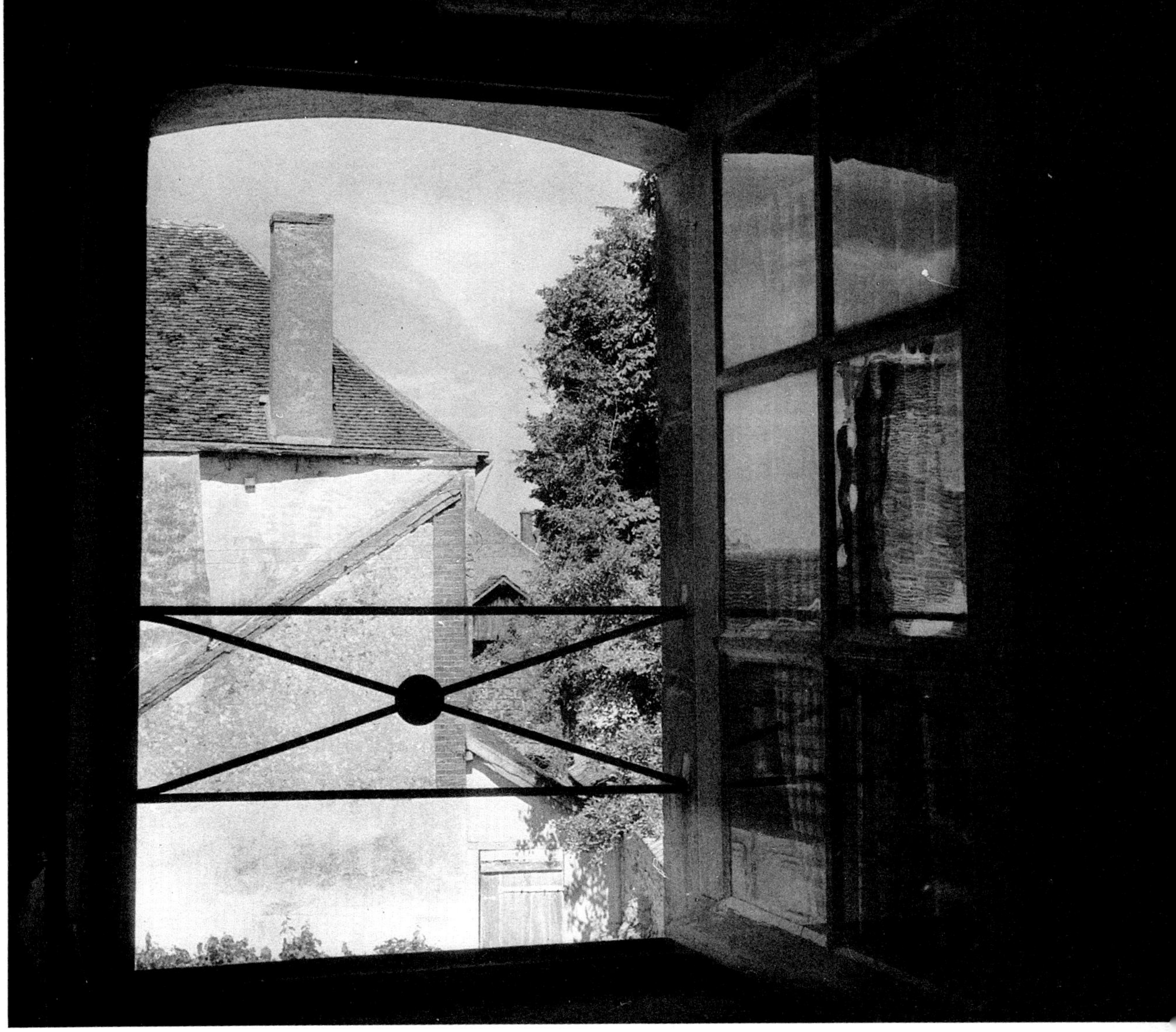

Page précédente : (1) et (2) L'enfance heureuse et vagabonde dans la campagne de Saint-Sauveur. Achille, Léo, Gabrielle couraient prés et bois en liberté. Quand ils rentraient... *"Le flair subtil de la mère inquiète découvrait sur nous l'ail sauvage d'un ravin lointain ou la menthe des marais masqués d'herbe." (La Maison de Claudine).* – (3) La place du marché à Saint-Sauveur... *"Les dimanches sont des jours parfois rêveurs et vides..."* – Ci-dessus : *"Le mariage de ma demi-sœur venait de me livrer sa chambre, la chambre du premier étage..."*

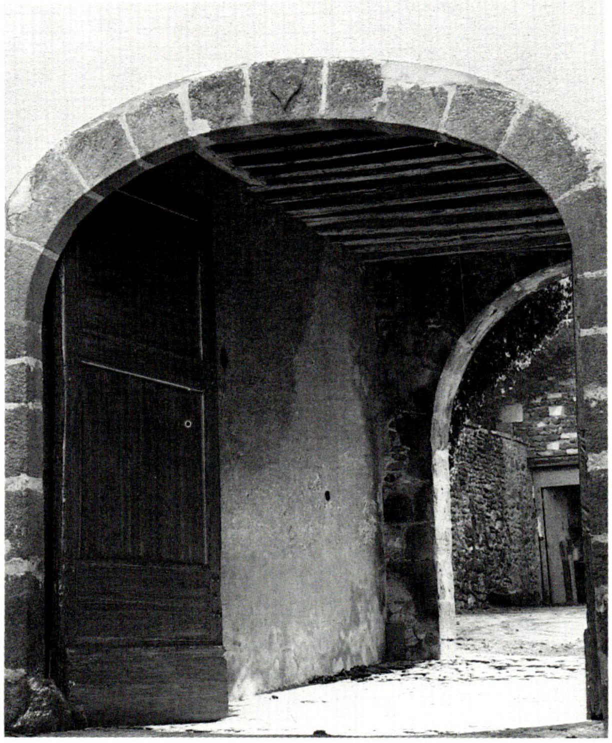

1

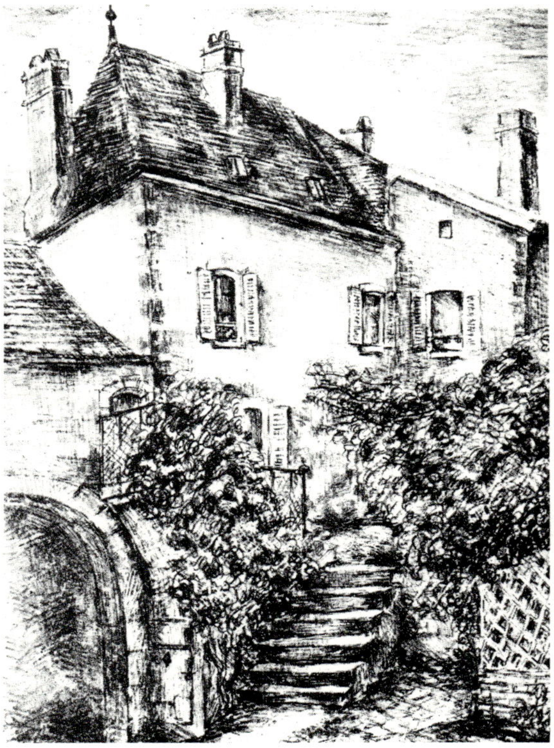

2

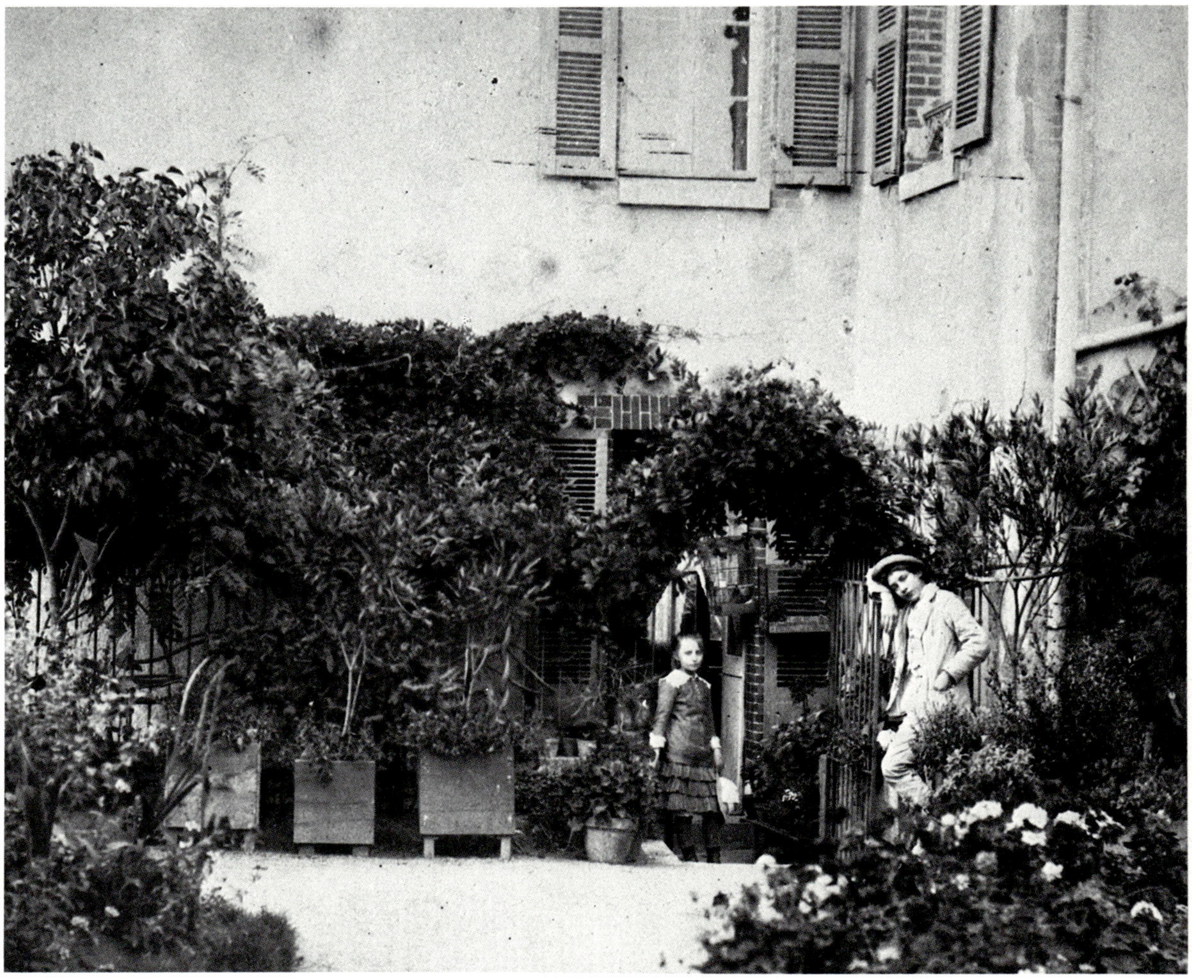

3

(1) L'entrée cochère de la maison de Claudine. – (2) La maison vue par le peintre Luc-Albert Moreau. Le passage entre le Jardin-du-Haut et le Jardin-du-Bas, avec la glycine et le bignonier. – (3) Colette dans le Jardin-du-Haut avec son frère Léo, le pianiste. *"Notre turbulence étrange ne s'accompagnait d'aucun cri."* – **Page de droite :** *"Maison et jardin vivent encore, je le sais, mais qu'importe si la magie les a quittés, si le secret est perdu qui ouvrait (...) un monde dont j'ai cessé d'être digne ?..."*

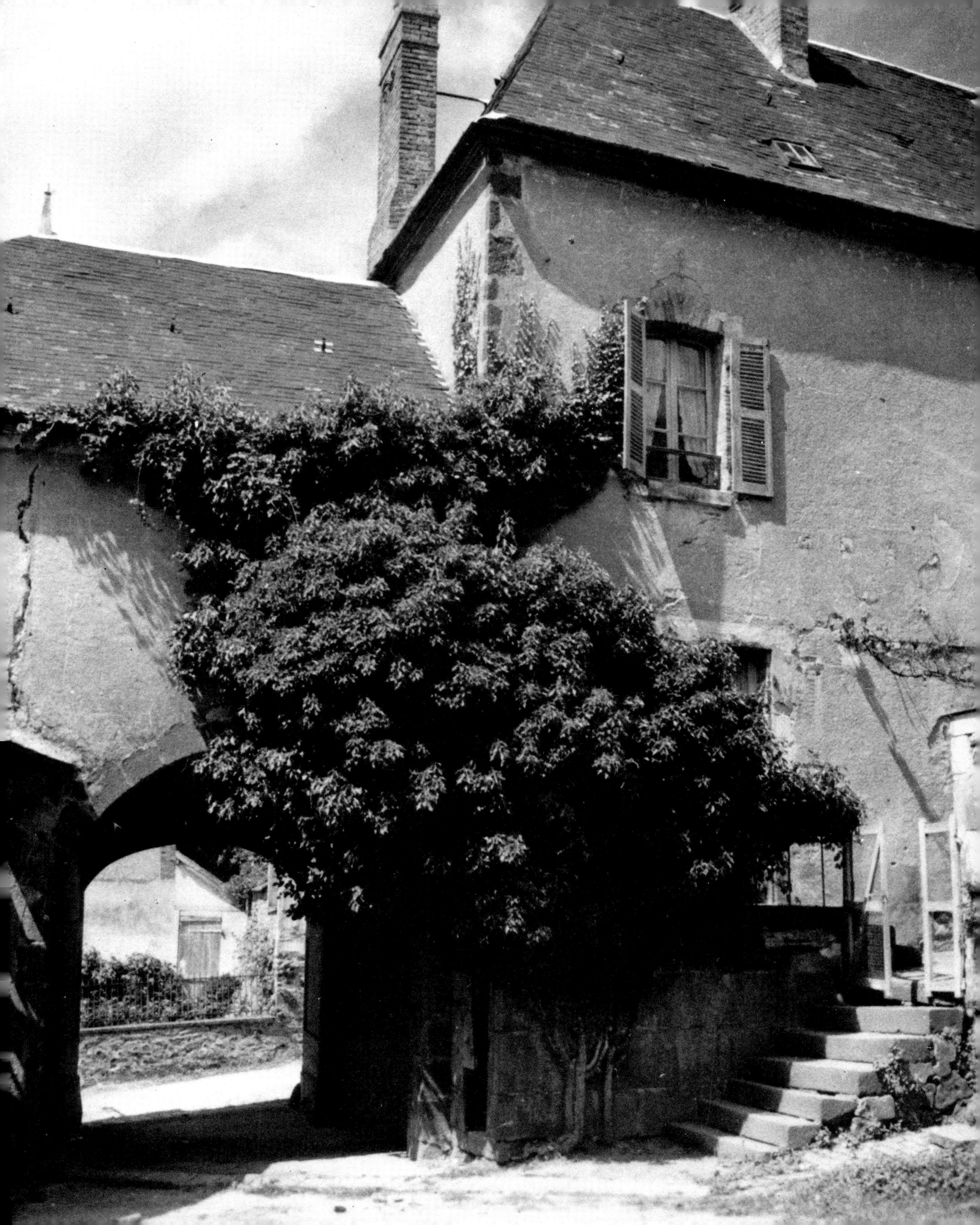

1
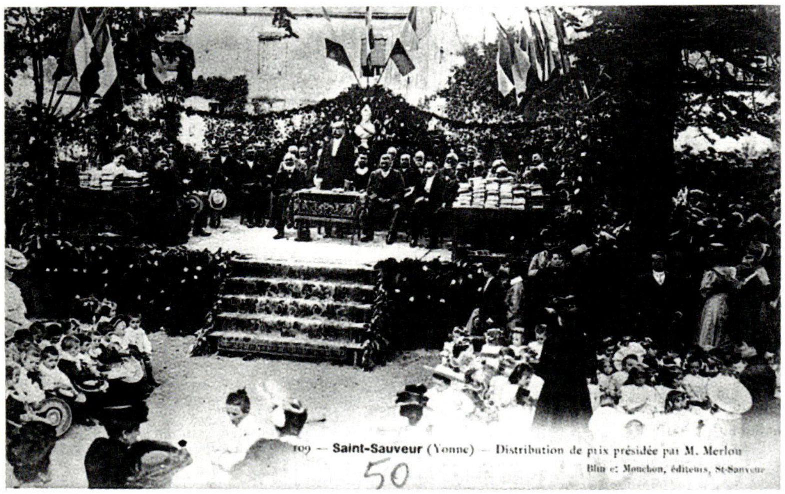

2
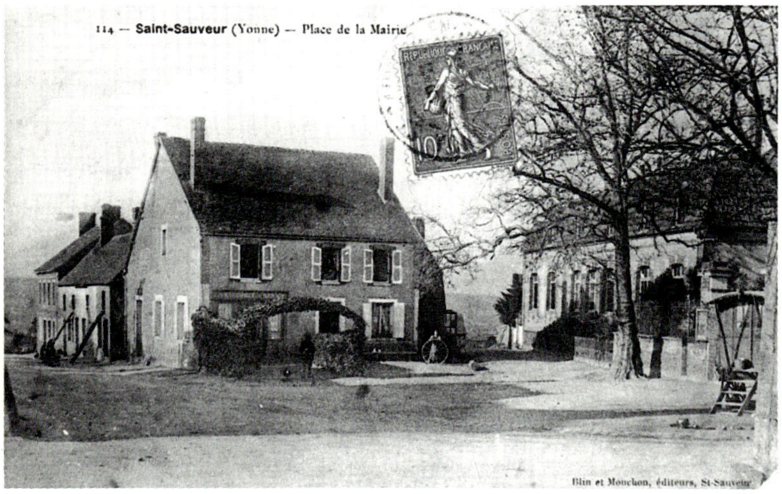

3
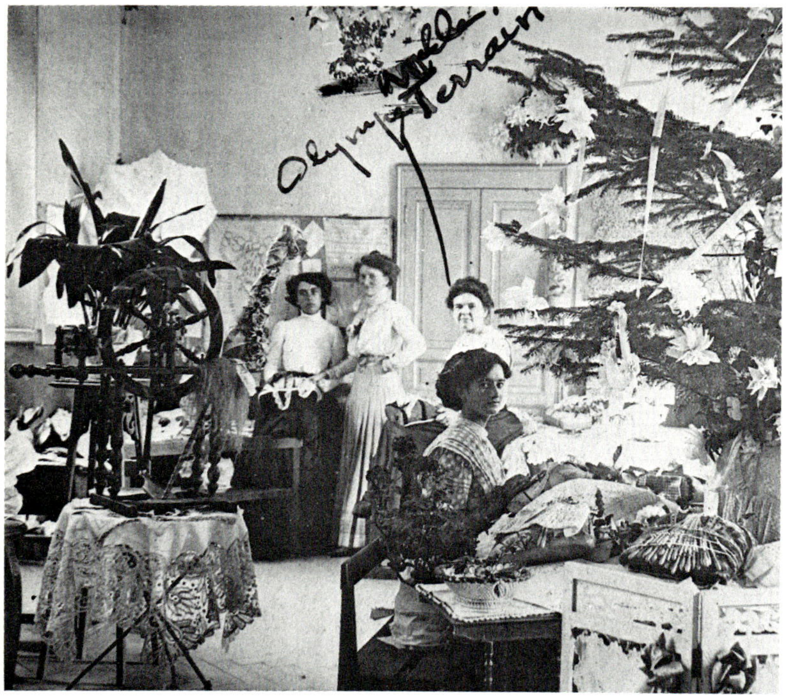

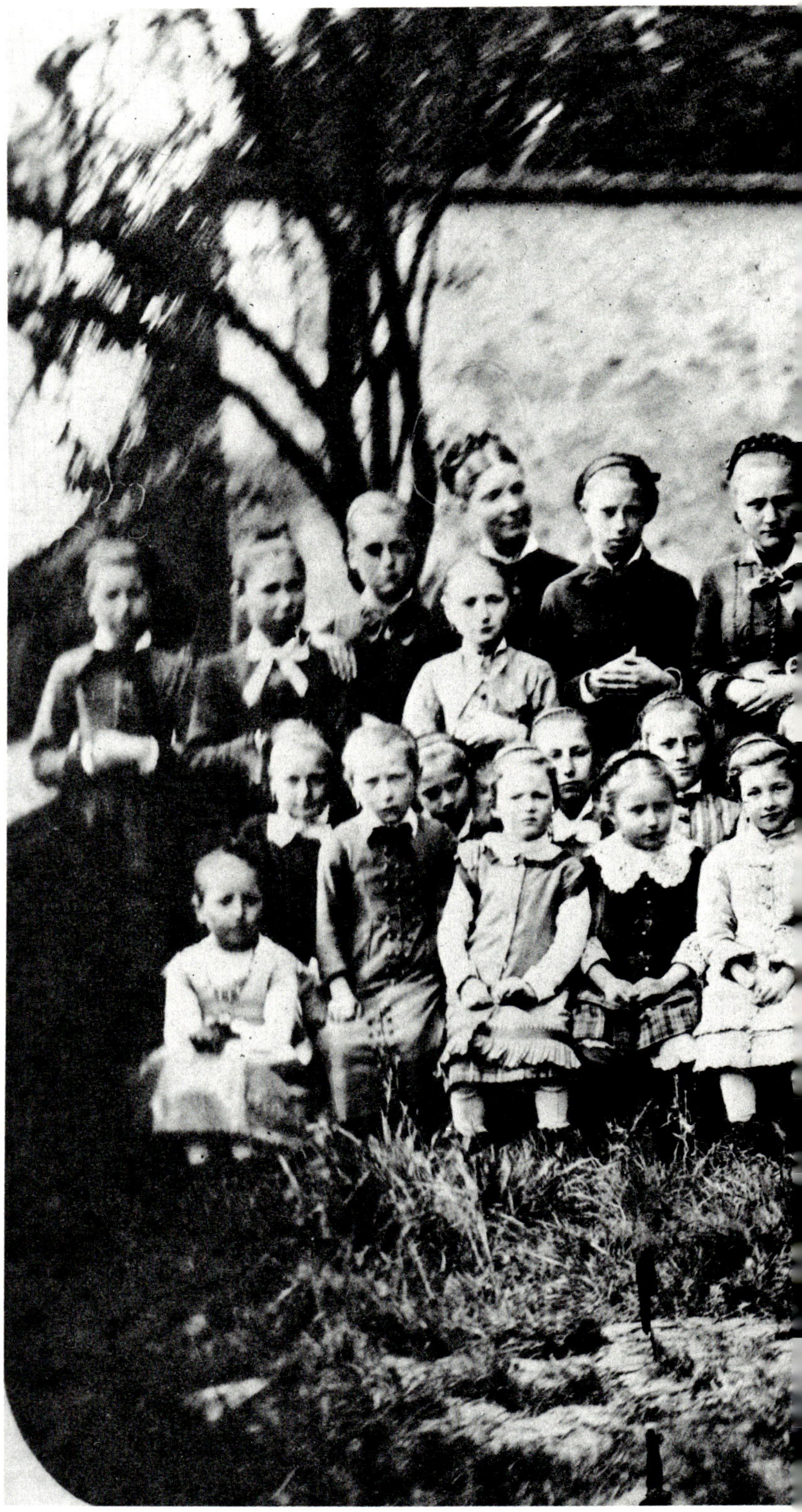

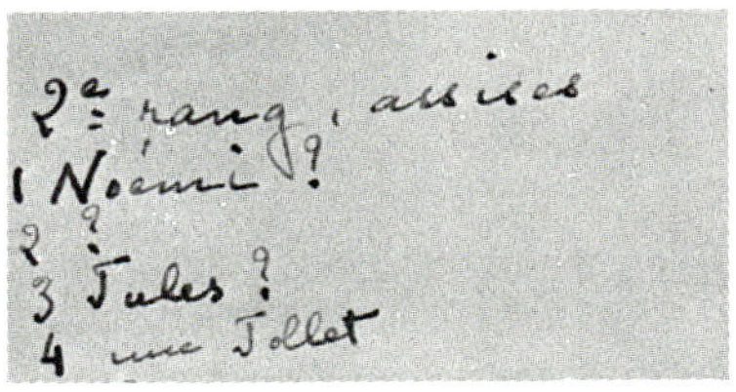
2e rang, assises
1 Noémi ?
2 ?
3 Jules ?
4 une Jollet

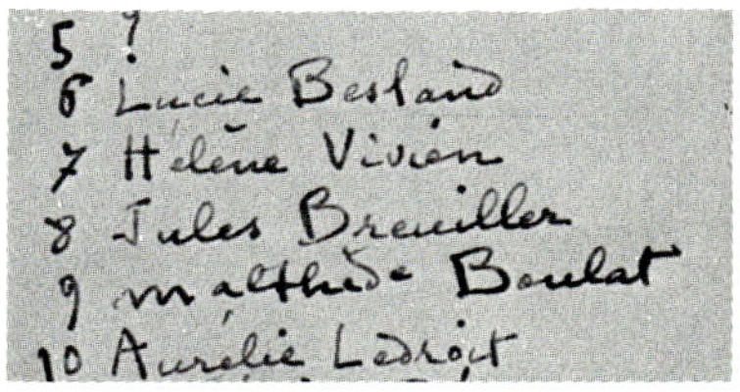
5 ?
6 Lucie Berland
7 Hélène Vivien
8 Jules Breuiller
9 Mathilde Boulat
10 Aurélie Ledroit

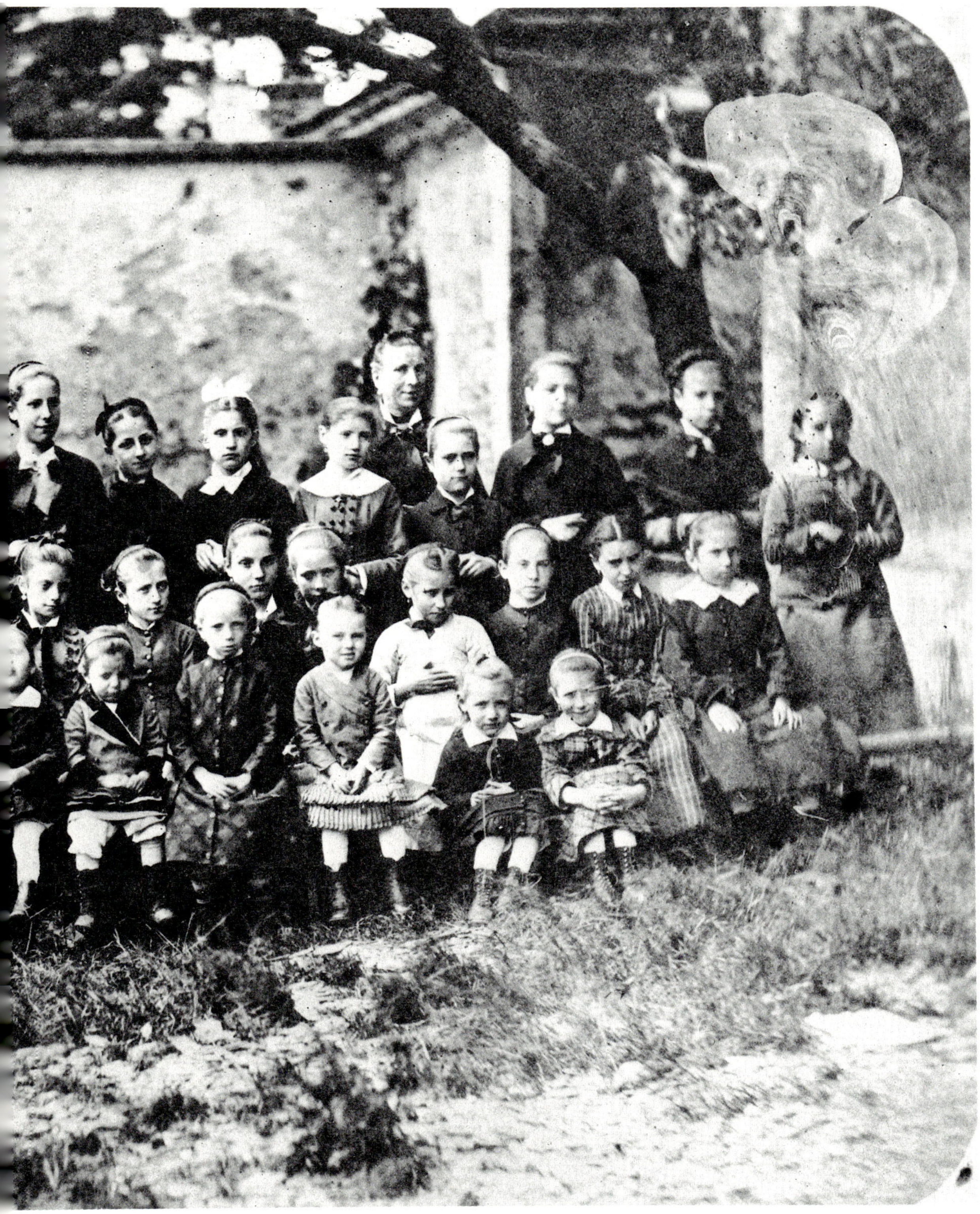

11 Arthémise Dumon
12 Eugénie Fauconnier
13 ? Breuiller

En bas, assises :
1 Septime Dumoutiers
2 Jeanne Berthier
3 Thérèse Jérôme
4 Gabrielle Colette
5 Camille Jérôme

6 Jeanne Havoue
7 Octavie Préaudot
8 Eugénie Peuphely
9 Liline Ballut
10 Camille Havoué
11 Jeanne Havoué

Le décor réel de *Claudine à l'école*. (1) Distribution des prix à l'école de Saint-Sauveur, présidée par le maire, le Dr Merlou qui deviendra dans le roman le Dr Dutertre, délégué cantonal. – (2) La nouvelle école ne fera pas oublier celle qui était ...*"délabrée, malsaine, mais si amusante !"* – (3) L'arbre de Noël à l'école. Indiquée par Colette, Mlle Olympe Terrain – qui deviendra Mlle Sergent dans le roman – ...*"cette rousse bien faite, la taille et les hanches rondes mais d'une laideur flagrante, la figure bouffie et toujours enflammée..."* – Ci-contre : Colette, enfant, dans sa classe – au premier rang, la quatrième à gauche. A la fin de sa vie, Colette se souvenait encore des noms des autres enfants et les écrivit sous la photo.

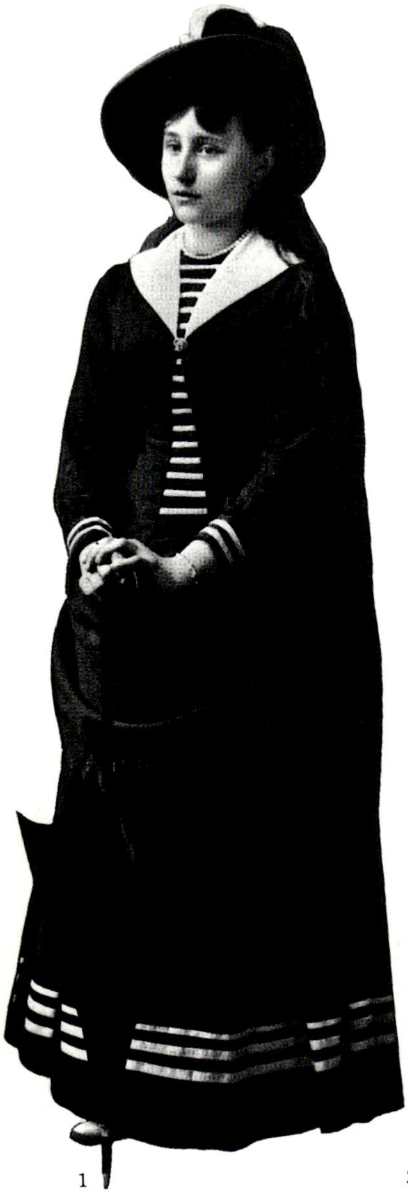

1

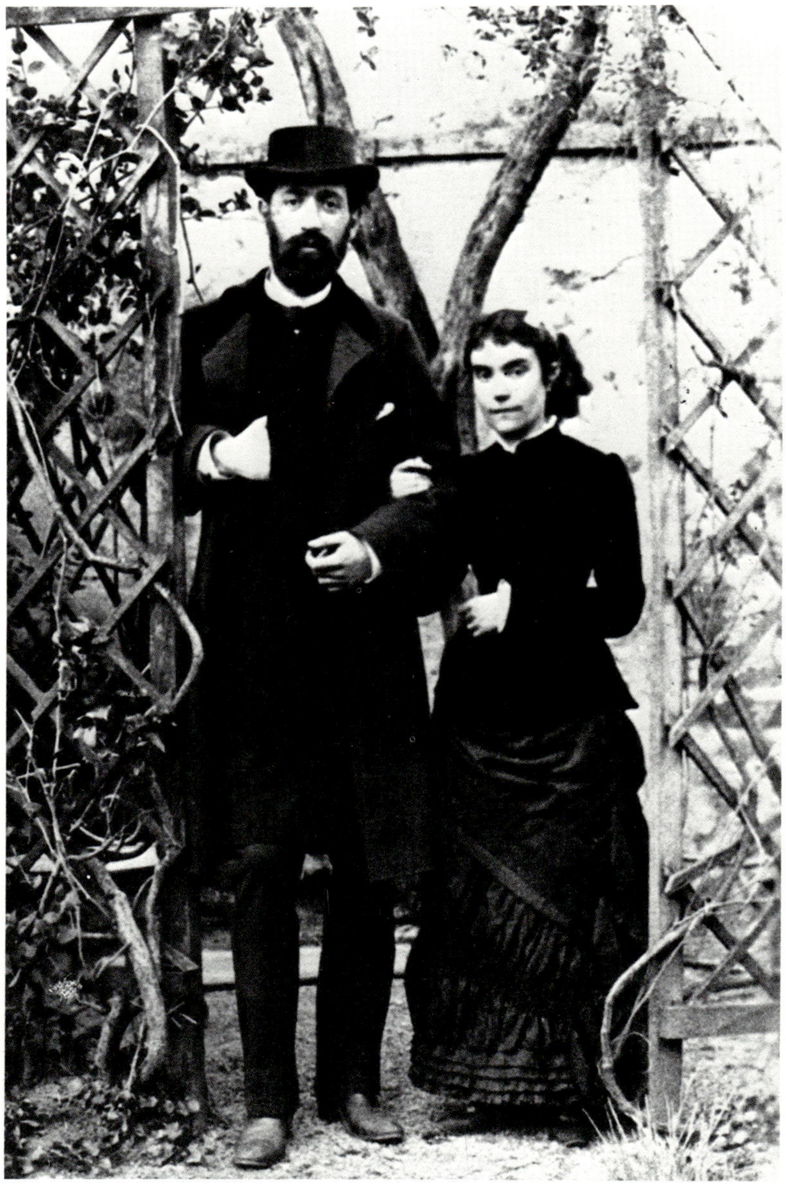

2

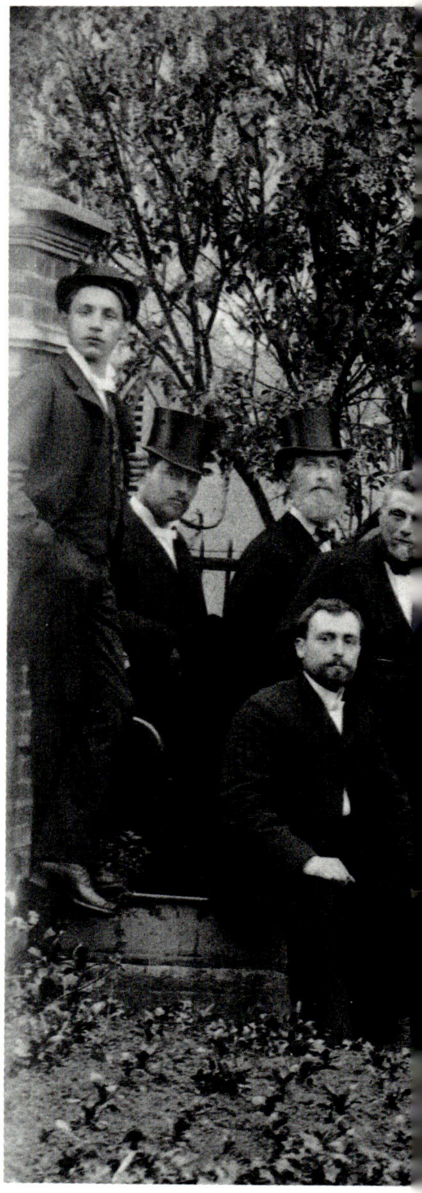

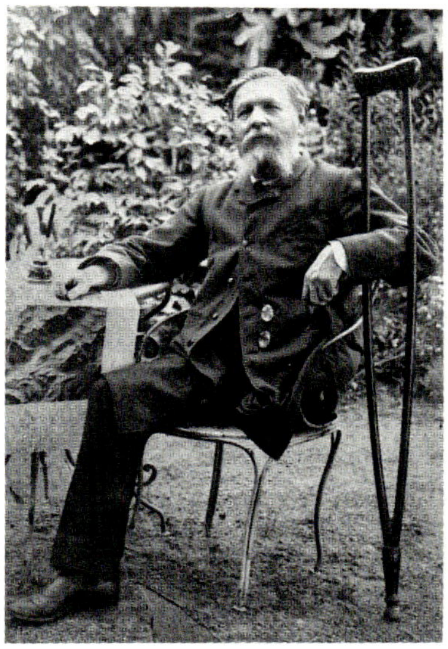

3

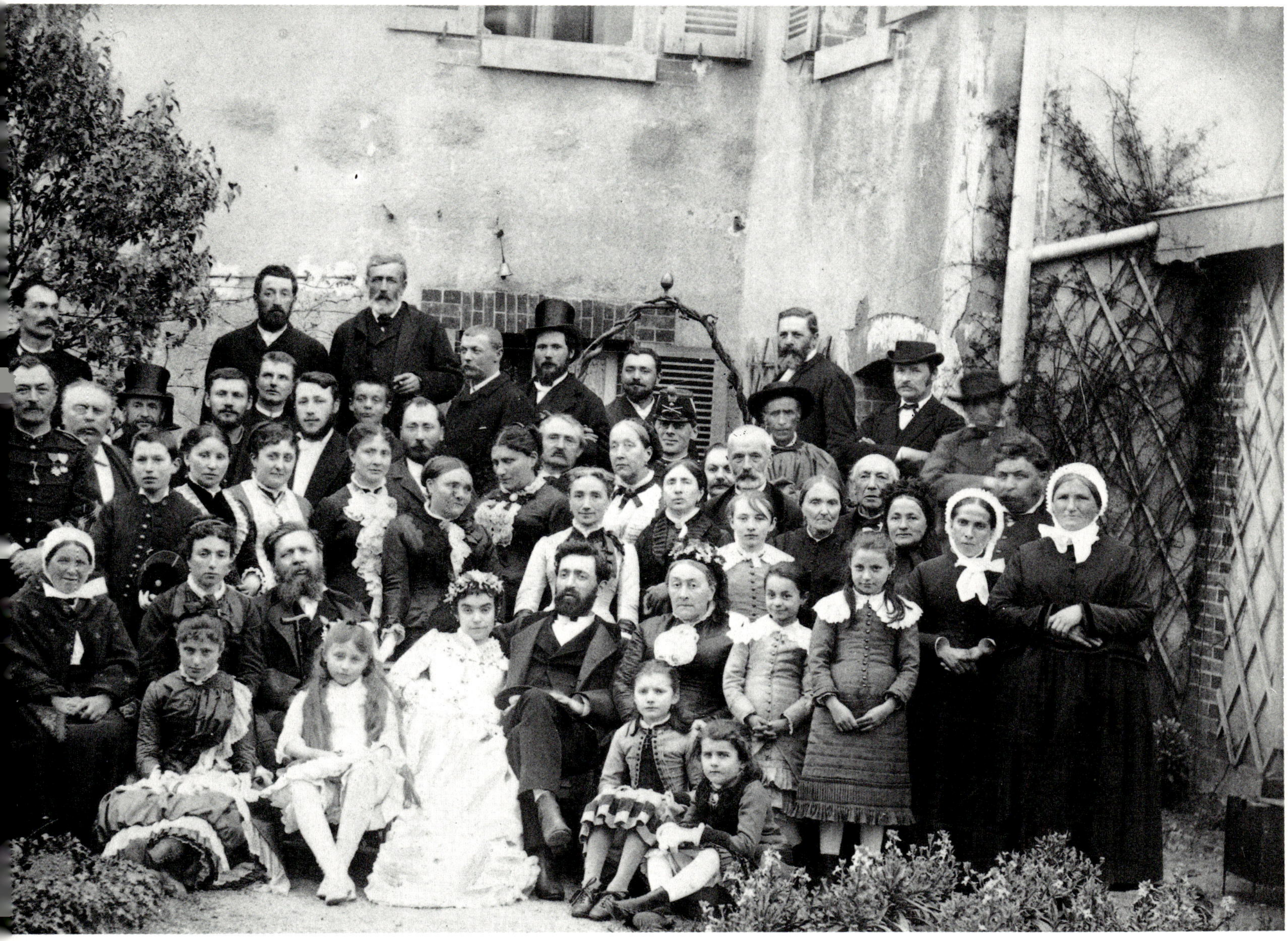

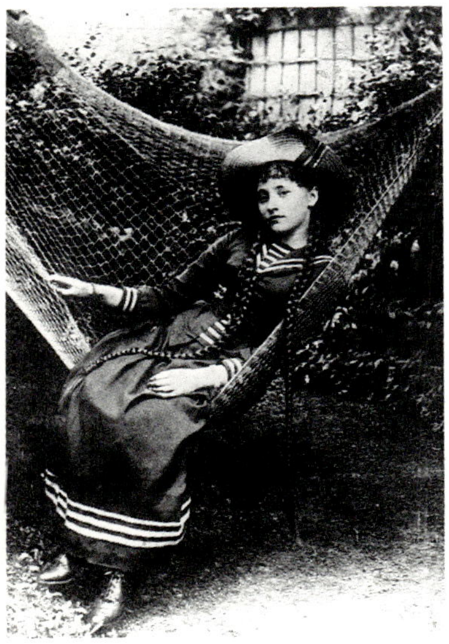

Page précédente : (1) Colette adolescente, déguisée en dame. – (2) Juliette, le petit monstre, né du premier mariage de Sido, s'est tout de même, un jour, trouvé un mari, un certain Dr Roché. Sido n'aime pas ce gendre qu'elle appelle *"le premier chien coiffé".* – (3) Le héros de Melegnano à Châtillon-Coligny, en 1896... *"N'aurais-je pas dû forcer, quand il était vivant, sa dignité goguenarde, sa frivolité de commande ?"* – Ci-contre, la célèbre photo de Colette à quinze ans, avec ses interminables nattes. – Ci-dessus : le mariage – inespéré – de Juliette en 1885 va entraîner la vente des meubles de Saint-Sauveur et l'exil de la famille Colette à Châtillon-Coligny (Colette est au premier plan à gauche de la mariée).

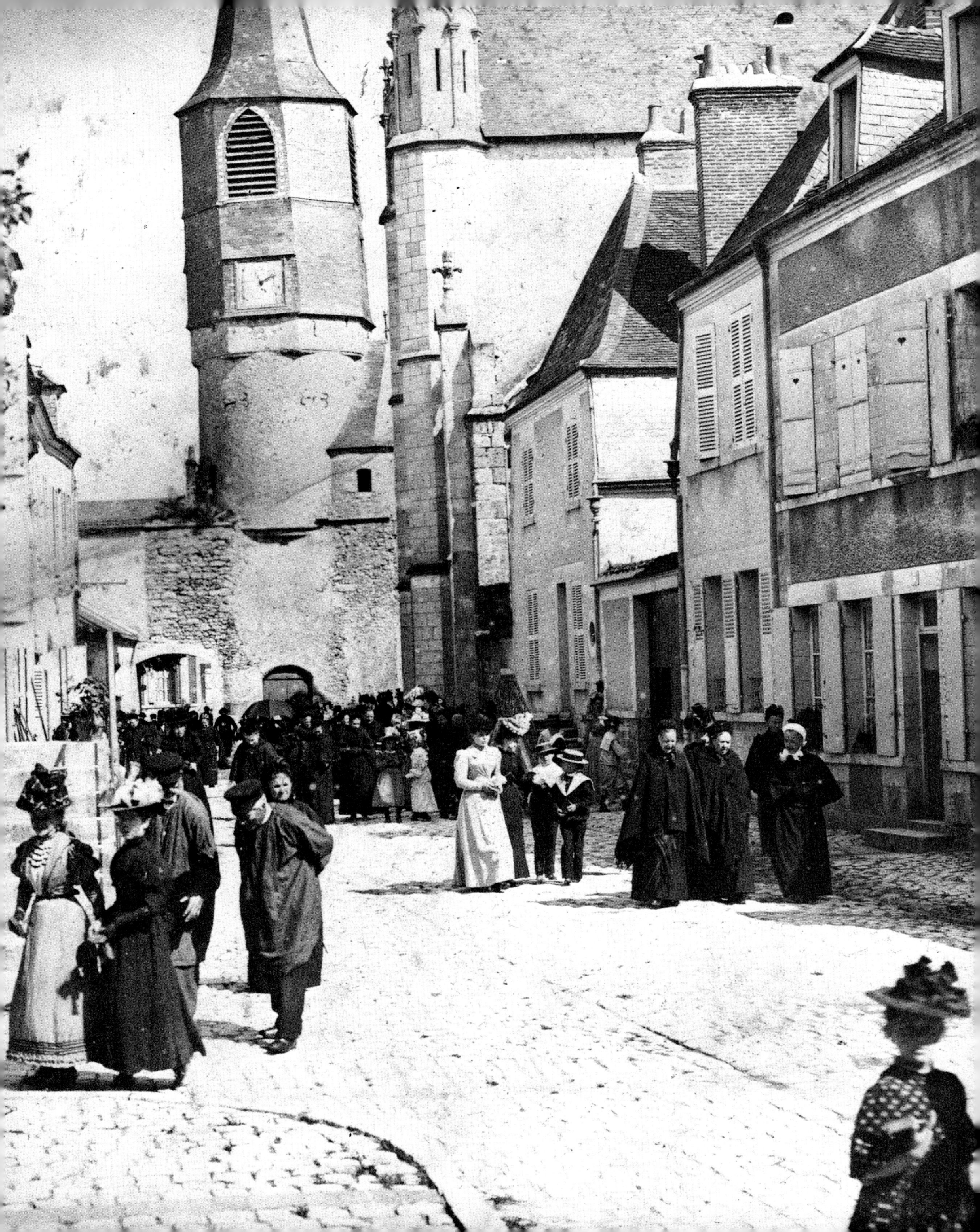

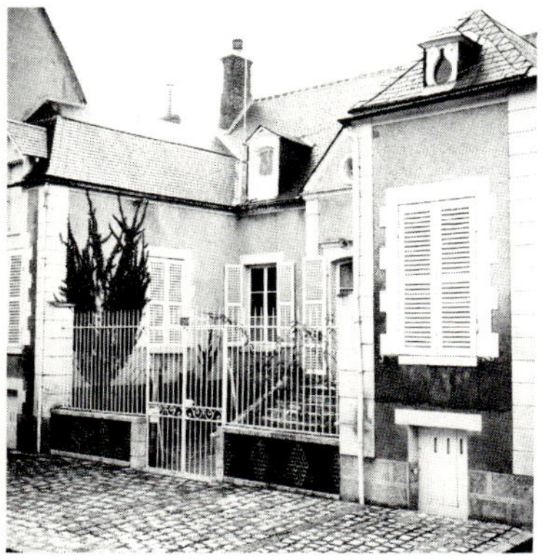

1

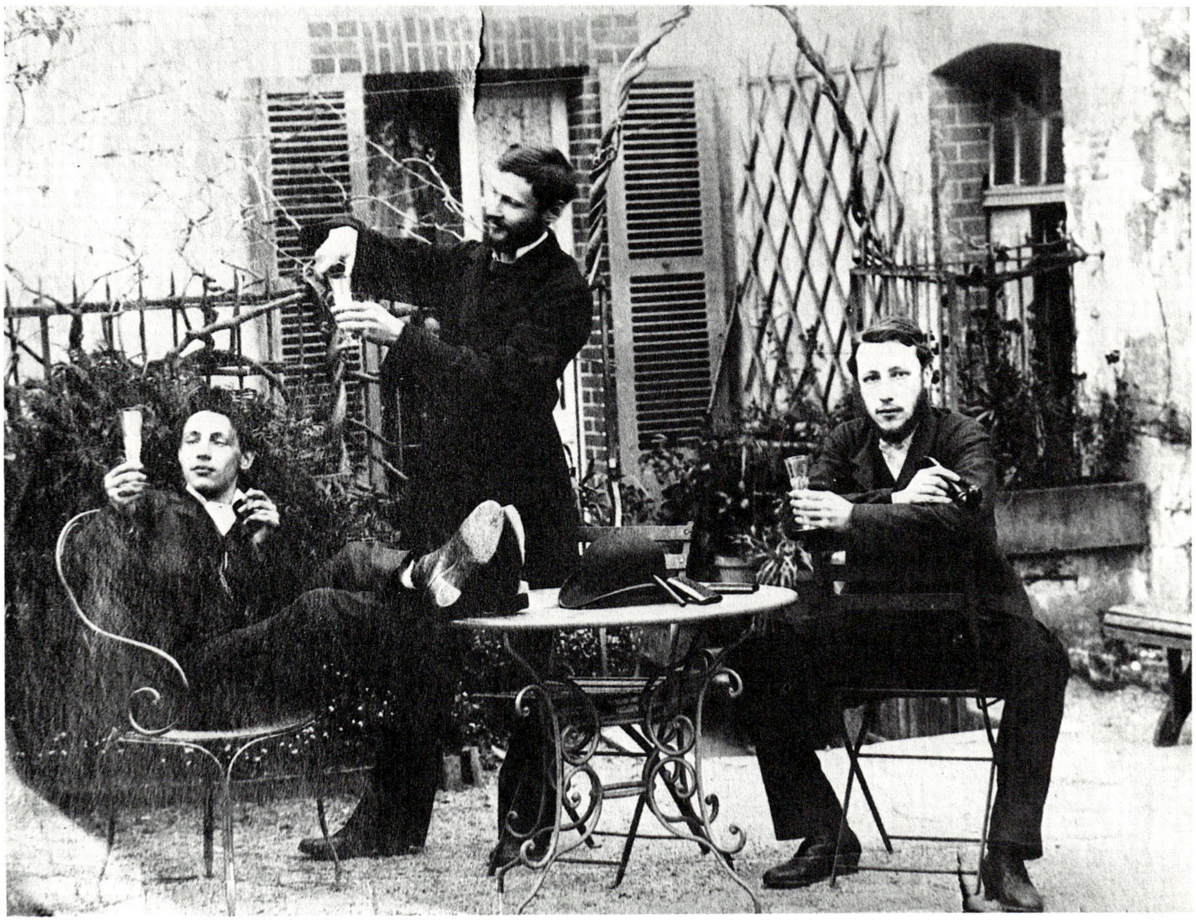

2

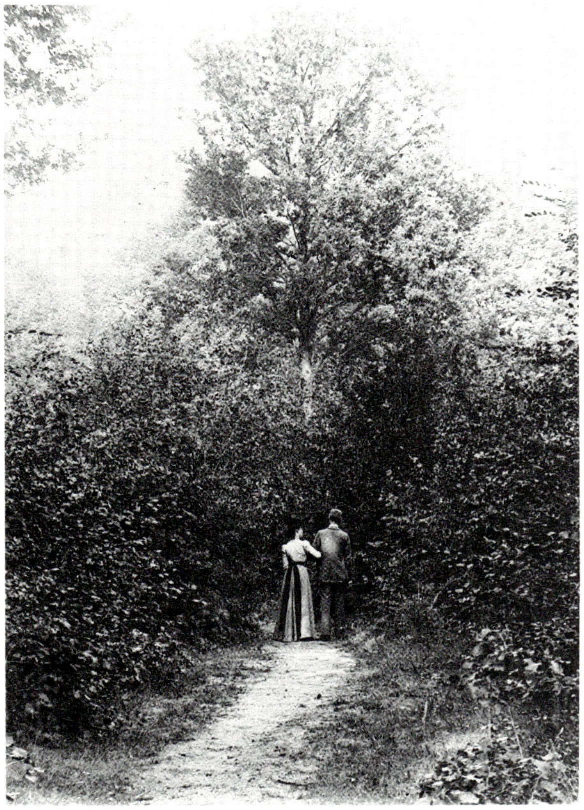

3

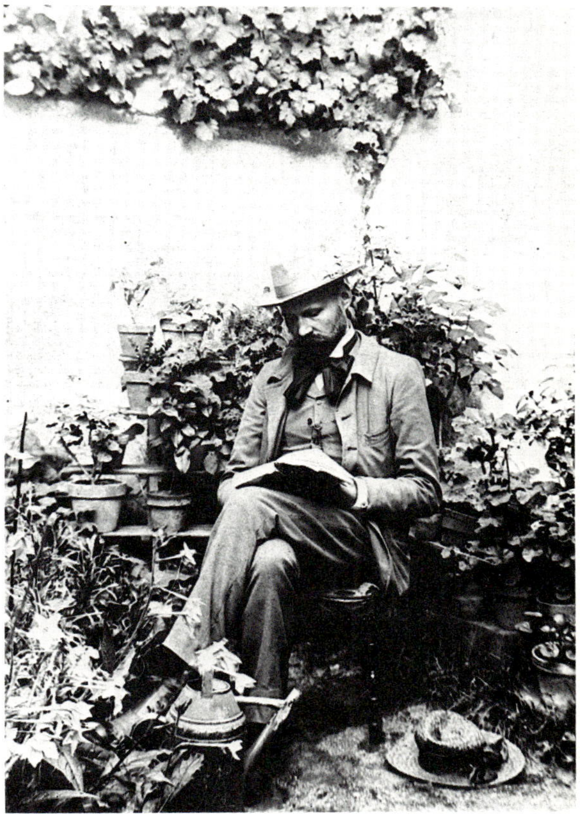

4

Page précédente : Châtillon-Coligny, en 1897, où la famille Colette, ruinée, vit depuis sept ans chez Achille, l'aîné des garçons. – Ci-dessus : (1) Etat actuel de la maison du Dr Achille Robineau, rue de l'Eglise. – Ci-contre (2) Léo, le musicien aux *yeux bleu-de-plomb* (à gauche), Achille, le médecin (debout), et un cousin Landoy. – (3) Achille et sa femme, dans les bois de Châtillon. – (4) Achille emmenait parfois Colette dans ses tournées de médecin de campagne. De lui elle apprit à suturer les plaies et à faire des cachets.

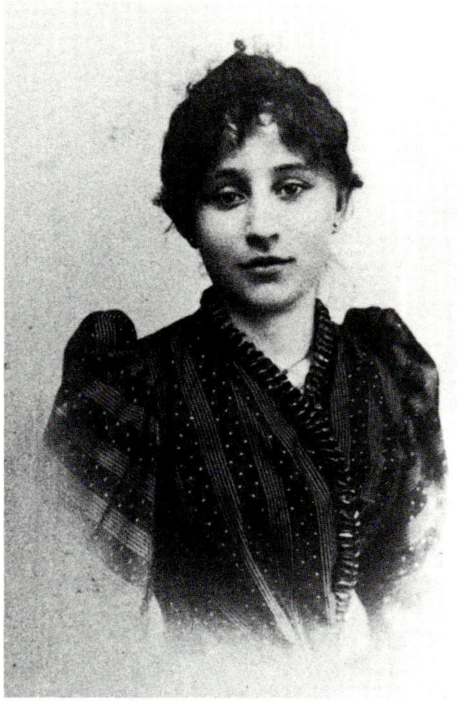

Ci-contre : Colette à dix-huit ans, a atteint, enfin, l'âge de porter chignon : le rêve de toutes les minettes de la fin du siècle dernier. – Ci-dessous, le capitaine Colette et Sido, absorbés par une partie de dominos. **Page suivante :** (1) Eternellement amoureux de sa femme, Jules Colette faisait semblant d'écrire ses mémoires, sans se séparer de la photo de Sido. – (2) Sido, à l'âge de l'admirable lettre à propos d'un cactus rose, revue et corrigée par sa fille dans *La Naissance du jour.* – (3) La famille Robineau à Châtillon. Sido, à gauche et debout, la femme d'Achille.

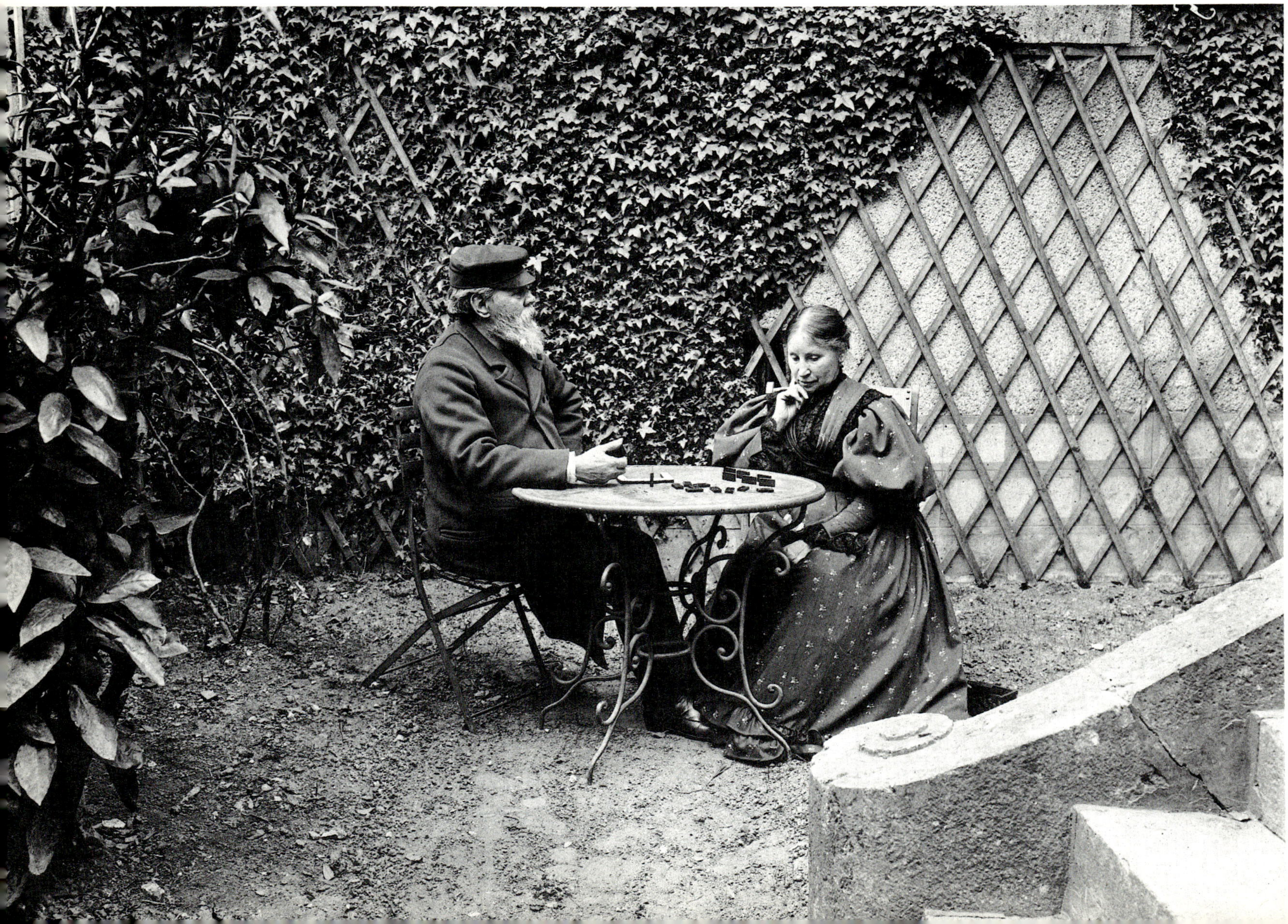

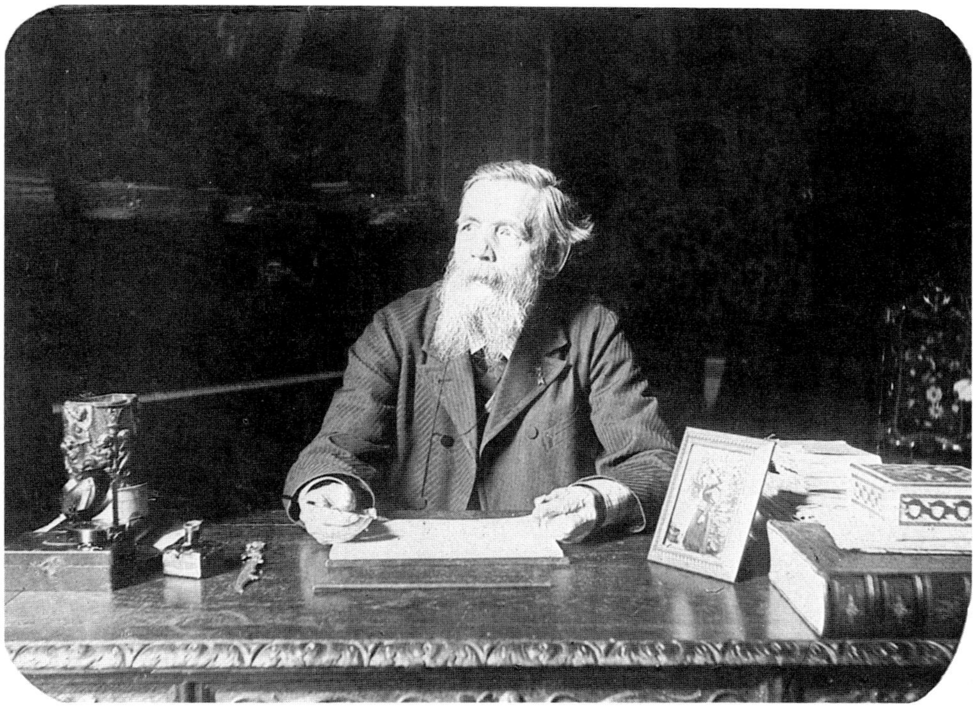
1

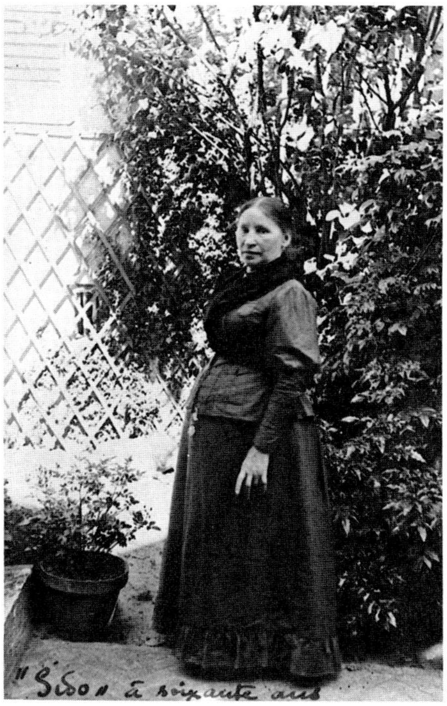

2

3
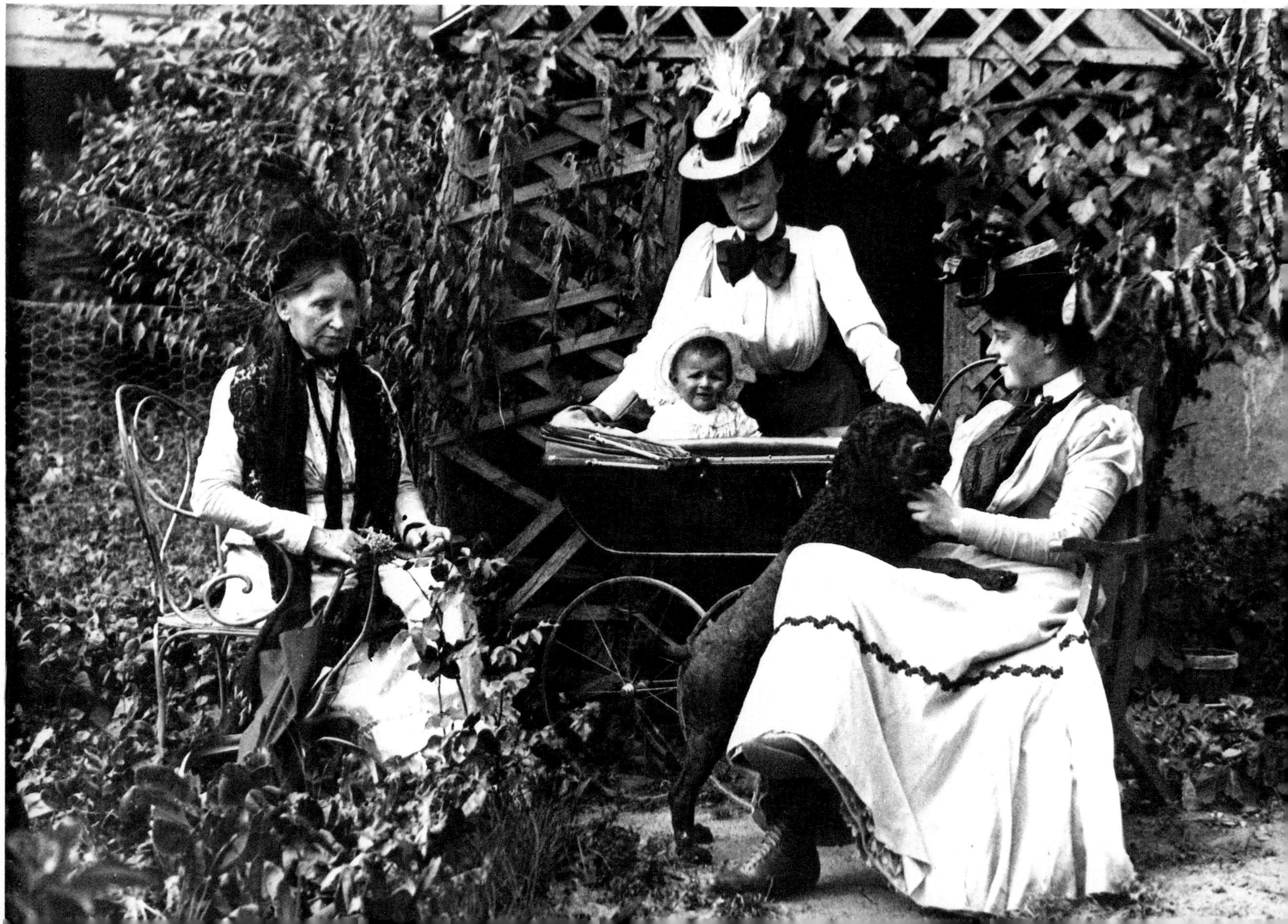

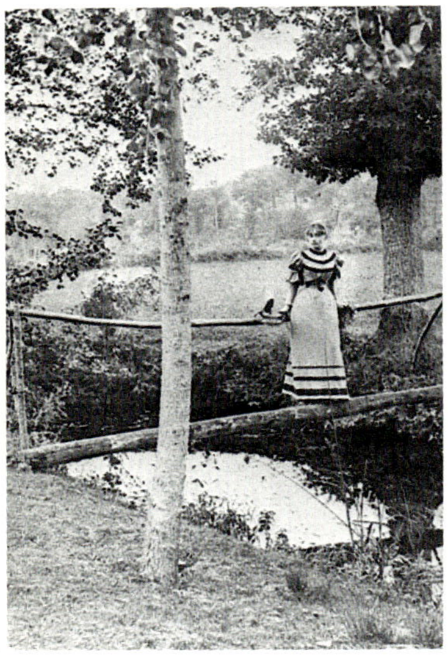

1

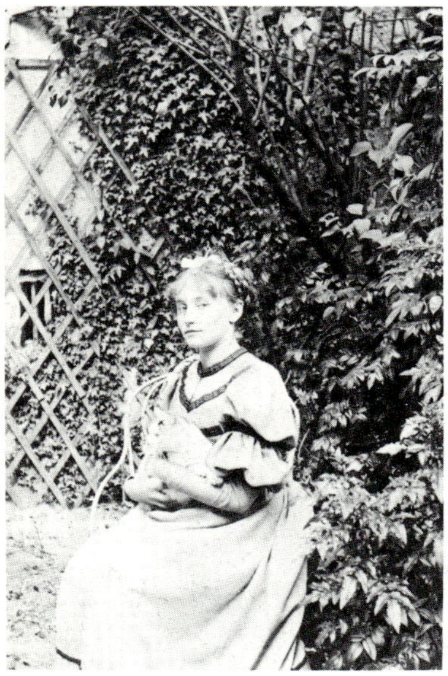

2

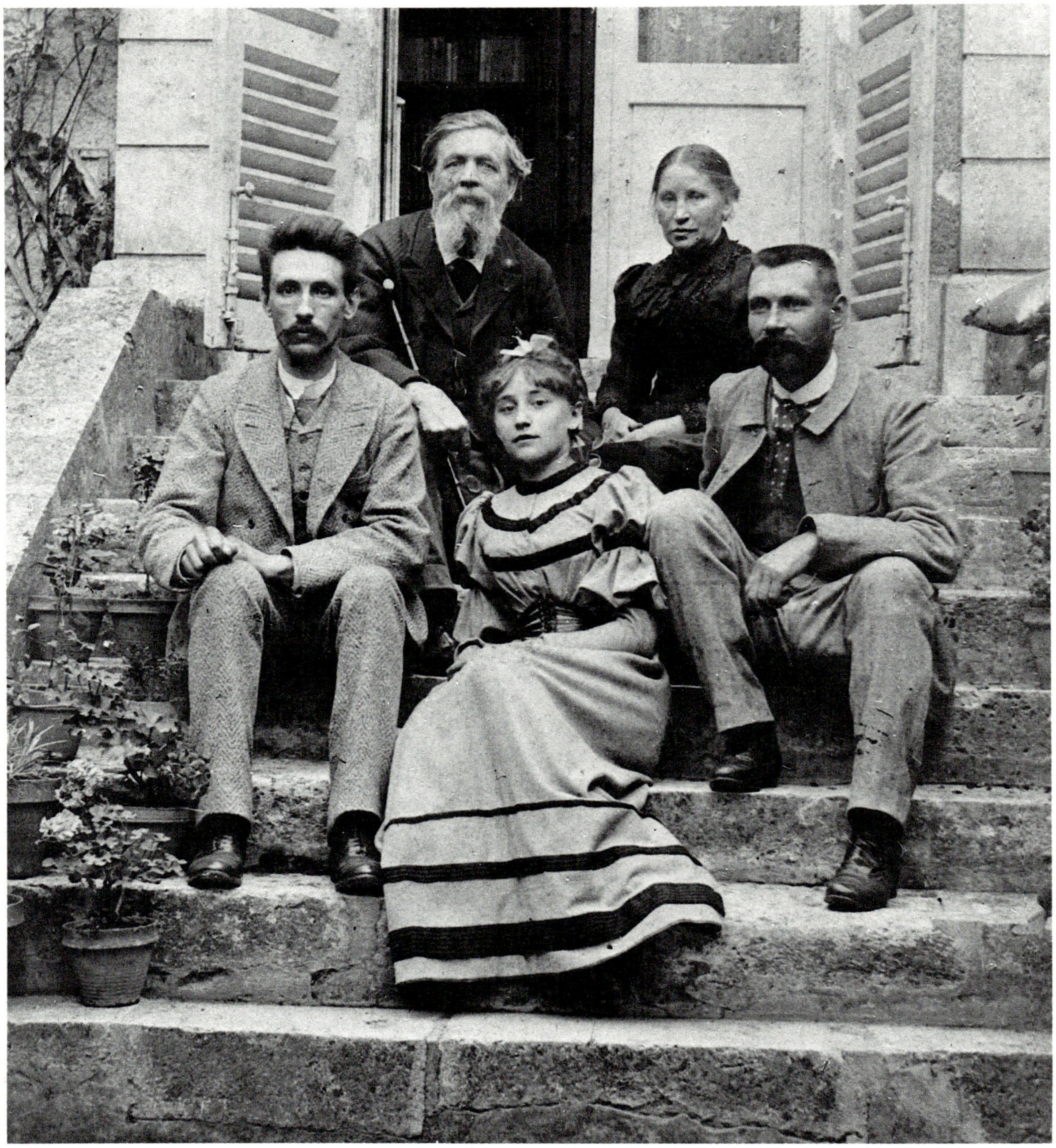

3

(1) et (2) 1893 : Colette à vingt ans, l'année de son mariage. C'est ce petit visage triangulaire aux traits encore enfantins que Paris découvre sous le nom de la jeune Mme Gauthier-Villars, alias Willy. – (3) La famille Colette sur les marches du perron de la maison de Châtillon. On y aperçoit aussi, à gauche, les chères boutures de Sido. – **Page suivante :** (1) Cette photo de Colette, l'année de son mariage, figurait dans l'album personnel de Willy avec la mention suivante... *"ne cachant encore ni ses sentiments ni ses oreilles".* – (2) Colette jeune femme et son beau-fils Jacques Gauthier-Villars qui l'appellera plus tard : "Ma très séduisante marâtre."

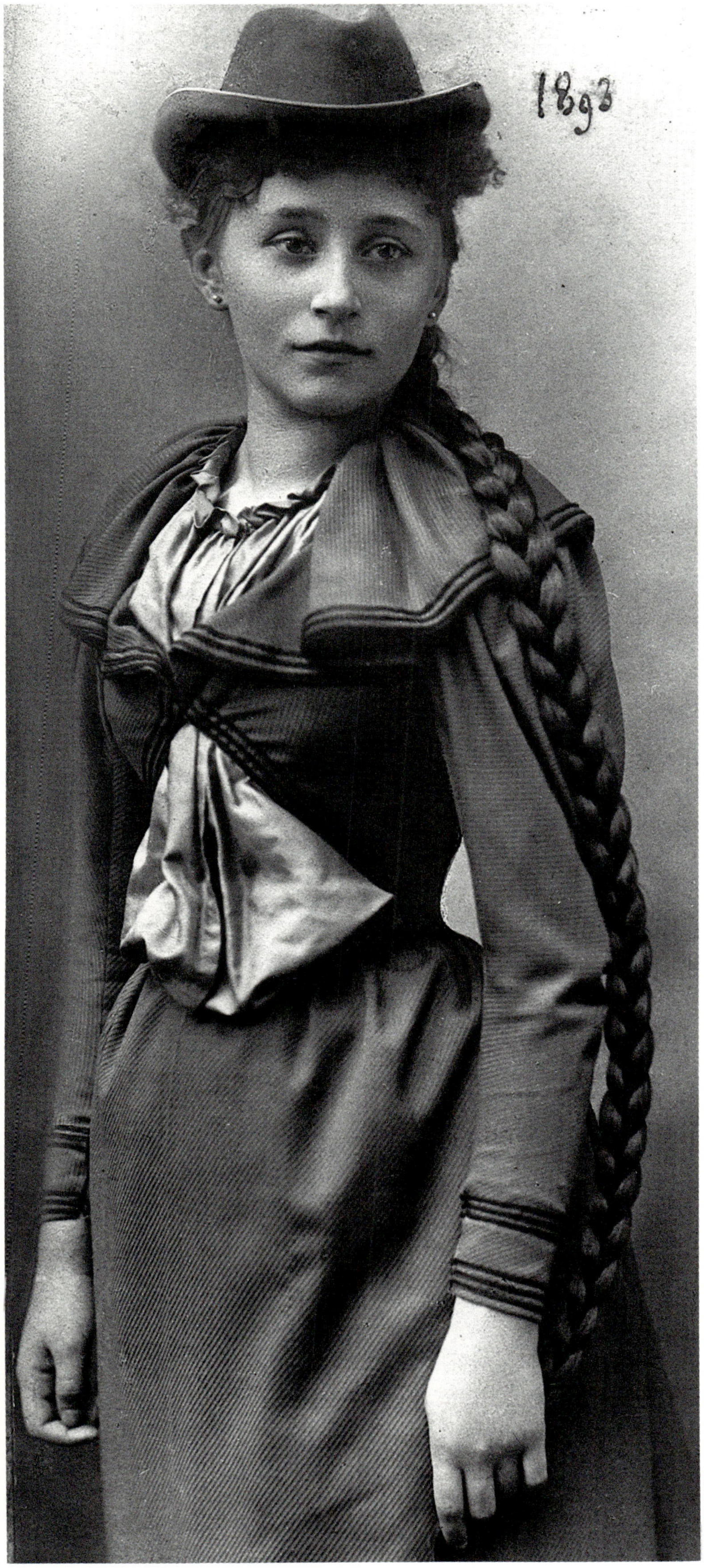

1

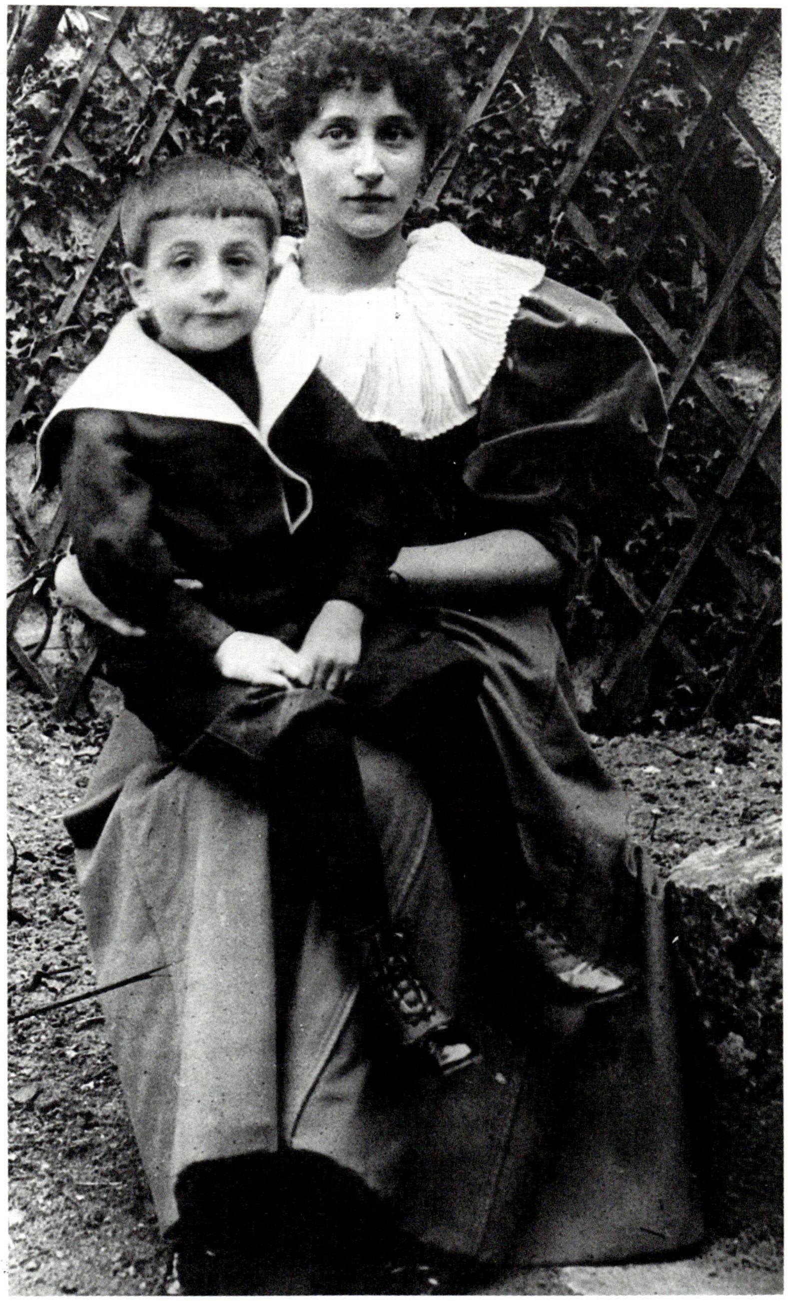
2

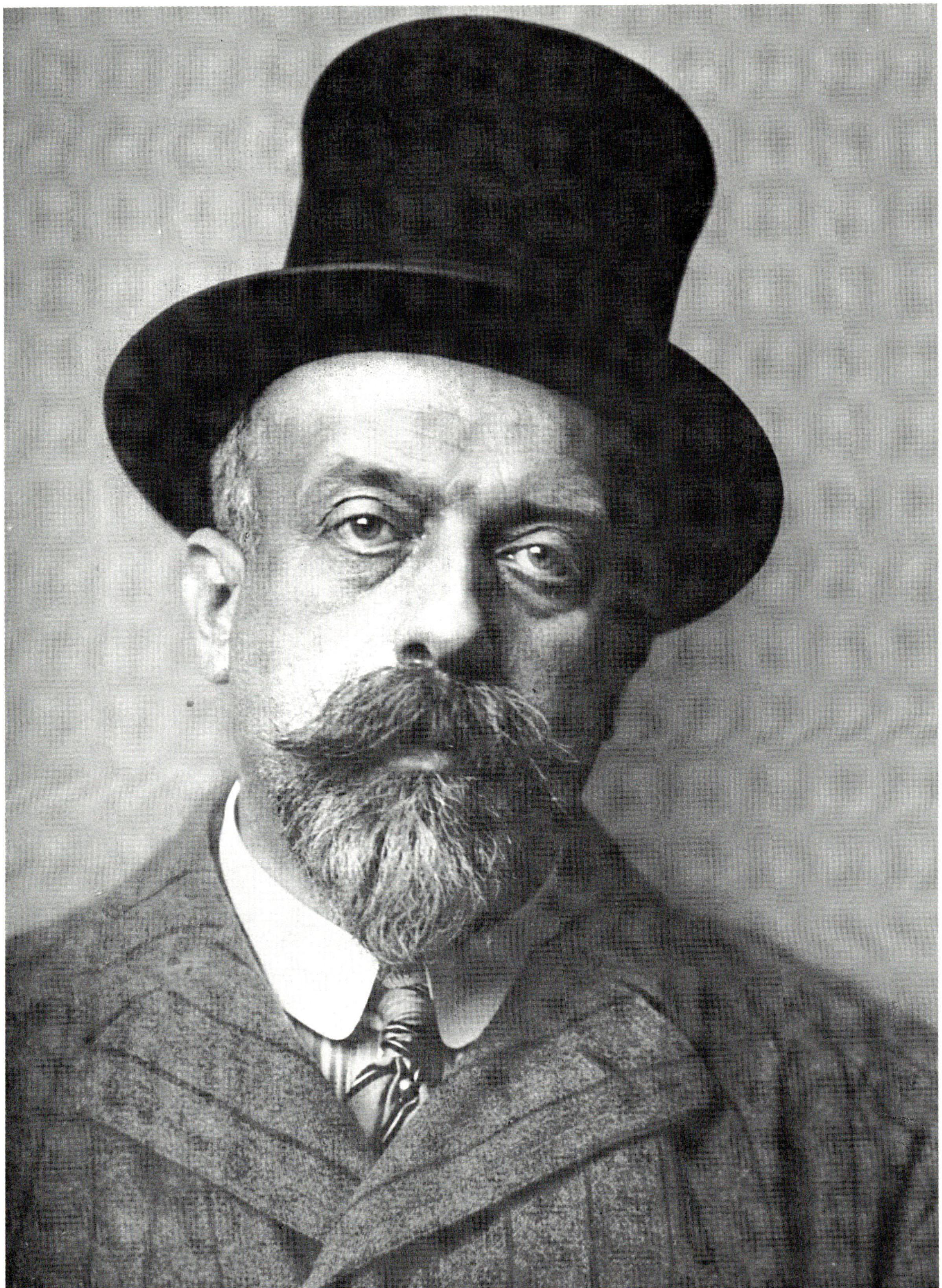

Henry Gauthier-Villars, dit Willy.

Apprentissages

C'est vers 1891 que la benjamine des Colette commença à fixer son attention sur un ami de sa famille qu'elle connaissait, pourtant, depuis longtemps. Il allait devenir son premier mari.

Henry Gauthier-Villars, alors âgé de trente-deux ans, était le fils cadet d'un grand éditeur scientifique, Albert Gauthier-Villars, polytechnicien et ancien camarade de promotion du capitaine Colette avec lequel il avait fait la guerre.

Après de solides études gréco-latines au lycée Condorcet puis à Stanislas – il avait obtenu un premier prix de version grecque au concours général –, Henry Gauthier-Villars avait très vite renoncé à devenir le polytechnicien que sa famille aurait souhaité. Orienté vers Normale Sup, cet esprit fantasque et cultivé avait préféré bifurquer vers la littérature et la musique.

Ensuite il avait publié un recueil de sonnets, puis rédigé des écrits scientifiques pour les éditions paternelles. Henry y avait même eu un bureau, quai des Grands-Augustins, lieu de rendez-vous pour des écrivains, des musiciens et même certains membres de l'Institut qui venaient se détendre là, en voisins, attirés par l'esprit brillant du jeune Gauthier-Villars.

Henry Maugis avait été le premier de ses nombreux pseudonymes pour signer ses premières critiques musicales et littéraires à la revue *La Nouvelle Rive Gauche*, à côté de Verlaine, Jean Moréas ou Henry de Régnier. Il avait ensuite collaboré à d'innombrables revues et journaux. Il était devenu, entre autres, le critique musical de *L'Echo de Paris* où il signait ses chroniques "L'ouvreuse du Cirque d'été". Chroniques d'un style tout à fait nouveau, truffées d'à-peu-près, de calembours et de potins qui tranchaient sur les habituels, les ennuyeux comptes rendus musicaux et obtenaient un vif succès. Willy, féru de Wagner qu'il contribua beaucoup à faire connaître en France, défendait également des musiciens comme Debussy, Chabrier ou Vincent d'Indy.

Toujours courant après trois sous pour en faire quatre, Willy s'était aussi lancé dans le roman à succès mais en faisant écrire les autres. Il avait monté une sorte d'usine littéraire, plantation active qui regroupait des "nègres" amis dont certains, comme Jean de Tinan, Marcel Schwob, Curnonski, Francis Carco ou P.-J. Toulet, étaient d'excellents écrivains qui avaient besoin de gagner leur vie. Evidemment, les romans étaient signés Willy.

Et, très vite, Willy était devenu une coqueluche parisienne. Il était invité partout, reconnu dans la rue par les cochers de fiacre. On citait ses mots d'esprit, ses boutades et ses facéties dans les dîners mondains et les femmes, dont il faisait une consommation appréciable, l'adoraient.

Pourtant, il n'était pas beau. Avec sa bedaine plus que naissante, son crâne déjà chauve et son visage marqué par la bamboche, Willy, en 1891, était tout sauf un Adonis. Mais il avait du charme et, surtout, il était drôle. Quelle femme, même très jeune, résiste à un homme qui la fait rire ? Willy faisait rire la petite Gabri. Quand il débarquait à Châtillon, le visage de la jeune fille s'éclairait. Quand il appelait la princesse de Caraman-Chimay "la carrément chameau", qu'il surnommait Catulle Mendès, vaniteux de ses succès amoureux, le "vain du rein" ou transformait par une anagramme le nom de Jules Claretie, administrateur du Français et journaliste prolixe, en "je sue l'article", Gabri s'esclaffait.

Outre l'amitié qui liait son père à Jules Colette, Willy avait une autre raison de venir souvent à Châtillon : il avait dans le pays un fils en nourrice, Jacques, né deux ans plus tôt, d'une jeune femme qu'il avait adorée et qui venait de mourir.

Willy exerçait aussi sur la petite Colette cette fascination classique des hommes à femmes sur les jeunes filles sensuelles qui ne connaissent encore rien de l'amour. Plus tard, dans *Mes Apprentissages*[1], Colette exprimera très bien cette attirance : *"En peu d'heures, un homme sans scrupules fait, d'une fille ignorante, un prodige de libertinage, qui ne compte avec aucun dégoût. Le dégoût n'a jamais été un obstacle. Il vient plus tard, comme l'honnêteté* [...] *La brûlante intrépidité sensuelle jette à des séducteurs mi-défaits par le temps, trop de petites beautés impatientes...*" Bref, Willy troublait une Colette prête à tout et, bientôt, éperdument amoureuse. Lui, de son côté, quelque peu lassé de la bamboche, arrivait à cet âge où les hommes de son temps commençaient à envisager de "faire une fin", c'est-à-dire de se marier.

Cette petite Colette qui bâillait d'admiration quand il parlait lui parut soudain très appétissante. Ses nattes et ses airs d'ingénue libertine l'excitaient. Il y avait dans le couple qu'ils formaient, elle et lui, un relent de détournement légal de mineure assez piquant. Il demanda sa main, fut agréé mais on le pria d'attendre deux ans avant de l'épouser. Les parents Gauthier-Villars voulaient être sûrs qu'il ne s'agissait pas là d'un nouveau caprice de leur fils. La pieuse famille Gauthier-Villars qui, plus tard, en 1919, refusera de publier un texte de Baudelaire avec ce commentaire : *"Mille regrets. Nous sommes des imprimeurs catholiques"*, ne goûtait guère, en effet, la conduite désordonnée de son fils cadet. L'enfant qu'il avait eu d'une femme mariée et qu'il avait reconnu l'avait déjà ulcérée. Peut-être aussi, en imposant de longues fiançailles avec Colette, les Gauthier-Villars espéraient décourager cette union. La fiancée, en effet, était de bonne famille mais sans la moindre dot. Il y avait plus grave : quand Willy leur avait officiellement présenté celle qu'il comptait épouser, son frère et ses sœurs avaient été quelque peu effarés *"par le vocabulaire de Colette et la quantité effroyable de beurre et de confiture qu'elle consommait*[2]*"*. Bref, on espérait mieux.

C'est alors que débuta le relent de scandale qui devait accompagner Colette, tout au long de sa vie. Dès 1892, son projet d'union avec Willy commença à faire des vagues. Les Colette reçurent des lettres anonymes, très malveillantes, les mettant en garde contre le fiancé. A Paris, dans les milieux littéraires et mondains que fréquentait Willy, les langues se déchaînèrent quand on apprit que l'amuseur public, le fêtard notoire avait décidé de se ranger et s'apprêtait à prendre femme dans les provinces. Le 4 mai 1893, deux semaines avant le mariage, un entrefilet fielleux parut dans le *Gil Blas,* journal frivole qui cultivait les potins mondains : *"On jase beaucoup à Châtillon, du flirt intense dont un de nos plus spirituels clubmen parisiens, poursuit une exquise blonde, célèbre dans toute la contrée par sa merveilleuse chevelure. On ne dit pas que le mot mariage ait été prononcé. Aussi nous engageons fort la jolie propriétaire de deux invraisemblables nattes dorées à n'accorder ses baisers, suivant le conseil de Méphistophélès, que "la bague au doigt"."* La coupure de presse avait été envoyée à Achille.

Willy, furieux, avait été provoquer en duel le directeur du journal et l'avait blessé, ce pour quoi il avait été chaudement félicité par le capitaine Colette. Enfin, le 15 mai, Gabrielle Sidonie Colette et Henry Gauthier-Villars avaient été unis par le maire et le curé de Châtillon-Coligny. Un mariage presque à la sauvette, tant l'on craignait des manifestations hostiles. Tout photographe, même amateur, avait été écarté. L'un d'eux, pourtant, réussit à prendre un cliché où nous voyons Colette, en robe de mousseline blanche à traîne, auprès de son père.

Comme les jeunes mariés n'avaient pas d'argent, ils remplacèrent le traditionnel voyage de noces par un court séjour dans le Jura où les Gauthier-Villars possédaient un châlet. Puis ils revinrent à Paris loger, pour quelques jours, dans la garçonnière de Willy, sur les quais de la Seine, au-dessus de la maison d'éditions paternelle, le temps de se trouver un appartement en location. L'endroit, écrira Colette, *"... semblait abandonné ; des cartes postales allemandes erraient un peu partout, glorifiant le pantalon à rubans, la chaussette et la fesse*[3]*"*. Deux petites chambres aux tristes murs vert bouteille et chocolat, poussiéreuses et désolées, que Willy appelait son "Vénusberg". Même pas de quoi y cuire un petit déjeuner que Colette et son mari allaient prendre, de l'autre côté du fleuve, dans une crémerie à bon marché fréquentée par des emballeurs de la Belle Jardinière.

Evidemment, tous les amis, ennemis et connaissances de Willy attendaient, avec une curiosité plus ou moins bienveillante, la petite provinciale qui était devenue sa femme. Le peintre mondain Jacques-Emile Blanche, cousin par alliance des Gauthier-Villars, a noté dans ses souvenirs[4] sa première vision de Colette dans une brasserie du Quartier latin. *"... son museau de chat... son visage triangulaire sommé d'un ruban noué... ses tresses de cheveux châtains* (ils ont un peu foncé depuis l'époque du "Soleil d'Or") *qui battaient à hauteur des genoux sa jupe lie de vin, ornée de soutache ton sur ton et un col tuyauté de pensionnaire en vacances".* Le peintre remarque aussi sa fraîcheur, sa santé apparente et *"les longs yeux obliques, d'un bleu intense, virant au gris et au vert d'une seconde à l'autre, et les sourcils obliques qui en disaient long".* Il n'oublie pas non plus la voix grave et nette de la jeune femme, où roulent les *r* de l'accent bourguignon. Ni cet air soumis qu'elle a, en face de son mari.

Soumise, Colette? Eh bien, oui. Et passionnément éprise de son Willy, n'en déplaise à la plupart de ses biographes qui l'ont présentée comme la victime pitoyable d'un barbon acharné à la pervertir et à l'exploiter. Mensonges car Willy, après tout, n'avait que trente-quatre ans et Colette, bien que naïve, n'était pas exactement ce qu'on appelle une "oie blanche". Mais Colette elle-même, des années plus tard, contribuera à conforter ce sombre portrait de Willy et de son premier mariage. En 1935, quatre ans après la mort de Willy, elle publiera dans le journal *Marianne* des souvenirs qui seront édités ensuite sous le titre *Mes Apprentissages.* Elle y démolira férocement et avec tout le talent de dénigration dont elle est capable, ce Willy qu'elle a tant aimé, quarante ans plus tôt et qu'elle n'appellera plus désormais que "Monsieur Willy". Et l'exécution sera d'autant plus sévère que Colette, habilement, l'organisera sur des éléments contrôlables. Elle ne mentira pas tout à fait; elle exagérera furieusement la vérité. Dans ces pages apparaît un Willy avare, amoureux de soi et de son image, enragé de notoriété, qui tient du bourreau et du maquereau, toujours impatient d'exploiter au mieux de ses intérêts un talent qui n'est pas le sien. Bref, un minable, impuissant de sa plume et qui inspire la terreur. Sur son aspect physique, elle ne ménagera pas non plus ses flèches : *"J'ai connu des individus énormes. M. Willy n'était pas énorme mais bombé (...) tous ses traits se ralliaient à la courbe (...) On a dit de lui qu'il ressemblait à Edouard VII. Pour rendre hommage à une vérité moins flatteuse, sinon moins auguste, je dirai qu'il ressemblait surtout à la reine Victoria*[5]*."*

Quoi donc était à l'origine d'une telle hargne, d'une si longue rancune? Quelle blessure inguérissable? Quel amour déçu?

Cet éreintement posthume de Willy choquera, non seulement tous ceux qui savaient quel homme il avait été mais encore tous les témoins des débuts de leur couple, lorsque la jeune femme, très amoureuse, se laissait mener par lui avec délices, soumise, oui, joyeusement soumise à toutes ses volontés. Il y avait sans doute un gros chagrin, à l'origine de cette rare méchanceté. C'est ce que Paul Léautaud qui, pourtant, avait une profonde admiration pour Colette et son talent résumera ainsi, après avoir lu ces pages envenimées : *"Elle m'a toujours donné l'impression d'une femme qui n'a gardé que de grandes blessures de ses liaisons*[6]*."*

Que s'était-il donc passé de si grave, entre eux? Quel tort irréparable lui avait donc causé ce Willy qui, au printemps de 1893, écrivait à son ami, l'écrivain Marcel Schwob, son bonheur de se trouver à Châtillon... *"songeant au mariage et tout à fait abruti surtout par la grâce voltigeante de ma jolie petite Colette... Dans un mois je l'aurai épousée. Et voilà. Et je n'aurai pas le sou. All right*[7] *!"*?

Peu de chose et beaucoup. Il faut la comprendre. Willy,

pour Colette, c'était, en 1893, le prince charmant qu'attend toute jeune fille un peu naïve. Peu lui importait alors qu'il eût quatorze ans de plus qu'elle, qu'il fût chauve et, déjà, presque bedonnant. Elle n'écoutait même pas les moqueries de ses frères qui, jaloux comme des frères et lucides comme des jaloux, n'épargnaient guère le prétendant, disant, par exemple, qu'il avait grandi, depuis sa dernière visite, comme le prouvait son crâne qui dépassait ses cheveux.

Comme elle l'aimait, ce premier homme de sa vie et comme elle était fière d'avoir été choisie par ce Parisien que tant de gens, là-bas, s'accordaient à trouver si spirituel. Il l'aimait d'amour et cela signifiait pour Colette qu'il l'aimerait toujours et exclusivement, comme son père aimait Sido. N'avait-elle pas eu sous les yeux, depuis sa naissance, le plus bel, le plus constant, le plus réconfortant exemple d'amour conjugal? Et peu lui importait que son fiancé eût fait une noce carabinée. Au contraire : non seulement il y gagnait du prestige à ses yeux mais encore elle y voyait une garantie de fidélité future. Et même, dans sa prétention de fille naïve et orgueilleuse, elle avait la délicieuse impression de supplanter toutes celles qui l'avaient précédée. Après tout, n'était-elle pas la première et la seule que cet homme fait avait demandée en mariage?

Elle l'avait donc suivi, confiante aveuglément, dans ce Paris étourdissant de la fin du siècle où il allait guider ses pas et sa jeune intelligence.

Confiante et d'une bonne volonté touchante pour plaire en tout à son mari. Elle s'occupait même très tendrement du fils de Willy qui avait seize ans de moins qu'elle. Ce petit garçon que Willy adorait comme il avait aimé sa mère et qu'il présentait ainsi à ses amis : "Mon loupiot. Exemple à suivre." L'enfant avait une passion pour Colette qu'il appelait "petite maman". Plus tard, elle ira même le voir en Angleterre et dans sa pension normande, à l'Ecole des Roches. Adulte, Jacques Gauthier-Villars parlera toujours avec tendresse de "ma très séduisante marâtre".

Non, elle n'avait pas été si malheureuse qu'elle le prétendra plus tard, la jeune Colette de 1893 à qui Willy faisait découvrir un monde étincelant dont elle n'aurait même pas osé rêver dans sa province. Willy entraînait sa Colette dont il était si fier, de Montmartre où ils rencontraient Toulouse-Lautrec, au café d'Harcourt ou au Vachette, dans le Quartier latin où se réunissait une jeunesse littéraire très gaie. Elle y voyait Paul Valéry et certains "nègres" de Willy comme Pierre Louÿs, Paul-Jean Toulet, Curnonski ou le délicat Jean de Tinan qui devait mourir à vingt-six ans. Elle plaisantait avec Paul Masson, érudit facétieux qui signait ses écrits Lemice-Térieux, lui était amical et qu'elle décrira, plus tard, dans *Le Képi.*

Que de gens captivants elle va connaître avec ce Willy qui s'amuse à la voussoyer, tandis qu'elle le tutoie : l'écrivain Marcel Schwob, auteur du *Livre de Monelle,* traducteur de *Moll Flanders,* et sa maîtresse, la jeune et drôle Marguerite Moreno qui deviendra sa femme en 1900. Avec ces deux-là, Colette va nouer une amitié tendre qui ne s'achèvera qu'à la mort de l'un et de l'autre. Elle rencontrera aussi Jules Renard, Alfred Jarry, Paul Léautaud, Jean Lorrain, le caricaturiste Forain et Marcel Boulestin, écrivain bordelais qui sera surtout connu, plus tard, par le célèbre restaurant qu'il ouvrira à Londres.

Avec Willy, on la verra aux soirées du *Mercure de France,* dirigé par Alfred Vallette et sa femme, la romancière Rachilde, qui se promène avec deux rats apprivoisés perchés sur son décolleté et qu'elle a appelés *Kyrie* et *Eleison.* Rachilde qui fera des critiques enthousiastes sur les Claudine.

Elle ira, les mercredis, avenue Hoche, aux réceptions littéraires de Mme Arman de Caillavet, la redoutable égérie d'Anatole France, chez qui elle rencontrera Marcel Proust; et chez le poète Hérédia; et dans les soirées musicales des Saint-Marceaux où elle fera la connaissance de Debussy; et à *La Revue blanche,* animée par Thadée Natanson et sa Misia (qui ne s'appelle pas encore Sert); et chez la princesse de Brancovan, mère de la tourbillonnante Anna de Noailles.

Après la liberté de son enfance champêtre, Paris et ses rares jardins lui semblaient étouffants. Le petit appartement du 28 de la rue Jacob où les Willy avaient loué un trois-pièces au troisième étage, entre deux cours, était loin d'être un palace. Son mari ne roulait pas sur l'or malgré ses multiples activités journalistico-littéraires et Sido, le premier hiver, dut acheter un manteau à sa fille. Certains soirs, quand elle attendait, tombant de sommeil, à *L'Echo de Paris*, rue du Croissant, que Willy eût fini de corriger ses épreuves et qu'il lui fallait ensuite, au lieu de gagner son lit, le suivre dans les brasseries où ce noctambule avait ses habitudes, la petite Mme Willy renâclait quelque peu. Mais la joie revenait vite quand, retrouvant ses amis, Willy, éblouissant de gaieté, la faisait tordre avec ses calembours comme ceux-ci qui ravissaient aussi Apollinaire : *"Un sot trouve toujours un puceau qui l'admire"* ou ce dernier vers d'un poème dédié à la danseuse Rosita Mauri : *"Mauri, tu ris, tes saluts tentent"*[8].

Willy, hélas, avait conservé d'autres habitudes moins innocentes et qui allaient procurer à Colette peut-être le plus grand choc de sa vie.

Quelques mois après son mariage, durant l'hiver 93-94, elle reçut, un jour, un billet anonyme qui l'avertissait que son mari la trompait. Un nom, une adresse. Colette prit un fiacre et s'en alla sonner dans la rue indiquée à la porte d'un petit entresol. Là, elle trouva Willy et une certaine Charlotte Kinceler, sorte de petite naine brune, pas très jolie mais gracieuse, qui *"tenait ses ciseaux à la main et attendait un mot, un geste pour me sauter au visage*[9]*."* Les amants n'étaient même pas au lit, mais penchés sur un livre de comptes. La naine n'eut pas besoin de sauter sur une Colette pétrifiée de surprise et d'horreur. Quant à Willy, on imagine sa surprise. Il s'attendait vraiment à tout, sauf à l'apparition de sa jeune femme et s'épongeait le front, ahuri.

"– Tu viens me chercher, dit-il?

"D'un air incertain, je regardais Mlle Kinceler et mon mari, mon mari et Mlle Kinceler, et je ne trouvai à répondre, sur un ton de mondanité, que :

"– Mais oui, figure-toi.

"[...] Il ne comprenait pas ce que signifiaient mon arrivée, mon mutisme, ma modération. Moi, non plus[10]*."*

Cette banale scène de vaudeville, Colette la ressentit comme une douloureuse tragédie. On n'a guère d'humour à vingt ans, quand le cœur est blessé. Elle en fut d'autant plus affectée que, par tempérament, elle n'était pas, ne sera jamais une gémissante... *"Je n'ai jamais su pleurer avec décence, facilité et attendrissement* [...] *les larmes me sont aussi cruelles que la nausée* [...] *peut-être à cause de la peine que je me suis donnée pour les refouler, j'ai horreur d'elles*[11]*."*

Oui, mais les larmes refoulées sont un poison pernicieux et Colette, refermée sur sa peine, s'empoisonnait. Même à Sido, elle ne voulait pas se plaindre. Peu de temps après, quand elle parut au bras de son beau-père, au bal annuel de Polytechnique, dans sa belle robe vert d'eau, tout le monde remarqua qu'elle était aussi verte que sa robe.

Le désespoir muet qui la rongeait la mit au lit, alanguie, sans appétit. Elle n'avait plus envie de vivre. On crut qu'elle allait mourir. *"Mais guérissez, voyons! Aidez-moi! Je m'évertue tout seul à vous guérir*[12]*!"* lui disait le médecin. Non, elle n'était pas tuberculeuse, comme tant de jeunes femmes de l'époque. Non, ce n'était pas d'avoir changé de vie ni de manquer d'air à Paris qui la mettait dans cet état. Colette avait tout simplement ce qu'on appelle aujourd'hui une maladie psychosomatique, autrement dit, une dépression nerveuse.

Sido était accourue et faisait de son mieux, flairant, avec sa perspicacité maternelle, un "coup" de celui qu'elle appela, la première, "Monsieur Willy". Celui-ci, pas très fier de soi, était aux petits soins. Les amis aussi; Paul Masson,

Marcel Schwob, se relayaient à son chevet pour la distraire. Mme Arman de Caillavet lui apportait des cadeaux.

Colette ne mourut pas – on est solide en Bourgogne – mais elle se releva, au bout de deux mois, différente, trempée comme une lame aux feux de l'amour déçu et de la jalousie.

Elle la revit plus tard, la naine, Charlotte Kinceler, petite actrice montmartroise, un peu prostituée, plus pitoyable que méchante. Elle était devenue herboriste et Colette allait, dans sa boutique, lui acheter des tisanes. Cette Charlotte qui devait se suicider d'un coup de revolver dans la bouche, à vingt-six ans. *"D'elle datent mes doutes sur l'homme à qui je m'étais fiée, et la fin de mon caractère de jeune fille, intransigeant, beau, absurde ; d'elle me viennent l'idée de tolérance et de dissimulation, le consentement aux pactes avec une ennemie*[13]*."*

S'éloigna-t-elle de Willy, à ce moment-là? Certes non. Qui croit qu'un homme aimé l'est moins d'être trompeur? Colette était folle de Willy qui, pour se faire pardonner, lui fit découvrir la mer, cet été-là, à Belle-Ile, avec Paul Masson. Et, avec ces deux lurons, Colette avait retrouvé son rire. Avec Willy, elle dansait le "tralala". Ils se faisaient rouler par la mer ou partaient se promener en bateau à voiles. Et Colette écrivait à Marcel Schwob : *"Je nage dans des joies successives et simultanées*[14]*."*

Mais retrouvons-la sous l'œil de Jules Renard, en cet automne 1894 au Théâtre de l'Œuvre, à la première représentation d'*Anabella,* pièce de Ford, traduite par Maeterlinck, qui doit être suivie d'une causerie du cher Schwob.

La vie mondaine a repris avec Willy à qui Colette donne toutes sortes de surnoms tendres : la Doucette, le Doux Maître ou le Gros Chat. Quand il la présente, lui, c'est : "Ma Huronne..." Pourtant, elle n'est plus tout à fait la petite paysanne endimanchée, sauvage et assez gaffeuse qu'elle était en arrivant à Paris. C'est qu'on apprend vite avec ce Willy, "l'à peu près grand homme" comme l'appelle Rachilde qui, pourtant, l'aime bien.

On sort donc beaucoup dans les salons et les cafés mais les fonds sont bas dans le jeune ménage, malgré les productions tous azimuts de Willy et, à la fin de 94, il a une idée : pourquoi ne pas essayer d'utiliser les charmants souvenirs scolaires que lui raconte Colette, en pleine nostalgie de Saint-Sauveur? *"Vous devriez jeter sur le papier des souvenirs de l'école libre,* lui dit-il. *N'ayez pas peur des détails piquants, je pourrais peut-être en tirer quelque chose*[15]*."*

Et voilà l'ancienne bonne élève de Saint-Sauveur-en-Puisaye, celle qui, à seize ans, a obtenu son brevet élémentaire – avec un dix-sept sur vingt en composition française, s'il vous plaît –, la voilà qui court s'acheter des cahiers, les mêmes que ceux de naguère. L'idée l'amuse. Et peut-être est-elle assez flattée, au fond, d'être assimilée à l'équipe d'écrivains qui travaillent pour Willy. Elle commence donc à rédiger l'histoire d'une certaine Claudine qui lui ressemble plus qu'une sœur. Elle noircit ainsi sept cahiers, au cours des mois suivants. Et, comme la rédaction de ses souvenirs d'écolière lui a donné envie d'en revoir le décor, elle ira même avec Willy faire un court séjour à Saint-Sauveur pendant l'été, juste avant de partir pour Bayreuth où Willy se rend tous les ans, Bayreuth que Colette va découvrir pour la première fois.

Mais Willy n'est pas convaincu lorsqu'il lit ce qu'a écrit Colette. Décidément, ces souvenirs de petite fille sont sans intérêt et il enfouit les cahiers au fond d'un tiroir, au grand soulagement de la jeune femme qui ne se sent pas du tout une vocation d'écrivain mais rêve plutôt de faire de la danse ou du théâtre.

Pourtant, l'année suivante, paraîtront quatre chroniques musicales signées Colette Gauthier-Villars, dans la revue *La Cocarde.* A-t-elle servi, là, de prête-nom à Willy – qui utilise aussi des "nègres" pour ses articles? Il est certain que Colette avec Willy et ses amis, a acquis une solide culture musicale. Les soirées chez Mme de Saint-Marceaux qu'elle racontera dans *Le Journal à rebours*[16] en témoignent.

Jour après jour, le siècle se termine. L'affaire Dreyfus fait brouiller les familles et donne bien du souci aux maîtresses de maison, dont les dîners sont parfois agités. Quand Willy, qui n'est pas "dreyfusard", refusera de signer une pétition de *La Revue blanche* en faveur de Dreyfus, son ami et collaborateur Pierre Veber aura ce mot perfide : "C'est la première fois qu'il refuse de signer quelque chose qu'il n'a pas écrit!" Les présidents de la République passent : Sadi Carnot assassiné, l'impatient Casimir-Perier et Félix Faure qui mourra en galante compagnie. Tandis que le Tout-Paris féminin sanglote, en 1895, au mariage du beau Boni de Castellane, Willy, en vacances avec Colette dans le Jura, berceau de sa famille – *"Jura mais un peu tard"*, dit l'incorrigible –, Willy atteint le poids respectable de cent cinq kilos[17] ! Mais cela ne dégoûte pas encore notre Colette. Il est vrai que tous les bourgeois surnourris de l'époque sont plus ou moins rondouillards. Ils maigriront à partir de la prochaine guerre.

En 1896, Verlaine meurt dans une chambre de bonne du Quartier latin et les Willy quittent la rive gauche pour habiter au 93 de la rue de Courcelles, un atelier et trois petites pièces. En décembre, on voit Colette rugir de rire, un soir, au Théâtre de l'Œuvre, dans le chahut mémorable qui accueille la "première" de *Ubu roi*, d'Alfred Jarry. Les bourgeois sont choqués par ce qu'ils entendent et le manifestent bruyamment. Les jeunes intellectuels, au contraire, applaudissent sans retenue. On dit "merdre" un peu partout, tandis que la malicieuse Colette se demande si la bedaine de son Willy va finir par avoir l'ampleur de celle du Père Ubu. Décidément, malgré ses vingt-trois ans, c'est encore une enfant avec, souvent, des idées d'enfant. Il n'y a qu'à la voir faire des sorbets avec des confitures et de la neige qu'elle ramasse sur le bord de la fenêtre.

Heureusement qu'au printemps suivant, elle n'a pas la mauvaise idée d'aller faire un tour au Bazar de la Charité. Willy, en revanche, a sûrement quelques bonnes amies parmi les victimes de l'incendie. En effet, il continue à faire le joli cœur. Colette le sait-elle? En tout cas, elle fait semblant de s'en moquer. Elle se met au diapason de Willy, prend des airs délurés. Les gens convenables les trouvent charmants mais un peu "bohème". C'est un couple qu'on dit "moderne", c'est-à-dire libre. Colette se servira plus tard de ce qu'elle aura appris dans cette prétendue liberté. Dans la pièce *En camarades*, qu'elle écrira et jouera en 1909, tout le monde reconnaîtra le couple qu'elle formait avec Willy naguère.

Deux ans après avoir renoncé à utiliser les souvenirs rédigés par sa femme, Willy retrouve, par hasard, en faisant des rangements, les cahiers de moleskine noire qu'il croyait avoir jetés.

"Il ouvrit un cahier, le feuilleta :

"– C'est gentil.

"Il ouvrit un second cahier, ne dit plus rien – un troisième, un quatrième...

"– Nom de Dieu, grommela-t-il, je ne suis qu'un c...

"Il rafla en désordre les cahiers, sauta sur son chapeau à bords plats, courut chez un éditeur... Et voilà comment je suis devenue écrivain", raconte Colette dans *Mes Apprentissages.*

Ecrivain, Colette ne l'est pas encore tout à fait mais cela ne va pas tarder.

Claudine à l'école[18], revu et corrigé par Willy *(rewrité,* comme on dit aujourd'hui*)*, paraît au printemps de 1900, l'année de ses vingt-sept ans et dans les remous de la fabuleuse Exposition universelle qui vient de s'ouvrir à Paris. Le livre, bien entendu, est signé Willy. Usurpation? En tout cas, usurpation à laquelle Colette consent de tout cœur, elle le dit clairement dans une lettre adressée à Rachilde qui s'apprête à en faire une excellente critique au *Mercure de France* et se demande, sans doute, s'il ne convient pas de citer le nom de Colette. *"Fichtre non, il ne faut pas me nommer dans* Claudine*! Raisons famille, convenances,* *relations, patati, patata – Willy tout seul! A Willy toute cette gloire! Pauvre Willy-la-Doucette, si je pouvais seulement payer mon cordonnier avec le tant pour cent que je toucherai*[19]*...*"

Mais Rachilde ne sera pas la seule à encenser le livre. Jean Lorrain y verra "*l'édition du* XX*e siècle des* Liaisons dangereuses". Et Charles Maurras, ami de Willy et de Colette, salue d'un article enthousiaste, dans *La Revue encyclopédique,* le livre qui vient de paraître. Notons que Maurras, qui a trente-deux ans, est déjà d'une perspicacité singulière; il a visiblement son idée sur l'élaboration du livre, quand il loue "*la prodigieuse maturité du style de Claudine,... l'insondable expérience dont témoignent les plus réservées de ses confessions...*" et, surtout, quand il propose comme sous-titre de son article : "*Blagues de jeune fille rédigées par un homme mûr*"[20].

L'énorme succès que va remporter cette *Claudine à l'école* sera assuré, dès le départ, par le nom de Willy dont la réputation d'auteur polisson est bien établie, associé à une couverture illustrée où l'on voit une écolière en sabots assise sur un pupitre, sorte de Petit Chaperon rouge pervers. La préface de Willy qui remercie sa femme pour l'aide qu'elle lui a apportée, achève de rendre, aux yeux des lecteurs, le livre délicieusement équivoque.

Voilà donc les *Claudine* qui s'enlèvent par piles – 40000 en quatre semaines – dans les librairies de Paris et de province. L'éditeur, Ollendorf, exulte. Il faut dire que Willy devrait être cité en exemple à tous les attachés de presse et chefs de *marketing.* Fou de "réclame", il se démène, talonne les libraires, multiplie, dans les journaux, des échos qu'il rédige lui-même, prêt à n'importe quoi pour qu'on parle de *son* livre. Cela lui vaut le surnom de "M. Réclamier", donné par des confrères narquois. Pour mieux lancer Claudine, il en multiplie les images et les objets publicitaires. Il la fait transformer en glace et en gâteau par un grand pâtissier de la rue de la Boétie. Bientôt, il y aura des "cols Claudine", du parfum à son nom, des chapeaux, des cigarettes et même des statuettes "Claudine".

C'est le temps des vaches grasses chez les Willy. Colette reçoit de son mari une mensualité régulière de trois cents francs. Elle peut, désormais, s'acheter des robes et faire des cadeaux à sa chère Sido.

Mais Willy n'entend pas s'en tenir là. Il veut exploiter jusqu'au bout un filon aussi lucratif. Il remet donc Colette au travail. "*Vite, mon petit, vite...*" Et elle ne chôme pas. 1901 verra la sortie de *Claudine à Paris,* où apparaît le personnage de Henry Maugis, caricature par lui-même de Willy. En 1902, c'est *Claudine en ménage*; 1903 : *Claudine s'en va* et aussi *Minne* et *Les Egarements de Minne* qui seront repris plus tard sous le titre unique *L'Ingénue libertine.*

Pour permettre à sa "négresse" d'avoir le rendement qu'il souhaite, Willy améliore son confort. Il loue, toujours dans la rue de Courcelles mais au 177 bis, un appartement plus spacieux, dans un joli petit hôtel particulier dont le prince Bibesco habite l'un des deux étages. Là, Colette a son bureau personnel, sa lampe verte, une femme de chambre et une cuisinière. Willy lui a fait aménager une pièce en gymnase, avec tous les agrès nécessaires pour se muscler et se détendre. Le matin, elle se promène au Bois avec ses chiens et même son chat tenu en laisse. L'après-midi est consacré au travail. Quatre heures de travail quotidien et assidu. Willy, là-dessus, ne plaisante pas. Il tourne même la clef dans la serrure et ne laisse à Colette sa liberté qu'en échange des pages écrites qu'il corrige en marge, comme un devoir de classe... "*vite, mon petit, vite...*" et auxquelles il rajoute des passages de son cru.

Cette période de la vie de Colette, enfermée par son mari pour qu'elle écrive, quel nanan pour les féministes qui, plus tard, tenteront de la récupérer à leur usage, comme elles le feront pour George Sand et pour toutes les femmes exceptionnelles, en les transformant en victimes de mâles implacables.

Colette, une victime? Allons donc. C'est oublier que cette

contrainte, exercée par un être sur un autre pour le ou la faire écrire, n'était pas rare. La sévère Arman de Caillavet bouclait son Anatole France, avenue Hoche, afin qu'il écrive au lieu d'aller baguenauder et le mari de Lucie Delarue-Mardrus agissait de même avec sa femme, qui avait tendance à entreprendre mille choses au lieu d'écrire ses livres. La mise au travail d'un écrivain est, souvent, si pénible que nous en connaissons quelques-uns, aujourd'hui, qui ne seraient pas mécontents si une main familière se faisait, parfois, contraignante.

C'est oublier aussi ce que Colette exprimera elle-même, dans les pages pourtant rancunières qu'elle écrira contre Willy : "*... Après tout, la fenêtre n'était pas grillée et je n'avais qu'à casser ma longe. La paix, donc, sur cette main, morte à présent, qui n'hésitait pas à tourner la clef dans la serrure. C'est à elle que je dois mon art le plus certain, qui n'est pas celui d'écrire, mais l'art domestique de savoir attendre, dissimuler, de ramasser des miettes, reconstruire, recoller, redorer, changer en mieux-aller le pis aller, perdre et regagner dans le même instant, le goût frivole de vivre*[21]."

Victime de Willy, Colette ? Elle n'a jamais été victime que de son propre cœur.

Et puis, après tout, vive l'acharnement de Willy à faire écrire Colette puisque cela nous a valu Colette. Non seulement à la faire écrire mais encore à le lui apprendre. Car Willy qui n'avait pas son génie était, en revanche, un excellent professionnel de l'écriture. Colette, même si elle l'exprime perfidement, lui rend cette grâce : "*Je persiste à croire qu'un poste de rédacteur en chef lui eût, entre tous, convenu. Distribution du travail, juste estimation des capacités, une manière stimulante de critiquer et l'habitude de juger sans trop récompenser, voilà, je pense, des dons rares qui furent mal employés*[22]."

Claude Farrère – autre nègre de Willy – fait la connaissance de Colette en 1902. Il tombe amoureux d'elle, amour qui restera (à peu près) platonique[23] mais qui se transformera, au fil des années, en une tendre amitié réciproque. Claude Farrère écrivait ceci à son ami Richard Anacréon[24], le 23 mars 1944 : "*Colette est un poulain sauvage auquel l'entraîneur Willy a appris à coups de caveçon, à gagner le Grand Prix – Elle aurait appris toute seule ? Pas absolument sûr. Et même si oui, elle y aurait mis vingt ans au lieu de deux. Elle n'y serait même jamais parvenue car elle est très paresseuse, elle a horreur d'écrire.*" Et encore ceci : "*Willy a appris à Colette la valeur de l'effort patient.*" Et même Sido, malgré la dent qu'elle a contre Willy, ne sera pas d'un avis différent. En 1911, elle écrira à sa fille : "*... n'empêche que je me dis souvent ce que tu te dis vaguement, c'est que si tu n'avais pas vécû quelque temps avec ce phénomène ton talent ne se serait pas révélé*[25]."

Tandis qu'elle "apprend à écrire" en ce début de siècle, Colette apprend aussi à surmonter les affres du chagrin d'amour et de la jalousie. Car si Willy est un excellent professeur de rédaction, il est toujours un incorrigible libertin. Ce Narcisse qui adore répandre sa propre image sous forme de bustes, de portraits ou même de caricatures, est incapable de résister à une femme s'il lit dans ses yeux une trace d'admiration ou la plus légère invite. Il adore plaire et il plaît, le gros Willy. Il plaît à ne pas y croire par sa faconde, sa gaieté, son succès et cet air de perpétuelle disponibilité qu'il a conservé, comme s'il était encore célibataire. Après l'épisode de la naine Kinceler qui, finalement, ne lui a pas fait trop d'ennuis, Willy ne s'est pas calmé, au contraire. Femmes du monde ou du demi-monde, femmes de lettres, actrices plus ou moins brillantes, petites prostituées ou modèles d'ateliers, toutes y passent. Et Colette, malgré sa volonté de liberté, malgré sa soumission à Willy qui la pousse à partager avec lui certains plaisirs qu'elle ne goûte qu'à demi, Colette, toujours amoureuse, crâne mais souffre. Et Dieu sait jusqu'où une femme amoureuse peut aller, avec quel masochisme elle traverse feux et flammes pour mieux coller à son tourmenteur.

En 1896, Emile Vuillermoz, alors jeune compositeur fauché qui joue du piano dans des soirées mondaines pour gagner sa vie, rencontre Colette et Willy chez une dame de l'avenue Victor-Hugo qui donne des soirées très spéciales, dans un cercle extrêmement privé où des émules de Lesbos dansent tendrement enlacées[26]. C'est là que Colette rencontrera cette Mathilde de Morny, alias Missy, qui partagera sa vie plus tard.

Willy est du genre d'hommes que ces spectacles fascinent. Amateur aussi de ce que Colette nomme, dans *Le Pur et l'Impur*[27], *"l'harmonie ternaire de l'amour"* et dont elle ajoute que *"... ses choquantes variations, ses aspects gymniques et "pyramides humaines" ont tôt fait de décourager les vacillantes polygamies."*

Willy tentera à plusieurs reprises d'établir, avec Colette et une autre femme, cette illusoire "harmonie ternaire". C'est ainsi qu'en 1901, il fera tout pour jeter dans les bras de Colette une jeune femme américaine rencontrée dans le salon de Jeanne Muhlfeld puis à Bayreuth et qui est sa maîtresse. Cette Georgie Raoul-Duval au charme de laquelle Colette va succomber, ce qui ne l'empêchera pas de la caricaturer, sous le nom de Rézi, dans *Claudine en ménage (... "un peu rasta... une Jézabel liquide... etc.")* tout en lui consacrant des pages si brûlantes de sensualité que l'éditeur Ollendorf, choqué, va refuser le manuscrit intitulé primitivement *Claudine amoureuse,* qui sera publié alors au Mercure.

Des "pyramides humaines", Willy en édifiera encore avec Colette et Missy, Colette et Polaire et aussi avec cette Anglaise, Meg Villars, qui sera la cause de l'explosion définitive de leur couple et que Willy, ensuite, épousera.

Cependant, on aurait tort de croire que l'homosexualité de Colette doit tout à Willy. Douée d'une sensualité peu commune, Colette, qui aime les hommes, prend *aussi* plaisir aux femmes. Mais dire qu'elle préfère les secondes aux premiers est faux. Colette n'aime pas les femmes, à part quelques exceptions amicales. Elle ne les apprécie vraiment que d'une façon "machiste", pour employer le jargon contemporain, c'est-à-dire belles et au lit. On pourrait, à son propos, paraphraser Mauriac, disant de Drieu la Rochelle : c'est un pédéraste qui n'aime pas les hommes. Colette, elle, est une lesbienne qui n'aime pas les femmes. La vérité c'est que, toute sa vie, elle sera physiquement, sensuellement amoureuse de tout ce qui est bon, agréable à voir ou à toucher, de tout ce qui réjouit les sens : hommes, femmes, mer, fleurs, fruits, vins fins, truffes, plats succulents, accords musicaux et chants d'oiseaux, douceur du pelage animal ou d'une peau de satin humaine, sans parler de la gamme infinie des senteurs dont son nez d'olfactive raffinée saisit toutes les nuances les plus subtiles.

Pour en revenir à son goût des femmes, Willy n'en aura été que l'instigateur, le tentateur, celui qui fournit les occasions qui font la larronne.

La sensualité de Colette lui vaudra aussi un singulier pouvoir attractif qui s'exercera sur les hommes, les femmes et même les animaux qui la suivent, mystérieusement fascinés.

Sylvain Bonmariage – autre "nègre" de Willy – qui fut amoureux de Colette (et amoureux évincé) note le trouble que lui procurait une certaine odeur que dégageait Colette, lorsqu'elle était en sueur, au sortir de scène. Odeur qu'une de ses amies, qui avait succombé elle aussi au charme de Colette, précisait ainsi : *"Elle sent l'homme. Et c'est bien ce qu'elle a de troublant. C'est dans cette odeur qu'est sa magie de séduction*[28]*."* Echo voisin chez Paul Léautaud... *"Elle m'a toujours donné l'impression d'une femme extrêmement sensuelle, un peu chienne, même, une femme qui porte extrêmement à la peau... Elle porte l'amour physique sur son visage. Extrêmement grossière, même vulgaire*[29]*..."*

Car la sensualité violente, paysanne de Colette, pourtant subtile et raffinée à certains moments, peut aussi s'assortir d'un aspect joyeusement rabelaisien qui n'est pas sans choquer des natures délicates.

Le même Sylvain Bonmariage, amoureux transi qu'elle s'amusait à tourmenter, le provoquant et le tenant à distance, raconte une visite émue qu'il lui fit, un matin, dans l'hôtel bruxellois où elle logeait, pendant une tournée théâtrale. Colette avait alors trente-trois ans et le jeune homme, à peine vingt. C'est dire qu'il était timide. Elle le reçut au lit. Puis, sans se préoccuper de sa présence, elle se leva, traversa la chambre toute nue pour aller s'habiller derrière un paravent. Et, tout à coup, venant du paravent, le garçon entendit "*... le bruit d'un pneu qu'on crève... Colette rit et annonce : "Un marron!" Nouveau rire, nouveau bruit : "Deux marrons!..." Puis, de même : "Trrrois marrons!" Enfin, dans un éclat d'hilarité : "C'est plus forrt que moi. Le plaisirre de te revoirrrr! Faut qu'je pète!... Quatre marrons!"*[30]" Le jeune homme, ulcéré, avait quitté la chambre avant le cinquième. Nul doute que l'espiègle Colette avait trouvé là un moyen radical et rustique de se débarrasser d'un amoureux un peu trop collant. Conduite peut-être surprenante aujourd'hui mais n'oublions pas qu'au début du siècle, le Moulin Rouge faisait salle comble avec le célèbre *Pétomane*, que la bourgeoisie la plus distinguée courait entendre et que l'exquis Sacha Guitry, lui-même, se livrait à des plaisanteries de ce genre.

N'empêche que ce Willy aux mœurs dissolues lui inspire encore, en 1902, une passion certaine. En juin, elle écrit à Jeanne Muhlfeld : "*Willy demeure, comme par le passé, le plus beau et le meilleur*[31]." Il lui inspire aussi une jalousie douloureuse.

Cependant, elle a quelque répit, durant les vacances jurassiennes. Willy, sous l'œil de sa prude famille, s'assagit momentanément. Alors, la gaieté revient à Colette, et la malice. En septembre 1901, elle écrit à Rachilde, du "Chalet des sapins" à Lons-le-Saunier, une lettre très drôle dans laquelle elle décrit en quatre lignes l'atmosphère qui règne dans la maison de sa belle-famille :

"Il y a ici :
"1) le poney,
"2) ma belle-mère,
"3) ma belle-sœur. Elle regarde un œuf qu'on vient de tondre et dit doucement : "Oh! comme il a le poil long!" et elle le retond...[32]"

En réalité, Colette s'amuse beaucoup plus avec les enfants Gauthier-Villars, qui l'appellent "tante Colette", qu'avec les grandes personnes. Sauf quand Willy est en veine de plaisanterie; plaisanterie tout à fait convenable, cette fois, car il sait admirablement s'adapter à tous les publics. Alors, il fait rire ses neveux en leur récitant un poème délirant qu'il a composé en l'honneur de Camille Flammarion, l'astronome à l'abondante chevelure, poème qui se termine par :

... *"Ô, savant astronome, ô puissant scrutateur*
Et généreusement, partage ta crinière
Avec le chauve enfant d'un illustre éditeur!"

Un jour, pour la plus grande joie de Colette, il se met à lire les cours de la Bourse du jour, soulignant au piano, d'une marche funèbre, la baisse de la Rente Française et entonnant le chœur de *Faust* : *"Gloire immortelle de nos aïeux..."* pour célébrer la hausse des Suez.

Etrange couple que celui de Willy et Colette; ils sont à la fois désaccordés et unis, mais toujours complices lorsqu'on les attaque, eux ou les idées qui leur tiennent à cœur. L'apprendra à ses dépens la mère Arman de Caillavet, bavarde fielleuse qui, un jour, s'avise d'aller rapporter à Colette que Willy tourne beaucoup autour de sa bru, Jeanne Pouquet. Fureur de Willy et de Colette qui s'empresseront de caricaturer l'indiscrète dans *Un vilain monsieur* de Willy et dans *Claudine* où elle deviendra, sous le nom de Barmann, *"la chouette épaissie... l'horrible taupe au nez crochu jaspé de couperose"*, sans parler du mari complaisant qui tolère que sa femme soit la maîtresse d'Anatole France et qui deviendra *"le conservateur du collage de France"*. Sans parler aussi de la bru, décrite par Colette sous le nom de Rose-Chou *"...cette fille dodue qui a des joues comme des fesses de petits amours..."*

Complicité aussi de Colette et Willy qui prennent violemment position pour la liberté du culte, quand Aristide Briand et "le petit père Combes" déchirent la France en voulant liquider les congrégations et interdire l'enseignement religieux. Bien que la piété ne soit pas une caractéristique du couple Gauthier-Villars, ils sont tous deux d'origine catholique et ne supportent pas cette atteinte à la liberté. Fernand Gregh raconte un dîner chez la Caillavet où l'affaire des congrégations était venue envenimer la conversation : ...*"Moi, dit-il, j'étais avec les anticléricaux, je défendais ma position, et Colette me cloua le bec avec un argument que je n'avais pas prévu. Elle me dit que je n'étais pas un vrai poète, les poètes étant des êtres libres et justes." Peu après, Marcel Proust m'engueulait aussi sous prétexte qu'il préférait voir des religieux dans les couvents que des "liquidateurs", et qu'il ne croyait pas aux vertus d'un enseignement laïque. Il voulait des Angelus et des processions à la Fête-Dieu... Au fond, c'est ça aussi que Colette voulait préserver, je crois*[33]."

Colette, en effet, qui n'allait pas à la messe et dont le moins qu'on puisse dire est qu'elle n'accordait guère sa vie à l'enseignement de l'Eglise, aimait et défendait la sensualité des offices catholiques, leur magie, toute cette poésie païenne des images, des chants, de l'encens qui la ramenait à son enfance. Plus tard, on la verra mettre des cierges à Notre-Dame-des- Victoires ou à Saint-Roch. Mourante, elle aurait sûrement bien accueilli le prêtre que son médecin voulait appeler, ce à quoi s'opposèrent vivement son troisième mari et sa fille[34].

Il est bien connu que, lorsqu'une femme change de coiffure, c'est que quelque chose change dans sa vie. En automne 1902, Colette se fait couper les cheveux court, les magnifiques et longs cheveux de son enfance. Sa natte de un mètre cinquante-huit ! Elle est la pionnière de cette mode des cheveux courts qui fera une véritable révolution. Poiret, en effet, ne fera couper les cheveux de ses mannequins que six ans plus tard et Chanel ne sacrifiera les siens qu'en 1917. Et qui est l'instigateur de cet avatar ? Willy, bien sûr. Colette aura beau raconter à sa mère qu'elle a été obligée de le faire, après s'être renversé le contenu d'une lampe à pétrole sur la tête, Sido ne sera pas dupe. En 1911, dans une lettre à sa fille, elle en parlera encore : *"Et tes beaux cheveux d'or qui tombaient jusqu'à terre ! J'ai toujours pensé que c'était Willy qui t'avait suggéré de les couper, par jalousie. Tu peux me l'avouer à présent, va, mais j'ai eu un gros chagrin que tu aies anéanti mon chef-d'œuvre de vingt années*[35]."

Ce n'est pas par jalousie que Willy l'y a poussée mais pour l'assortir physiquement à la petite Polaire. Depuis le début de l'année, Polaire incarne Claudine dans *Claudine à Paris*, que Willy a adapté pour les Bouffes-Parisiens avec Luvey (contraction de Lugné-Poe et Charles Vayre).

C'est Jules Renard qui lui a présenté cette jeune actrice. Polaire, de son vrai nom Emilie Zouzé Bouchaud, a conservé de son Algérie natale un accent pied-noir qui se mélange d'une façon comique à son vocabulaire de titi parisien. Depuis l'âge de quatorze ans, elle est chanteuse de caf'conç' et la coqueluche des étudiants qui reprennent en chœur son *Ta-ma-ra-boum-di-hé...* ou *Max, ah c'que t'es rigolo !...*

Maigre, nerveuse, trépidante, c'est, dit Jules Renard... *"un petit animal curieux, pas joli et qui vous donne la main gauchement, comme si c'était une patte, élevée à la hauteur de l'œil. L'air d'un guichard (?) un peu écrasé*[36]." Cocteau, lui, la voit ainsi, au Palais de Glace : *"Une tête plate de serpent jaune tenant en équilibre les huîtres portugaises de ses yeux clignotants de nacre, de sel, d'ombre fraîche, les traits bridés, tendus, noués sur la nuque par un catogan noir de percheron, le feutre à la renverse au-dessus de la frange, une bague de Lalique en guise de ceinture, la jupe de gommeuse découvrant des chaussettes et des bottines à boutons aux patins cruels – l'actrice, violente comme une insulte en langue juive, se tenait au bord du ring, droite et raide, dans une pose d'attaque de nerfs*[37]*."*

Polaire, obstinée à faire du théâtre, ne s'est pas vu attribuer le rôle de Poil de Carotte mais celui de Claudine, elle l'a voulu et obtenu de Willy, amusé par cette petite bonne femme têtue à qui il dit, quand elle sautille : *"Polaire, restez donc un peu tranquille! Vous avez l'air d'une fleur qui a envie de faire pipi."*

Quant à Colette, elle dira que, de toutes les actrices qui incarneront Claudine, c'est Polaire qui en aura été la plus extraordinaire interprète.

Et, tandis que la pièce connaît un véritable triomphe aux Bouffes-Parisiens, Willy, toujours assoiffé de publicité, s'exhibe dans Paris entre ses deux "Claudine". On se fait voir au Bois, le matin, au Palais de Glace, aux courses, dans les cafés et les restaurants à la mode. De Colette et Polaire qui ont sensiblement le même âge il a fait deux jumelles, deux "twins", coiffées de la même façon, vêtues des mêmes robes. "Mes gosses", dit-il. "Willy et ses deux guenons", disent les mauvaises langues. Car le trio, évidemment, déchaîne les commérages et le succès est le meilleur moyen de se faire des ennemis. Mais Willy en est enchanté. Pourvu qu'on parle de lui, peu importe que ce soit en mal ou en bien.

Colette, elle, s'amuse moins. Cette exhibition avec Polaire commence à l'ennuyer. Elle ne se sent vraiment bien que dans cette propriété dauphinoise des Monts-Boucons que Willy lui a achetée afin qu'elle puisse y travailler au calme. C'est une jolie maison ancienne avec une petite ferme et six hectares, des bois, un vieux verger. Colette va y séjourner de juin à novembre, seule la plupart du temps car Willy, à l'entendre, ne peut s'éloigner de Paris.

Entre son Toby-Chien, son chat angora Kiki-la-Doucette, ses oiseaux, son cheval qu'elle apprend à monter ou qu'elle attelle à une voiture légère et ses pages d'écriture, Colette, navrée de ne pas voir Willy aussi souvent qu'elle le souhaite mais en harmonie avec cette campagne qui lui rappelle son enfance, Colette qui vient d'avoir trente ans apprend à vivre seule. A écrire toute seule aussi car, à présent, les leçons de Willy ont été parfaitement assimilées par la jeune femme. Pour l'écriture, elle va bientôt se passer de lui. Elle s'en aperçoit, en rédigeant les histoires de Minne et en composant ses *Dialogues de bêtes,* premier livre qu'elle signera : Colette Willy.

Quand elle revient à Paris pour y passer l'hiver, elle retrouve un mari de plus en plus affairé. Il continue à exploiter activement le succès des Claudine, tout en rédigeant, de son côté, avec ses aides, d'autres romans dont les héroïnes sont des adolescentes délurées, sœurs de la rentable Claudine : Pierrette, Peggy, Jasmin ou Mady mais qui ne vaudront pas le personnage à qui Colette a tant donné d'elle-même.

Willy est ivre de gloire et sa mégalomanie devient galopante. A présent, il fait faire et distribuer des cartes postales où il figure, dominant une Colette qui s'appelle Claudine.

En avril 1903, une ligue contre la licence des rues assigne Willy et son éditeur pour la publication dans *La Vie en rose* de son roman *La Maîtresse du prince Jean,* dont l'immoralité constitue, disent les plaignants, un véritable attentat à la pudeur. Le jour du procès, la 9e chambre correctionnelle est pleine à craquer car la notoriété de Willy et le sujet du procès ont attiré beaucoup de monde. Willy, défendu par Jean-Paul Boncour, avocat débutant et futur président du Conseil, est entouré d'amis venus témoigner en sa faveur : Renard, Huysmans, Funck-Brentano, Catulle Mendès ou Camille Erlanger. Willy se prend pour Baudelaire. Il va s'en tirer à bon compte : mille francs d'amende et l'obligation d'expurger son livre.

L'affaire aura fait tant de bruit que le poète symboliste

Vielé-Griffin, qui connaît son Willy, est persuadé qu'il s'agit là d'une nouvelle invention publicitaire et lui envoie le télégramme suivant : *"Très sensible à votre extraordinaire poisson d'avril. Adresse tous mes compliments à l'inventeur."* Et l'ami Sacha Guitry rédige pour le *Gil Blas,* ce portrait malicieux de Willy :

"Il a l'air d'un homme connu.

Et je ne vois guère que Dieu et Alfred Dreyfus qui soient aussi connus que lui.

Il a lancé un chapeau célèbre qui lui est retombé définitivement sur la tête.

Ah ! si cet homme-là consentait seulement à faire un peu de réclame... Mais non, il est inflexible !"

En attendant, on ne lui attribue plus tout le mérite de ses succès, du moins en ce qui concerne les *Claudine.* Il y a tellement de coïncidences évidentes entre la vie de Claudine, ce qu'elle pense, ce qu'elle est, ce qu'elle vit et Colette elle-même que l'on commence à comprendre la part qu'elle prend à la rédaction de ces romans signés Willy. De plus, Colette, volontairement ou non, a commis quelques gaffes révélatrices. *"Apprenez donc à marcher toute seule,"* lui conseille Jules Renard (qui lance aussi dans Paris : "Willy *ont* beaucoup de talent.").

Conseil réitéré par une autre personne qui aura sûrement une influence réelle sur la vie de Colette. Il s'agit d'une voyante célèbre, Mme Fraya, qu'elle va consulter pour la première fois en 1903. Si cette Landaise au pseudonyme de déesse germanique attire le Tout-Paris dans son rez-de-chaussée de la rue d'Edimbourg comme elle le fera jusqu'en 1954 (elle est née et morte les mêmes années que Colette), rue Chardin, c'est que ses dons sont réellement extraordinaires. Souverains, hommes politiques, écrivains sont ses clients et souvent ses amis. Pierre Loti qui trouve que ses dons divinatoires tiennent du prodige ne vient jamais à Paris sans aller la consulter. Il lui a donné un collier indien deux fois millénaire qui est, dit-on, un fabuleux talisman. On voit chez elle Sarah Bernhardt, Edmond Rostand, Guitry, Gide, Proust, France, Anna de Noailles, etc. On y verra Poincaré et Clemenceau. Ses prophéties couvrent même notre époque[38].

Dans *Mes Apprentissages,* Colette raconte sa première entrevue avec Mme Fraya et ce qu'elle lui a dit en regardant les paumes de ses mains :

"C'est... Oh ! c'est curieux... Je n'aurais jamais cru... Il va falloir en sortir.

"– De quoi ?

"– D'où vous êtes.

"– Déménager ?

"– Aussi, mais c'est un détail. Il va falloir en sortir... Vous avez beaucoup tardé."

Colette va encore tarder. Pourquoi ? Parce qu'elle est toujours amoureuse de ce Willy à qui elle ne peut encore rien refuser, tout en ayant envie d'échapper à une mainmise qui lui pèse, de jour en jour, davantage.

Denise Tual, qui sera la voisine amicale de Colette au Palais-Royal, était, bien avant de la rencontrer, fascinée par cette femme étonnante dont elle avait entendu parler dans son enfance. Son père, éditeur d'art, lui avait raconté une scène dont il avait été témoin au début du siècle. *"Lors d'un dîner donné par J.-M. Sert pour des gens de théâtre (avec Willy) dans un cabinet particulier, Colette avait fait une entrée tardive et remarquée, au dessert : porté par quatre valets en livrée, sur un grand plat d'argent, un gâteau immense ; au milieu d'une montagne de crème fouettée, deux minois pointus émergeaient. Toute nue, blottie contre Polaire, Colette riait aux éclats et, de ses pieds roses, faisait voler les œufs battus en neige[39]."*

1 . *Mes Apprentissages,* Ferenczi, 1936.
2 . Cité par Sylvain Bonmariage dans *Willy, Colette et moi,* éd. Charles Frémanger. 1954.
3 . *Mes Apprentissages, op. cit.*
4 . J.-E. Blanche, *La Pêche aux souvenirs,* Flammarion, 1949.
5 . *Mes Apprentissages, op. cit.*
6 . Paul Léautaud, *Journal littéraire,* 24 octobre 1935, Mercure de France.
7 . Lettre citée dans *Marcel Schwob et son temps* par Pierre Champion, Bernard Grasset, 1927.
8 . Apollinaire, *Le Flâneur des deux rives,* Idées-Gallimard, 1975.
9 . *Mes Apprentissages, op. cit.*
10 . *Ibid.*
11 . *Ibid.*
12 . *Ibid.*
13 . *Ibid.*
14 . *Lettres à ses pairs,* été 1894, Flammarion, 1972.
15 . *Mes Apprentissages, op. cit.*
16 . *Journal à rebours,* Arthème Fayard, 1941.
17 . D'une lettre de Colette, citée par Gérard Bonal dans *Colette par moi-même,* éd. Ramsay, 1982.
18 . *Claudine à l'école,* Ed. Ollendorf, 1900.
19 . Lettre de Colette du 29 mars 1900, coll. Richard Anacréon.
20 . Cité par Marie-Jeanne Viel dans *Colette au temps des Claudine,* Les Publications essentielles, 1978.
21 . *Mes Apprentissages, op. cit.*
22 . *Ibid.*
23 . Il le regrettera encore en 1942, comme il l'écrira à La Varende.
24 . Libraire parisien et collectionneur averti qui fut l'ami de Colette, Cocteau, Valéry, etc. Il a fait don de ses collections à Granville, sa ville natale, où nous pourrons bientôt les voir dans un musée qui portera son nom.
25 . Lettre, 4 février 1911, coll. B. de Jouvenel.
26 . Raconté par M.-J. Viel dans *Colette au temps des Claudine, op. cit.*
27 . *Ces plaisirs,* édité chez Ferenczi en 1932, deviendra *Le Pur et l'Impur,* en 1941, aux Armes de France.
28 . Sylvain Bonmariage, *Willy, Colette et moi,* éd. Ch. Frémanger, 1954.
29 . Paul Léautaud, *Journal littéraire, op. cit.*
30 . *Ibid.*
31 . *Lettres à ses pairs, op. cit.*
32 . Lettre inédite, coll. Richard Anacréon.
pp. 34, 35, 38, 39
33 . Cité par M.-J. Viel dans *Colette au temps des Claudine, op. cit.*
34 . Cela m'a été dit par Marthe Lamy qui fut le médecin et l'amie de Colette. (N. d. A.)
35 . Lettre du 30 décembre 1911, citée par *Le Figaro littéraire,* en 1954.
36 . Jules Renard, *Journal,* 1902, Gallimard.
37 . Jean Cocteau, *Portraits-souvenir,* Pluriel, Hachette, 1977.
38 . Simone de Tervagne, *Une Voyante à l'Elysée,* éd. Pygmalion.
39 . Denise Tual, *Le Temps dévoré,* Fayard, 1980.

1
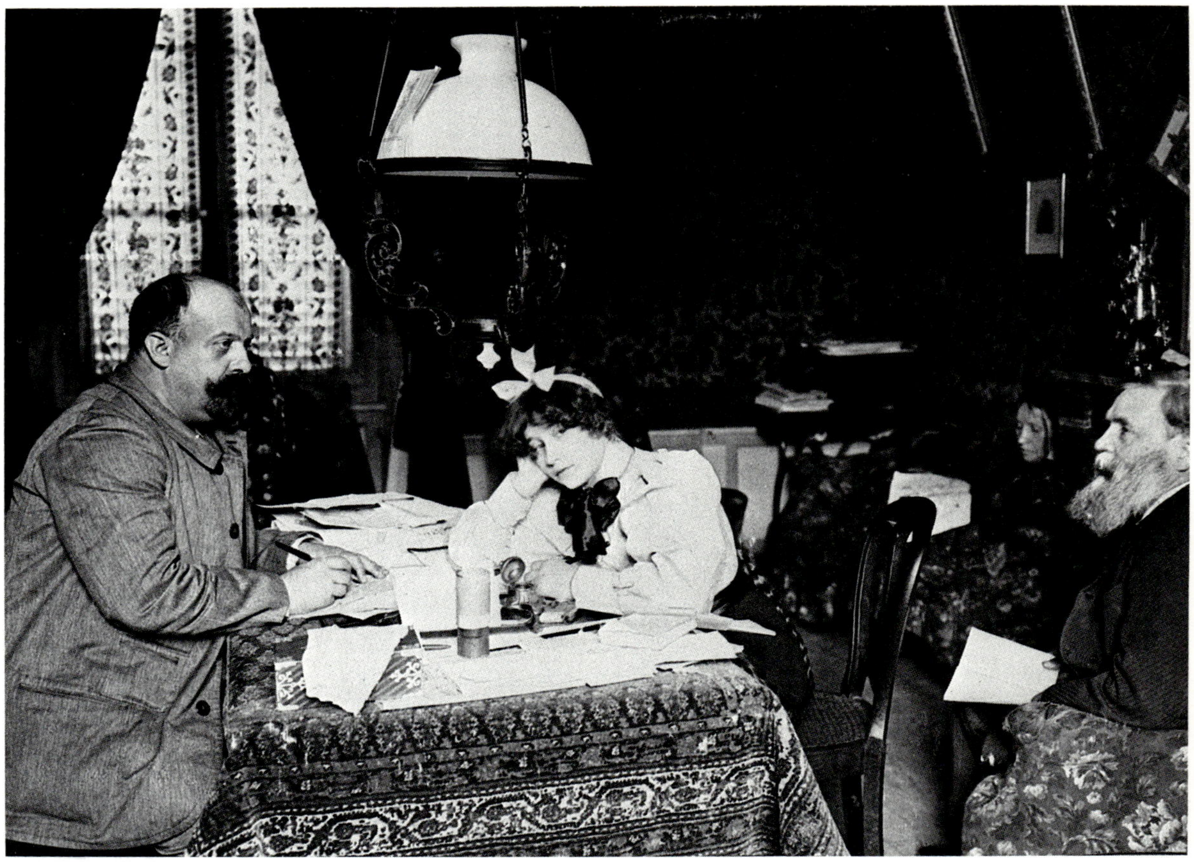

2
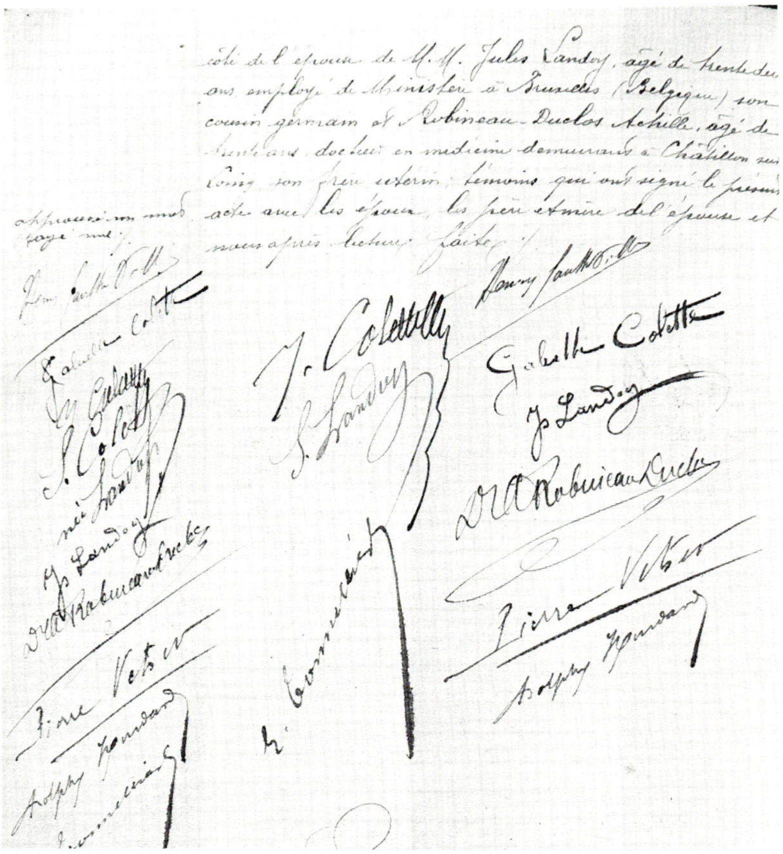

côté de l'épouse de M.M. Jules Landoy, âgé de trente deux ans employé de Ministère à Bruxelles (Belgique) son cousin germain et Robineau-Duclos Achille, âgé de trente ans, docteur en médecine demeurant à Châtillon sur Loing son frère utérin, témoins qui ont signé le présent acte avec les époux, les père et mère de l'épouse et nous après lecture faite.

(1) Colette et Willy en visite à Châtillon. A droite, le capitaine Colette et, dans l'ombre, Sido. – (2) Les signatures des mariés et des témoins, sur l'acte de mariage de Colette, le 15 mai 1893, à Châtillon-sur-Loing. On y distingue celle de Pierre Véber, ami et “nègre” de Willy. – **Page suivante :** Les photographes avaient été écartés, le jour du mariage, mais l'un d'eux a tout de même réussi à fixer le cortège qui se rend à l'église. En tête, Colette et le capitaine. – (2) L'été à Châtillon. Colette y revint en visite, après son mariage. Ici avec Sido à droite de la photo.

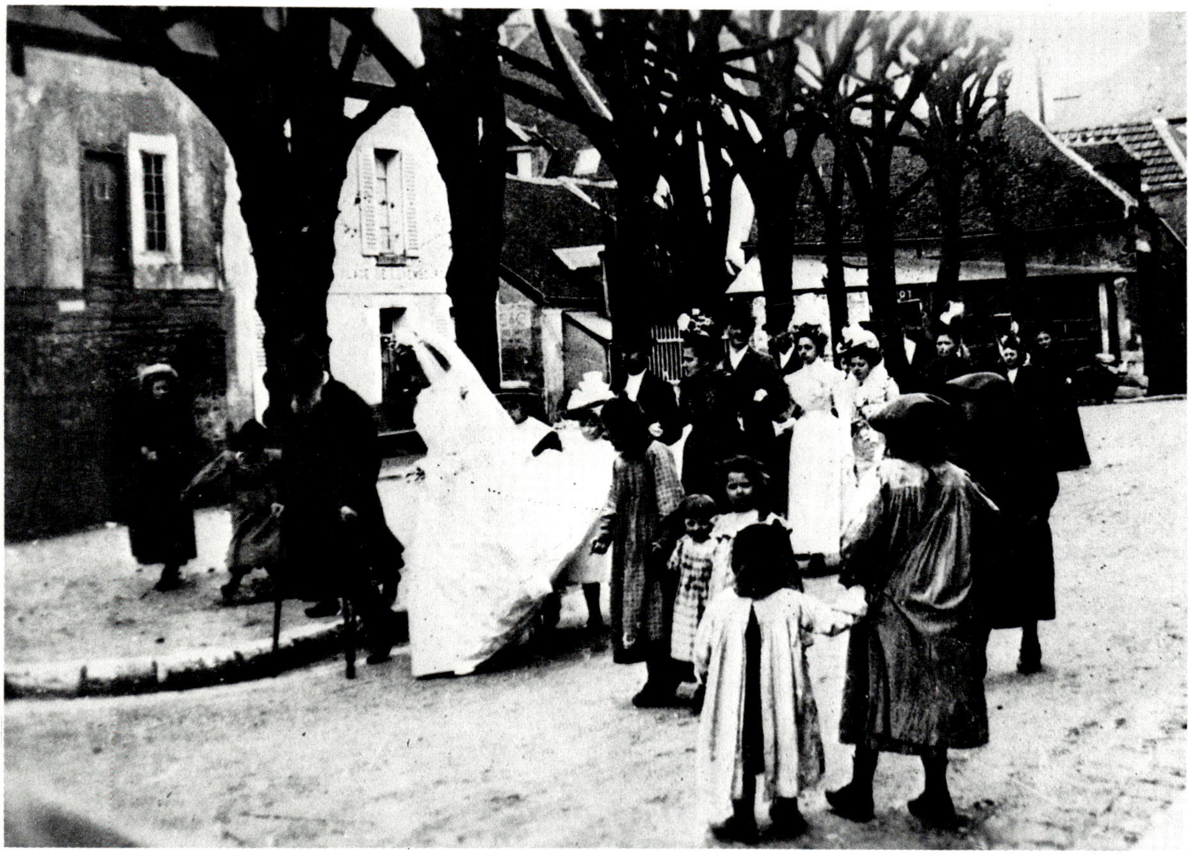

1

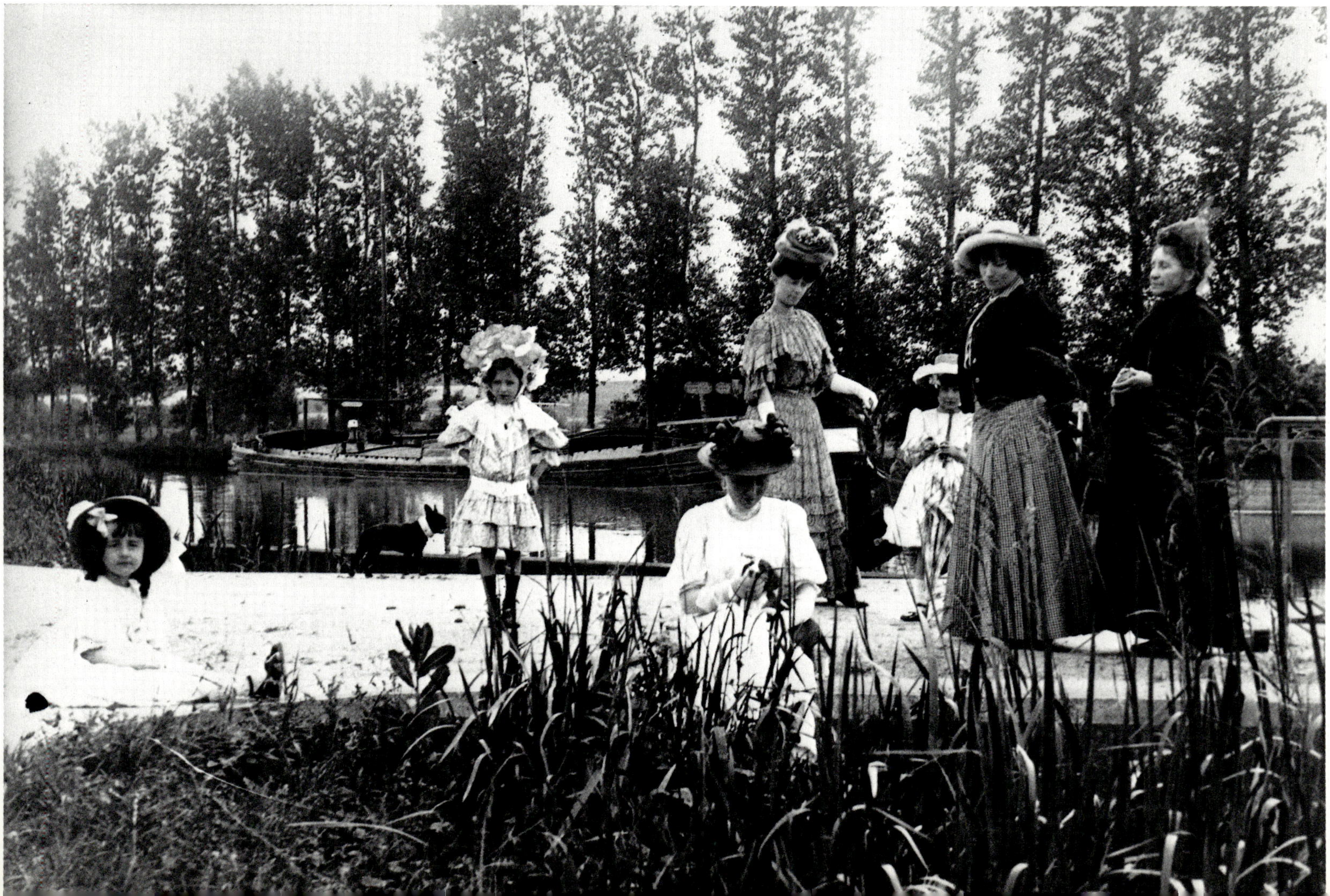

2

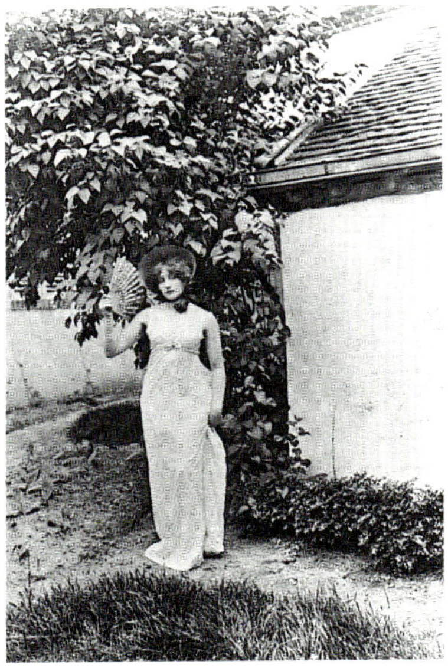

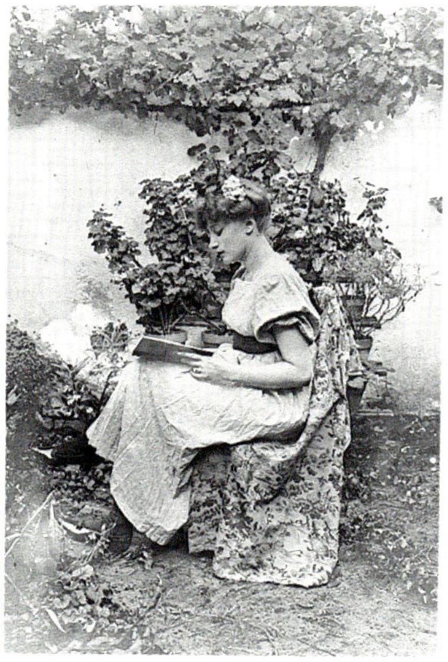

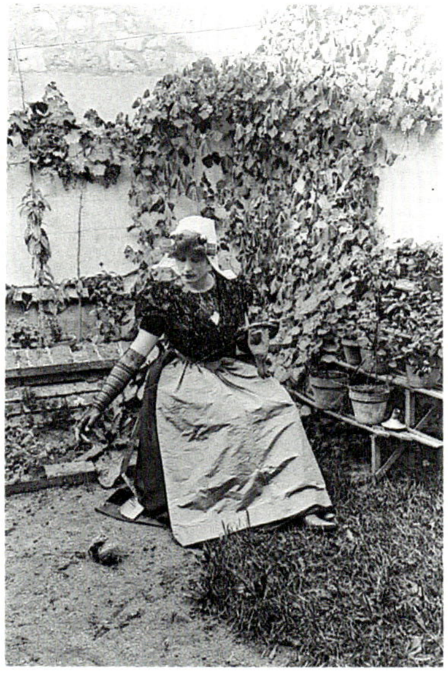

A l'époque où prendre des photographies n'était pas d'usage courant, Colette manifeste déjà un goût certain de la mise en scène. La voici faisant semblant de lire, déguisée en "merveilleuse" et en paysanne d'autrefois. Le goût du théâtre, déjà. – **Page de droite :** Ce que Colette ne saura jamais faire : semblant de sourire.

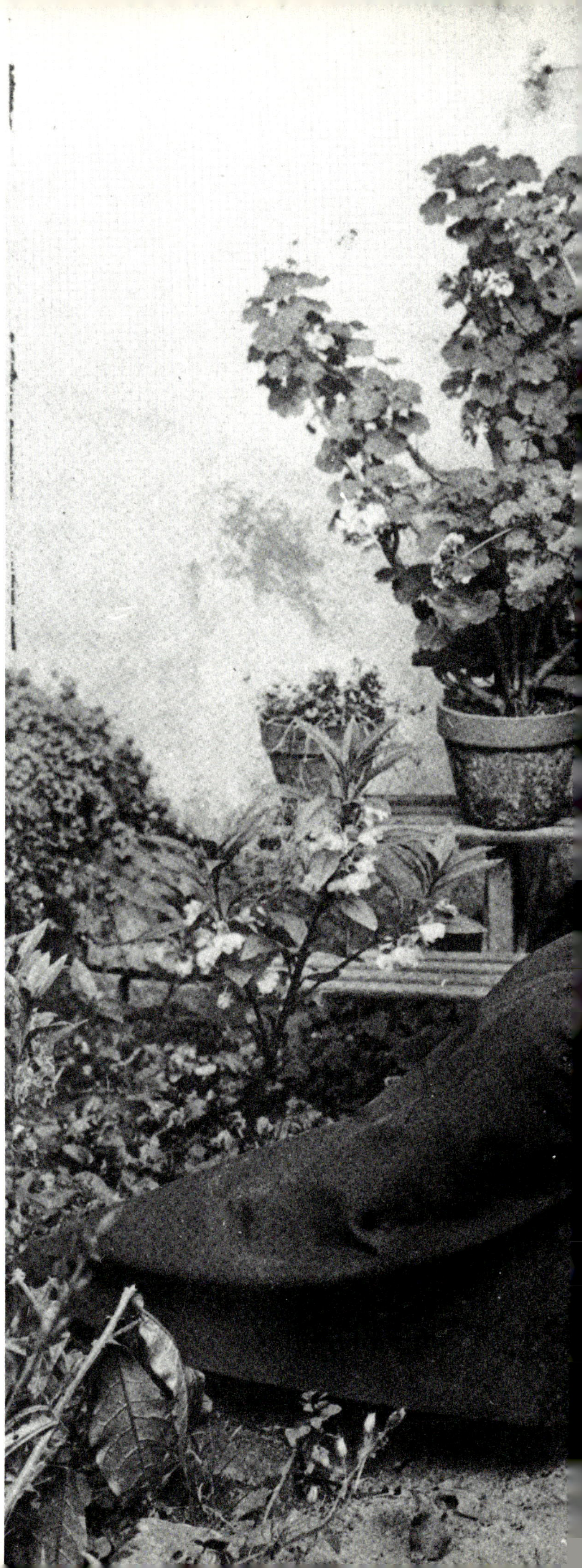

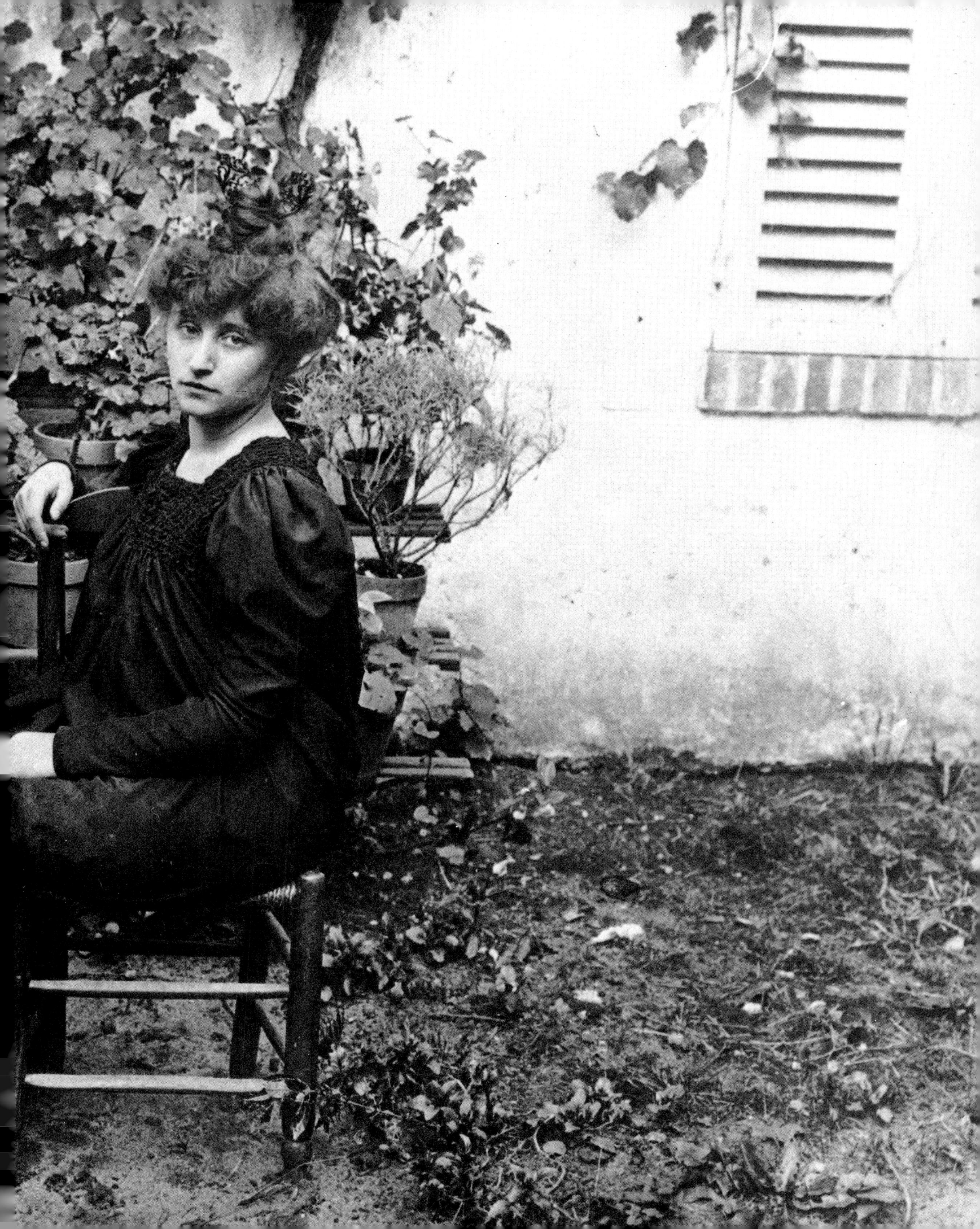

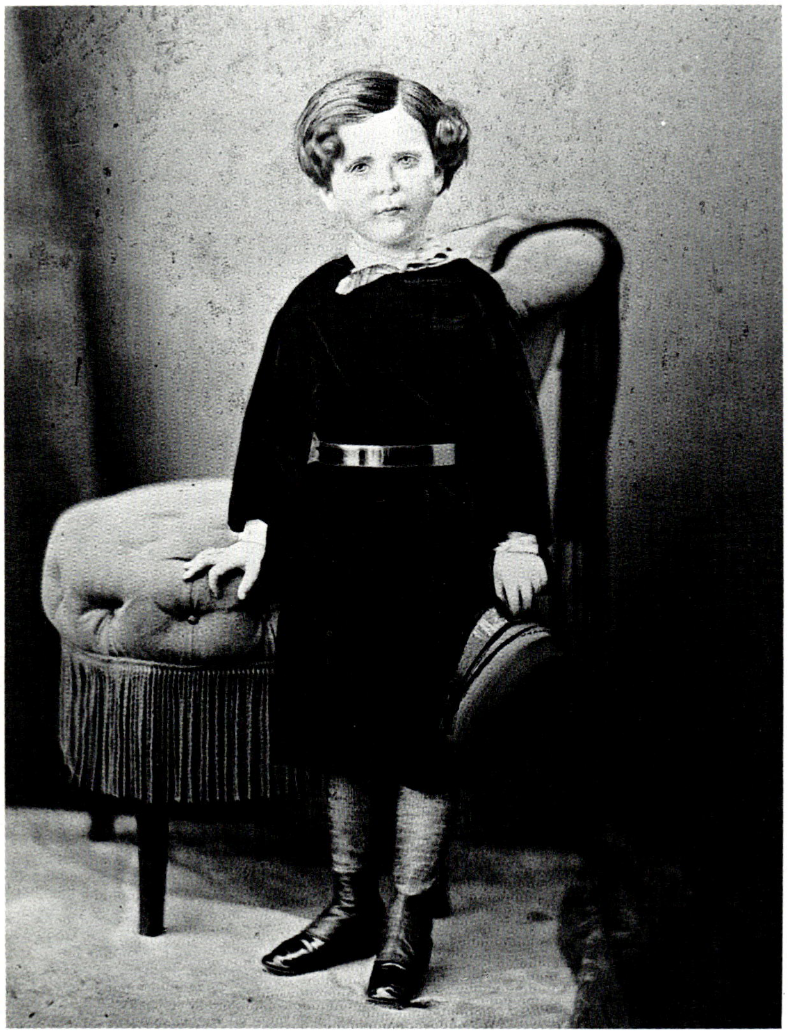

1

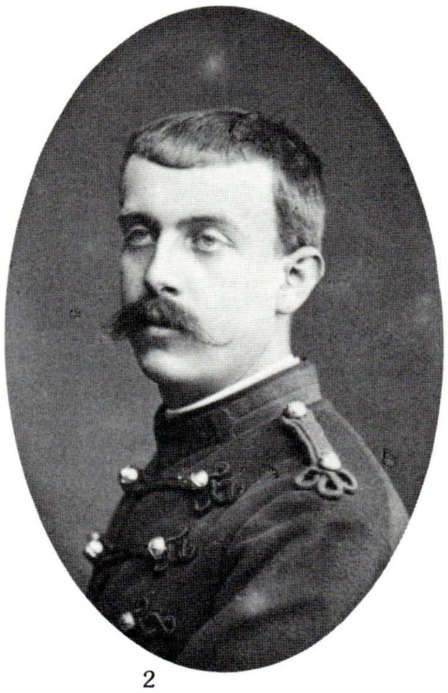

2

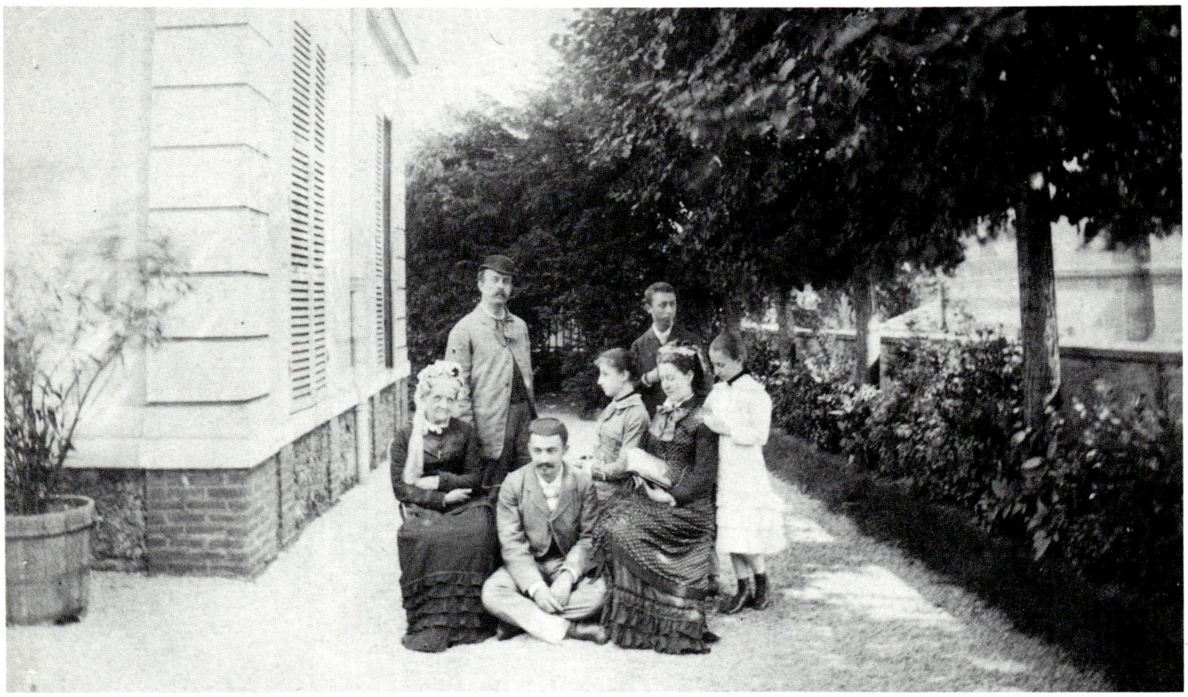

3

(1) Henry Gauthier-Villars (1859-1930), dit Willy, à l'âge de cinq ans. Il sera le premier mari de Colette. – (2) Le même à vingt ans, en uniforme de brigadier d'artillerie. Il est encore maigre et assez joli garçon. – (3) La famille Gauthier-Villars dans son jardin de Passy, rue des Vignes. Willy, debout, à gauche. – **Page de droite :** Les intellectuels au café, à la fin du siècle dernier.Willy, à gauche. A droite, Léo Trézenik, journaliste, ami de Verlaine, directeur du journal *Lutèce* et animateur d'une revue de jeunes poètes, *La Nouvelle Rive gauche*. Il partageait avec Georges Rall, au centre, le pseudonyme de "Monstrailles".

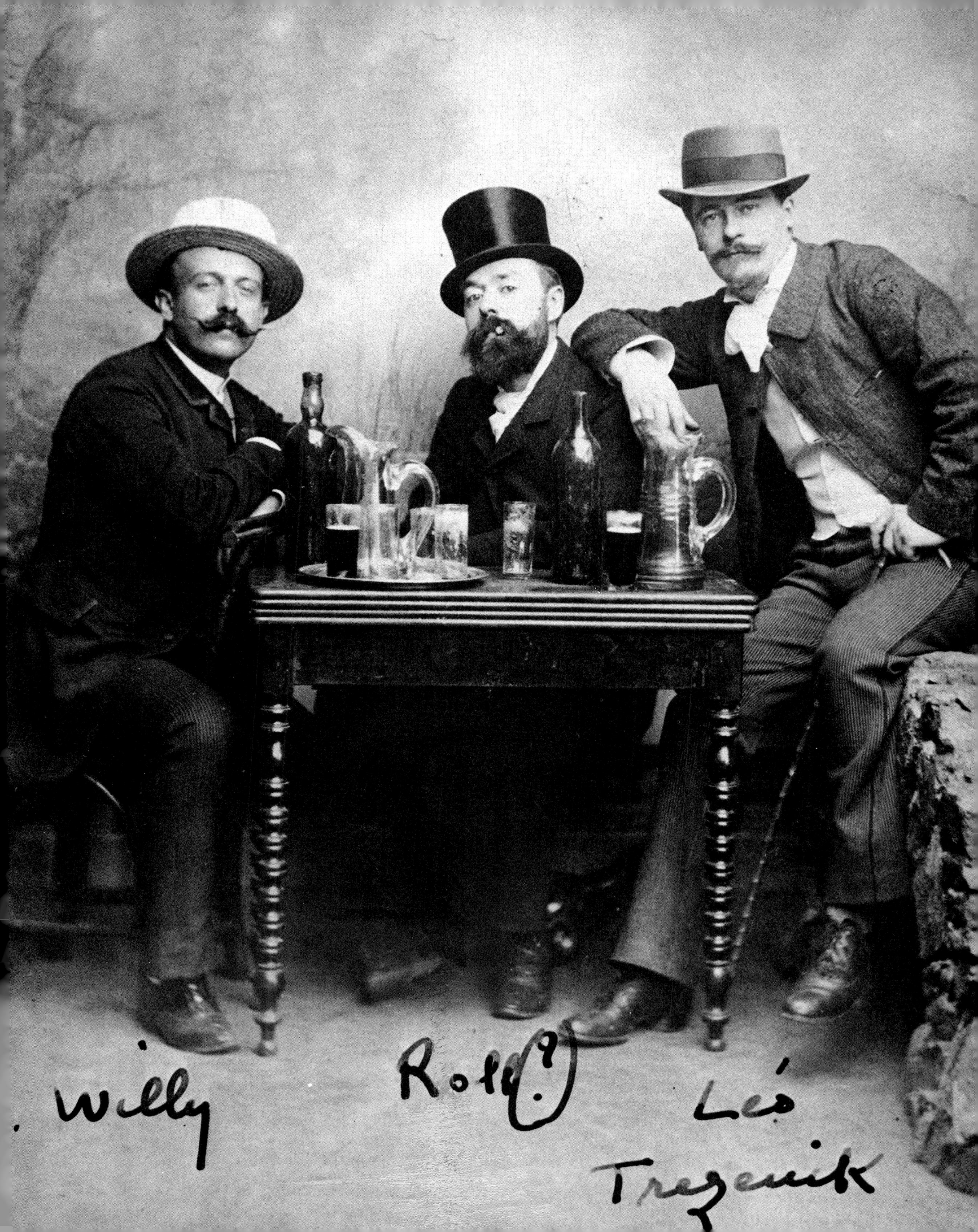
Willy
Roll (?)
Léo Trezenik

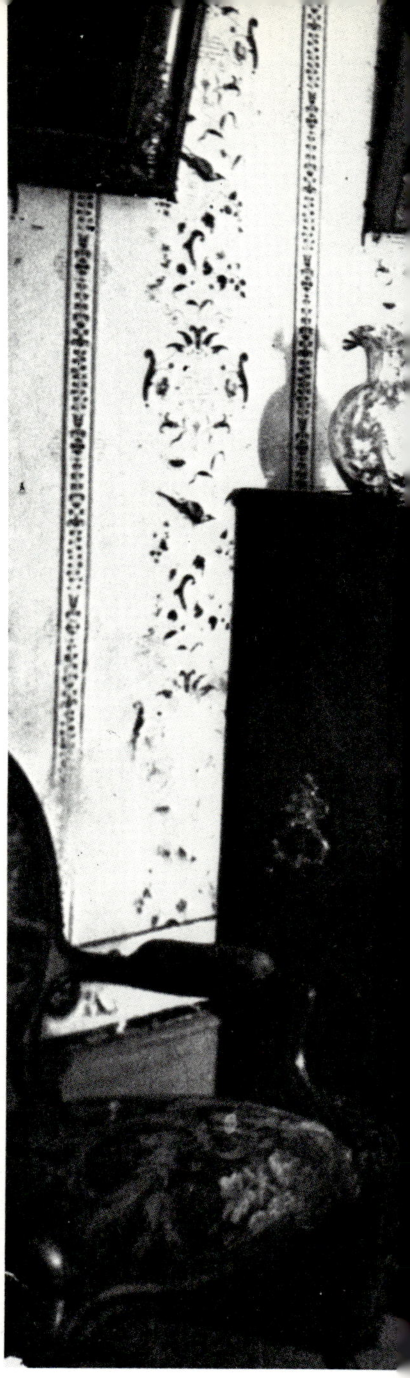

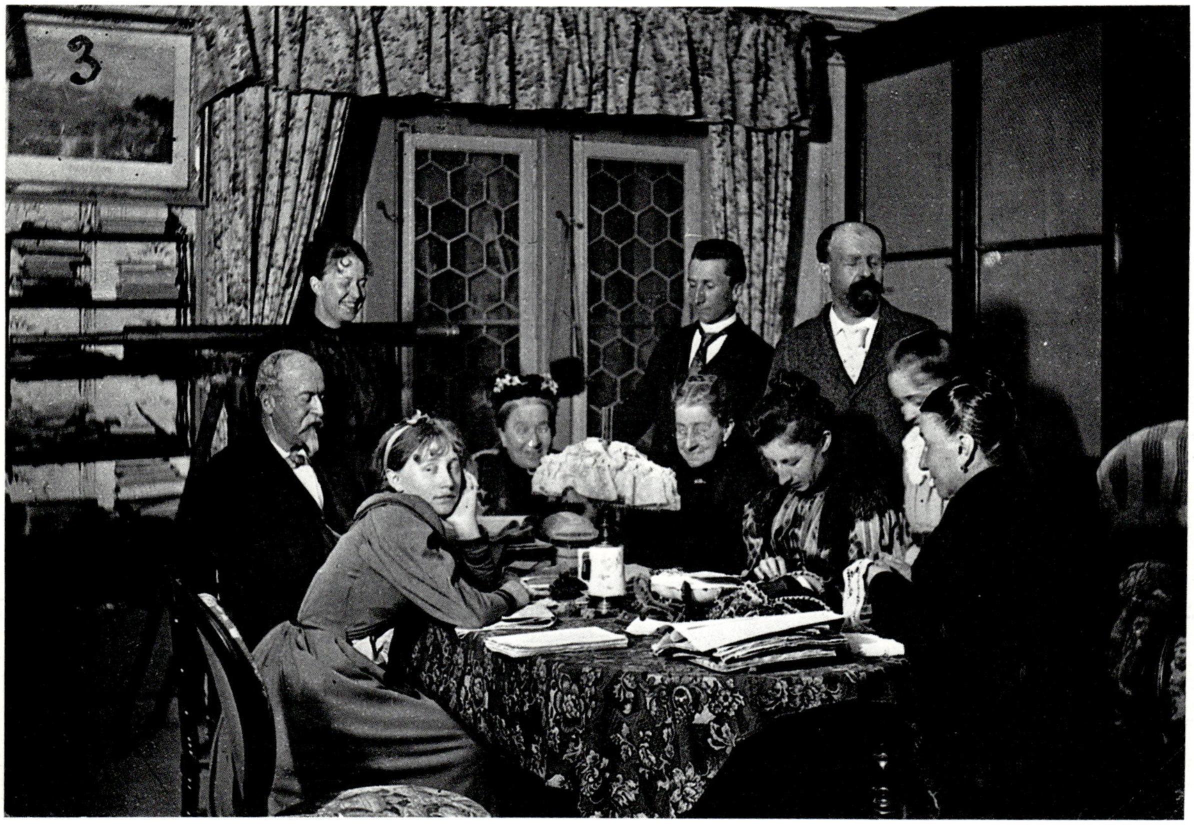

1

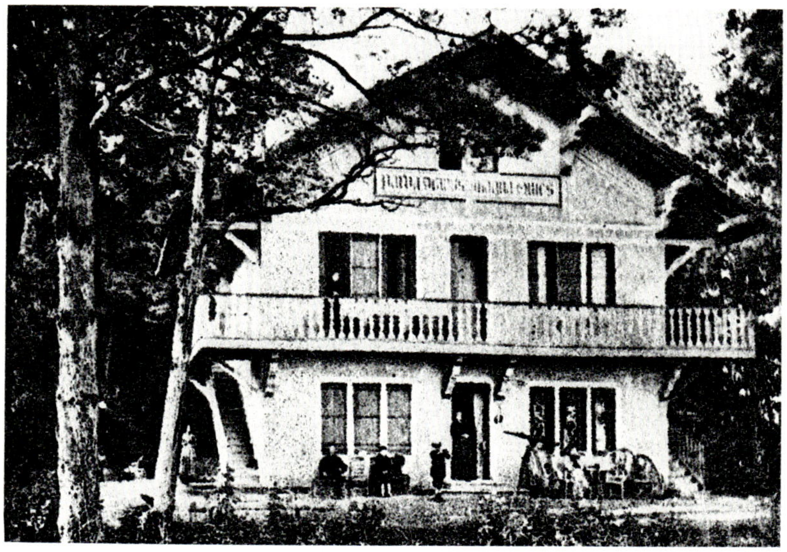

2

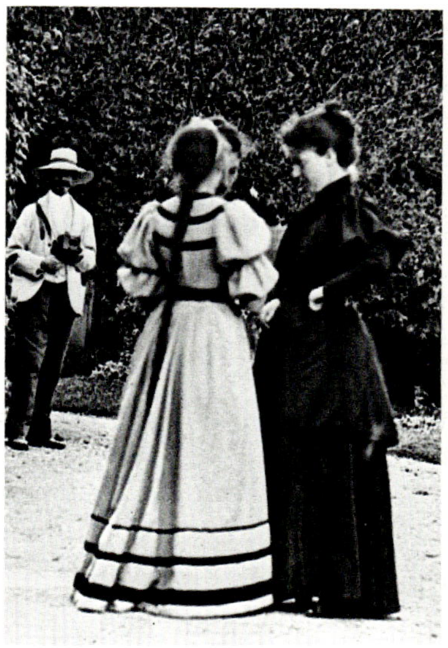

3

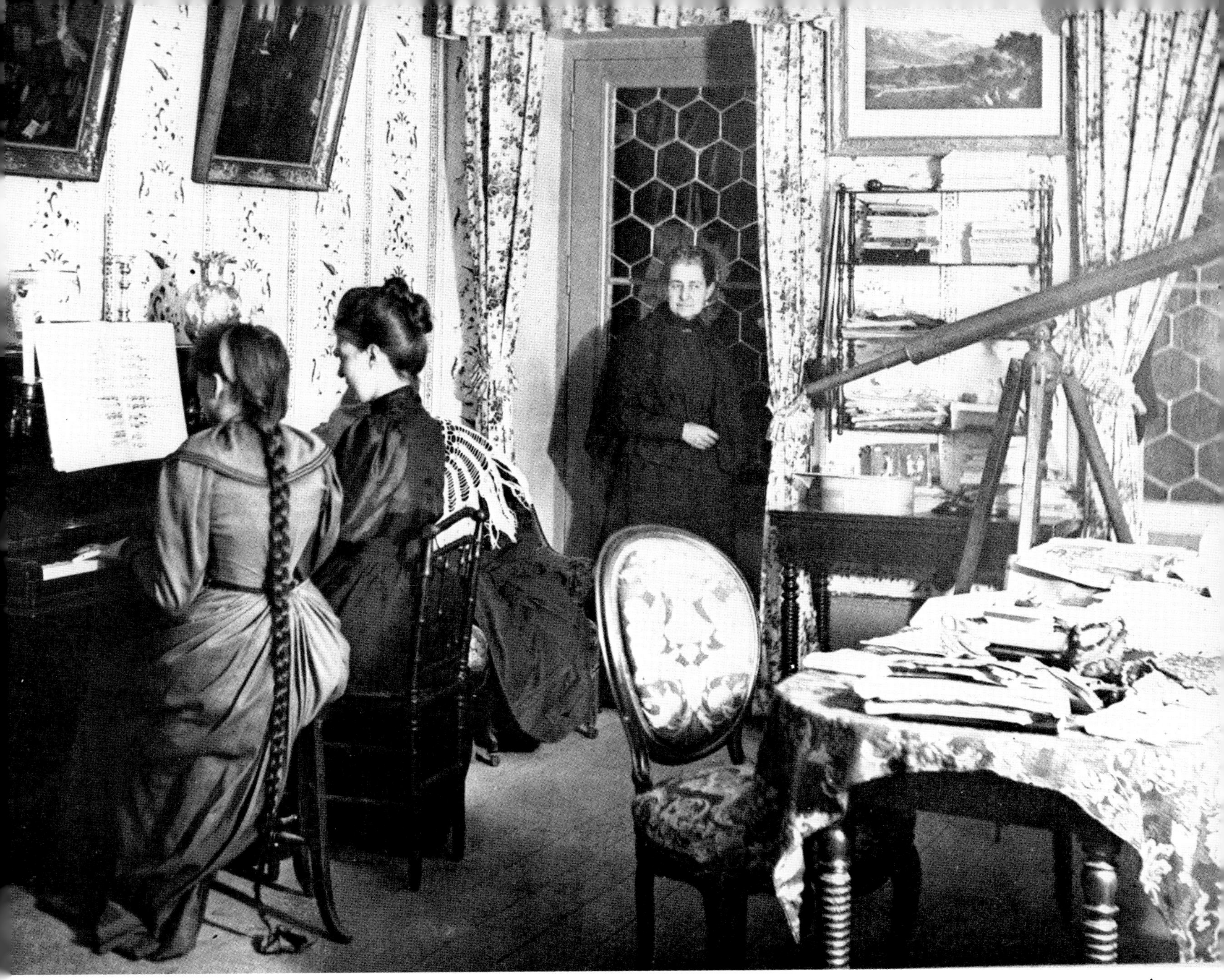

4

Colette, dans sa belle-famille, en vacances dans le Jura. – (1) Chez les Gauthier-Villars, Willy continuait à faire des calembours mais s'abstenait de plaisanteries déplacées et jouait, avec sa jeune femme, les maris convenables. – (2) Situé près de Lons-le-Saunier, le chalet des Gauthier-Villars avait comme devise : *"Petite maison, grande tranquillité"*. En latin, bien sûr, selon le goût de l'époque. – (3) Colette avec sa belle-sœur Valentine dont elle disait malicieusement qu'elle trouvait un œuf poilu après l'avoir tondu, pour pouvoir le retondre. – Ci-dessus : toujours avec Valentine, le piano à quatre mains.

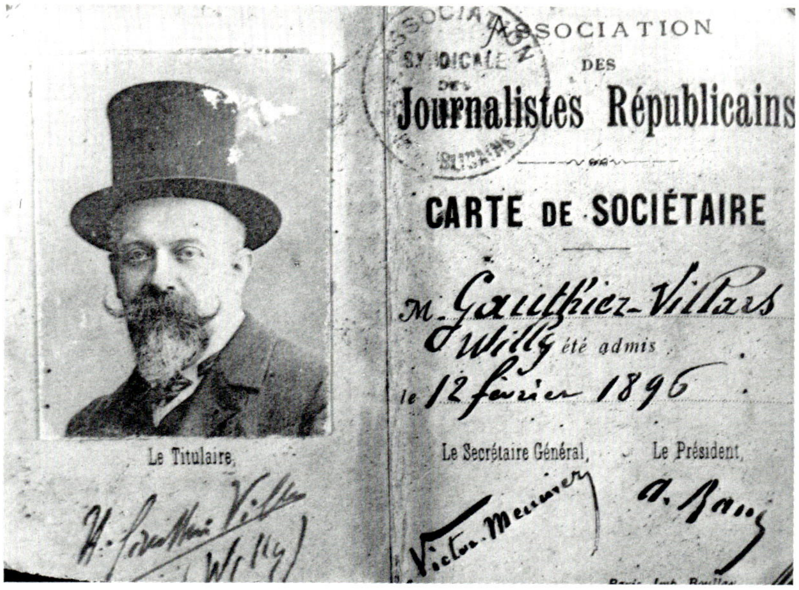

ASSOCIATION
DES
Journalistes Républicains

CARTE DE SOCIÉTAIRE

M. Gauthier-Villars
Willy été admis
le 12 février 1896

Le Titulaire,

H. Gauthier-Villars (Willy)

Le Secrétaire Général, Le Président,

Victor Meunier

1

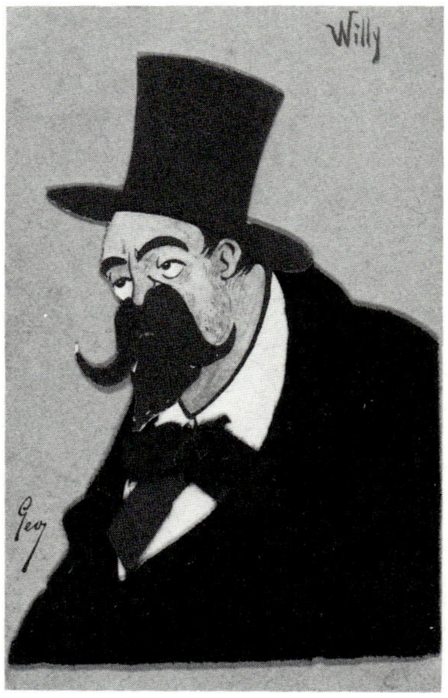

3

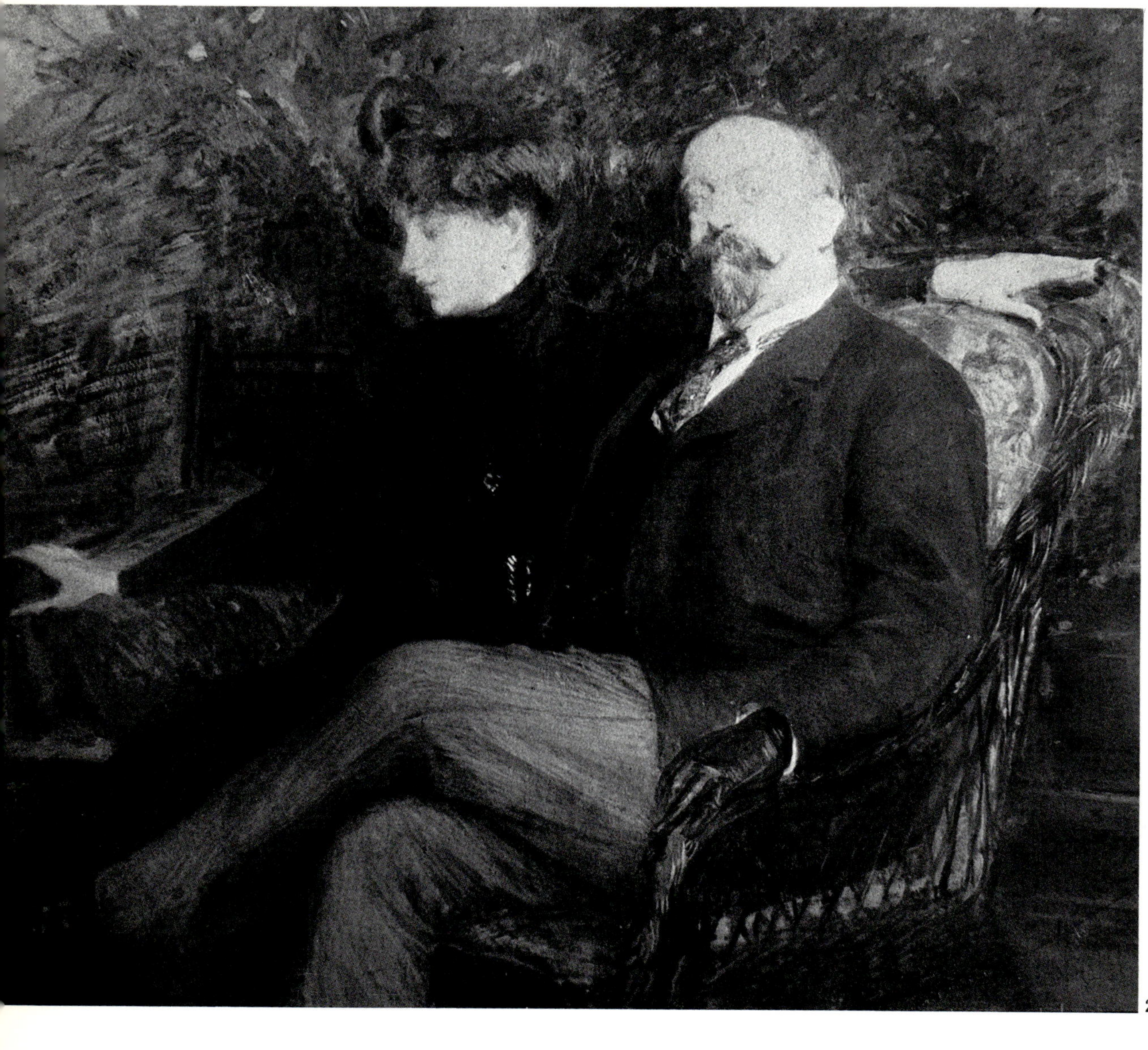

2

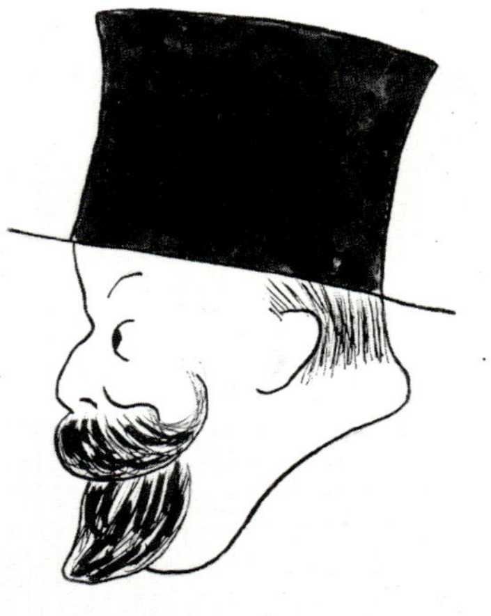

4

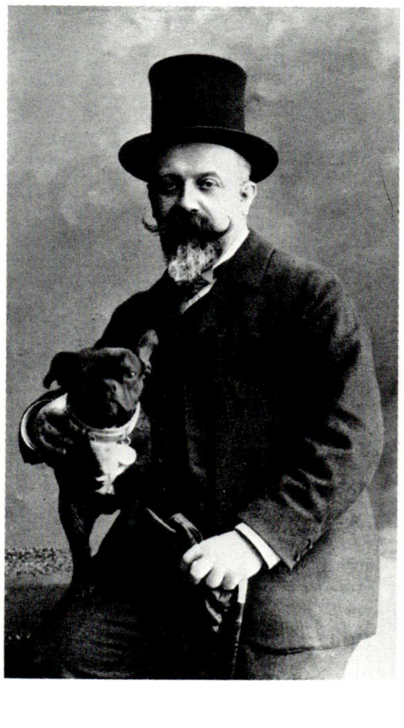

5

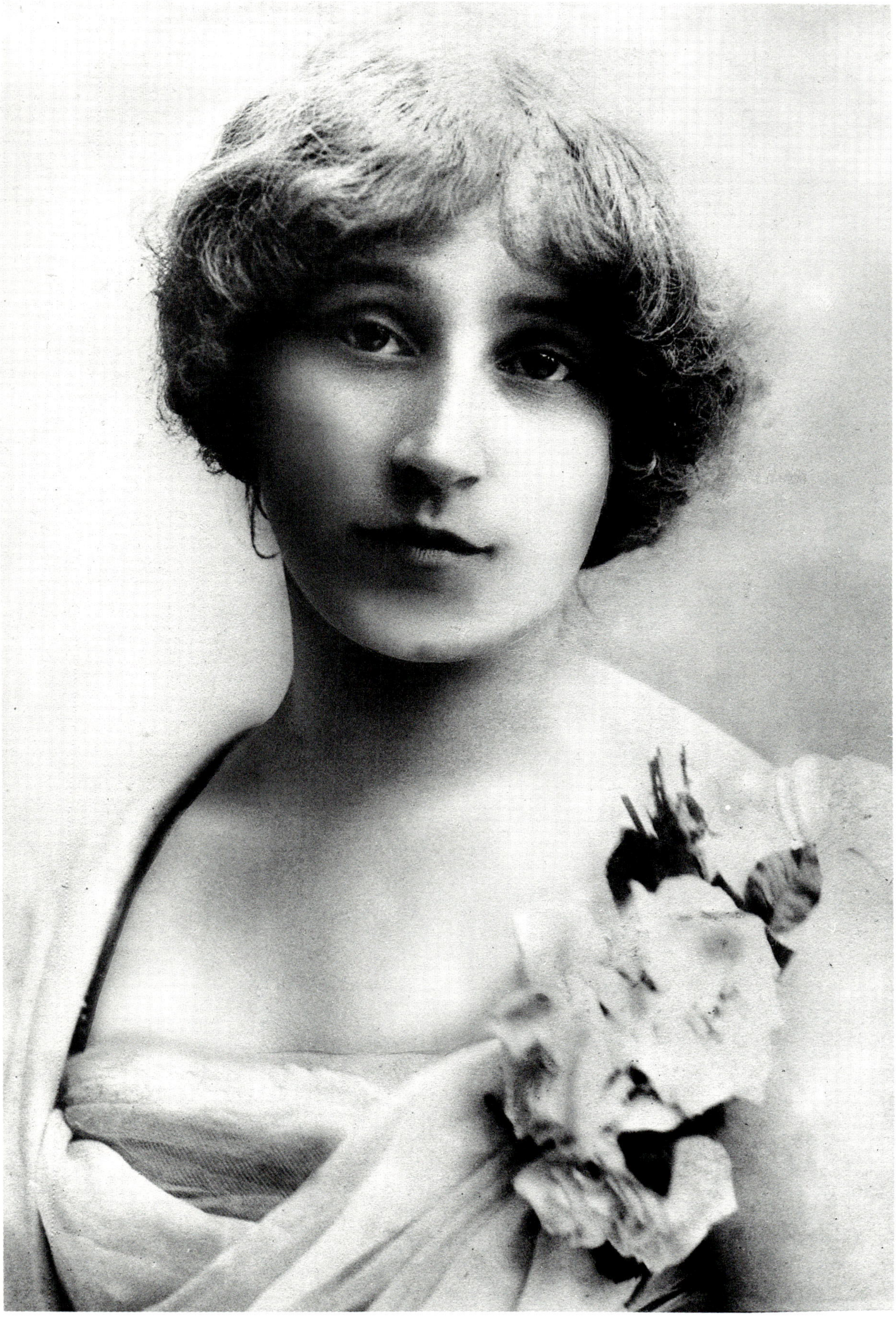

Page précédente : (1) La carte de presse de Willy, en 1896. – (2) Portrait de Willy et de Colette par Jacques-Emile Blanche. Portrait aujourd'hui disparu. – (3) Caricature de Willy avec son fameux chapeau à bord plat et ses yeux de bambocheur. – (4) Le même, vu par Sem. – (5) Willy photographié avec Toby-Chien. – Ci-contre : photo de Colette datée de juin 1897 et qui figurait dans l'album personnel de Willy.

1
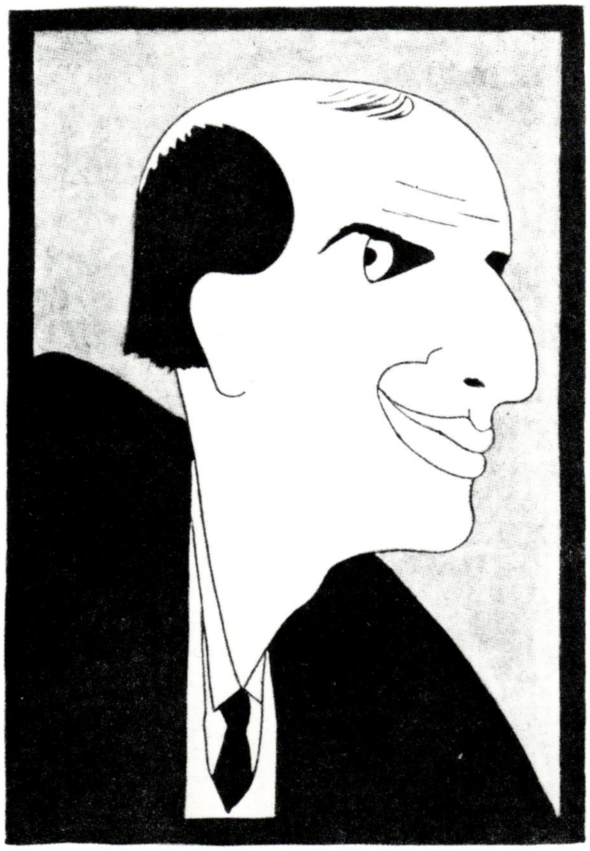

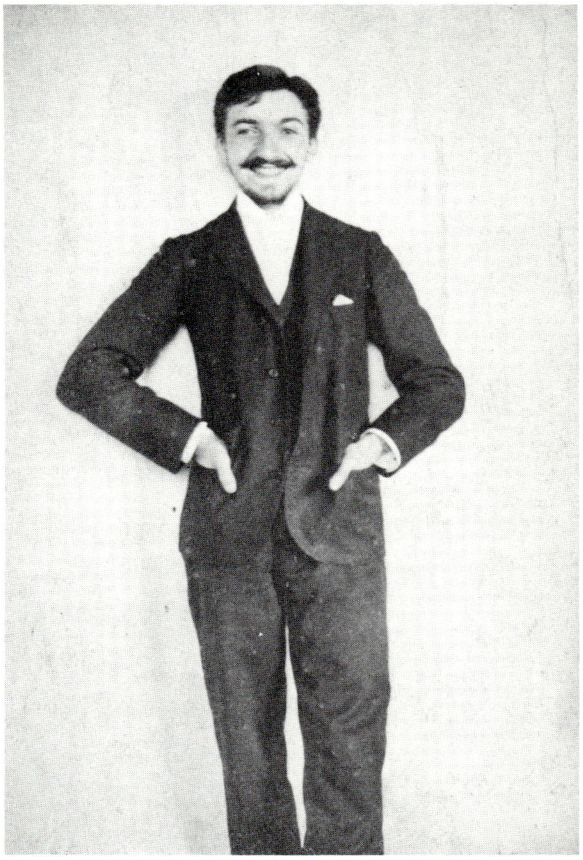

3
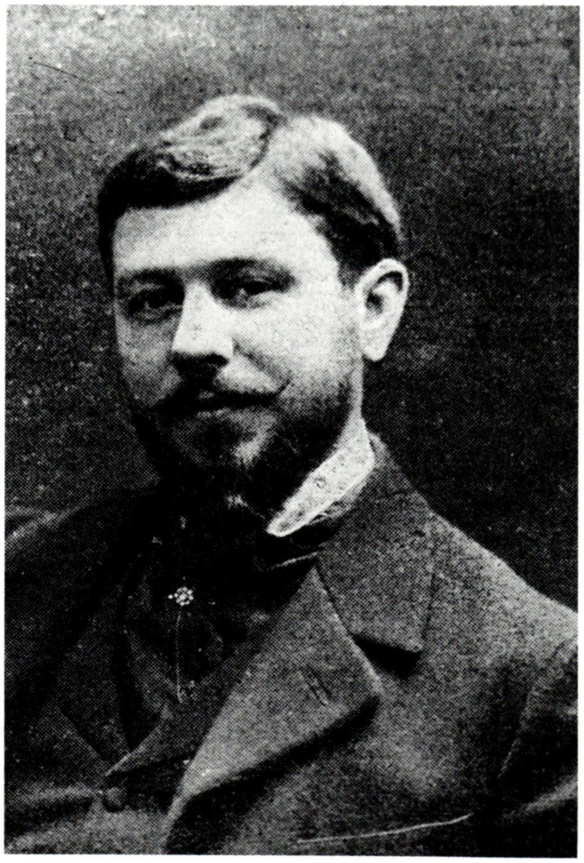

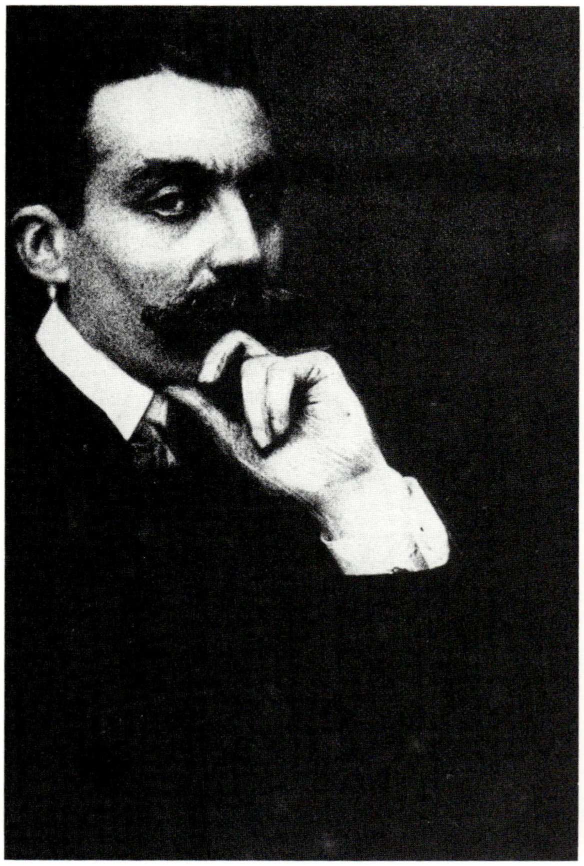

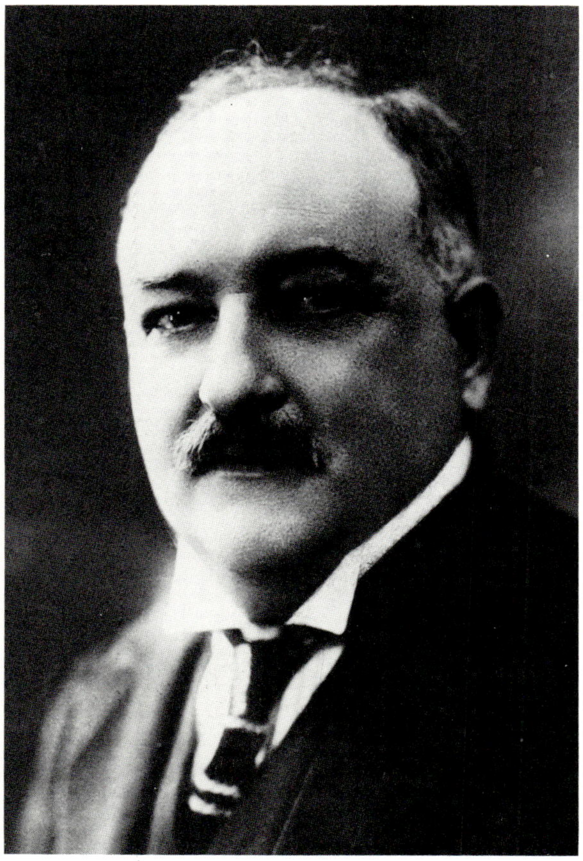

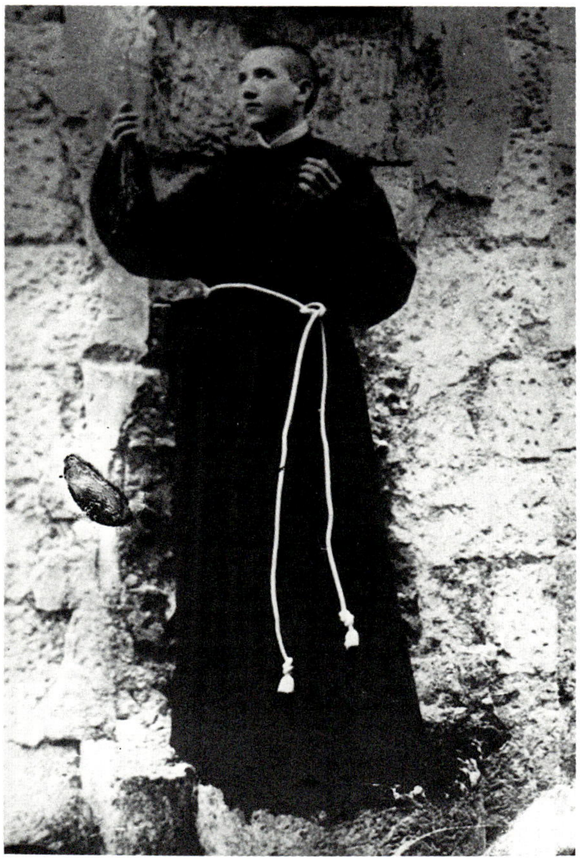

6

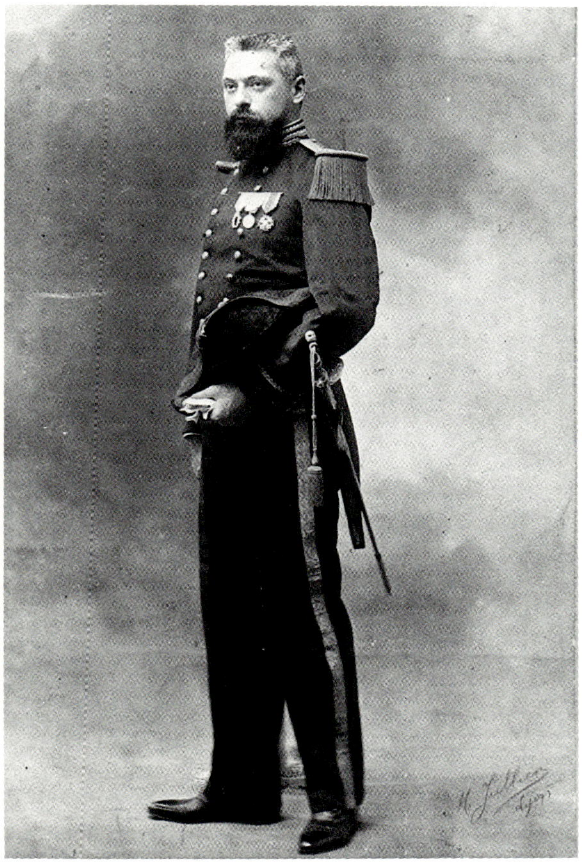

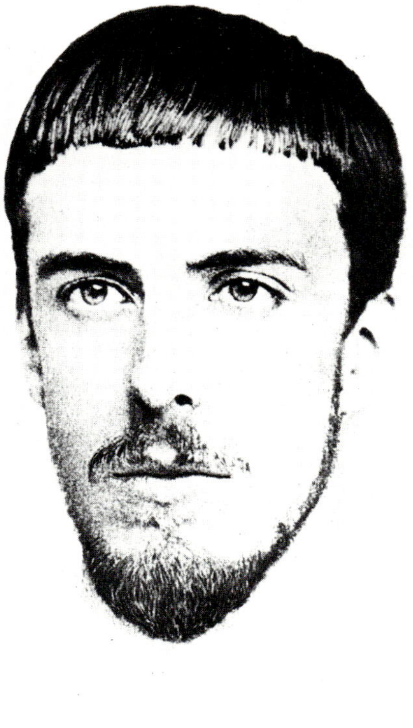

Les familiers et les "nègres" de l'équipe Willy. **Page précédente :** (1) Portrait de Marcel Schwob par Sacha Guitry. Premier mari de Marguerite Moreno, Schwob fut lié d'une tendre amitié, jusqu'à sa mort en 1905, avec la jeune Colette. – (2) Pierre Louÿs. Auteur du poème *Dialogue au soleil couchant,* interprété par Colette et Eva Palmer, chez Natalie Barney. – (3) Pierre Véber, l'ami spirituel, "nègre" et témoin de Willy à son mariage. – (4) Autre collaborateur : Robert d'Humières, traducteur angliciste. – Ci-contre, (5) Autre "nègre" de grand talent, Maurice Saillant, dit Curnonski, Curne ou Cur, humoriste, prince des gastronomes, ami intime de P.J. Toulet. Il mourra deux ans après Colette qui l'aimait beaucoup. – (6) Jean de Tinan, déguisé en moine ...*"fin, doux, promis aux lettres et à la mort..."* il mourra à vingt-six ans. – (7) Claude Farrère, le marin romancier qui sera amoureux de Colette toute sa vie. – (8) L'exquis poète et romancier P.J. Toulet, ami de Willy à qui il rappelait un *"sloughi nourri de*
8 *dessins cubistes"*.

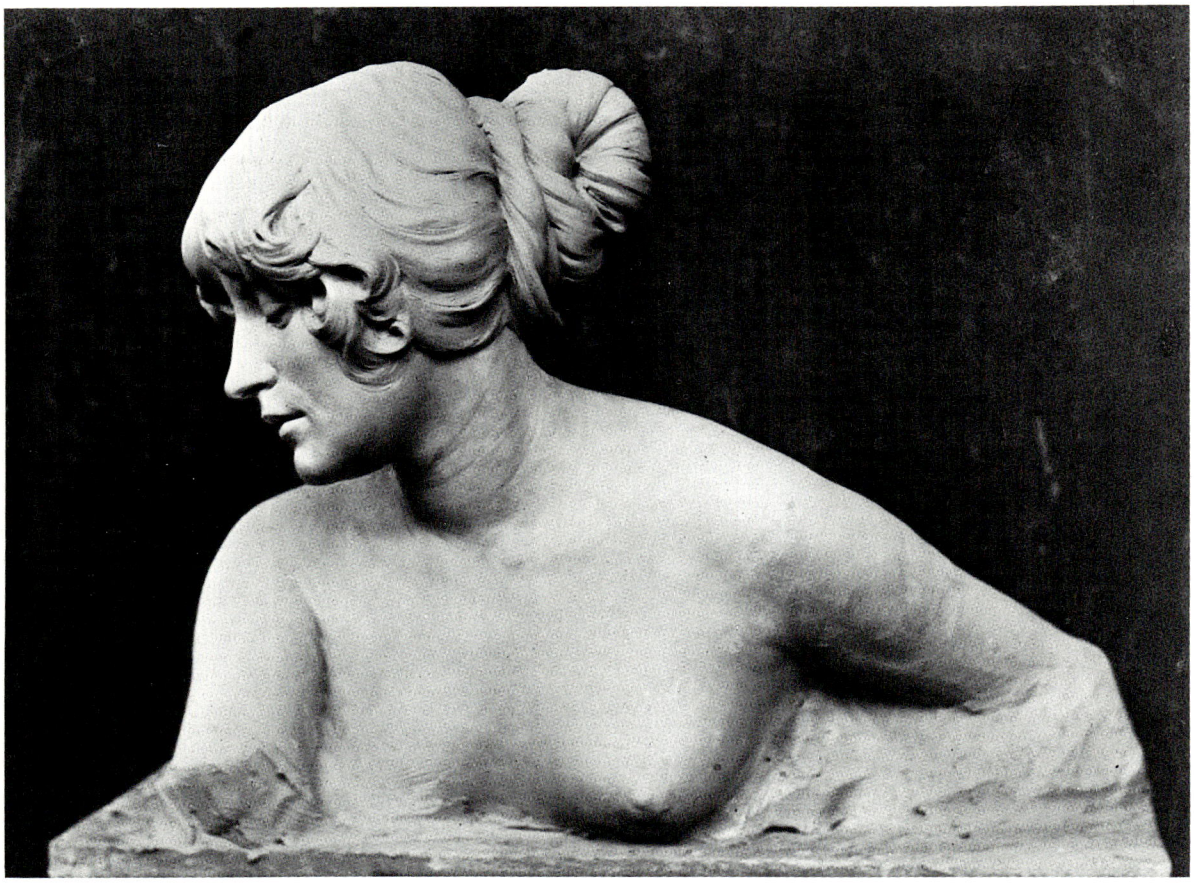

1

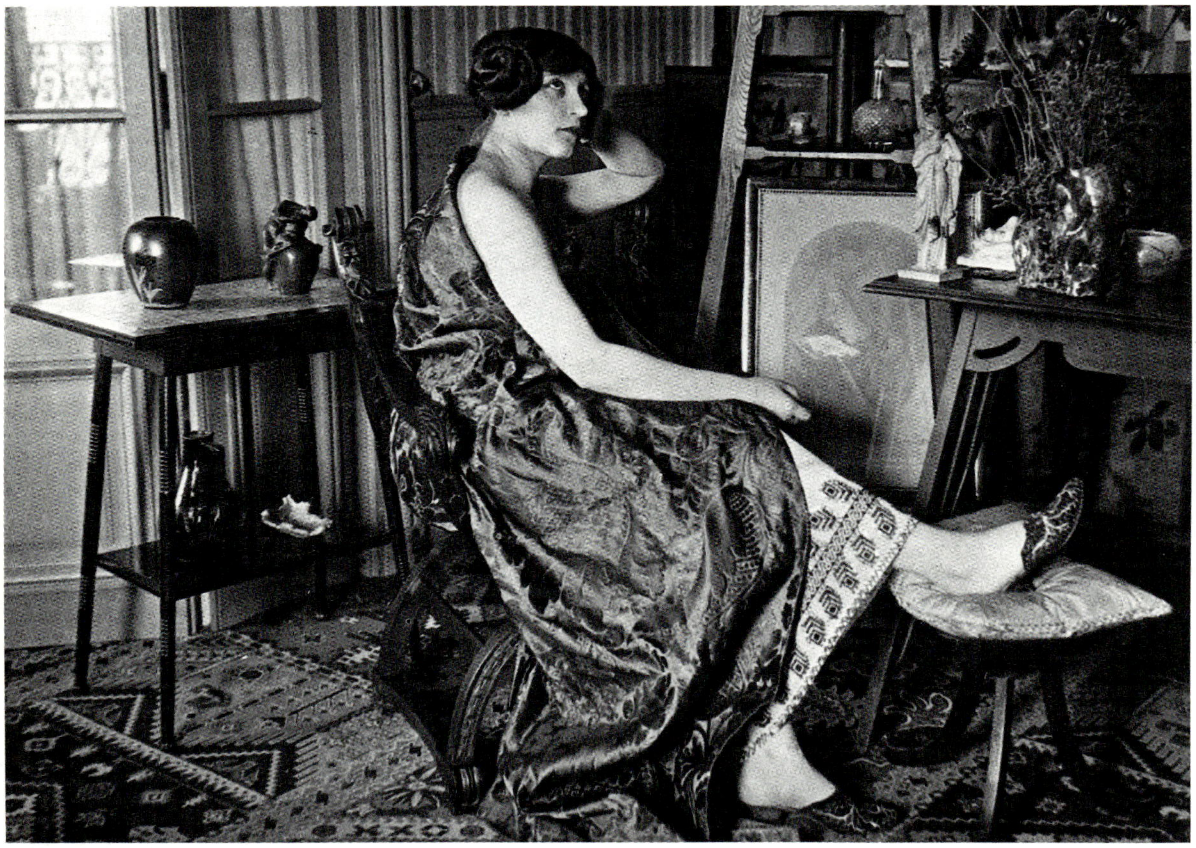

2

(1) Buste en marbre blanc de Colette par Fix-Masseau. – (2) Colette à vingt-sept ans, coiffée en macarons, dans l'appartement du 93, rue de Courcelles, à l'époque où elle écrivait *Claudine à Paris*. – **Page suivante :** portrait de Colette par Ferdinand Humbert. ...*"Je me rengorge à penser que des amis, des inconnus ont rêvé devant le profil d'une jeune femme de vingt-cinq ans, chargée d'un chignon châtain, un pavot rouge sous l'oreille..." (Paris de ma fenêtre).*

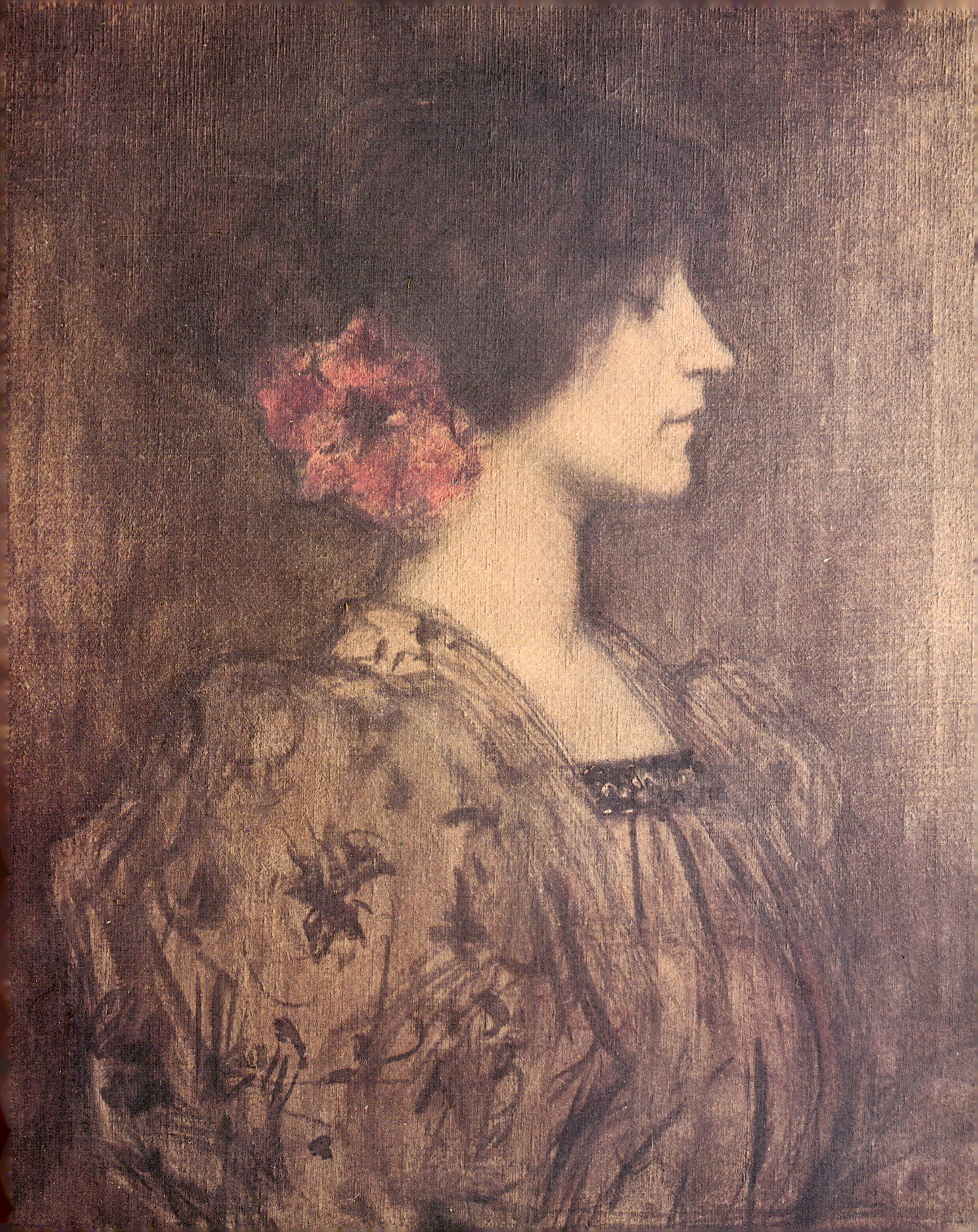

Dès 1893, Willy emmène Colette aux soirées musicales du mercredi que donnent le sculpteur René de Saint-Marceaux et sa femme, dans leur appartement du boulevard Malesherbes. Ci-contre : Gabriel Fauré au piano, près de Roger Ducasse. Debout, de gauche à droite : Louis Aubert, Mathot, Ravel, A. Caplet, Koechlin, Emile Vuillermoz et J. Huré. – **Page suivante :** (1) Willy et Colette à vingt-deux ans au Cirque d'Eté. – (2) Claude Debussy. Pauvre, il dut, pour vivre, travailler chez une modiste et faire des ménages, avant d'imposer sa musique, grâce à l'admiration d'un petit groupe de wagnériens dont Vuillermoz, Willy et la princesse de Polignac. C'est chez les Saint-Marceaux que Colette entendit pour la première fois fredonner les airs de *Pelléas et Mélisande* – de Maeterlinck et Debussy – par Messager (3) qui en dirigera l'orchestre. – (4) Vincent d'Indy, autre wagnérien, faisait partie du groupe. En 1904, il dirigera la Schola Cantorum avec son ami le compositeur symphoniste Louis de Serres (5) à qui Colette dédiera *Toby-Chien et la musique.*

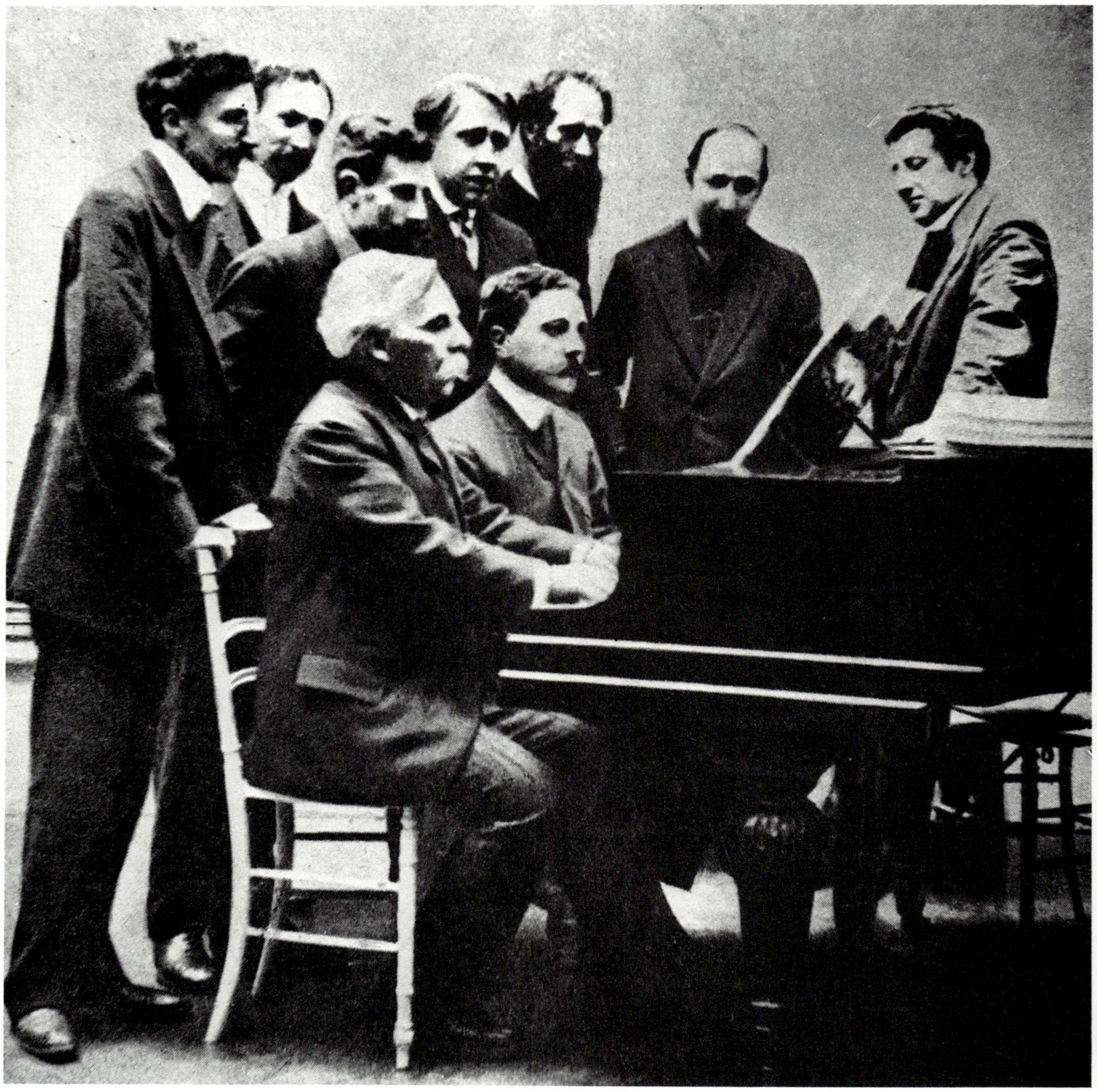

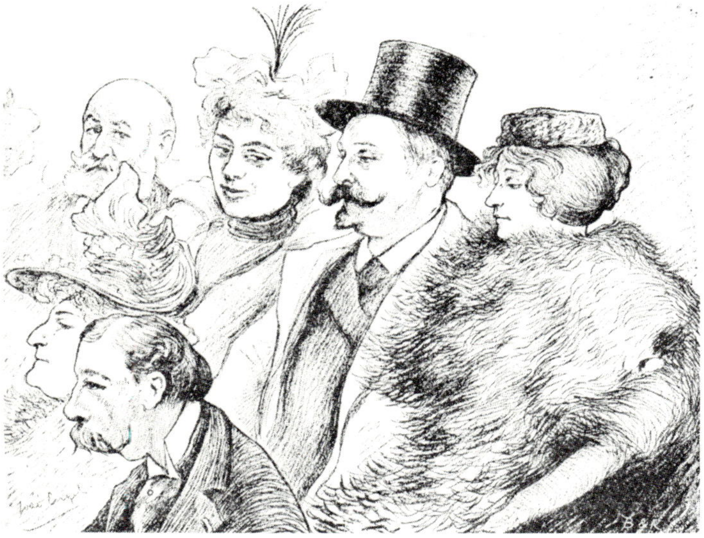

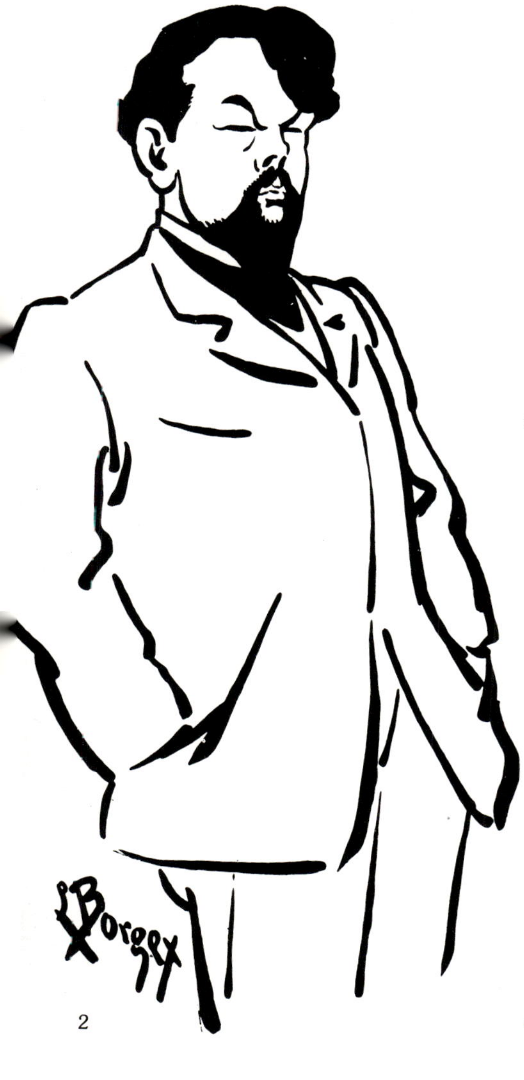

2

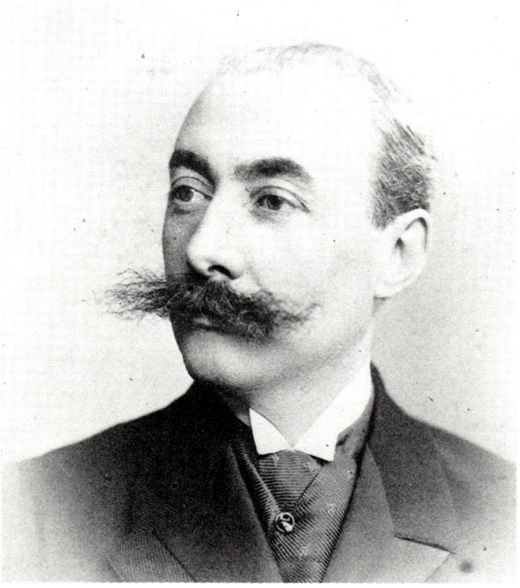

3

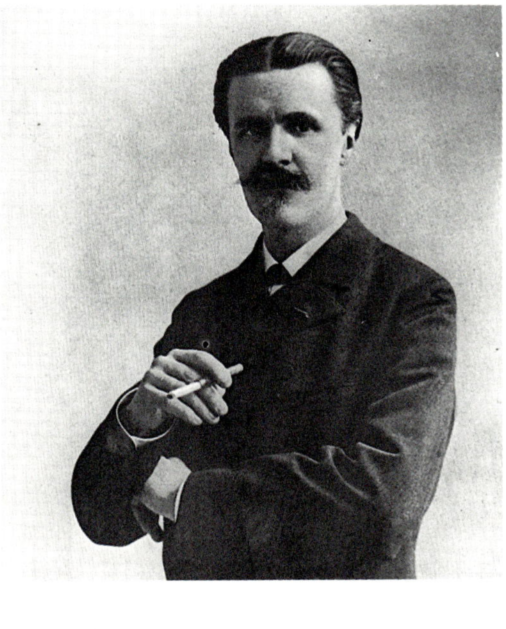

4

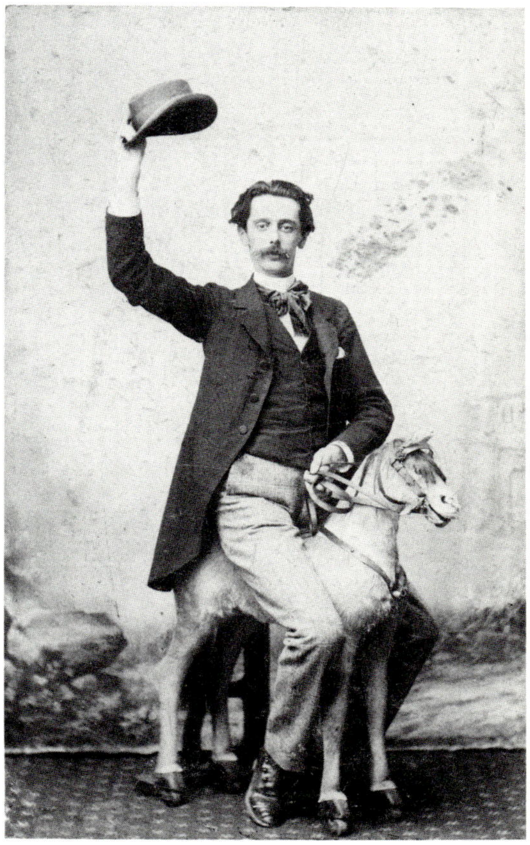

5

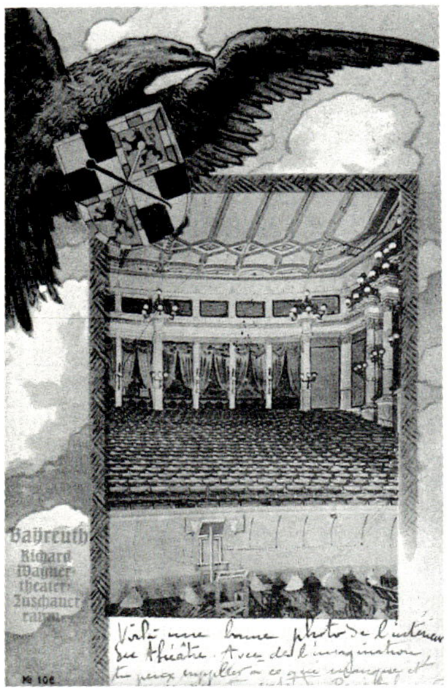

1

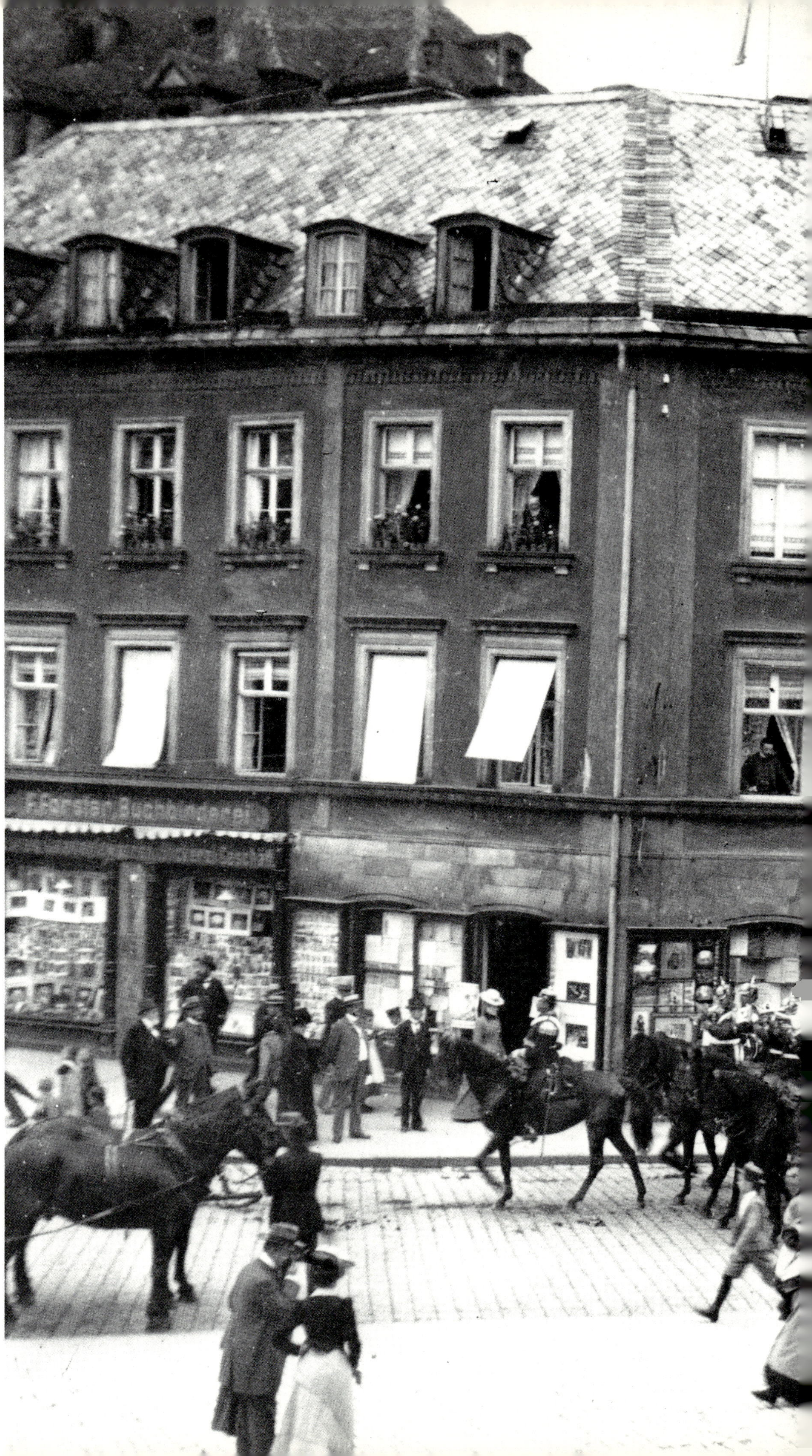

En 1895, Colette accompagne Willy au festival de Bayreuth dont elle fera une description savoureuse dans *Claudine s'en va.* Visiblement, la jeune femme n'est pas à son aise dans cette foule de wagnériens snobs. *"Je n'avouerai qu'à moi-même, à ces feuillets inutiles, mon désenchantement de Bayreuth. Il n'y a pas assez loin d'un entr'acte de* Parsifal *à un thé parisien..."* fera-t-elle dire à Annie. Ci-dessus : Une carte postale de Bayreuth à son frère Léo. – Ci-contre : Willy et Colette, badauds de Bayreuth (au premier plan à gauche). **Page suivante :** (1) Willy à Bayreuth avec l'Américaine Georgie Raoul-Duval, rencontrée chez les Muhlfeld. Georgie est sa maîtresse et son charme séduira Colette, elle aussi. De Georgie, elle fera Rézi dans *Claudine amoureuse* qui sera repris dans *Claudine en ménage.* – (2) Laquelle est Colette ? Laquelle est Rézi ? Willy, volontiers voyeur, avait un joli coup de crayon. 2

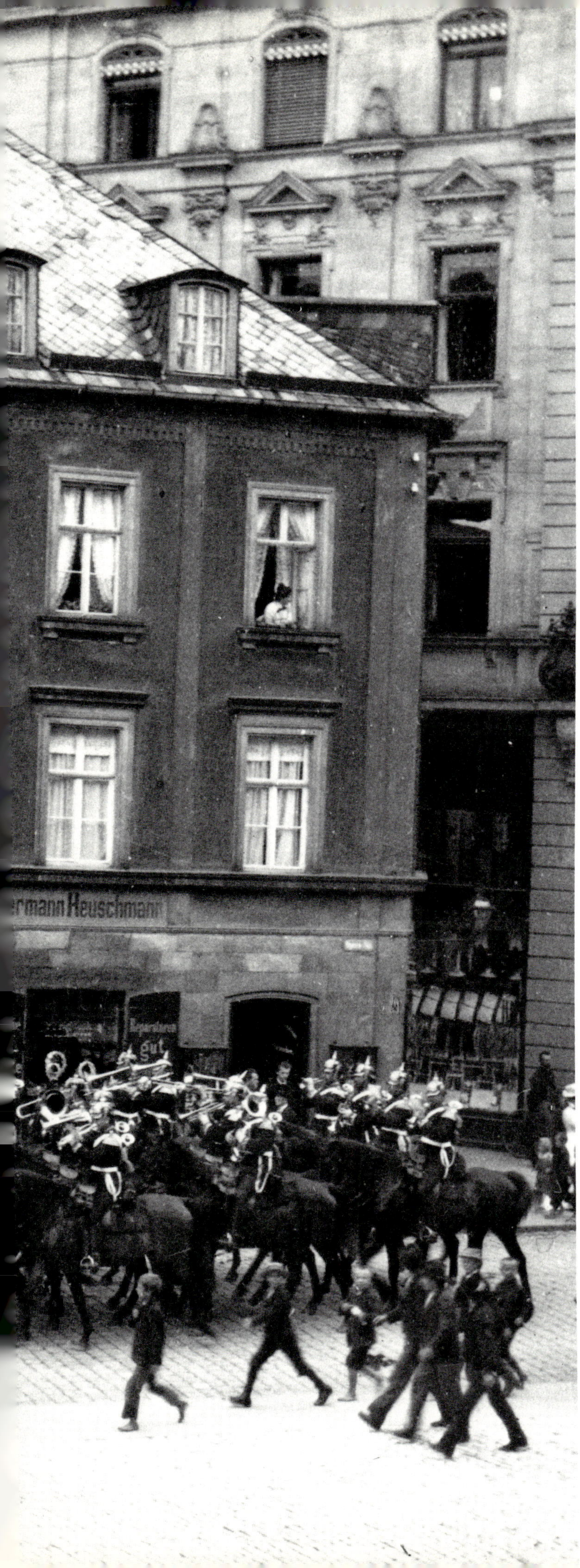

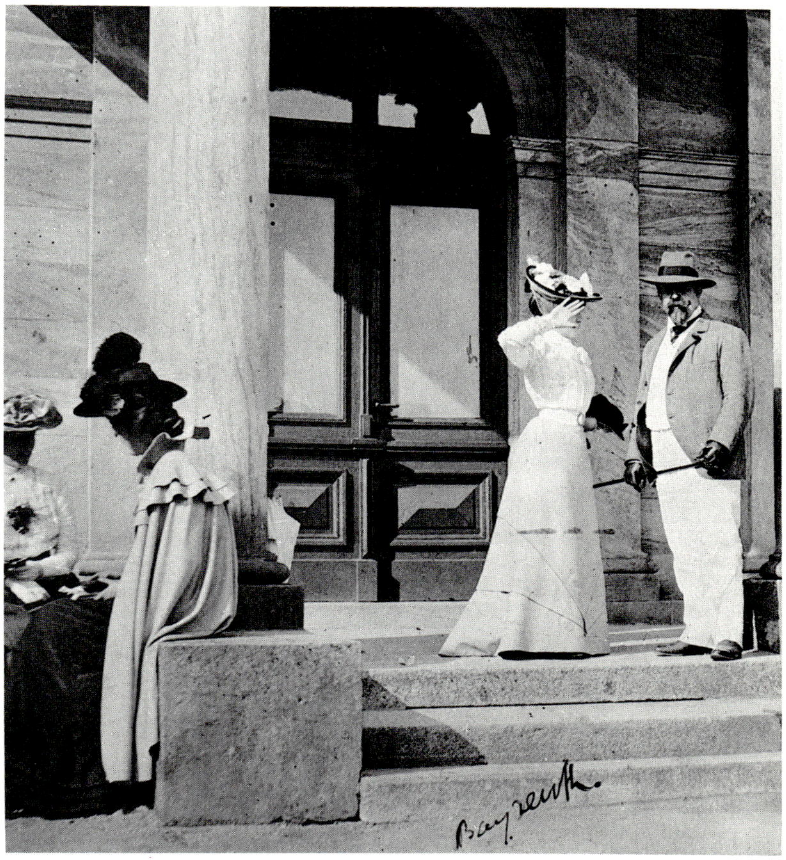

1

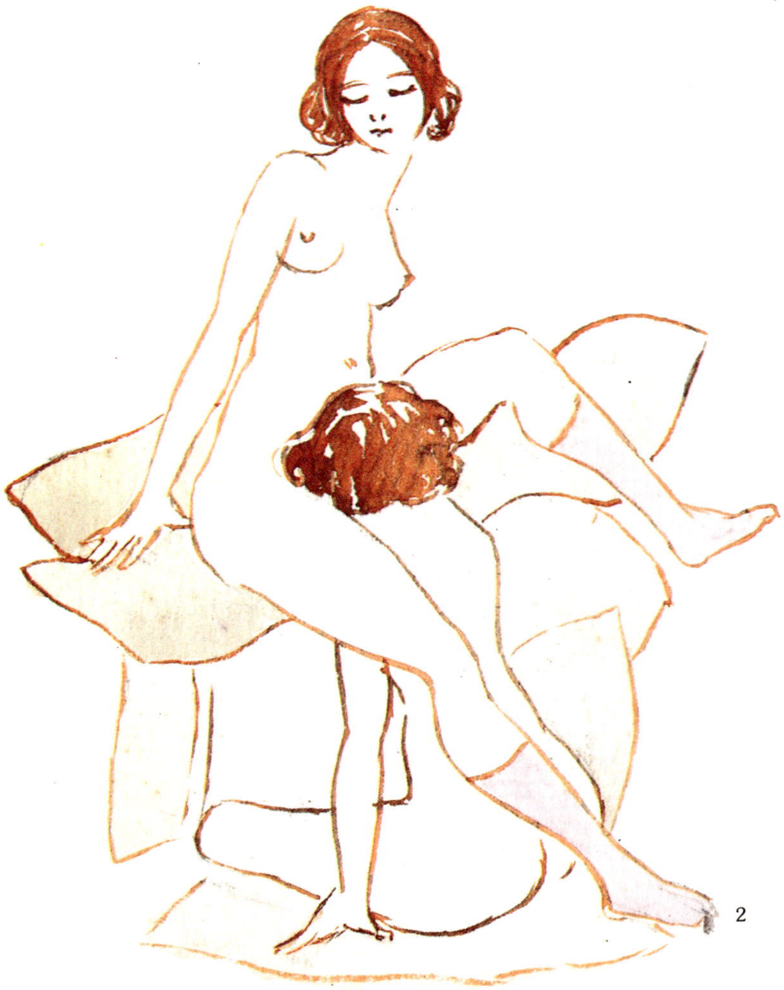

2

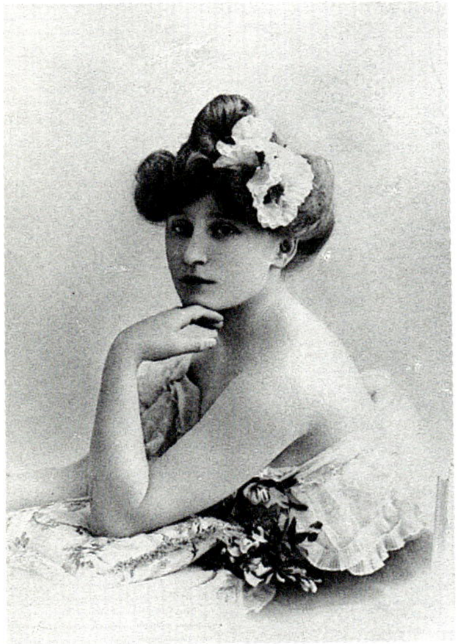

1

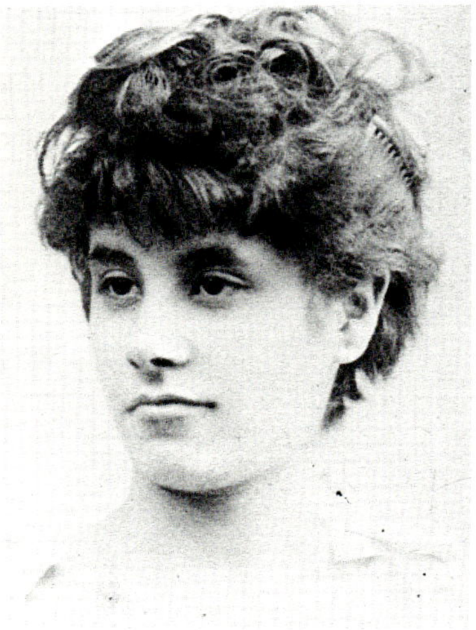

2

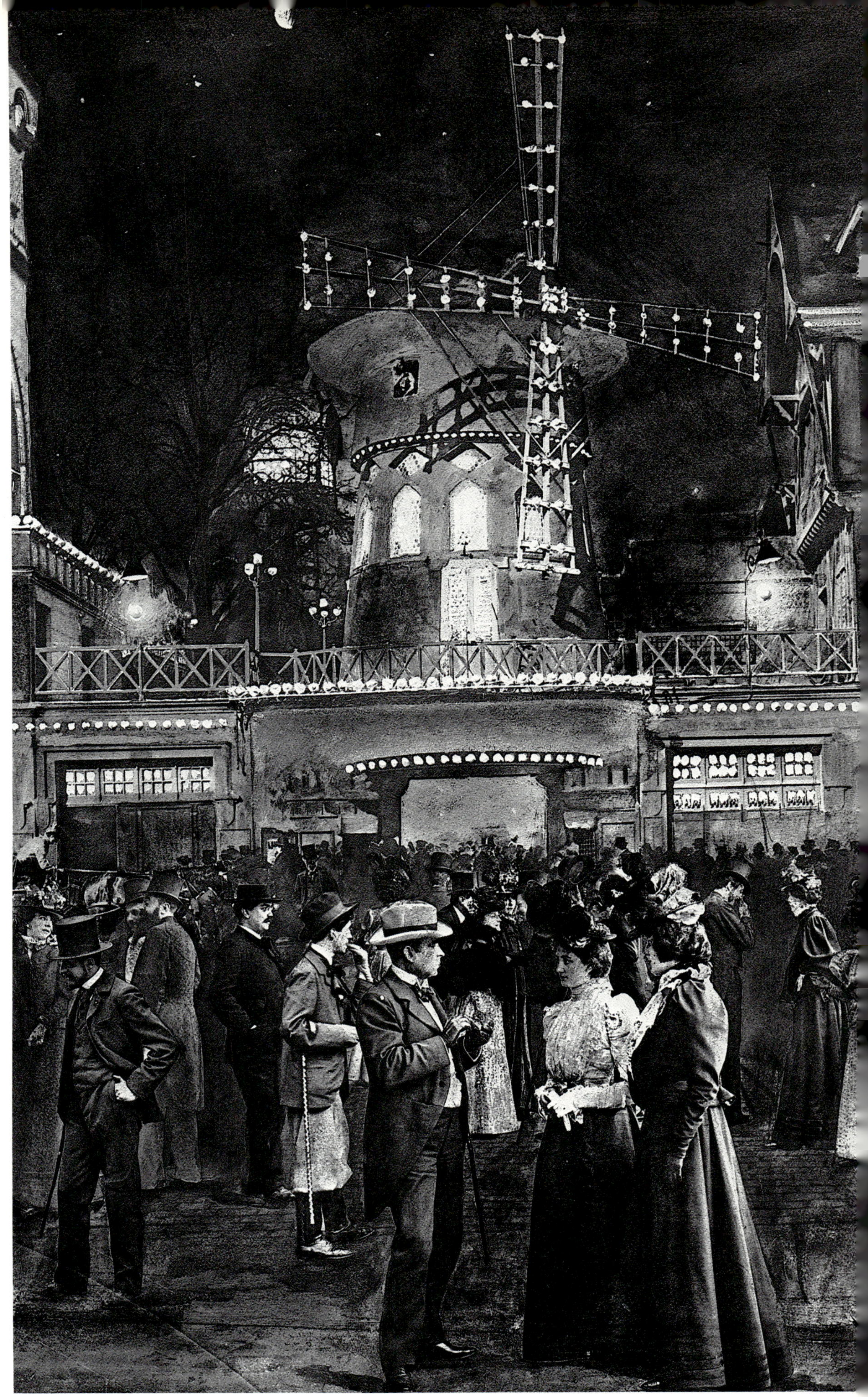

La Belle Epoque sera, pour Colette, le temps de la vie mondaine et celui de la désillusion sentimentale. Ci-dessus, (1) Colette par le photographe des vedettes, Reutlinger. – (2) Charlotte Kinceler ; photo personnelle de Willy. *"...d'elle me viennent l'idée de tolérance et de dissimulation, le consentement au pacte avec une ennemie".* – (3) La sortie du Moulin-Rouge. – **Page suivante :** Colette déguisée pour le bal Gavarni, en 1904.

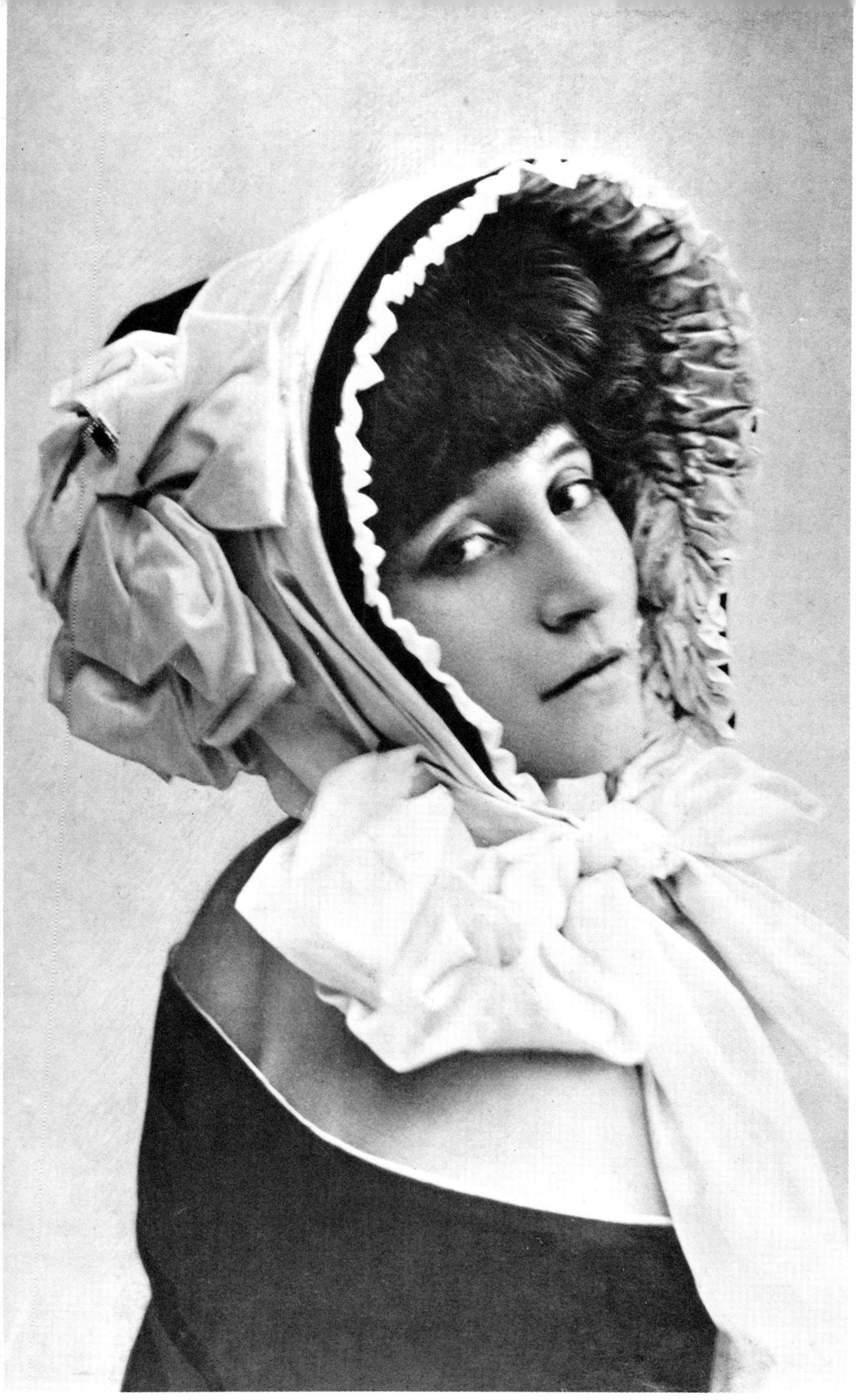

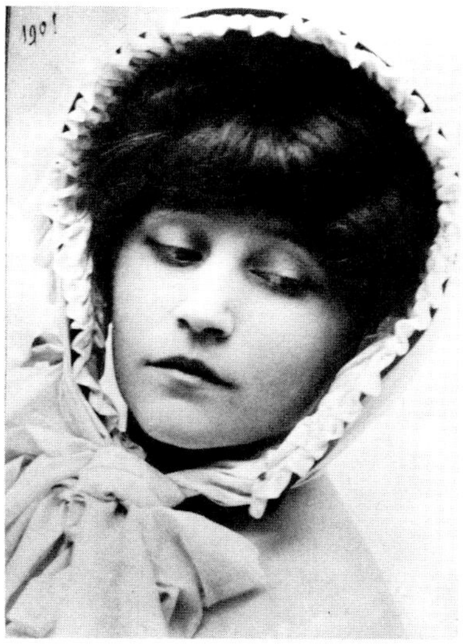
1901

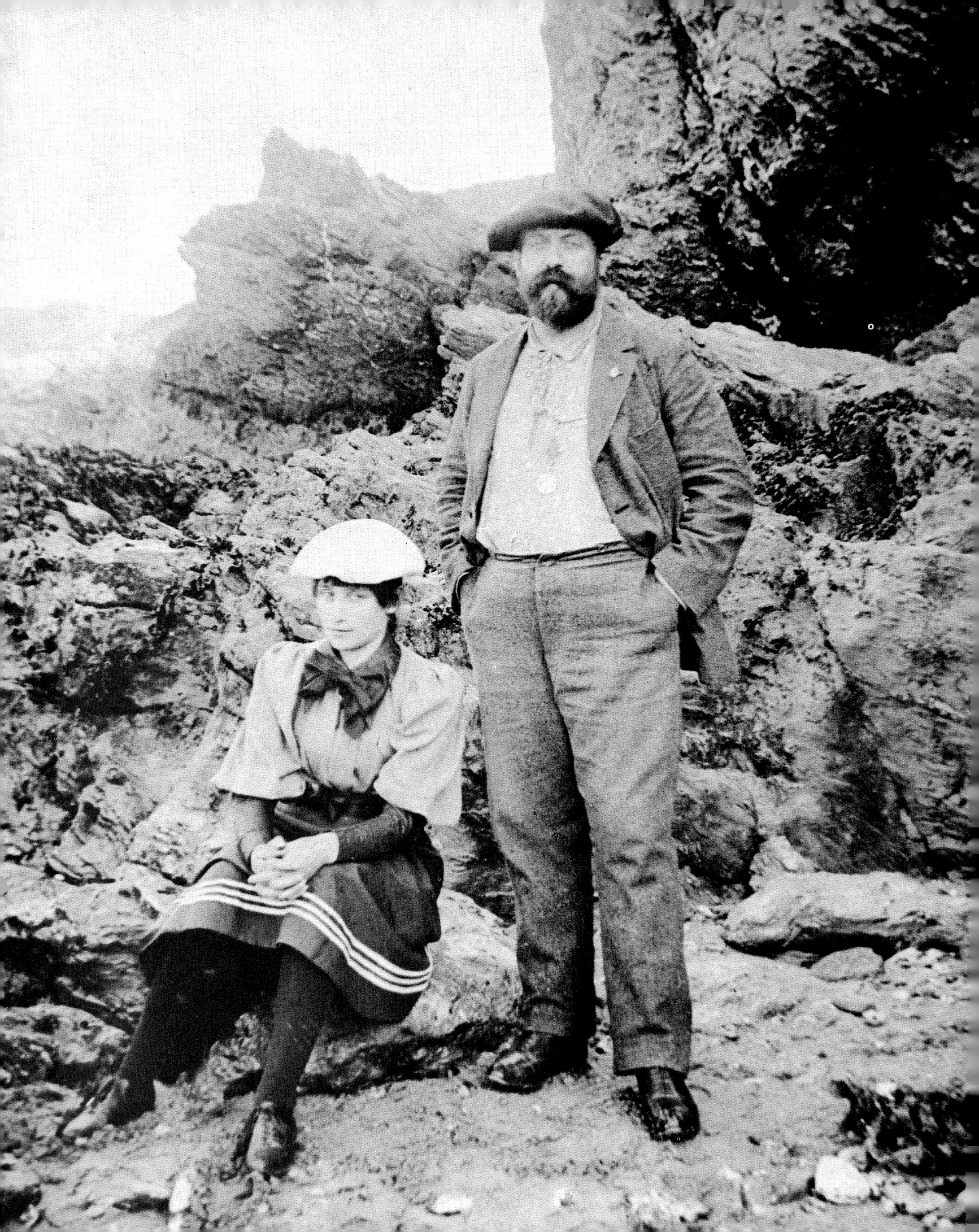

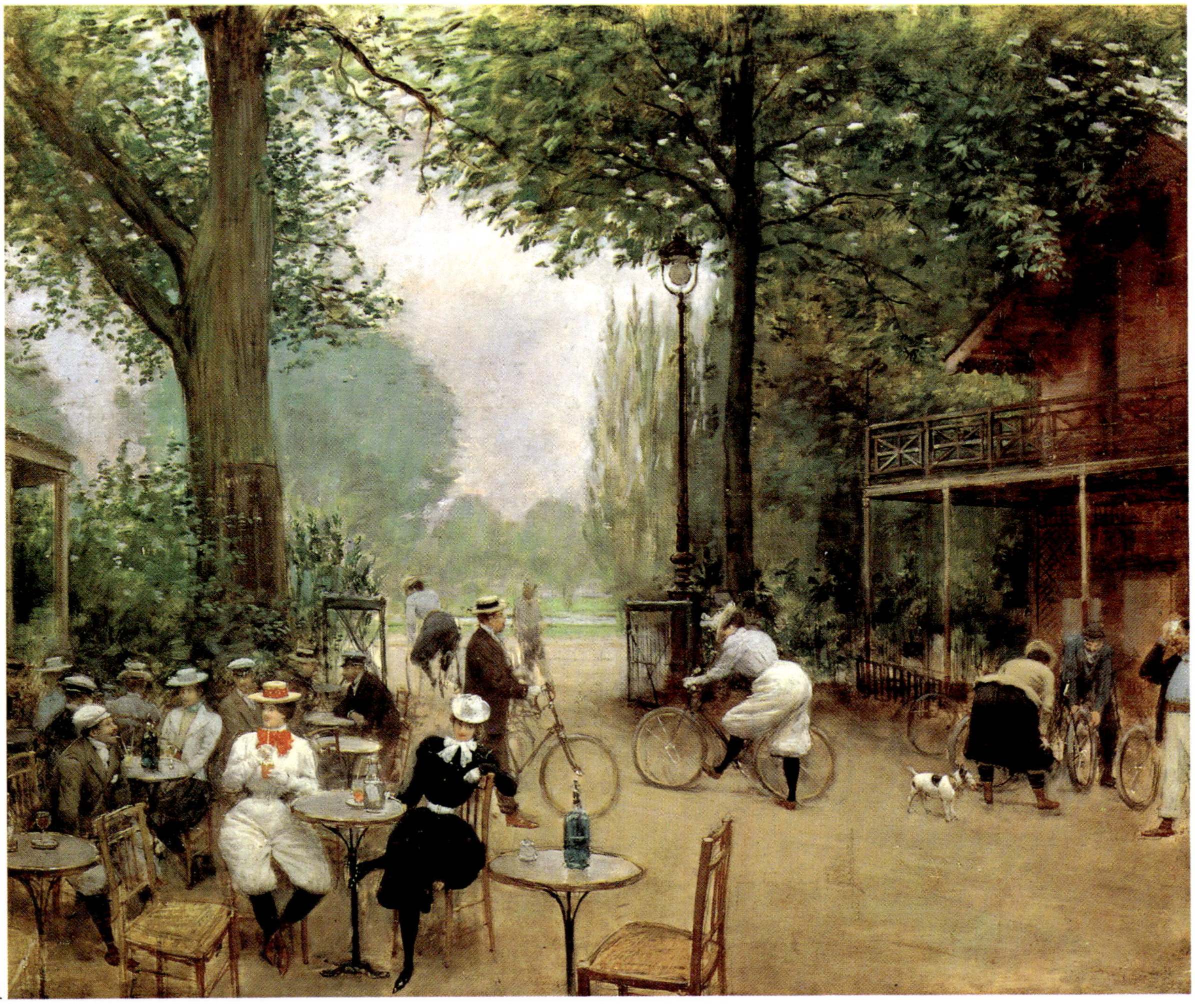

1

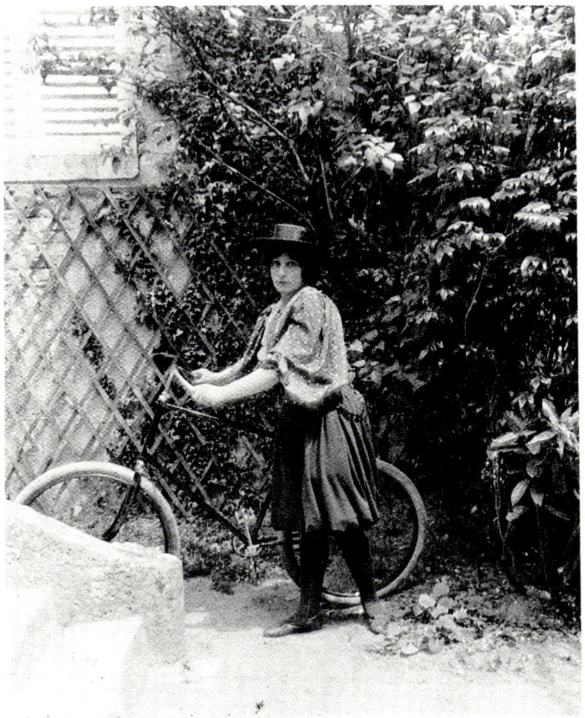

2

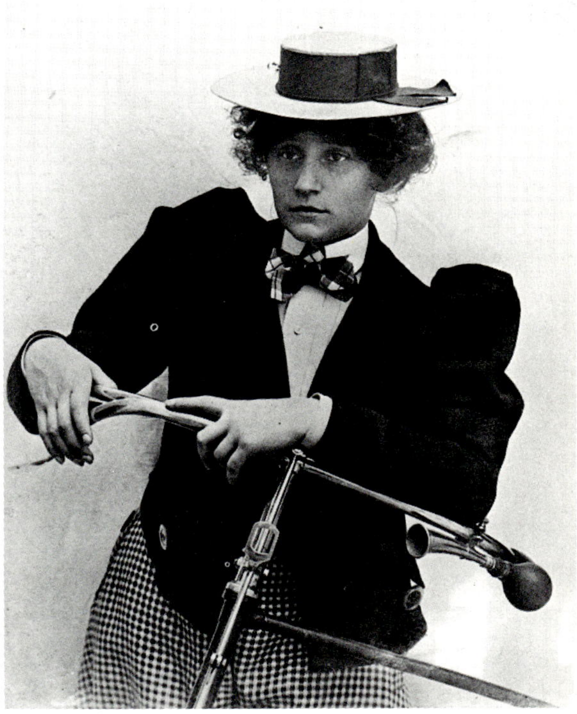

3

Page précédente : Eté 1894. Pour se faire pardonner l'affaire Kinceler, Willy a emmené Colette convalescente à Belle-Ile-en-Mer. De là, elle écrit à Marcel Schwob : *"Je nage dans des joies successives et simultanées."* – A Paris, la bicyclette est à la mode. Ci-contre : *Le Chalet du cycle au Bois de Boulogne,* par Béraud. – (2) ..."En culotte, me direz-vous, on est bien mieux à bicyclette...", dit une rengaine à la mode. Colette est de cet avis mais le canotier (3) est toujours de rigueur.

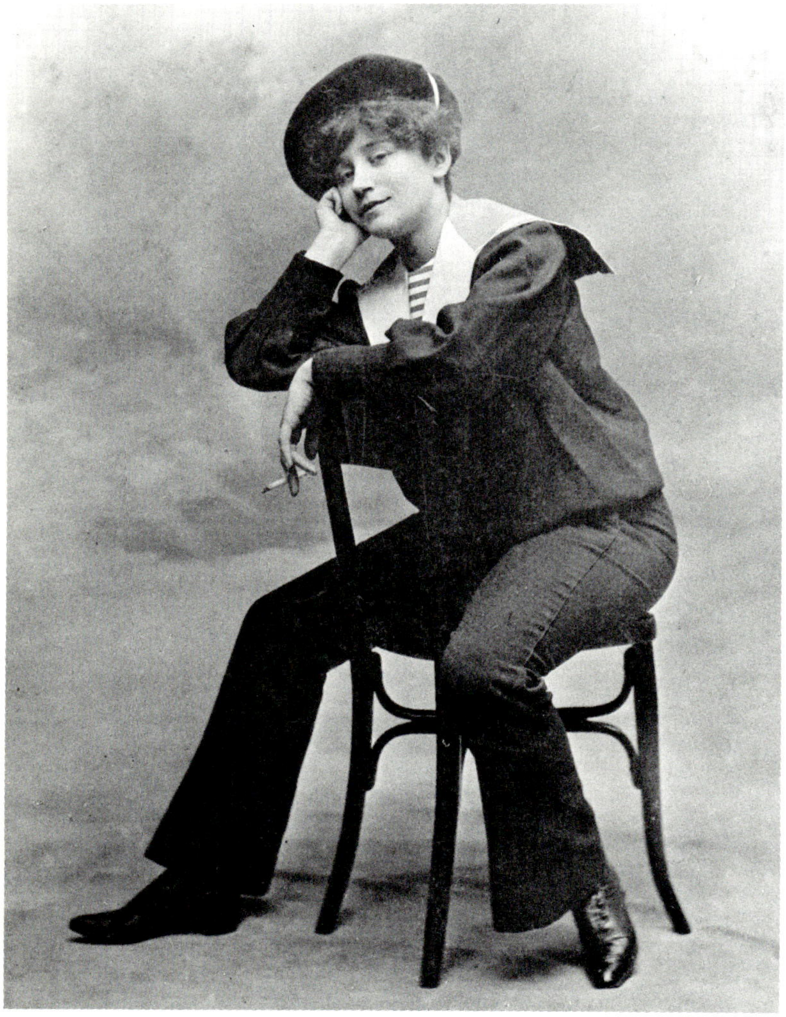

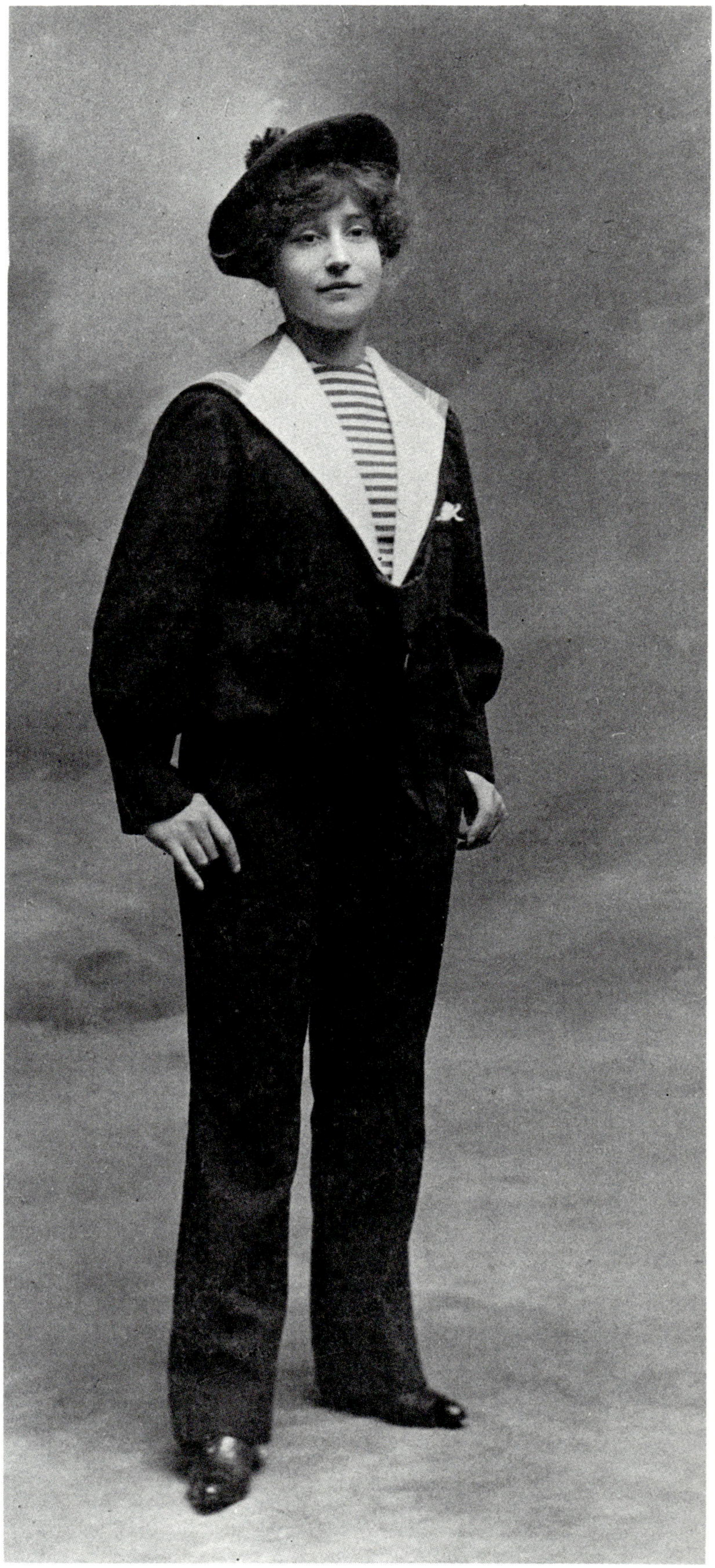

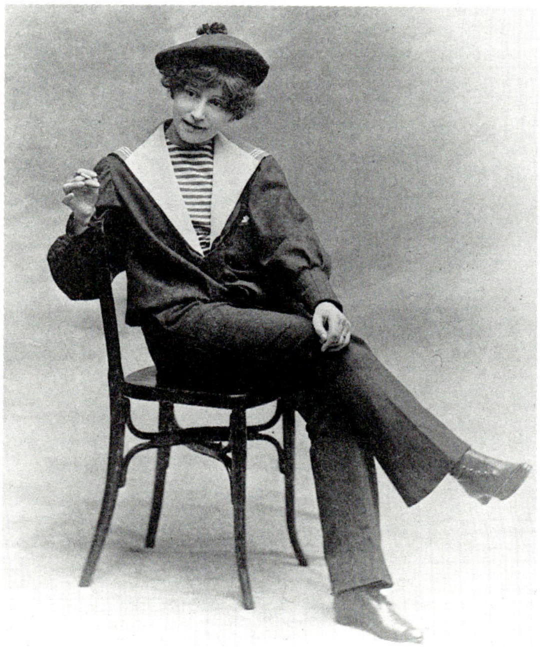

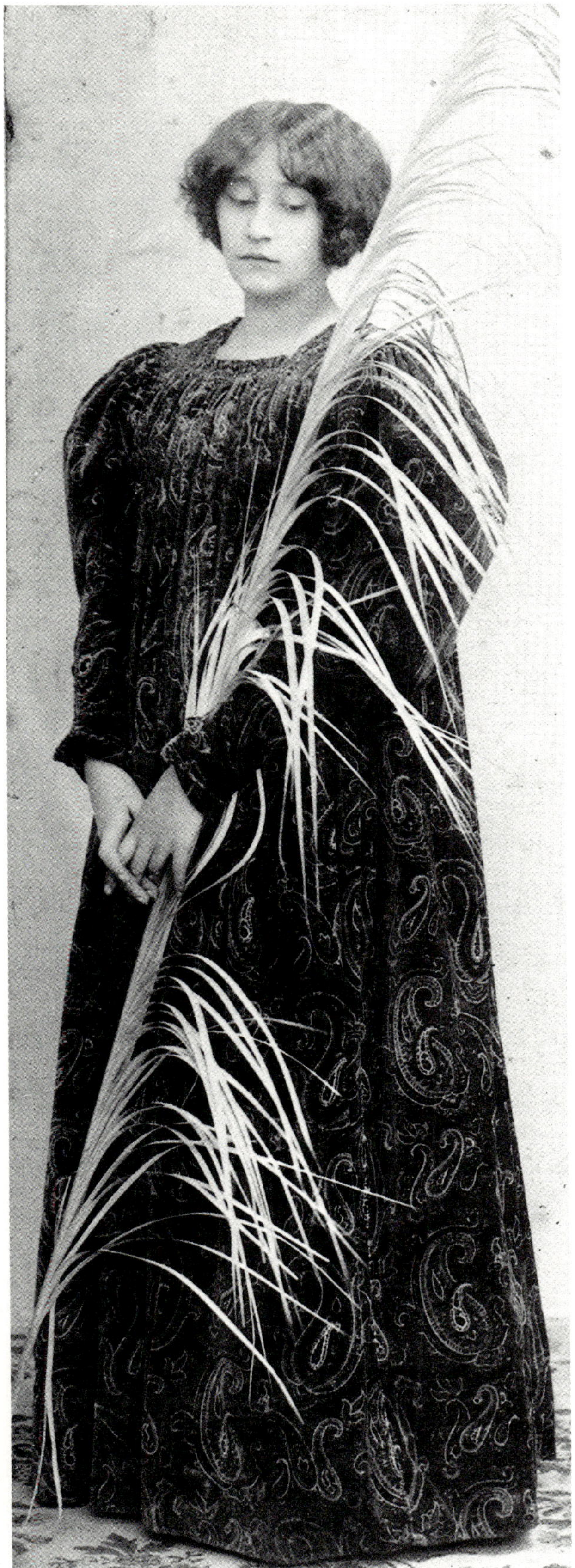

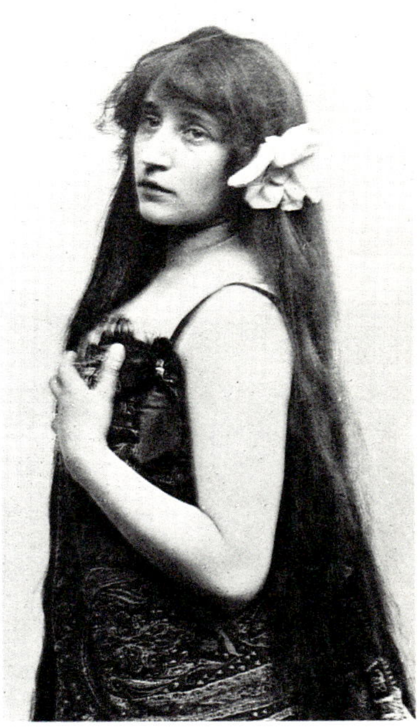

Sous couvert de travesti s'exprime la double personnalité de la jeune Mme Willy. – **Page de gauche :** un petit marin espiègle qui s'accommode fort bien de porter culottes. – Ci-contre, la femme-femme aux longs cheveux, vêtue de brocart, les yeux baissés ou portant les palmes du martyre. *"C'est moi qui les méritais"*, a noté Willy sur son album. – Il avait aussi légendé la photo ci-dessus : *"Colette des pampas."*

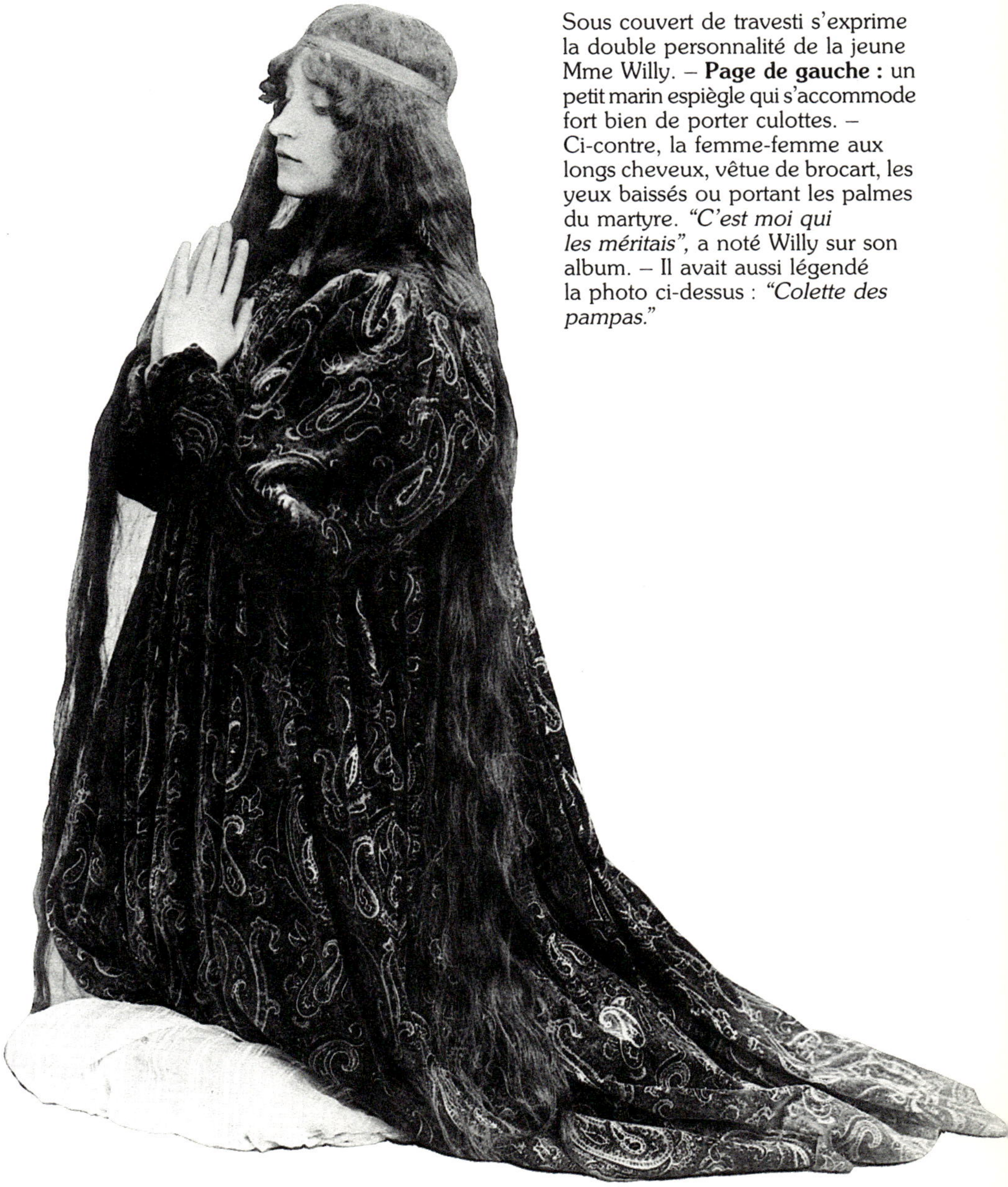

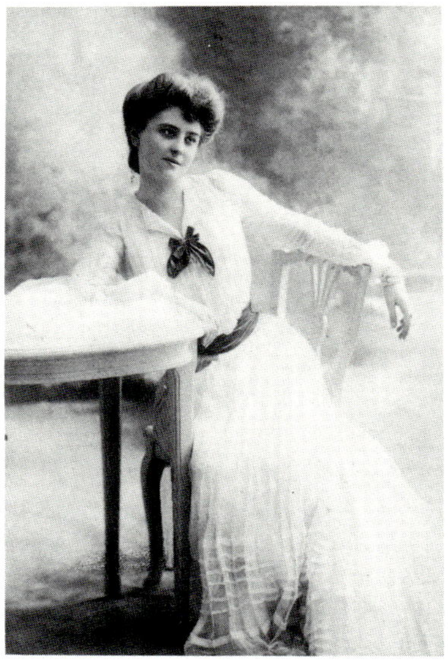
1

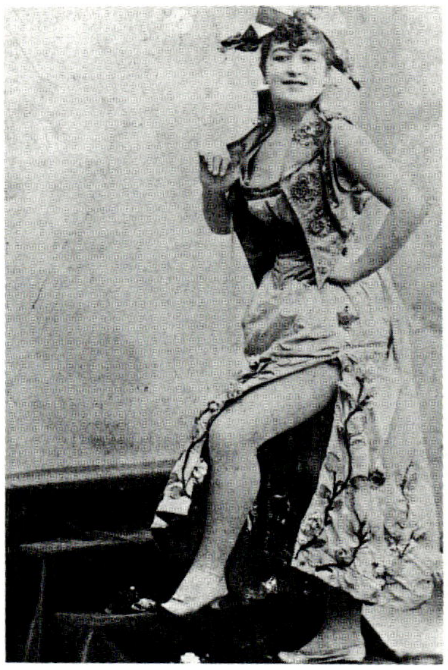
2

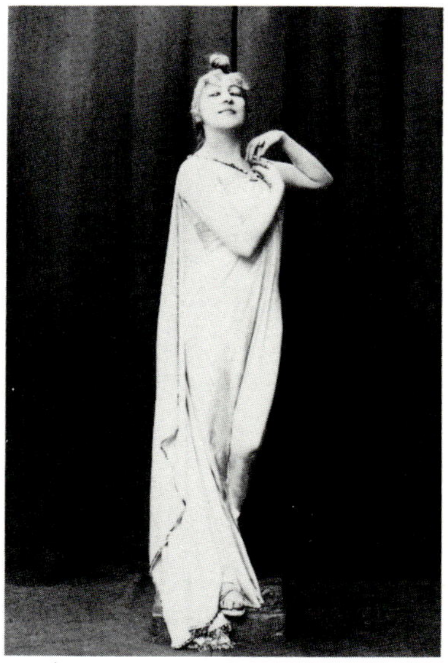
3

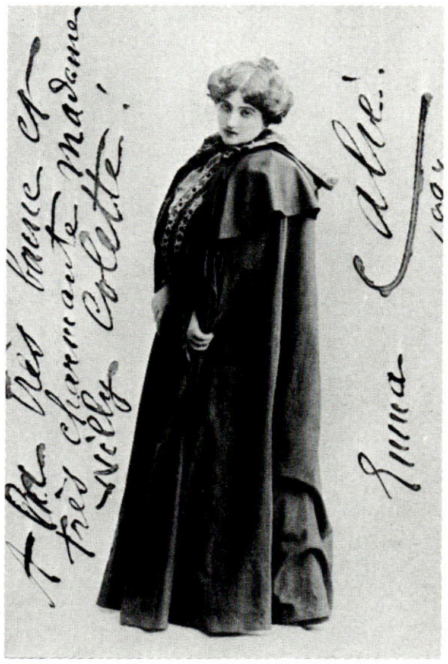
4

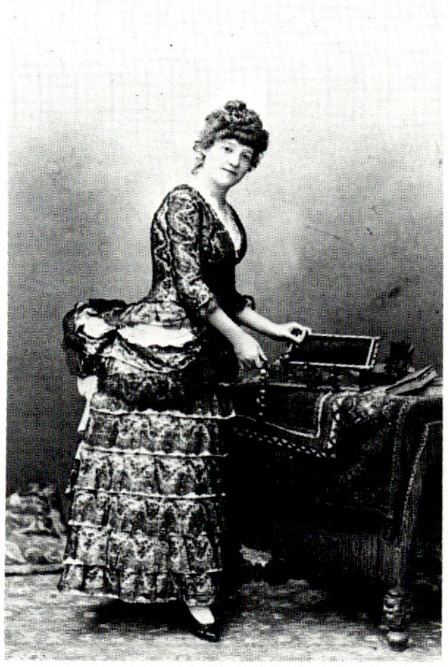
5

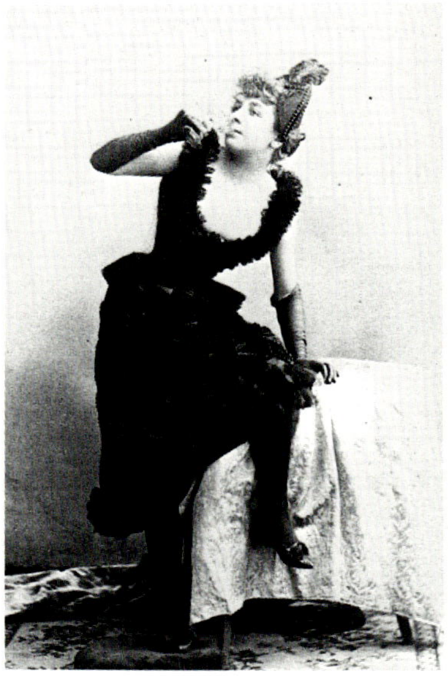
6

Au théâtre où il est de bon ton de se faire voir quotidiennement, c'est la mode des froufrous, des chichis et des regards alanguis. La simplicité des gestes, des attitudes et des intonations n'est pas de rigueur. Toutes ces dames ont des protecteurs nantis. – (1) Mlle Pierrat, de la Comédie-Française. – (2) Cécile Sorel, figurante aux Variétés "où elle aurait dû rester", commente Willy, dans son album. – (3) Georgette Leblanc. Elle fut, pendant vingt ans, la "muse" de Maurice Maeterlinck et, temporairement, directrice du théâtre des Mathurins. Amie des Willy, c'est elle qui engagera Colette pour jouer en petit faune dans son premier mimodrame. – (4) La cantatrice Emma Calvé que Colette aimait bien ...*"Une photographie signée passait de temps en temps les mers..."* – (5) Ellen Andrée. – (6) Actrice inconnue, sans doute une amie de Willy. – **Page suivante :** Colette, très "Belle Epoque".

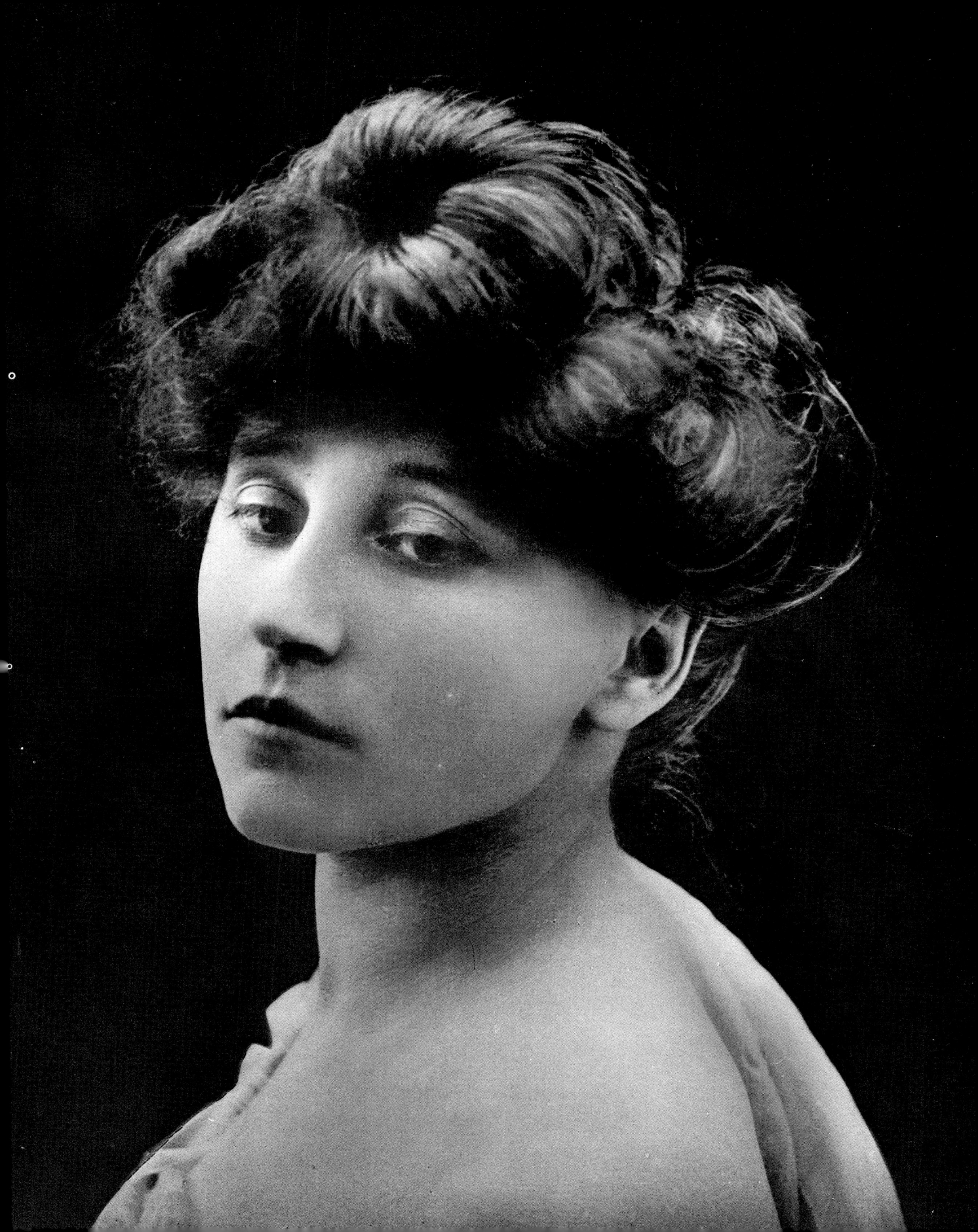

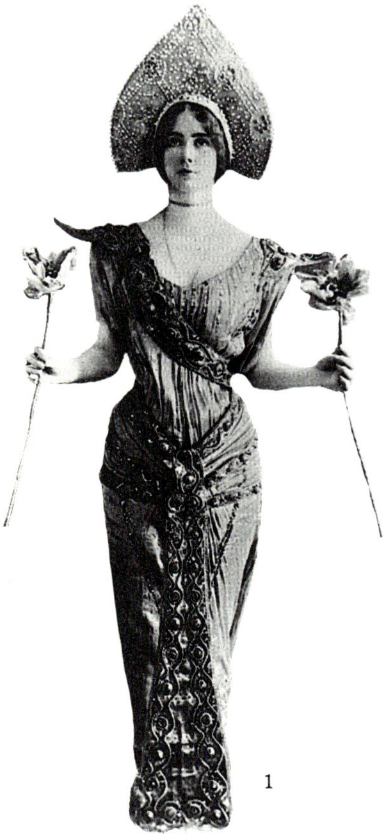

1

Colette observait avec une immense curiosité ces femmes légères du début du siècle. La plupart dissimulaient sous des activités théâtrales des intrigues plus rémunératrices. – (1) La ravissante Cléo de Mérode, à la scène. (2) L'actrice Eve Lavallière aimait se travestir en homme, au théâtre et dans la vie. Après une vie agitée, elle devint mystique et fut enterrée dans une robe de bure. Colette, plus tard, habitera son hôtel, boulevard Suchet. – (3) Clara Ward, ex-Caraman-Chimay, avait mal tourné, disait-on, en montant sur les planches. – **Page suivante :** (1) On appelait Caroline Otéro “la sirène du suicide” à cause des hommes qui s'étaient tués par amour pour elle. Elle avait débuté à quatorze ans au Cirque d'Eté. C'est elle qui apprit à Colette qu'il y a toujours un moment où l'homme le plus avare ouvre la main : quand on lui tord le poignet pour en faire couler de l'or. Elle sut, en effet, arracher des fortunes à ses amants. – (2) Colette dans une pose théâtrale.

2

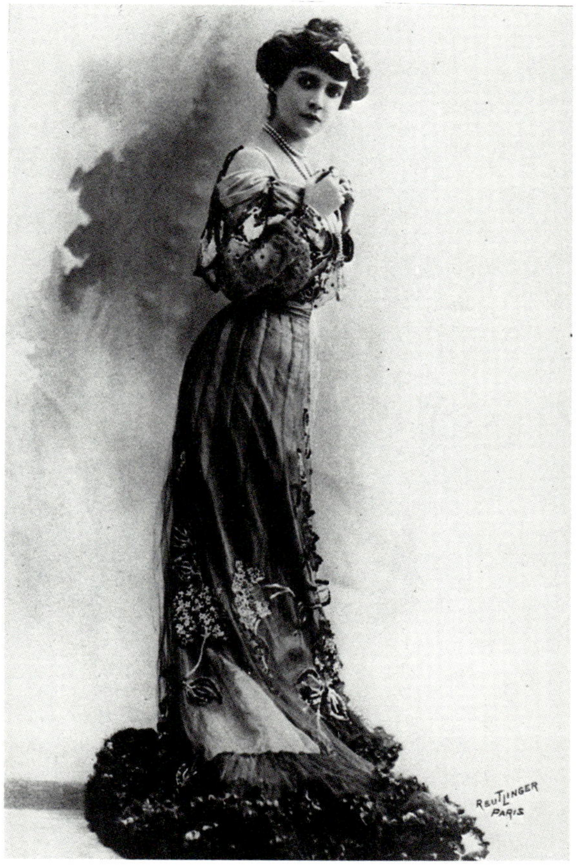

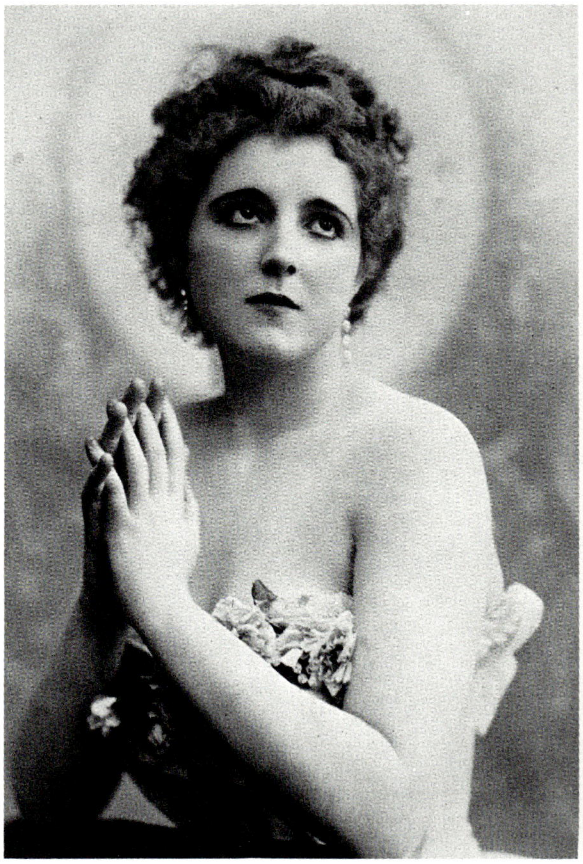

3

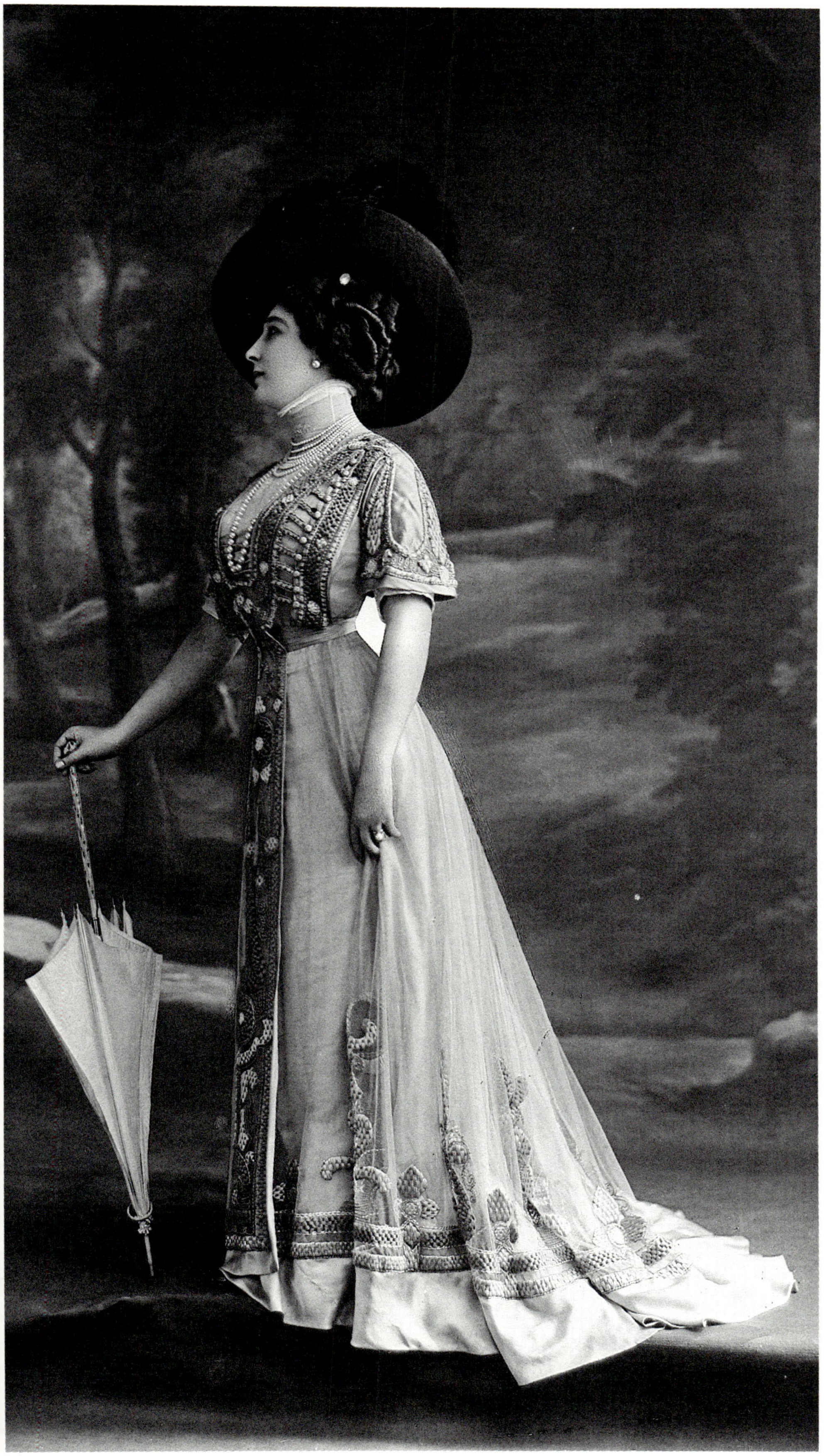

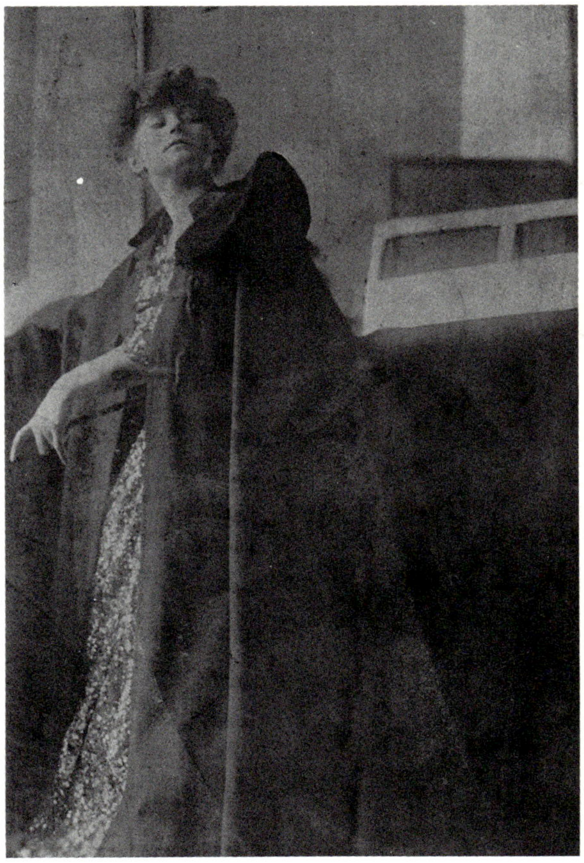

2

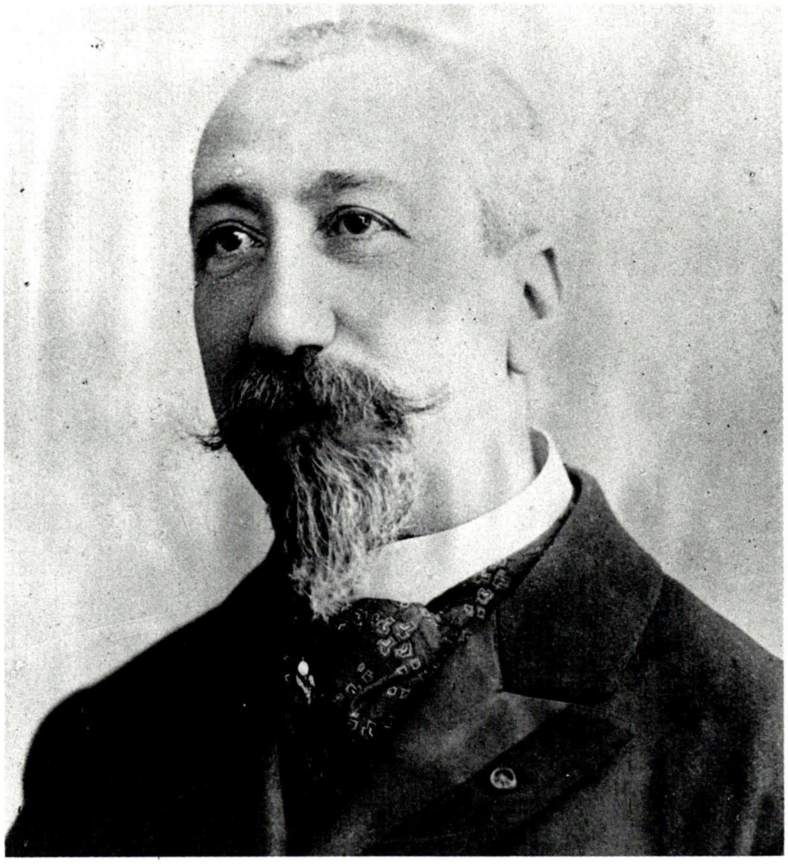

1

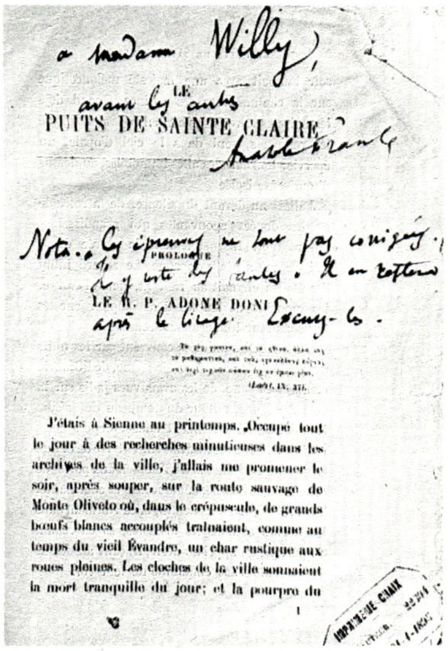

à madame Willy,
avant les autres
Anatole France

LE
PUITS DE SAINTE CLAIRE

Nota. Les épreuves ne sont pas corrigées. Il y reste des fautes. Il en restera après le tirage. Excusez-les.

PROLOGUE

LE R. P. ADONE DONI

J'étais à Sienne au printemps. Occupé tout le jour à des recherches minutieuses dans les archives de la ville, j'allais me promener le soir, après souper, sur la route sauvage de Monte Oliveto où, dans le crépuscule, de grands bœufs blancs accouplés traînaient, comme au temps du vieil Évandre, un char rustique aux roues pleines. Les cloches de la ville sonnaient la mort tranquille du jour; et la pourpre du

1

Fille du banquier Lippmann, épouse d'Albert Arman – qui se faisait appeler de Caillavet – l'énergique Léontine (3) est riche, plus intelligente que belle et s'ennuie avec son mari. Jean Lorrain disait qu'elle était "une dondon prétentieuse et boulotte". C'est en 1883, dans le salon de Mme Aubernon, dite "la précieuse radicale", que Léontine rencontre Anatole France (1), de caractère faible et mal marié. Après le divorce de France, leur liaison, étalée au grand jour, durera près de vingt-cinq ans. Léontine, surnommée "la bonne sous France" par Willy, va mener la carrière de son romancier d'une main de fer. Celui-ci réussira pourtant à se sauver. Il épousera la femme de chambre de Léontine, après la mort de celle-ci, en 1910. Colette, qui avait des raisons de ne pas aimer Mme Arman de Caillavet, la caricatura cruellement, sous le nom de "la mère Barmann", dans *Claudine en ménage*. – (2) Page dédicacée par Anatole France. –
Page suivante :
Colette, peu de temps après son arrivée à Paris.

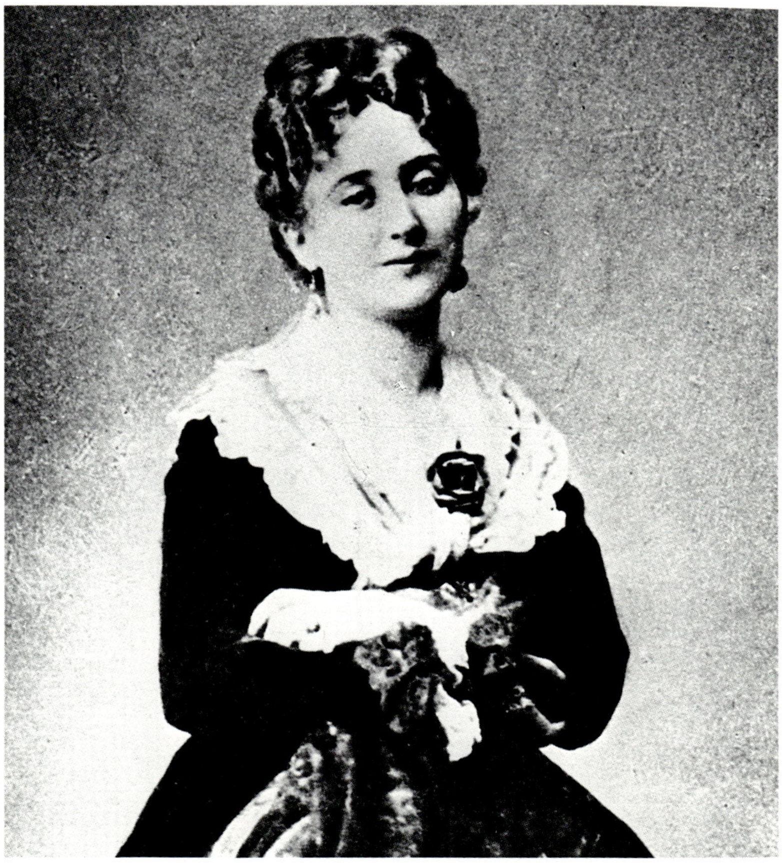

3

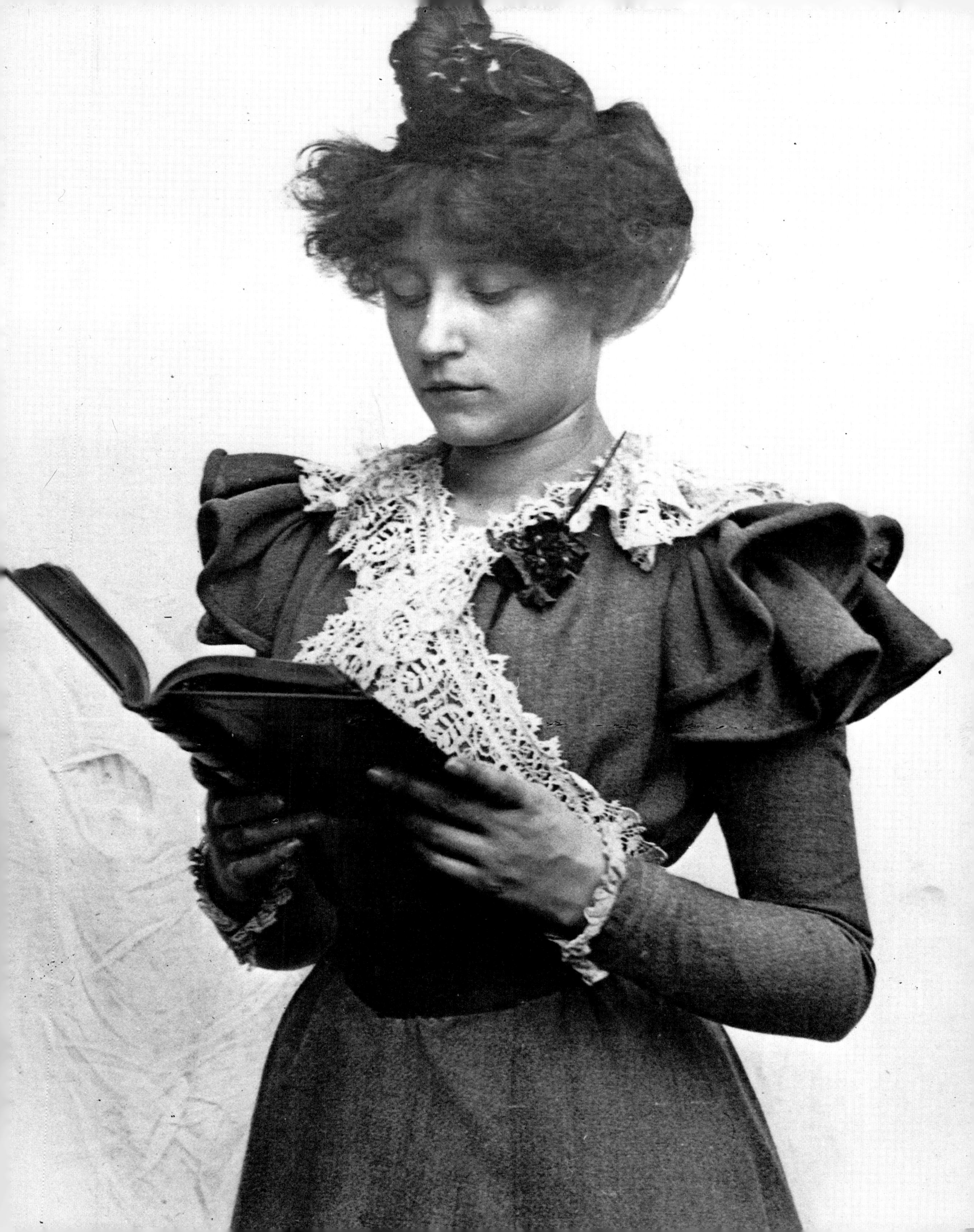

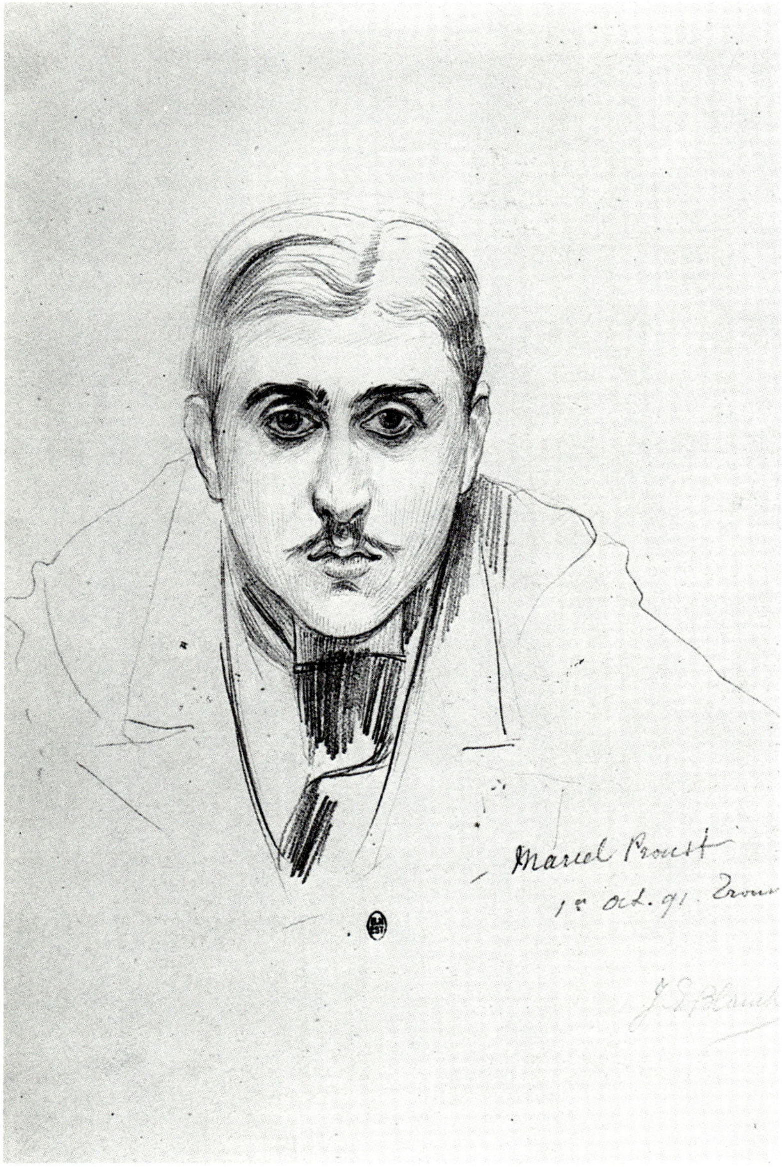

1

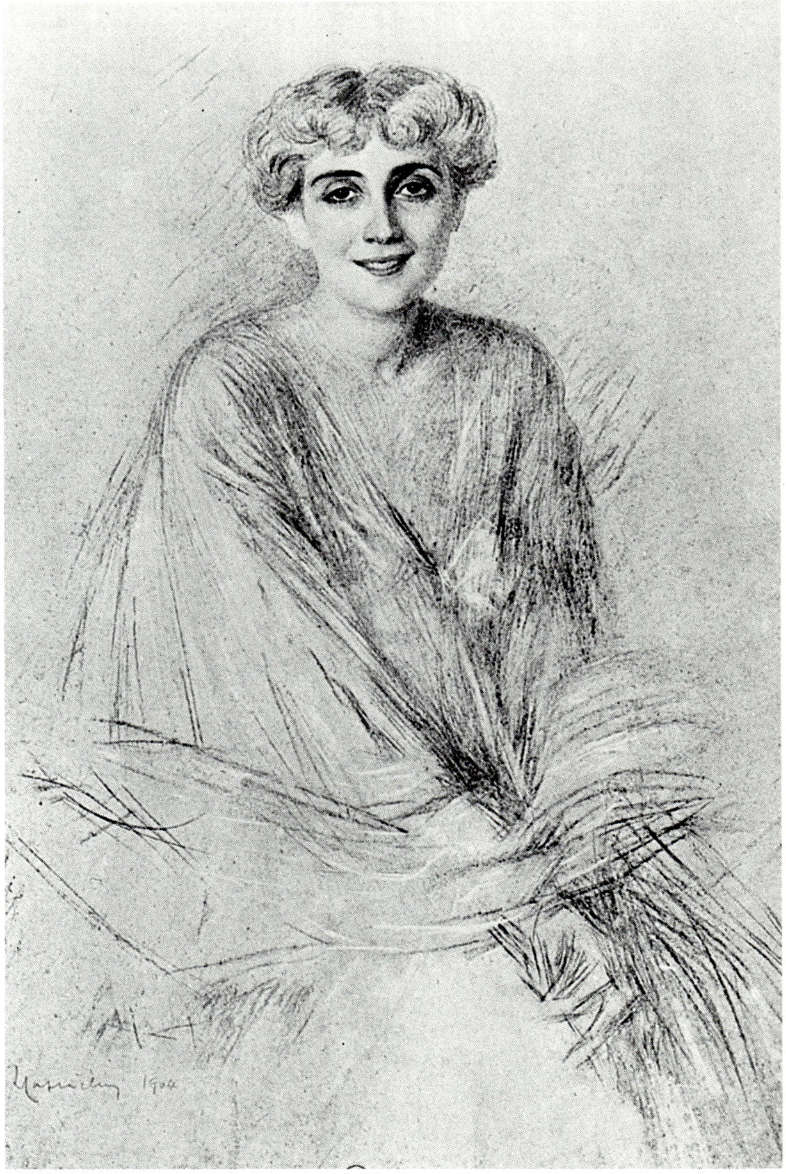

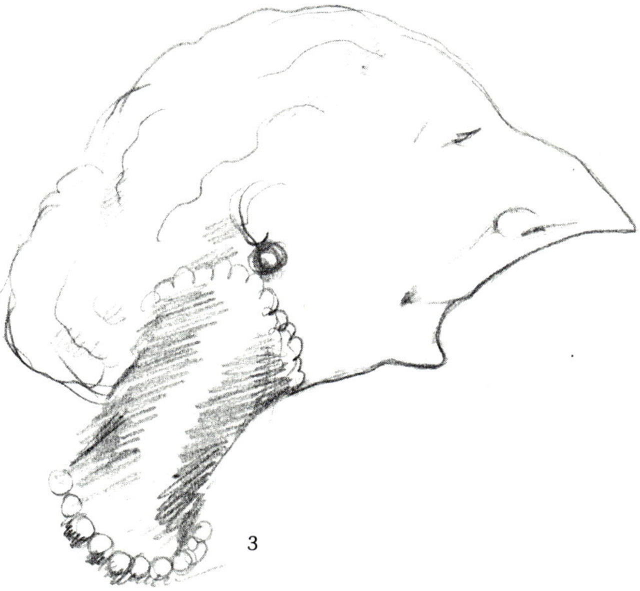

3

Page précédente : (1) Marcel Proust ... *"Il était un jeune homme dans le même temps que j'étais une jeune femme."* Colette l'avait rencontré chez Mme de Caillavet et, des années plus tard, elle fut éblouie par *Du côté de chez Swann.* – Dessin de J.E. Blanche.

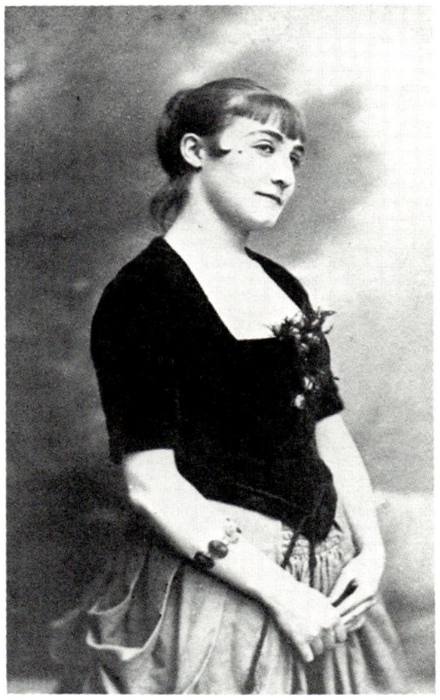

1

(2) Jeanne Muhlfeld par Cappiello. Son salon accueillait de jeunes écrivains nommés Gide, Proust, Cocteau, Mauriac ou Valéry. C'est chez elle que Willy rencontra Georgie Raoul-Duval, la Rézi de Colette. En bas : caricature de Mme de Saint-Marceaux par Georges Lepape. – Ci-contre : Colette dans une robe rouge d'Old England, *"... au temps des pensums",* nota-t-elle sur la photo. Ci-dessus : La romancière et critique Rachilde, née Marguerite Eymery, épouse d'Alfred Vallette, fondateur et directeur du *Mercure de France.* Elle encouragea Colette à ses débuts.

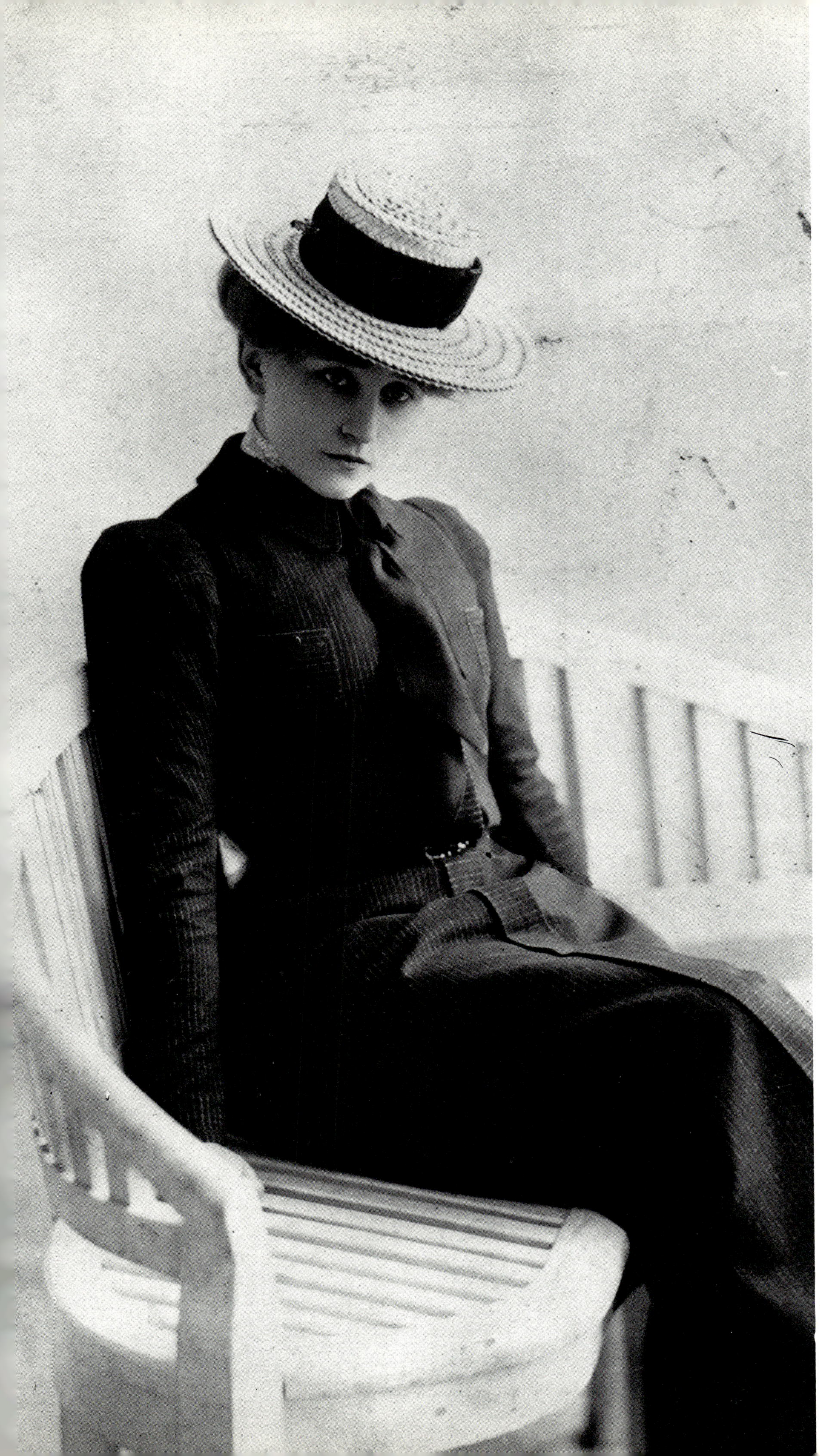

2

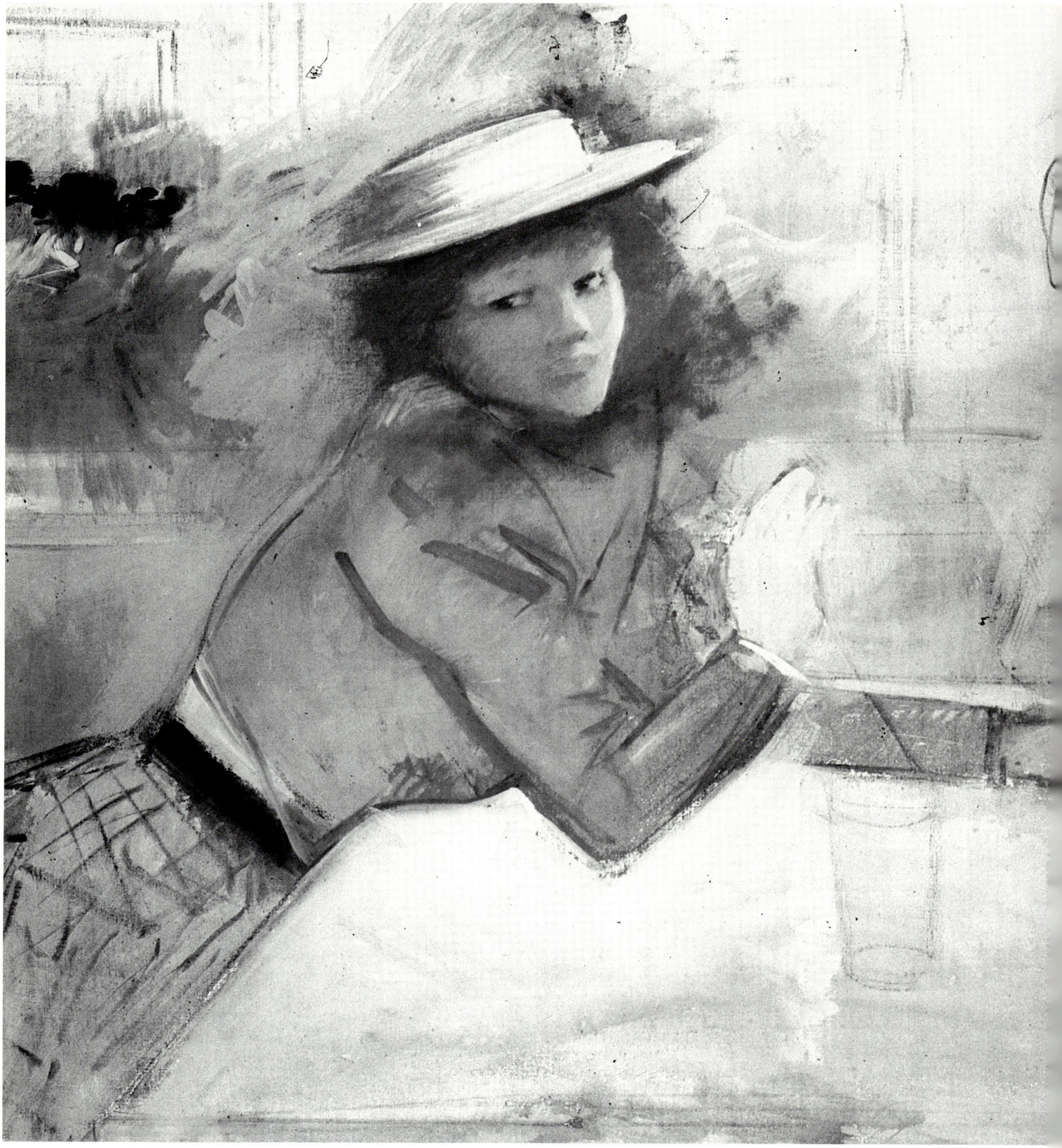

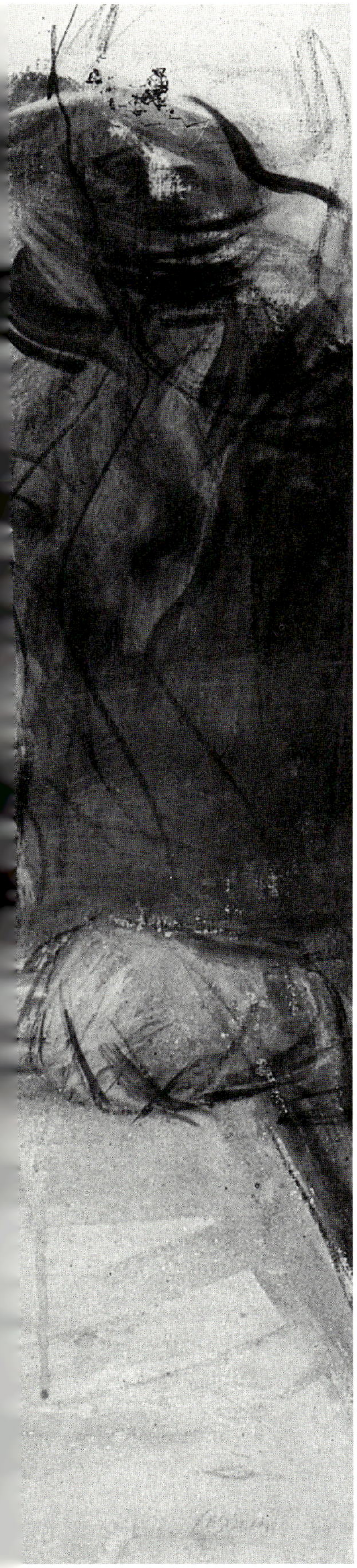

Les amis de cœur. **Page précédente :** Colette et Paul Masson, par Forain. Nègre de Willy, Masson aimait tendrement Colette et l'amusait par ses calembours et ses mystifications. Son amitié chaleureuse réconfortait Colette, déprimée par les frasques de Willy. – Ci-dessous : Le jeune Sacha Guitry et sa première femme, l'actrice Charlotte Lysès. L'amitié de Guitry pour Colette ne se démentit jamais. – Ci-contre : la diaphane, la spirituelle Marguerite Moreno, épouse de Marcel Schwob, fut jusqu'à sa mort l'amie intime de Colette, sa complice et sa confidente.

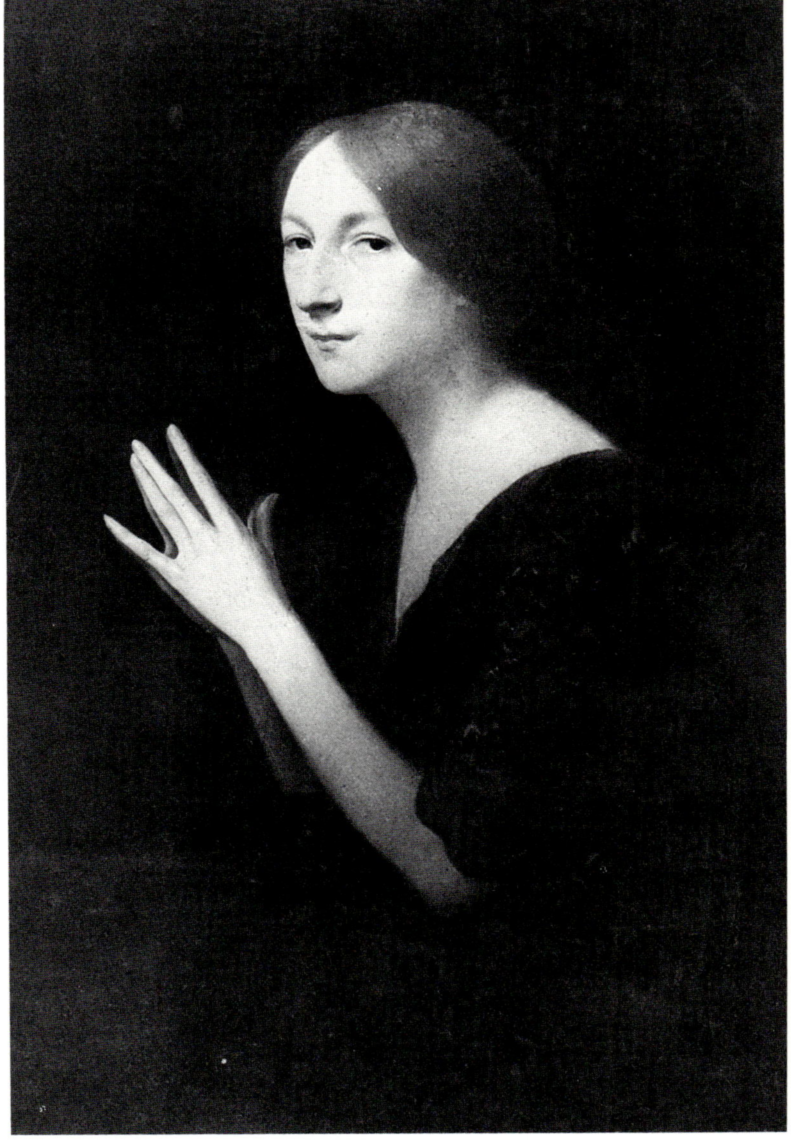

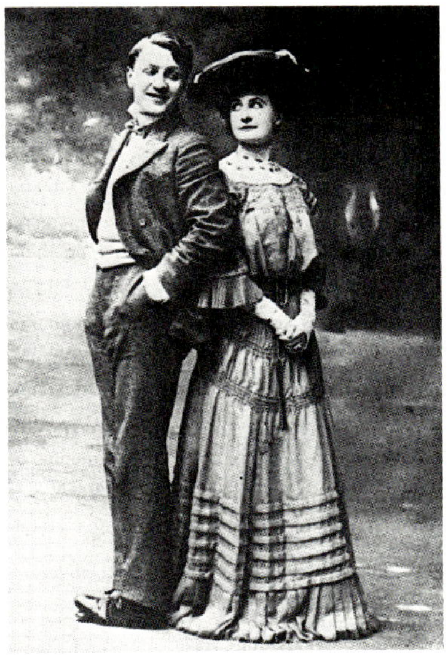

(1) Jean Lorrain, autre nègre de Willy, avait un esprit percutant. Il aimait les garçons mais il vouait aussi une tendre amitié à Colette qui l'avait surnommé "la chatte portugaise", à cause de sa chevelure tricolore, grise, brune et rougie au henné. – (2) Alfred Jarry, ami des Willy, leur avait lu son *Ubu, roi,* dans le salon de Rachilde. Le soir de la "première", Colette hurlait de rire. – (3) Le programme de la "première" d'*Ubu, roi.* – **Page suivante :** (1) Parmi les amis, le peintre Antonio de la Gandara, familier du salon Caillavet. – (2) Francis Jammes *..."Vous êtes un vrai poète"...* écrivit-il à Colette, dans sa préface à *Dialogues de bêtes.*

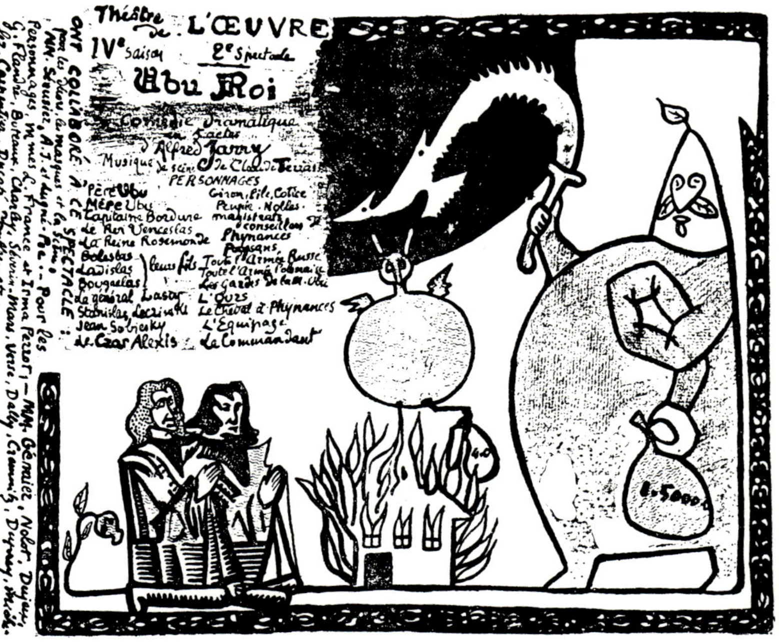

3

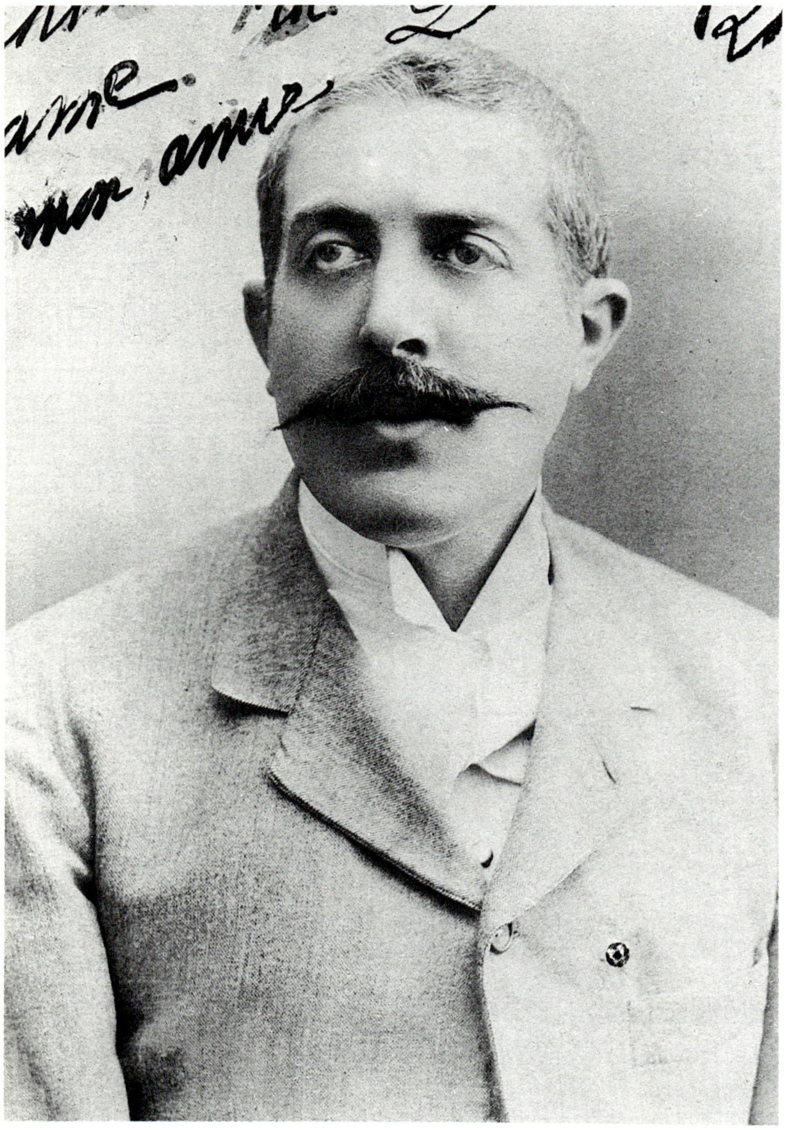
1

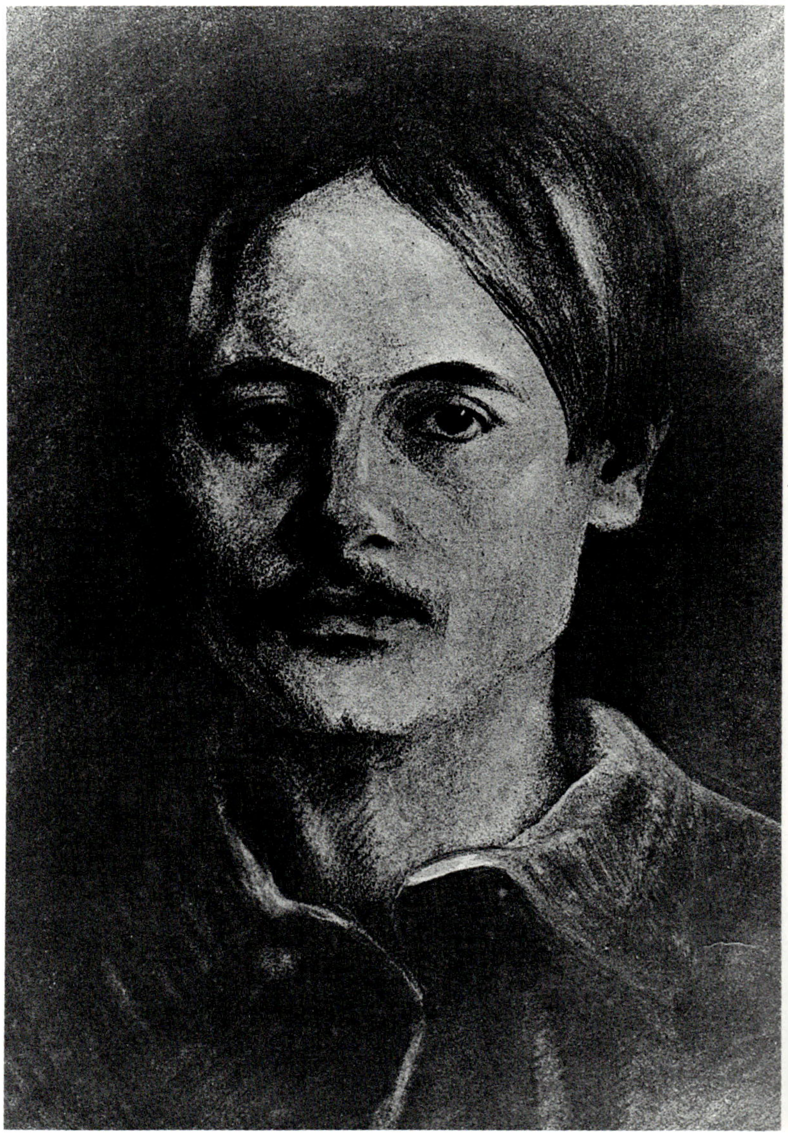

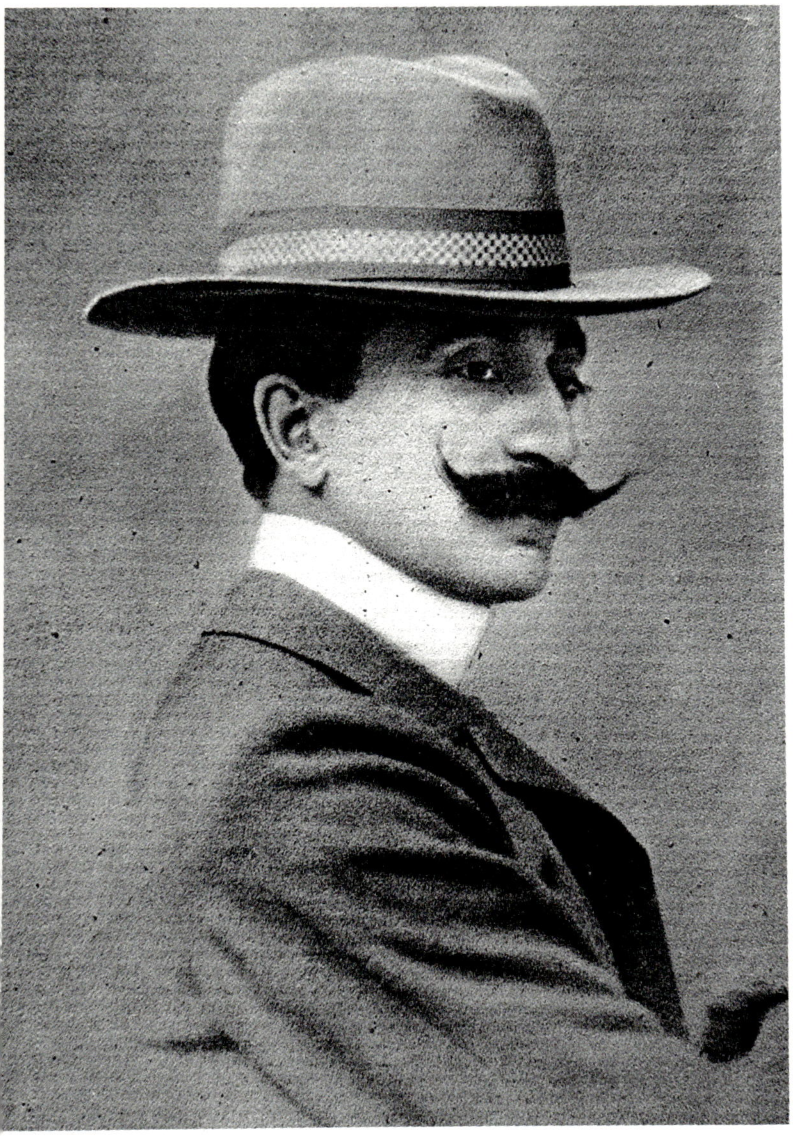

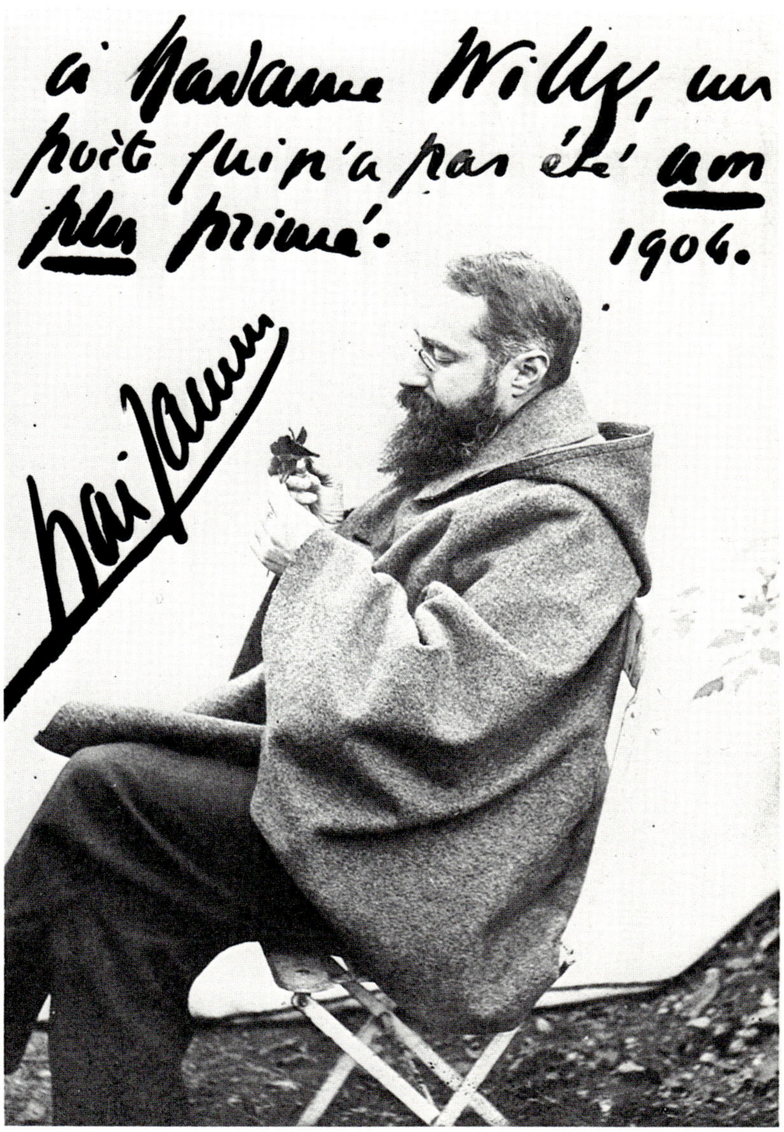

2

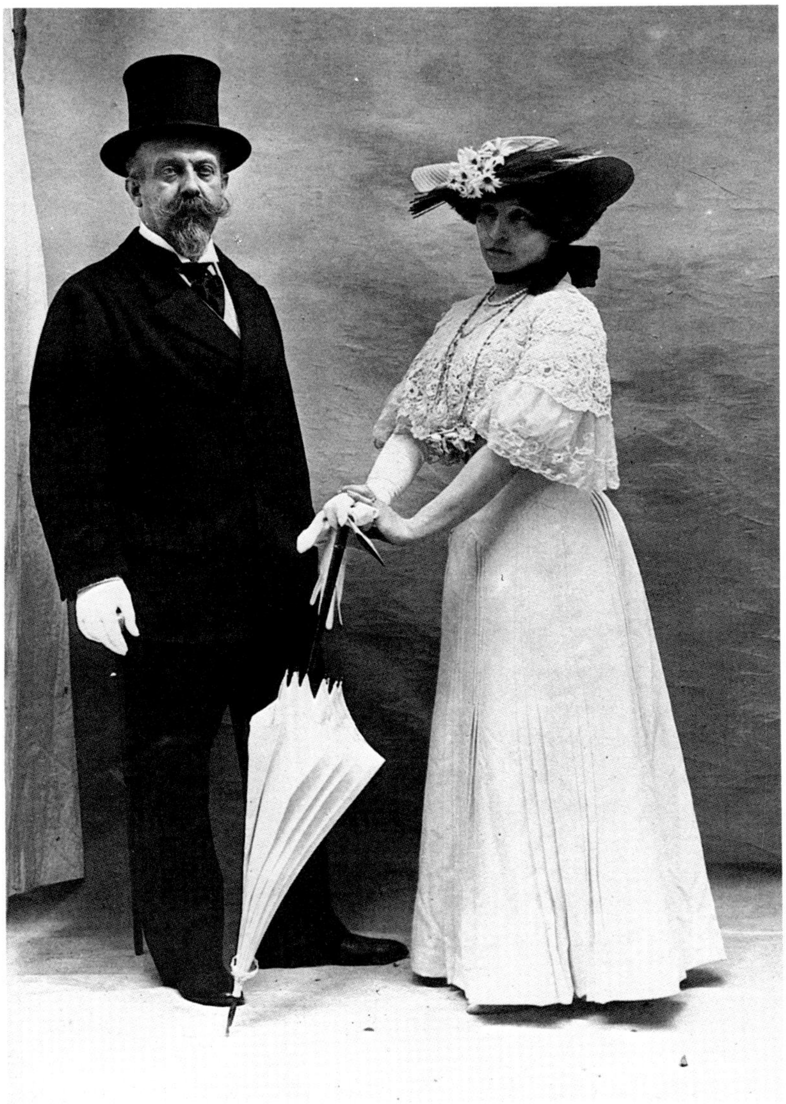

Si le couple Willy passait pour très bohème, il y avait des moments où la bourgeoisie tranquille reprenait ses droits jusque dans l'aspect de leurs vêtements. – Ci-dessus : les Gauthier-Villars pouvaient, sans rougir, regarder cette photo de leur fils et de leur bru. – ... ou même ce couple dont la jeune femme, tout à fait convenable, était visiblement subordonnée à son mari, comme il se devait.

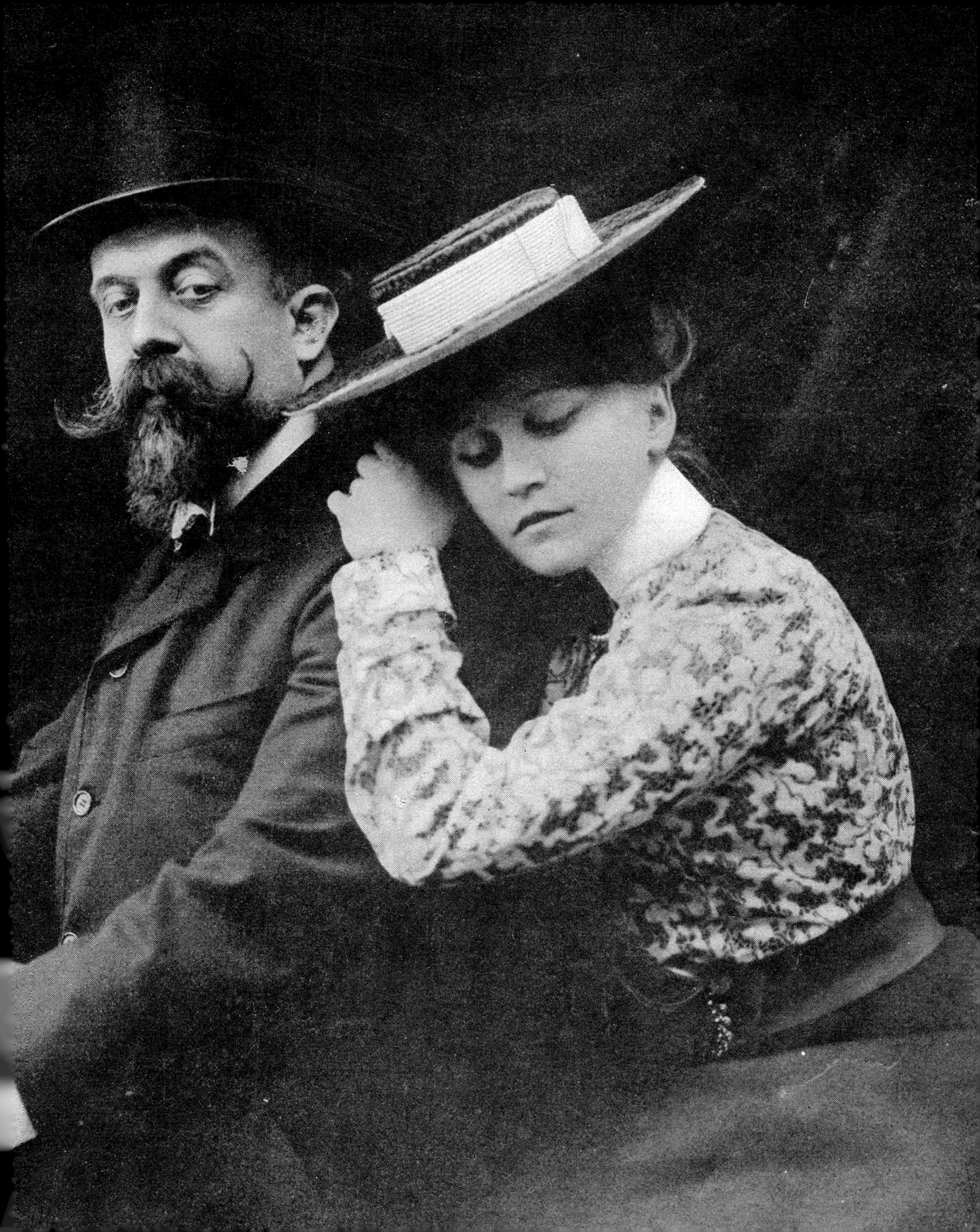

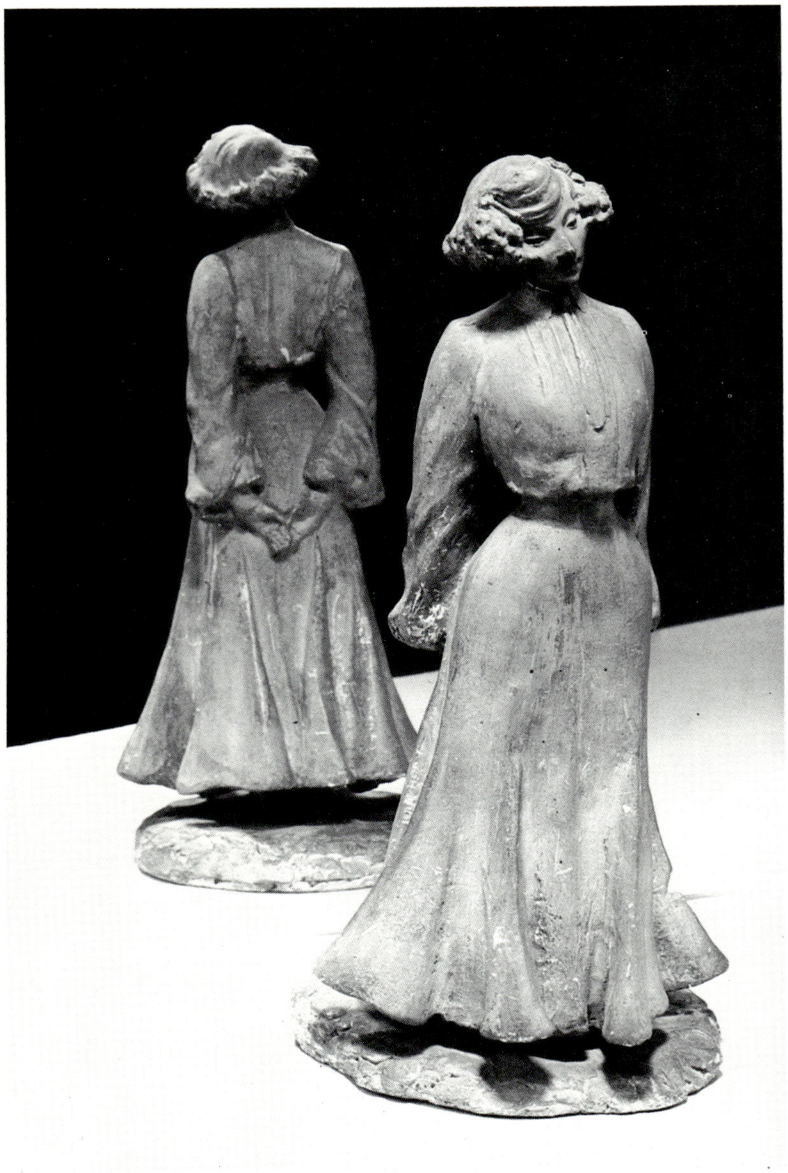

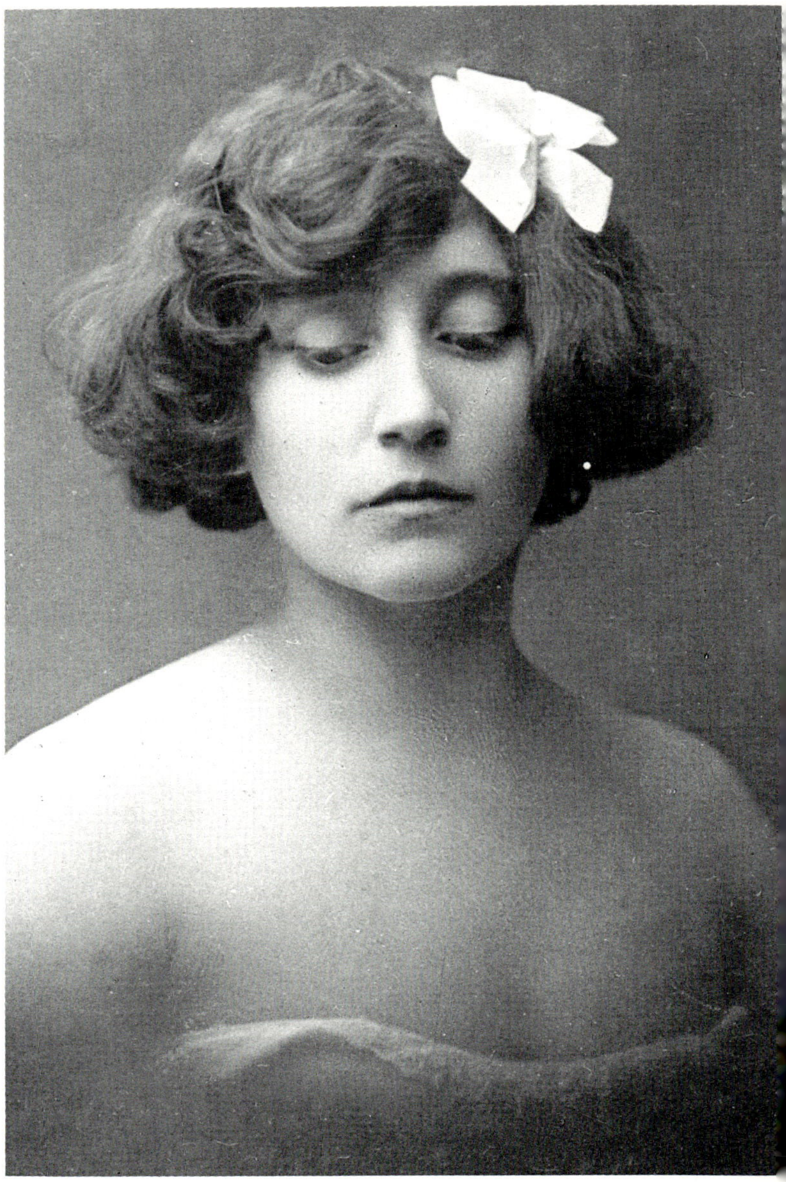

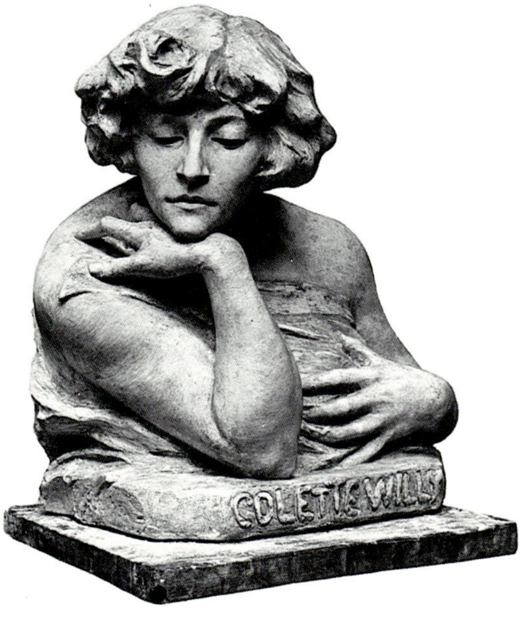

Le siècle nouveau est entamé. En 1902, Colette, à l'instigation de Willy, a coupé ses magnifiques cheveux, ce qui fait le désespoir de Sido. Claudine est née et triomphe en librairie. On commence à chuchoter que c'est peut-être bien Colette Willy, l'auteur. Son image se répand, en bustes, en statuettes, en portraits. – **Page de droite :** portrait de Colette Willy par J.E. Blanche.

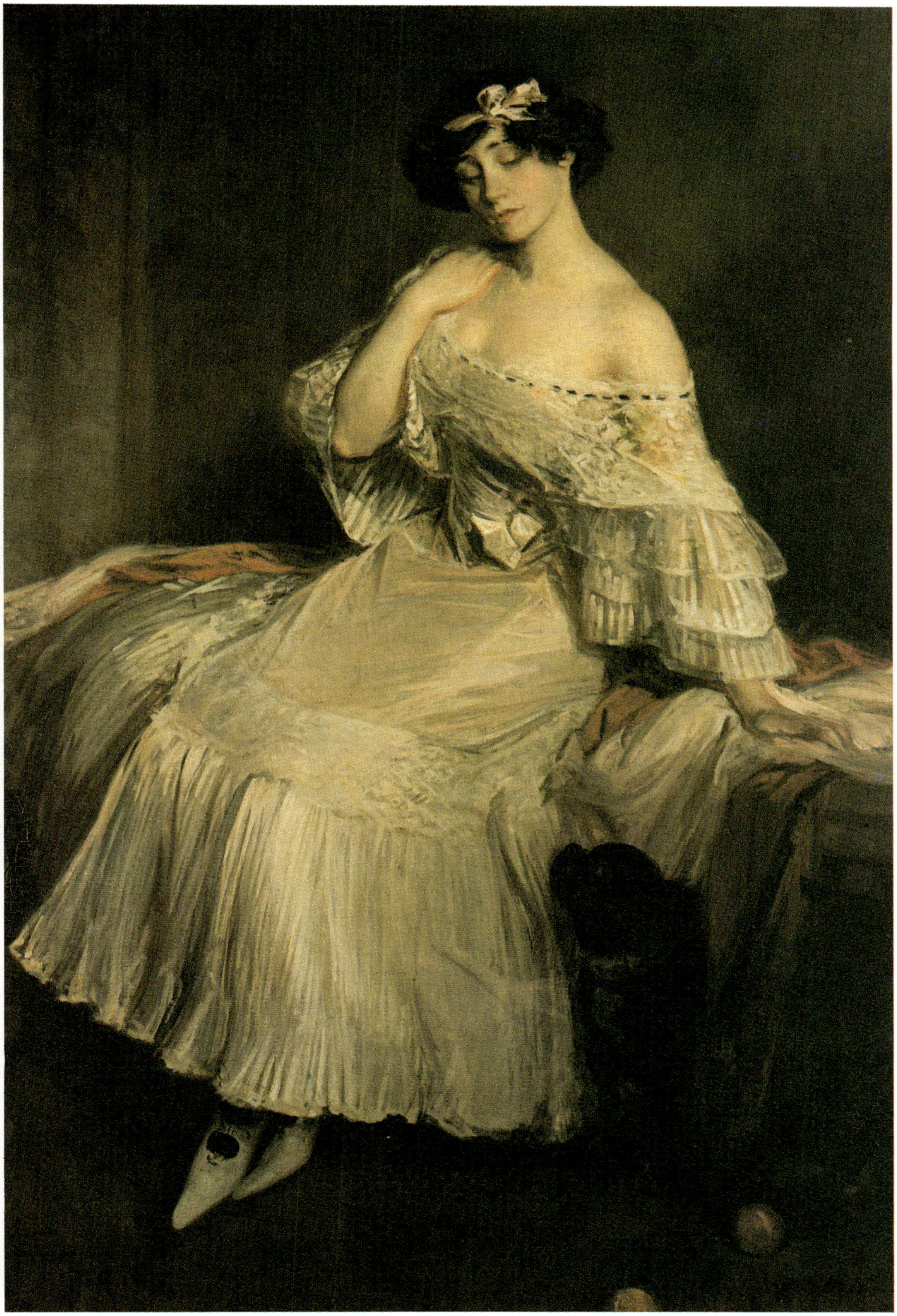

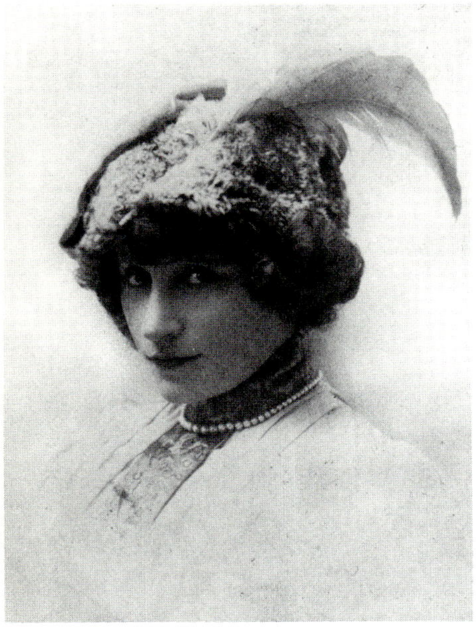

1

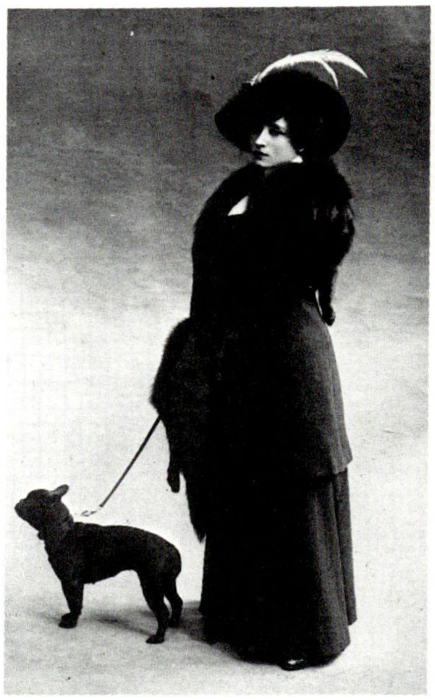

2

3

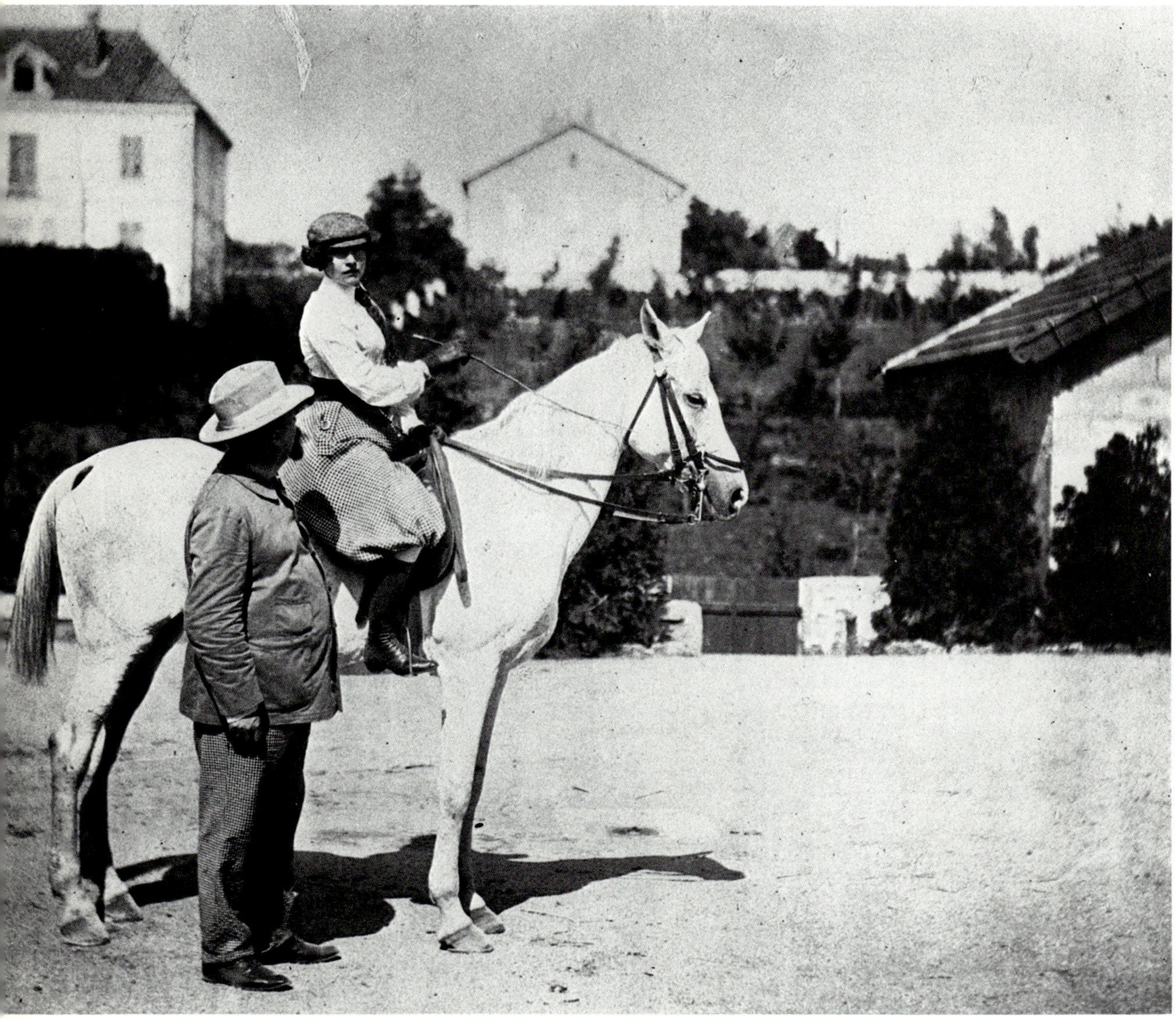

Colette (1), pressée d'écrire par Willy, se met à sa table tous les après-midi ...*"Mon chien et moi, nous sortions à pied le matin..."* (2). – (3) Elle apprend aussi à monter à cheval dans le Jura. Ci-contre : Colette, avec Willy, au manège militaire de Saint-Claude. *"Chassaï vos faïsses, en avant!"* lui criait l'écuyer comtois. – **Page suivante :** (1) Colette et ses bébés-bulls. – (2) ...*"Les premières amazones à califourchon dont j'étais..."* Colette à cheval au Bois, avec Willy. Il était de bon ton de s'y montrer à onze heures du matin ou à cinq heures du soir.

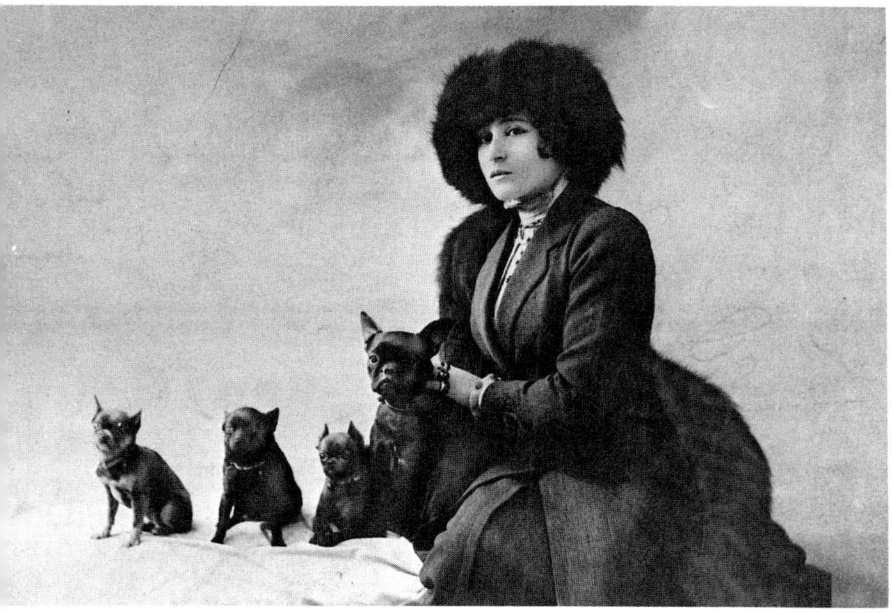

1

2

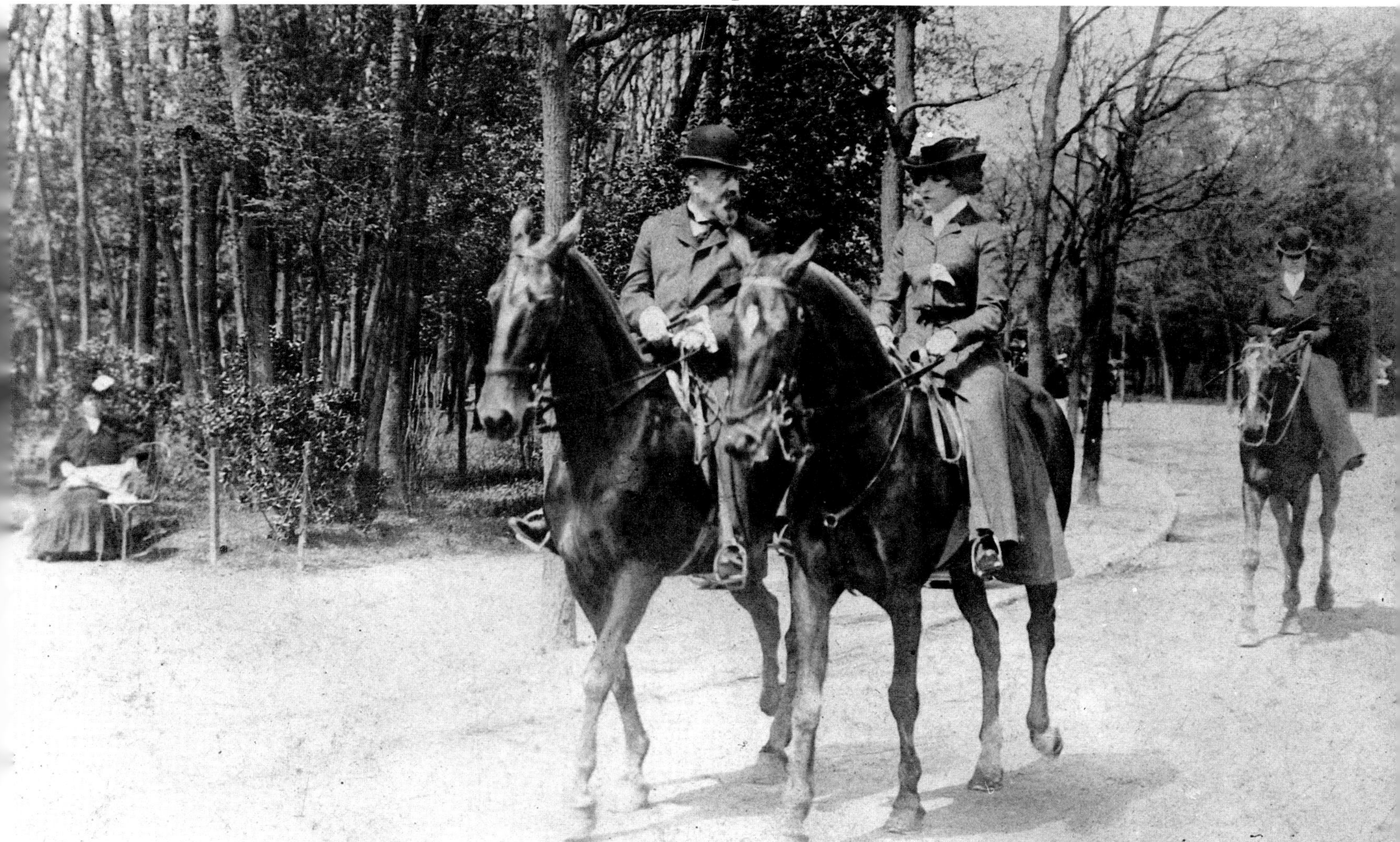

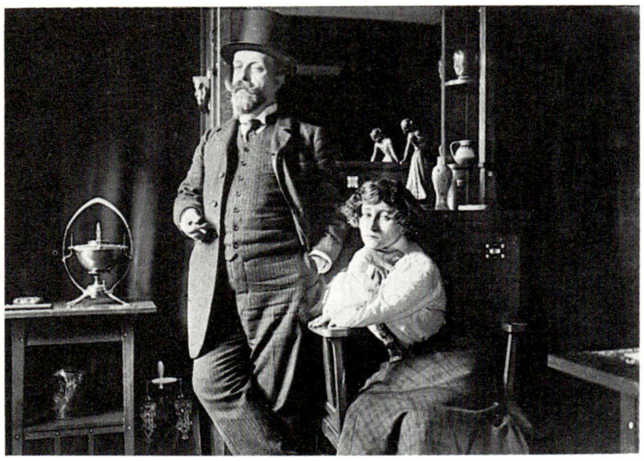
1

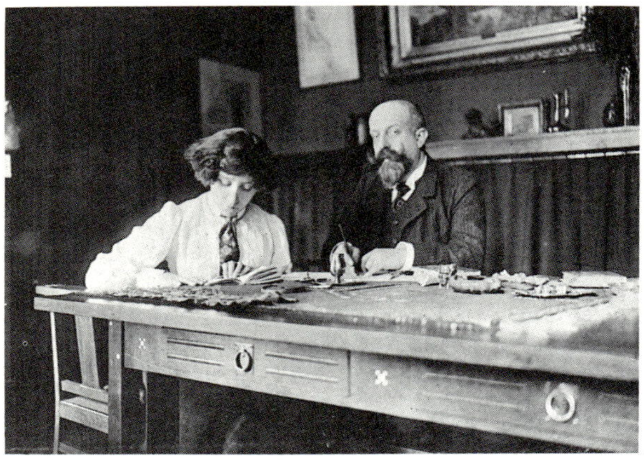
2

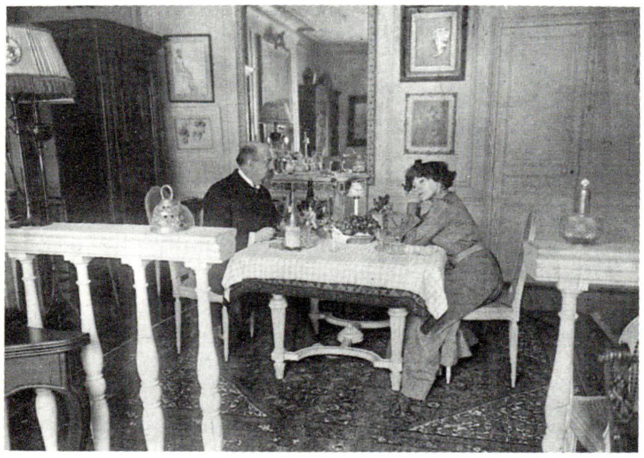
3

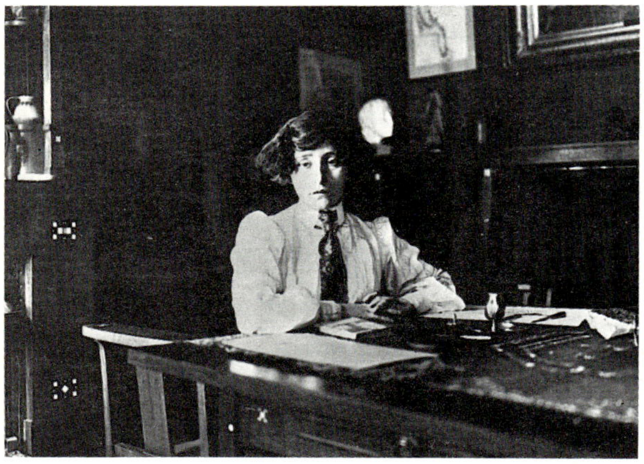
4

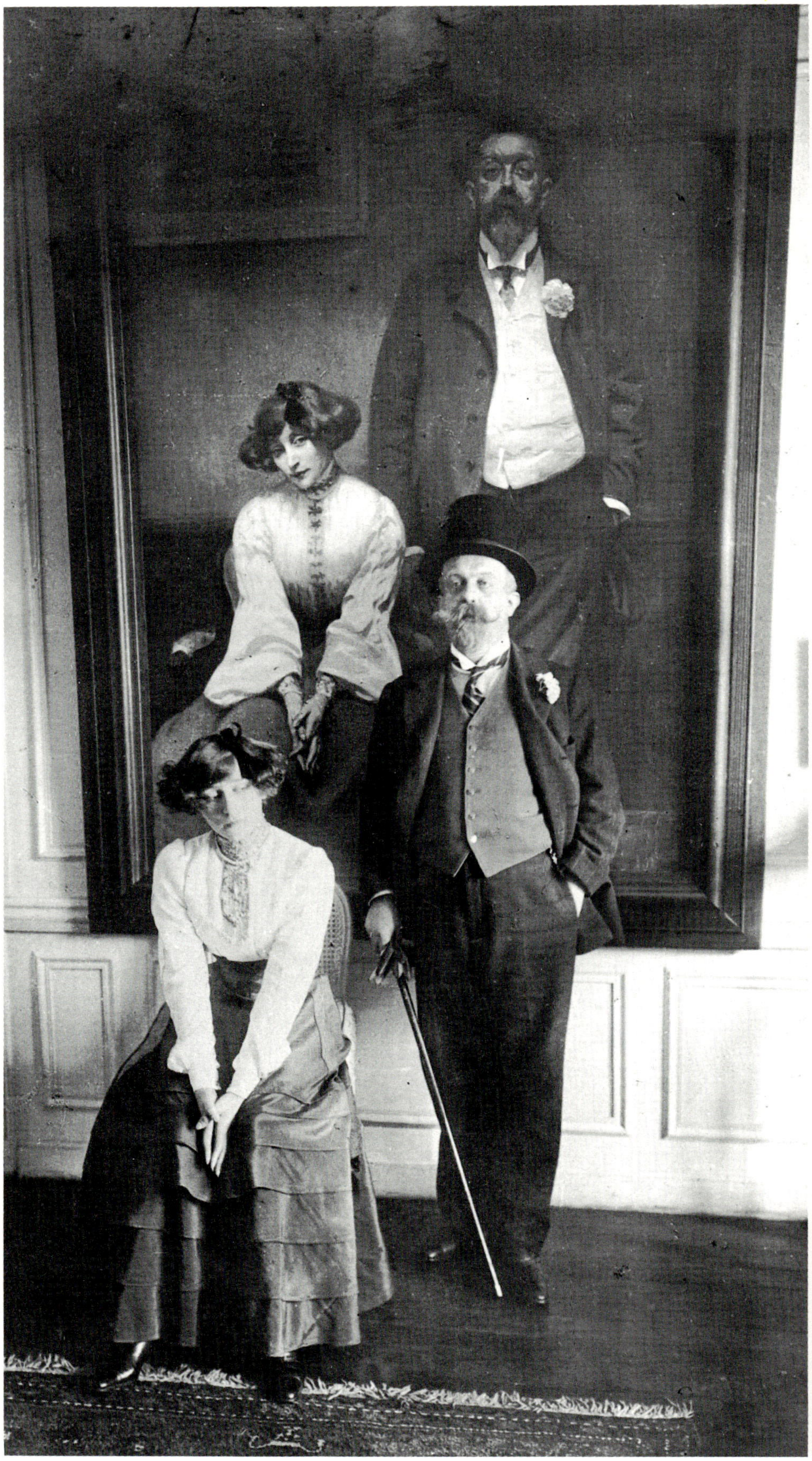
5

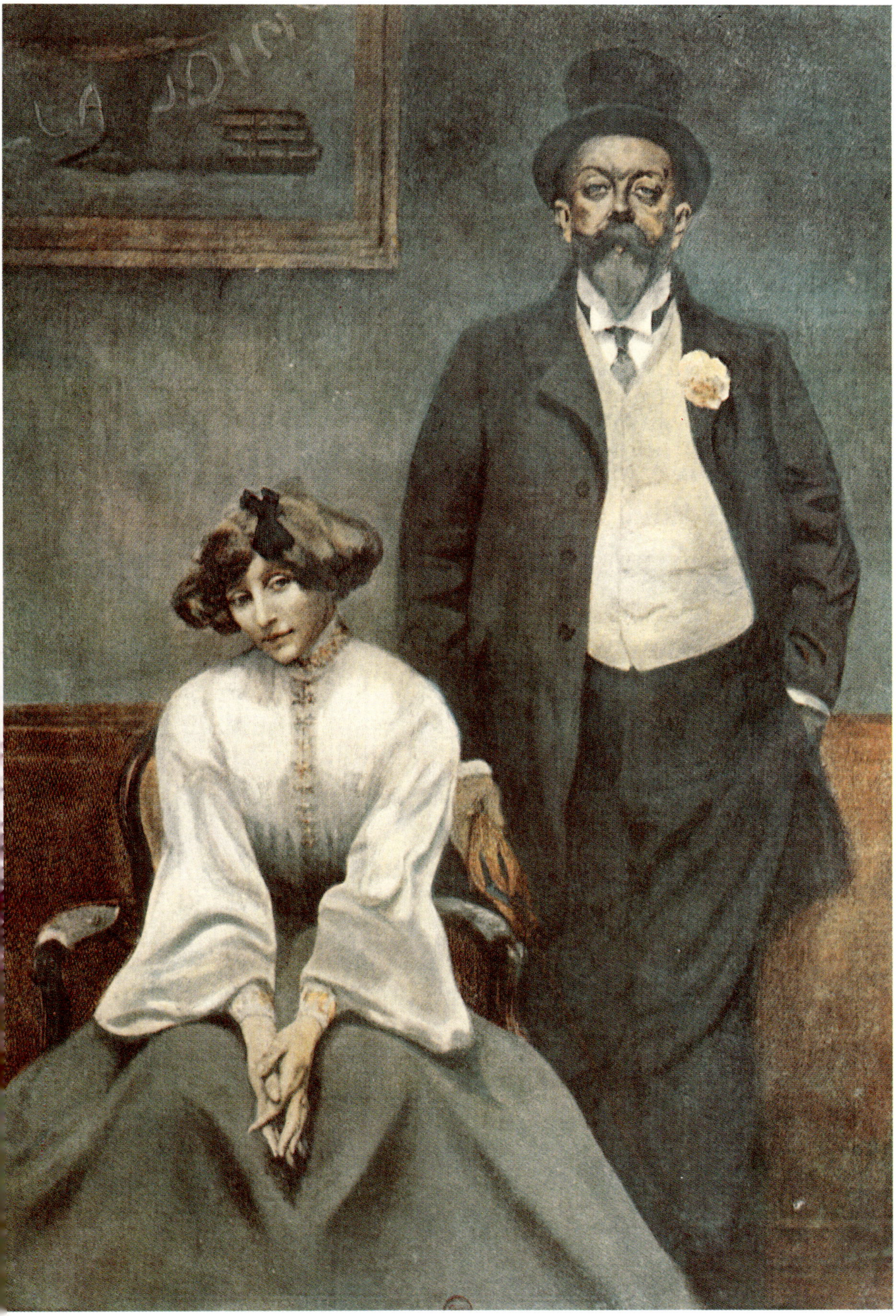

Page précédente : (1) Colette et Willy dans leur appartement de la rue de Courcelles. – (2) *"Vite, mon petit, vite... les fonds sont bas !"* Willy, dans son album, avait légendé cette photo : *"Union parfaite, labeur partagé, paix du foyer – zut !"* – (3) Le déjeuner de M. et Mme Willy, dans leur deuxième appartement de la rue de Courcelles. *"Que penser de la balustrade en bois peint que je plantai au milieu du salon... ?"* – (4) Colette, comme une écolière sage, au travail ...*"la paix, donc, sur cette main, morte à présent, qui n'hésitait pas à tourner la clef dans la serrure."* – (5) Colette, plus tard, ne sera pas tendre pour ce mari dont elle écrira : *"M. Willy n'était pas énorme mais bombé."*
Ci-contre : portrait de Colette et Willy par Eugène Pascau.

A l'époque où les querelles se vidaient sur le terrain, Willy, qui

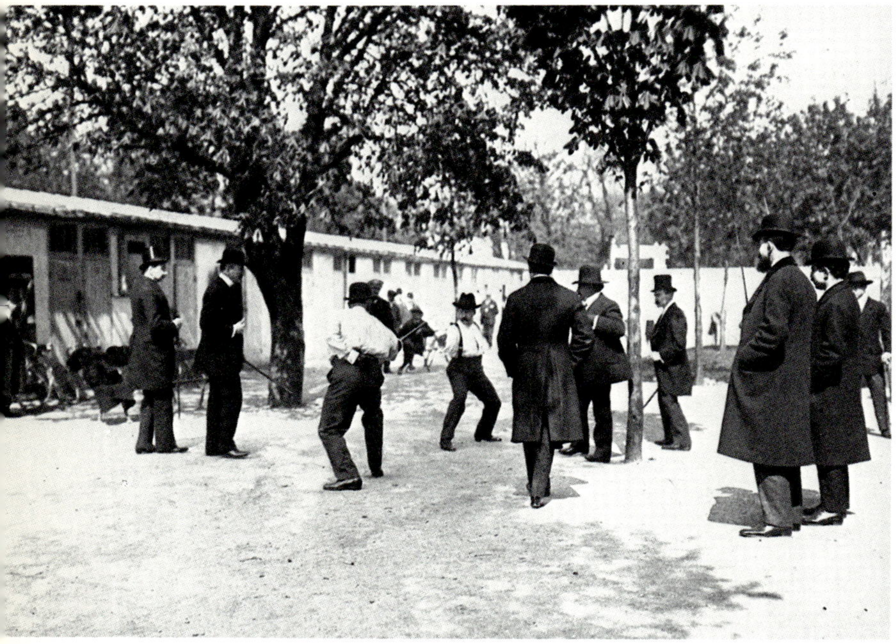

1

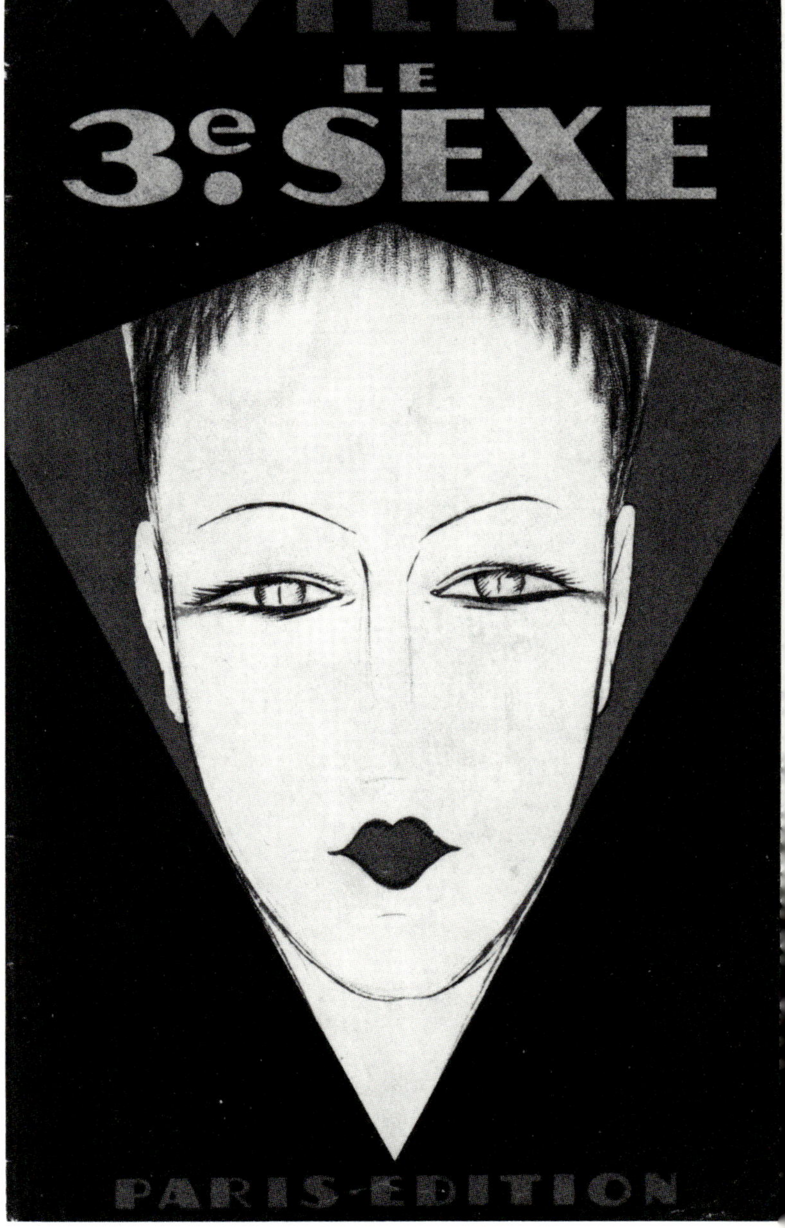

2

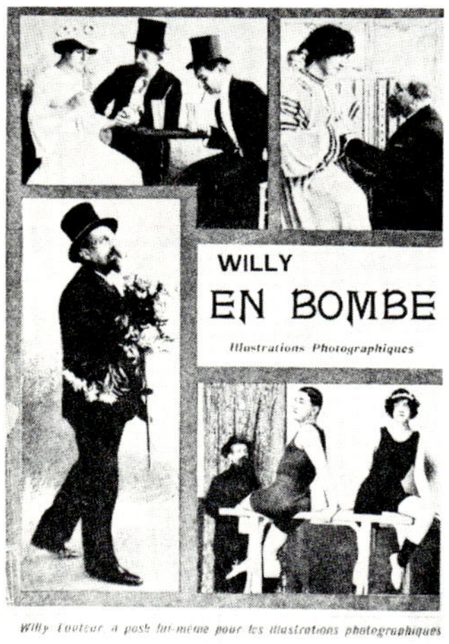

3

n'était pas un lâche, maniait l'épée en duel. – (1) Duel Willy-Martini, en 1912. – (2) Illustration modern'style pour le 3e Sexe, un des nombreux livres "écrits" par Willy. – (3) L'usine littéraire dirigée par Willy était très productive. Son nom et son image s'affichaient partout. Ici il posa pour illustrer *En bombe*. – (4) et (5) *Maîtresse d'esthètes* et *Un Vilain Monsieur* signés Willy écrits par Jean de Tinan. – **Page suivante :** (1) Willy caricaturé par Léandre. – (2) P.J. Toulet collabora à ce roman de rancune contre Colette. – (3) *A manger du foin,* recueil de souvenirs loufoques, parut en 1925. – (4) Saint Willy, patron des Claudine.

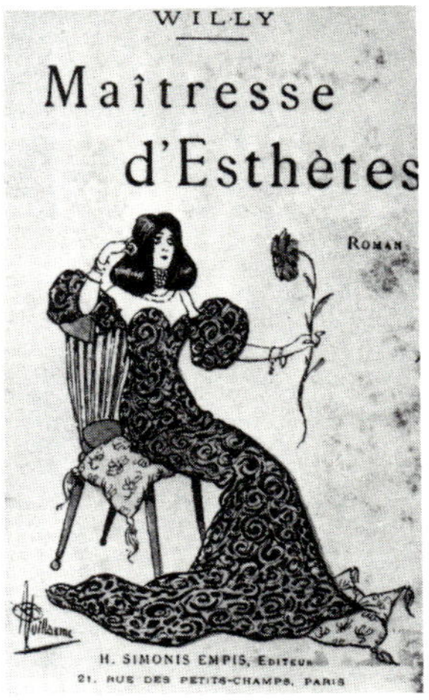

4

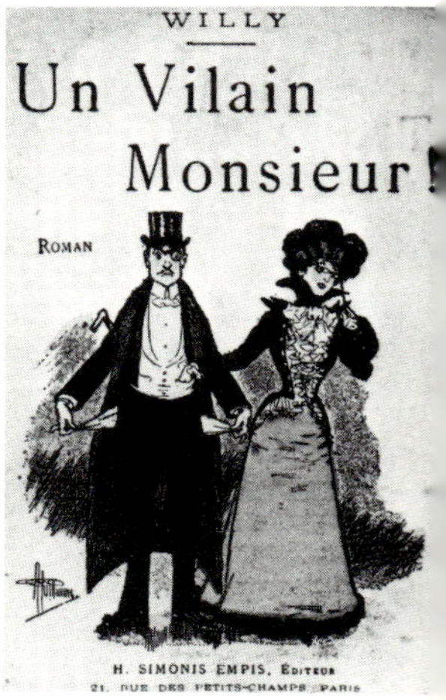

5

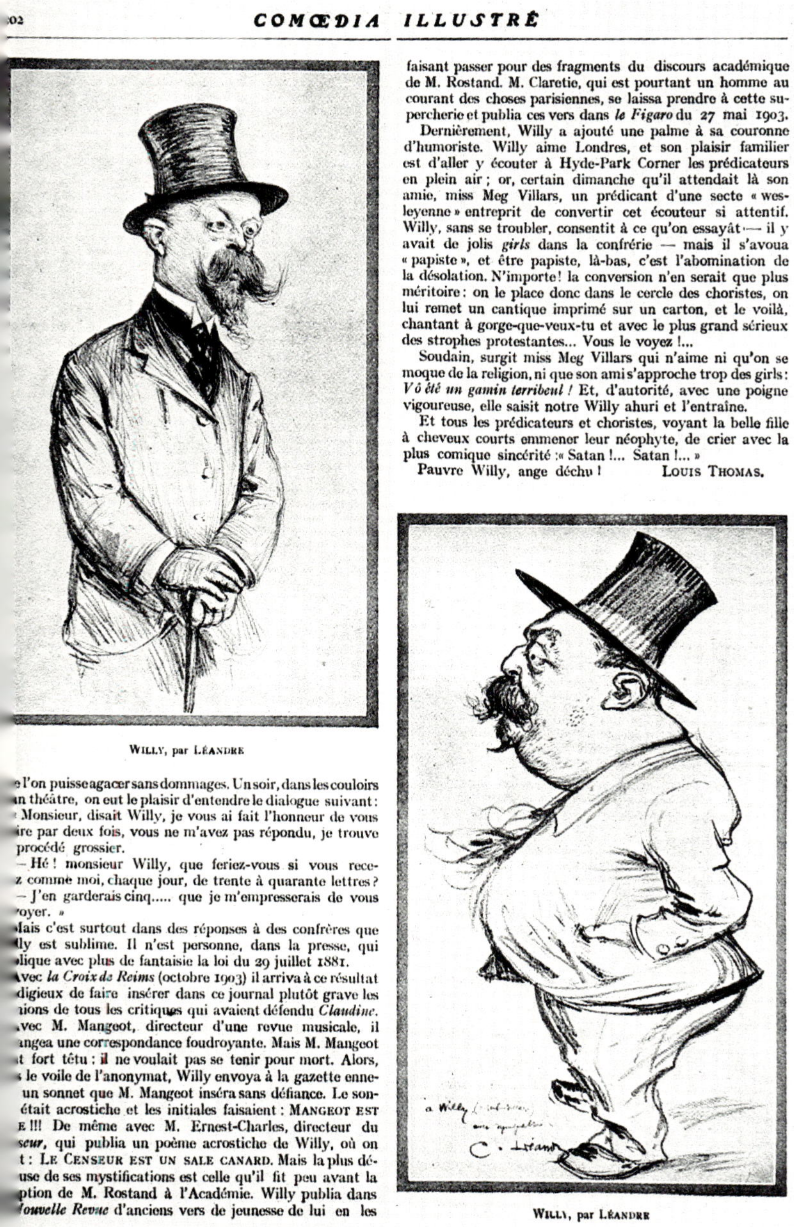

02 *COMŒDIA ILLUSTRÉ*

WILLY, par LÉANDRE

e l'on puisse agacer sans dommages. Un soir, dans les couloirs
n théâtre, on eut le plaisir d'entendre le dialogue suivant :
Monsieur, disait Willy, je vous ai fait l'honneur de vous
ire par deux fois, vous ne m'avez pas répondu, je trouve
procédé grossier.
— Hé ! monsieur Willy, que feriez-vous si vous rece-
z comme moi, chaque jour, de trente à quarante lettres ?
— J'en garderais cinq..... que je m'empresserais de vous
oyer. »
lais c'est surtout dans des réponses à des confrères que
lly est sublime. Il n'est personne, dans la presse, qui
lique avec plus de fantaisie la loi du 29 juillet 1881.
vec *la Croix de Reims* (octobre 1903) il arriva à ce résultat
digieux de faire insérer dans ce journal plutôt grave les
ions de tous les critiques qui avaient défendu *Claudine*.
vec M. Mangeot, directeur d'une revue musicale, il
angea une correspondance foudroyante. Mais M. Mangeot
t fort têtu : il ne voulait pas se tenir pour mort. Alors,
le voile de l'anonymat, Willy envoya à la gazette enne-
un sonnet que M. Mangeot inséra sans défiance. Le son-
était acrostiche et les initiales faisaient : MANGEOT EST
E !!! De même avec M. Ernest-Charles, directeur du
seur, qui publia un poème acrostiche de Willy, où on
t : LE CENSEUR EST UN SALE CANARD. Mais la plus dé-
use de ses mystifications est celle qu'il fit peu avant la
ption de M. Rostand à l'Académie. Willy publia dans
ouvelle Revue d'anciens vers de jeunesse de lui en les

faisant passer pour des fragments du discours académique de M. Rostand. M. Claretie, qui est pourtant un homme au courant des choses parisiennes, se laissa prendre à cette supercherie et publia ces vers dans *le Figaro* du 27 mai 1903.

Dernièrement, Willy a ajouté une palme à sa couronne d'humoriste. Willy aime Londres, et son plaisir familier est d'aller y écouter à Hyde-Park Corner les prédicateurs en plein air ; or, certain dimanche qu'il attendait là son amie, miss Meg Villars, un prédicant d'une secte « wesleyenne » entreprit de convertir cet écouteur si attentif. Willy, sans se troubler, consentit à ce qu'on essayât — il y avait de jolis *girls* dans la confrérie — mais il s'avoua « papiste », et être papiste, là-bas, c'est l'abomination de la désolation. N'importe ! la conversion n'en serait que plus méritoire : on le place donc dans le cercle des choristes, on lui remet un cantique imprimé sur un carton, et le voilà, chantant à gorge-que-veux-tu et avec le plus grand sérieux des strophes protestantes... Vous le voyez !...

Soudain, surgit miss Meg Villars qui n'aime ni qu'on se moque de la religion, ni que son ami s'approche trop des girls : *Vô été un gamin terribeul !* Et, d'autorité, avec une poigne vigoureuse, elle saisit notre Willy ahuri et l'entraîne.

Et tous les prédicateurs et choristes, voyant la belle fille à cheveux courts emmener leur néophyte, de crier avec la plus comique sincérité : « Satan !... Satan !... »

Pauvre Willy, ange déchu ! LOUIS THOMAS.

WILLY, par LÉANDRE

1

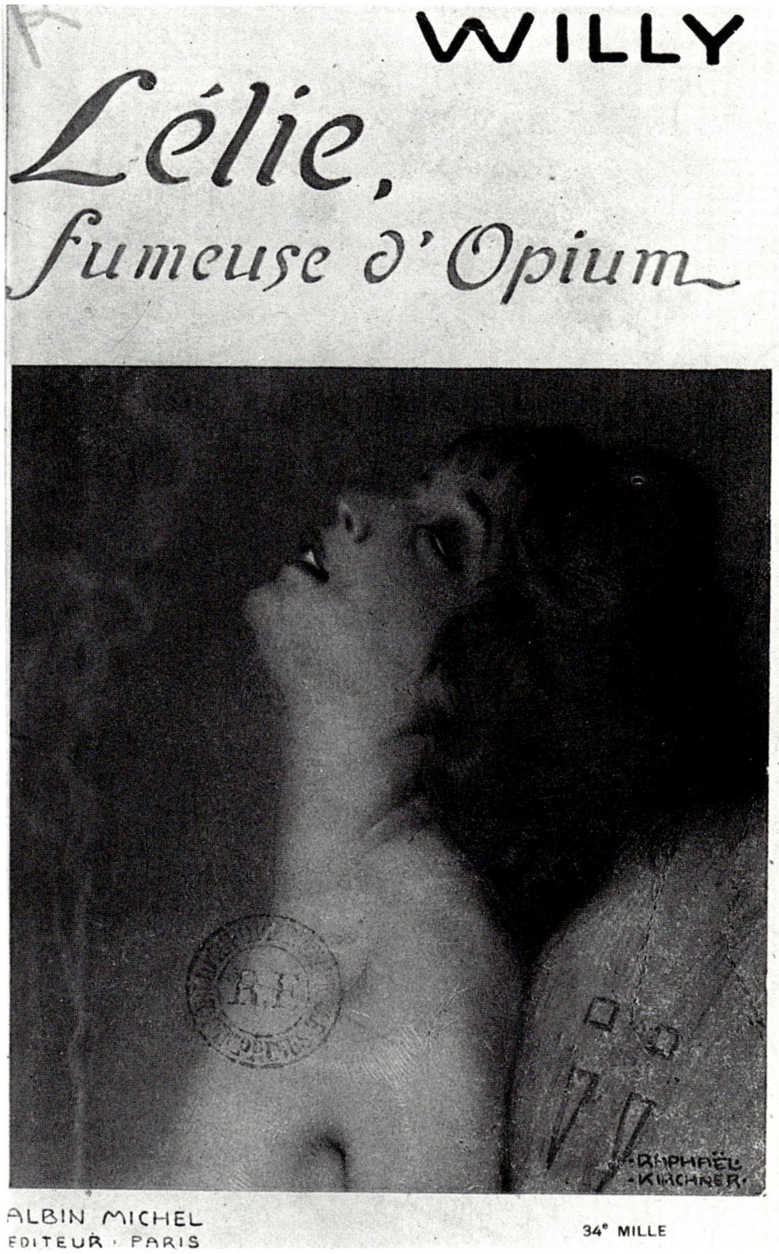

2

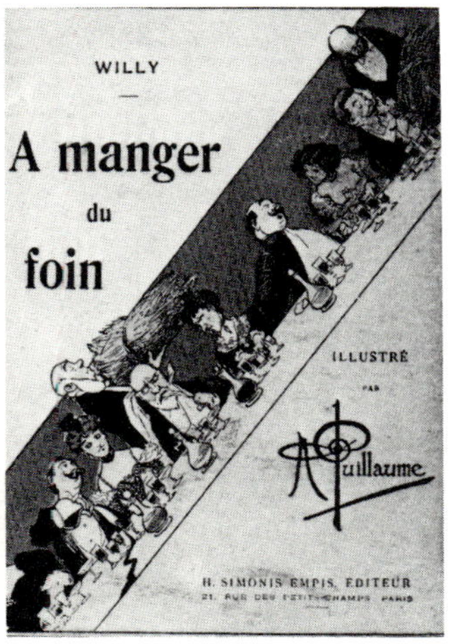

3

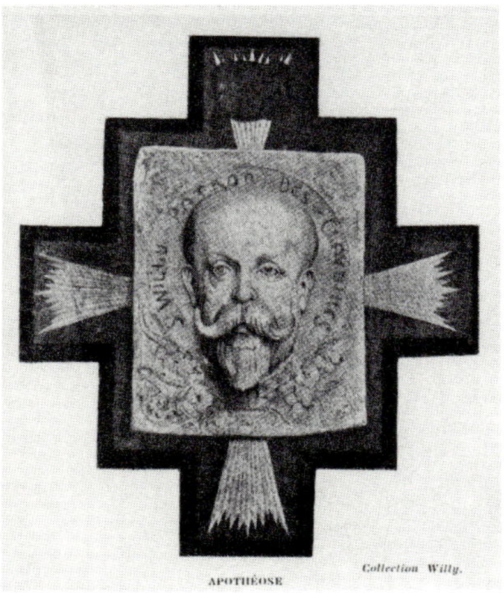

APOTHÉOSE

Collection Willy.

4

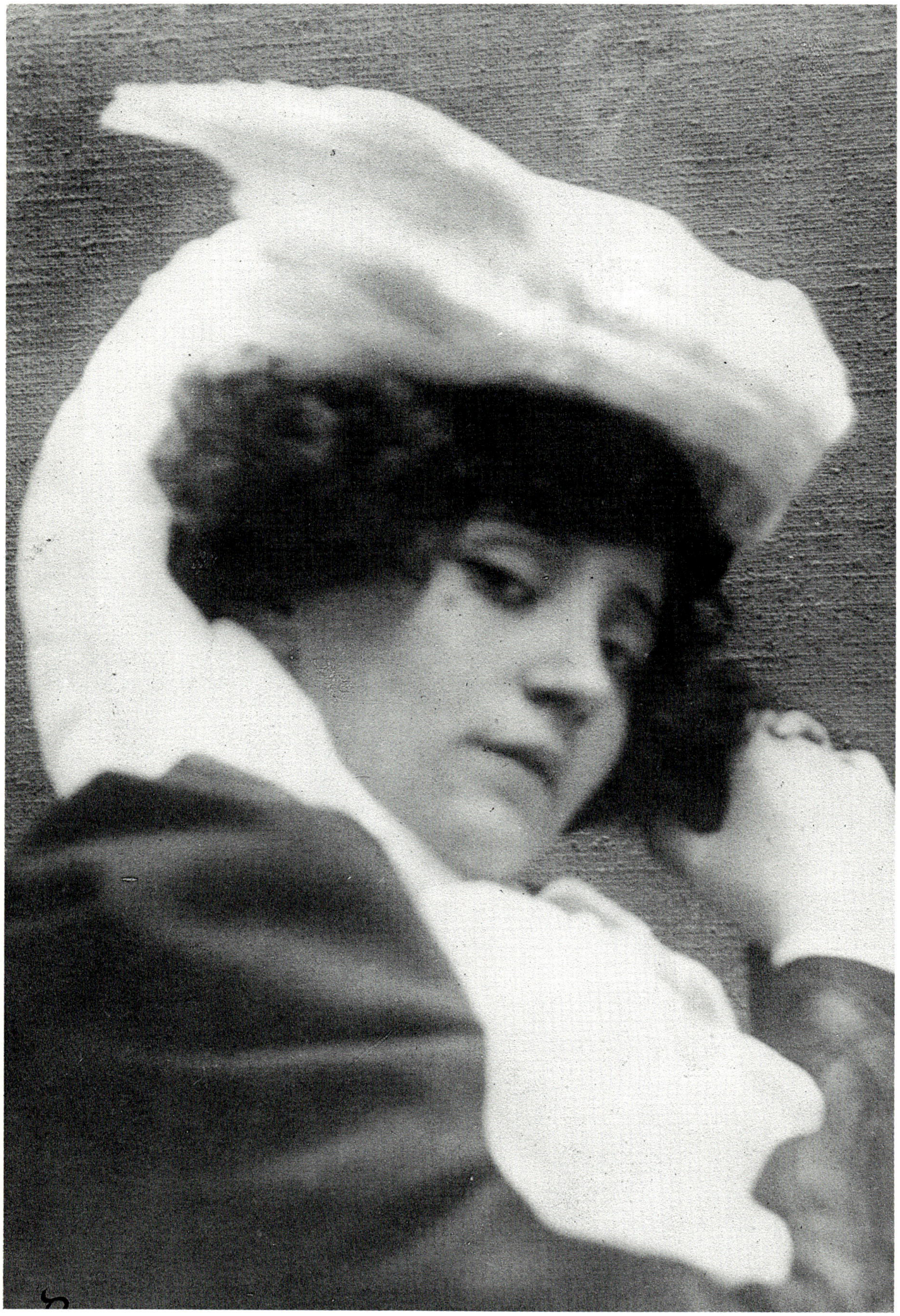

C'est de cette jeune Mme Gauthier-Villars que l'écrivain Claude Farrère tomba amoureux. Quarante ans plus tard, il écrira à La Varende : "En 1902, je fis la connaissance de Willy qui me présente à sa femme, Colette. C'était une pisseuse (le mot est normand, n'est-ce pas) de 29 ans qui en portait 20 ou 22..." Amour dont, toute sa vie, il regrettera la chasteté. Sur la photo (inédite) de gauche, Colette, le visage encadré d'hermine mais le regard moins innocent qu'il y paraît a toute la grâce et toute la malice qu'elle prêtera à son *Ingénue libertine*. – **Page suivante :** Rue de Courcelles.

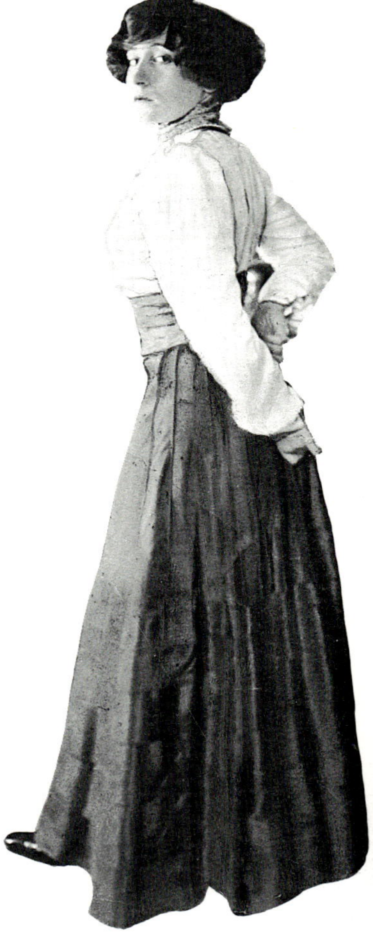

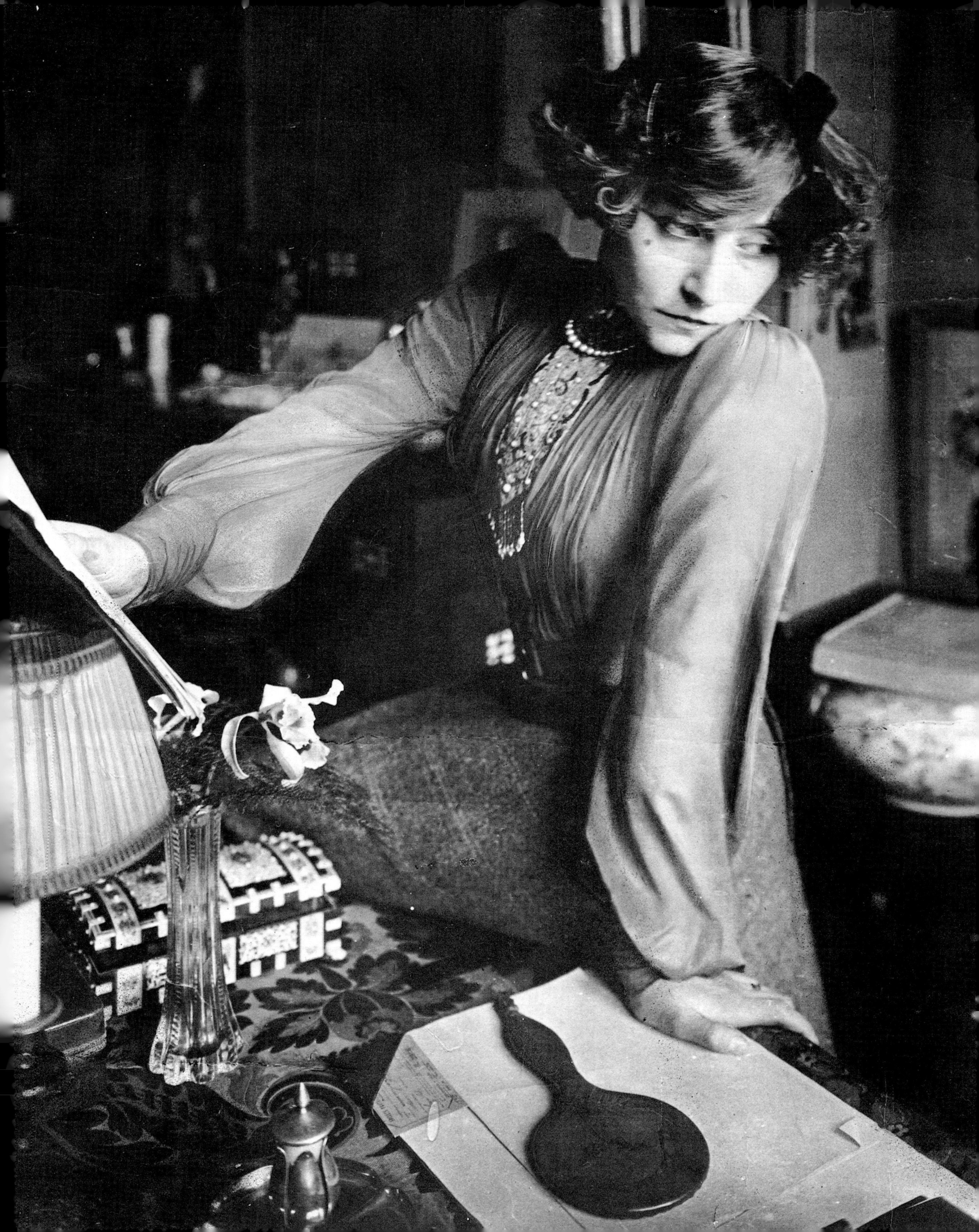

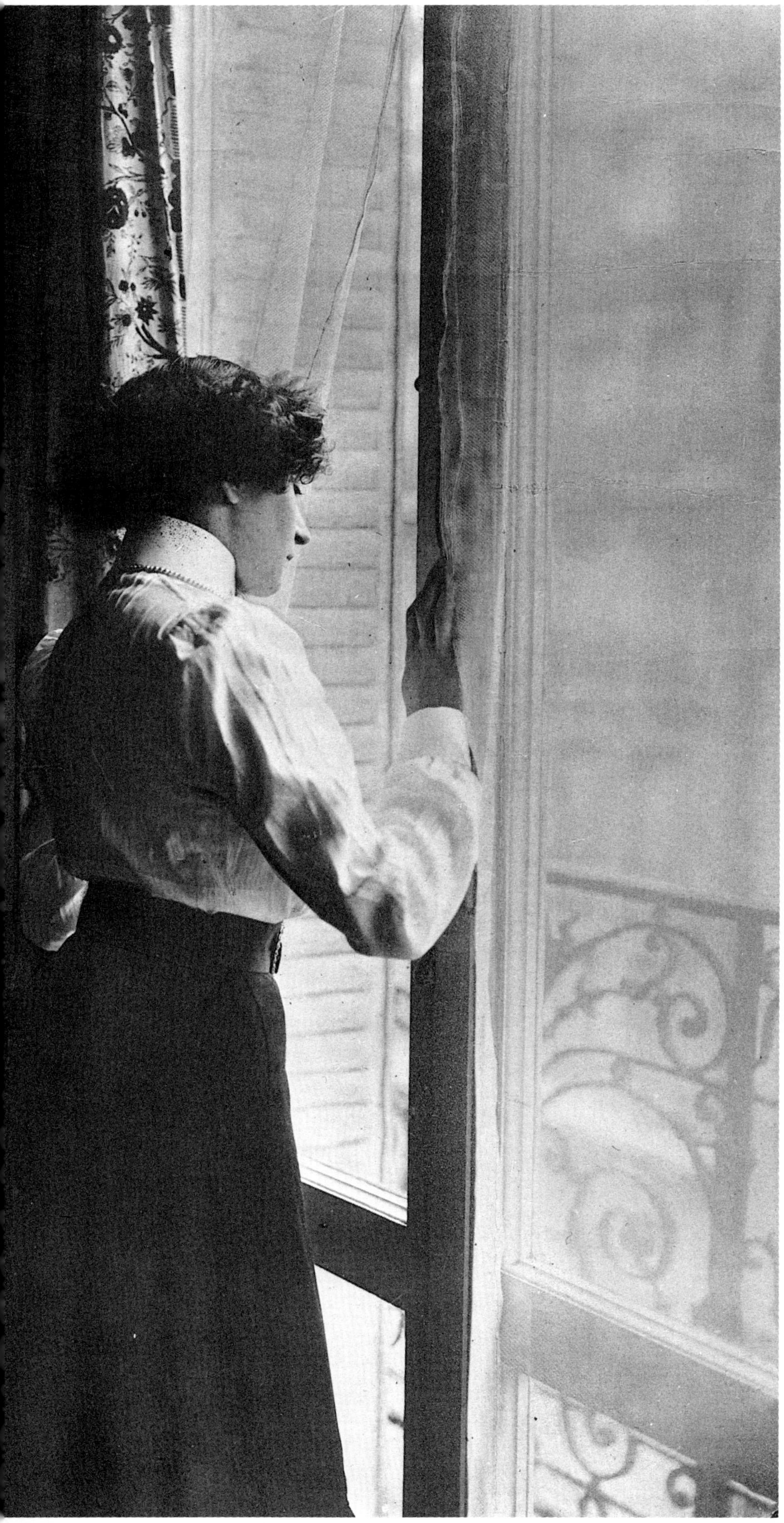

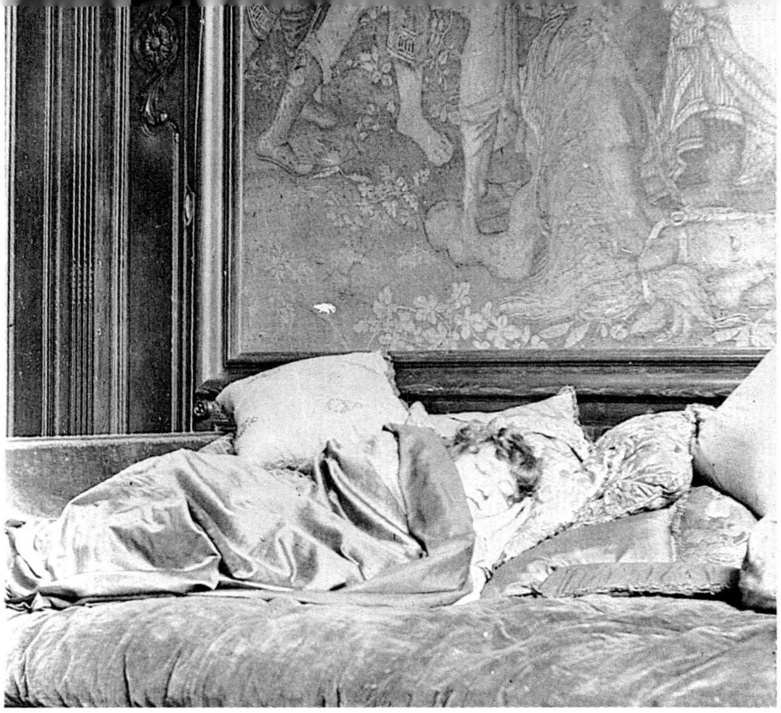

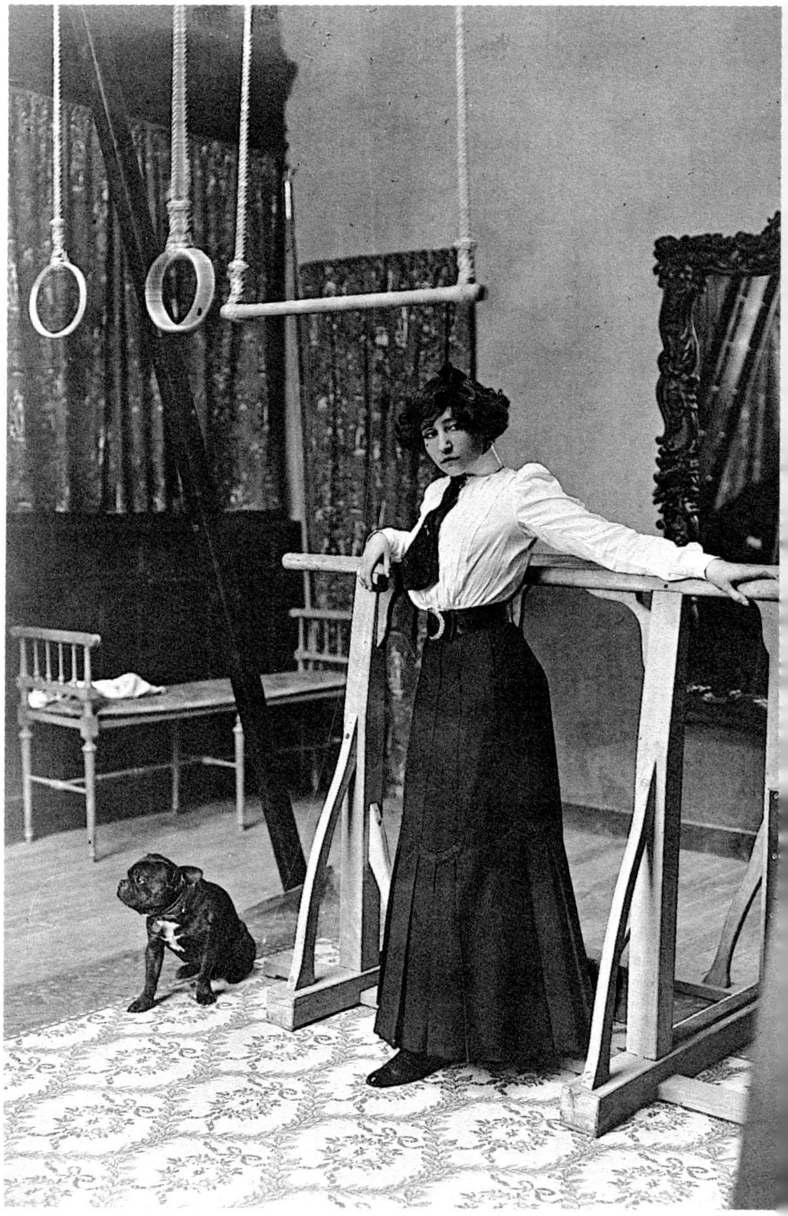

En 1901, dans leur nouvel appartement de la rue de Courcelles, Willy a fait aménager une pièce en gymnase pour Colette. Elle dira plus tard dans *Mes Apprentissages* : "Je me suspendais, je tournais autour de la barre, j'étirais mes muscles sans passion et sans virtuosité particulière... En y songeant après, il m'a bien semblé que j'exerçais mon corps à la manière des prisonniers qui ne méditent pas nettement l'évasion, mais découpent et tressent un drap, cousent des louis dans une doublure et cachent du chocolat sous leur paillasse."

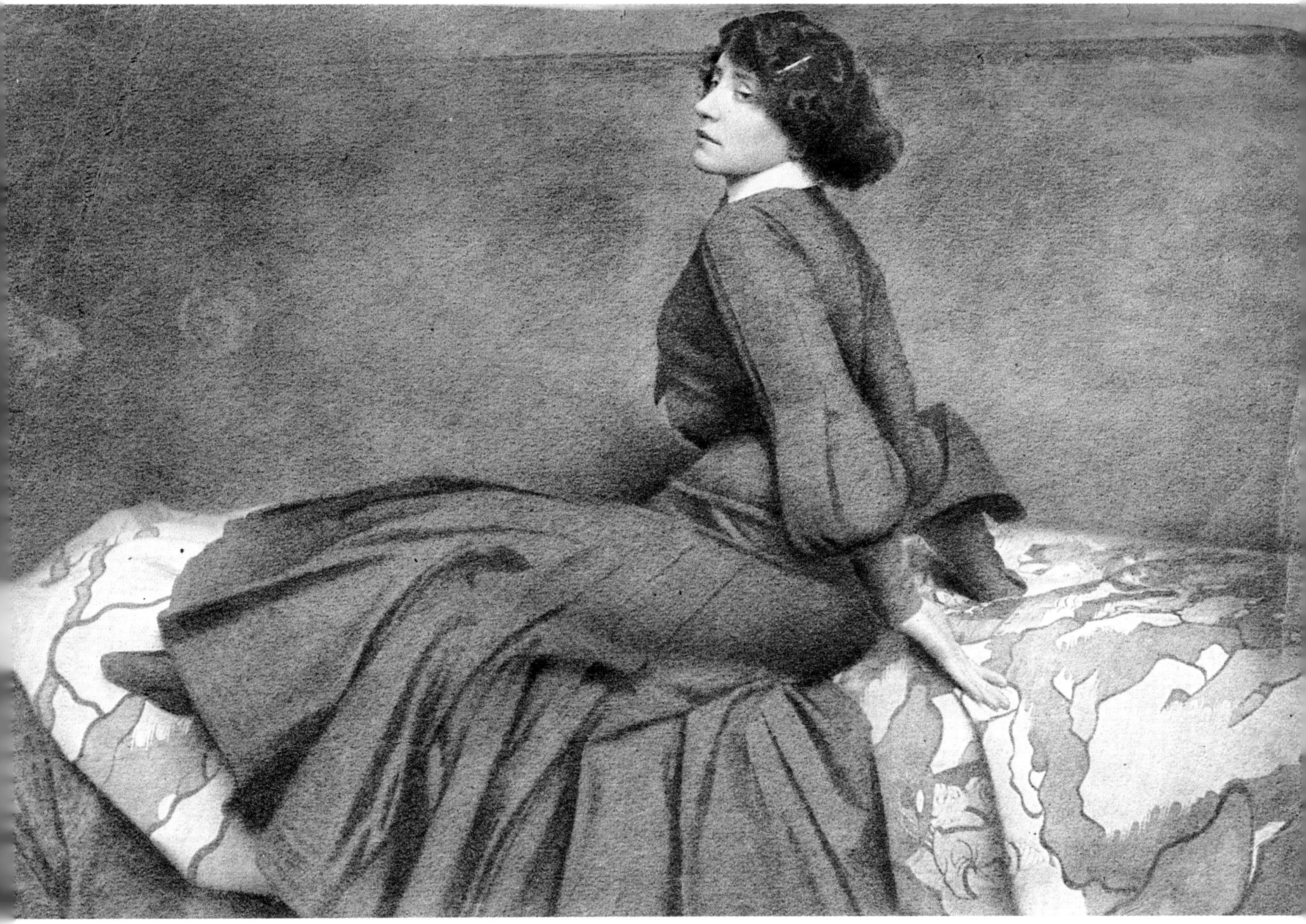

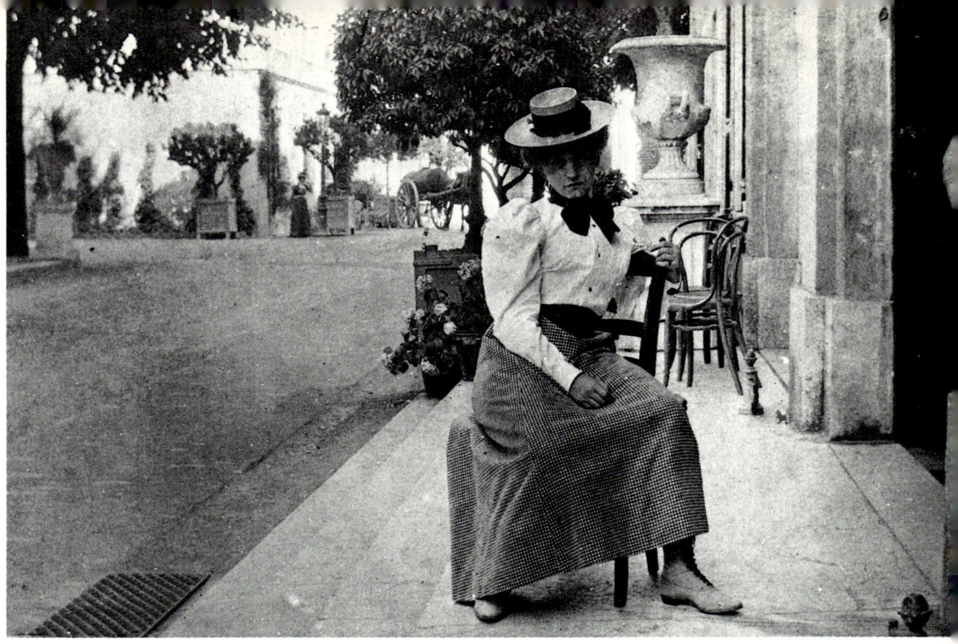

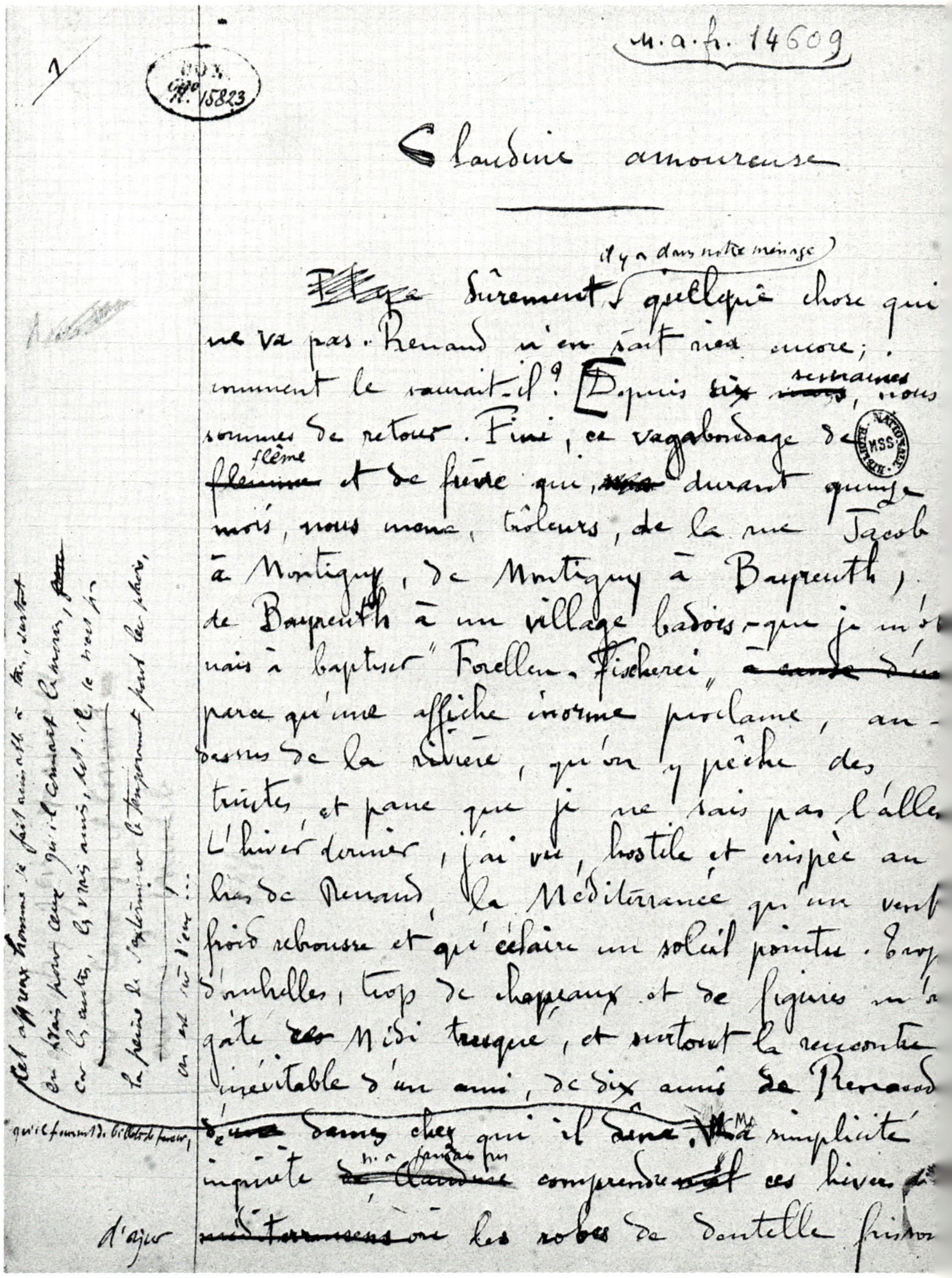

Claudine amoureuse

Il y a sûrement dans notre ménage quelque chose qui ne va pas. Renaud n'en sait rien encore; comment le saurait-il? Depuis six semaines, nous sommes de retour. Fini, ce vagabondage de flème et de fièvre qui, durant quinze mois, nous mena, trôleurs, de la rue Jacob à Montigny, de Montigny à Bayreuth, de Bayreuth à un village badois que je m'obstinais à baptiser "Forellen-Fischerei", parce qu'une affiche énorme proclame, au-dessus de la rivière, qu'on y pêche des truites, et parce que je ne sais pas l'allemand. L'hiver dernier, j'ai vu, hostile et crispée au lieu de Renaud, la Méditerranée qu'un vent froid rebrousse et qu'éclaire un soleil pointu. Trop d'ombrelles, trop de chapeaux et de figures m'a gâté ce Midi truqué, et surtout la rencontre inévitable d'un ami, de dix amis de Renaud chez qui il dîne. Ma simplicité inquiète n'a jamais pu comprendre ces hivers où les robes de dentelle frissonnent

[illegible marginal corrections]

Ci-dessus : été 1896. Colette à la station thermale d'Uriage, près de Grenoble où Willy va peut-être soigner un début de rhumatisme. Colette, qui a vingt-trois ans, ne semble guère s'y amuser. Mais d'Uriage, elle fera Arriège dans *Claudine s'en va,* décrivant la vie morne et mondaine de la ville d'eaux. – Ci-contre : première page manuscrite de *Claudine amoureuse* qui deviendra *Claudine en ménage.* En marge, des corrections ajoutées par Willy. – **Page de droite :** couvertures des éditions originales des *Claudine.* Le dessin de *Claudine à l'école* faisait rire Colette qui ne se reconnaissait guère dans ce petit chaperon rouge assis sur une table. En revanche, on la retrouve très bien, avec son air éternellement mélancolique, sur le dessin de *Claudine s'en va.*

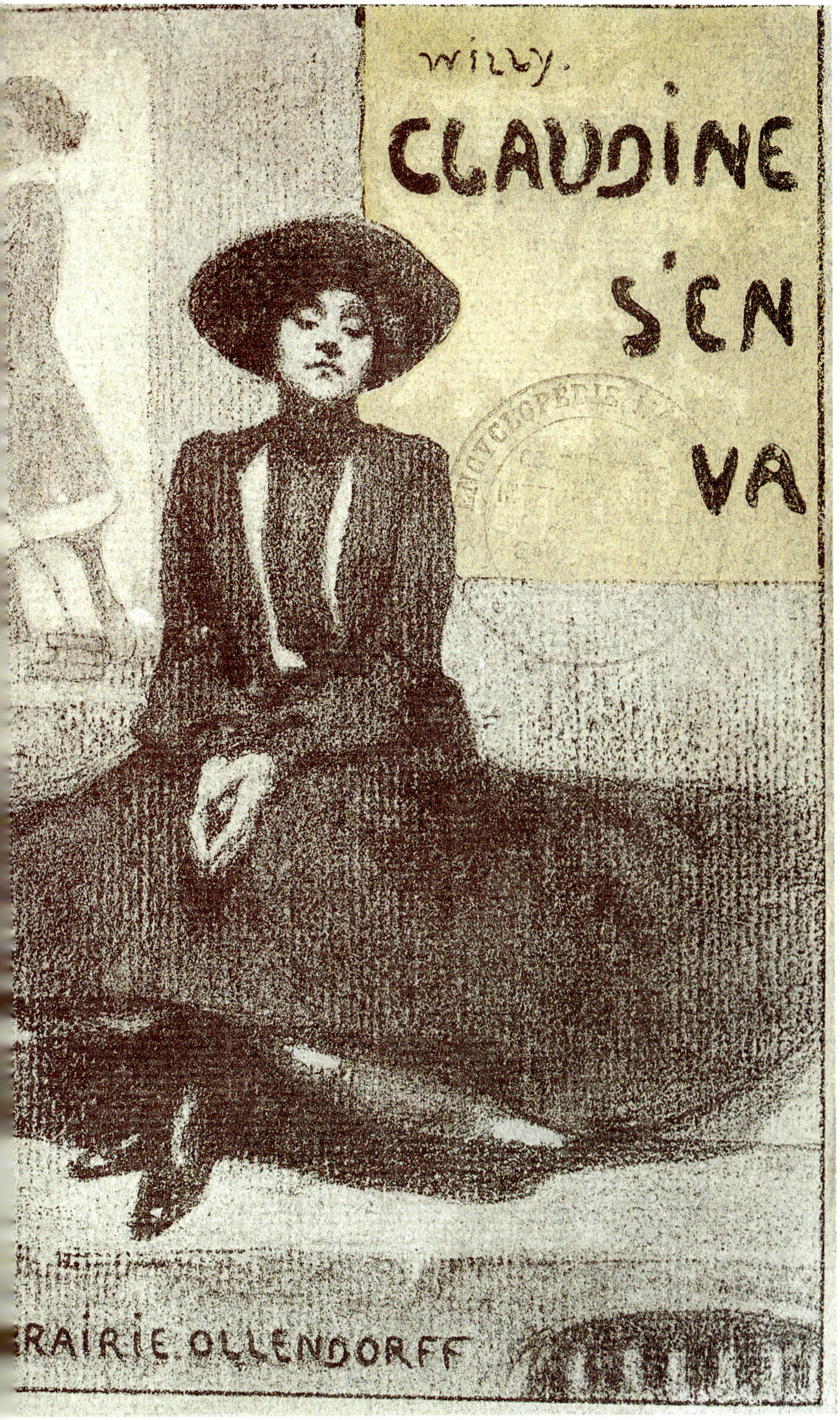
Willy.
CLAUDINE
S'EN
VA
RAIRIE OLLENDORFF

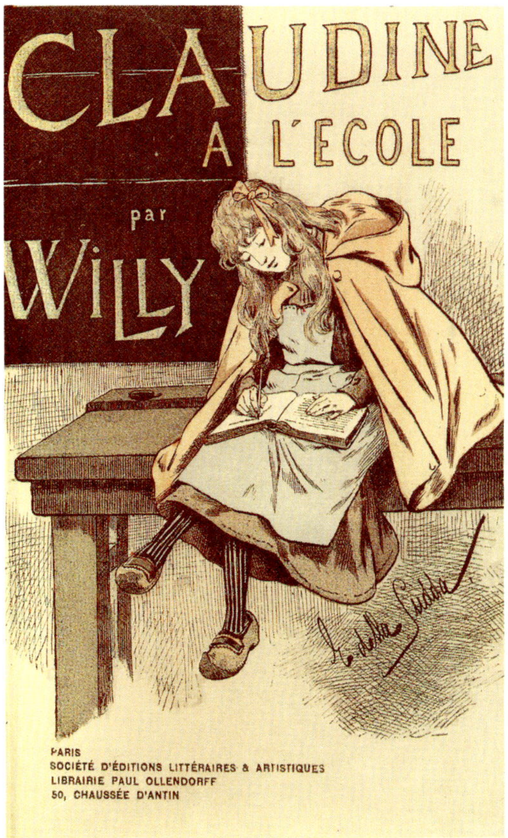
CLAUDINE
A L'ECOLE
par
WILLY
PARIS
SOCIÉTÉ D'ÉDITIONS LITTÉRAIRES & ARTISTIQUES
LIBRAIRIE PAUL OLLENDORFF
50, CHAUSSÉE D'ANTIN

WILLY
Claudine
à
Paris
OLLENDORFF, ÉDITEUR

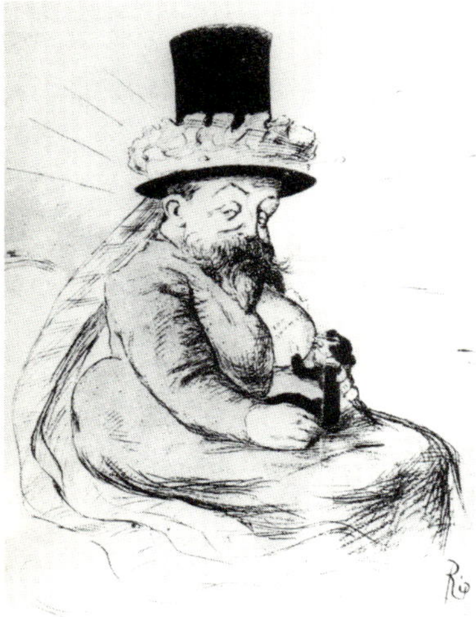

1

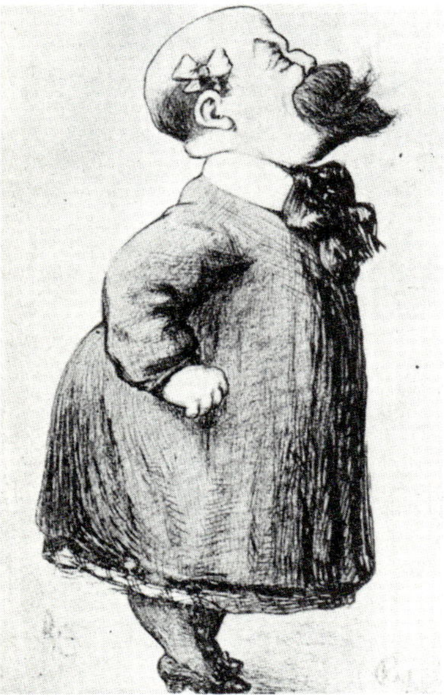

2

"C'est le roman de cet homme-là qu'il faudrait écrire", dira Colette. Willy, en effet, a, au plus haut point, ce qu'on appelle aujourd'hui "le sens du marketing". Il exploite à fond le succès des *Claudine,* encourageant un commerce parallèle d'images et d'objets publicitaires : cols Claudine, statuettes Claudine et aussi le fameux chapeau de Willy à bord

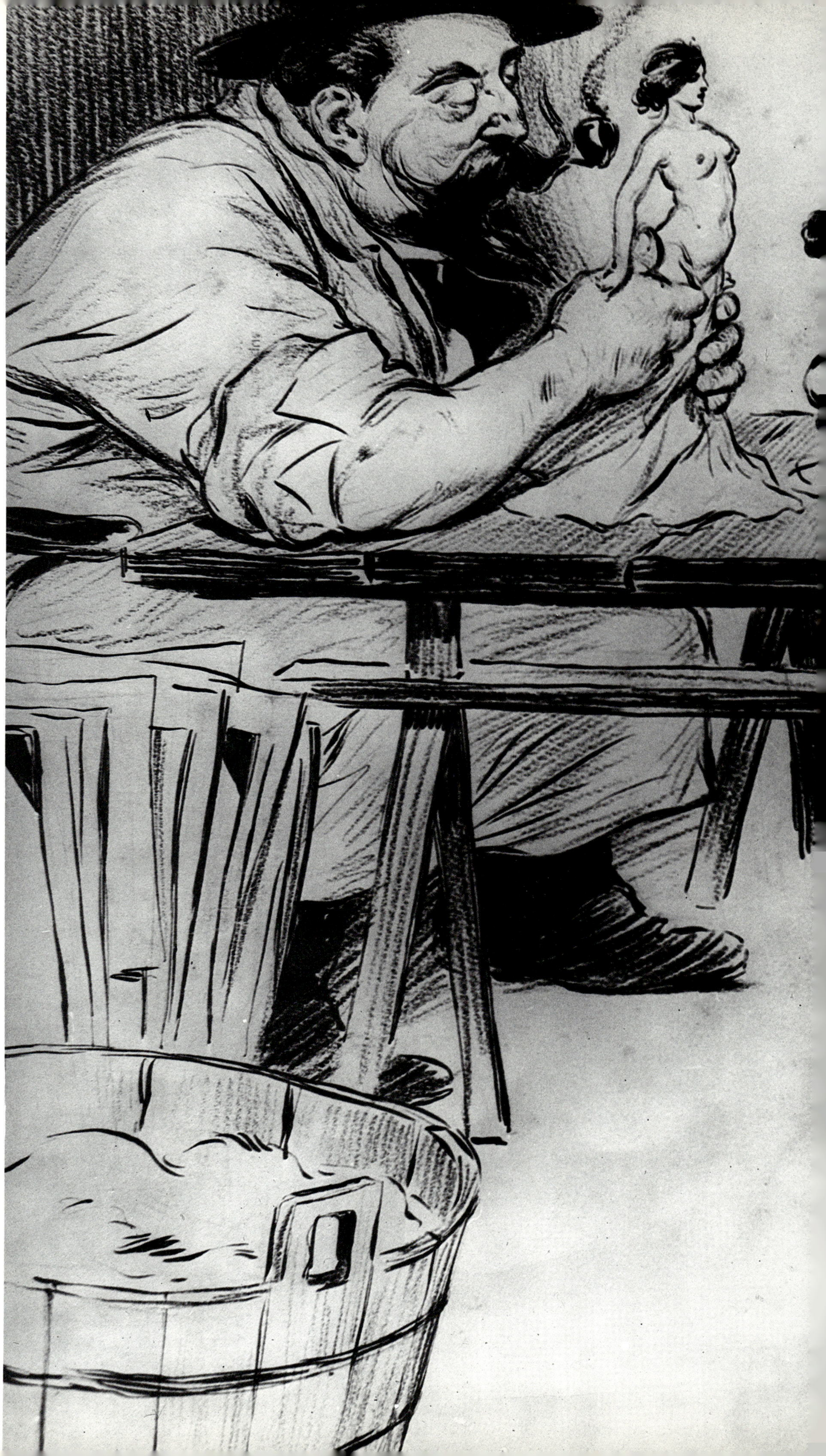

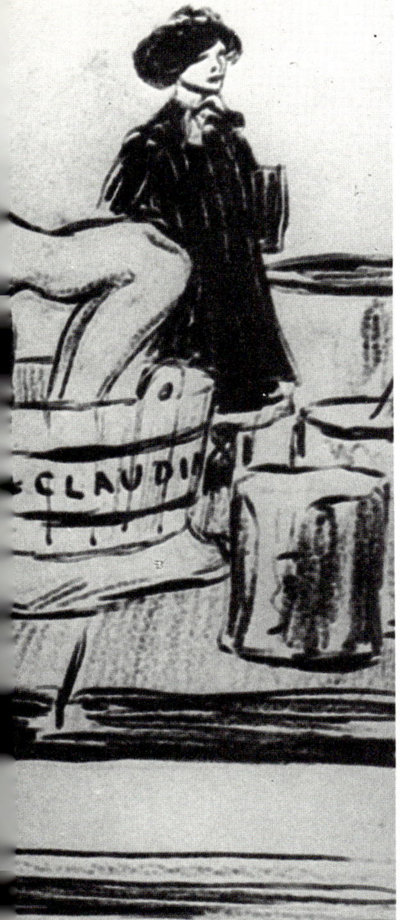

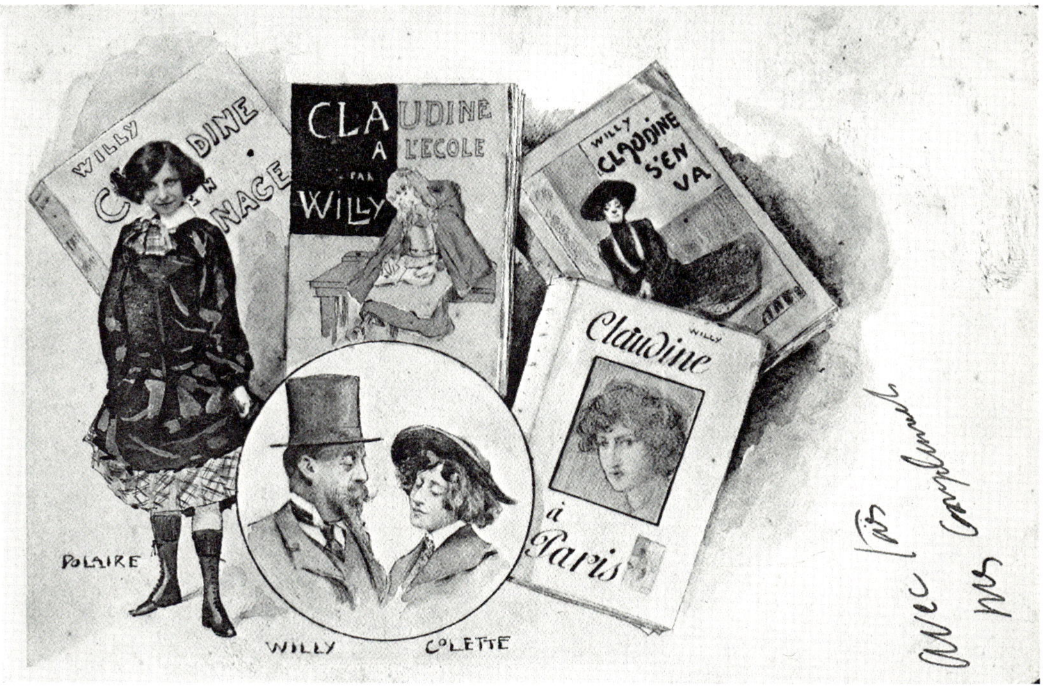

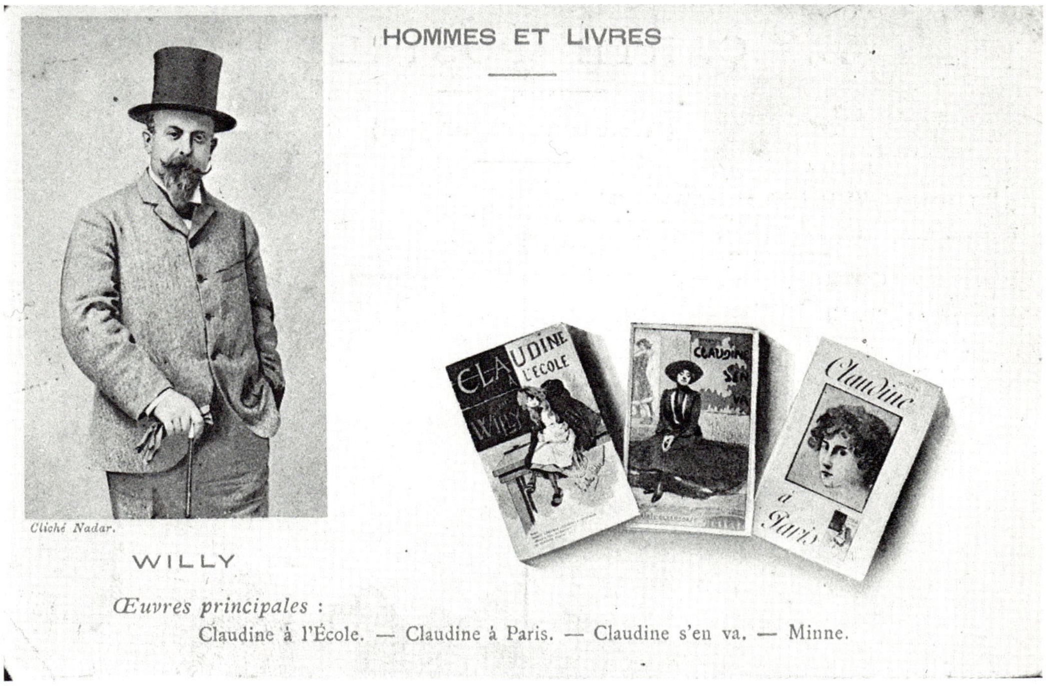

plat, moulé en bronze, en encrier. Mettant en pratique la phrase de Jules de Goncourt : *"La gloire c'est un nom souvent répété"*, Willy s'arrange pour faire répéter le sien à l'envi et pour répandre d'innombrables images de soi-même. Même les caricatures les plus moqueuses, celles qui, exploitant ses défauts physiques, sont les plus cruelles. – (1) et (2) par Rip. – Tant pis si elles montrent ses yeux pochés et sa bedaine. Pourvu que l'on parle de lui, celui qu'on a surnommé "M. Réclamier" ne se soucie pas, comme il dit, qu'on le "Willypende". Et, bien entendu, il associe l'image de sa femme en Claudine, à sa publicité. Colette, encore subjuguée par Willy, ne dit rien et se prête à tout.
Ci-contre : Caricature de Bac.

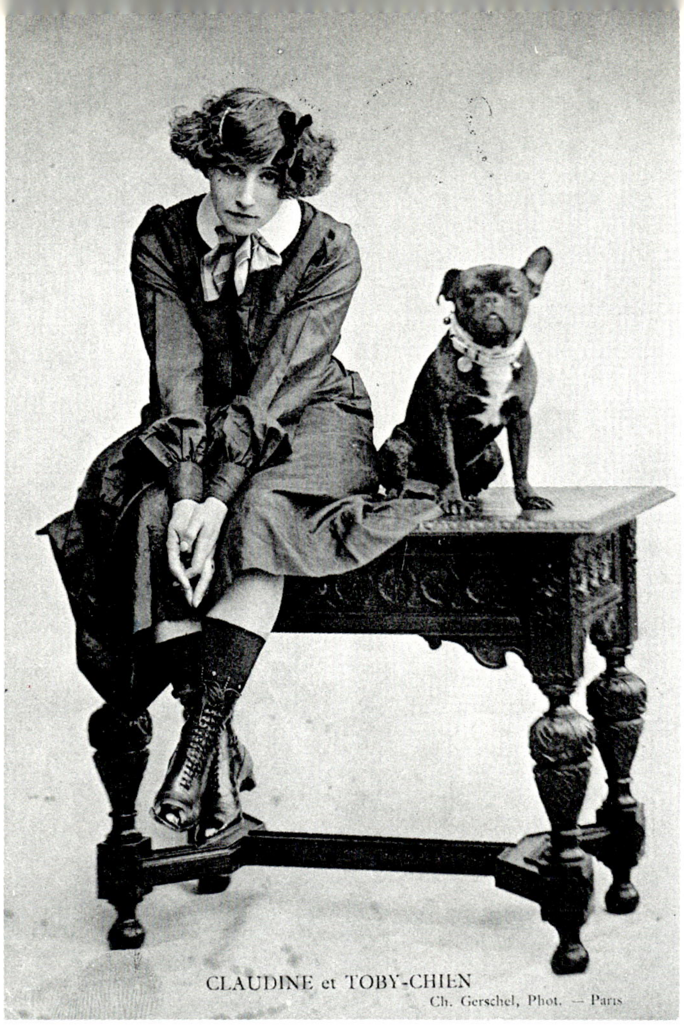

CLAUDINE et TOBY-CHIEN
Ch. Gerschel, Phot. — Paris

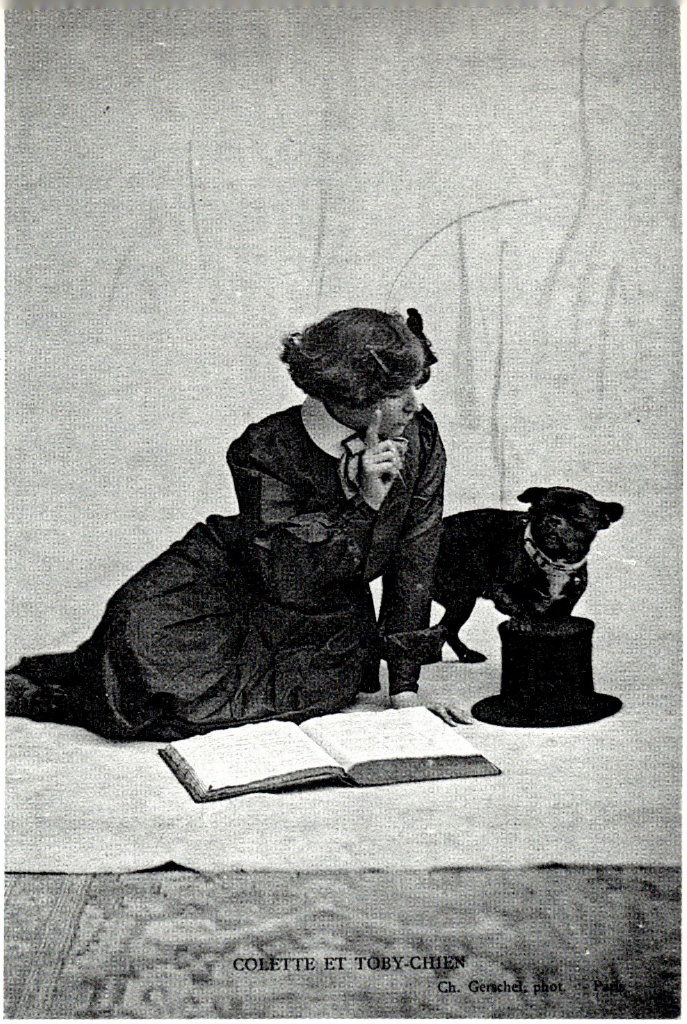

COLETTE ET TOBY-CHIEN
Ch. Gerschel, phot. — Paris

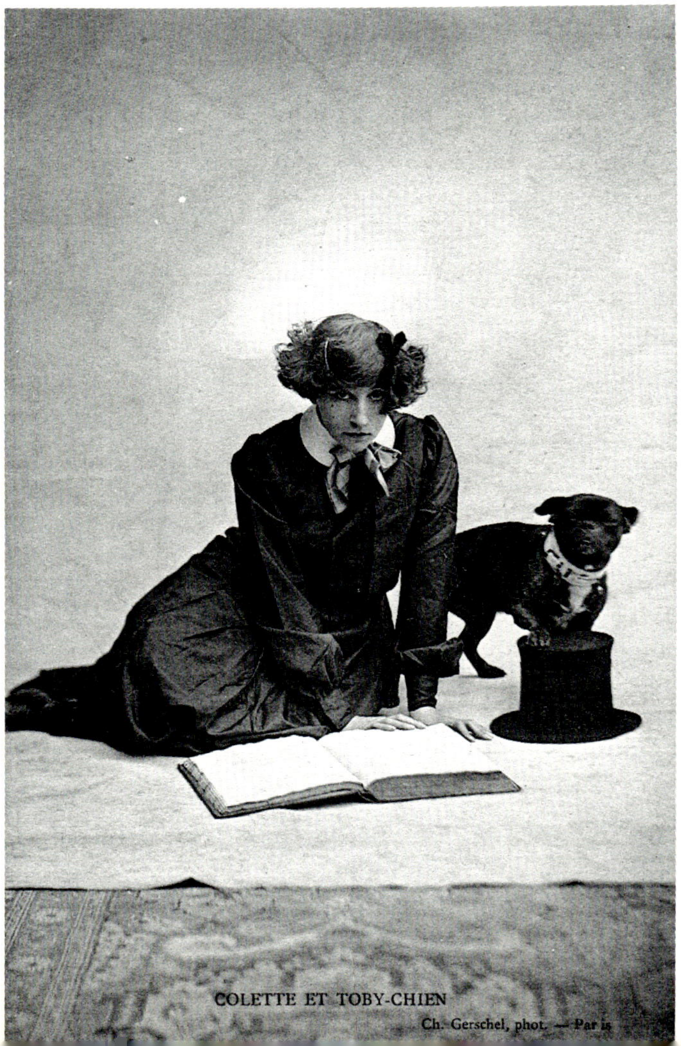

COLETTE ET TOBY-CHIEN
Ch. Gerschel, phot. — Paris

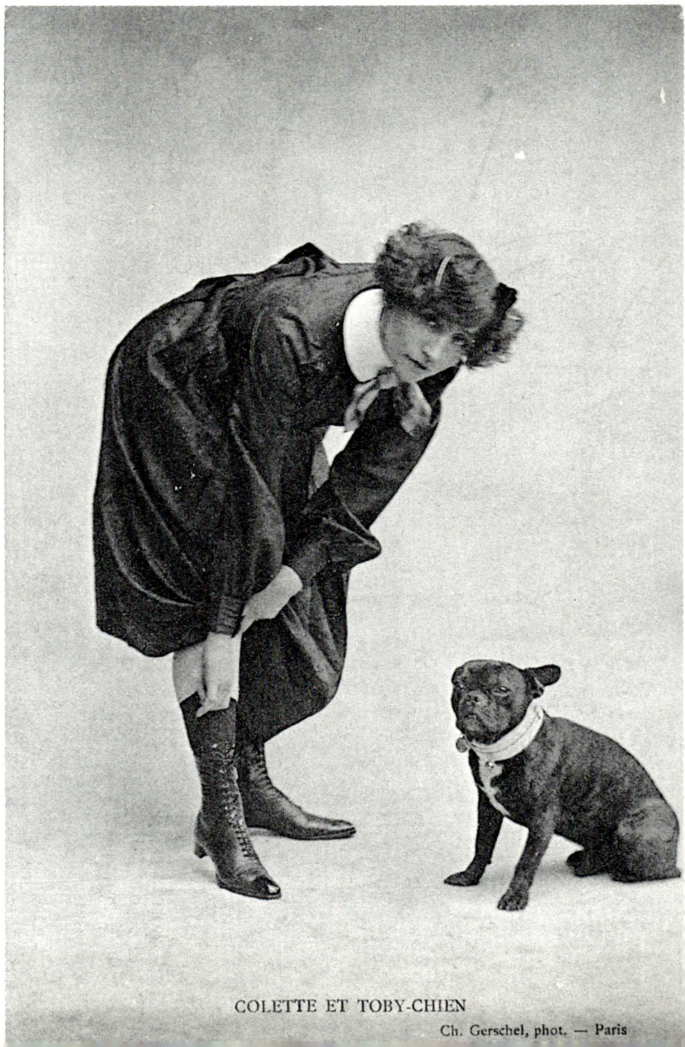

COLETTE ET TOBY-CHIEN
Ch. Gerschel, phot. — Paris

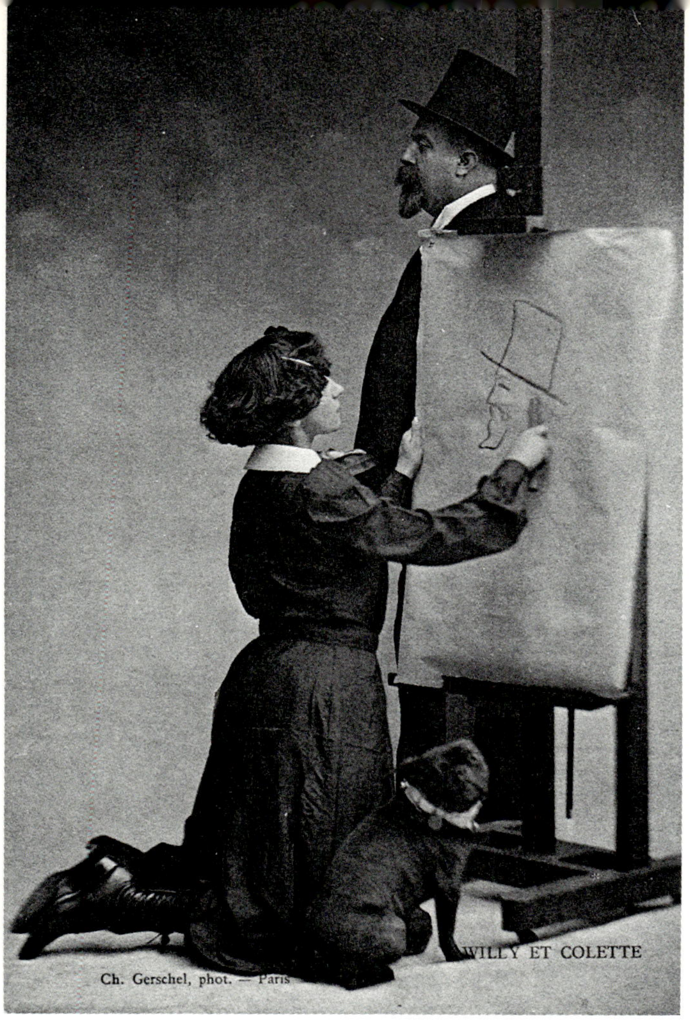

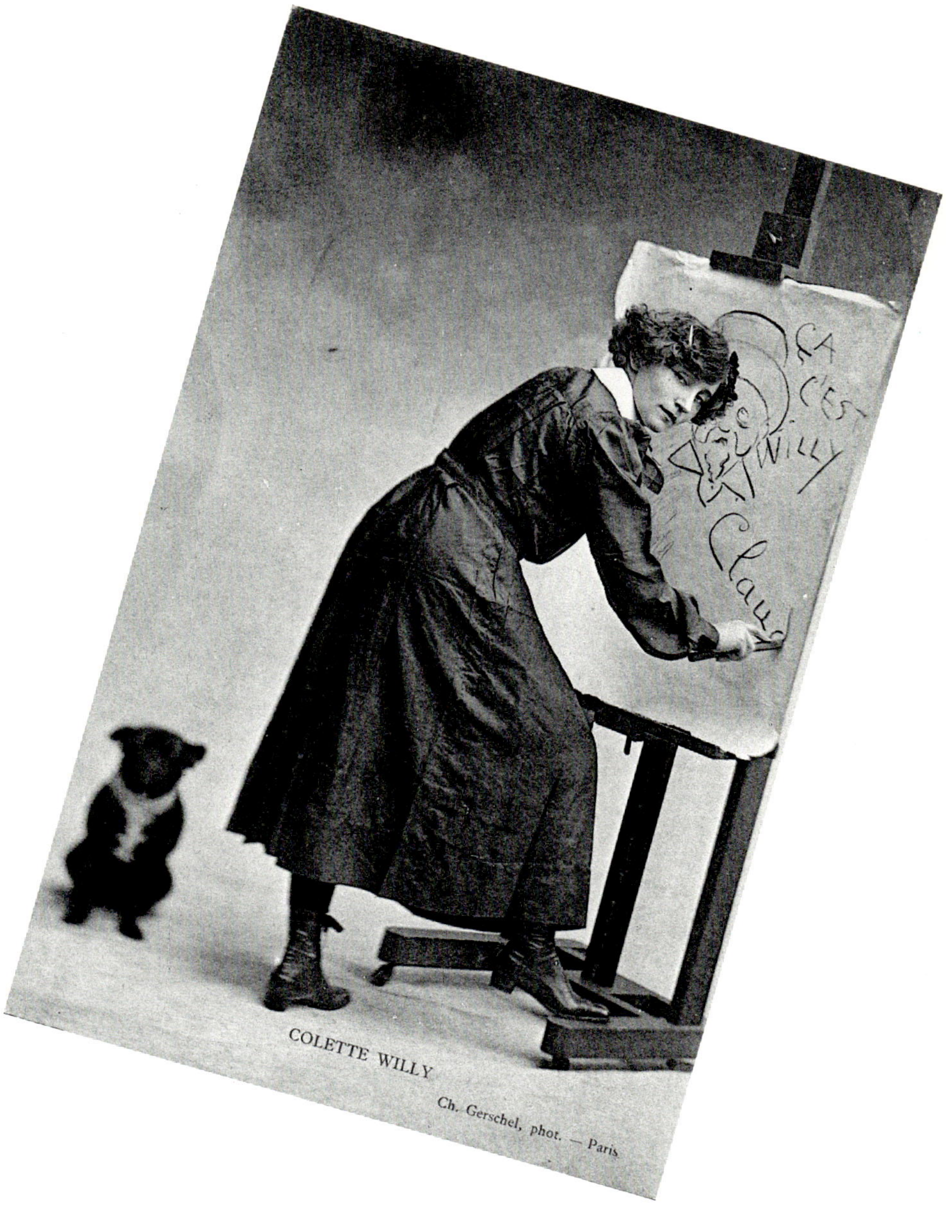

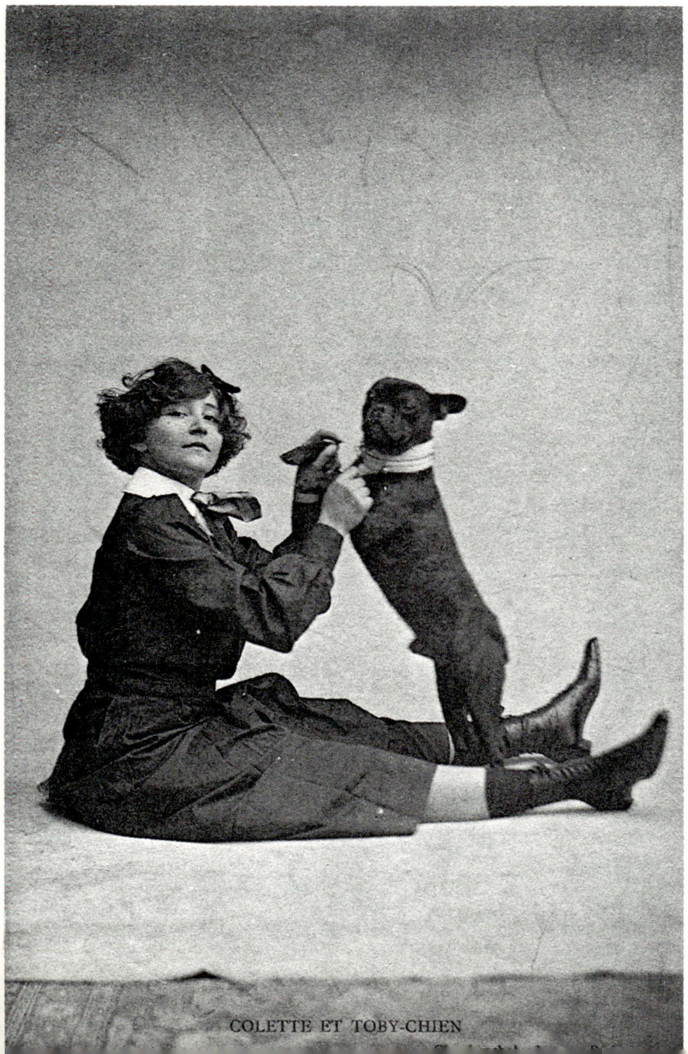

Les collectionneurs recherchent aujourd'hui avec passion les séries de cartes postales éditées par Willy où Colette, en costume de Claudine, avec le fameux col, la régate, le sarrau noir et les bottines, pose en se donnant des allures de petite fille perverse. La voici avec son célèbre Toby Chien et le chapeau à bord plat. Que penseront les féministes de cette Colette qui accepta de poser – et à genoux! – dessinant l'effigie de celui dont elle était encore amoureuse? Il est vrai que nul sourire ne traverse ces images.

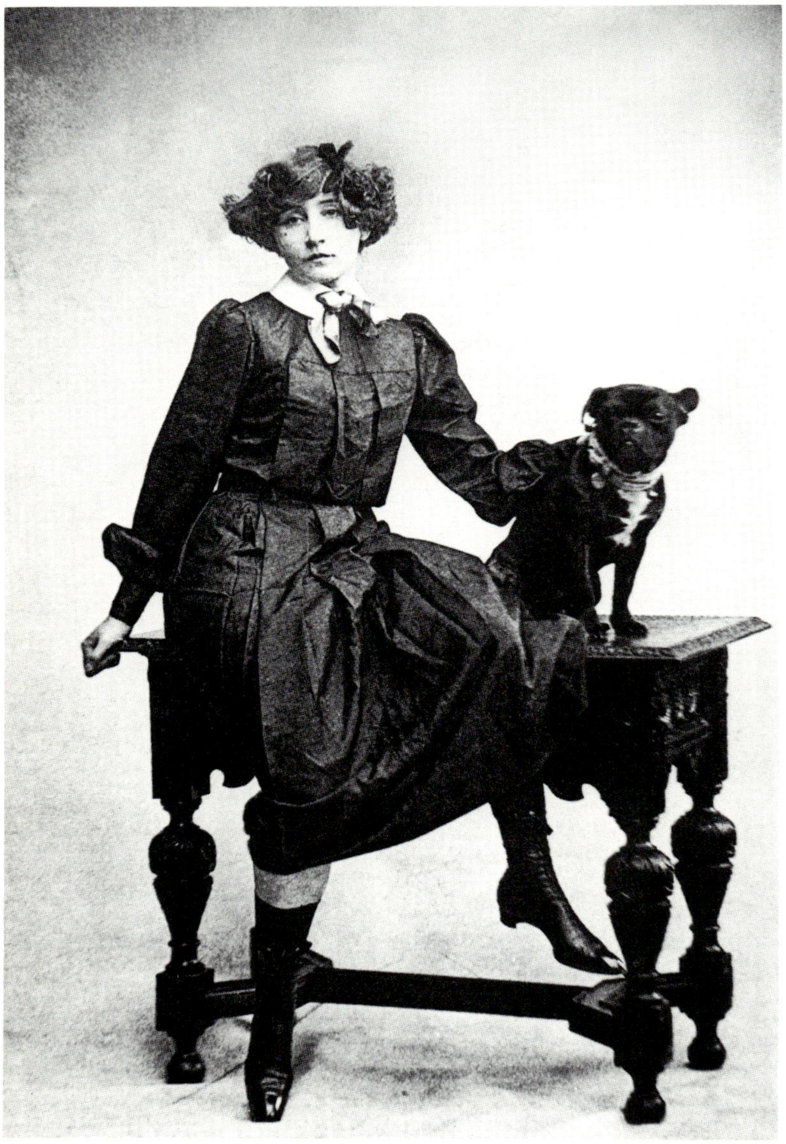

1

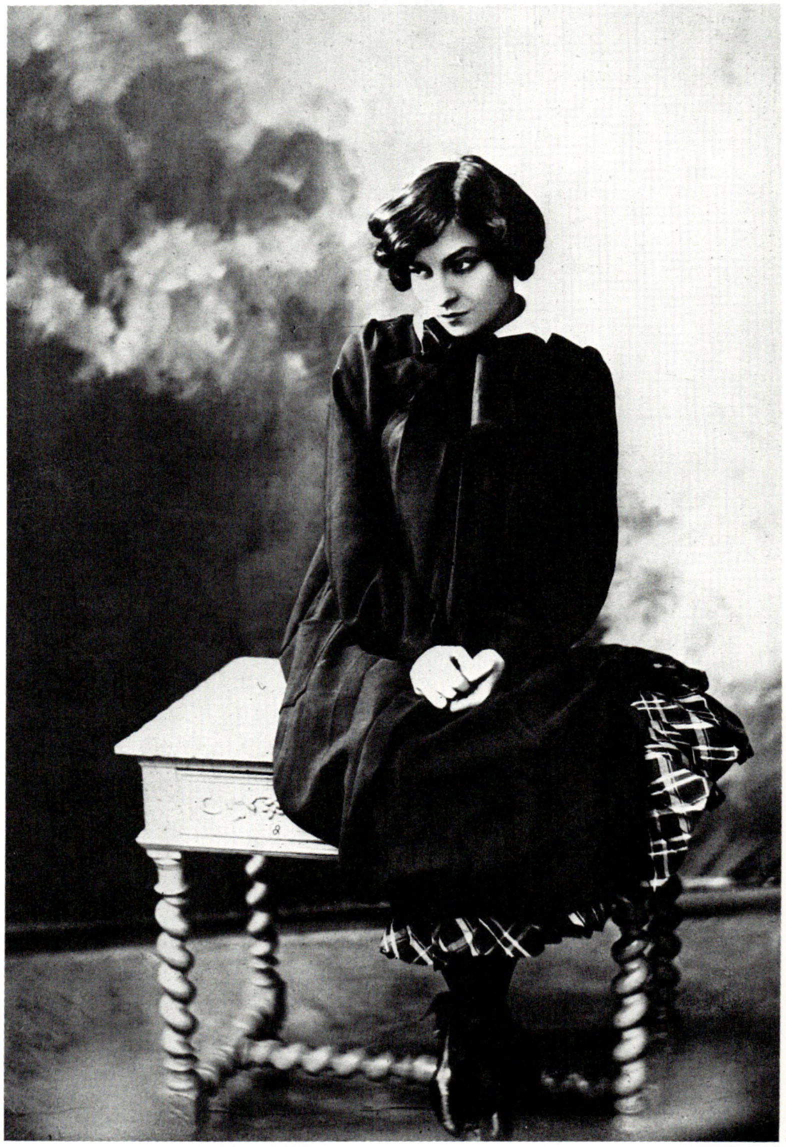

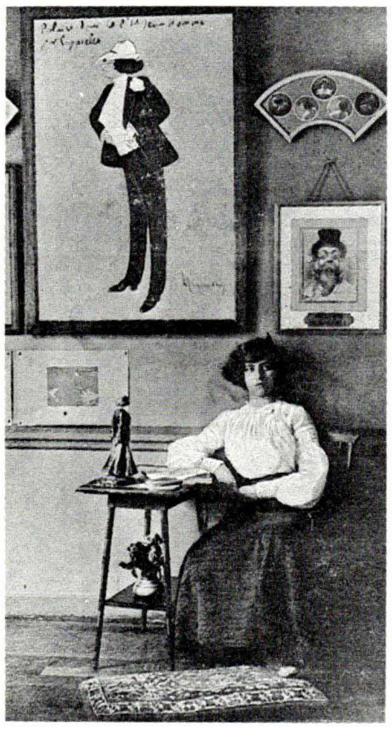

3

Exploitation publicitaire photographique de Claudine, écolière perverse, portant bottines, régate et sarrau noir. (1) Colette et son chien, en carte postale. – (2) Polaire en Claudine. – (3) Dans *En bombe,* Willy fit poser une certaine Marcelle Rossat, qui s'efforçait de ressembler à Colette. *"La Colette du pauvre",* écrira Willy dans son album. On reconnaît, sur le mur, la silhouette de Polaire dans *Le Petit Jeune Homme* par Cappiello. – **Page suivante :** (1) Polaire en Claudine sur une affiche de Lucien Faure. – (2) Les "twins" à Marseille, en 1902. Willy, Jean Lorrain et Colette y assistèrent ensemble au triomphe de Polaire sur la scène des Variétés Phocéennes et, aussi, dans les rues de Marseille. En effet, les admirateurs de Polaire se pressaient à la porte de l'hôtel de Noailles où elle était descendue. On l'accostait dans la rue, on s'étonnait de sa maigreur : "Hé, qu'elle est minçoulinette, on la casserait !" Willy, lui, n'était pas flatté par les badauds : "C'est ton père, ma belle, le gros qui porte la cheminée sur la tête ? Aïe ! qu'il a de la fatigue !" Tandis que le fleuriste Poujade offre sa boutique et sa vie à Polaire, que Jean Lorrain lorgne d'un œil langoureux les déchargeurs de la Joliette, Colette observe tout et s'amuse.

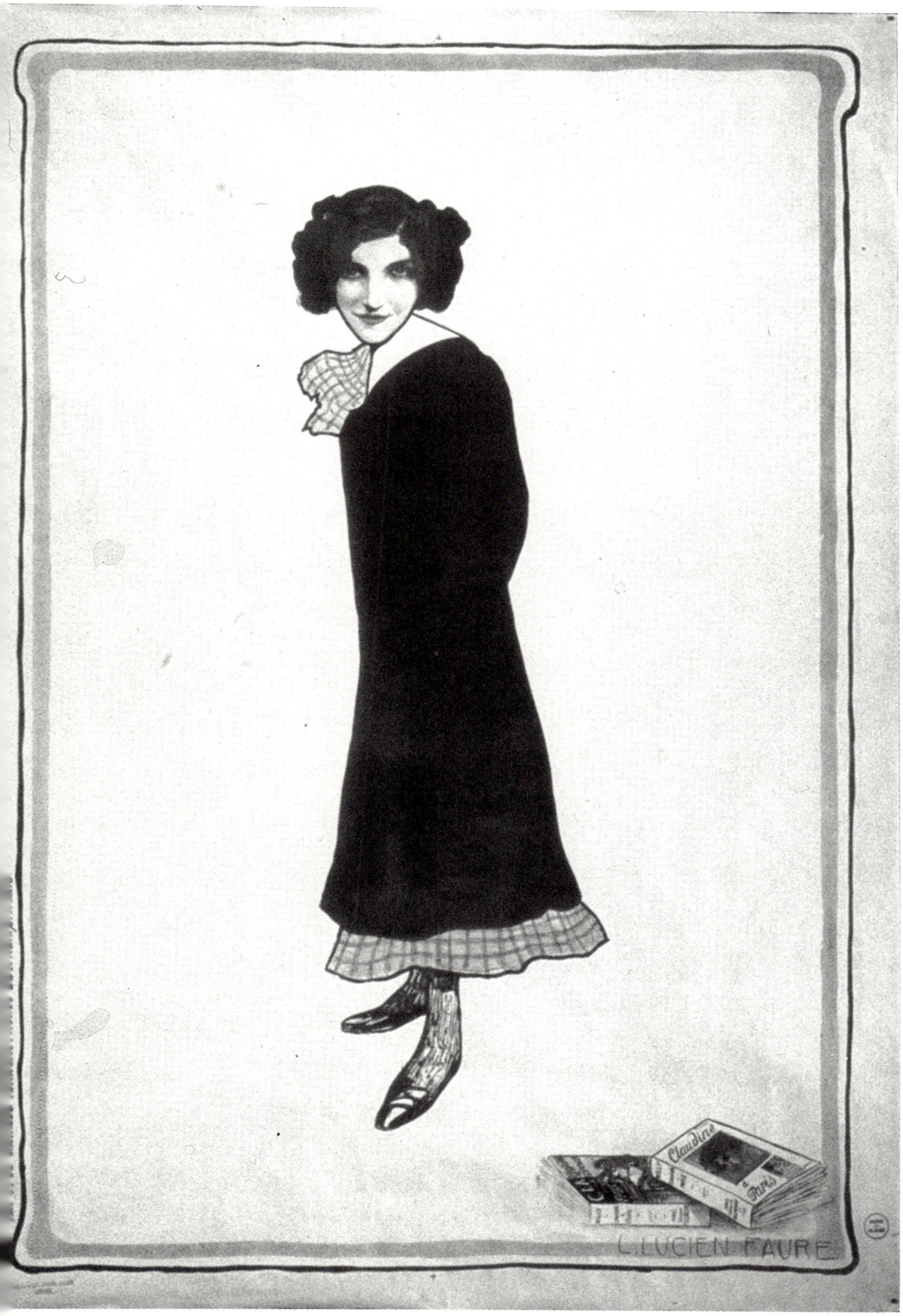

1

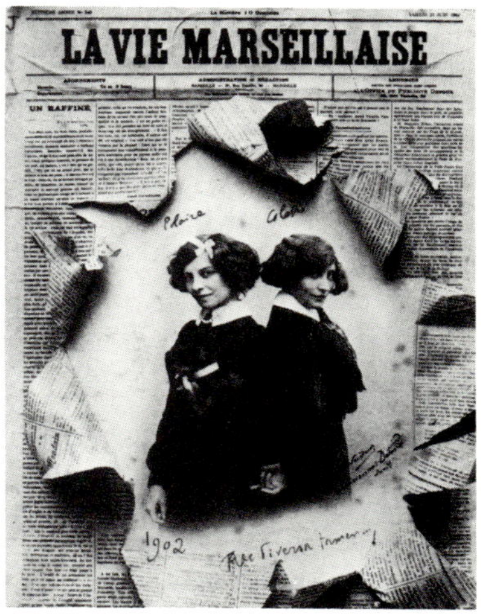

2

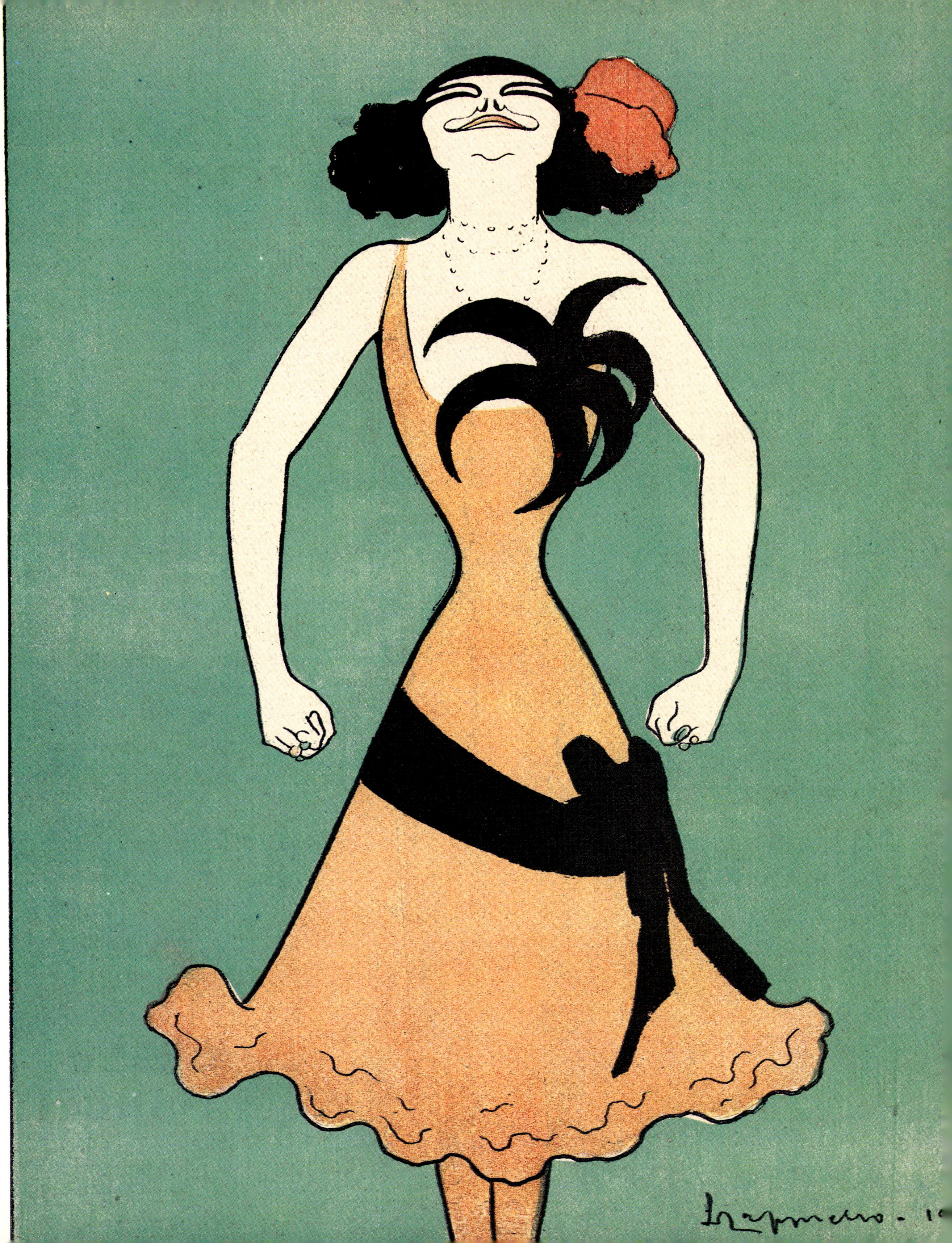

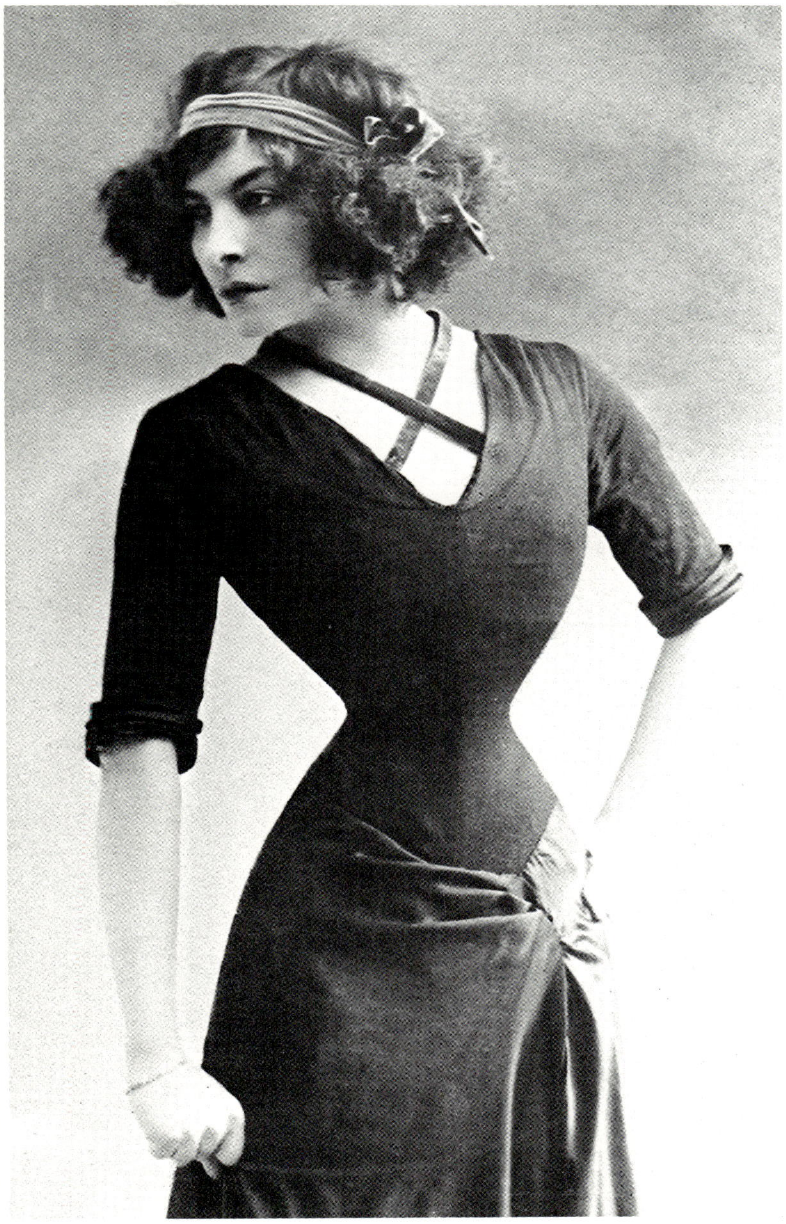

(1) Polaire qui doit son surnom à Willy, est une petite pied-noir née Emilie Bouchaud à Agha (Algérie) en 1877. Elle a débuté à Paris, au caf'conç', à quatorze ans. Dans *Mes Apprentissages,* Colette nous raconte sa première vision de Polaire... "habillée comme une jeune fille, de bleu marine, ou de vert foncé. Ses fameux cheveux courts – non point noirs mais d'un châtain naturel –, elle les laissait repousser et les nouait en catogan. Sauf le bistre des paupières, la gomme des longs cils merveilleux, un rouge un peu violacé sur les lèvres, elle n'était fardée que de son propre éclat intermittent, d'une lueur proche des larmes dans ses yeux sans bornes, d'un sourire étiré, douloureux, de toutes les vérités pathétiques qui démentaient son diabolique sourcil circonflexe, sa cheville irritante de chèvre, les sursauts d'une taille-serpent, et proclamaient lumineuses, humides, tendres, persuasives, que l'âme de Polaire s'était trompée de corps."
Willy va la prendre en main elle aussi. "Ce que fit Polaire de Claudine, dit Colette, est inoubliable." A droite, Polaire dans *Le Friquet,* pièce tirée par Willy d'un roman de Gyp. – En bas à gauche : Polaire en Claudine avec la ceinture de Willy.
Page de gauche, caricature de Cappiello.

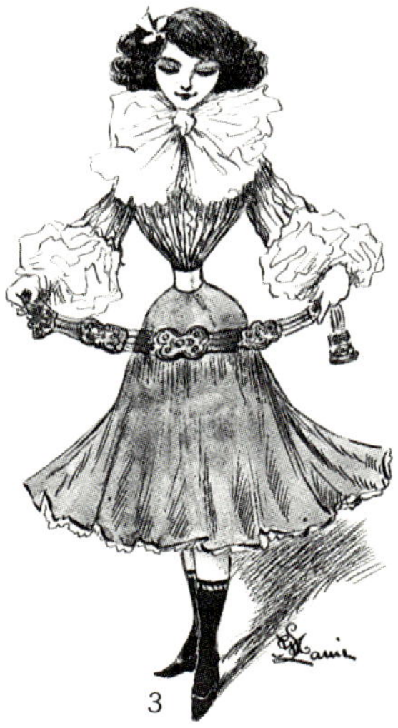

3

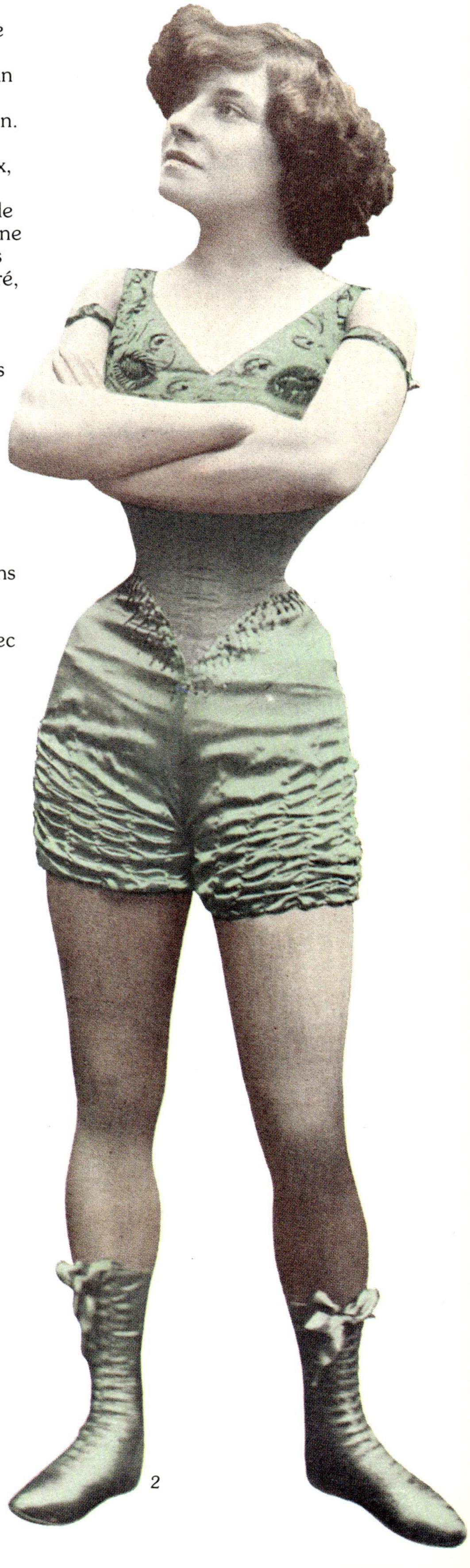

2

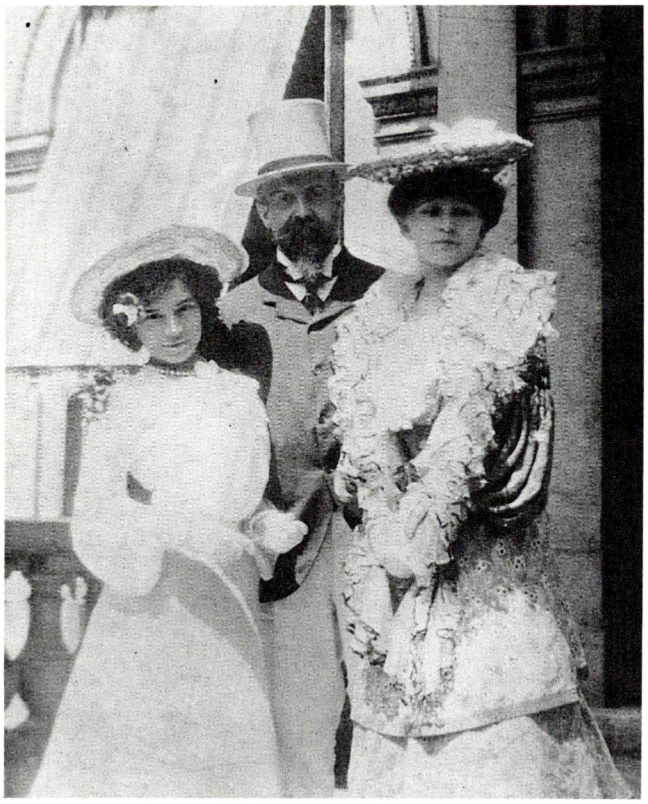

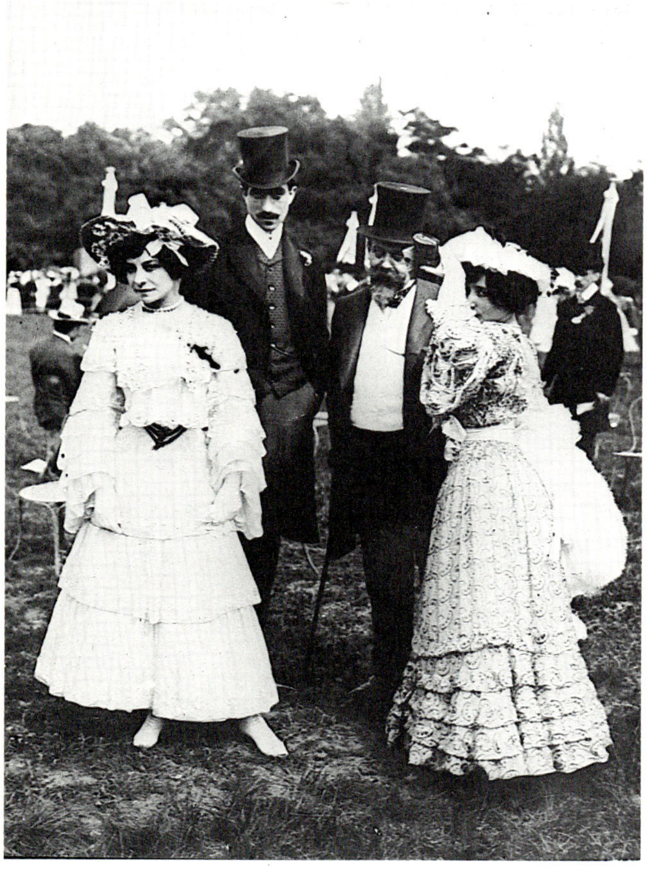

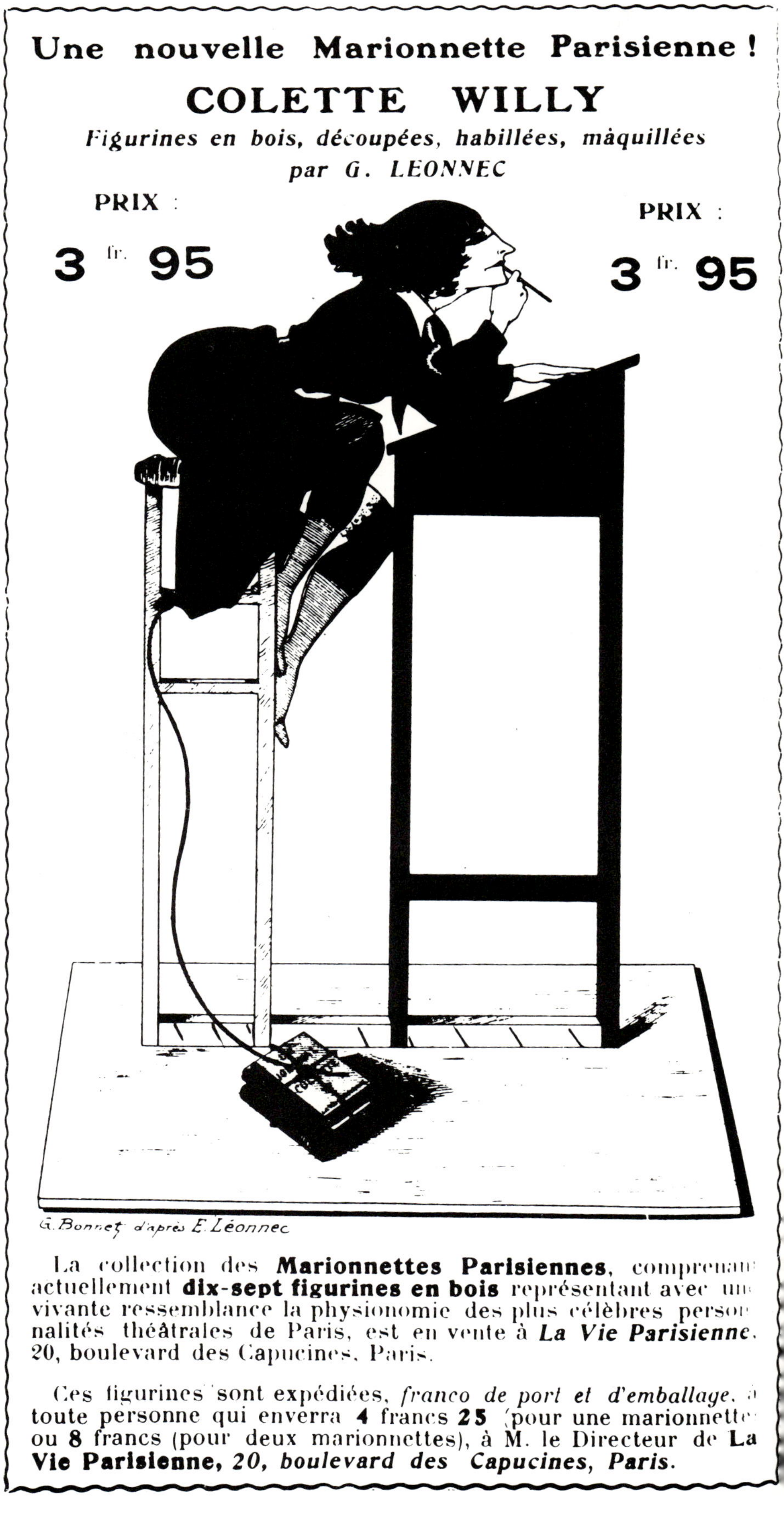

Une nouvelle Marionnette Parisienne !
COLETTE WILLY
Figurines en bois, découpées, habillées, mâquillées
par G. LEONNEC
PRIX :
3 fr. 95
PRIX :
3 fr. 95
G. Bonnet d'après E. Léonnec
La collection des **Marionnettes Parisiennes**, comprenant actuellement **dix-sept figurines en bois** représentant avec une vivante ressemblance la physionomie des plus célèbres personnalités théâtrales de Paris, est en vente à *La Vie Parisienne*, 20, boulevard des Capucines, Paris.
Ces figurines sont expédiées, *franco de port et d'emballage*, à toute personne qui enverra **4** francs **25** (pour une marionnette) ou **8** francs (pour deux marionnettes), à M. le Directeur de **La Vie Parisienne,** ***20, boulevard des Capucines, Paris.***

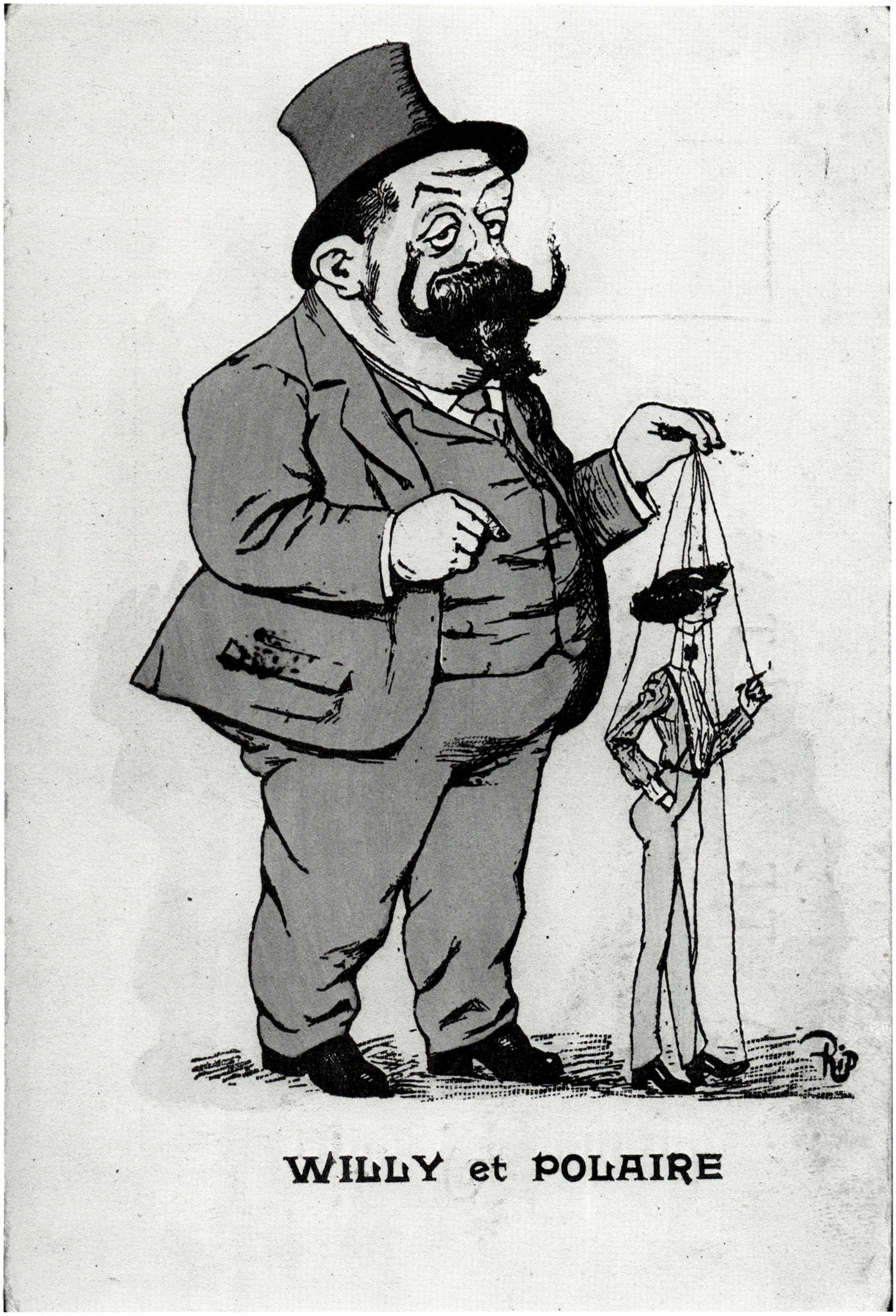

Page de gauche : "Mettez vos robes blanches, conseilla M. Willy. J'aurai l'air de balader mes deux gosses." C'est ainsi que Willy exhibe Colette et Polaire, ses "twins", coiffées et vêtues de la même façon, dans tous les endroits à la mode. Le trio fait beaucoup jaser, ce qui ravit Willy, toujours soucieux de publicité. Si Polaire le supporte mal, Colette est plus endurcie aux fantaisies du "maître" ..."Polaire a toujours mis toute son âme sur son visage... Ce n'est pas sur le mien qu'on eût surpris de telles marques d'un trouble honnête. Je dépassais trente ans, j'avais donc plus de dix ans d'école." Caricaturistes et journalistes s'emparent du trio et commentent les moindres de leurs gestes. On imagine la réaction de la prude famille Gauthier-Villars, en face d'une telle publicité. On imagine aussi comment, du fond de sa province, Sido juge le délire exhibitionniste de son gendre.
En bas à droite un dessin de Cocteau représentant Colette, Willy et Polaire au Palais des Glaces.

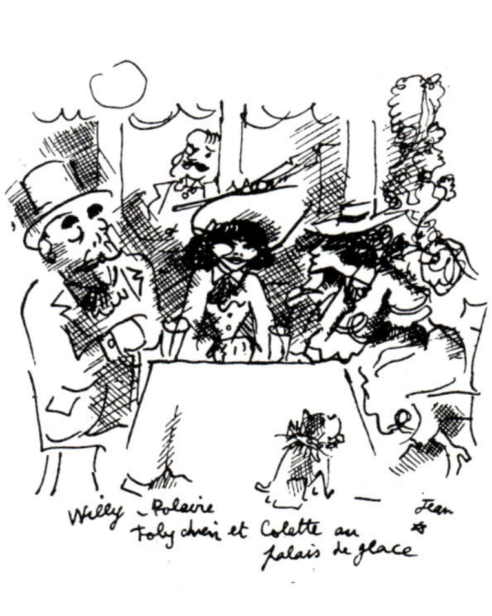

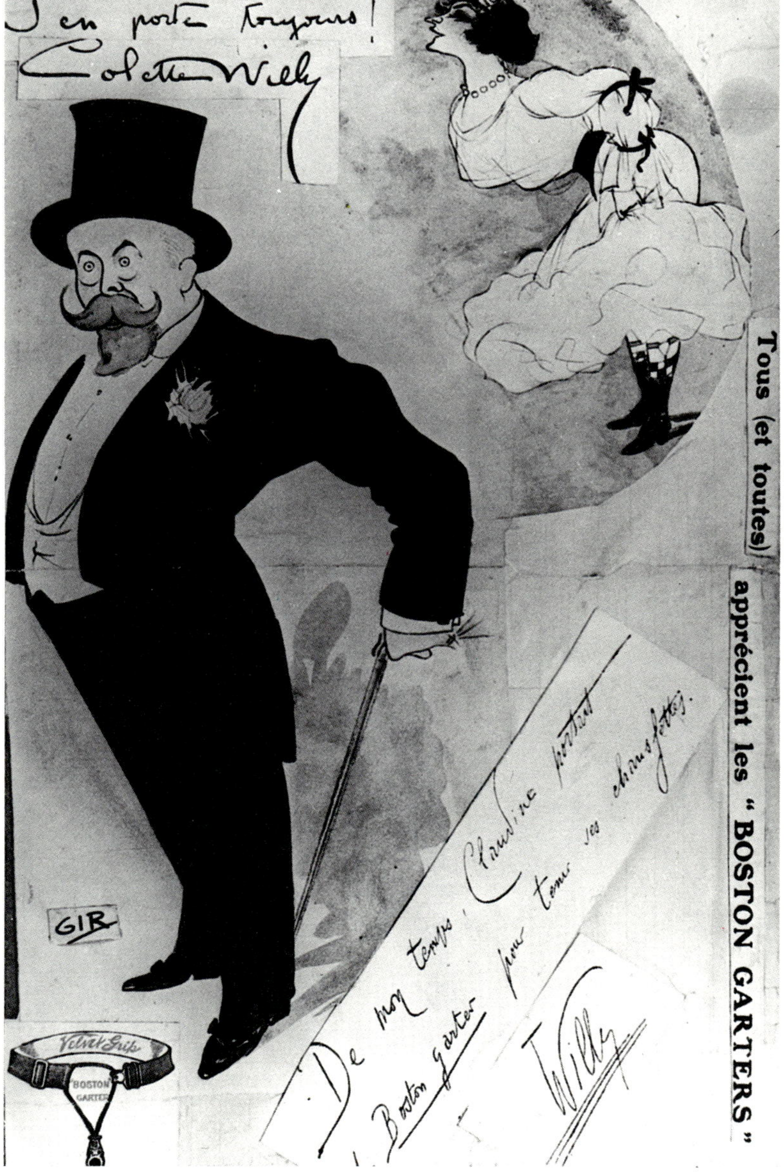

1

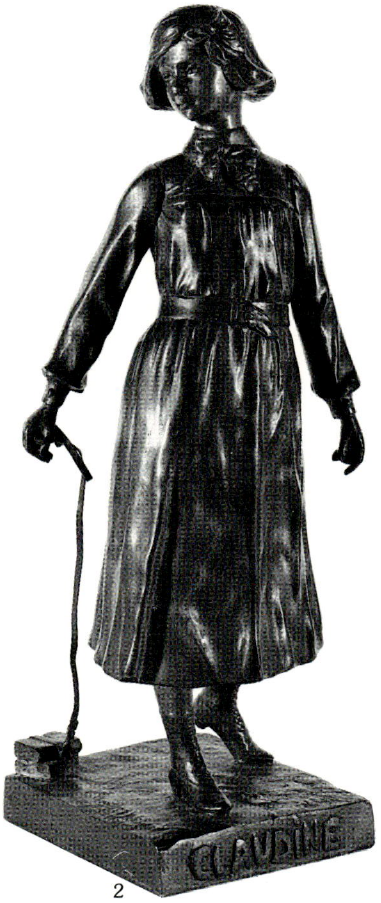

2

Tout est bon à Willy, pour la réclame des Claudine. (1) Maquette pour la publicité d'une marque de fixe-chaussettes. – (2) Statuette "Claudine" de Georges Coudray. – (3) Vu par Sem, le trio qui fait jaser. – **Page suivante :** Affiche du théâtre du Moulin-Rouge pour l'opérette *Claudine,* de Willy.

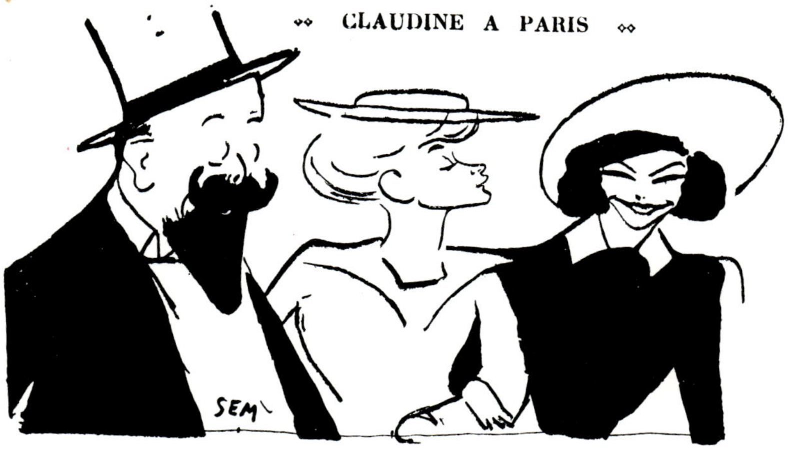

Willy. *Colette.* *Polaire.* 3

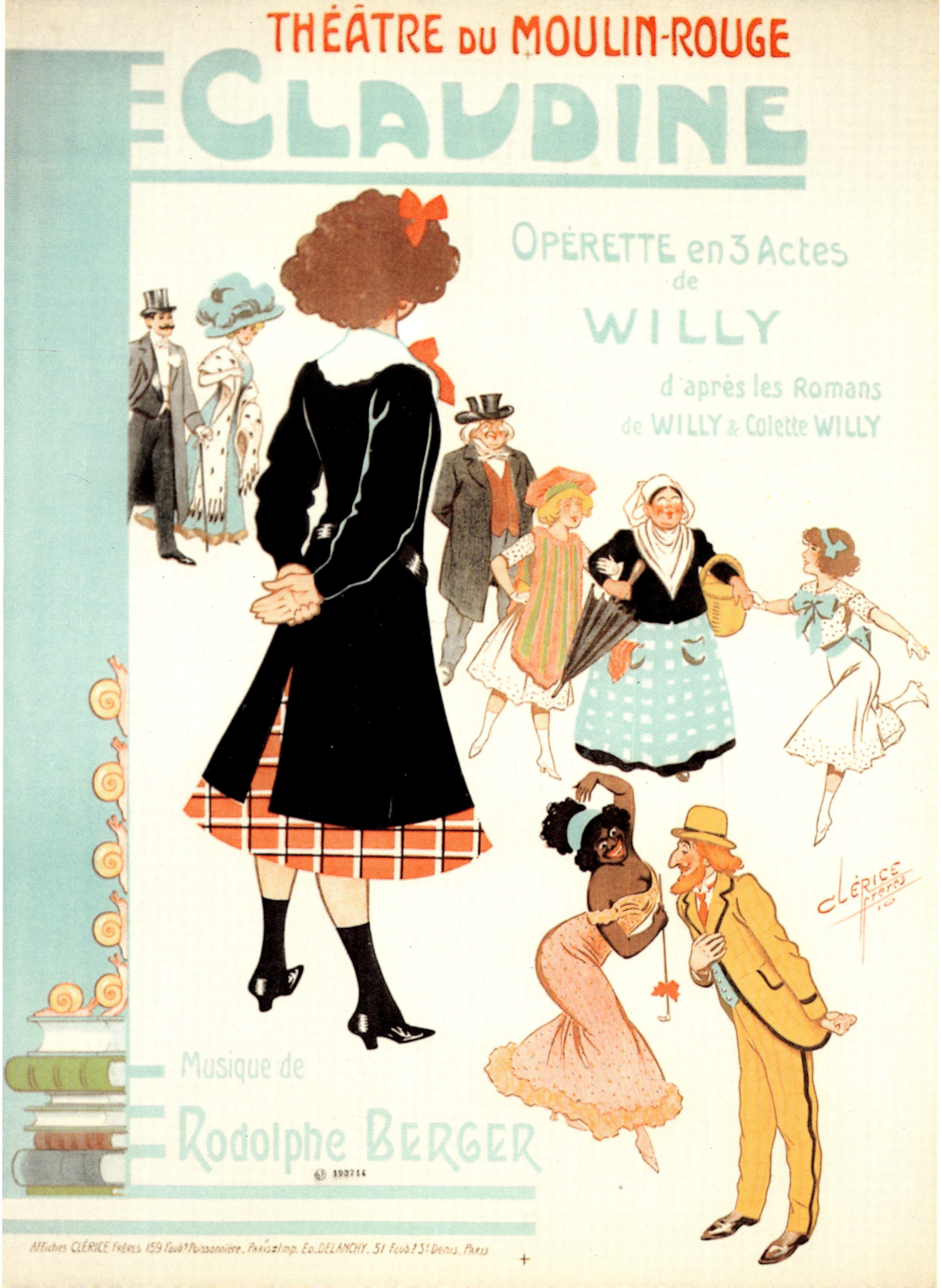
THÉÂTRE DU MOULIN-ROUGE
CLAUDINE
OPÉRETTE en 3 Actes
de
WILLY
d'après les Romans
de WILLY & Colette WILLY
CLÉRICE frères
Musique de
Rodolphe BERGER
193714
Affiches CLÉRICE Frères 159 Faub! Poissonnière. Paris = Imp. Ed. DELANCHY. 51 Faub? S! Denis. Paris

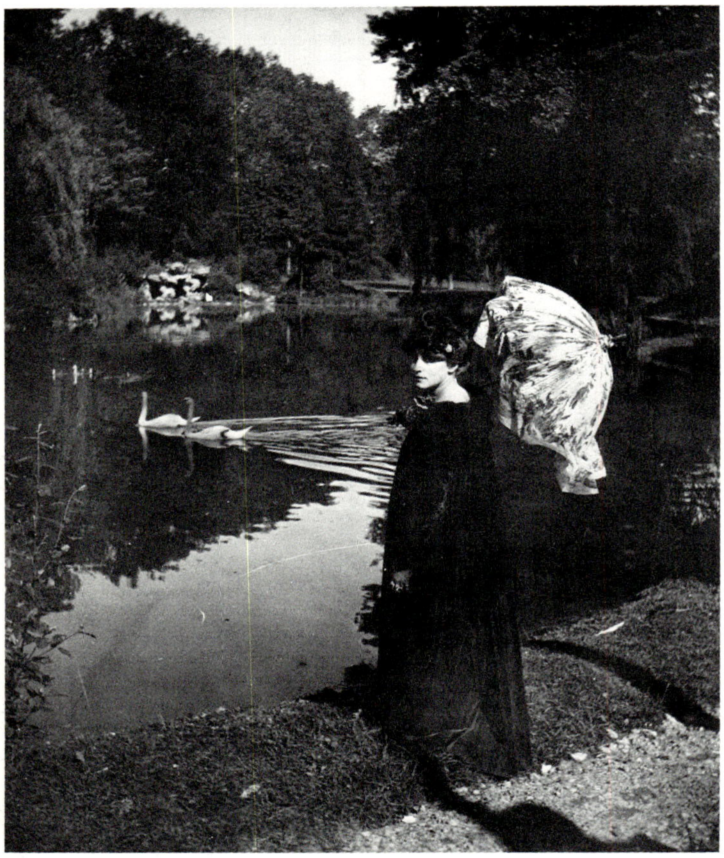

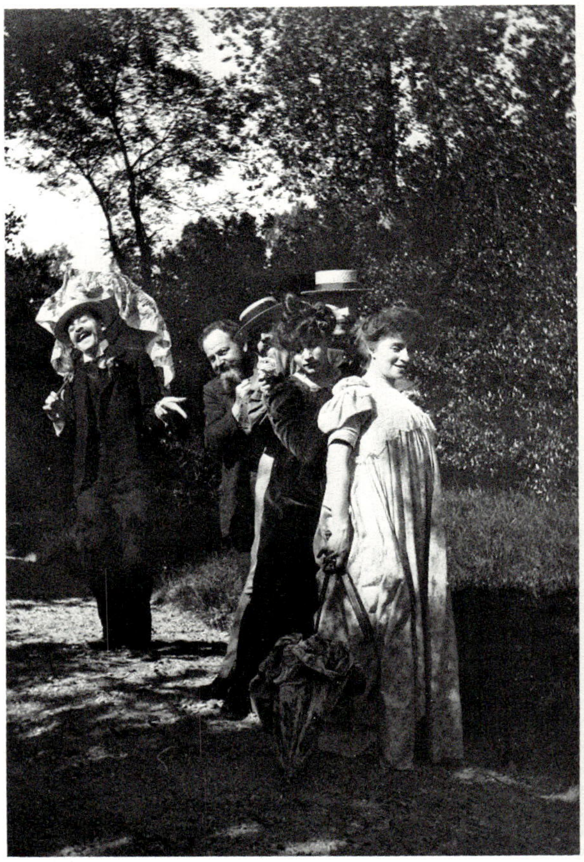

Colette dans le Jura. En septembre 1900, Willy achète le domaine des Monts-Boucons, au-dessus de Besançon, pour la plus grande joie de Colette qui retrouve un peu son enfance dans la maison, la petite ferme et les cinq ou six hectares de terre qui les entourent. Bonheur qui sera de courte durée car Willy, pressé d'argent, revendra les Monts-Boucons, trois ans plus tard. **Page suivante :** Colette et ses amis aux Monts-Boucons mais elle y fut, plus souvent, seule.

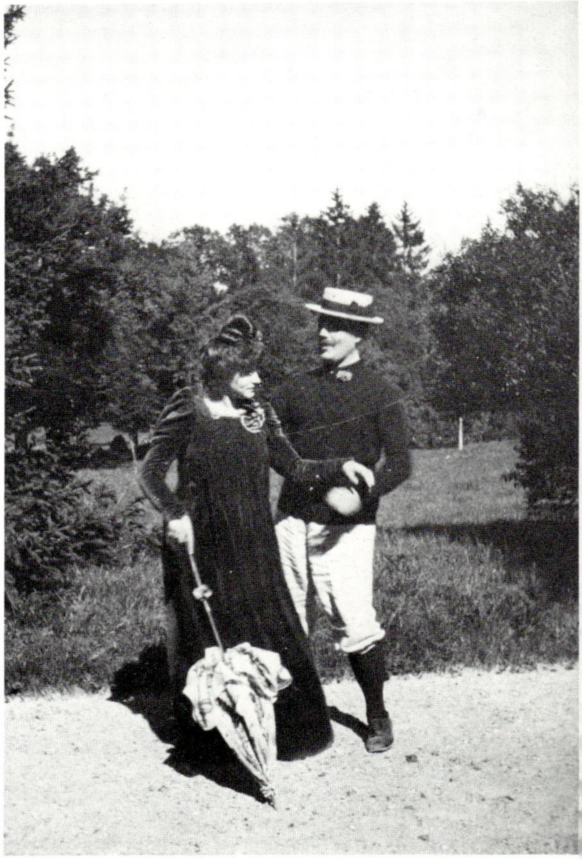

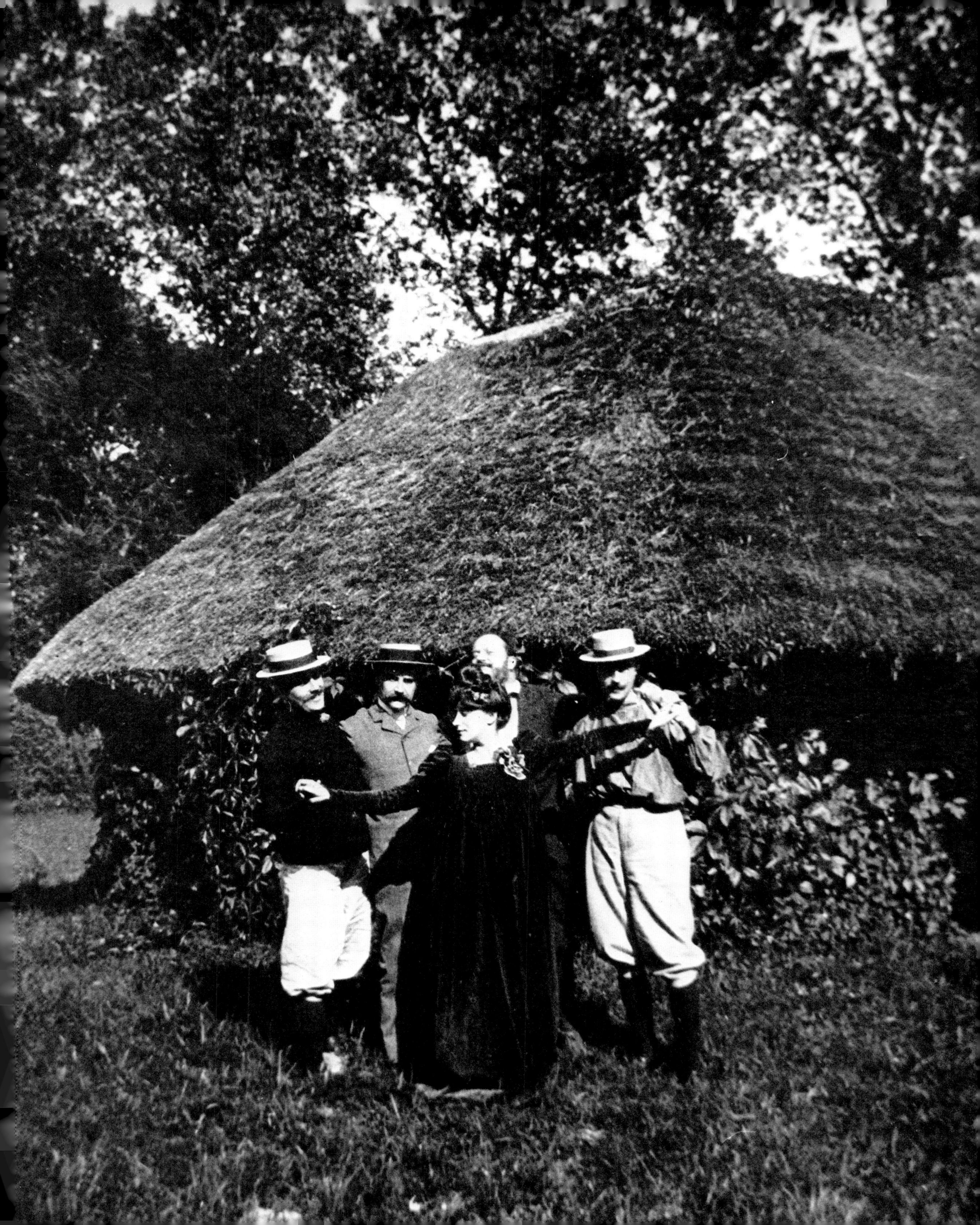

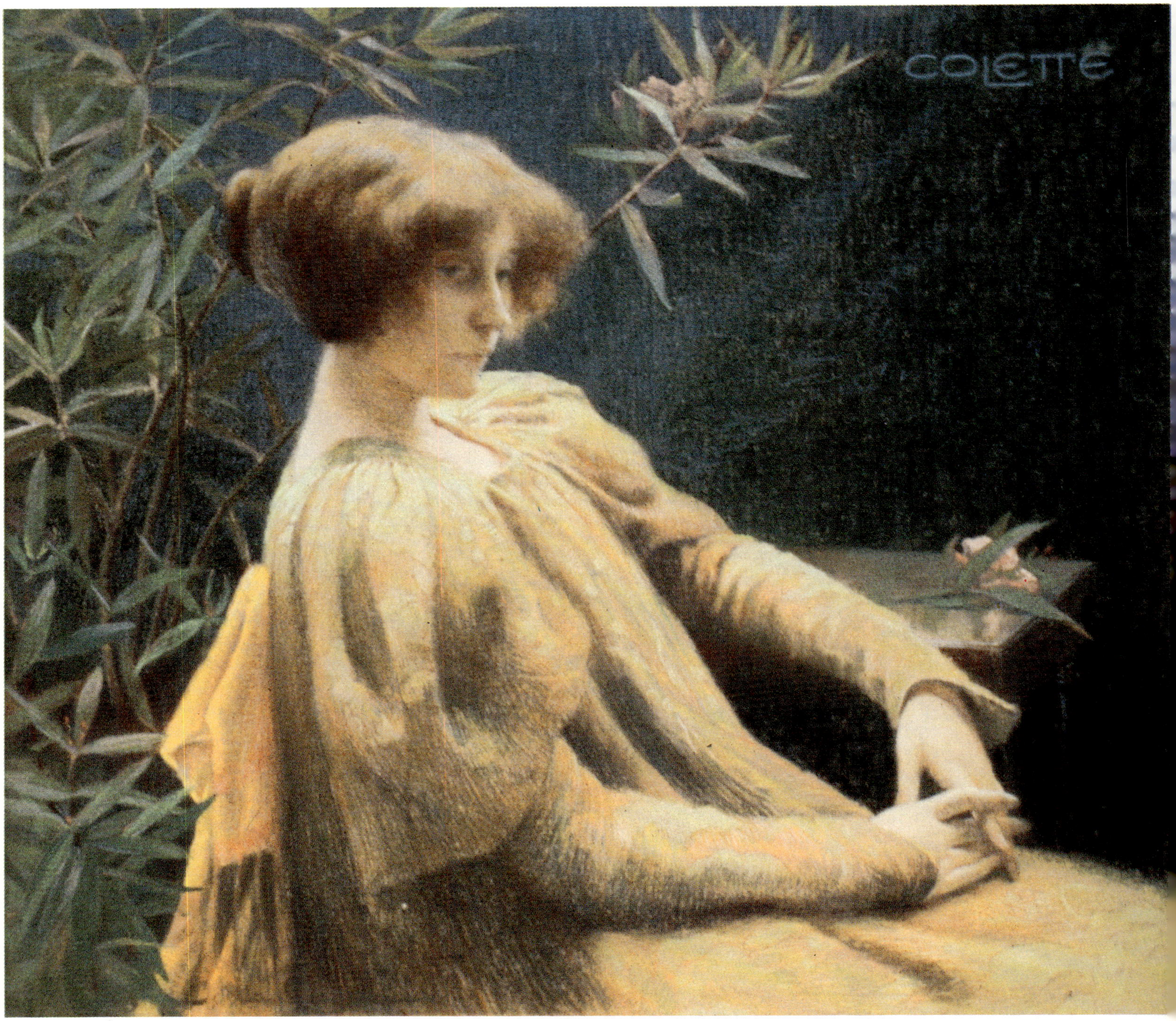
COLETTE

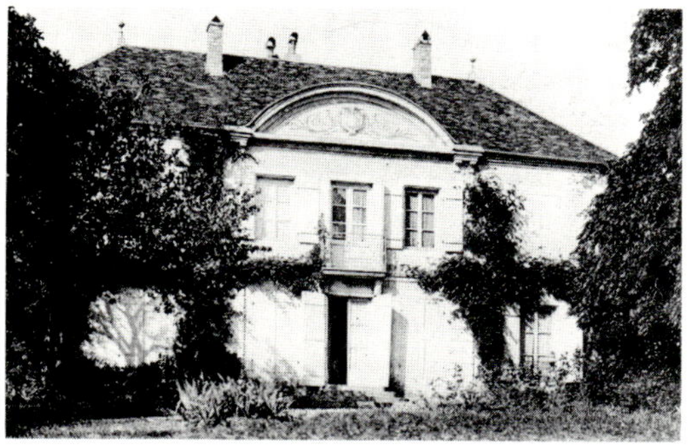

2

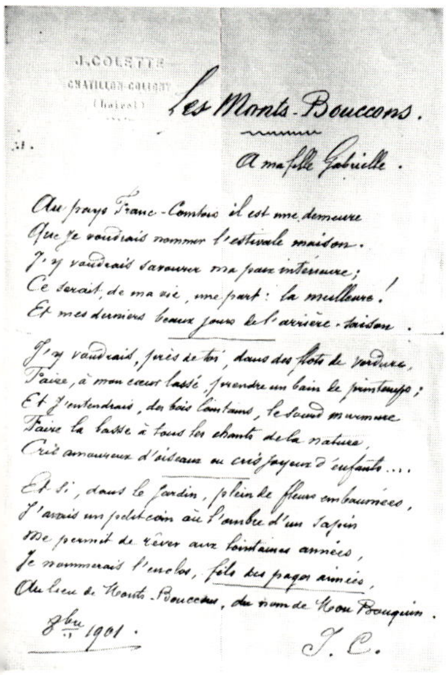

J. COLETTE
CHATILLON-COLIGNY
(Loiret)

Les Monts-Bouccons.

A ma fille Gabrielle.

Au pays Franc-Comtois il est une demeure
Que je voudrais nommer l'estivale maison.
J'y voudrais savourer ma paix intérieure;
Ce serait, de ma vie, une part : la meilleure!
Et mes derniers beaux jours de l'arrière-saison.

J'y voudrais, près de toi, dans des flots de verdure,
Faire, à mon cœur lassé, prendre un bain de printemps;
Et j'entendrais, des bois lointains, le sourd murmure
Faire la basse à tous les chants de la nature,
Cris amoureux d'oiseaux ou cris joyeux d'enfants....

Et si, dans le jardin, plein de fleurs embaumées,
J'avais un petit coin où l'ombre d'un sapin
Me permît de rêver aux lointaines années,
Je nommerais l'enclos, fils des pages aimées,
Au lieu de Monts-Bouccons, du nom de Mon Bouquin.

8bre 1901.

J. C.

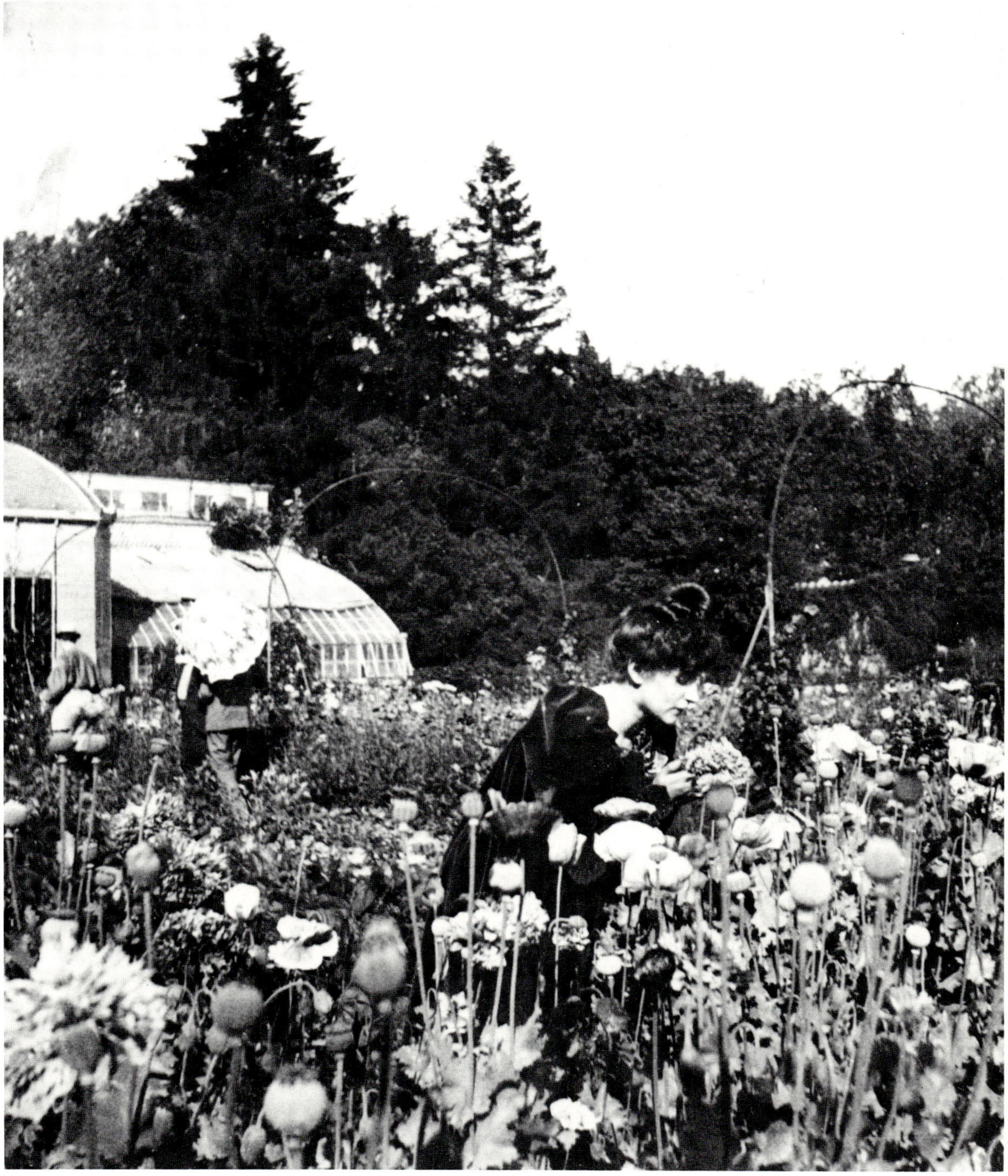

3

Page précédente : portrait romantique de Colette par Emilio della Sudda (vers 1900). Ce portrait se trouve encore dans la maison des Monts-Boucons. – Ci-dessus : (1) Le capitaine Colette, qui taquinait la muse, célébra en vers, en octobre 1901, les charmes des Monts-Boucons. – (2) La maison ...*"A la moindre sollicitation de ma mémoire, le domaine des Monts-Boucons dresse son toit de tuiles presque noires, son fronton Directoire peint en camaïeu jaunâtre..."* – (3) Colette dans les pavots. Des Monts-Boucons, elle fera "Casamène" dans *La Retraite sentimentale.*

1
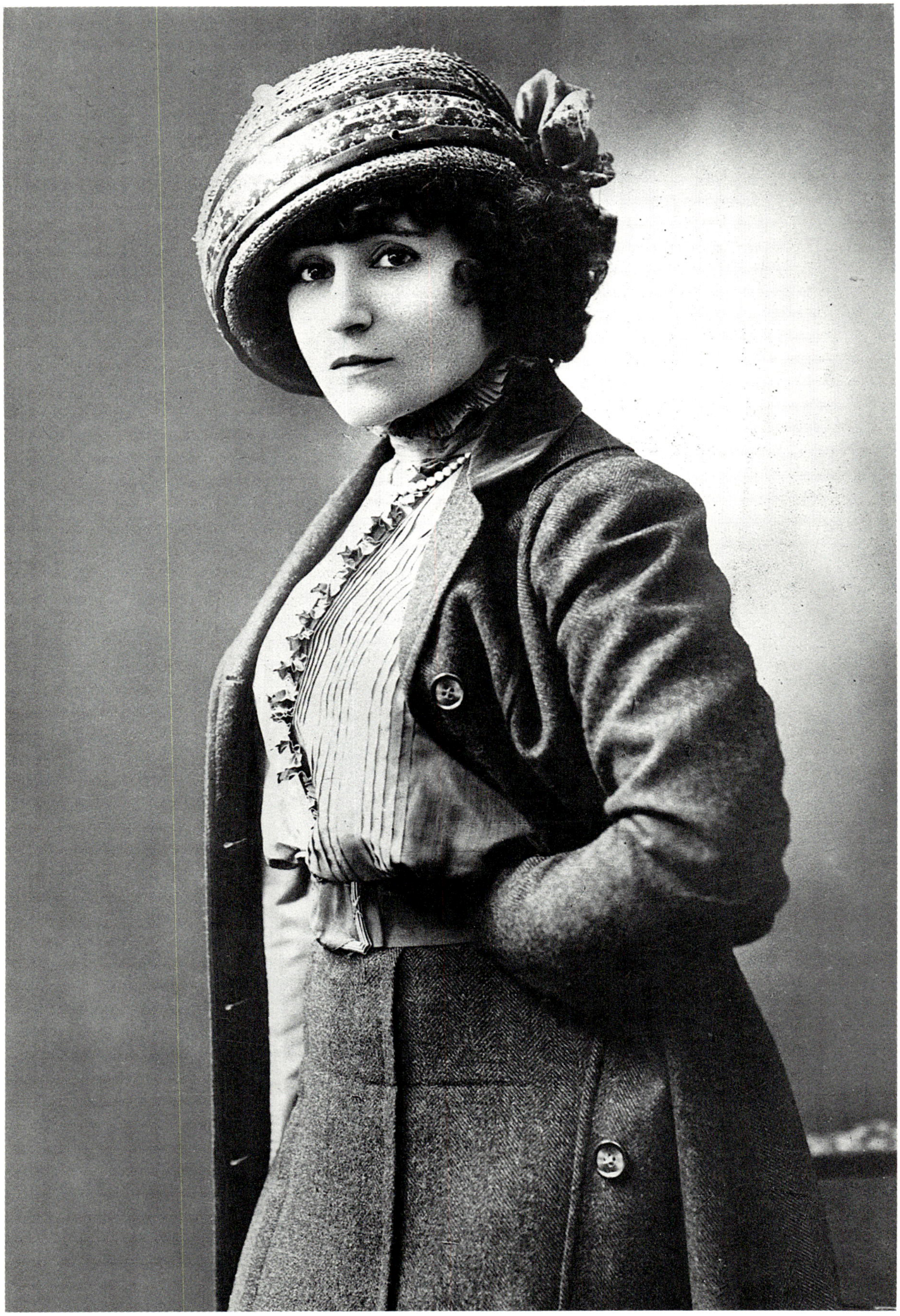

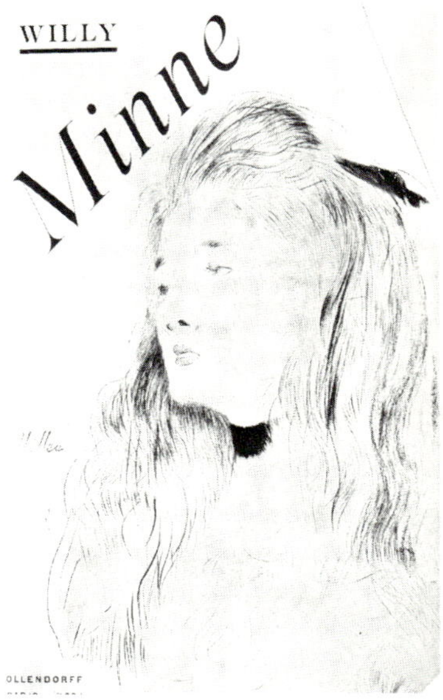
WILLY
Minne
OLLENDORFF

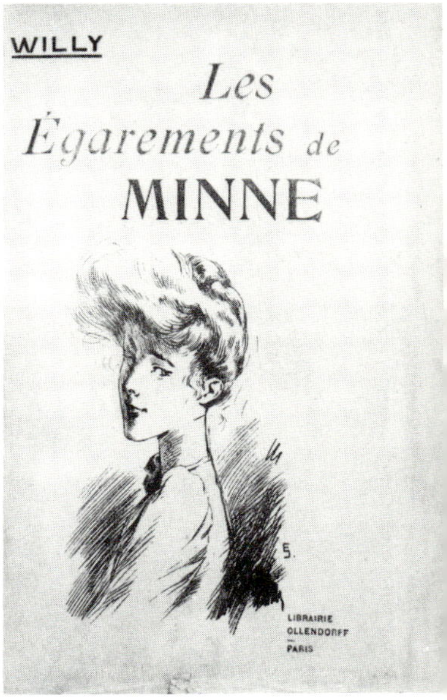
WILLY
Les Égarements de
MINNE
LIBRAIRIE
OLLENDORFF
PARIS

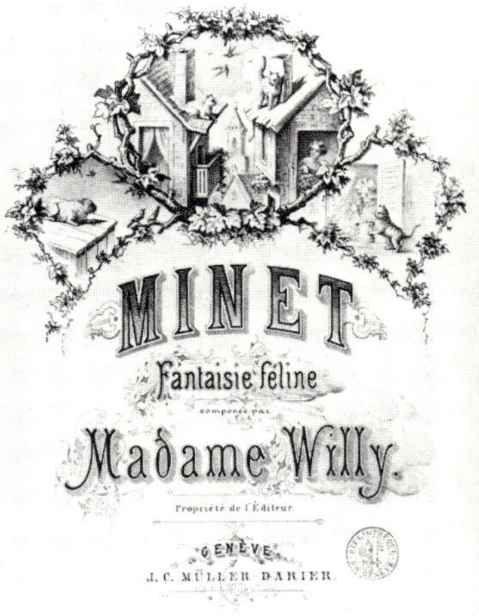
MINET
Fantaisie féline
Madame Willy.
Propriété de l'Éditeur
GENÈVE
J. C. MÜLLER DARIER

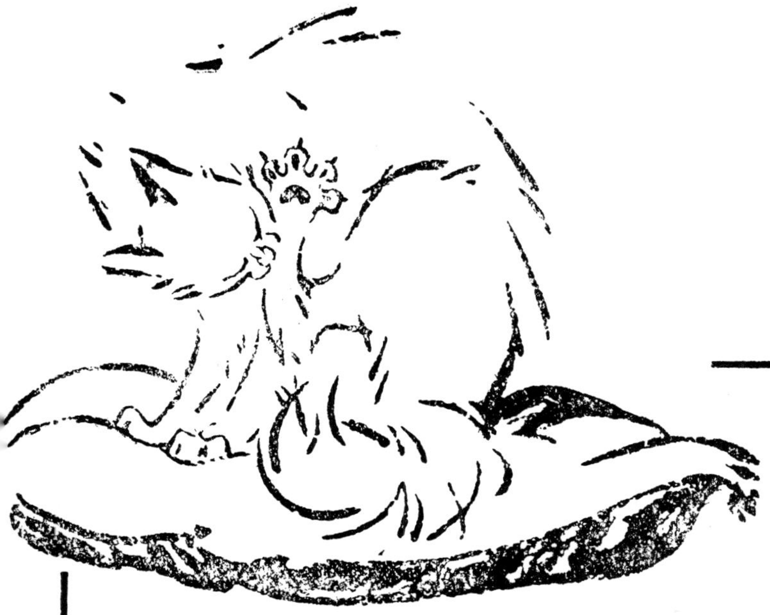

UNE VISITE

Un après-midi à Paris, l'hiver. Un atelier tiède où crépite doucement un poêle en forme de tour. Kiki-la-Doucette et Toby-Chien, celui-ci par terre, celui-là sur un coussin sacré, procèdent à la minutieuse toilette qui suit les siestes longues. La paix règne.

TOBY-CHIEN

Mes ongles poussent plus vite ici qu'à la campagne.

KIKI-LA-DOUCETTE

Moi, c'est le contraire.

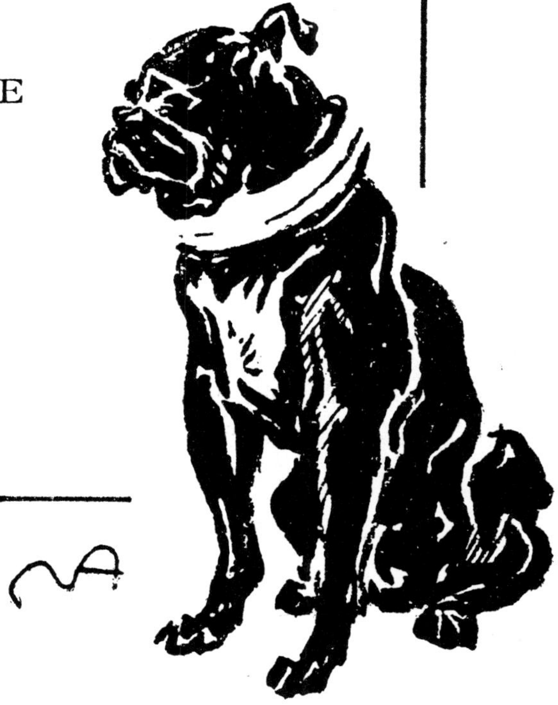

1

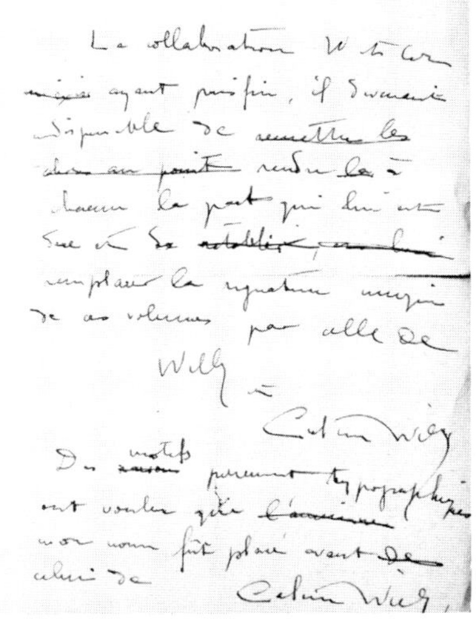
La collaboration de ces ... ayant pris fin, il devenait indispensable de rendre à chacun la part qui lui est due et de remplacer la signature unique de ces volumes par celle de
Willy =
Colette Willy
Des motifs purement typographiques ont voulu que mon nom fût placé avant celui de
Colette Willy.

2

C'est à partir de trente ans que Colette va prendre peu à peu son indépendance d'auteur. Si le nom de son mari figure encore dans sa signature, on saura désormais que c'est elle qui écrit ses livres. **Page précédente :** (1) Colette, au seuil de l'indépendance. – (4) Paroles et musique de "Madame Willy". Ci-contre : (1) une page des *Dialogues de Bêtes* illustrée par Jacques Nam. Dans la préface de 1905, Francis Jammes écrira : *"Il faut donc que moi qui vis à Orthez, j'apprenne au Tout-Paris qui vous êtes* [...] *Madame Colette Willy est une femme vivante, une femme pour "tout de bon" qui a osé être naturelle et qui ressemble beaucoup plus à une mariée villageoise qu'à une littératrice perverse !"* – (2) Des années plus tard, Colette écrira et fera imprimer cet avertissement, signé Willy, au début de chacun de ses livres.

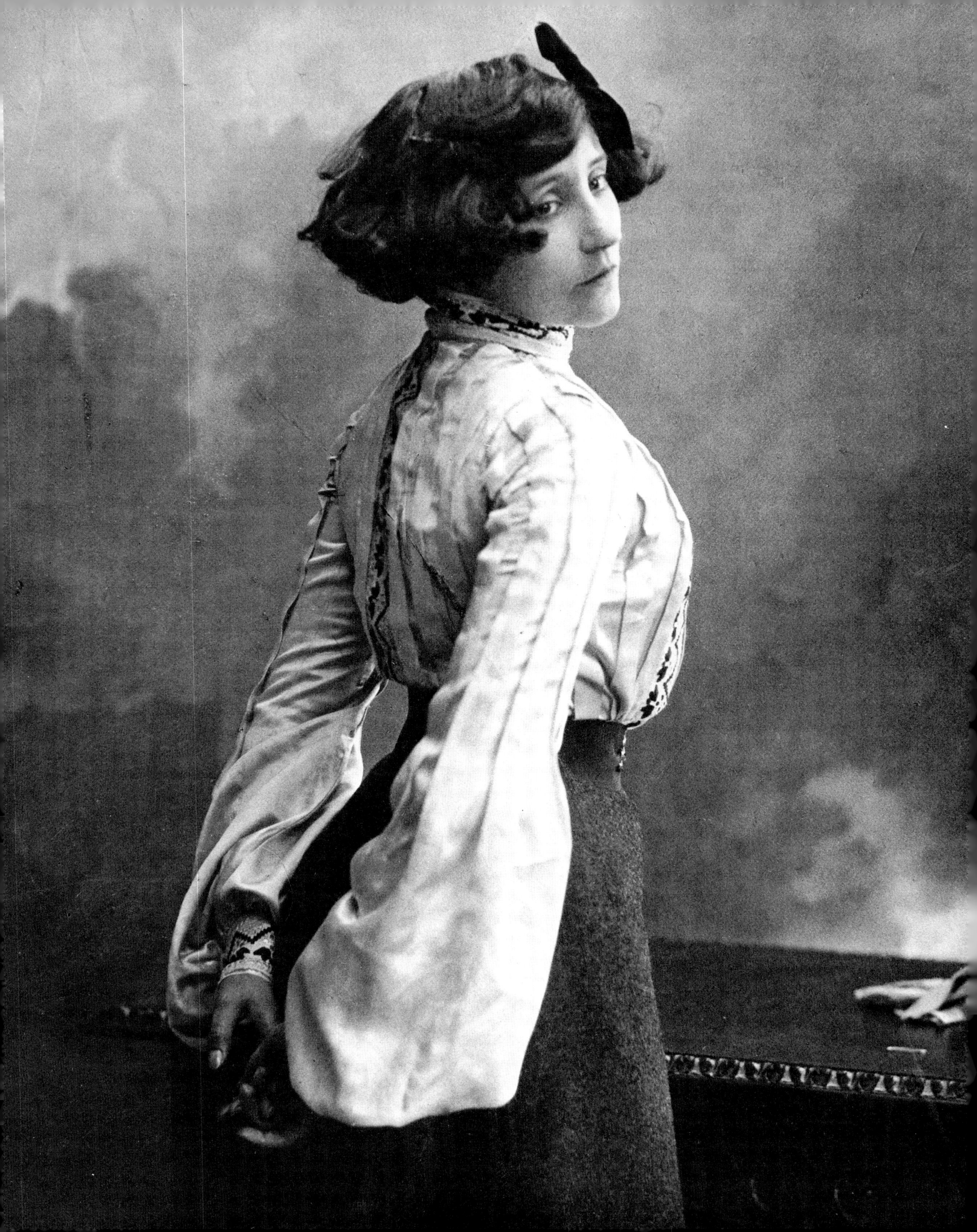

La Vagabonde

"A force d'écrire des histoires horribles, elles finissent par arriver", dit Michel Simon, dans un film célèbre. Prescience, médiumnité des écrivains? Souvent, ce que nous croyons inventer est divinatoire. En ce qui concerne Colette, *Claudine s'en va*, publié en 1903, annonce, trois ans à l'avance, son propre départ vers une vie nouvelle. Déjà, le processus d'évasion est engagé. Non seulement, elle va bientôt se séparer de Willy mais encore changer d'activité et commencer la période "vagabonde" de sa vie.

Il y a, d'abord, en 1904 et pour la première fois, l'inscription de son prénom sur les *Dialogues de bêtes*, rédigés dans la solitude des Monts-Boucons. Et la préface de Francis Jammes est le premier grand éloge personnel à son talent d'écrivain. En même temps l'auteur du *Deuil des primevères* a détecté dans les répliques malicieuses de Toby-Chien et Kiki-la-Doucette, un tourment secret... *"... à travers ce rire d'écolière,* [...] *je vous dis que j'entends sangloter une source".*

La source va devenir torrent dès 1905, année, pour Colette, d'un double chagrin. C'est, à la fin de février, la mort de Marcel Schwob, épuisé, à trente-sept ans, par la maladie et la morphine. Pour Colette, c'est le premier déchirement d'une amitié tendre et, le 1er mars, tandis qu'au cimetière Montparnasse on largue au fond du trou le garçon moqueur et charmant qui *"... l'aimait tendrement, la taquinait avec cruauté et l'admirait sans réserve*[1]*"*, nul doute que Colette, malgré sa répugnance aux larmes, n'ait pu s'empêcher d'en laisser glisser quelques-unes, au souvenir des blagues, des rires, des livres partagés avec le jeune homme qui venait la voir, s'occupait d'elle lorsqu'elle était malade et désespérée par les frasques de Willy. Celui que, dans ses lettres primesautières, elle appelait *"mon Chevobe"*, qu'elle traitait de *"sorte de pou de mer"*, de *"failli"*, de *"morceau d'étoupe"*, de *"veau définitif"*[2] et qu'elle menaçait de rouler dans du papier tue-mouches, quand ses lettres à lui se faisaient rares. Celui qui l'appelait : Lolette.

Et l'année n'est pas terminée que le capitaine Colette, à son tour, meurt à Châtillon. Triste mois de septembre 1905 ! D'autant plus triste que c'est, pour Colette, le dernier séjour aux Monts-Boucons que Willy, pressé d'argent, va vendre.

Après un aller-retour à Châtillon pour enterrer son vieux zouave de père et embrasser une Sido désespérée mais qui se tient droite, Colette se retrouve dans sa maison dauphinoise, ses prés et ses bois qu'on ne lui aura pas laissé aimer bien longtemps. De là, elle écrit à Natalie Barney : *"J'ai rapporté avec moi ma part d'héritage paternel : un ruban de Crimée, une médaille d'Italie, une rosette d'officier de la Légion d'Honneur et une photographie* [...] *je me cramponne à ma solitude et à ce soleil triste*[3]*."*

Et Willy, pendant ce temps, continue ses exaspérantes galopades. Il n'a même pas besoin de se donner beaucoup de mal pour voir accourir *"... toute la séquelle des sacrées petites toquées en cols plats et cheveux courts qui s'en viennent, cils baissés et reins frétillants... Toutes, elles souhaitent ma mort... elles l'entourent* [Willy] *de leur ronde effrénée* [...] *Alors... adieu tout ! Adieu... presque tout. Je Le leur laisse*[4]*".* C'est évidemment Colette qui parle, par la voix de Toby-chien.

Oui, mais le moyen de partir, quand on n'a pas d'argent et pas de métier pour en gagner? Et puis, ce n'est pas facile du tout, de quitter un mari... *"Nous autres, filles de province, nous avions de la désertion conjugale, vers 1900, une idée énorme et peu maniable, encombrée de gendarmes, de malle bombée et de voilette épaisse, sans compter l'indicateur du chemin de fer*[5]*."* C'est que Colette est encore et sera toujours, au fond d'elle-même, une provinciale. Comme elle se sent étrangère, cette Colette désemparée de 1905, de ces courtisanes délurées, souveraines, qui mènent les hommes à la baguette, les exploitent et en changent comme de chemises ! Comme elle se sent différente de ces belles mondaines ou demi-mondaines qu'elle rencontre avec Willy.

Décidément, il lui faut gagner sa vie et elle revient à son vieux rêve de petite fille : le théâtre.

Premiers essais au printemps de 1905, lors d'une *garden-party* (le snobisme veut déjà qu'on affectionne les mots anglais) chez Natalie Barney, à Neuilly. Colette interprète avec Eva Palmer – une autre jeune actrice débutante – un poème de Pierre Louÿs : *Dialogue au soleil couchant,* d'inspiration grecque.

Sur la pelouse où l'on a dressé une scène, Colette et la rousse Eva, aussi peu professionnelles l'une que l'autre, bafouillent d'émotion, l'accent américain d'Eva se mêlant aux intonations bourguignonnes de Colette que son trac rend presque russes. Pierre Louÿs n'en revient pas. "J'ai eu l'impression inoubliable, leur dit-il, de m'entendre interpréter par Mark Twain et par Tolstoï!" Confusion de Colette et d'Eva, heureusement distraite par l'arrivée de la danseuse Mata-Hari, toute nue sur un cheval blanc, harnaché de turquoises.

Mais Colette ne renonce pas. Dès la fin de 1905, elle commence à prendre des cours de pantomime avec le beau, le prestigieux Georges Wague qui a totalement renouvelé l'art du mime, en trouvant le moyen d'exprimer des sentiments par des gestes, alors que les mimes classiques, comme Debureau, se contentaient d'exprimer des mots par des gestes. Avec ce jeune homme charmant, déjà célèbre et qui a deux ans de moins qu'elle, Colette travaille sérieusement à apprendre un métier qui la passionne et dont elle attend la liberté. Elle va jouer très souvent avec Wague qui sera pour elle un ami fidèle et, aussi, pendant quelque temps, plus qu'un ami. Quant à Willy, il suit avec intérêt l'orientation nouvelle de sa femme.

Colette est soutenue également dans cette voie par un personnage bien étrange. C'est la marquise de Belbeuf, née Morny, qu'elle a rencontrée, depuis quelque temps déjà, dans la bande des dames de lettres qui s'aiment entre elles, les Renée Vivien, les Natalie Barney, les Valtesse de la Bigne, etc.

Si les lesbiennes sont aussi nombreuses dans le milieu intellectuello-mondain de la France du président Fallières, c'est que beaucoup de jeunes femmes, mariées par convenance à des hommes qui ne leur conviennent guère, ont pris en horreur toute l'espèce masculine et se consolent entre elles. D'autres, dites "amphibies", goûtent hommes et femmes à la fois. Comme l'exprime lestement Jean Lorrain : "On peut souffler sur le feu, ce qui n'exclut pas la joie d'un bon coup de tison." Leur prêtresse est la belle Natalie Barney qui va s'installer au célèbre n° 20 de la rue Jacob. Là, elle tiendra un salon où tout le monde littéraire de l'époque défilera.

Cette marquise de Belbeuf qui s'intéresse de si près à Colette, fait partie de la première espèce et elle n'est pas n'importe qui. Elle est née Mathilde de Morny, dernière fille du charmant duc de Morny, lui-même enfant naturel de la reine Hortense. La mère de Mathilde, c'est la volcanique princesse russe Troubetskoÿ. A dix-huit ans, Mathilde a été mariée au marquis de Belbeuf dont elle a divorcé en 1903, sans avoir jamais beaucoup vécu avec lui. En revanche, ses amours saphiques ont défrayé la chronique. Elle est Mitzy pour ces dames et Missy pour Colette.

Intelligente, cultivée, raffinée, il est difficile de la prendre pour une femme car ses cheveux ras, son visage sans grâce et sa silhouette sont absolument masculins. Quand elle fume, c'est un gros cigare. En plus, elle ne s'habille qu'en homme, du chapeau aux bottillons, en passant par un jonc à pomme d'or et le monocle dont elle parfait son déguisement. C'est un bizarre "travelo" à la voix douce, presque timide. Sa famille est très riche.

Quand on lui rend visite dans son hôtel particulier, on la trouve souvent dans une sorte d'atelier, déguisée en mécanicien, occupée à fabriquer des robinets et des boutons de porte en cuivre, en souvenir d'une passion ancienne pour une ouvrière de Charonne. Quand son cocher est ivre, elle s'assied à sa place et mène son équipage d'une main ferme.

C'est ce "carnaval" qui s'est éprise d'une Colette qui a bien besoin qu'on s'occupe un peu d'elle.

Avec Willy, en effet, les choses vont de mal en pis. Il s'est toqué d'une minette de vingt ans, un peu grassouillette, venue lui demander un autographe. Cette Marguerite Maniez est danseuse et elle chante. Willy va lui prêter une partie de son nom pour en faire son nom de scène : Meg Villars. Selon son habitude, il a essayé d'établir entre Colette et Meg sa fameuse "harmonie ternaire" de l'amour mais le résultat n'a pas été concluant.

Talonné par Meg – elle l'appelle "Papa" mais rêve de se faire épouser –, Willy commence à pousser Colette vers la sortie. Il lui propose de lui écrire des textes qu'elle irait interpréter en province... *"ce serait, d'autre part, lui dit-il, une occasion excellente de liquider cet appartement mortel, de trouver une combinaison plus adéquate à un genre d'existence différent, – oh! un peu différent... Rien ne presse[6]..."*

Ce congé à peine déguisé vexe Colette. Elle quitte le domicile conjugal en novembre 1906. Aidée par Missy, elle se loue un petit rez-de-chaussée, rue de Villejust, non loin de chez son amie.

Alors, commence entre Willy et Colette un double jeu réciproque de défi et de jalousie. Colette s'exhibe avec Missy, tandis que Willy s'installe avec Meg.

Au vrai, Colette ne supporte pas l'idée de laisser sa place à Meg mais elle crâne. Quant à Willy, l'attachement de Colette à la marquise l'agace. Il l'exprime, comme d'habitude, par la plaisanterie. "Je ne peux tout de même pas me tenir pour cocu", dit-il en riant, quand on lui parle de la liaison de sa femme avec Missy. Un jour, il monte dans le compartiment réservé aux "dames seules" d'un train et, quand le contrôleur vient lui faire une observation, il répond : "Je suis la marquise de Belbeuf." Leur situation, bien entendu, anime toutes les conversations des dîners parisiens.

Missy, pour ne pas quitter sa chère Colette, a décidé de la suivre jusque sur les planches. Il lui est arrivé, naguère, de jouer la comédie en amateur, lors d'un voyage en Espagne. Elle a même dansé le fandango à Tanger. Cette fois, elle veut être à la hauteur et elle prend, elle aussi, des cours de mime, avec Wague. Puis, elle va s'exercer à jouer dans un cercle privé.

En février 1906, Colette a débuté aux Mathurins, dans un mimodrame de F. de Croisset, *Le Désir, l'Amour et la Chimère.* Elle enchaîne, en mars, sur une pièce de Willy, *Aux innocents les mains pleines.* Puis, au début de décembre, on la voit dans le rôle de Paniska, dans le mimodrame *Pan* de Ch. van Lezberghe. Georges Wague joue le rôle de Pan mais comme il avait été question un moment que la marquise incarne ce rôle, la représentation est accueillie par des sifflets et un début de chahut; le public a cru, un moment, que Wague était Missy. La critique est mitigée. Un journal qualifie le drame *"d'anti social, anti chrétien, anti humain..."* Il ajoute : *"... quant à Mme Colette Willy, outrageusement nue sous ses peaux de bêtes, sa voix est trop lyrique, son accent prononcé désagréable et ses danses, plutôt des gambades[7]."* C'est aussi la première fois qu'une actrice ose montrer sa peau nue, au lieu du traditionnel maillot couleur chair.

Mais ce début de scandale n'est rien à côté de celui qui va éclater un mois plus tard. Dès la mi-novembre, *Le Journal* a annoncé : *"L'ex-marquise de Belbeuf va jouer la pantomime avec Mme Colette Willy."*

Missy, en effet, vient d'écrire l'argument d'une pantomime intitulée : *Rêve d'Egypte.* C'est l'histoire d'un vieux savant, féru de sciences occultes, qui tombe amoureux d'une momie. Elle se dresse devant lui, déroule ses bandelettes – on voit le strip-tease – et danse pour le séduire. Missy fera le vieux savant et Colette, la momie, le tout mis en scène par Georges Wague et Max Viterbo. Cette pantomime doit être intercalée, au début de janvier, dans la revue du Moulin Rouge, pendant dix représentations. Pour ne pas choquer sa noble famille, Missy prendra, à l'affiche, le nom d'Yssim (anagramme de Missy).

Le soir du jeudi 3 février 1907, les places sont prises d'assaut au Moulin Rouge et le rideau vient à peine de se lever sur Missy et Colette que le chahut commence, orchestré par le clan des Morny et aussi par des membres du Jockey Club dont fait partie le marquis de Belbeuf. Celui-ci est furieux de voir son ex-femme traîner son nom, qu'elle porte encore, au music-hall. Willy et Meg Villars occupent une avant-scène.

Les sifflets, les braiements de trompette et des cris divers couvrent la musique. Des objets de toutes sortes, petits bancs, étuis de lorgnettes et gousses d'ail symboliques pleuvent sur la scène.

Le long baiser qu'échangent Colette et Missy pousse les clameurs au paroxysme et les injures les plus grossières fusent. Willy, qui applaudit ostensiblement, est pris à partie par les spectateurs qui le traitent de cocu et de mari complaisant. On le bouscule même. Willy se défend un moment à coups de canne mais doit bientôt sortir avec Meg, pour éviter d'être mis à mal. La salle est en ébullition. La police arrive.

Le lendemain matin, Paris bruit du scandale du Moulin Rouge. Les journaux, du *Figaro* au *Matin,* en passant par *La Libre Parole* ou *Le Petit Parisien* ne sont tendres ni pour les actrices, ni pour Willy. Le préfet de police, Lépine, menace de fermer le Moulin Rouge si les deux femmes recommencent à s'exhiber dans un spectacle aussi choquant.

Pour la deuxième soirée, c'est Georges Wague qui remplace Missy dans le rôle du vieux savant. On change même le titre de la pantomime qui, de *Rêve d'Egypte,* devient *Songe d'Orient.* Mais cela n'empêche pas une campagne de dénigrement, assortie de caricatures.

Sido n'est pas contente. Elle est venue à Paris pour voir danser sa fille et ce scandale qui entoure son nom lui déplaît tout à fait. Elle n'aime pas le chemin sur lequel elle la voit engagée et, de retour à Châtillon, ne le lui envoie pas dire : *"Ce parfum dont tu t'inondes n'est pas une odeur convenable. Il te sert à donner le change. Les cheveux courts, le bleu que tu te mets aux yeux, ces excentricités que tu te permets sur la scène, tout ça, c'est pour que les gens croient que tu es une personne originale, affranchie de tous les préjugés*[8]*."*

Willy qui, dans un premier temps, a pris le parti de Colette et de Missy, va se retourner contre sa femme. C'est que le scandale, pour une fois, ne lui a pas été profitable. Sa présence au Moulin Rouge, et ses applaudissements à un spectacle qu'il aurait dû, le premier, réprouver, ont vivement choqué le prude *Echo de Paris* qui lui a signifié son congé, le privant brutalement de revenus appréciables.

Quinze jours plus tard, excité par Meg, Willy demande la séparation de corps, arguant que sa femme a abandonné le domicile conjugal depuis trois mois. A quoi Colette va répliquer en une demande reconventionnelle qui fait état des infidélités notoires de Willy.

Malgré cette séparation désormais officielle, ce n'est pas encore tout à fait la brouille. Ils vont même passer les vacances de 1907 ensemble, dans deux villas voisines, Meg avec Willy et Colette avec Missy. Vus par le jeune Jacques Gauthier-Villars, leurs rapports sont encore excellents. Au réveillon du jour de l'An qui suivra leur séparation officielle, la marquise organisera une soirée à laquelle Meg et Willy seront invités.

C'est que Colette n'a pas encore perdu l'espoir de récupérer ce mari qu'elle aime toujours. Et, pendant les mois qui vont suivre, elle va faire des pieds et des mains pour reprendre la vie commune. Elle fera, pour cela, intervenir des amis communs et elle adressera même à Willy des lettres suppliantes : *"Je te dois tout... au fond de mon erreur, quel désarroi!... Sans toi, je ne suis rien...*[9]*"* – ce dont elle se gardera bien de se souvenir, plus tard, dans *Mes Apprentissages*. Mais Willy fait la sourde oreille.

En même temps, Colette continue à écrire. *La Retraite sentimentale* paraît au *Mercure de France*, sous la signature Colette Willy, avec cette note : *"Pour des raisons qui n'ont rien à voir avec la littérature, j'ai cessé de collaborer avec Willy."* *Les Vrilles de la vigne* commence à paraître en feuilleton dans *La Vie parisienne* où Colette fait aussi ses débuts de journaliste.

Il lui faut maintenant gagner sérieusement sa vie car Missy, à qui la famille ulcérée a coupé les vivres, a de la difficulté à l'aider. Et Colette va se lancer à fond dans la pantomime, partir en tournées. En novembre 1907, elle crée à l'Apollo, avec Georges Wague, *La Chair,* une pantomime de Marcel Vallée, qui aura un grand succès. En mars 1908, elle joue *Rêve d'Egypte* à Nice. En août, elle joue à Genève *Son Premier Voyage* de Xanrof et Gunrin. En novembre, elle va reprendre le rôle de Claudine à Bruxelles.

"Tu te lances pour tout de bon dans le théâtre, lui écrit Sido, *c'est donc que ça te plaît et aussi que tu touches des capitaux sans doute. Eh bien jamais je ne me suis figuré que tu avais des dispositions car tu étais un peu tout d'une pièce – et pour la scène, il faut tant de souplesse, aussi bien au physique qu'au moral, que je ne voyais pas bien si tu possédais ces qualités. Tu t'es assouplie des deux façons, c'est un fait*[10]*."* *Les Vrilles de la vigne* paraisse aux éditions Ferenczi. Une des nouvelles est dédiée à Missy, une autre à Willy, une troisième à Meg. Cette Meg dont elle est si jalouse mais à laquelle elle affecte de faire bon visage pour n'être pas encore tout à fait séparée de Willy. Courageuse et masochiste Colette qui préfère une alliance avec ses rivales à l'exclusion douloureuse ! Comme elle nous apparaît désemparée, en cette fin de 1908. Alors qu'elle est en tournée à Lyon, une vague de cafard la submerge et elle écrit à Missy : *"Je me suis mise à pleurer comme une imbécile, parce que je suis toute seule et pour si longtemps*[11]*."*

Au début de 1909, Colette apprend que Willy, deux ans plus tôt, a vendu et même bradé les *Claudine* à des éditeurs. *"On croirait vraiment,* écrit-elle à Léon Hamel, *qu'il a non seulement voulu en retirer très peu d'argent mais encore s'assurer que jamais, même après sa mort, je ne rentrerais en possession de ces livres qui sont miens*[12]*."* Cette fois, la rupture est vraiment consommée entre eux. Le divorce et ses froids règlements de comptes achèvent, c'est bien connu, les amours malades.

1909, 1910... Colette a trente-six ans et sa vie n'a été, ne sera jamais aussi "vagabonde", comme le titre du roman qu'elle rédige entre deux tournées de music-hall ou pendant les vacances au Crotoy, dans la villa Belle Plage de Missy.

Comme *Les Vrilles de la vigne, La Vagabonde* sera le livre du chagrin, de la solitude, de la méfiance amoureuse aussi. Willy y est encore présent, dans le personnage d'Adolphe Taillandy... *"Mon Dieu !... que j'étais jeune et que je l'aimais, cet homme-là ! Et comme j'ai souffert !"* Sa tristesse, cependant, fanfaronne "... *Et quand j'avoue : j'ai été jalouse jusqu'à vouloir tuer et mourir...*", elle ajoute : "... *c'est à la manière des gens qui racontent : "J'ai mangé du rat en 70..."* A l'amour fou éprouvé pour Willy, succède peu à peu le ressentiment venimeux, la longue rancune (voir *Mes Apprentissages*).

Willy, lui, se contentera d'égratigner quelque peu son ex-femme en la caricaturant, par "nègres" interposés, dans un ou deux romans. Il ressentira aussi, à sa façon, l'échec de leur couple. Par exemple, après avoir fait mourir, dans ses romans personnels, le personnage de Maugis qui leur était commun, afin qu'elle ne puisse plus l'utiliser – perfidie d'écrivain à un autre écrivain ! –, il en fera un mot de plus. A son fils Jacques, navré de leur séparation et qui lui demande comment il devra, désormais, appeler son ex-belle-mère, Willy répond : "Tu l'appelleras : ma cousine. Moi, je l'appelle : ma veuve."

Des années plus tard, peu de temps avant sa mort en

1931, quand sa vogue sera passée et qu'il traînera, pauvre et malade, Willy dira un jour, à des gens qui ne l'ont pas reconnu, en parlant de lui-même : "Willy? C'est un vieux rigolo que j'ai bien connu. Il est mort, il y a vingt ans."

Pourtant, son souvenir restera toujours attaché à celui de Colette. En 1942, M. Goudeket, le troisième mari de Colette, voudra revoir la maison de la Treille Muscate à Saint-Tropez, qu'il a habitée quelques années plus tôt avec Colette. Et quand il se présentera aux nouveaux propriétaires de la maison : "Je suis le mari de Colette", ceux-ci répondront, flattés : "Entrez, monsieur Willy."

Bruxelles, Grenoble, Lyon, Nice, Ostende, Biarritz, la vagabonde Colette, pour gagner sa vie, saute d'un train dans l'autre, pour aller se produire sur les scènes de province, en compagnie de Georges Wague et de Christine Kerf. Cette vie épuisante des tournées, elle nous la racontera dans *L'Envers du music-hall.* A Lyon, en 1910, elle rencontre le jeune Maurice Chevalier, amoureux d'elle mais trop timide pour l'exprimer.

La Chair lui vaut un succès auquel sa quasi-nudité n'est pas étrangère. Le fait qu'elle montre à nu son sein gauche, déchaîne les passions et fait couler beaucoup d'encre. A Nice, un pudibond préfet des Alpes-Maritimes l'oblige à voiler le sein provocant et s'attire les quolibets du journal *Ruy Blas* :

"Le préfet qui Joly se nomme
N'a-t-il qu'un œil, n'a-t-il qu'un bras?
Serait-ce la moitié d'un homme?
Peut-être même il n'en a pas[13]*."*

Dans un journal satirique de Marseille où *La Chair* a été très applaudie, une caricature de Colette, le sein à l'air, s'accompagne de ce quatrain, signé "Lecochon qui sommeille" :

"J'ai vu La Chair! Ma foi j'ignore
Si c'est de l'art ou... Mais crénom!!
Colette a de bien beaux nichons
Et dam! Quand on connaît ses seins on les adore[14]*."*

Des critiques plus distingués vont l'encenser. Léon Werth, dans *Paris-Journal,* ne tarira pas d'éloges sur la grâce de Colette, l'harmonie de ses gestes : "... *son corps a cette intelligence qui n'abandonne jamais les plantes, les animaux, les enfants et les femmes qui n'ont pas courbé leur instinct*[15]*."*

Quant à Sido, elle n'apprécie guère les exhibitions de sa fille : *"Comment oses-tu poser ainsi, presque nue!"*

Cependant, au fond de cette femme, assez provocante pour se dévoiler en public, à une époque où le nu n'est toléré qu'en cercles privés, demeure la Colette native d'une province où l'on considère que les dames qui s'exhibent sur les planches – surtout en tenues légères – sont des gourgandines. Et cette Colette-là s'étonne elle-même de ce qu'elle ose, comme elle l'exprime dans *La Vagabonde,* lorsqu'elle voit, dans son miroir, l'image *"d'une femme de lettres qui a mal tourné".* Déjà, en 1906, alors qu'elle débutait sur la scène, elle s'en justifiait presque auprès de Francis Jammes : "... *Je ne vous écris plus parce que je me suis mise à faire du théâtre et que cela, je pense, m'humilie à jamais à vos yeux. Vous voyez que je sais me tenir à ma place. Le fait d'avoir incarné aux Mathurins un faune, au Théâtre Royal un jeune coquebin, me rend arrogante avec certains, humble avec vous*[16]*."*

En réalité, Colette, qui sera toujours extrêmement pudique quand il s'agit de ses sentiments, ignore la pudeur du corps (sauf, on le verra, lorsqu'il s'agira de dissimuler un défaut physique dont elle est consciente). A Rachilde qui l'avait sans doute encouragée à faire quelque démarche utile à sa publicité, elle répond ceci : *"Hélas, Rachilde, vous me connaissez, vous savez que je suis capable de jouer la pantomime à poil, mais non de franchir certaines portes, de flatter certaines gens ou de me faire présenter à eux, de forcer aussi certaines admirations, certaines sympathies*[17]*...*"

Colette est d'un tempérament trop foncièrement indépendant pour se laisser absorber par un milieu, quel qu'il soit. Bien qu'elle ait rencontré, grâce à Willy, les gens les plus à la mode, les plus snobs ou les plus brillants de Paris, elle refusera toujours de se plier aux règles d'une société dont elle se veut marginale.

Elle déteste la cuistrerie des "gensses de lettres" ou ces femmes du monde qui ont un jour pour *"faire patiapatia"*. Quand elle est obligée de s'y mêler, elle réagit parfois avec cette provocation insolente des timides poussés dans leurs retranchements. Elle est, alors, capable de tout : réclamer, comme Claudine, *"du vin rouge à douze sous le litre"* à l'heure d'un thé élégant, ou répondre fermement, au cours d'un dîner, à un délicat jeune homme de lettres (Proust) en train de lui faire compliment d'un de ses livres, comparant sa rêverie à celle d'un Narcisse enfant dont l'âme est emplie de volupté et d'amertume : *"Monsieur, vous divaguez. Je n'ai l'âme pleine que de haricots rouges et de petits lardons fumés*[18]*.*"

On ne se fait pas que des amis, quand on joue à ce jeu-là. Quand, en plus, on possède un œil sauvage assorti d'un talent qui vous permettent, en trois coups de plume, de dénoncer des ridicules tout à fait identifiables.

Colette n'a pas que des amis et, surtout, que des amies, parmi les femmes de lettres en particulier. D'abord, parce qu'elle déchaîne leur jalousie en ayant plus de talent qu'elles; ensuite en se démarquant de ses congénères à plumes, par la liberté de sa vie, ses audaces, son manque de solidarité vis-à-vis de la majorité des femmes qu'elle méprisera au profit de quelques "exceptionnelles" (Hélène Picard, Marguerite Moreno ou Germaine Beaumont). Elle agace aussi par une certaine attitude masculine en face des choses de la vie, ce côté "chic type" – expression qu'elle emploie elle-même quand elle veut faire un compliment à une femme. Elles lui reprochent les scandales qu'elle semble susciter à plaisir, l'amitié des hommes ou le trouble qu'elle provoque chez eux. Alors, on l'exclut ou on l'attaque et ce sont toujours des hommes qui prennent sa défense. A une Mme Lucie Faure-Goyau qui lui a reproché "*... une publicité tapageuse qui devrait être réservée aux femmes qui n'ont pas de talent*", Franc-Nohain réplique dans *Fantasio* : *"Au vrai, si la littérature de Mme Colette Willy ne semble pas être prise au sérieux par ses consœurs, c'est parce que Mme Willy n'a jamais eu l'air de prendre au sérieux ni ses consœurs, ni la littérature*[19]*.*" Sacha Guitry, lui, n'y va pas par quatre chemins : il trace de Colette, dans *Comœdia*, un portrait très élogieux intitulé *Colette Willy, danseuse et homme de lettres,* expliquant ainsi ce dernier terme et pourquoi elle est exclue des concours, sociétés, réunions, académies et autres "balançoires féminines" : "*... Les dames de lettres en ne faisant point figurer le nom de Colette Willy au milieu des leurs, ne semblent-elles pas, elles-mêmes, la désigner pour occuper une place parmi les écrivains masculins.*

"*En effet, dit-il encore, l'on ne peut faire à Colette Willy aucun des compliments étonnés que d'ordinaire on prodigue aux femmes qui écrivent. D'abord, elle ne passe pas son temps à farfouiller dans son cœur, ensuite sa production n'est pas le résultat d'un effort, et puis ce n'est pas non plus par esprit d'imitation, pour épater son mari qu'elle écrit, non, son œuvre n'est ni un acte d'indépendance, ni un moyen "honorable" de gagner sa vie. Colette Willy est douée, mystérieusement*[20]*.*"

Les divorces ont au moins cela de bon : ils renseignent sur les amitiés véritables. Si sa séparation d'avec Willy a éloigné de Colette des gens qui ne lui souriaient qu'à cause de lui, elle conserve aussi, du temps de son mariage, des fidèles, comme Marguerite Moreno, toujours attentive malgré ses aller retour en Argentine, Marcel Proust, Anna de Noailles qui a, pour elle, une admiration profonde, Claude Farrère, toujours amoureux, les Guitry, Sacha et sa femme Charlotte Lysès. Il y a surtout Léon Hamel, homme du monde et globe-trotter qui sera son confident privilégié jusqu'à sa mort en 1917 (elle en fera Hamond, dans *La Vagabonde*) et, bien entendu, Georges Wague, le compagnon de travail, l'ami, le complice à l'occasion, qui la connaît peut-être mieux que personne et qui apprécie ses qualités de travailleuse acharnée.

Colette, en effet, est devenue une actrice professionnelle très scrupuleuse. Elle soigne son jeu, ses répétitions. Elle passe des heures chez le photographe Reutlinger, pour des poses plastiques qui nécessitent de longues et pénibles séances, debout, le corps drapé de draps mouillés pour "sculpter les formes", ou encore couverte de haillons ou de peaux de bêtes, selon les besoins de ses affiches. Elle écoute attentivement les conseils de Moreno qui connaît les embûches du métier : "Fais attention, Macolette, au théâtre, c'est toujours casse-cou !" Elle apprend à se défendre pour ses cachets et ses contrats car c'est, pour elle, le temps des vaches maigres. Elle apprend à vivre dans ce milieu du music-hall où l'on n'est pas tendre entre soi.

Certes, elle a Missy qui la couve et auprès de qui elle reprend des forces quand elle est fatiguée. Elles habitent ensemble, à présent, rue Torricelli, près des Ternes, puis rue Saint-Senoch. L'été, elles vont au Crotoy et Colette se passionne pour la pêche des poissons plats à marée basse. Mais elle rêve de Bretagne et Missy, qui ne sait rien lui refuser, va lui acheter en 1910 une maison à Rozven, près de Saint-Malo.

Mais Missy ne suffit pas à Colette qui, par tempérament, préfère les hommes aux femmes et ne se livre aux amours saphiques avec les secondes que lorsque les premiers lui font défaut. "*... deux femmes enlacées* [...] *image mélancolique et touchante de deux faiblesses, peut-être réfugiées aux bras l'une de l'autre pour y dormir, y pleurer, fuir l'homme souvent méchant, et goûter, mieux que tout plaisir, l'amer bonheur de se sentir pareilles, infimes, oubliées*[21]*...*"

Ce que Colette apprécie surtout chez Missy, c'est un certain "maternage" dont elle profite, non sans égoïsme. C'est sa présence chaleureuse, les cadeaux dont elle la couvre, sa rassurance quand elle se sent perdue. Mais Missy l'étouffe un peu et Colette va commencer à prendre le large avec un jeune homme de vingt-cinq ans, ancien amant de Polaire et qui est tombé éperdument amoureux d'elle.

Cet Auguste Hériot est un superbe minet, fils-à-papa (papa a été propriétaire, entre autres, des Grands Magasins du Louvre). Il est élégant, sportif, séduisant, très riche et célibataire. Ce bel athlète, plus à l'aise sur un ring de boxe que dans un salon littéraire, habite, à Paris, un immense hôtel particulier d'un luxe inouï, avec des meubles et des tapisseries rares. Il y a même fait installer un bar américain avec l'un des meilleurs barmen de Paris. Les chroniques mondaines signalent le jeune homme dans tous les endroits élégants où l'on s'amuse, monte à cheval, navigue, joue ou roule dans de superbes autos. On remarque aussi beaucoup les somptueux yachts de sa sœur, Virginie.

A peine a-t-il vu Colette que Hériot décide qu'elle sera la femme de sa vie et il va la suivre comme un chien, mettant son cœur et sa fortune à ses pieds. Colette, amusée, peut-être même un peu flattée par cette passion qu'elle inspire, va se laisser adorer un moment par ce jeune homme qu'elle appelle "chérubin" ou "le petit" : elle en fera le Max de *La Vagabonde* et, plus tard, le modèle de Chéri – tout en le tenant à distance car il n'est pas, lui, l'homme de sa vie. Si elle tolère qu'il soit son amant, elle lui laisse entendre qu'il ne sera jamais son mari. Mais Auguste Hériot s'obstine et, pendant deux ans, il va faire l'impossible pour séduire Colette. Ensemble ils voyagent. Ils vont à Londres, sur la Côte d'Azur, que Colette n'aime pas encore, à Naples qu'elle boude. Auguste retient pour elle les meilleurs sleepings, les plus sûrs bateaux, les plus belles voitures, les chambres les plus confortables dans les grands hôtels. Elle découvre avec lui le luxe que procure l'argent. Mais elle ne s'abandonne pas. "... *l'aventure me paraît grave surtout pour lui,* écrit-elle à Hamel, *je ne suis pas moralement en danger*[22]." Ou encore : "*C'est un gentil enfant quand il est seul avec moi. Il ne sera jamais heureux, il est bâti sur fond de tristesse*[23]."

Missy n'est pas ravie de cette concurrence mais elle a très vite compris que le petit Hériot n'est pas pour elle un rival sérieux. Elle laisse donc la bride sur le cou à Colette et s'occupe à meubler leur maison de Rozven. Quand elle rentre de voyage, Colette lui revient toujours, comme une chatte épuisée d'avoir trop couru retourne à son coussin familier. "... *j'avais hâte de me réfugier en Missy, de me faire gronder, soigner et réchauffer*[24]."

Missy sait qu'elle a un autre atout : cette propriété de Rozven dont Colette raffole. "... *Je veux que vous voyiez Rozven, son anse de mer verte, les rochers compliqués, le petit bois, les arbres neufs et les anciens, la terrasse chaude, les rosiers, ma chambre jaune, et la plage où la marée apporte des trésors, - du corail mauve, des coquilles polies, et parfois des tonneaux d'huile de baleine et de benzine, venus de lointains naufrages. J'ai un perchoir de rochers entre le ciel et l'eau. On pêche des homards bleu vif et des crevettes en agate, et des crabes qui ont le dos en velours de laine*[25]."

1 . Marguerite Moreno, *Souvenirs de ma vie*, Editions de Flore, 1949.
2 . *Lettres à ses pairs, op. cit.*
3 . Lettre à Natalie Barney, coll. Richard Anacréon.
4 . *Dialogues de bêtes*, «Toby-Chien parle», Mercure de France, 1904.
5 . *Mes Apprentissages, op. cit.*
6 . *Ibid.*
7 . Albert du Moulin dans *Paris-Lumière*, 5 décembre 1906.
8 . Cité par M.-J. Viel, *Colette au temps des Claudine, op. cit.*
9 . Lettre de Colette inédite, coll. Michel Rémy.
10 . Lettre de Sido du 31 juillet 1908, citée par *Le Figaro littéraire* du 24 janvier 1953.
11 . Lettre inédite, coll. Michel Rémy.
12 . *Lettres de la Vagabonde*, 28 février 1909 Flammarion, 1961. *op. cit.*
13 . 1909.
14 . *Théatra*, 9 mai 1911.
15 . *Paris-Journal*, 2 mai 1911.
16 . *Lettres à ses pairs*, avril 1906, *op. cit.*
17 . Lettre inédite à Rachilde, 2 janvier 1909, coll. Richard Anacréon.
18 . *Claudine en ménage*, Mercure de France, 1902.
19 . 1er novembre 1906.
20 . 21 mai 1909.
21 . *La Vagabonde*, Ollendorf, 1911.
22 . *Lettres de la Vagabonde*, novembre 1910, *op. cit.*
23 . *Ibid.*, novembre 1910.
24 . *Ibid.*, avril 1911, à Louis de Robert.
25 . *Ibid.*, novembre 1910.

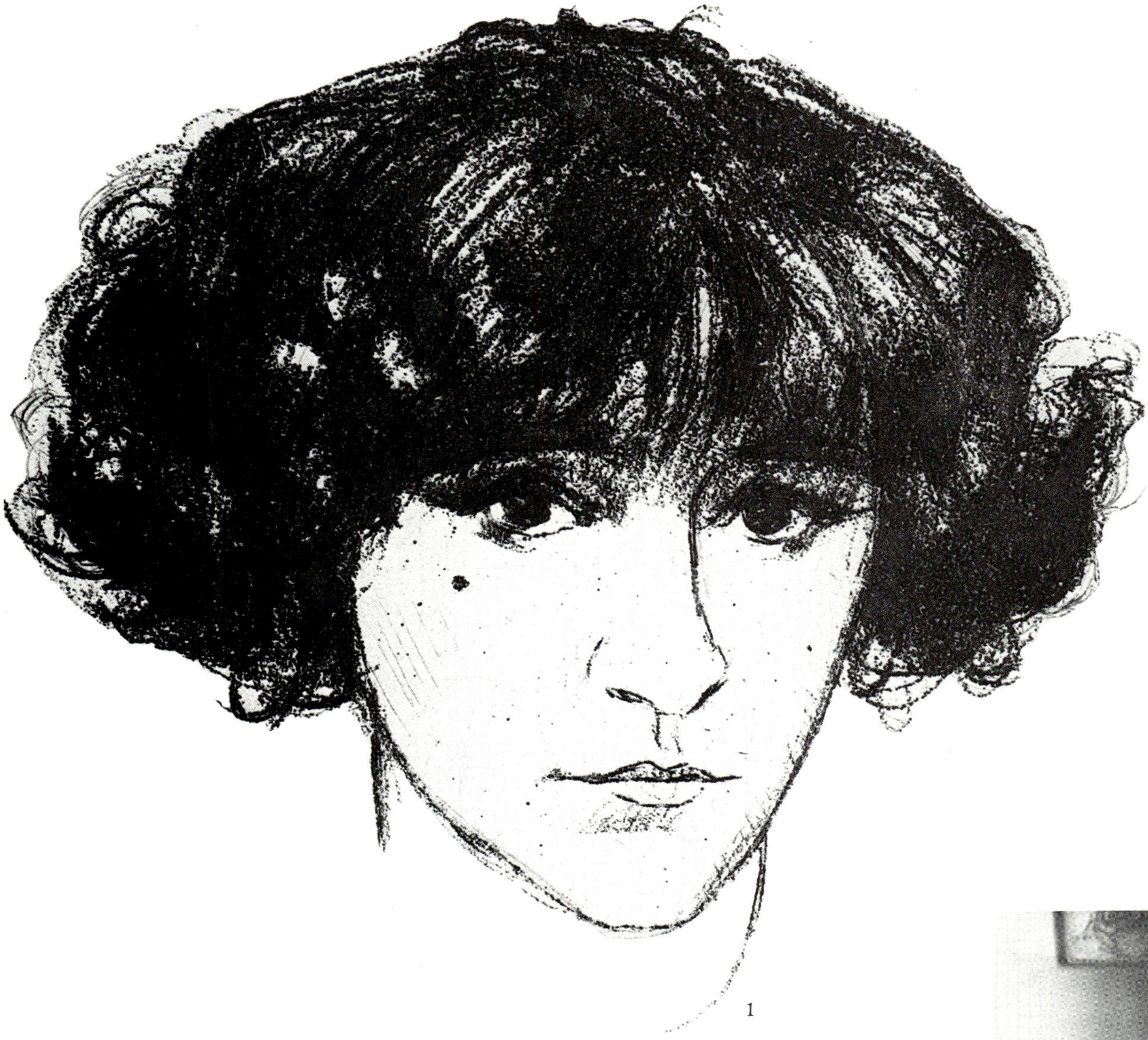

1

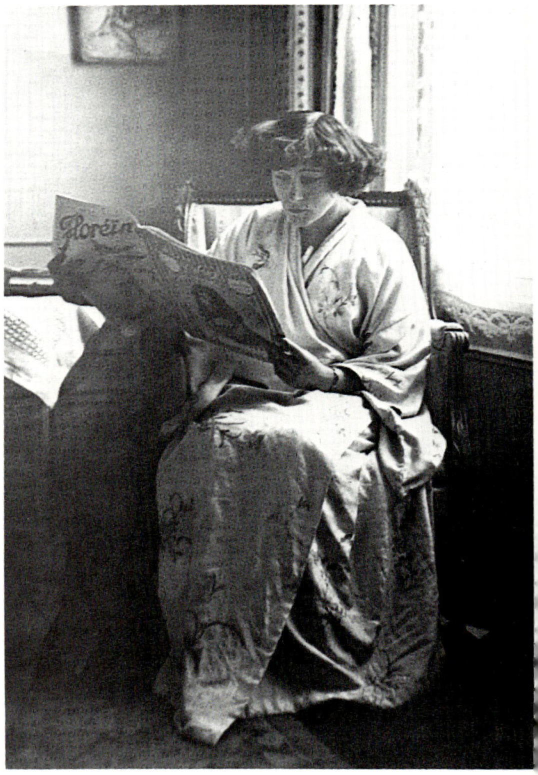

2

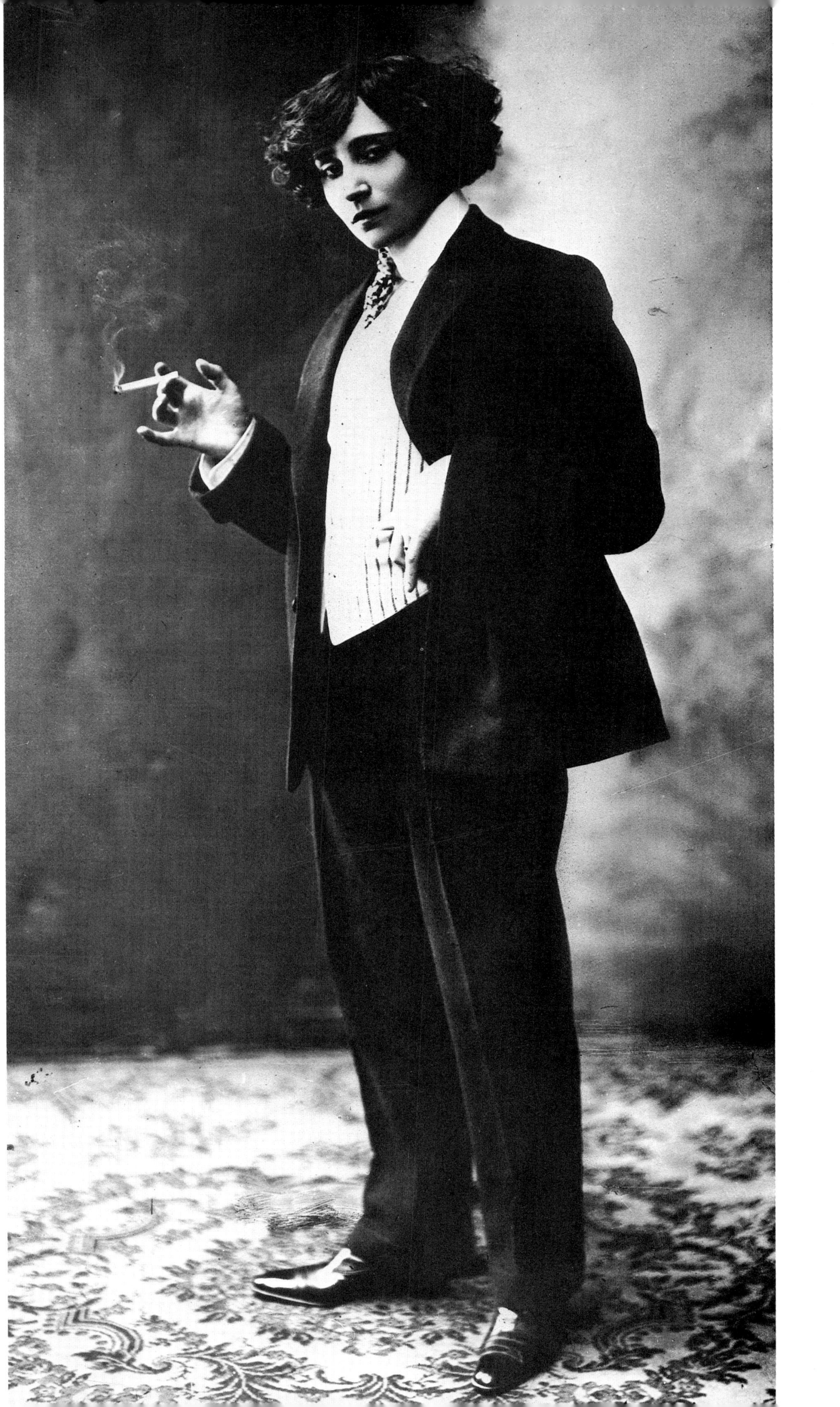

Page précédente : (1) Colette, séparée de Willy, apprend à vivre seule. Plus tard, dans *Bella-Vista,* elle écrira : *"C'est folie de croire que les périodes vides d'amour sont les "blancs" d'une existence de femme."* – (2) Colette dans sa "fillonnière" de la rue de Villejust. ...*"Dès la première nuit que je passai dans ce rez-de-chaussée, j'oubliai la clef sur la serrure à l'extérieur."* – Ci-contre : Colette travestie en homme ; c'était peut-être un moyen de se rassurer...

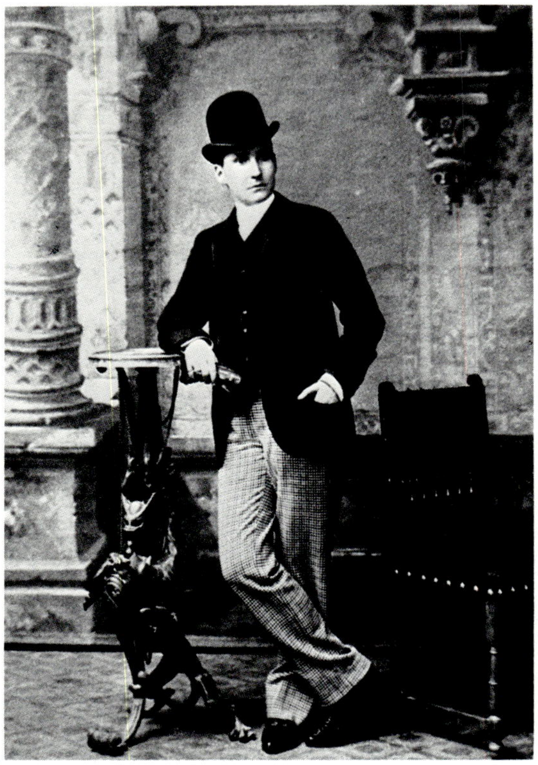
1

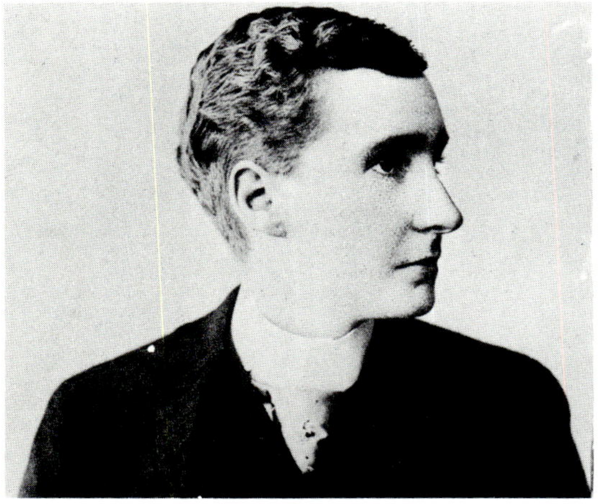
2

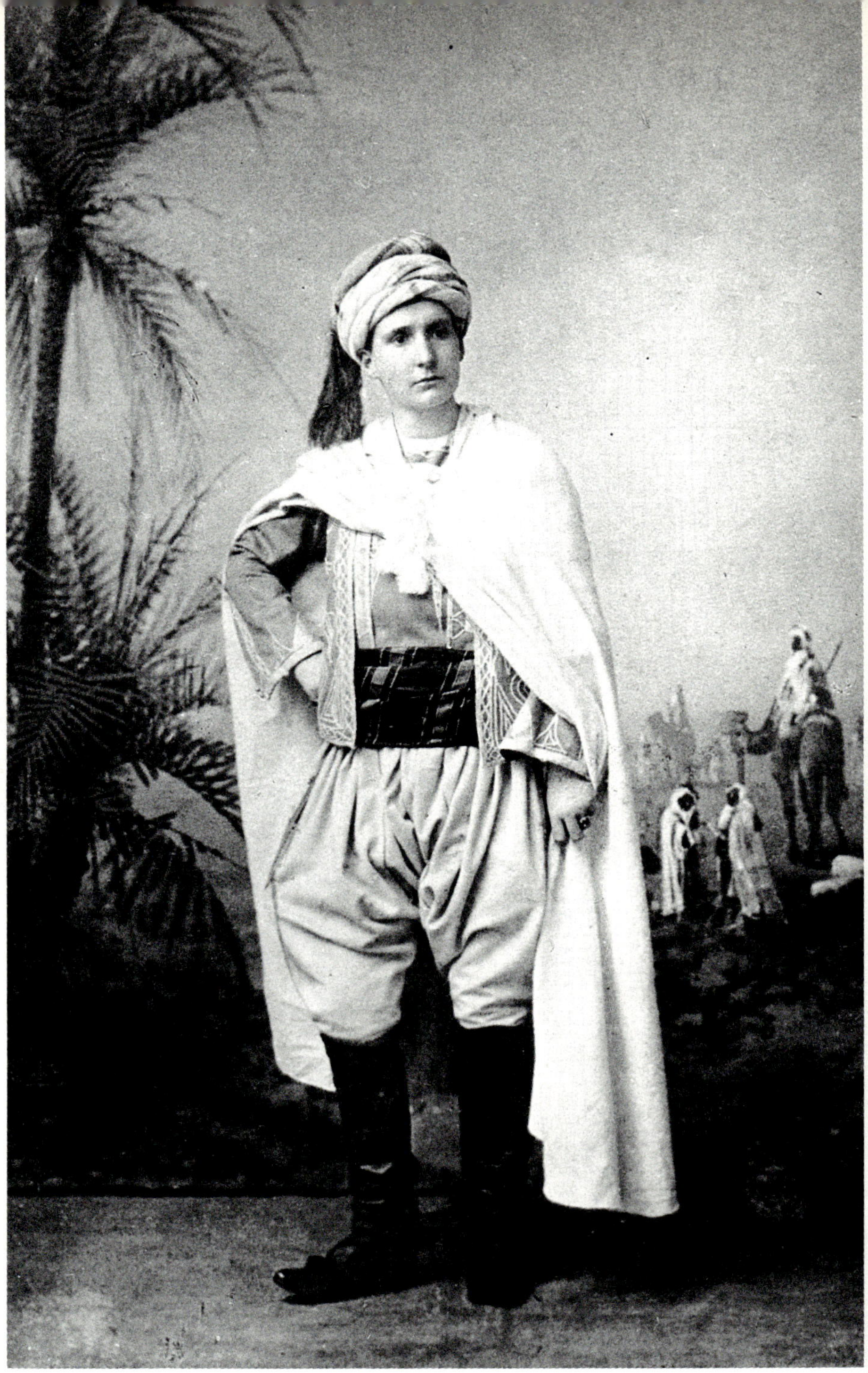

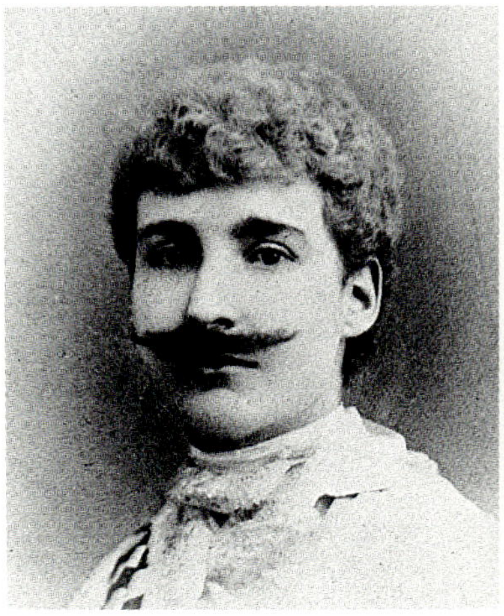

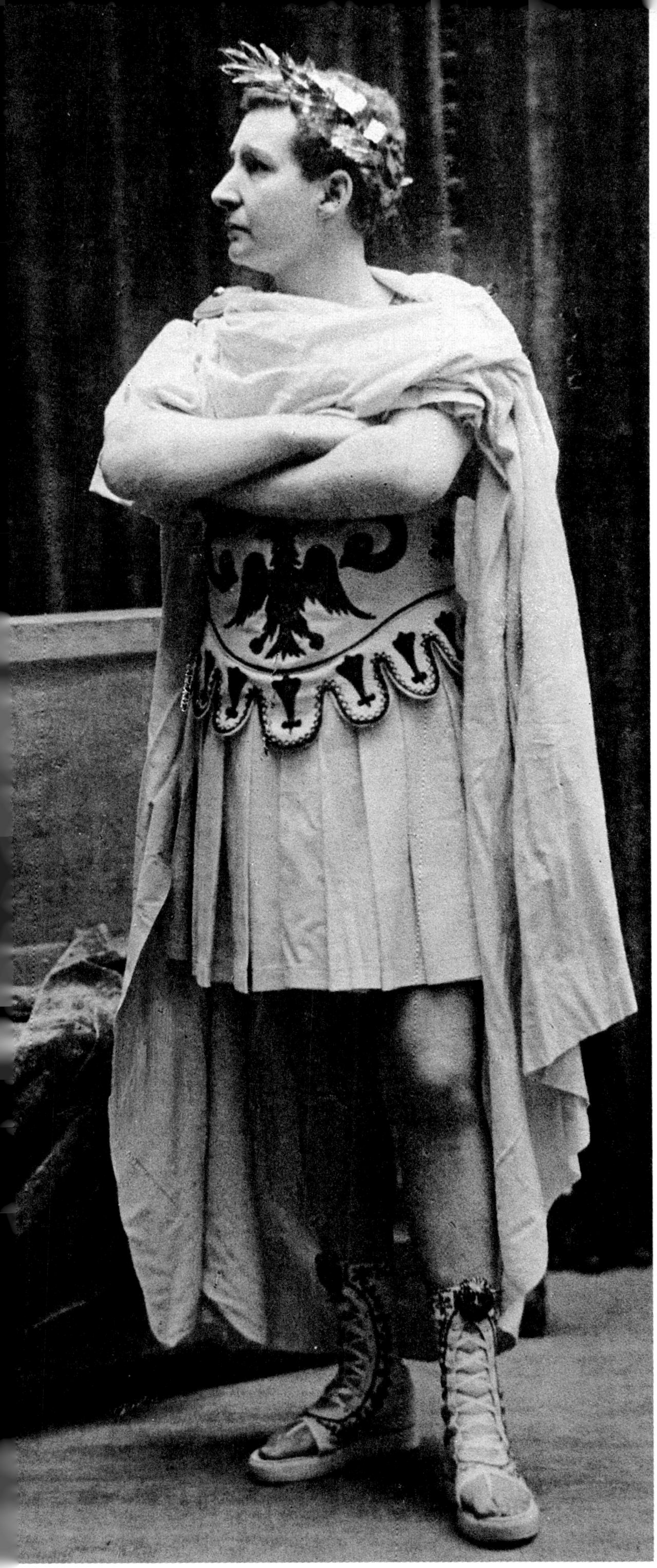

1

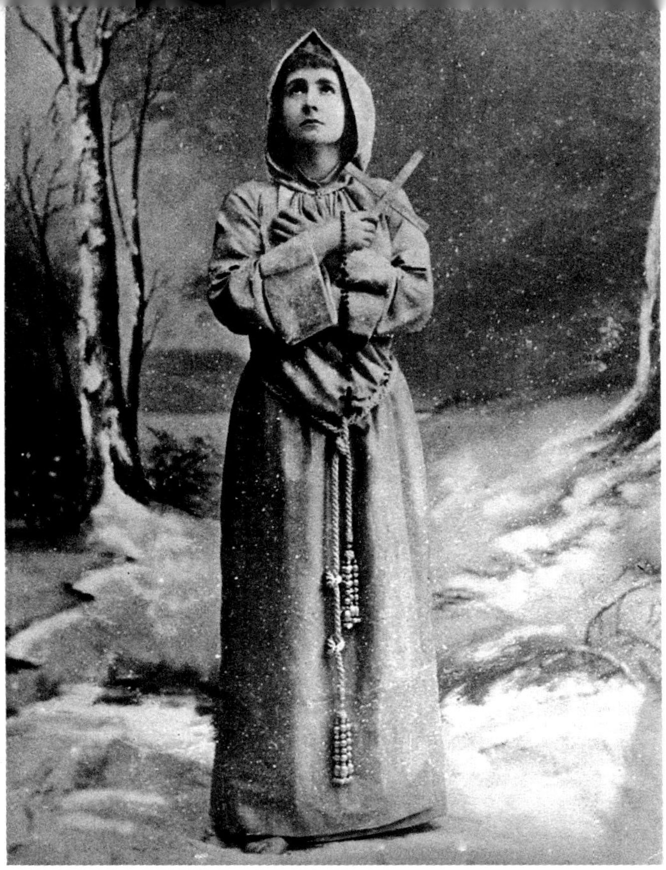

2

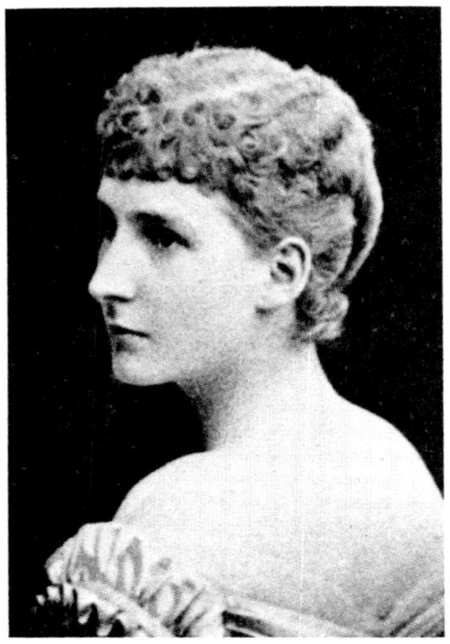

3

Page précédente : Cet homme en chapeau melon (1), aux cheveux ras (2), ce cavalier arabe (3), ce bellâtre dont la moustache postiche est faite de poils de queue de chien (4) n'est autre que Mathilde de Morny, ex-marquise de Belbeuf, dite Missy et amoureuse de Colette. – Ci-contre : (1) Missy en empereur romain. – Ci-dessus, (2)... en moine. – (3)... et l'une des rares photos de Mathilde en femme, lorsqu'elle était jeune fille.

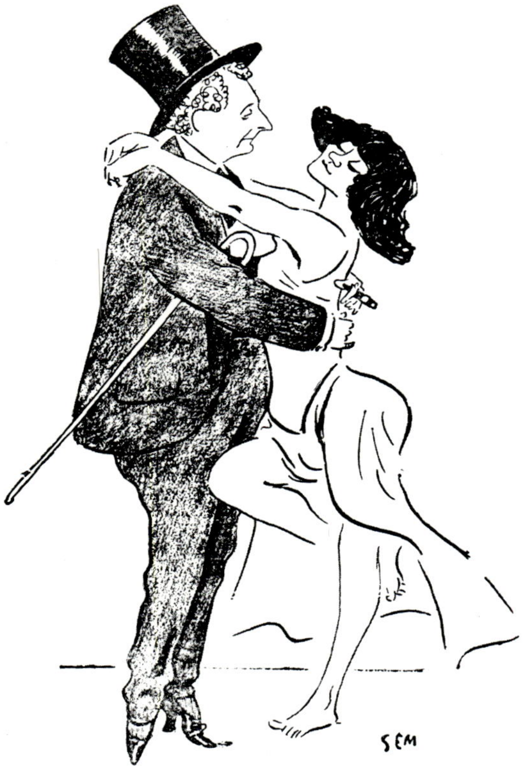

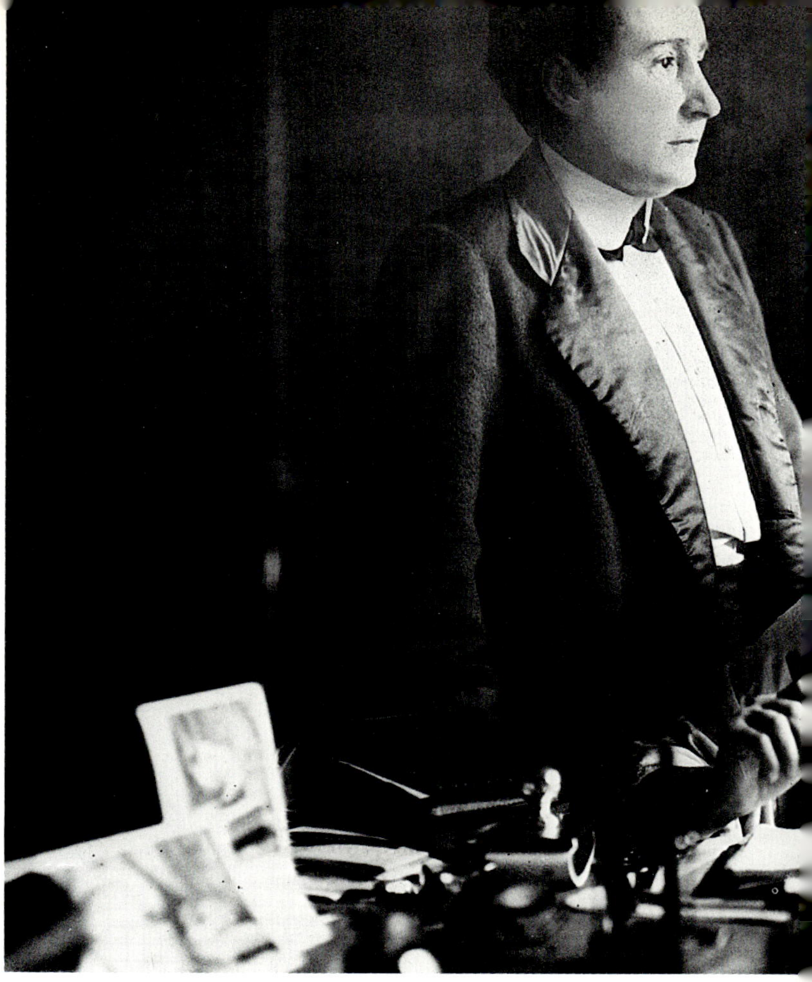

Ci-dessus : Colette et la marquise de Belbeuf, le couple qui fait scandale, caricaturé par Sem. – Ci-contre, en haut : les mêmes, au naturel, en 1910. Dans *Le Pur et l'Impur,* Colette décrira la marquise sous le nom de la Chevalière. – A droite et page suivante : "L'Avenue du Bois", frise satirique de Sem. Dans le cortège on reconnaît Colette et Missy, en calèche, conduites par le cocher Willy. En légende, sous les deux femmes "Le Mariage mornigatique", et sous Willy, "L'Ouvreuse cochère".

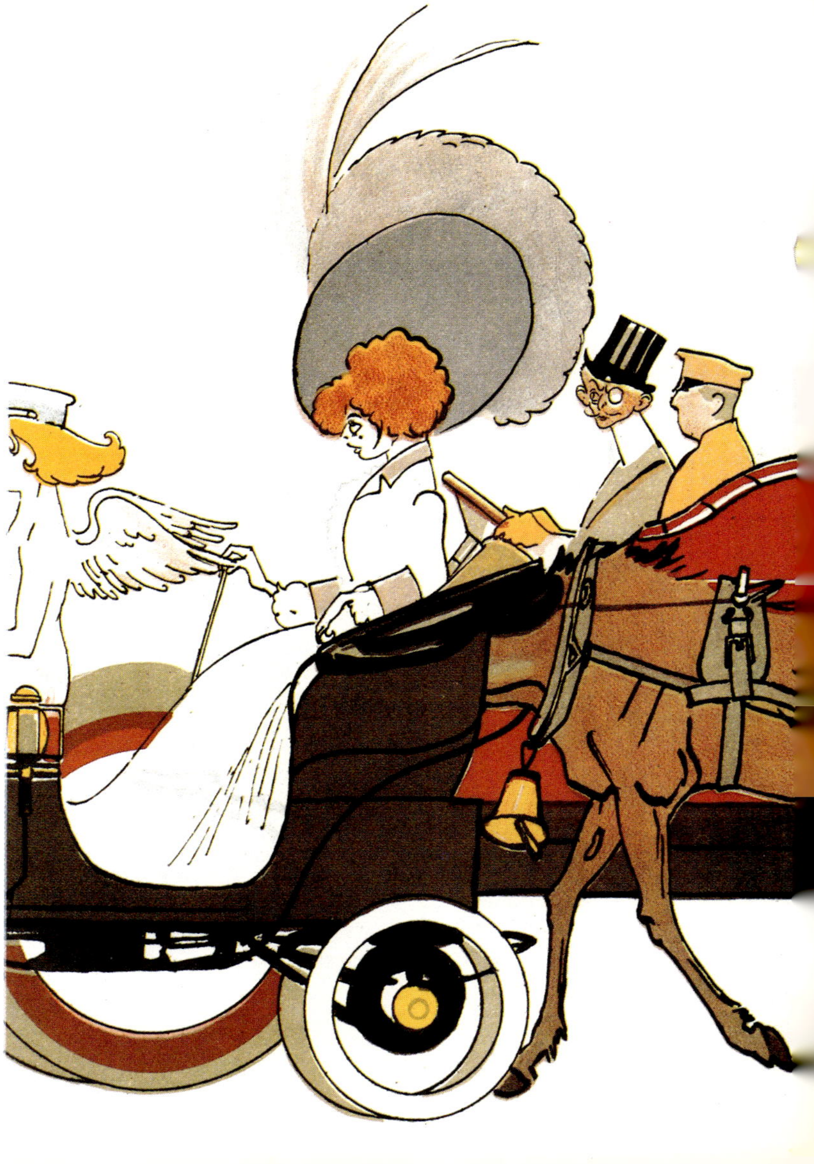

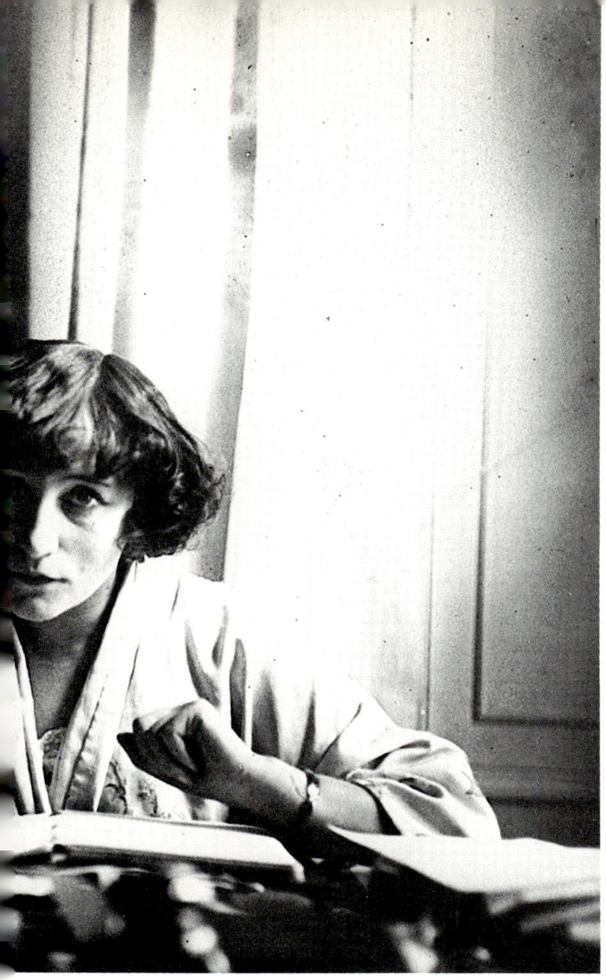

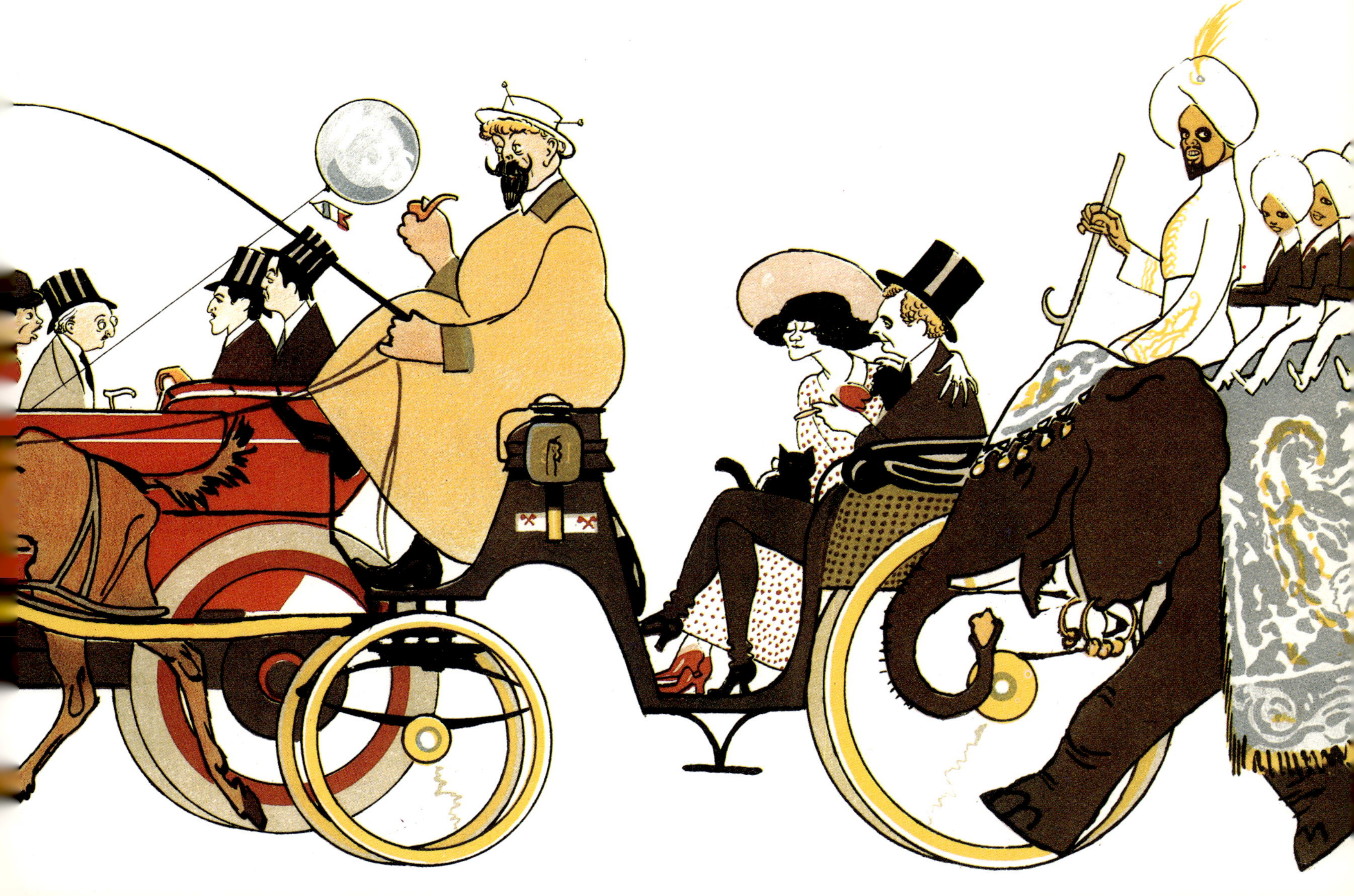

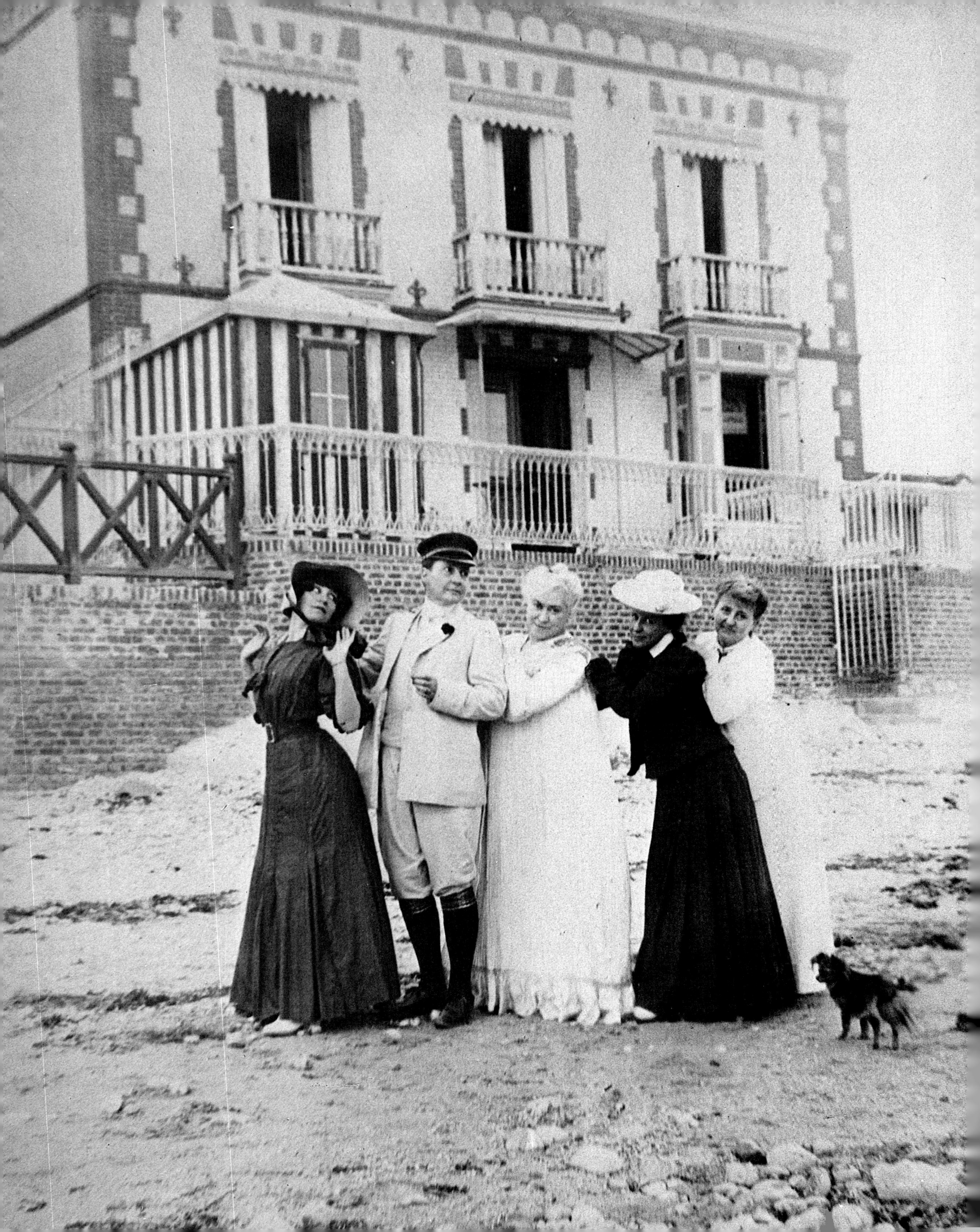

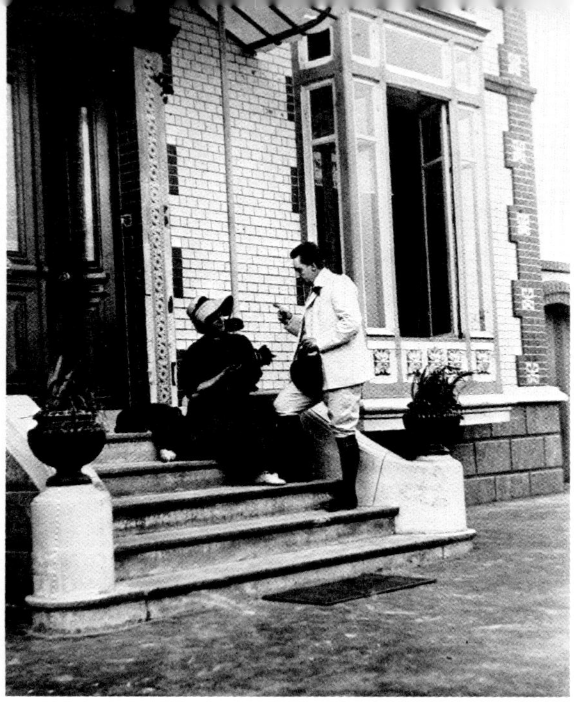

1

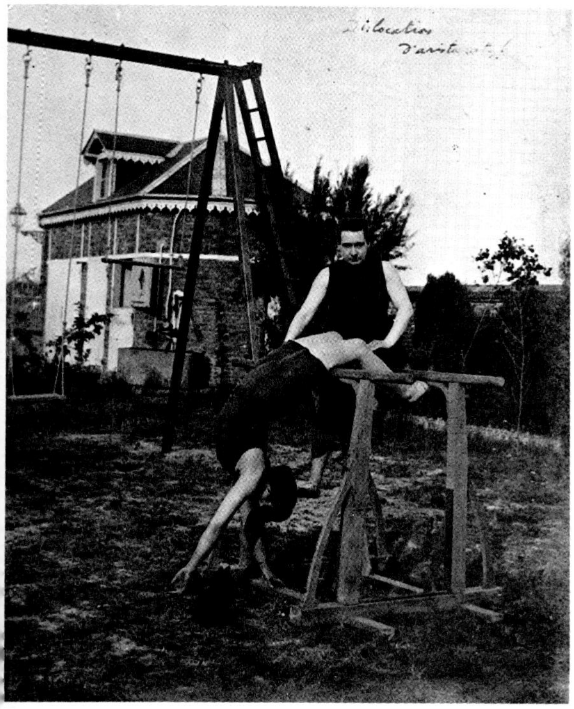

2

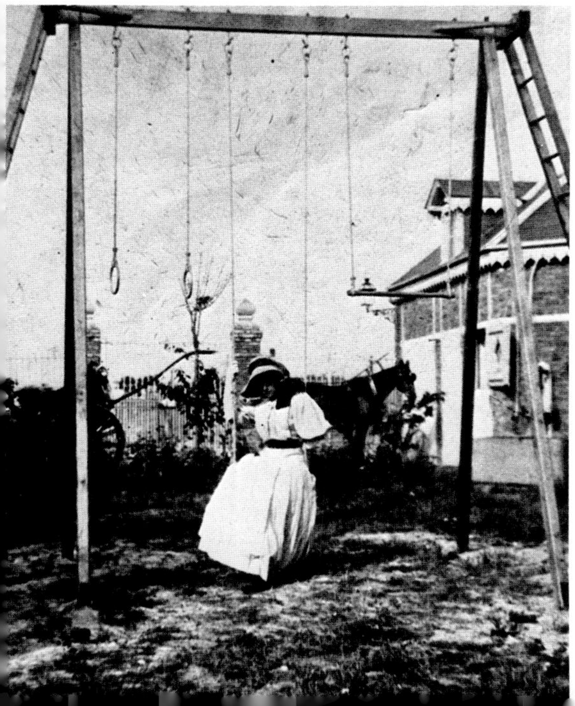

3

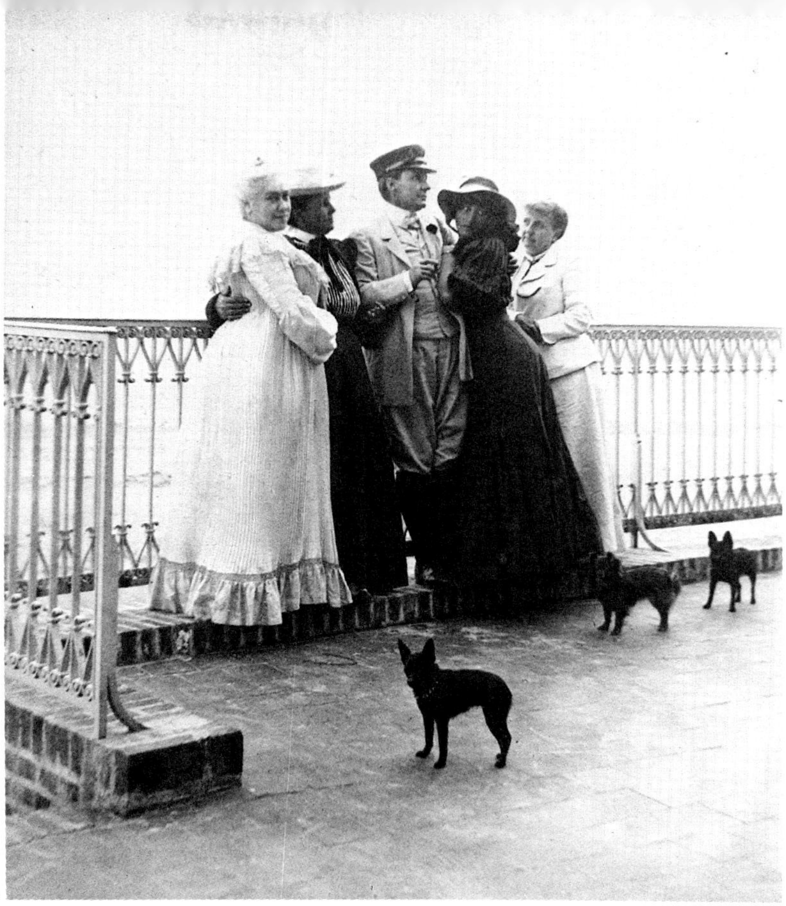

4

Page précédente : vacances 1907 au Crotoy, dans la baie de Somme. De gauche à droite : Colette, Missy et trois amies. – Ci-contre : (1) Colette et Missy sur le perron de la villa “Belle Plage”. – (2) Sous la surveillance de Missy, l’entraînement musculaire de Colette. Willy avait légendé cette photo : “Dislocation d’aristocrates”. – (3) Colette sur sa balançoire. – (4) La marquise en casquette, Colette et leurs amies. – (5) “L’exécution de Marie Stuart”, tableau vivant reconstitué par Renée Vivien. Missy est le bourreau, Hamel, le moine, et Renée Vivien, Marie Stuart.

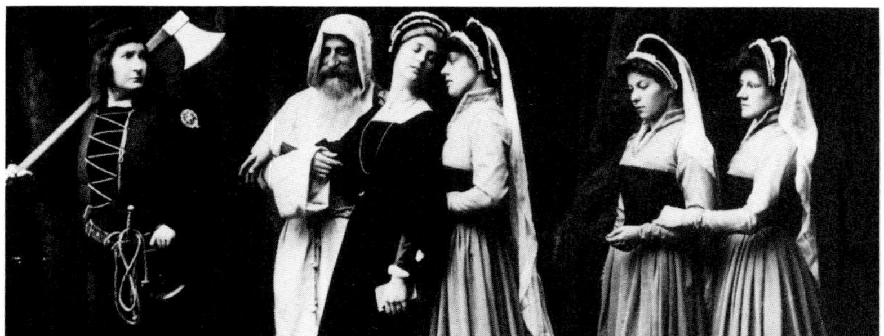

5

1 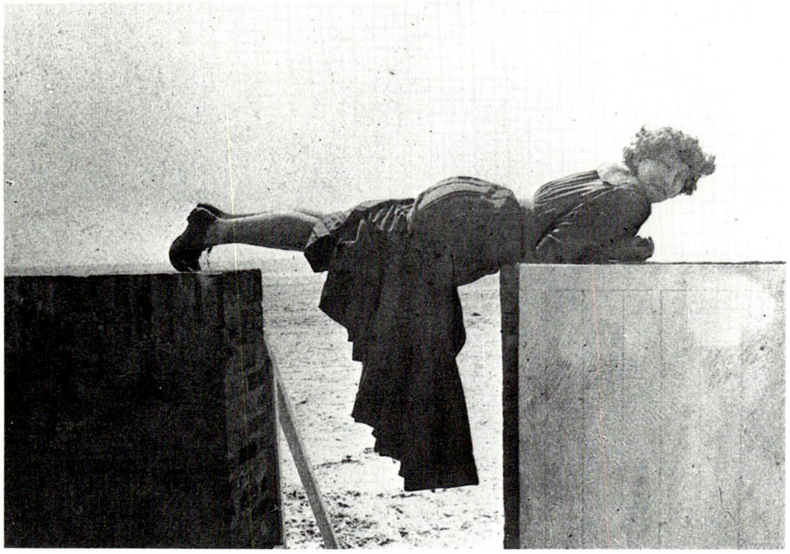

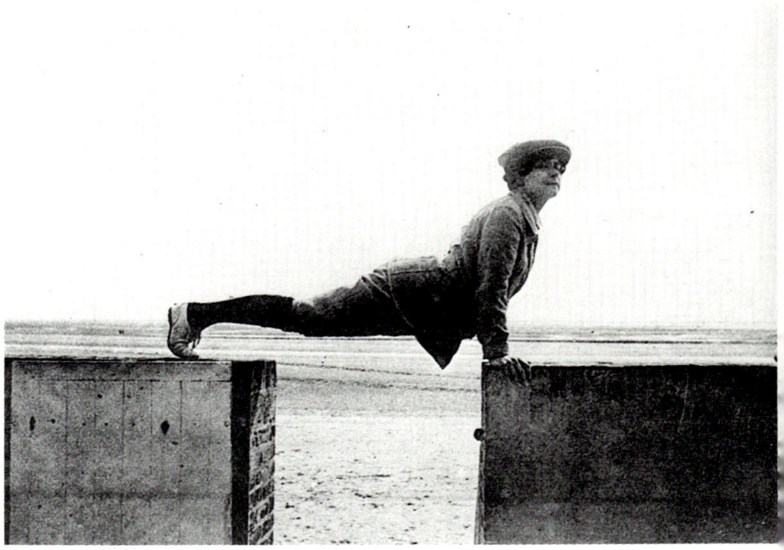

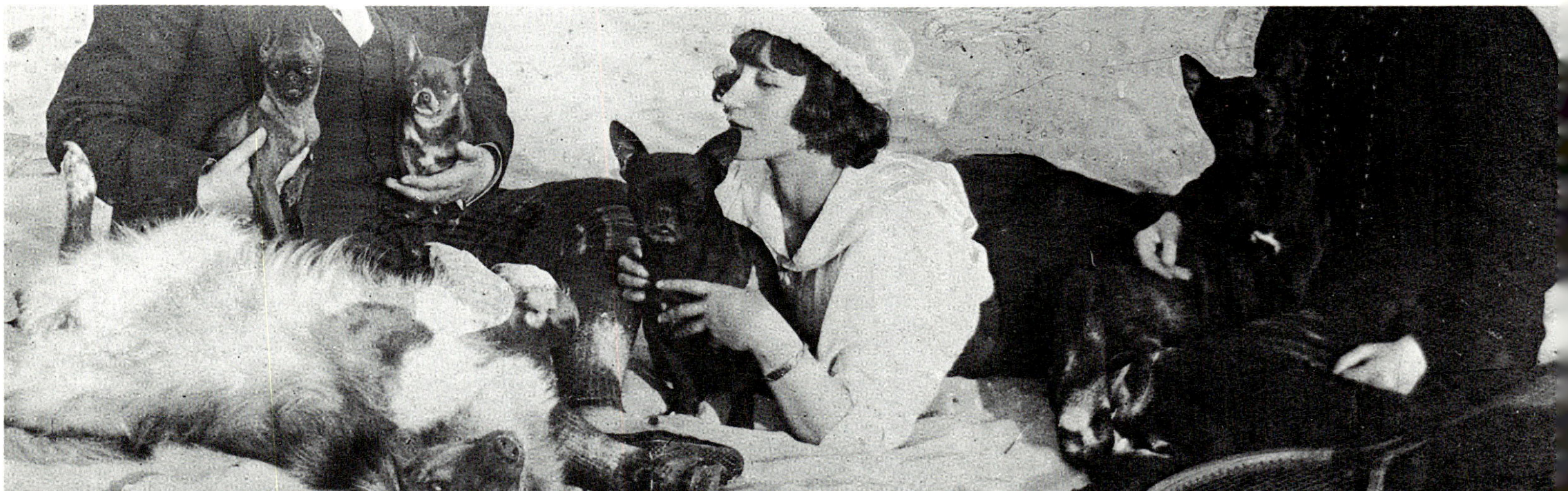

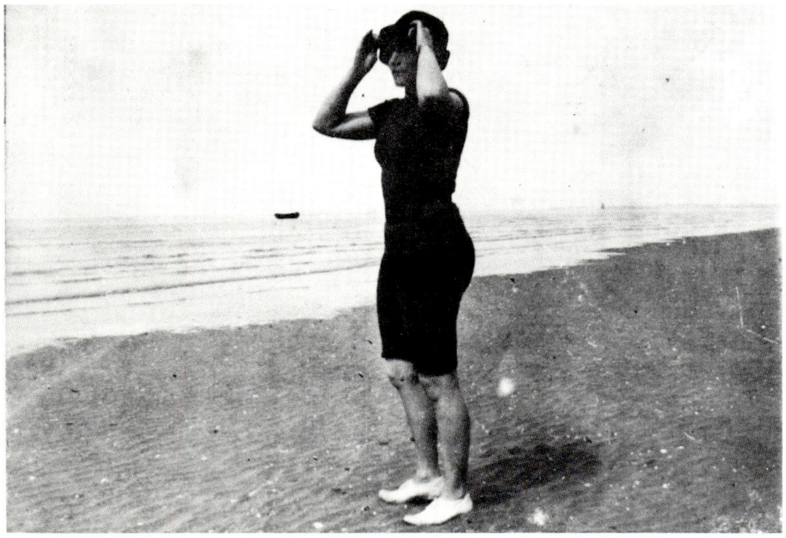

1

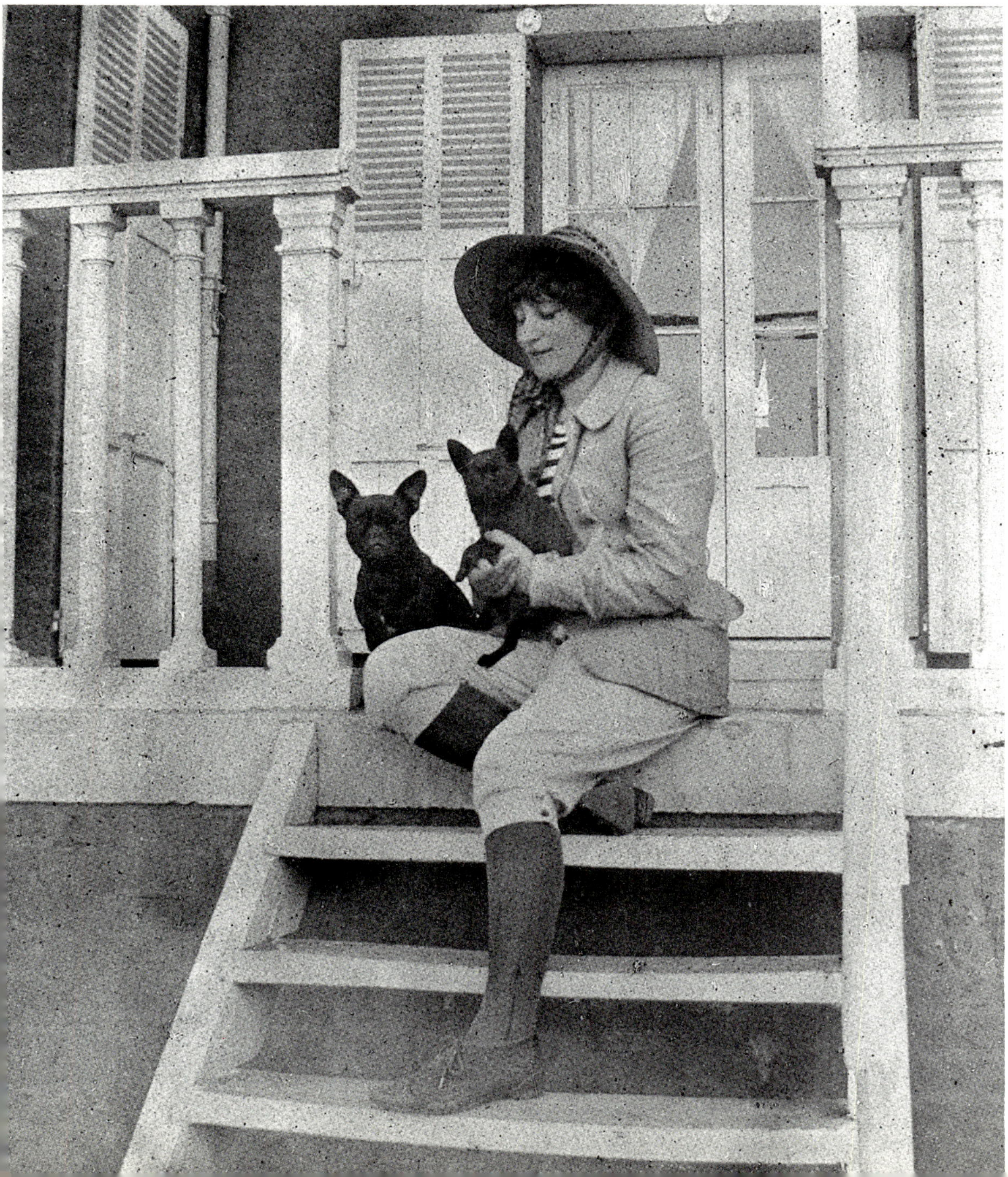

2

Page précédente : au Crotoy, (1) Colette et (2) Meg Villars, rivales en acrobatie, comme elles le sont, face à Willy. – (3) Colette, en 1907, parmi ses chiens. – Ci-dessus : (1) Impudique à la scène, Colette était fort convenable, en maillot de bain, à la plage. – Ci-contre : Colette au Crotoy. L'influence de Missy se ressent dans son habillement.

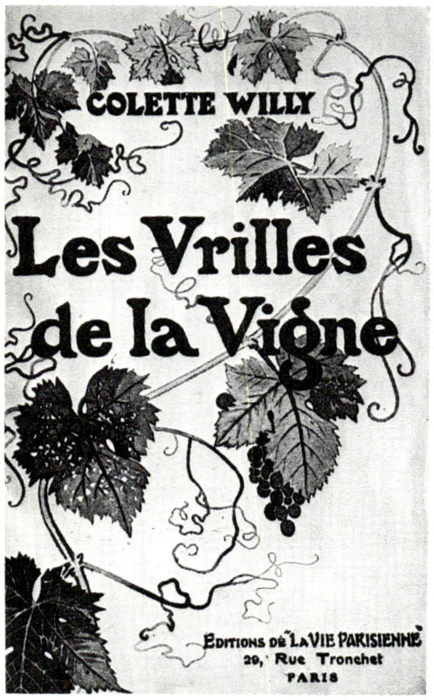

1

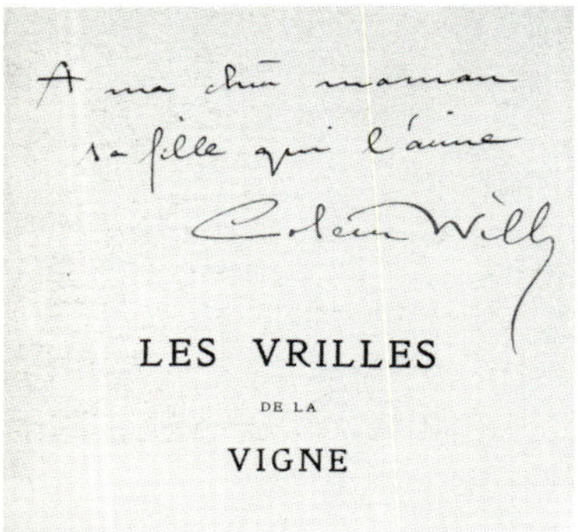
A ma chère maman
sa fille qui l'aime
Colette Willy

LES VRILLES
DE LA
VIGNE

2

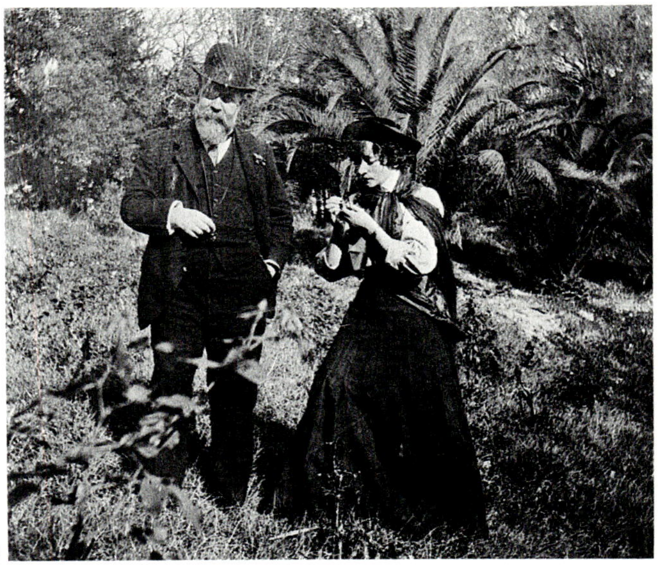
3

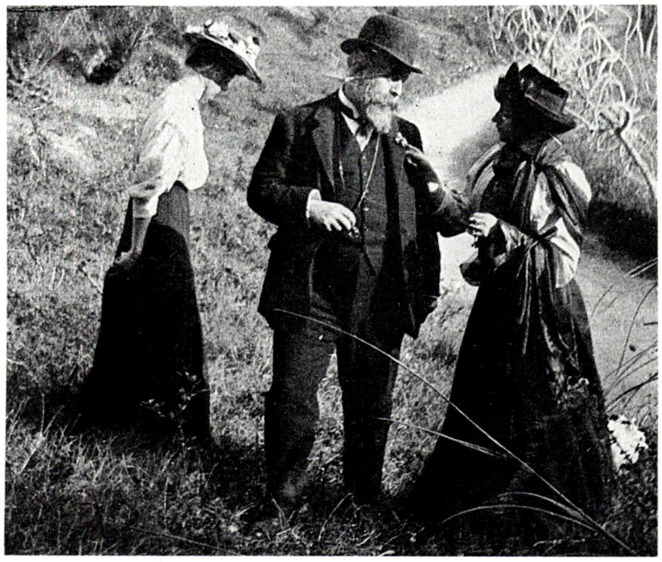
4

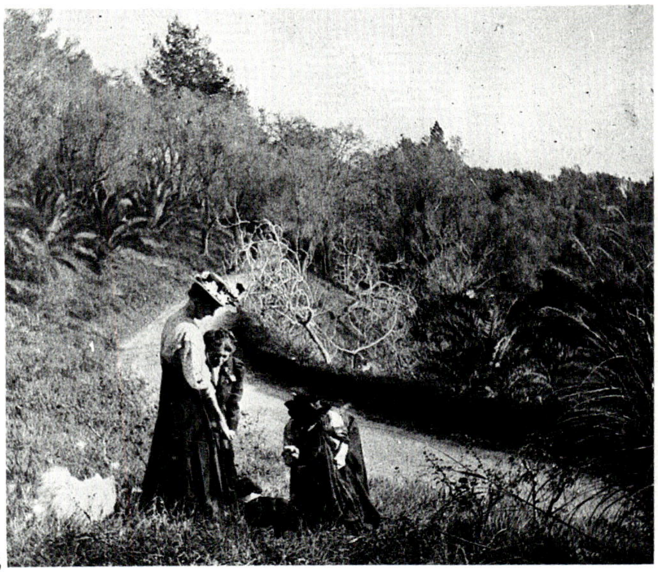
5

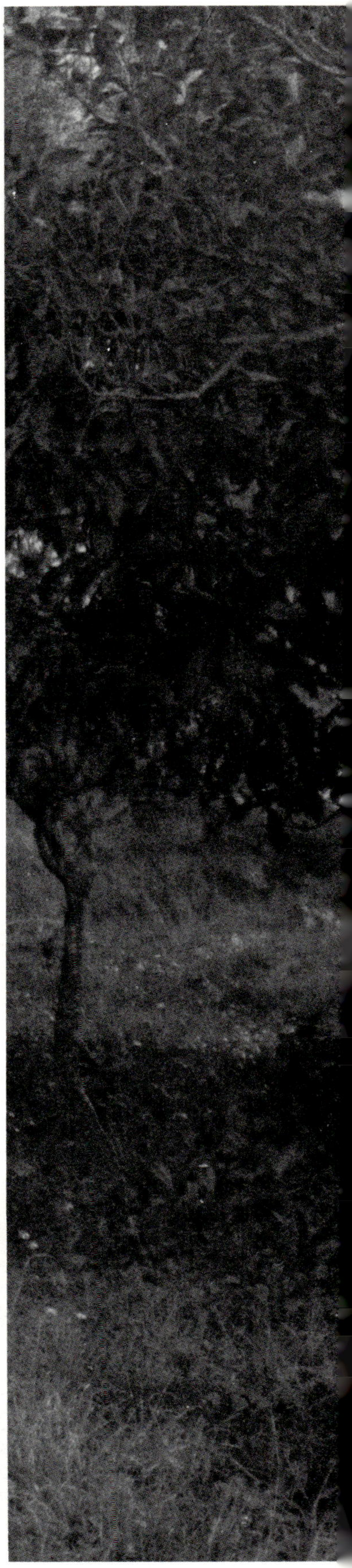

(1) Première édition des *Vrilles de la vigne,* en 1908. – (2) Dédicace à Sido. – (3) Willy et Colette à Nice en mars 1908. Colette, en tournée, est venue jouer *Rêve d'Egypte* aux Capucines. – (4) Séparée de Willy qui vit avec Meg Villars, elle ne sera vraiment divorcée qu'en 1910. – (5) Colette à Nice avec la poétesse Renée Vivien. – Sur les deux pages : Colette dans un verger.
Page suivante : (1) Marguerite Maniez, dite Meg Villars, danseuse, chanteuse, est la nouvelle compagne de Willy. Colette en sera fort jalouse mais elles se réconcilieront par la suite.
(2) Colette et Meg : un duo de commande.

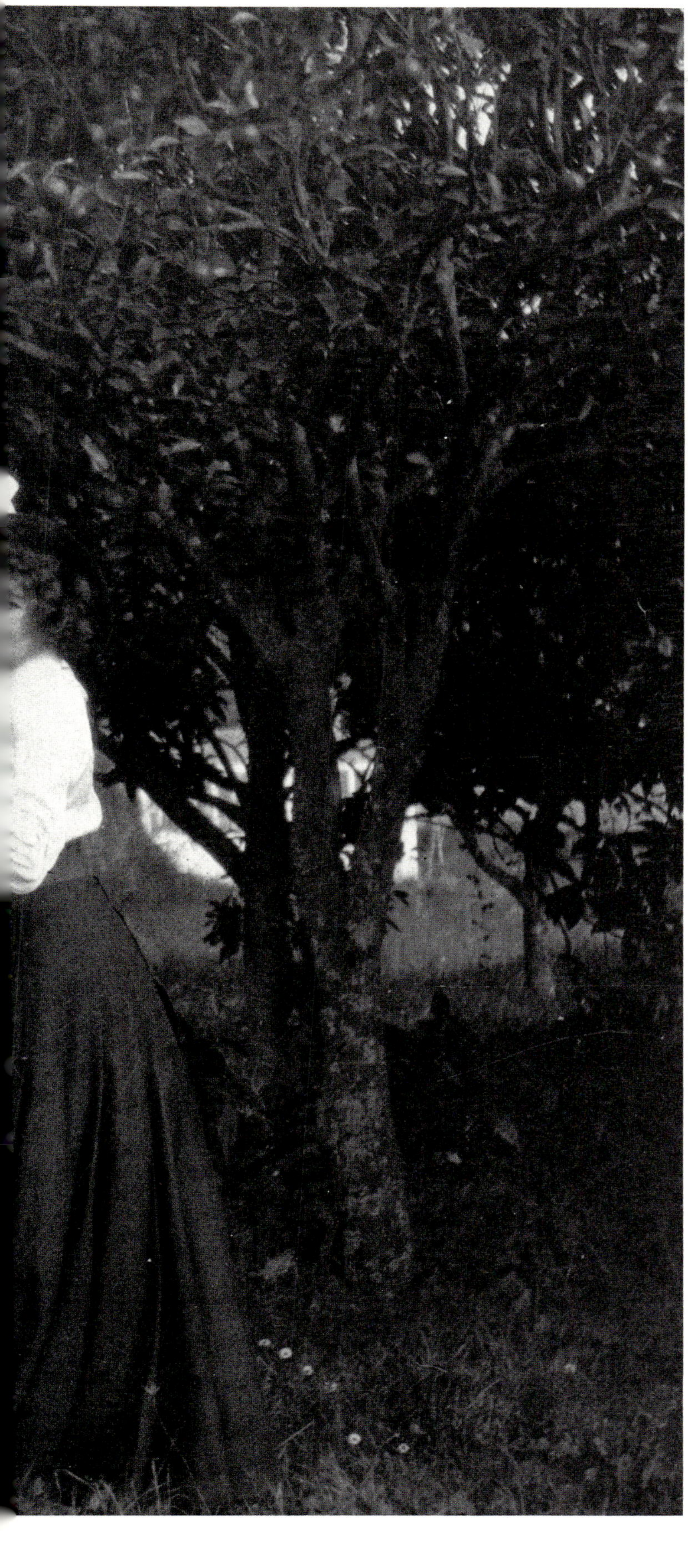

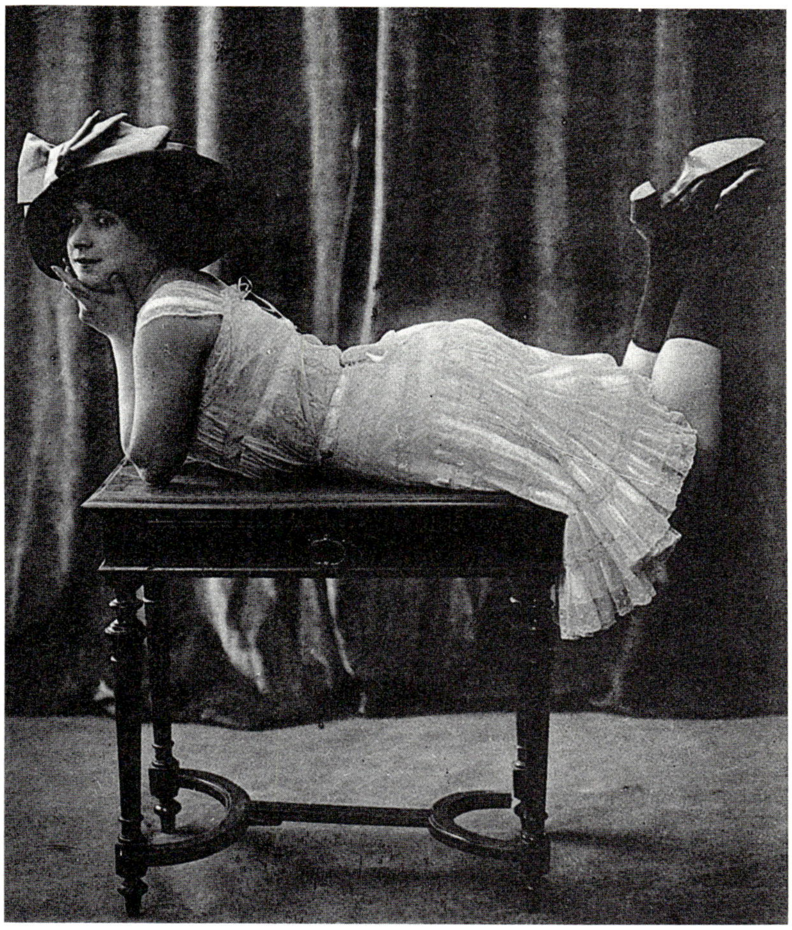

1

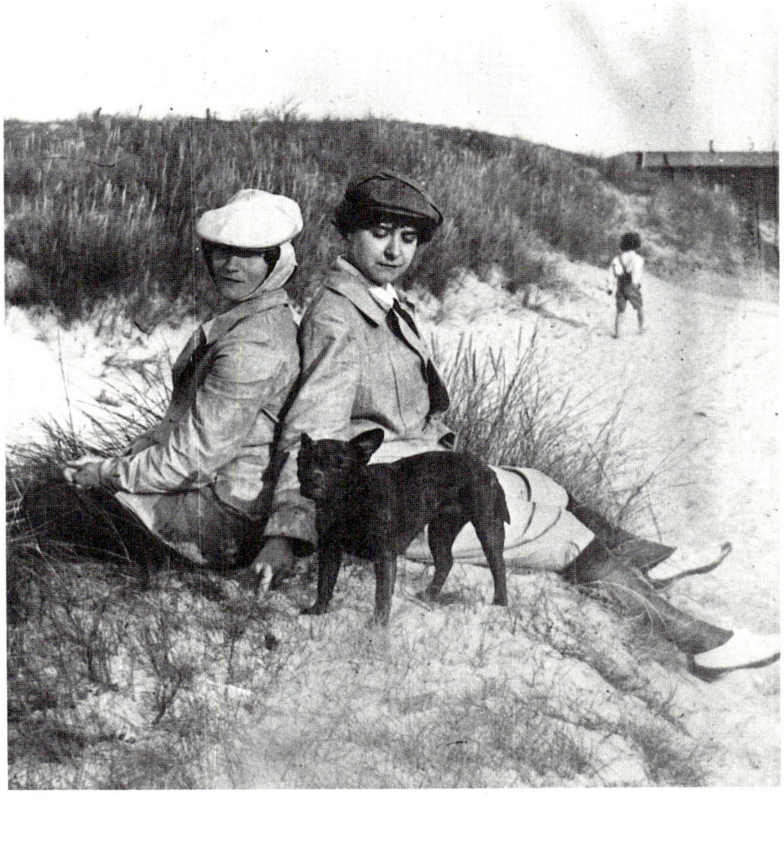

2

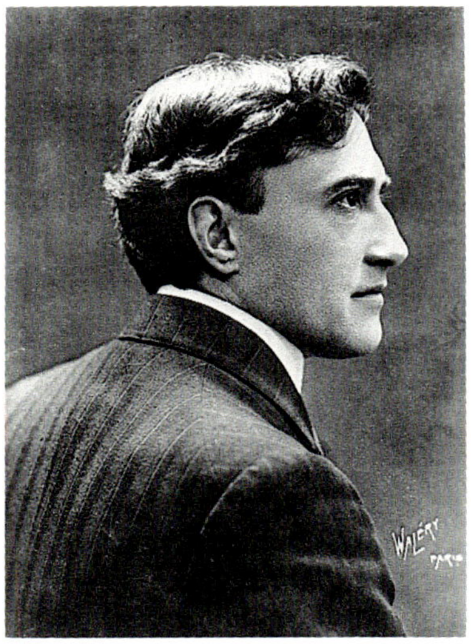

2

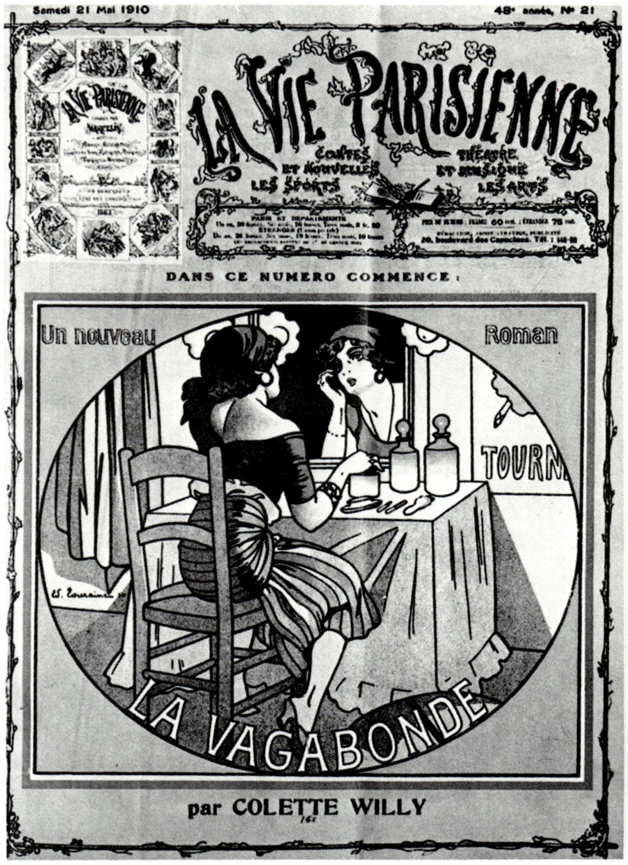

3

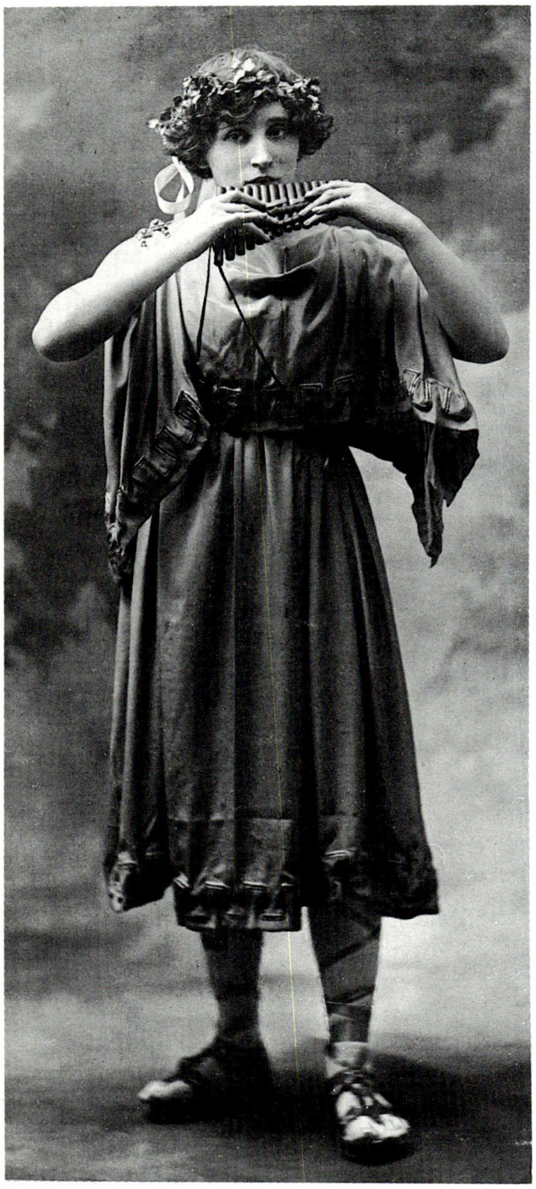

1

(1) Colette, dans le rôle de Paniska du mimodrame “Pan” de Charles van Leebergue, musique de Robert Haas, au théâtre Marigny, fin 1906. La marquise de Belbeuf devait y tenir le rôle de Pan mais, au dernier moment, elle céda la place à Georges Wague (2). Ce qui donna lieu à toutes sortes de plaisanteries. “C'est pourtant vrai qu'elle a l'air d'un homme”, disait-on sur le passage de l'acteur. – (3) et (4) *La Vagabonde* commence à paraître en feuilleton dans *La Vie parisienne*, le 21 mai 1910. **Page suivante :** photo de Colette vers trente-cinq ans, dans l'album de Willy.

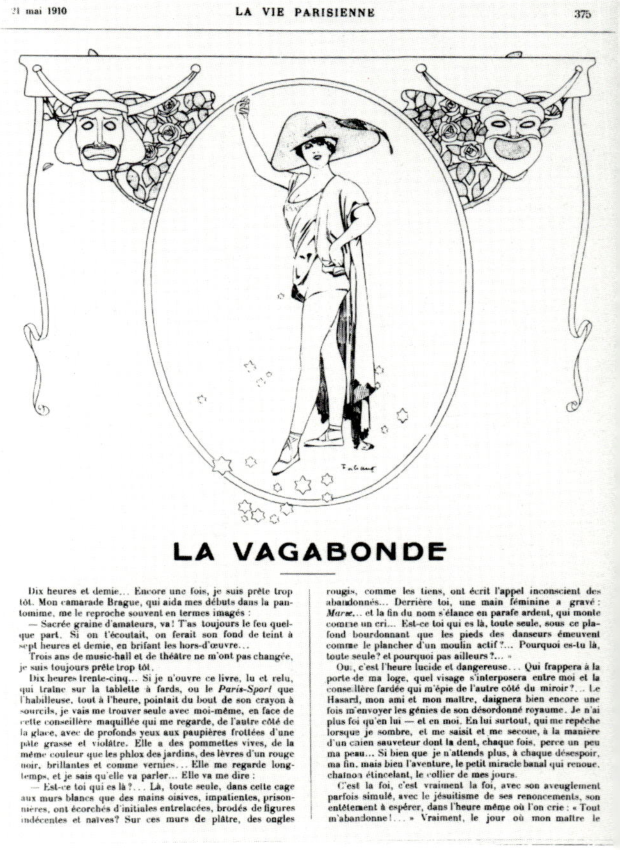

21 mai 1910 LA VIE PARISIENNE 375

LA VAGABONDE

Dix heures et demie... Encore une fois, je suis prête trop tôt. Mon camarade Brague, qui aida mes débuts dans la pantomime, me le reproche souvent en termes imagés :

— Sacrée graine d'amateurs, va! T'as toujours le feu quelque part. Si on t'écoutait, on ferait son fond de teint à sept heures et demie, en brifant les hors-d'œuvre...

Trois ans de music-hall et de théâtre ne m'ont pas changée, je suis toujours prête trop tôt.

Dix heures trente-cinq... Si je n'ouvre ce livre, lu et relu, qui traîne sur la tablette à fards, ou le *Paris-Sport* que l'habilleuse, tout à l'heure, pointait du bout de son crayon à sourcils, je vais me trouver seule avec moi-même, en face de cette conseillère maquillée qui me regarde, de l'autre côté de la glace, avec de profonds yeux aux paupières frottées d'une pâte grasse et violâtre. Elle a des pommettes vives, de la même couleur que les phlox des jardins, des lèvres d'un rouge noir, brillantes et comme vernies... Elle me regarde longtemps, et je sais qu'elle va parler... Elle va me dire :

— Est-ce toi qui es là?... Là, toute seule, dans cette cage aux murs blancs que des mains oisives, impatientes, prisonnières, ont écorchés d'initiales entrelacées, brodés de figures indécentes et naïves? Sur ces murs de plâtre, des ongles rougis, comme les tiens, ont écrit l'appel inconscient des abandonnés... Derrière toi, une main féminine a gravé : *Marie*... et la fin du nom s'élance en parafe ardent, qui monte comme un cri... Est-ce toi qui es là, toute seule, sous ce plafond bourdonnant que les pieds des danseurs émeuvent comme le plancher d'un moulin actif?... Pourquoi es-tu là, toute seule? et pourquoi pas ailleurs?... »

Oui, c'est l'heure lucide et dangereuse... Qui frappera à la porte de ma loge, quel visage s'interposera entre moi et la conseillère fardée qui m'épie de l'autre côté du miroir?... Le Hasard, mon ami et mon maître, daignera bien encore une fois m'envoyer les génies de son désordonné royaume. Je n'ai plus foi qu'en lui — et en moi. En lui surtout, qui me repêche lorsque je sombre, et me saisit et me secoue, à la manière d'un chien sauveteur dont la dent, chaque fois, perce un peu ma peau... Si bien que je n'attends plus, à chaque désespoir, ma fin, mais bien l'aventure, le petit miracle banal qui renoue, chaînon étincelant, le collier de mes jours.

C'est la foi, c'est vraiment la foi, avec son aveuglement parfois simulé, avec le jésuitisme de ses renoncements, son entêtement à espérer, dans l'heure même où l'on crie : « Tout m'abandonne!... » Vraiment, le jour où mon maître le

4

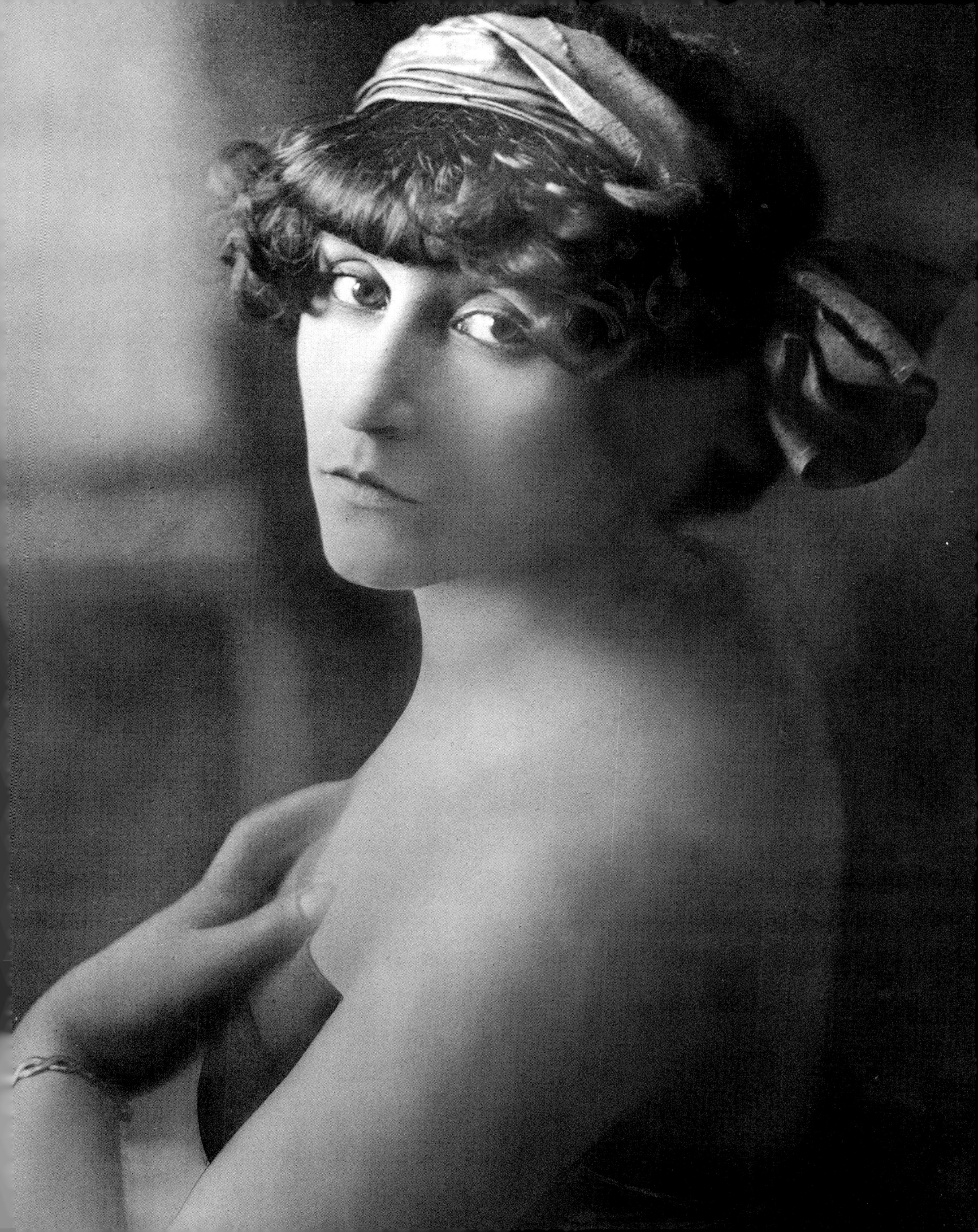

Cl. Studia-Lux.

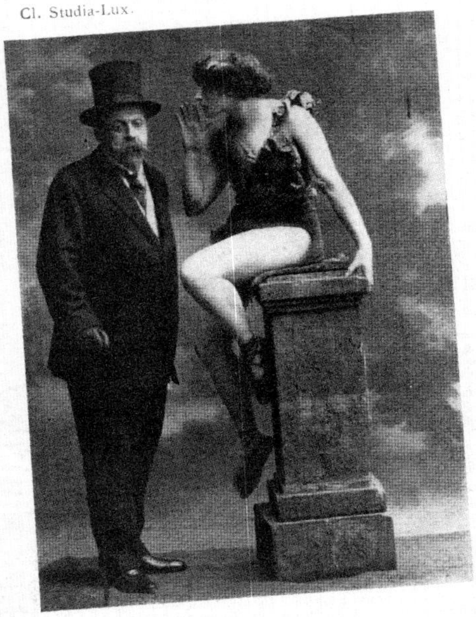

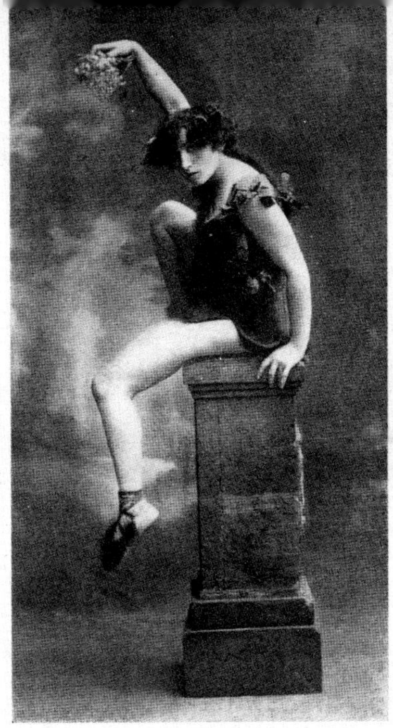

Cl. Studia-Lux.

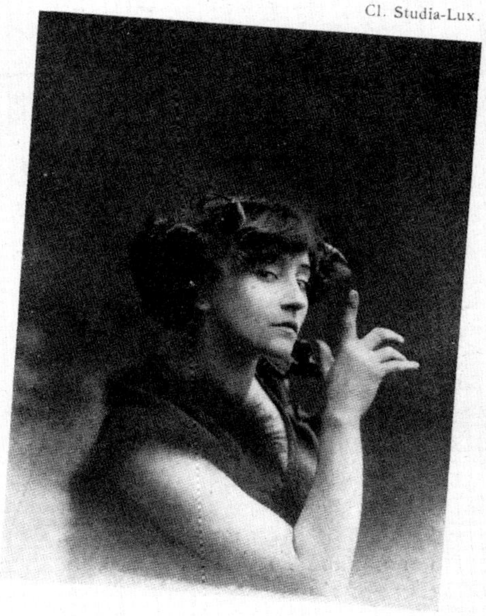

- L'Amour, le Désir, la Chimère -

Mes impressions de première ? Attendez.

Derrière un rideau baissé, au centre d'un jardin de toile peinte bordé d'un mur en carton, s'agite un petit peuple désespéré... On crie, on pleure, on menace, on court et on se heurte... Georgette Leblanc vole de l'un à l'autre, éblouissante et nue dans sa robe du dernier acte de *Tintagiles*, et ses cheveux d'or la suivent, soulevés par l'élan.

Sous mon costume de faune, je cours aussi, les mains écartées, afin de ne pas écailler leur fard écru... Et je crie, pour faire comme tout le monde :

— Mon arc !... Mon arc, je vous dis ! Il était là, qu'est-ce qu'on en a fait ? Et ma flûte ? Flûte, on a marché dessus, c'est du propre ! Ah ! mon Dieu, j'ai une corne qui ne tient pas. Oh ! que j'ai soif ! Et ce sale public qui trépigne ! Nous ne sommes pourtant que de trois quarts d'heure en retard... Et où a-t-on mis la colophane pour mes semelles ? Georgette, mon maillot plisse au genou !... Willy, va-t-en dans la salle, tu ne tiendras jamais dans les coulisses...

Cl. Studia-Lux.

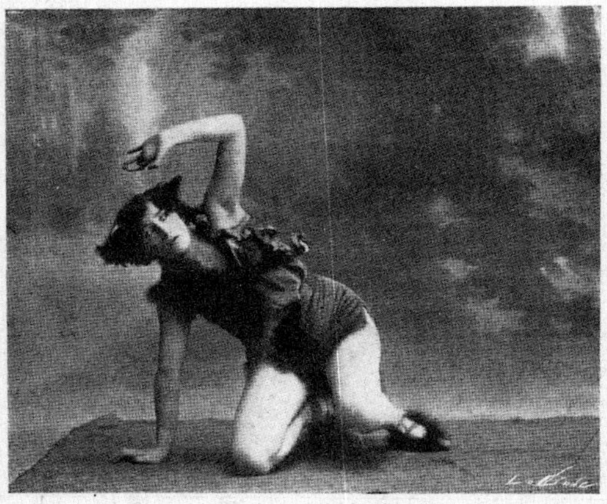

Cl. Studia-Lux.

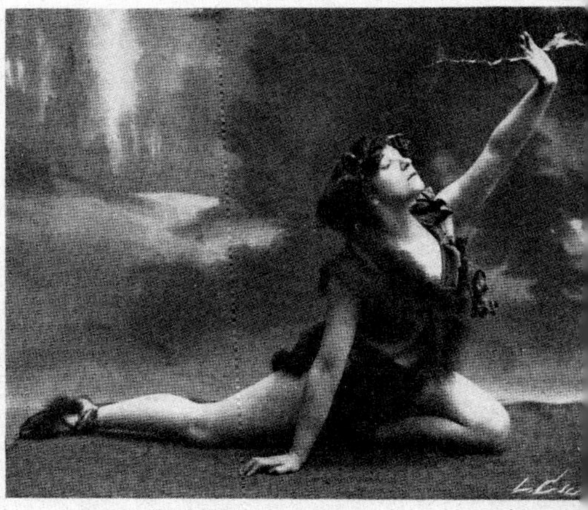

Inès Devriès passe, joli Tanagra paisible, sous des crêpes immaculés. Miss Borrowdale frissonne dans ses voiles verts, son cou frêle plie sous la tour somptueuse de ses cheveux roux. Ça sent la poudre de riz, la toile peinte et le machiniste affairé.

— Nougués, y êtes-vous ?

— Je vous attends, ma chère amie.

— Oh ! ce musicien, ce qu'il m'agace avec sa politesse !..

Rageuse, je vais me hisser sur mon mur, d'où j'épierai les nymphes, quand un cri d'angoisse, un vrai, m'échappe : le mur ne tient pas ! Voyez-vous mes débuts, les quatre fers en l'air ?

— Vite, des machinistes !

Il n'y a plus de machinistes, ils ont fui comme des ombres vaines. Enfin, Mathilde Deschamps, secrétaire à poigne, les ramène par l'oreille et je les invective :

— Qui est-ce qui m'a planté ce mur-là ? En quoi avez-vous les mains, ce soir ?

Ils ronchonnent et tendent une corde qui assurera l'équilibre du mur vacillant... Et la corde casse... Et le public trépigne d'impatience, et les violons grincent, et Georgette Leblanc secoue ses cheveux d'un geste tragique. Il faut prendre un parti. Je colle les deux infâmes machinistes derrière le mur, qu'ils étaient de leurs dos accroupis, et je leur promets le gril et la corde s'ils bougent...

D'un saut, je bondis sur l'édifice instable, pendant que le rideau déjà, s'enroule en grinçant.

Et, pendant que j'assure, faune guetteur, mon pied sur une épaule de machiniste invisible, le public sourit au calme jardin fleuri, à la trompeuse perspective, à la musique voilée, à tout ce petit Eden que tout à l'heure balayait la tempête...

Colette WILLY.

Cl. Studia-Lux.

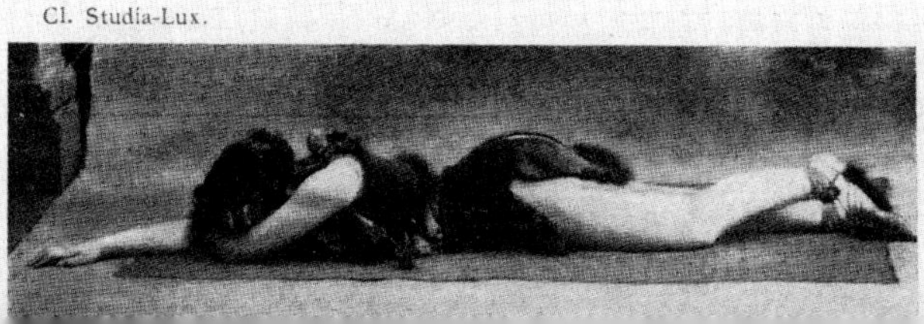

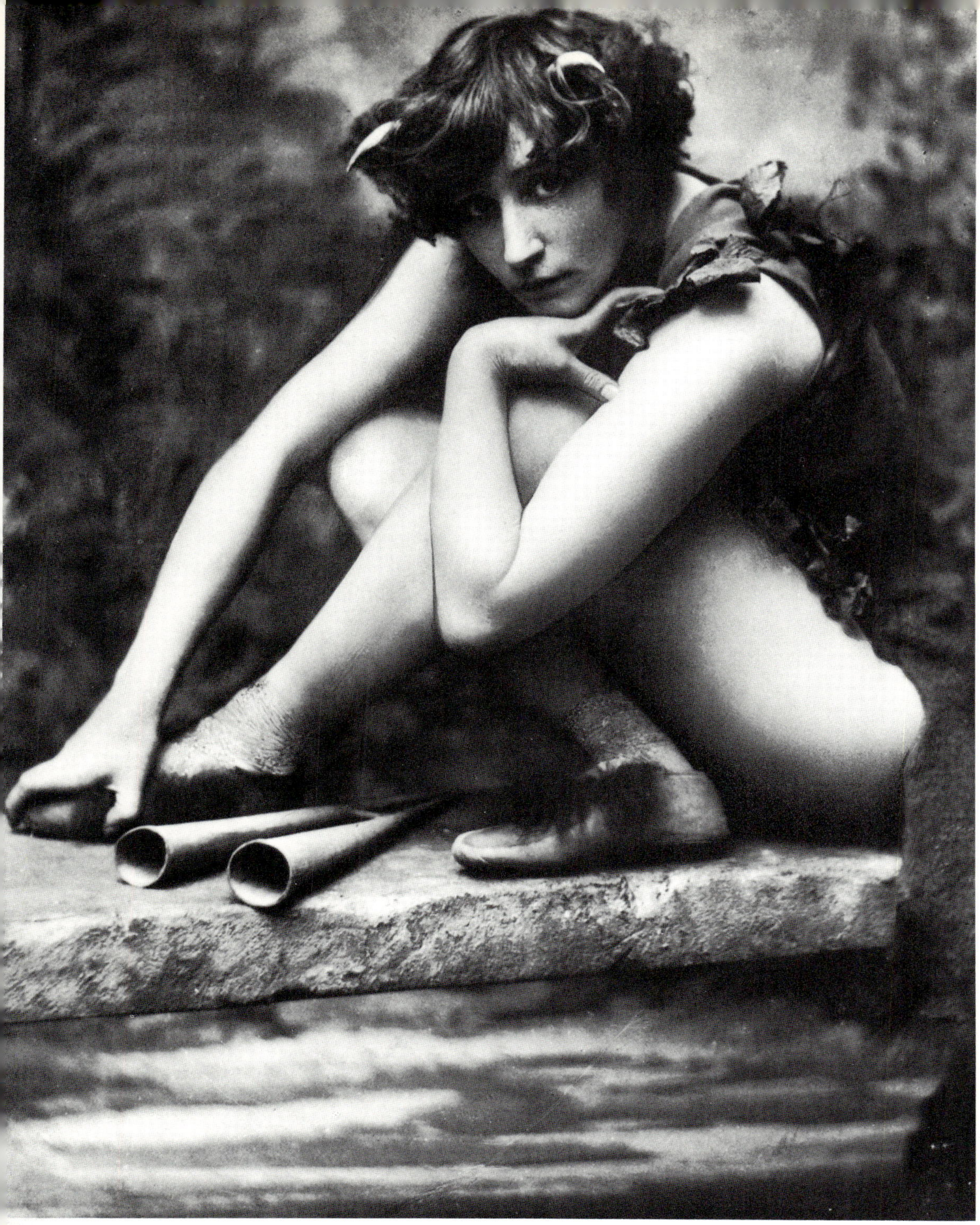

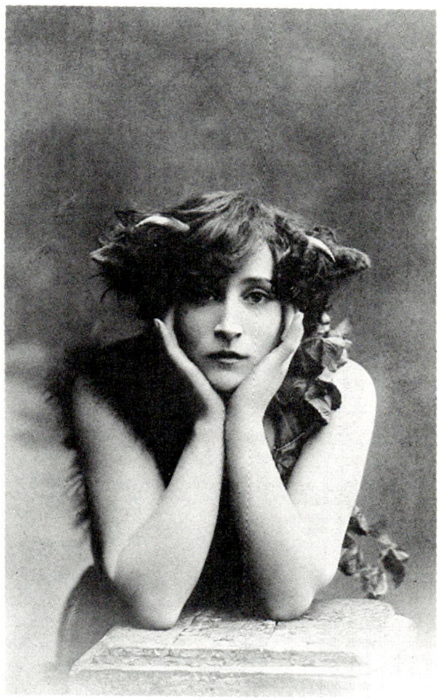

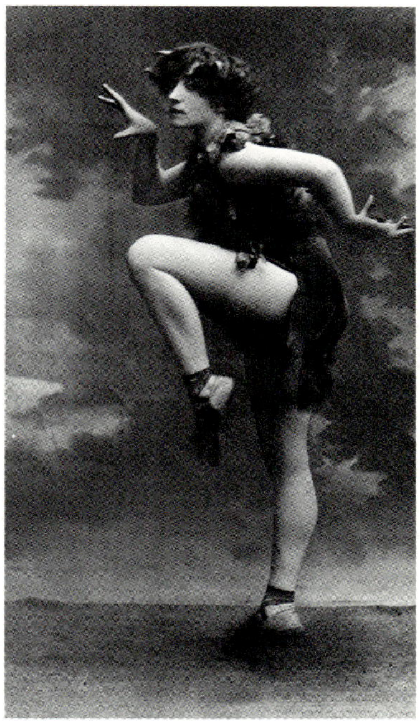

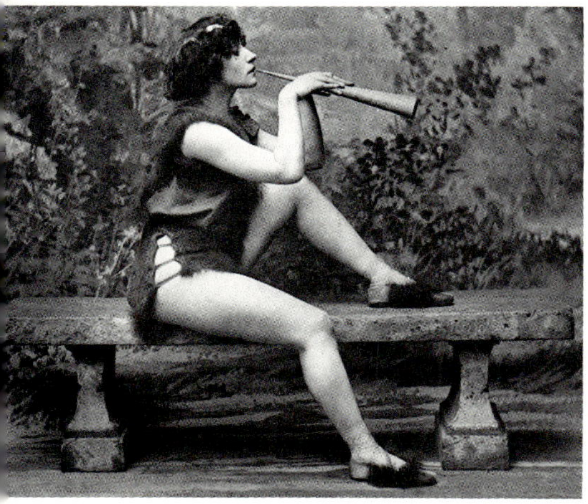

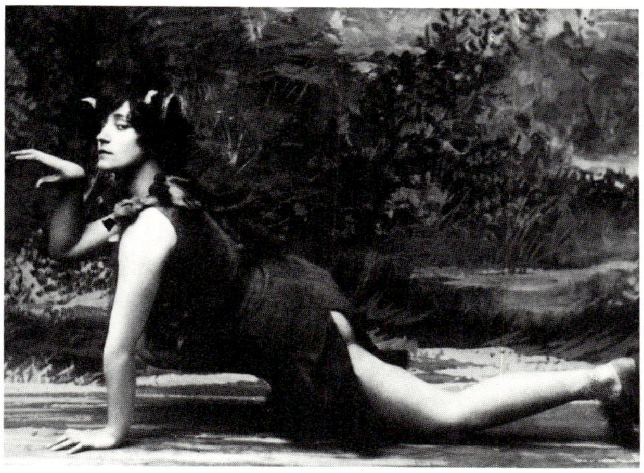

Le 6 février 1906, Colette fait ses débuts professionnels dans le mimodrame, au théâtre des Mathurins. Elle est le petit faune dans *L'Amour, le Désir et la Chimère* de Francis de Croisset et Jean Nouguès. Ses accessoires : un arc, une flûte et deux petites cornes dans les cheveux. Près d'un demi-siècle plus tard, Georges Wague, évoquant ce temps-là, parlera de la joie de vivre de Colette lorsqu'elle était au théâtre, dira qu'elle ne se plaignait jamais et que rien n'entamait sa bonne humeur.

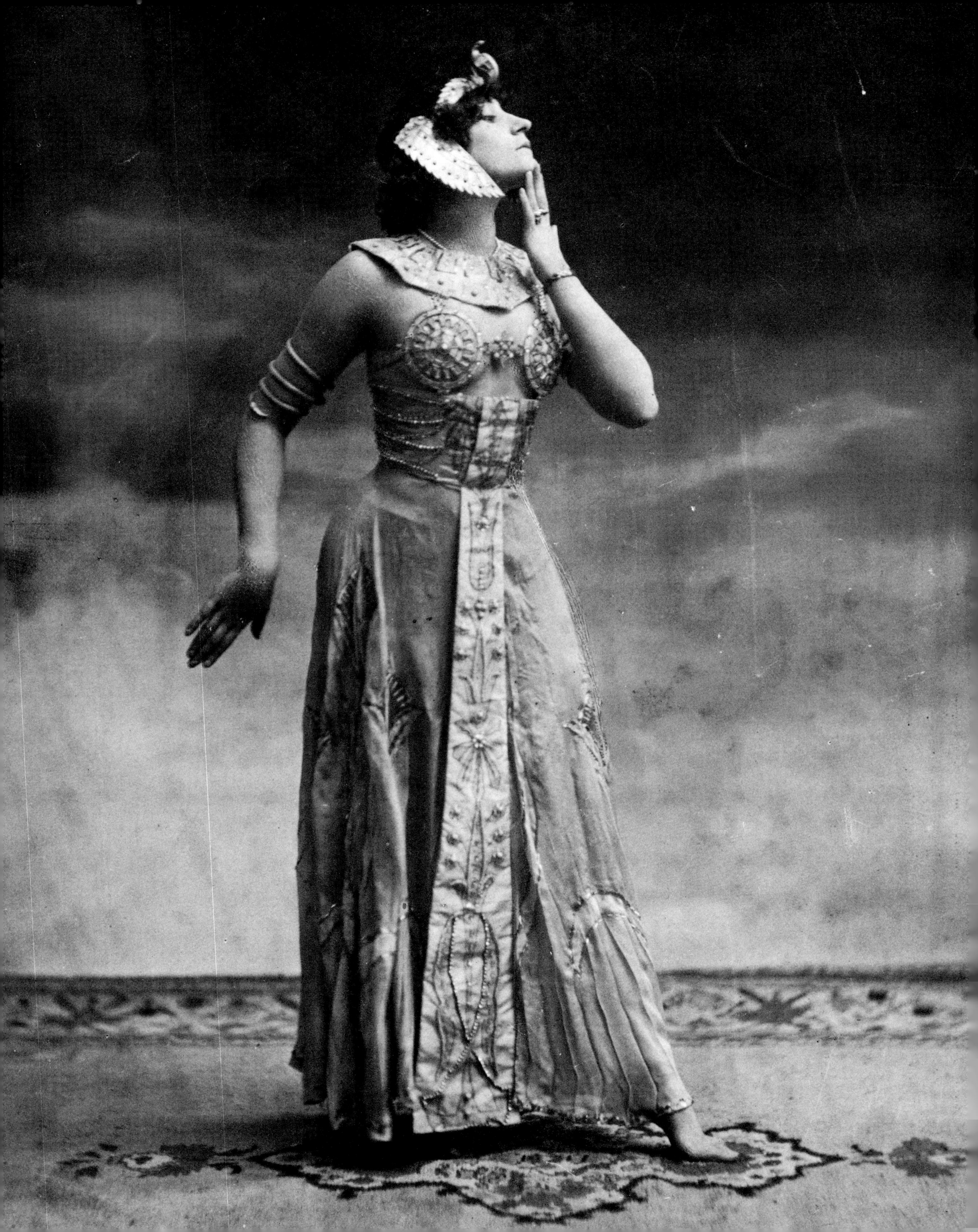

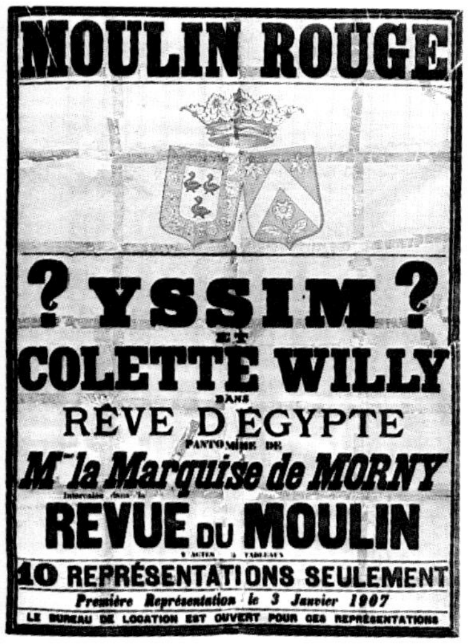

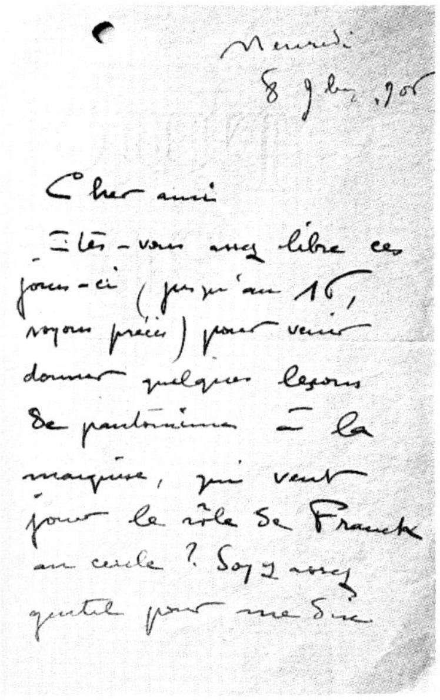

Mercredi
8 9bre 1905

Cher ami
Êtes-vous assez libre ces jours-ci (jusqu'au 16, soyons précis) pour venir donner quelques leçons de pantomime à la marquise, qui veut jouer le rôle de Franck au cercle ? Soyez assez gentil pour me dire

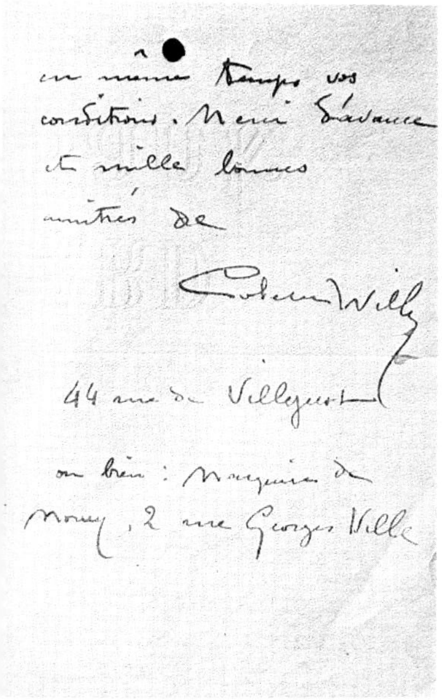

en même temps vos conditions. Merci d'avance et mille bonnes amitiés de

Colette Willy

44 rue de Villejust

ou bien : Marquise de Morny, 2 rue Georges Ville

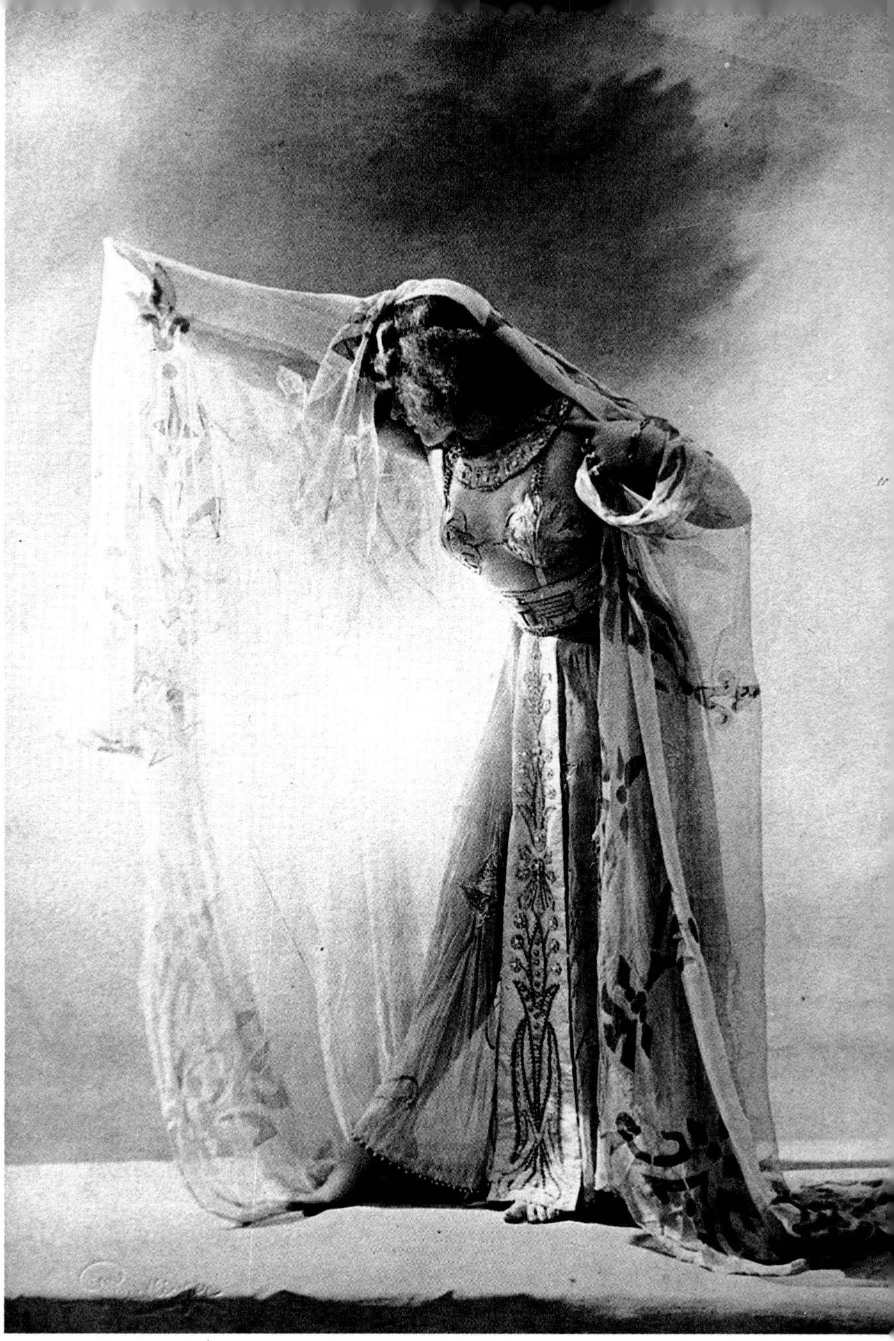

4

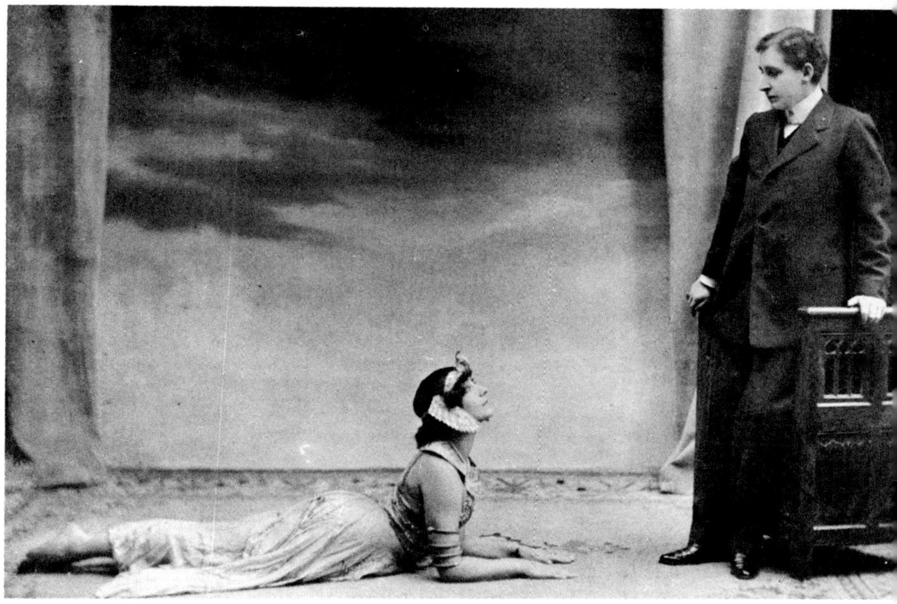

5

Rêve d'Egypte ou le scandale du Moulin-Rouge. (1) Affiche du Moulin-Rouge où le nom de Missy a été inversé en Yssim, pour éviter le scandale. – (2) et (3) Lettre manuscrite de Colette à Georges Wague à propos des leçons de la marquise. – (4) Dans *Rêve d'Egypte* Colette en momie réveillée et (5) dans l'attente du baiser de la marquise qui déclenchera le scandale. La famille de Morny n'apprécia ni le travesti de Mathilde ni son exhibition avec Colette.
Page précédente : Colette sur scène. D'elle, Georges Wague dira : "... Elle jouait la pantomime comme elle écrivait..."

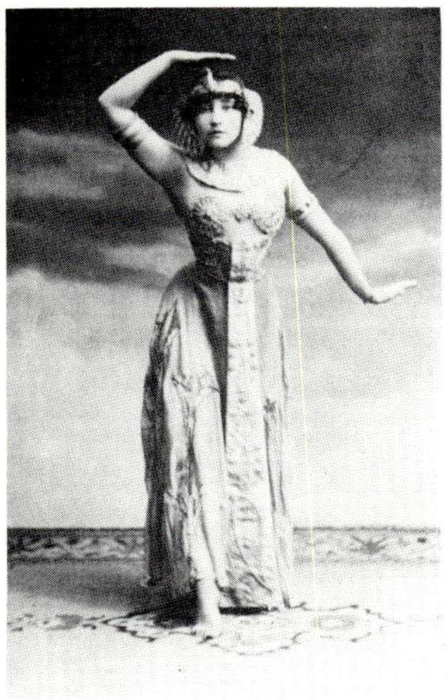

1

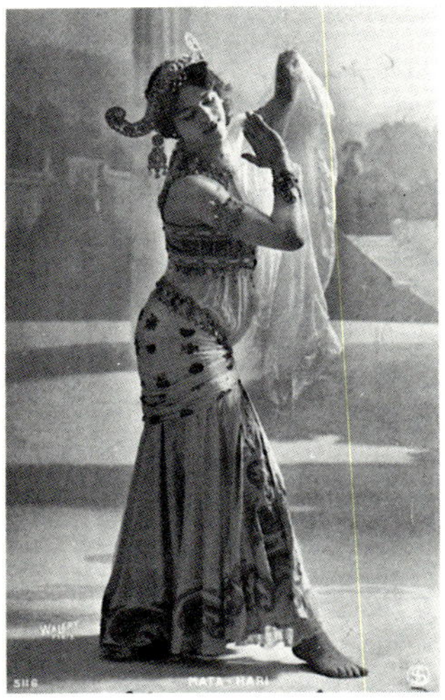

2

Ci-dessus (1) et page de droite : Colette, de la Bourgogne au Caire en passant par le mime, la danse et la nudité. – (2) La danseuse et espionne Mata Hari, telle que Colette la vit chez Natalie Barney : la mode était aux costumes, danses et pantomimes “exotiques”.

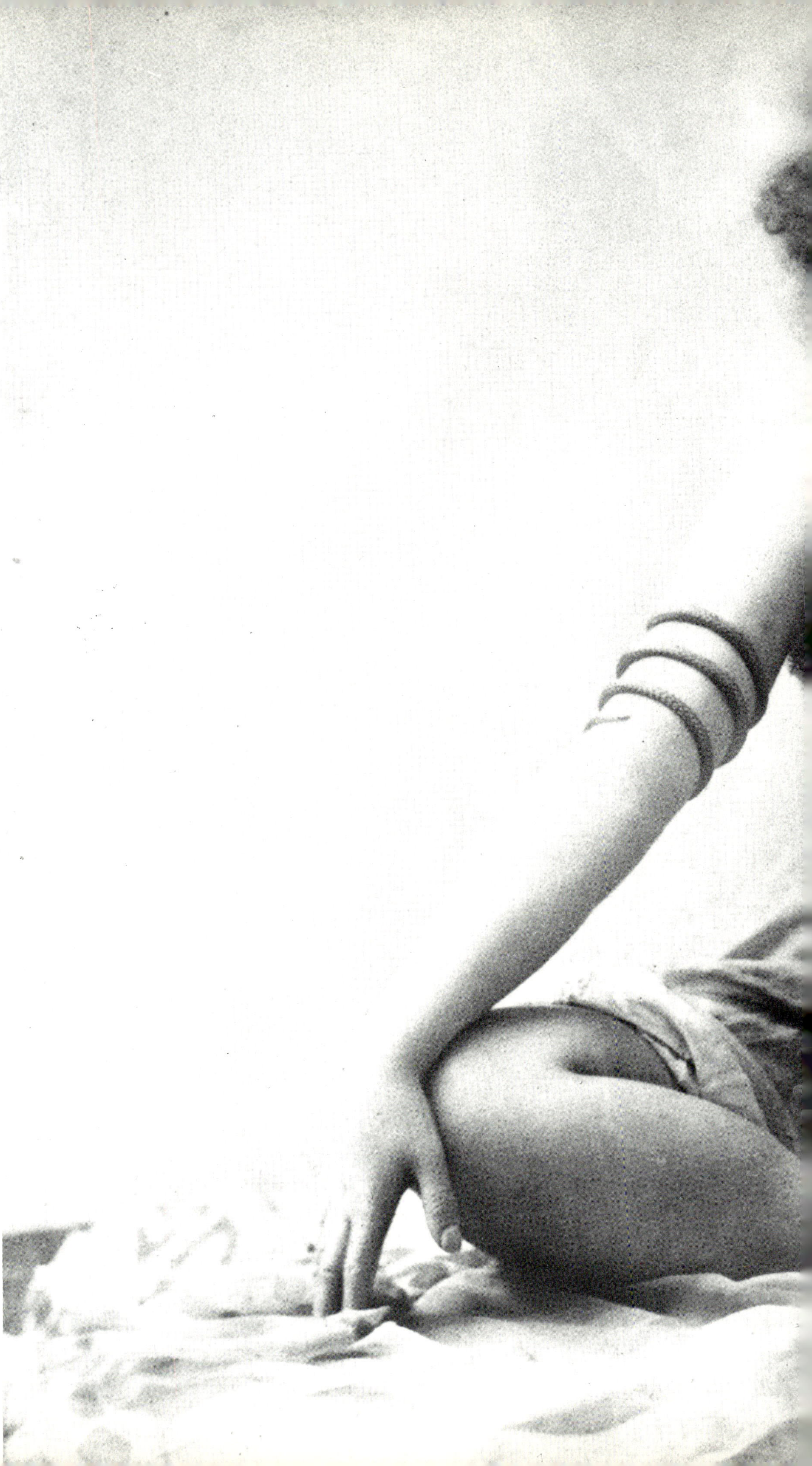

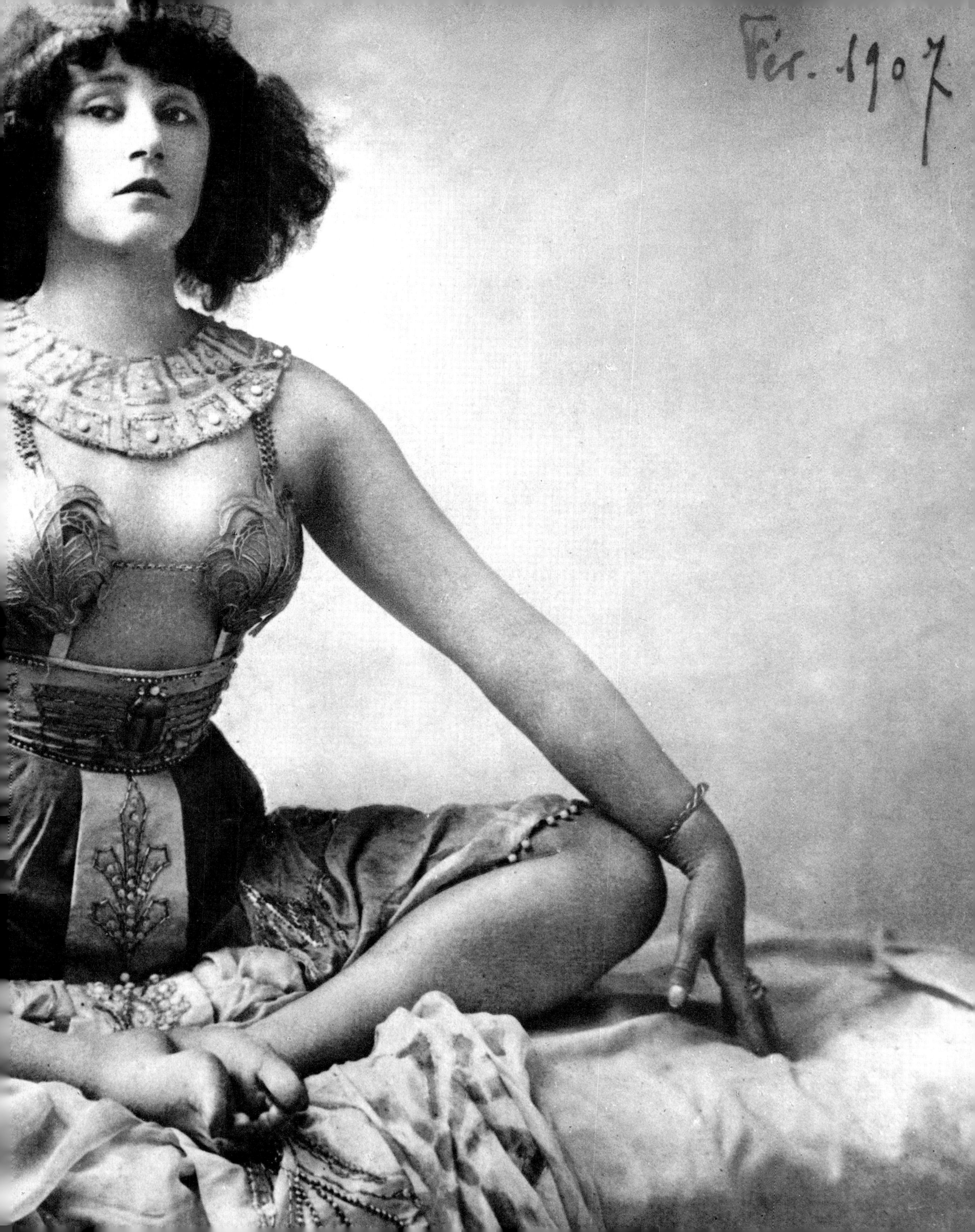
Fév. 1907

1
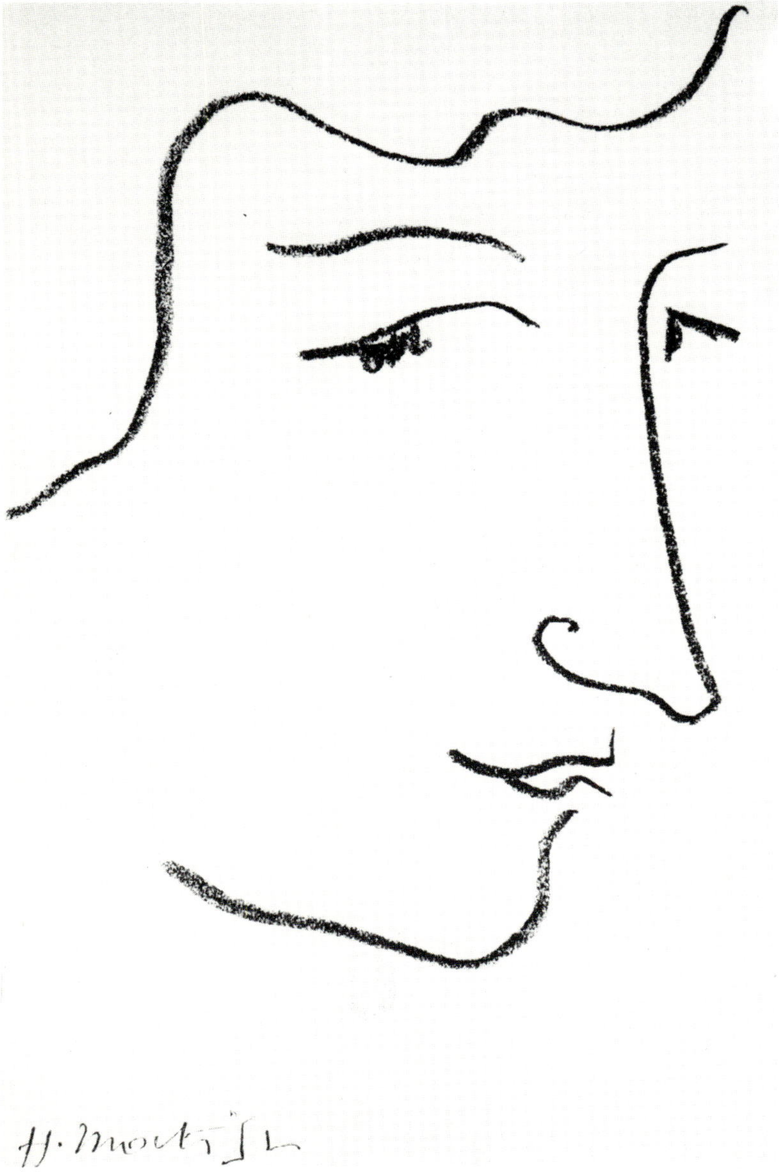

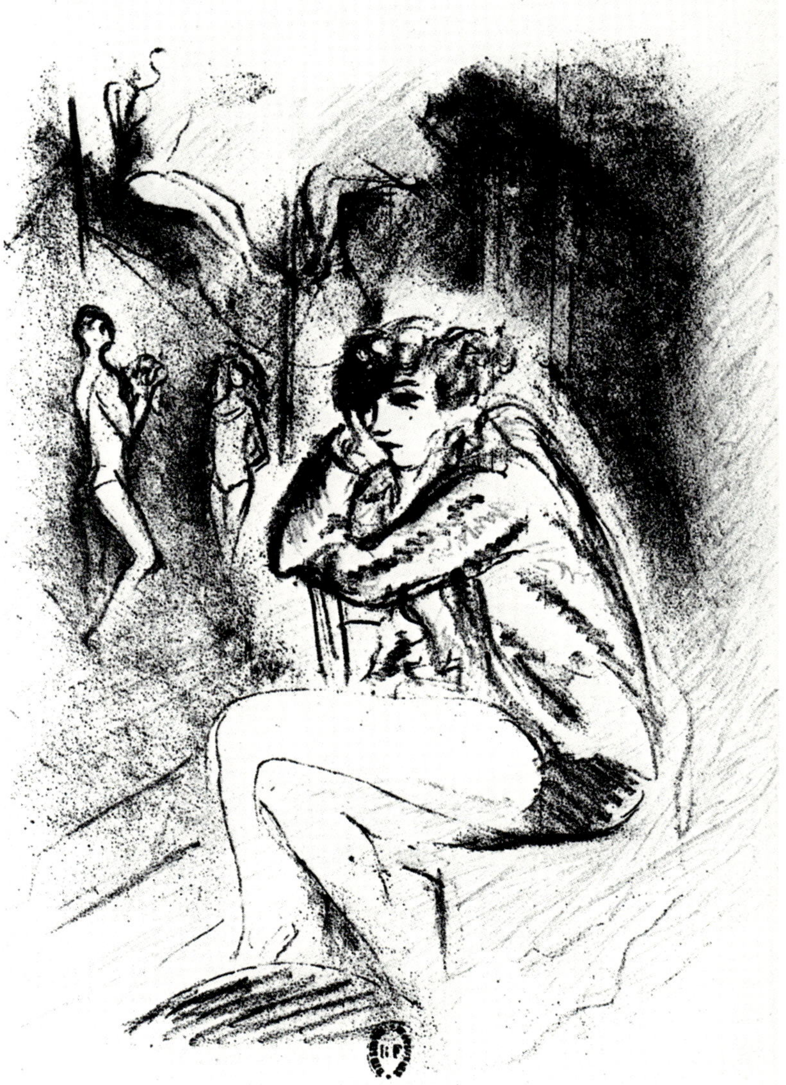

3
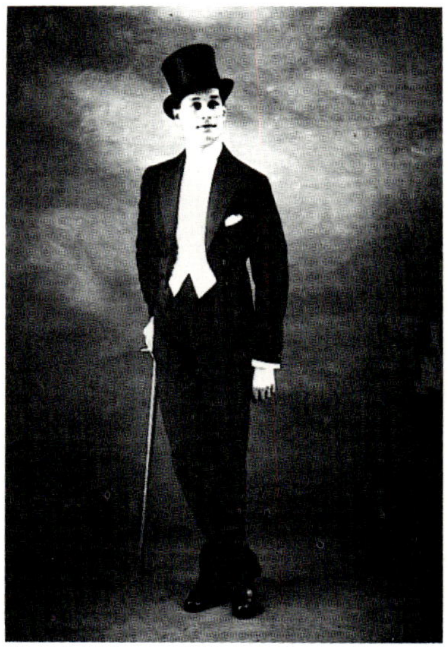

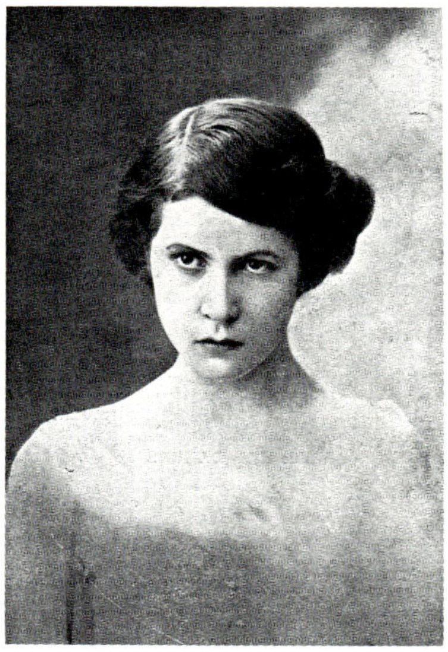
4

COLETTE WILLY

Danseuse et Homme de Lettres

(Dessin de Sacha Guitry).

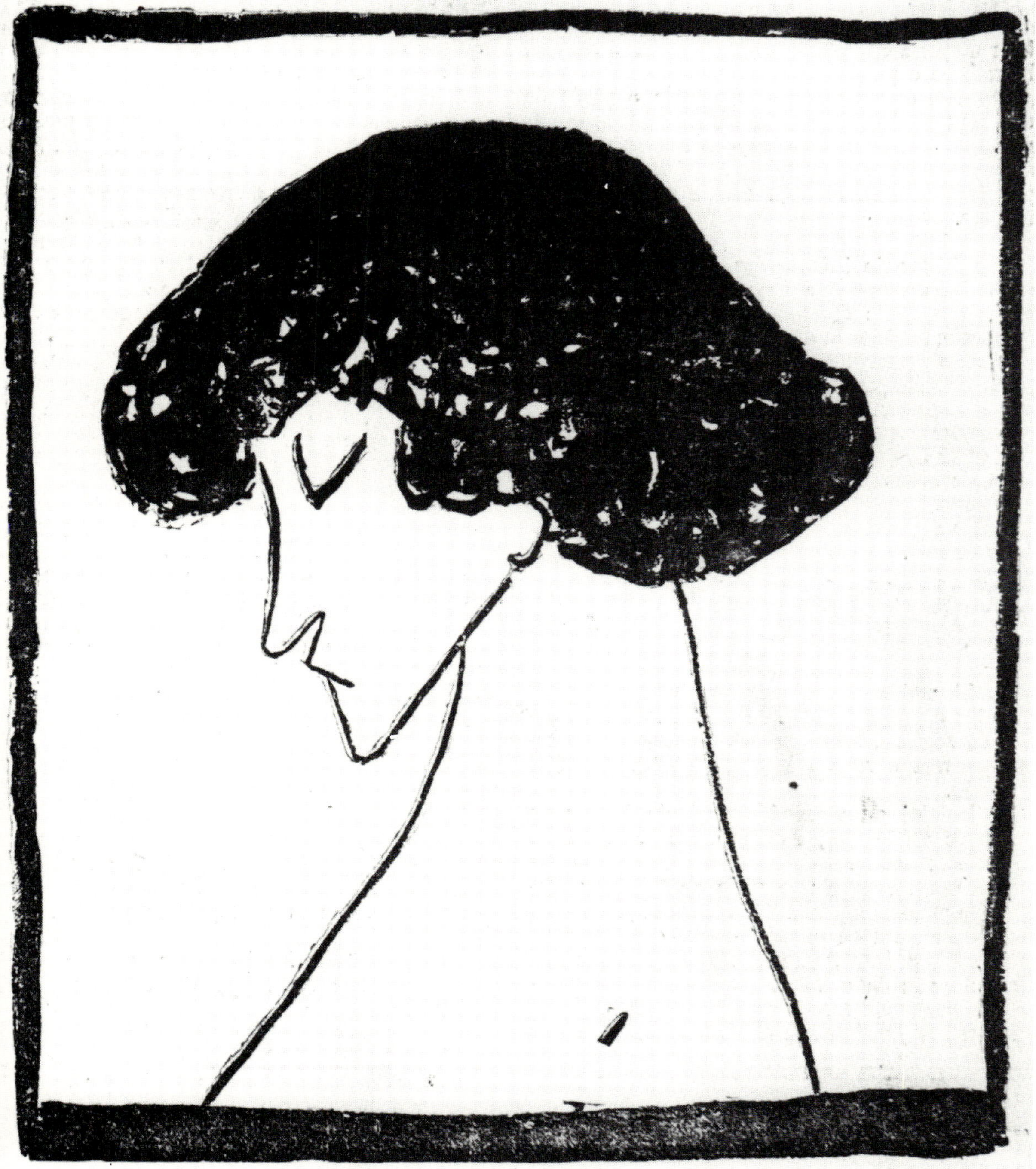

Page précédente :
(1) "La Vagabonde", vue par Matisse... (2) et par Marcel Vertès. Parmi les compagnons de Colette au music-hall : (3) le jeune Maurice Chevalier, amoureux d'elle mais trop timide pour le dire; (4) la ravissante Bretonne Marguerite Boulc'h qui deviendra la grande chanteuse Fréhel et "la petite Jadin" de *La Vagabonde*.
Ci-contre : article et dessin de Sacha Guitry dans *Comœdia*.

Jusqu'en 1906, une femme nue sur une scène de music-hall français, cela était impossible. Les actrices se contentaient d'imiter la nudité en revêtant un maillot de couleur chair qui en donnait l'illusion. Colette fut la première à montrer sa vraie peau dans les mimodrames *La Romanichelle* et *Pan*. Les directeurs de théâtre, avides de nouveautés scandaleuses, susceptibles d'achalander leurs spectacles avaient compris très vite que cette étrange Colette Willy était de celles qui osaient et le parti qu'on pouvait en tirer. Sous leur influence, Colette accepta donc de se dénuder mais elle les utilisa à son tour en se moquant d'eux. – (2) Dans *Les Vrilles de la vigne,* elle met en scène un patron de théâtre qui dénude peu à peu une actrice en faisant déchirer son costume, au cours d'une répétition... "Inspiré le patron recule de trois pas, étend le bras, et d'une voix d'aéronaute quittant la terre : "Lâchez un sein !" cria-t-il." – (1) et (5) C'est vers ce sein lâché que coururent les spectateurs de *La Chair*. C'est ce sein lâché qui fera couler tant d'encre (3) et (4) et choquera si fort un pudibond préfet des Alpes-Maritimes pour la première représentation du spectacle à Nice ; il exigera que Colette voile l'objet du délit.

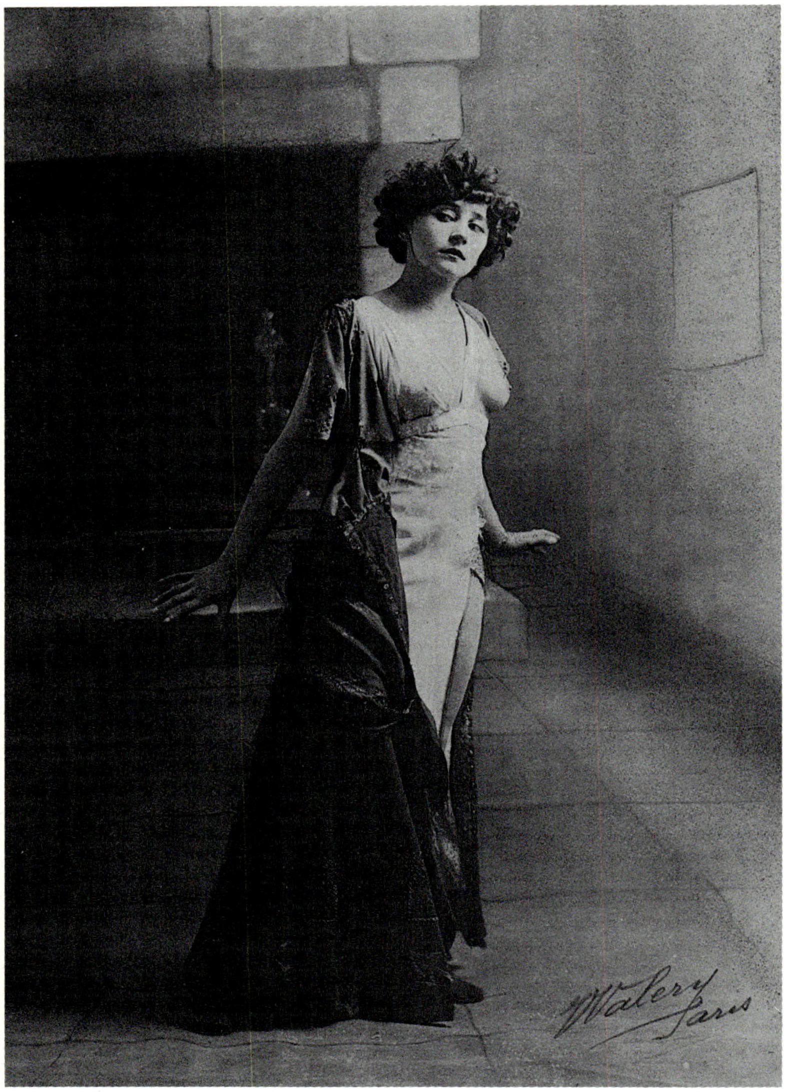

1

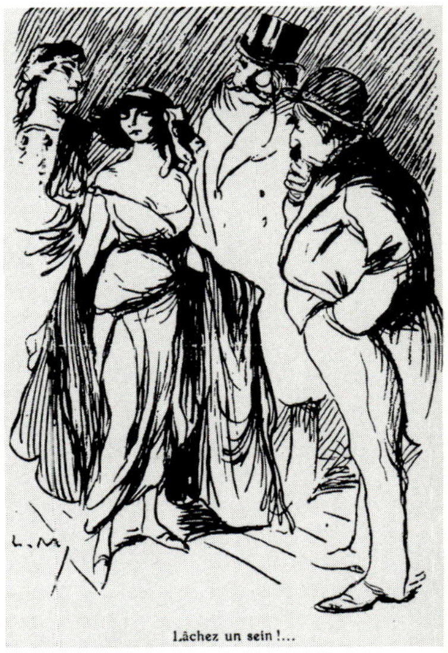

2

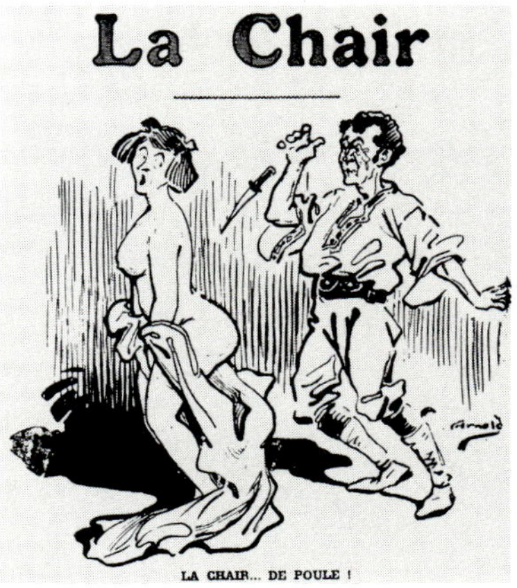

3

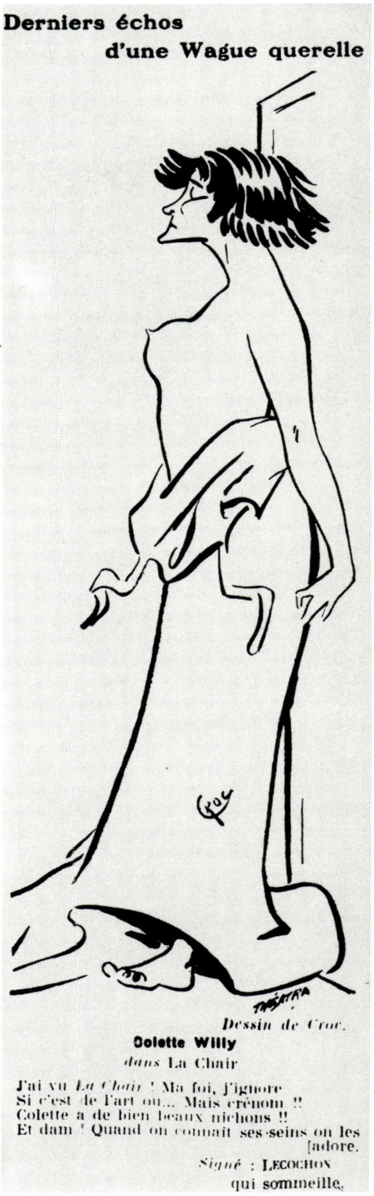

4

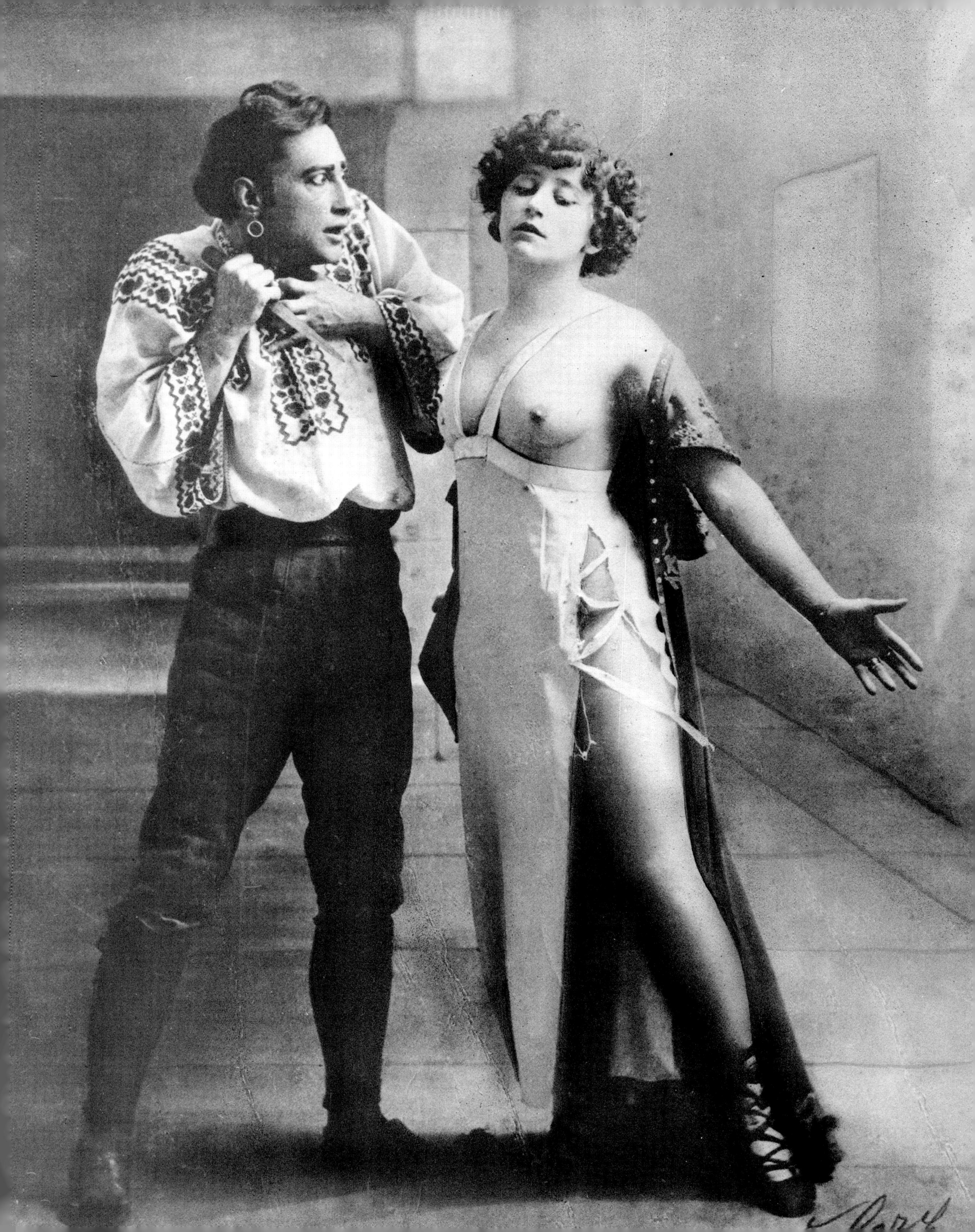

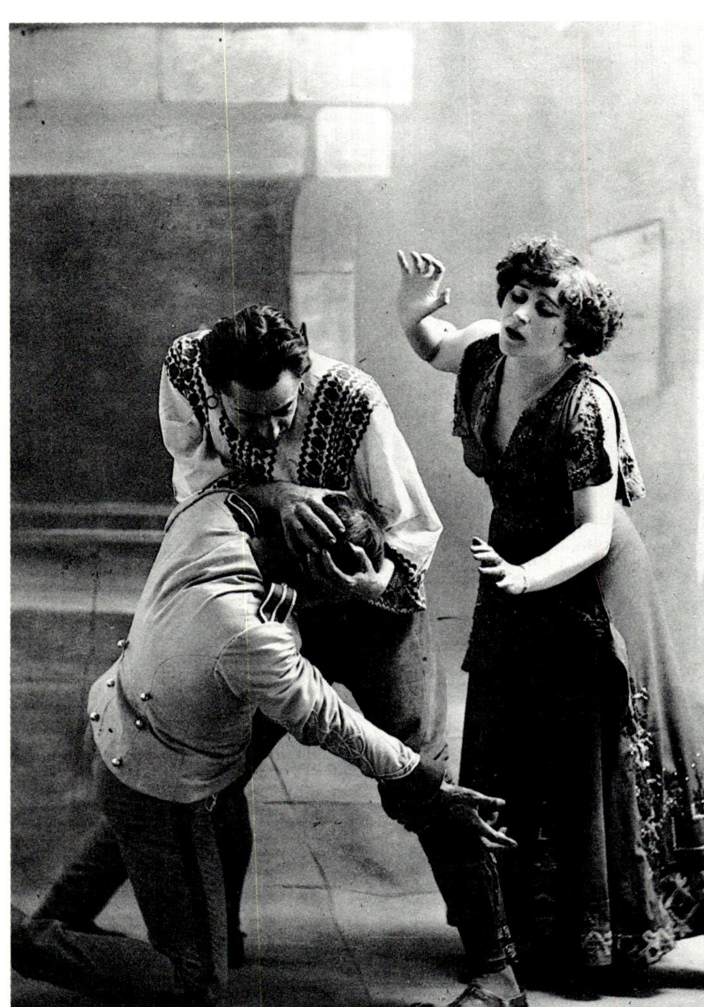

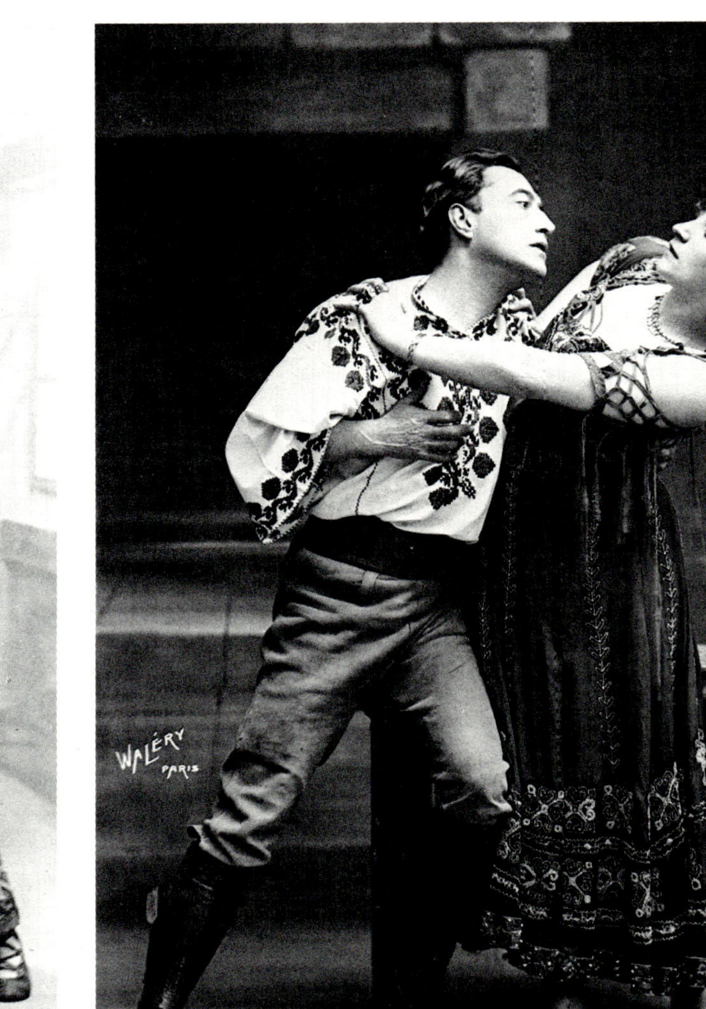

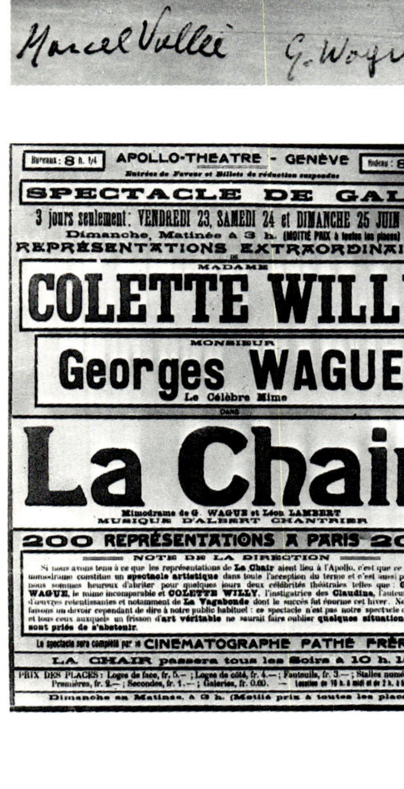

Bureaux : 8 h. 1/4 APOLLO-THEATRE - GENÈVE Rideau : 8 h. 3/4

Entrées de Faveur et Billets de réduction suspendus

SPECTACLE DE GALA

3 jours seulement : VENDREDI 23, SAMEDI 24 et DIMANCHE 25 JUIN 1911

Dimanche, Matinée à 3 h. (MOITIÉ PRIX à toutes les places)

REPRÉSENTATIONS EXTRAORDINAIRES

DE

MADAME

COLETTE WILLY

MONSIEUR

Georges WAGUE

Le Célèbre Mime

DANS

La Chair

Mimodrame de G. WAGUE et Léon LAMBERT

MUSIQUE D'ALBERT CHANTRIER

200 REPRÉSENTATIONS A PARIS 200

NOTE DE LA DIRECTION

Si nous avons tenu à ce que les représentations de **La Chair** aient lieu à l'Apollo, c'est que ce puissant mimodrame constitue un **spectacle artistique** dans toute l'acception du terme et c'est aussi parce que nous sommes heureux d'abriter pour quelques jours deux célébrités théâtrales telles que : **Georges WAGUE**, le mime incomparable et **COLETTE WILLY**, l'instigatrice des **Claudine**, l'auteur de tant d'œuvres retentissantes et notamment de **La Vagabonde** dont le succès fut énorme cet hiver. Nous nous faisons un devoir cependant de dire à notre public habituel : ce spectacle n'est pas notre spectacle ordinaire et tous ceux auxquels un frisson d'**art véritable** ne saurait faire oublier **quelques situations osées sont priés de s'abstenir.**

Le spectacle sera complété par le CINÉMATOGRAPHE PATHÉ FRÈRES

LA CHAIR passera tous les Soirs à 10 h. 1/2

PRIX DES PLACES : Loges de face, fr. 5.— ; Loges de côté, fr. 4.— ; Fauteuils, fr. 3.— ; Stalles numér., fr. 3.— ; Premières, fr. 2.— ; Secondes, fr. 1.— ; Galeries, fr. 0.60. — Location de 10 h. à midi et de 2 h. à 5 h.

Dimanche en Matinée, à 3 h. (Moitié prix à toutes les places)

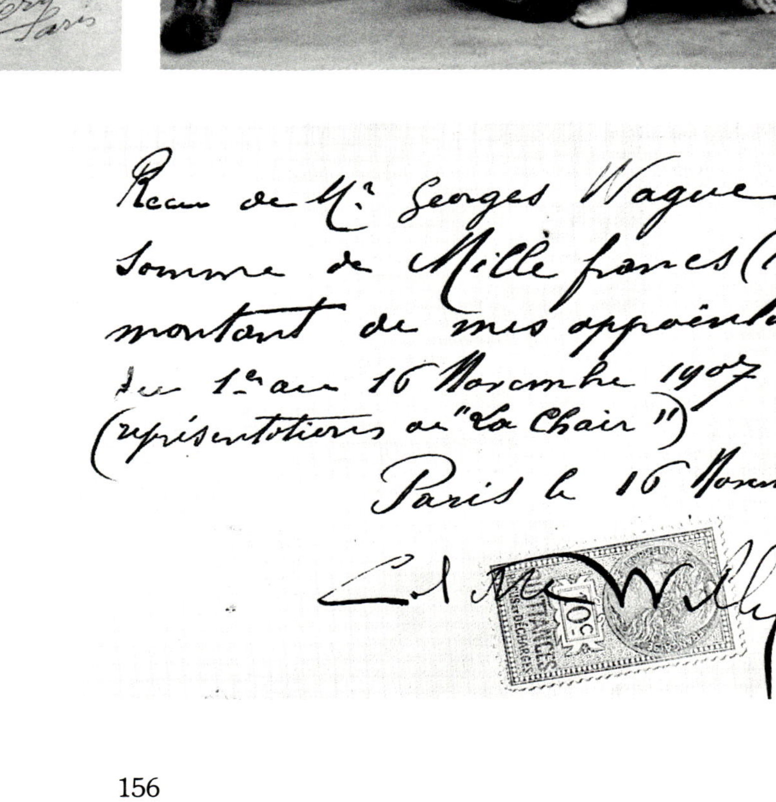

Reçu de Mr Georges Wague la somme de Mille francs (1000.fcs) montant de mes appointements du 1er au 16 Novembre 1907 (représentations de "La Chair")

Paris le 16 Novembre 1907

Colette Willy

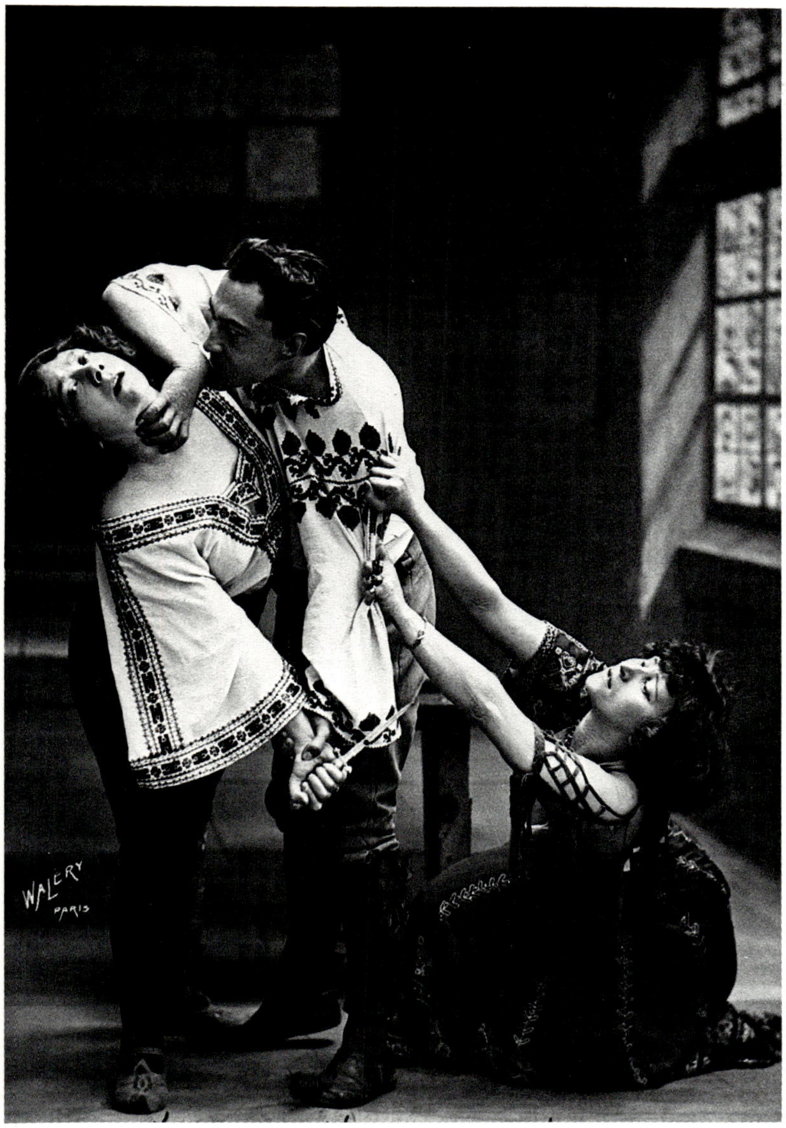

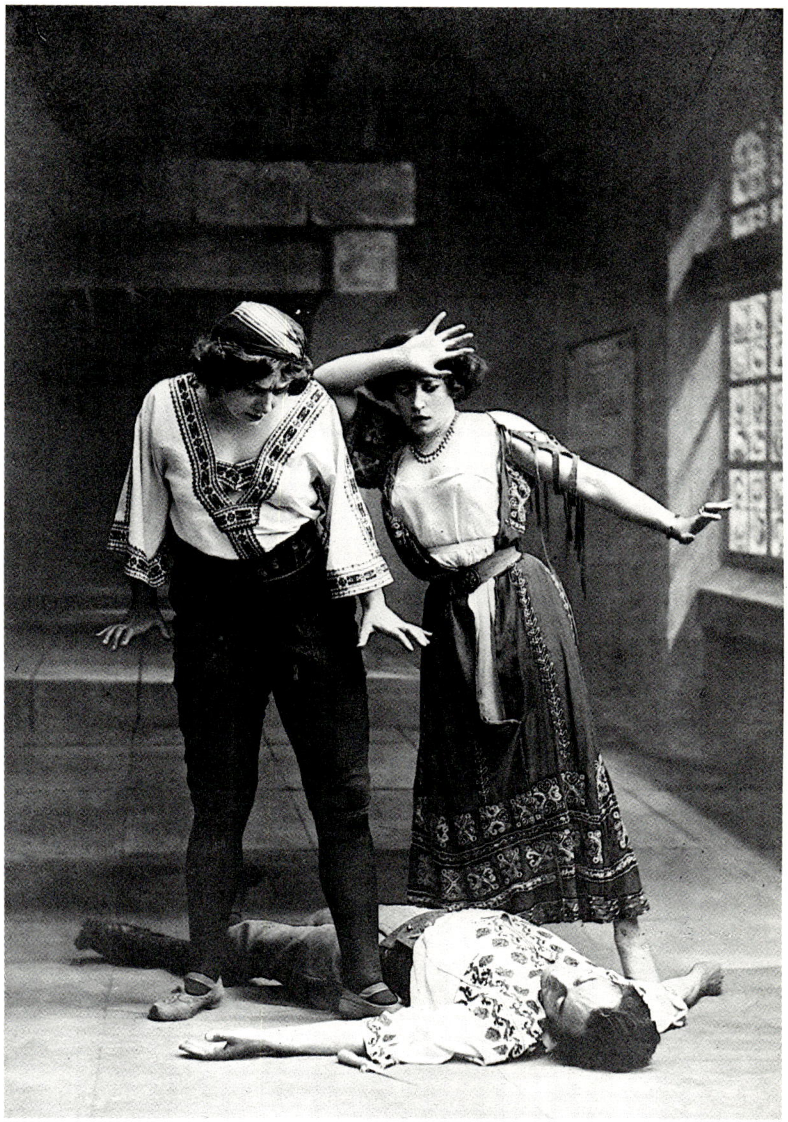

Le 1er novembre 1907, avec Georges Wague et Christine Kerf, Colette crée *La Chair* dont l'argument est de Georges Wague et la musique d'Albert Chantrier. Elle est la belle et infidèle Yulka qui trompe son amant Hokartz (G. Wague) avec le jeune Yorki (Ch. Kerf). Hohartz, découvrant son infortune, se jette sur elle et lacère ses vêtements – lâchez ce sein ! – avec son poignard. On voit que l'amour, en 1907, n'engendrait ni la simplicité ni le calme plat. Des critiques sévères noteront que si Colette est habile à exprimer l'émotion, ses cabrioles sur scène n'ont rien d'aérien. Il est vrai que si elle joue la pantomime, c'est, avant tout, pour gagner sa vie.

LA CHAIR

Mimodrame en UN Acte, de MM. G. WAGUE et L. LAMBERT

Musique de M. CHANTRIER

ARGUMENT

Yulka vit avec le farouche contrebandier Hokartz qui l'aime de toute la force de son âme sauvage, mais Yulka lui est infidèle de toute la force de sa beauté. Elle reçoit, en l'absence d'Hokartz, les visites d'un jeune sous-officier dont elle est amoureuse.

Le contrebandier surprend leur rendez-vous, et surgit tout à coup; il désarme et assomme à moitié le séducteur, qu'il jette ensuite dehors.

Restés seuls, l'amant exige une explication, il veut savoir. Yulka reste muette; il la tuerait peut-être si, dans la lutte. son vêtement se déchirant, ne laisse apparaître "La Chair" dont il est sauvagement épris.

Yulka fuit, épouvantée, tandis que dans la folie de son désespotr et l'impossibilité de la posséder encore il se tue devant la porte irrévocablement fermée.

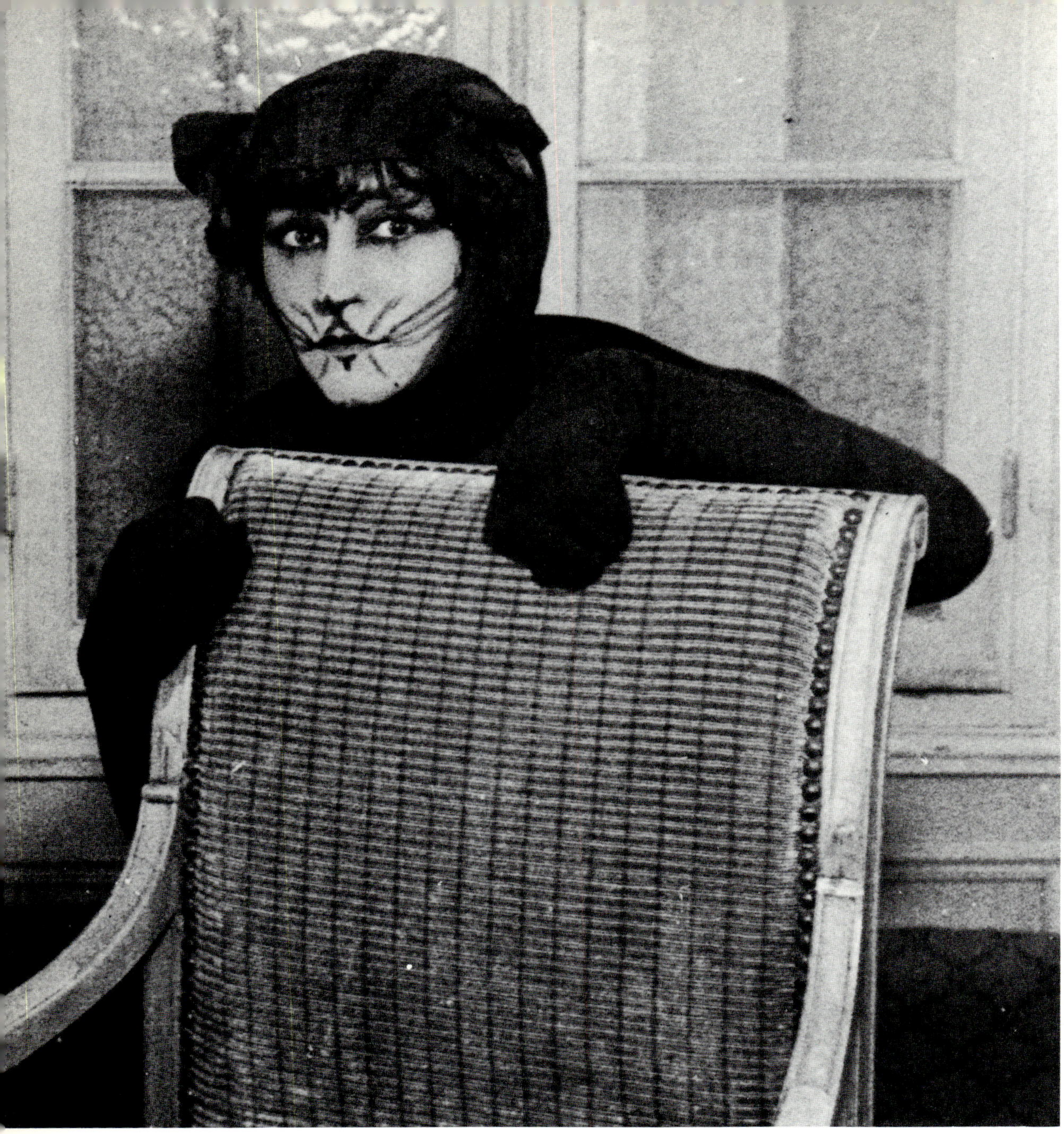

1

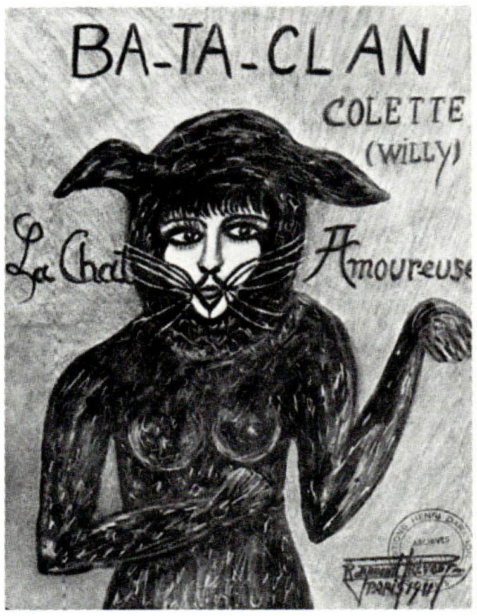

2

(1) En 1912 à Bataclan, Colette joue *La Chatte amoureuse*, pantomime grecque de Roger Guttinguer, au programme de la revue "Ça grise". – (2) L'affiche du théâtre. La mise en scène est signée Georges Wague. – (3) La chatte à genoux. – (1) Bonne critique pour Colette dans *Comoedia* qui signale ...*"la souple, lascive et troublante originalité de son talent si divers."* – (2) Colette, en 1908, portée en triomphe au Théâtre des Arts.

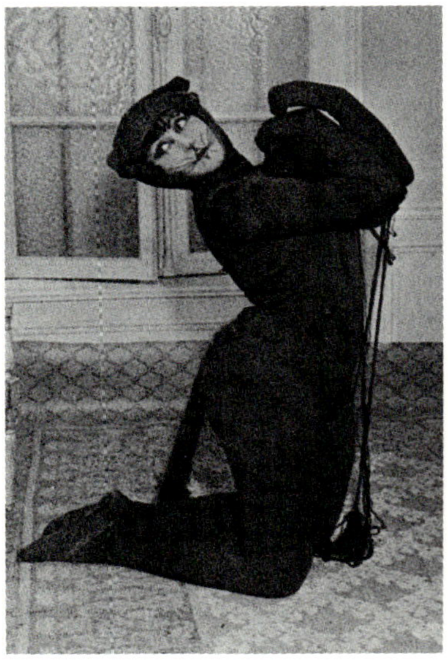

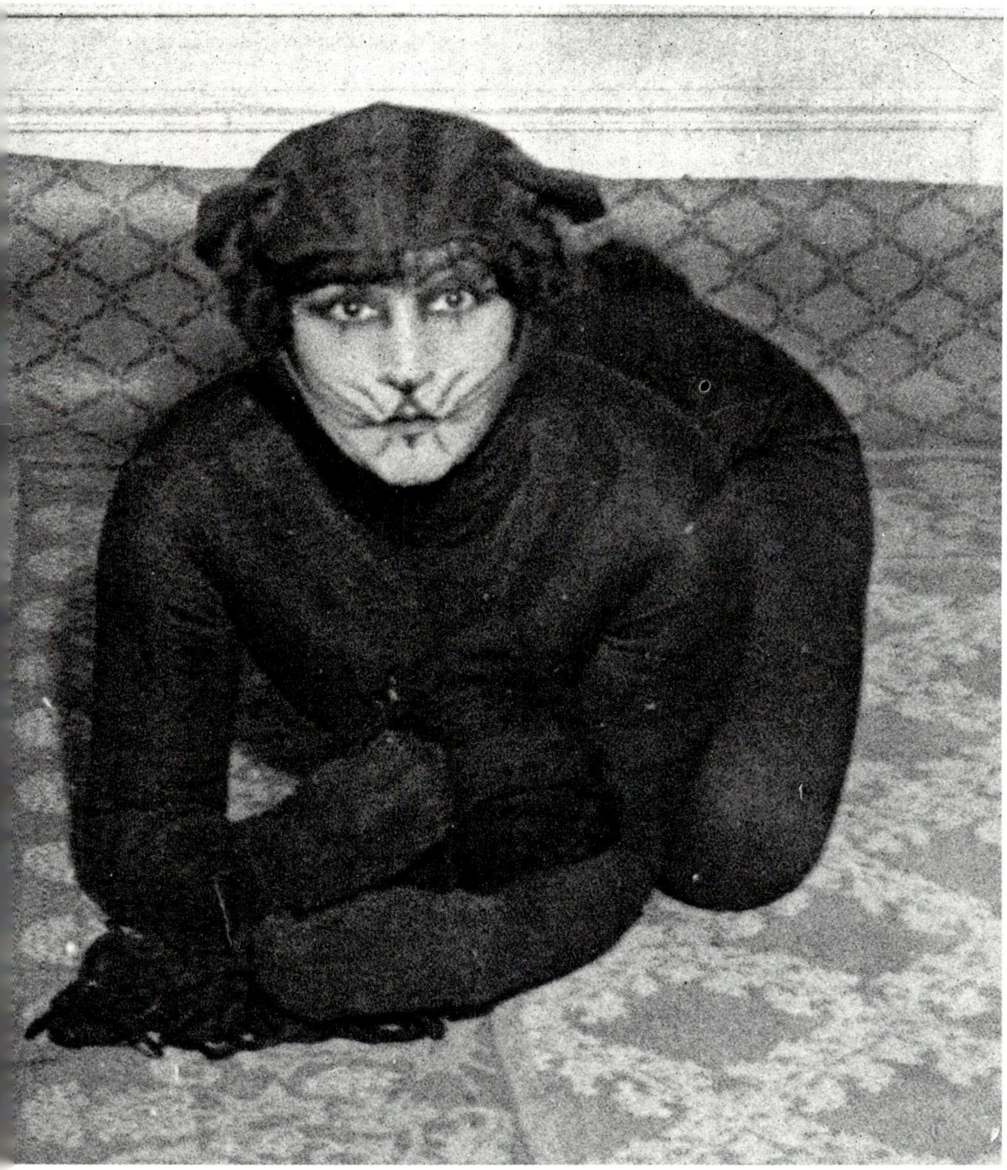
1

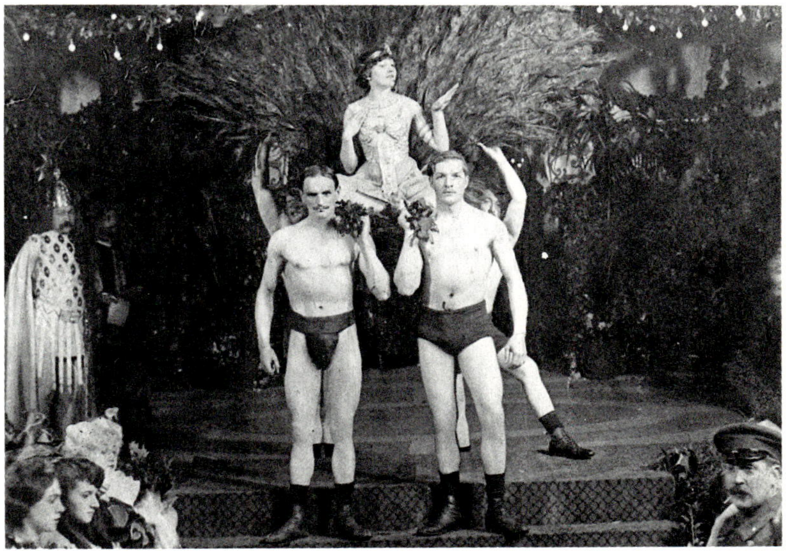
2

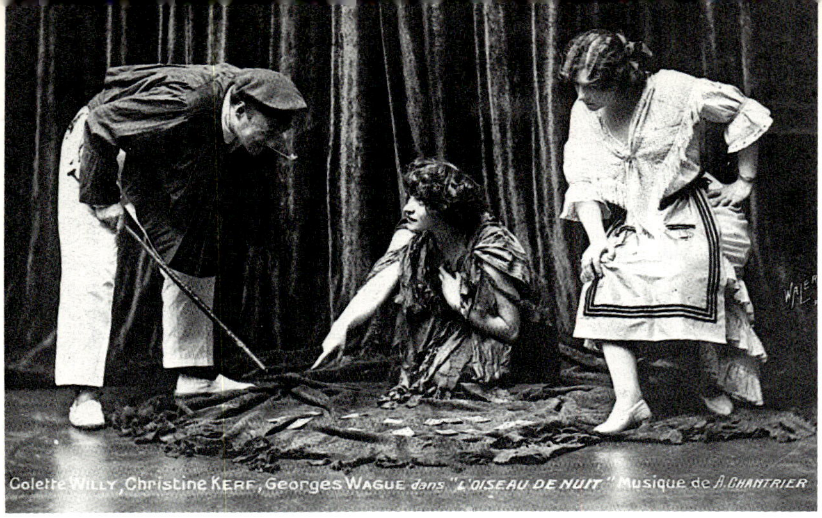

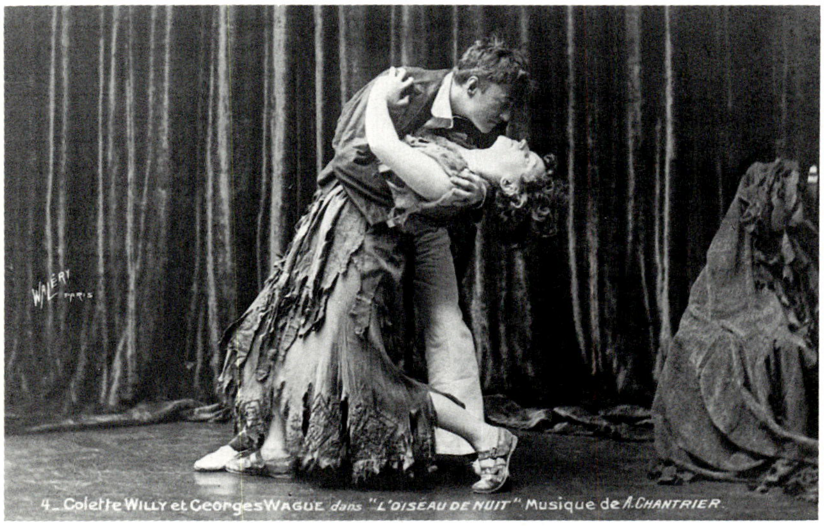

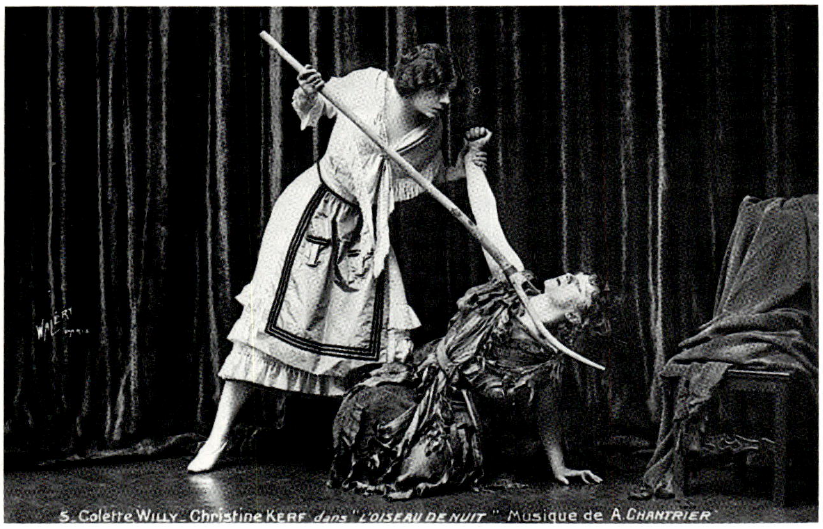

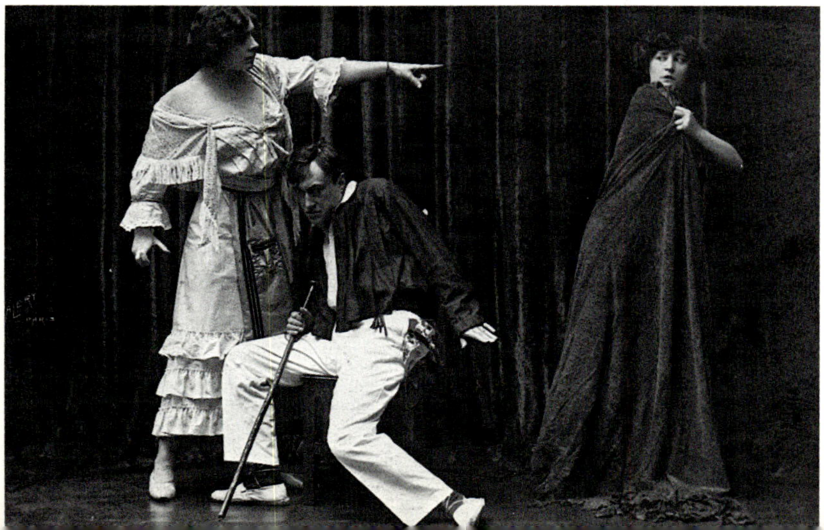

C'est Colette qui avait trouvé le titre du mimodrame *L'Oiseau de nuit* qu'elle créa avec Georges Wague et Christine Kerf, à la Gaîté-Rochechouart, la première quinzaine de décembre 1911. Colette y reprit son rôle en septembre 1912 à Bataclan. *"J'y mets cette fois plus d'application que d'entrain et je n'aurais pas de mérite à abandonner le caf'conç'..."* Elle continuera à jouer *L'Oiseau de nuit* malgré son chagrin de la mort de Sido et aussi, malgré sa grossesse débutante ...*"parmi les pugilats habiles, les coups de fourche, les corps-à-corps sur la table, sous la table..."* **Page suivante :** L'affiche du spectacle.

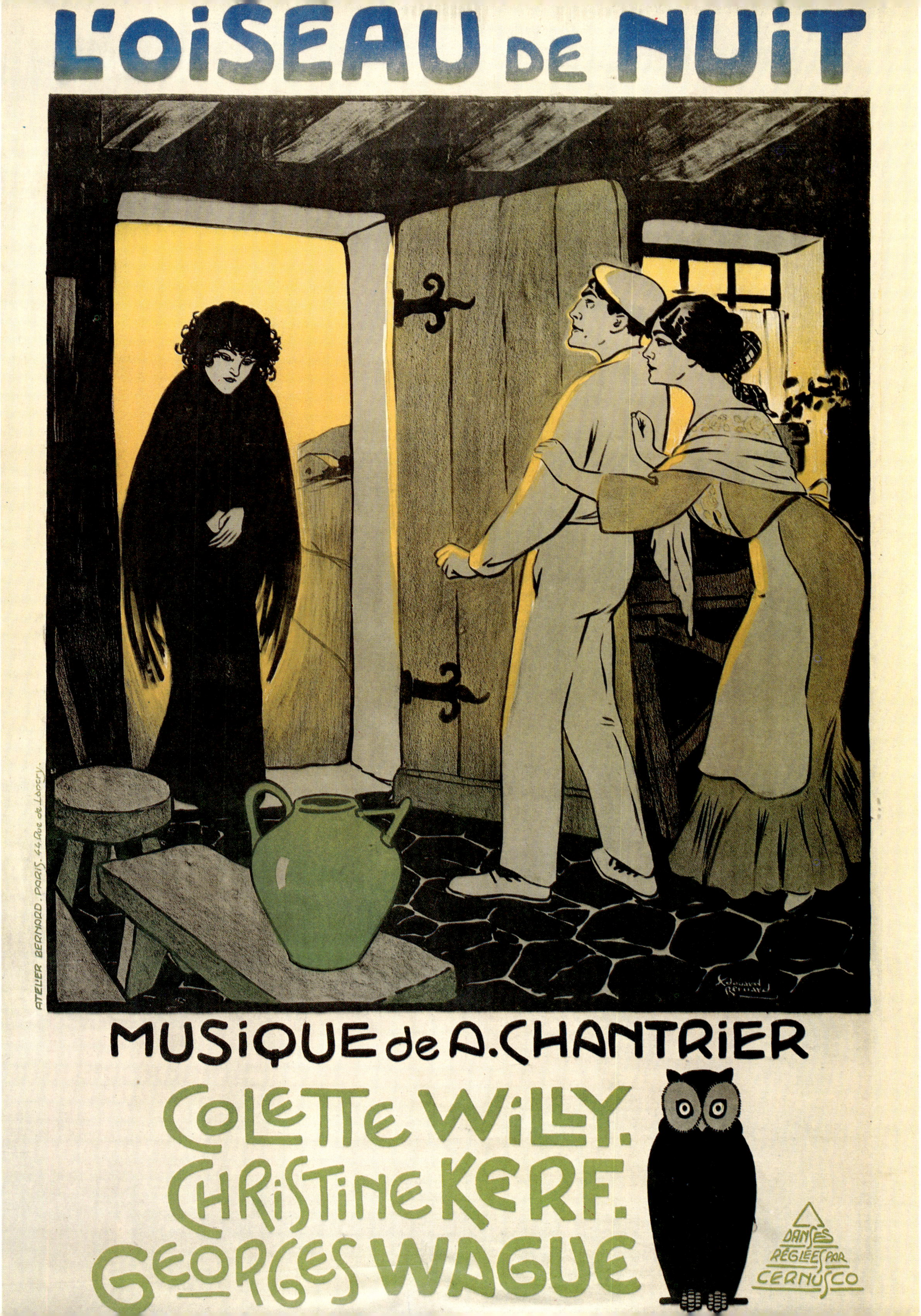
L'OISEAU DE NUIT
MUSIQUE de A. CHANTRIER
COLETTE WILLY.
CHRISTINE KERF.
GEORGES WAGUE
DANSES RÉGLÉES PAR CERNUSCO
ATELIER BERNARD. PARIS. 44 Rue de Lancry.

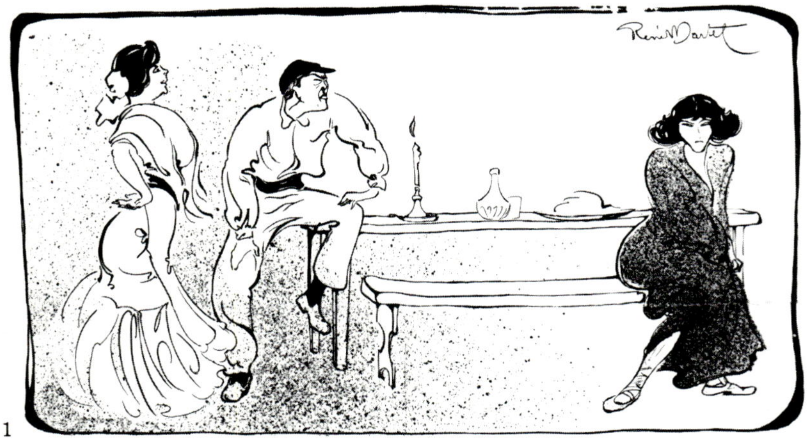

1

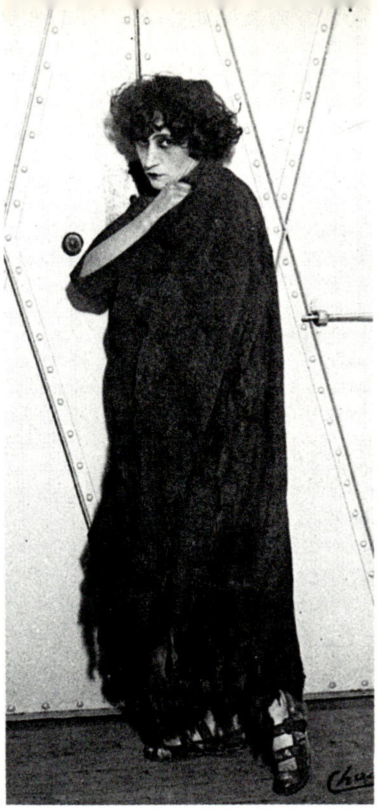

3

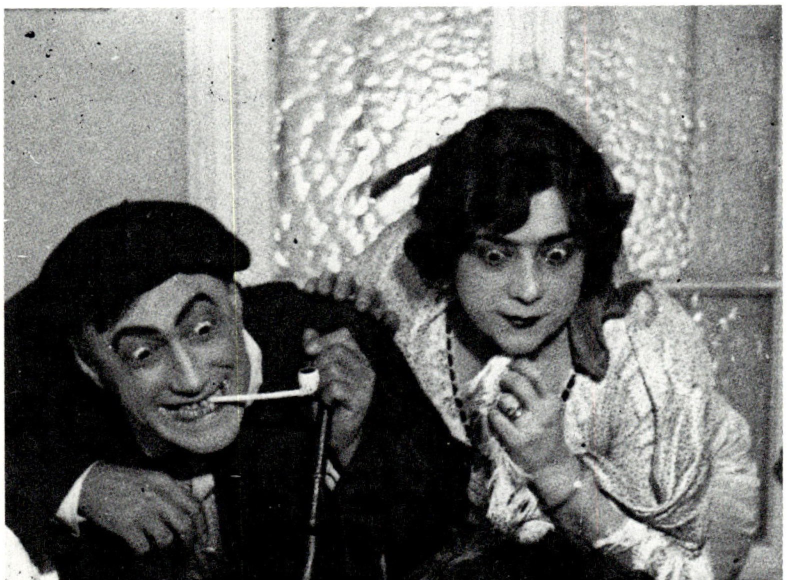

2

(1) *L'Oiseau de nuit*, vu par le dessinateur René Martel. Les trois acteurs : Christine Kerf, Georges Wague et Colette Willy.
(2) Les mêmes posent pour une photo, dans la loge de Colette.
(3) Colette, frileux oiseau de nuit.
(4) Avant d'entrer en scène. Si Colette sourit moins que jamais, c'est que Sido vient de mourir.

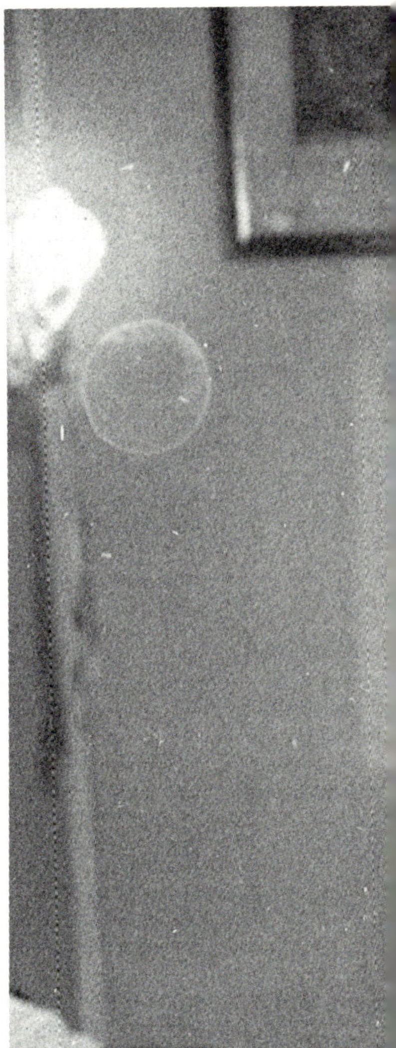

4

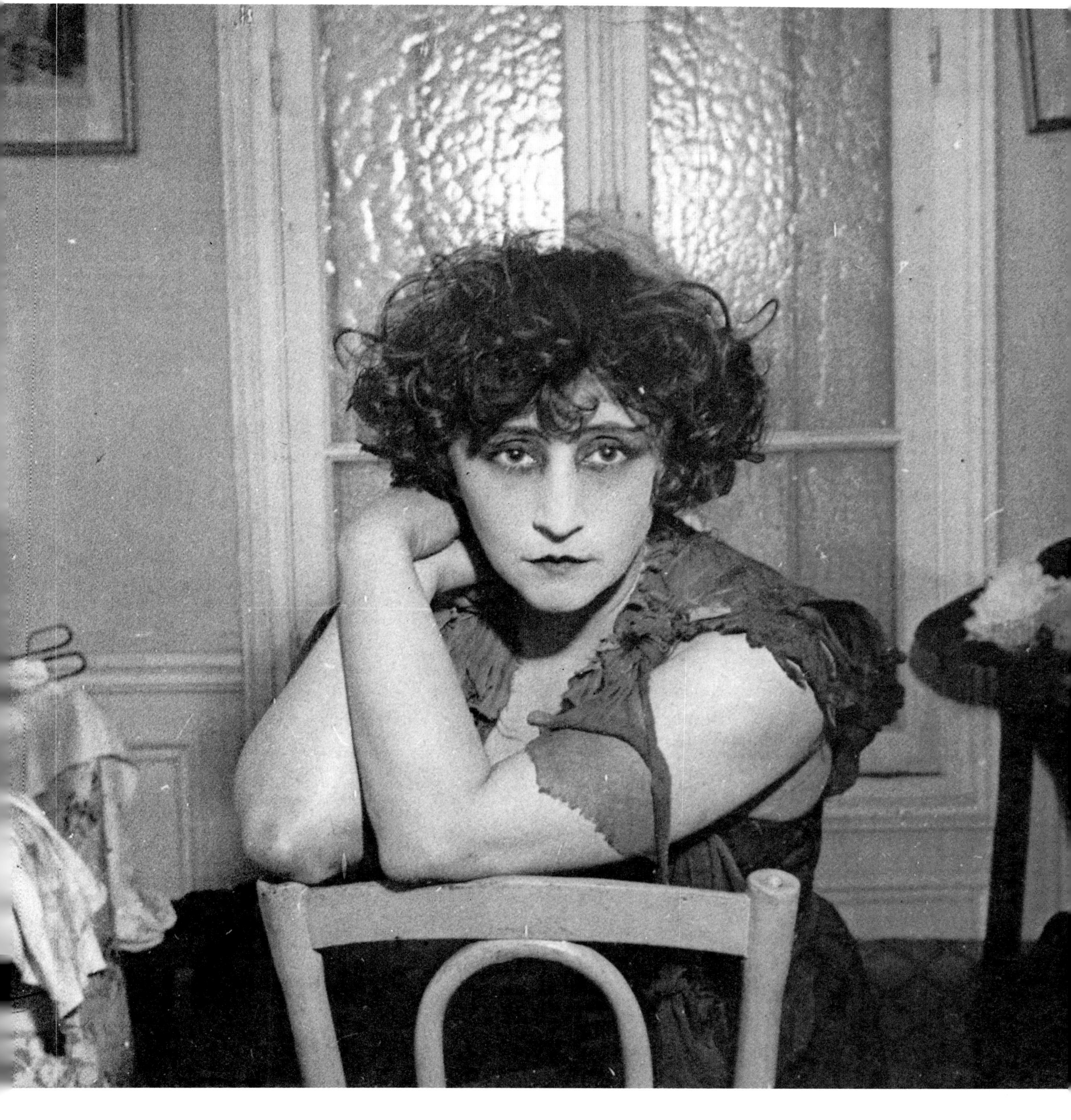

1 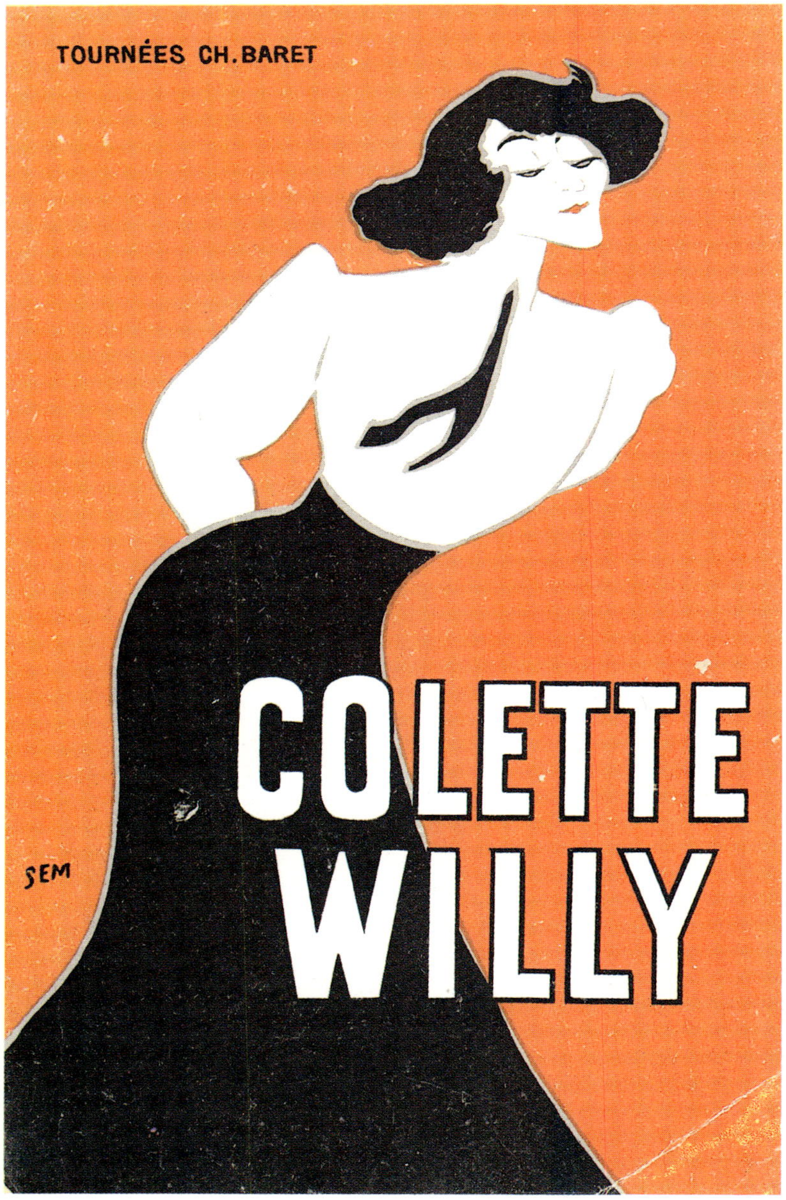

2 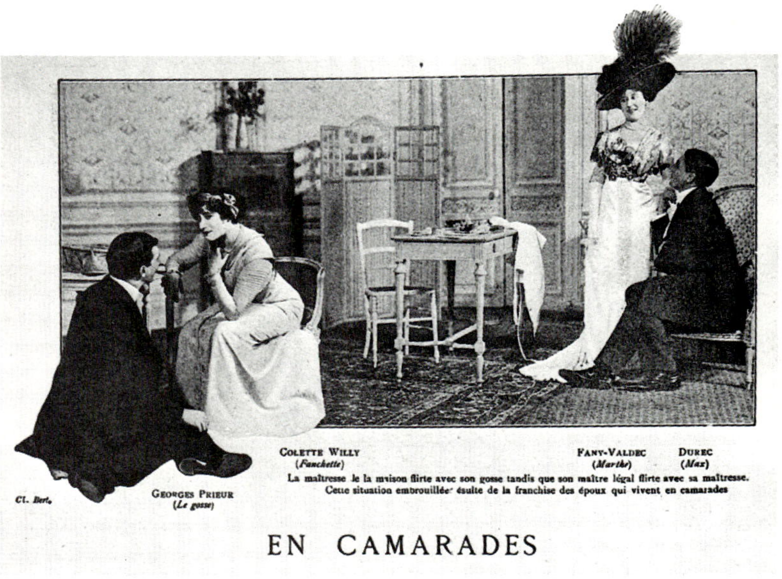

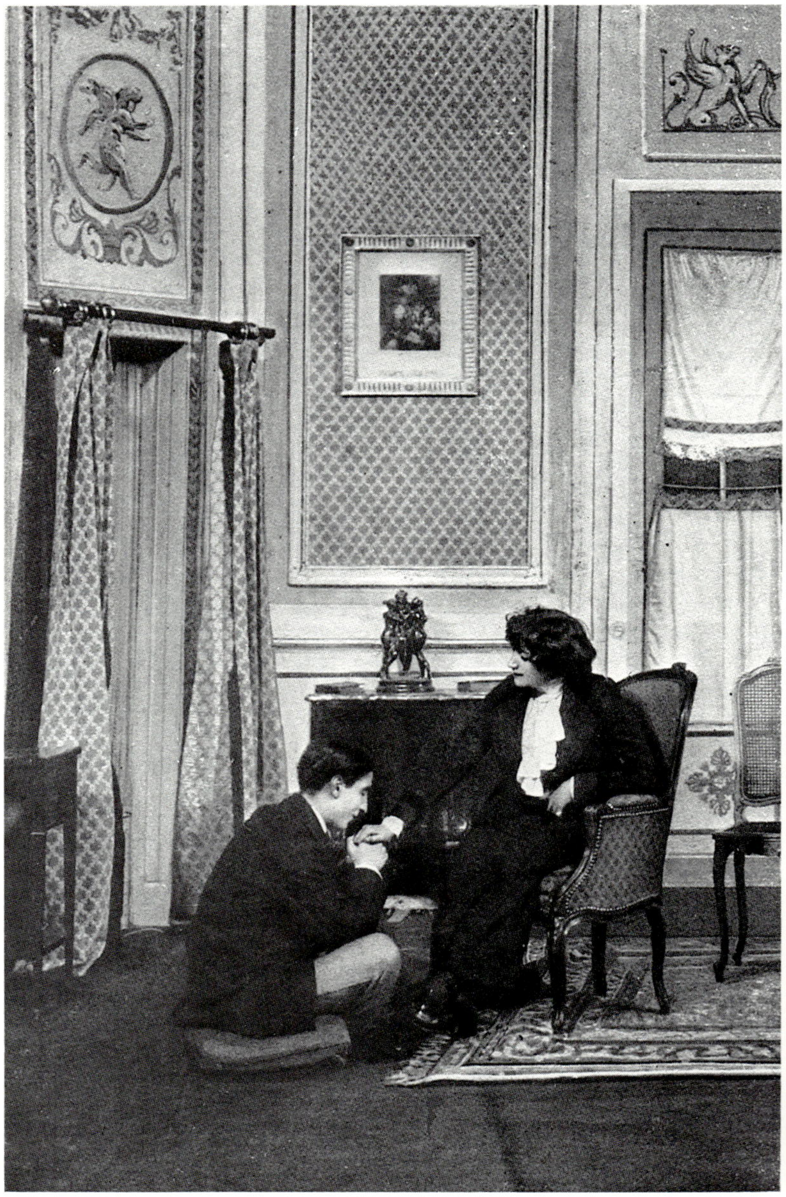

Ci-dessus : (1) Affiche de Sem pour les tournées Barret. – (2) Colette et Georges Prieur, dans une scène de *En camarades,* comédie de Colette en deux actes, créée le 22 janvier 1909, au Théâtre des Arts. Le lendemain, Léon Blum fera un compte rendu élogieux de la pièce dans *Comoedia*. – (3) Colette reprendra le rôle de Fanchette en 1912, au théâtre Michel.
Page suivante : Colette et Saint-Mars dans *Son Premier Voyage*, comédie de Xanrof et Guérin, créée à Genève, le 29 août 1908.

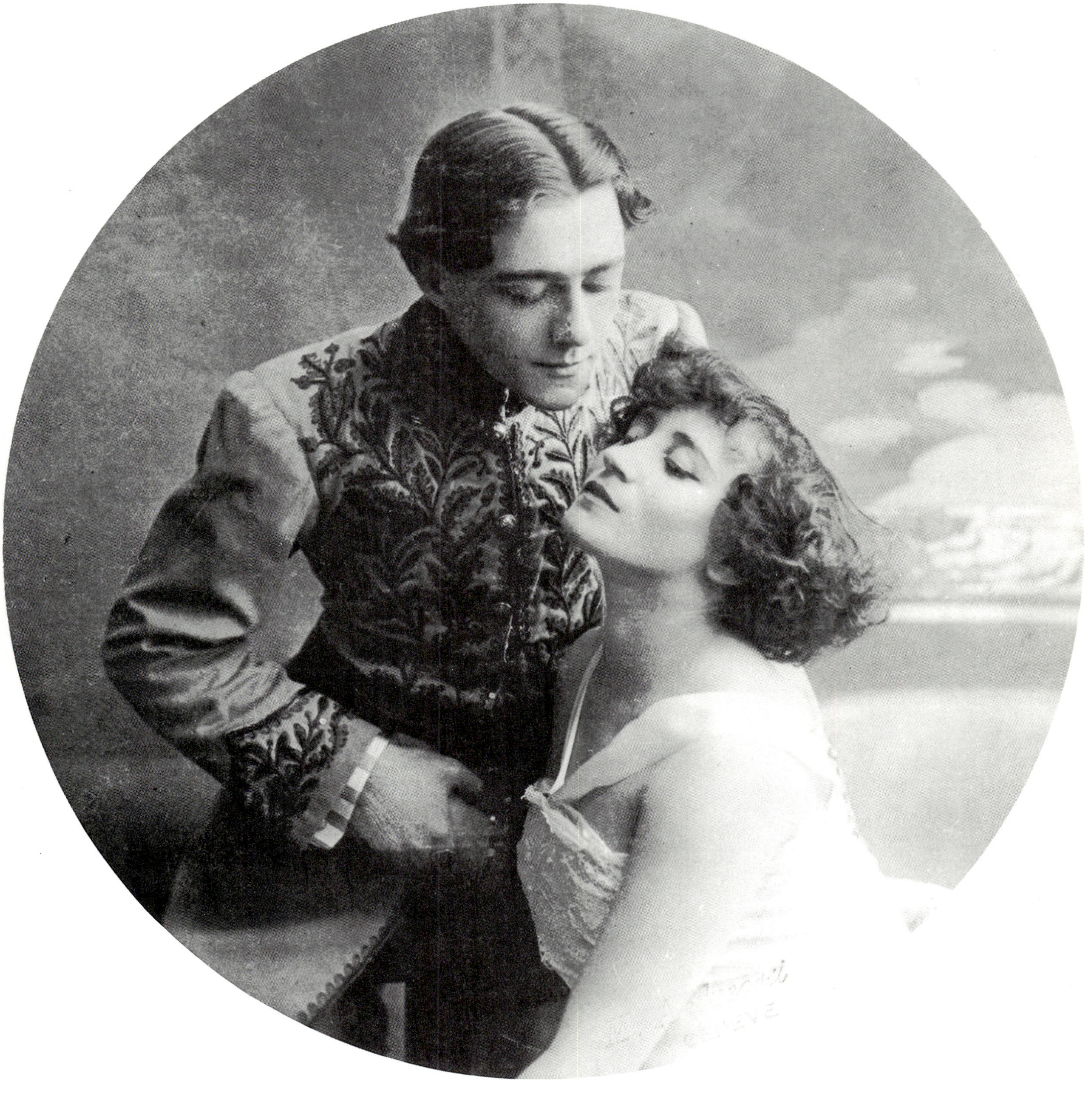

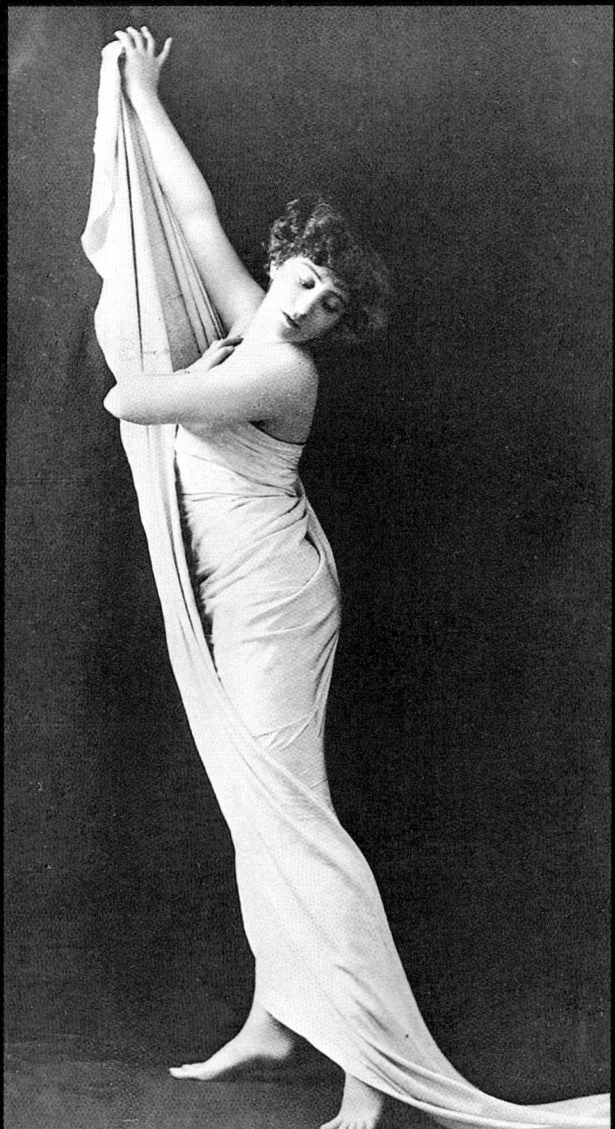

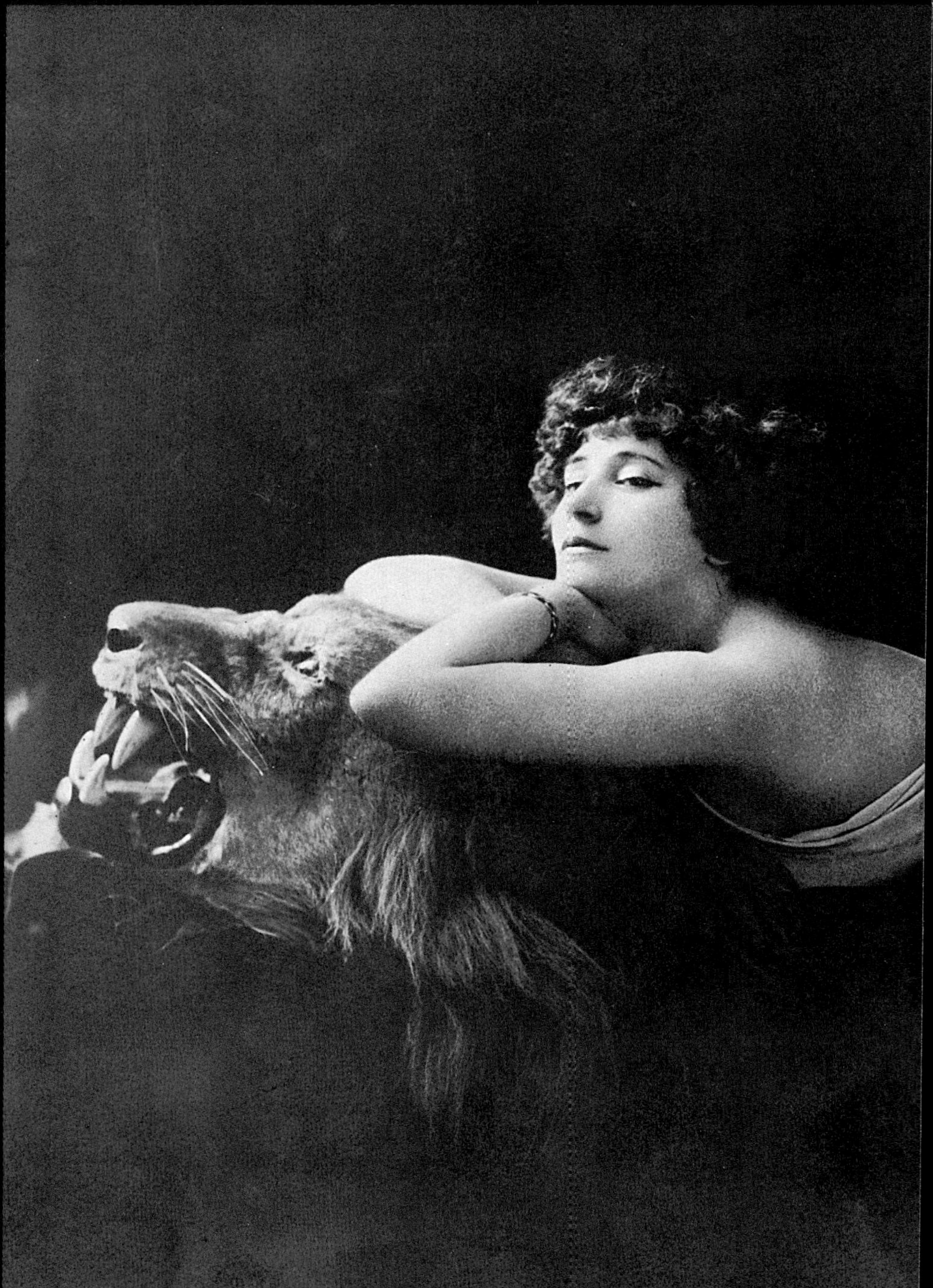

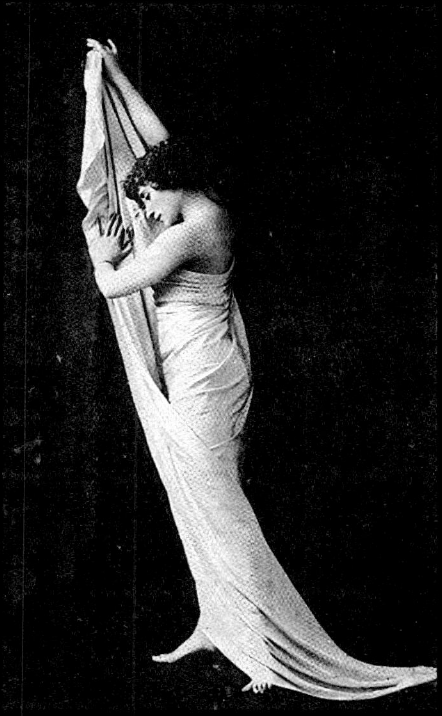

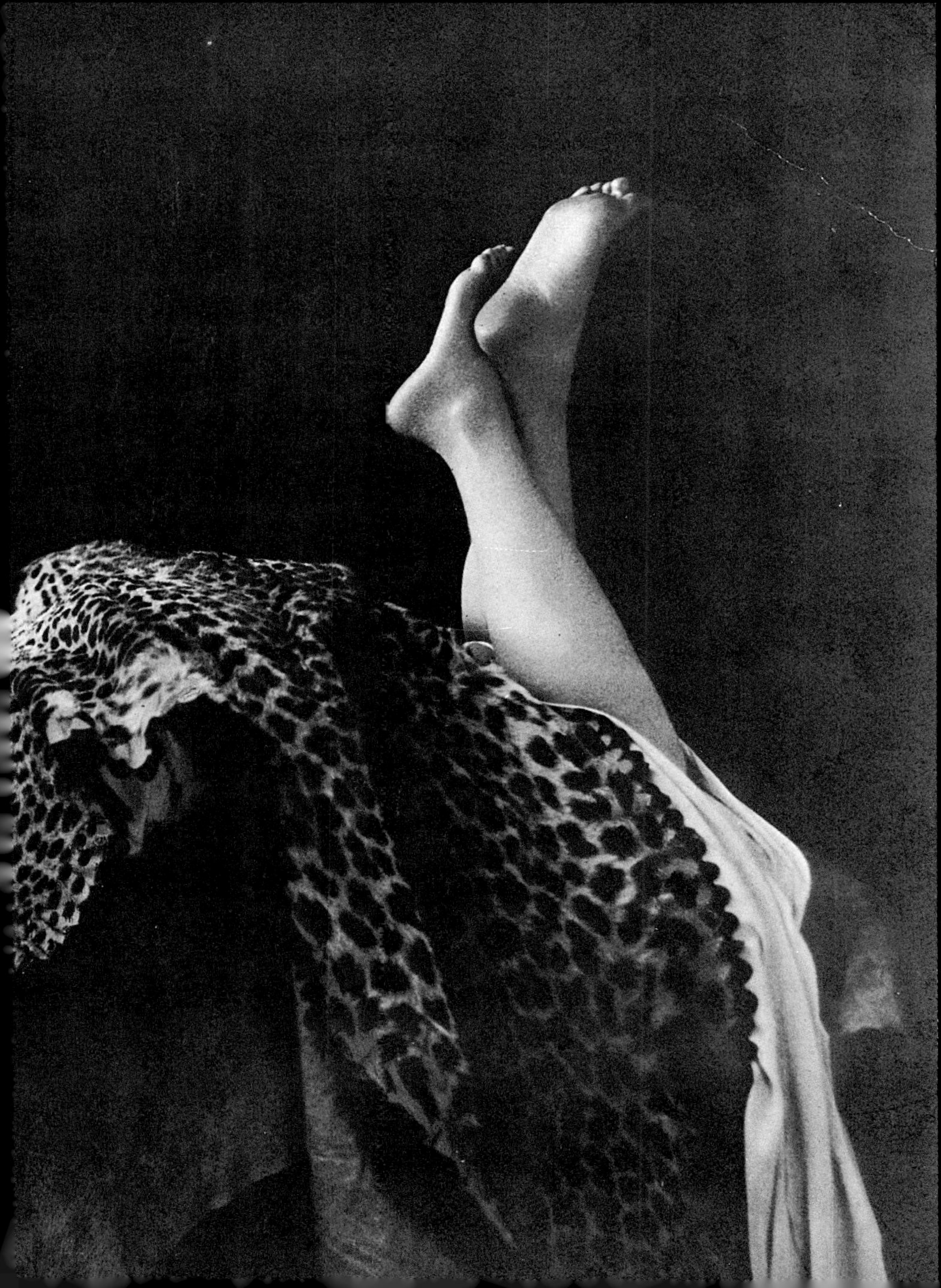

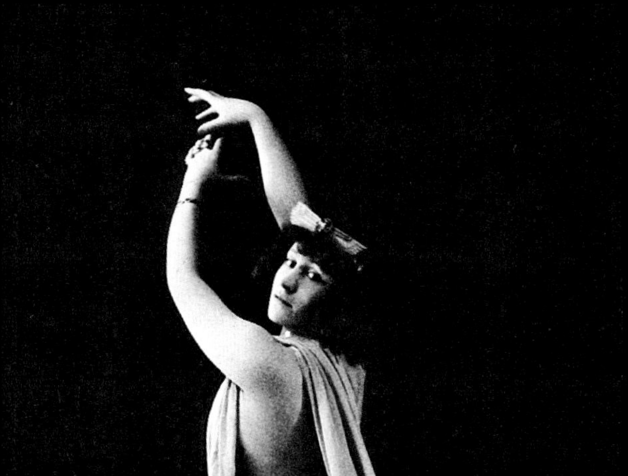

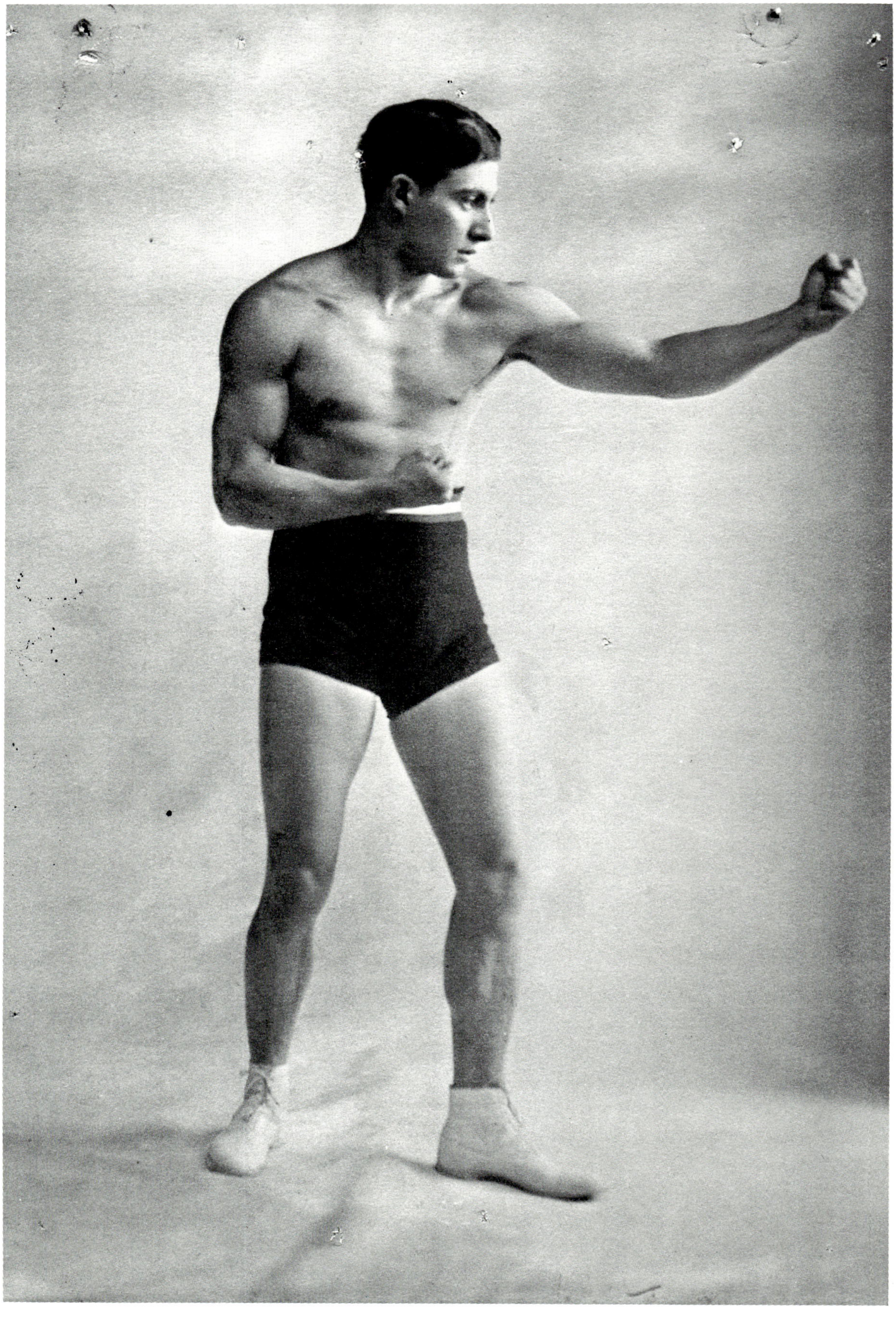

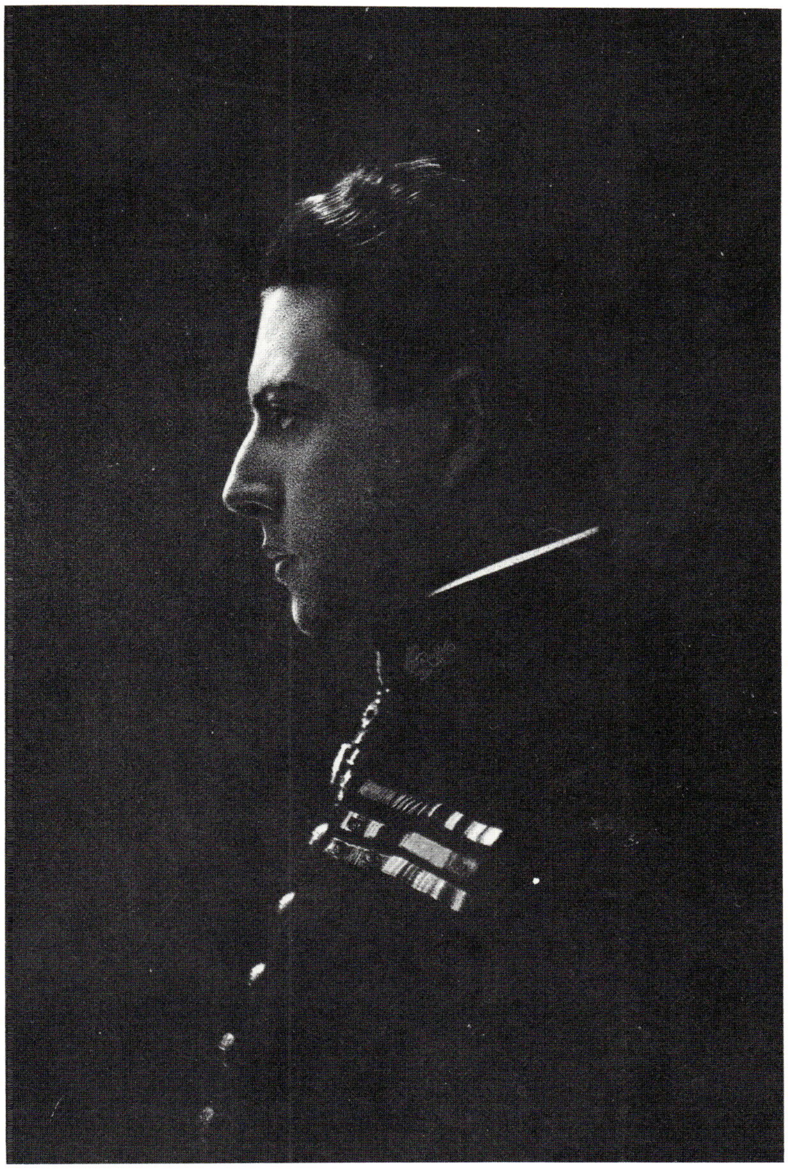

Double page précédente : Colette, actrice consciencieuse, soignait ses photos et passait des heures de pose fatigante chez le photographe Reutlinger qui l'enveloppait de draps mouillés pour obtenir de beaux drapés.
Page de gauche : Celui qui inspira le personnage de Chéri. Il s'appelait Auguste Hériot. C'était un jeune homme riche, sportif et snob, amoureux fou de Colette qui disait : ...*"l'aventure me paraît grave, surtout pour lui."*
Auguste Hériot en boxeur.
...*"Chéri, grisé de ses forces neuves, s'emballait, risquait des coups traîtres et rougissait de colère."* – Ci-dessus : Hériot, pendant la guerre de 14-18. En permission pour une petite blessure, Paul Morand le rencontra et le décrivit ainsi : ...*"genre blessé élégant pour couverture de* La Vie parisienne...*"*

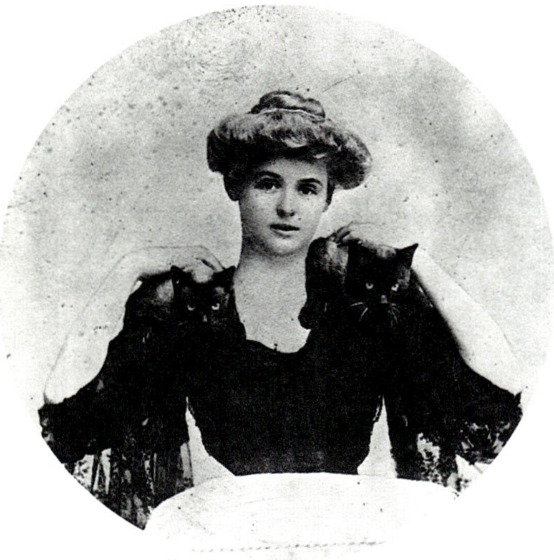

1

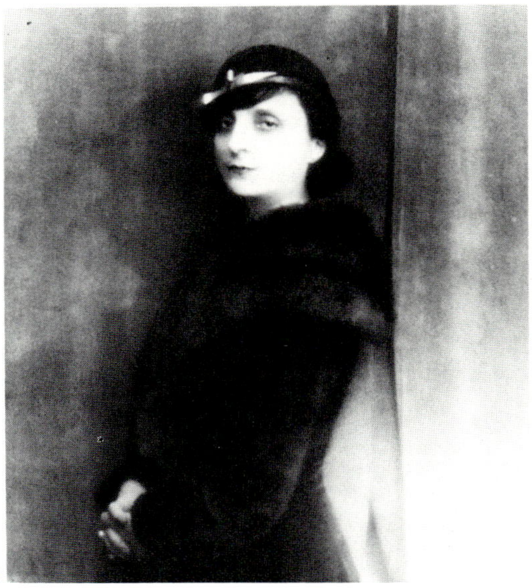

3

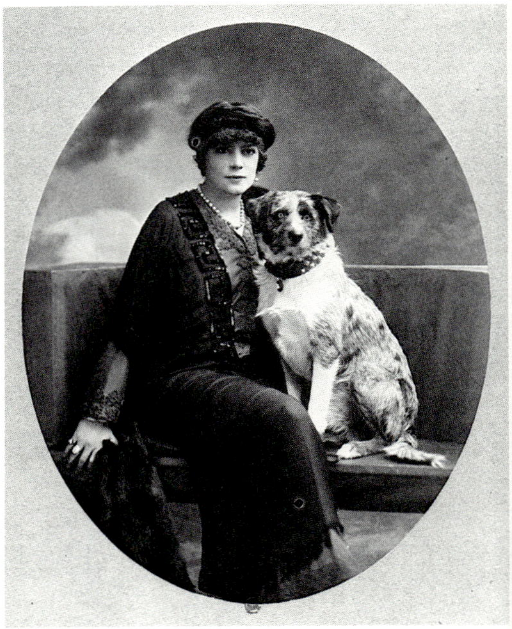

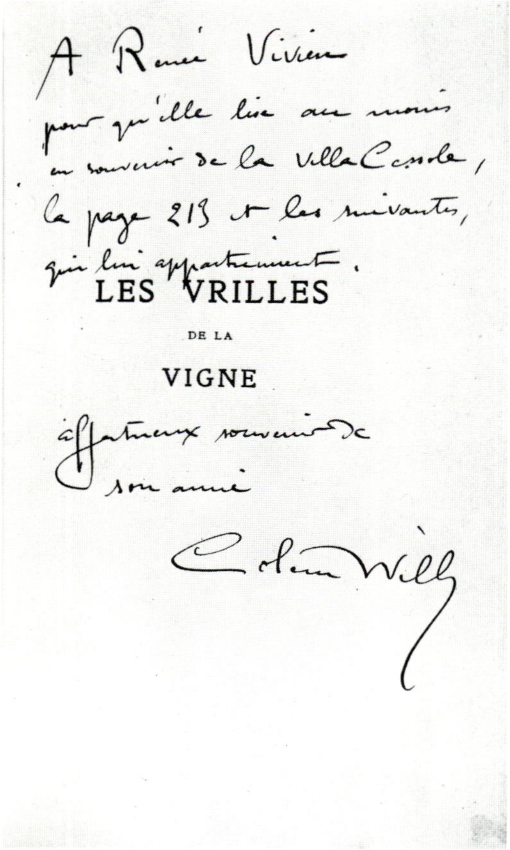
A Renée Vivien
pour qu'elle lise au moins
en souvenir de la Villa Cessole,
la page 213 et les suivantes,
qui lui appartiennent.

LES VRILLES

DE LA

VIGNE

affectueux souvenir de
son amie

Colette Willy

2

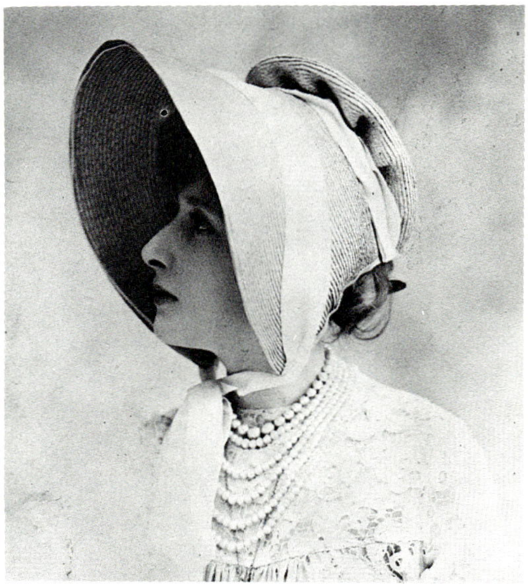

4

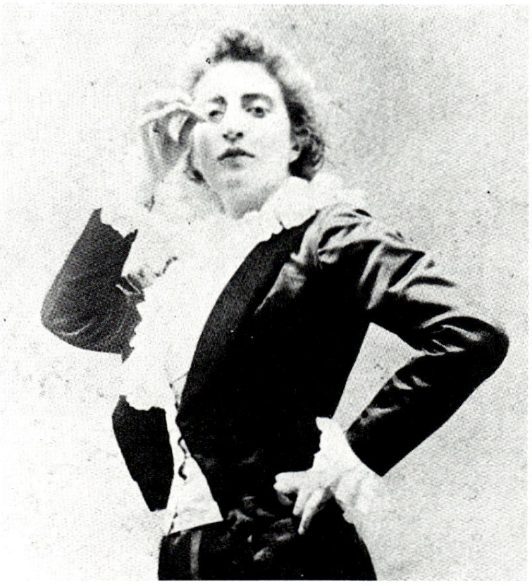

5

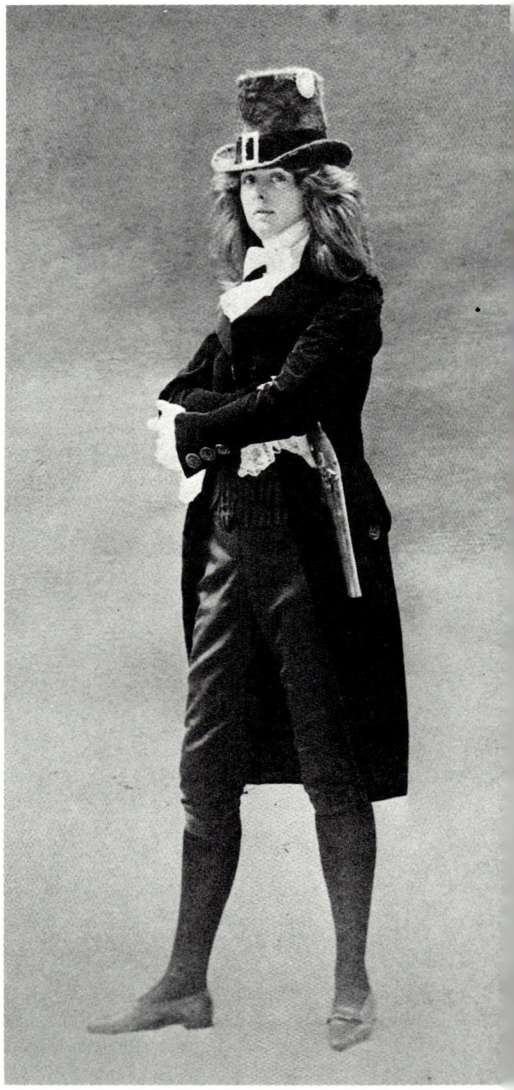

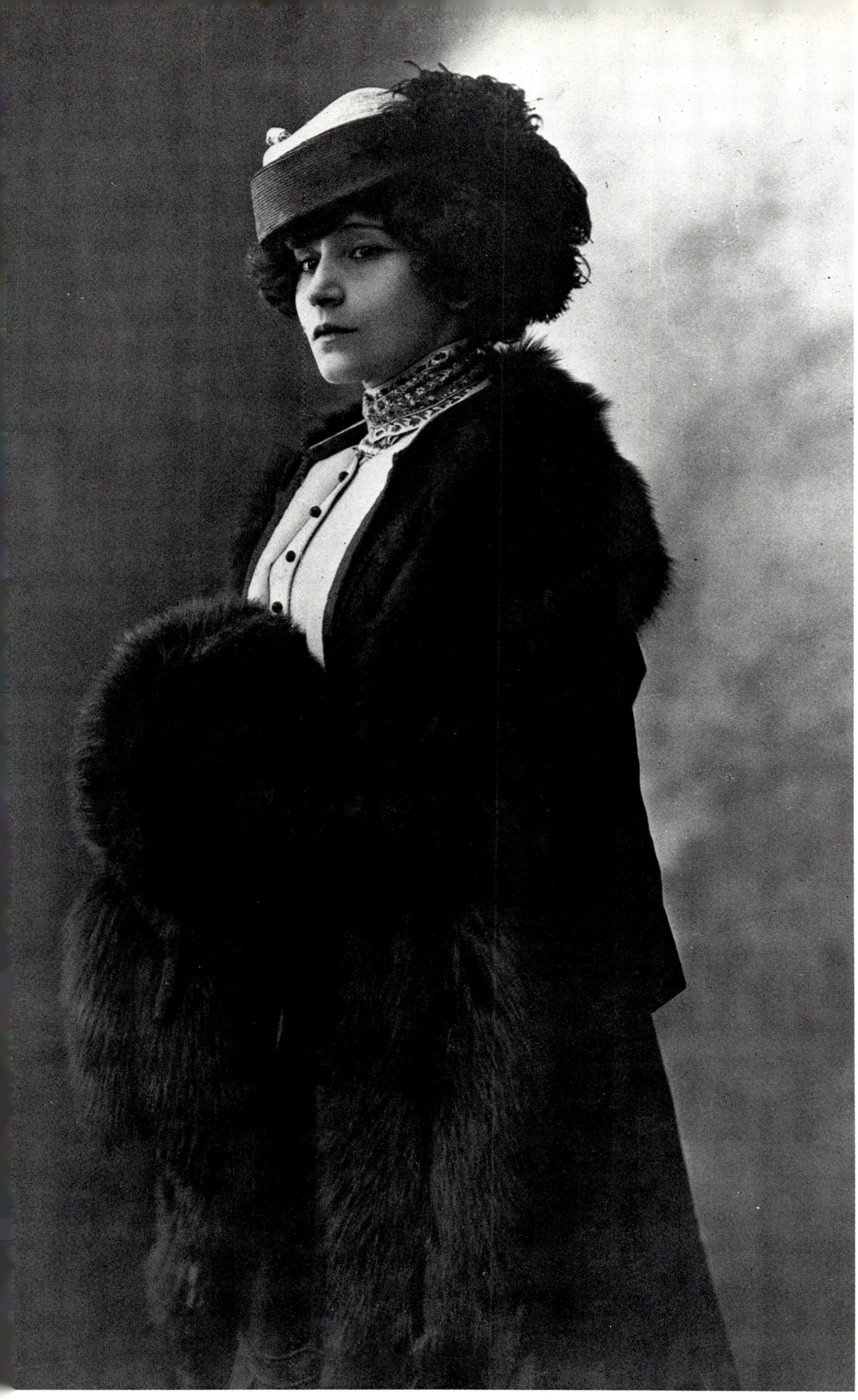

Page précédente : (1) La poétesse Renée Vivien, de son vrai nom Pauline Tarn, douée, gracieuse et prêtresse de Lesbos.
Charles Maurras qui se délectait de sa poésie l'associait à Verlaine et à Baudelaire. – (2) Dédicace de Colette à Renée Vivien.
(3) Quand Anna de Noailles publia son recueil de vers "Le Cœur innombrable", sa belle-mère, la duchesse, éclata en sanglots : "On va croire, dit-elle que c'est moi qui ai écrit ces cochonneries !"
(4) Liane de Pougy, amie de Natalie Barney et de Renée Vivien, rivale d'Otéro dans le demi-monde.
Elle épousera le prince Ghika et terminera sa vie dans la vertu et les bonnes œuvres. – (5) La baronne Ilse Deslandes. Etant jeune, elle fut aimée de Barrès. Son refus de vieillir faisait rire Colette. *"Ses 54 ans ne se résignent pas..."* écrivait-elle à Annie de Pène. – (6) Amie de Natalie Barney et de la baronne Deslandes, Lucie Delarue-Mardrus, la poétesse normande que son mari enfermait pour qu'elle écrive. – (7) L'"amazone" Natalie Barney en costume directoire.
Ci-contre : Colette au manchon.

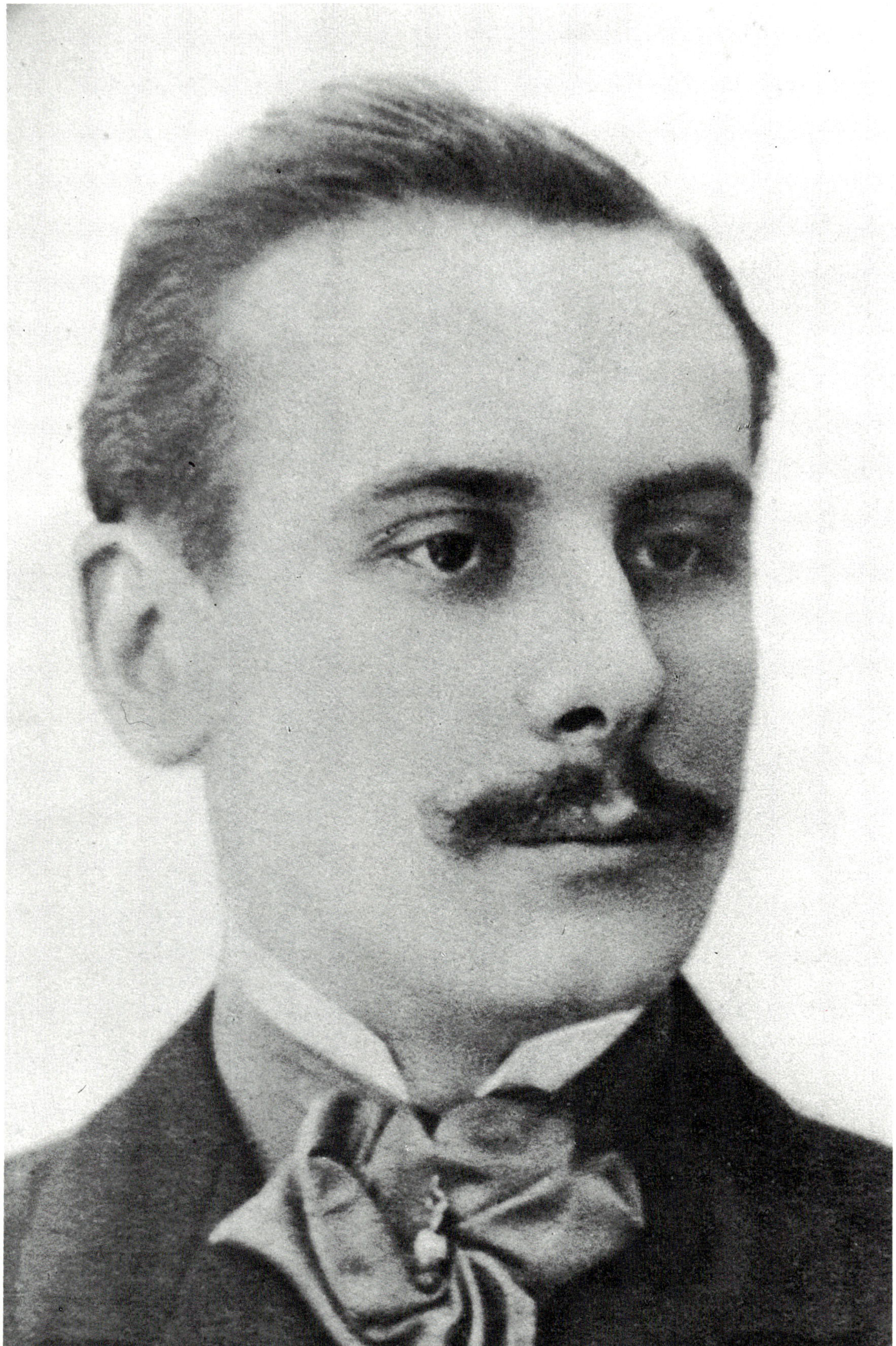

Henry de Jouvenel.

l'Entrave

Dans cette période d'errance qui sera la moins équilibrée de sa vie, Colette, encore mal remise de Willy, Colette, qui se méfie des attaches sentimentales mais qui n'a pas un tempérament de nonne, Colette aura quelques autres aventures sans lendemain dont Missy ne prendra pas ombrage.

Il n'en ira pas de même quand, en 1911, apparaît le deuxième homme qui va avoir une grande importance dans la vie de Colette.

Il s'appelle Henry de Jouvenel et il a trente-cinq ans (trois ans de moins qu'elle). C'est un grand bourgeois intelligent, spirituel, cultivé, doué d'un charme auquel peu de femmes résistent : "*... un brun aux yeux de velours, de carrure superbe, à la bourse plate et aux goûts fastueux*[1]." Et Colette ne va pas y résister.

Jouvenel, qui a été le jeune chef de cabinet d'un ministre de la Justice, est à présent l'un des trois rédacteurs en chef du grand quotidien *Le Matin*, dirigé par Bunau-Varilla.

D'un premier et bref mariage avec la très jolie fille d'un riche industriel juif, Alfred Boas, il a un fils, Bertrand, âgé de huit ans. Il a aussi un autre fils, Renaud, de sa maîtresse Isabelle de Comminges, qu'il n'a pu épouser car elle est toujours mariée à un certain Pillet-Will, dont la maladie mentale – il se prend pour un chien – interdit le divorce.

C'est chez cette dame, surnommée La Panthère, que Colette, amenée par Hériot, a rencontré le beau Jouvenel. Et la rencontre de ces deux charmeurs a provoqué un coup de foudre immédiat.

A la fin de 1910, Colette, qui est devenue une "signature" à la suite du succès de *La Vagabonde* – trois voix au Goncourt, en novembre –, Colette commence à collaborer au *Matin* qui a décidé de publier des nouvelles, comme son rival, *Le Journal*.

C'est au printemps de 1911 que la liaison de Colette avec Henry de Jouvenel, d'abord tenue secrète, va commencer à faire des vagues qui vont bientôt tourner au raz de marée.

En février, Colette en tournée à Nice, en compagnie d'une amie, Lily de Rême et d'Auguste Hériot, fausse compagnie à celui-ci, prend le bateau à Marseille avec Lily et va se promener en Tunisie. Hériot court à Rozven, se faire consoler par Missy qui commence à flairer la catastrophe. Si Colette lui revient une fois encore, en avril, leur relation se dégrade rapidement. Missy fait des scènes. Hériot, lui, est parti pour le Maroc d'où il envoie à Colette des télégrammes suppliants. En mai, Colette demande à Georges Wague de lui fournir l'alibi d'une répétition pour filer à Paris rejoindre Jouvenel dont elle ne peut déjà plus se passer. Tandis que Missy ... "*est en train d'élever à la cravache et aux œufs de fourmis, un corbeau de cinq jours et un pinson de deux semaines*[2]*...*" Colette part en tournée pour Genève où Jouvenel ira la rejoindre. Tout se complique car Auguste Hériot, toujours fou d'amour et qui ne sait pas que Jouvenel est avec Colette, veut la rejoindre en Suisse. Colette le lui interdit, par dépêches.

Jouvenel – comme Willy – est un redoutable bretteur. Il vient de se battre en duel contre le secrétaire de rédaction du *Journal* qui l'a injurié dans ses colonnes. Le duel a pris fin quand les deux adversaires se sont touchés à l'avant-bras.

Les événements alors se précipitent, racontés par Colette, en une lettre-reportage à son cher Hamel :

... "*Savez-vous qu'au lendemain de son duel, J[ouvenel] est tombé à Lausanne, tout blessé et le bras immobile, déclarant qu'il ne pouvait ni ne voulait plus vivre sans moi ? Savez-vous qu'en même temps H[ériot] voulait me rejoindre en Suisse et que je l'en empêchais par des dépêches affolées, mensongères et contradictoires ? Savez-vous qu'en rentrant à Paris J[ouvenel] avoue à la P[anthère] qu'il aimait une autre femme ? Là-dessus, elle déclare qu'elle tuera cette femme, quelle qu'elle soit. Eperdu, J[ouvenel] me transmet cette menace, à quoi je réponds : "J'y vais." Et j'y vais. Et je dis à la P[anthère] : "C'est moi, la femme." Là-dessus, elle s'effondre et me supplie. Courte faiblesse car, deux jours après, elle annonçait à J[ouvenel] l'intention de me zigouiller.*

Re-éperdu, J[ouvenel] me fait enlever par Sauerwein en automobile et m'accompagne avec S[auerwein] toujours, à Rozven où nous trouvons Missy glaciale et dégoûtée qui venait de recevoir des nouvelles par la P[anthère]. Puis mes deux gardiens me quittent et Paul Barlet[3] *monte la garde, révolver au poing, autour de moi. M[issy], toujours glaciale et dégoûtée, f... le camp à Honfleur. Peu de temps [trois jours] après, J[ouvenel] me rappelle auprès de lui par téléphone et S[auerwein] vient me prendre en auto, parce que la P[anthère] rôdait pour me trouver, armée aussi d'un révolver. Ici commence une période de semi-séquestration à Paris où je fus gardée comme une châsse précieuse par la Sûreté et aussi par J[ouvenel], S[auerwein] et S[apène], ces trois colonnes du* Matin[4]. *Et croyez-moi si vous voulez, cette période vient seulement de prendre fin, close par un événement inattendu, providentiel et magnifique ! Las de s'exercer chez Gastinne-Reinette [sic], Mr H[ériot] et Mme la P[anthère] viennent de s'embarquer sur le yacht "Esmerald", pour une croisière de six semaines au moins, après avoir étonné Le Havre, port d'attache, par des soulographies notoires. Est-ce bien ? est-ce théâtre ? un peu trop, n'est-ce pas ?*

"Entre-temps, J[ouvenel] s'est signalé par des actions fort propres, qui lui ont valu la mésestime de M[issy] ; car M[issy], au fond, adore H[ériot], elle lui avait préparé une chambre ici, et elle prétendait me l'imposer quasi conjugalement. Il n'en fallait pas tant pour me dégoûter à jamais de ce jeune homme. [...] J[ouvenel] fait aménager sa maison pour moi. Il n'a pas de fortune, il a le Matin *(une quarantaine de mille francs) et comme je gagne bien ma vie, nous nous en tirerons. Faut-il vous dire encore que j'aime cet homme-là, qui est tendre, jaloux, insociable et inguérissablement honnête ? Ce n'est pas la peine. [...]*

"M[issy] a acheté Princesse, la villa qui est à trois kilomètres d'ici. Ce renseignement a une allure d'épilogue, hein ? Après-demain, je pars en automobile pour Castel-Novel, le château corrézien de J[ouvenel]... [...] M[issy] est toujours glaciale et dégoûtée, et quoi que je fasse, je ne peux pas lui tirer un mot de sensé. Je vous assure. Ce n'est pas méchanceté de ma part, j'en ai assez de peine[5]*."*

Colette femme fatale, c'est un rôle nouveau pour elle, qu'elle joue, on le sent, non sans un certain plaisir. Enfin, il se passe quelque chose d'amusant ! Enfin, on s'occupe d'elle ! Enfin, du drame dont elle est l'héroïne. Cela nous rappelle la petite fille de Saint-Sauveur qui aurait voulu qu'on l'enlevât.

Exit Missy qui va lui laisser, en souvenir, la maison de Rozven. Missy à jamais blessée que Colette ne reverra plus que de loin en loin. La pauvre Mathilde de Morny finira misérablement ses jours, à quatre-vingt-un ans, seule, ruinée, la tête un peu gâtée. Elle mourra, en juin 1944, des suites d'un horrible suicide raté. Son seul ami sera Sacha Guitry qui se sera occupé d'elle jusqu'à la fin et mènera son deuil.

Un nouvel amour redonne à une femme sa virginité. "J'ai un cœur nouveau", écrit Colette en 1911. Et la voici, à trente-huit ans, qui retrouve des émois d'adolescente pour Henry de Jouvenel. Et ce n'est pas un hasard, si elle l'appelle couramment Sidi, mais aussi le Pacha ou même la Sultane. En effet, la volonté de Jouvenel, pour elle, fait loi.

Tout en continuant à gagner sa vie au théâtre – l'été 1911, elle répète *Bat' d'Af*[6] pour Bataclan et, en décembre, elle va jouer dans *L'Oiseau de nuit*, à la Gaîté-Rochechouart –, Colette va devenir journaliste, comme Sidi, faire siens ses amis et le suivre en toutes choses et en tous lieux. Quand elle le pourra du moins, car Sidi, mari jaloux, est en même temps un champion de l'escampette. Toutes les raisons lui seront bonnes pour apparaître et disparaître : son journal, la guerre, la diplomatie, la vie mondaine et, aussi, les femmes dont il fait grande consommation (ce qui lui a valu, dans Paris, le surnom de "il vit au grand air", par allusion à un hebdo à grand tirage qui s'appelle *La Vie au grand air* !).

Si, dans les mois et les années qui vont suivre, Colette est dans la phase "bourgeoise" de sa vie, elle va encore connaître les affres de l'attente et de la jalousie. *L'Entrave, Les Heures longues,* les lettres qu'elle écrit aux uns et aux autres reflètent cette attente passionnée, angoissée, énervante d'un homme aimé mais qui semble... *"né pour plaire sans effort, séduire et disparaître"* comme le Jean de *L'Entrave* dont May dit : *"... il f... le camp comme personne et jamais on ne le reprend*[7]*."*

Colette, amoureuse une fois encore, va, une fois encore, se soumettre, accepter de marcher sur sa propre dignité, *"ce défaut d'homme"*, pour garder *"l'avide vagabond auquel elle se veut amarrée"*. Tout en faisant dire à l'un de ses personnages : *"Il y a deux sortes d'amour : l'amour insatisfait qui vous rend à tous odieux et l'amour satisfait qui vous rend idiot*[8]*."*

A l'automne 1911, elle s'installe avec Jouvenel, dans un bungalow de la rue Cortambert, à Passy. C'est une sorte de chalet suisse en bois, vétuste et fragile mais charmant avec son jardin de trois mille mètres *"... livré aux arbres âgés, aux églantiers, aux noisetiers et aux chats affranchis*[9]*..."*.

Depuis Saint-Sauveur, c'est la première fois que Colette habite à Paris, une maison avec des arbres alentour, des chiens qui grattent à la porte et un feu de bois dans la cheminée. *"Je dois beaucoup au chalet de Passy. Sous ses balcons et ses trèfles, j'ai mené une vie véritablement féminine, émaillée de chagrins ordinaires et guérissables, de révoltes, de rires et de lâchetés. Là, me vint le goût d'orner et de détruire. Là, je travaillai, le besoin d'argent aux trousses. Là, j'eus des heures de paresse*[10]*..."*

Malgré sa célébrité, Colette, à cause du relent de scandale qui l'environne depuis les Claudine et l'esclandre du Moulin-Rouge, Colette n'est pas admise partout. Jouvenel doit imposer sa collaboration régulière au *Matin*, contre l'avis de son corédacteur en chef, Stéphane Lauzanne, qui va même menacer de donner sa démission si "cette saltimbanque" entre au journal.

Sido, elle, est aussi réticente en ce qui concerne cette nouvelle activité de sa fille, mais pour d'autres raisons : *"... donc, tu vas écrire un article tous les huit jours pour* le Matin*? C'est beaucoup et je le déplore car le journalisme, c'est la mort du romancier! C'est dommage en ce qui te concerne. Ménage, ménage ton talent, mon chéri, il en vaut la peine*[11]*."*

Sido s'inquiète aussi de ce Jouvenel dont elle sent qu'il prend de plus en plus d'importance dans la vie de Colette. Cette vieille maman qui va s'éteindre bientôt à Châtillon cultive, comme ses semblables, l'inquiétude en ce qui concerne ses enfants. Et il faut bien dire que la vie de Colette n'est pas faite pour la rassurer. Sans cesse, dans ses nombreuses lettres, Sido exprime son tracas pour sa santé. Elle craint que Colette n'attrape froid en sortant de scène, ne dorme pas assez, etc. C'est la raison pour laquelle elle a assez bien admis sa cohabitation avec Missy. La sollicitude dont celle-ci entoure sa fille est plus importante, pour Sido, que le respect de la morale... *"Ah! tu vas visiter les fumeries d'opium? C'est intéressant à voir mais à condition de ne pas y toucher mais Missy est là et je me rassure, elle me rassure car tu n'es pas comme ta mère : je résiste à mes passions*[12]*."* Elle a compris que Missy n'est pas dangereuse pour Colette, au contraire. Pour la même raison, elle a admis aussi la liaison de Colette avec le petit Hériot que sa fille lui a présenté comme un "imbécile" charmant et inoffensif. Mais ce nouveau venu, ce Jouvenel, Sido se demande de quel bois il est fait. La célèbre lettre de Sido qui ouvre *La Naissance du jour* a été trafiquée par Colette. Dans la vraie lettre que Sido envoya à Jouvenel pour accepter son invitation, figure cette phrase qui exprime bien sa réticence. Si elle accepte de rencontrer Jouvenel, c'est dit-elle, pour *"... vous connaître et juger autant que cela est possible qu'elle ait jeté avec tant d'enthousiasme son bonnet par-dessus les moulins pour vous*[13]*."*

Le dialogue avec Sido que Colette rapporte dans *La*

Naissance du jour est aussi significatif :

– Tu y tiens beaucoup à ce Monsieur X? [*Jouvenel*].

– Mais Maman, je l'aime!

– Mais oui, tu l'aimes... c'est entendu, tu l'aimes...

"Elle réfléchissait encore, taisant avec effort ce que lui dictait sa cruauté céleste puis s'écriait de nouveau :

– Ah! Je ne suis pas contente!

Je faisais la modeste, je baissais les yeux pour enfermer l'image d'un bel homme, intelligent, envié, tout éclairé d'avenir, et je répliquais doucement :

– Tu es difficile!

– Non, je ne suis pas contente... J'aimerais mieux, tiens, l'autre, ce garçon que tu mets à présent plus bas que terre [Hériot]*...*

– Oh, Maman!... un imbécile!

– Oui, oui, un imbécile!... Justement! [...] *Que tu écrirais de belles choses, Minet-chéri, avec l'imbécile* [...] *L'autre, tu vas t'occuper de lui, lui donner tout ce que tu portes en toi de plus précieux. Et vois-tu, pour comble, qu'il te rende malheureuse? C'est le plus probable...* [...]*... et si je te disais tout ce que je prévois* [...] *heureusement, tu n'es pas trop en danger*[14]*."*

Les débuts d'une passion sont toujours délicieux. Colette et Jouvenel ne se quittent plus. Au début de 1912, ils vont à Grenoble et visitent la Grande Chartreuse. En avril, Colette est applaudie à Bataclan; elle est la Chatte dans *Ça grise* et *Comœdia* salue *"la souple, lascive et troublante originalité de son talent si divers"*.

En mai, ils sont invités en Normandie chez Jean Sapène et Sidi lui fait découvrir Trouville et ce que Colette appellera *"les charmes funéraires de cette nécropole élégante*[15]*."*

Elle ajoute, dans la même lettre : *"On mange beaucoup et bien. J'engraisse à vue d'ail..."* (Colette adore l'ail et l'oignon cru). Le bonheur la rend encore plus gourmande qu'à l'accoutumée, ce qui n'est pas peu dire. En effet, elle sera toujours d'une gourmandise qui va de pair avec son étonnante sensualité. Les mets, comme les parfums, tiendront dans sa vie une place importante et elle en parlera si bien, dans ses lettres et dans ses livres, qu'on ne peut lire certains passages sans être pris d'une fringale qui s'apparente à l'excitation résultant de certaines pages érotiques.

Cette gourmandise de Colette, qu'elle appelle sa "gueulardise", est de plus favorisée par une époque où les plaisirs de la table ont une importance considérable dans la société française. Il n'est que d'en lire les menus.

Mais hélas, cet amour de la bonne chère nuira physiquement à Colette. Il y a déjà longtemps qu'elle a commencé à engraisser. Natalie Barney qui, tout en étant son amie, n'est pas toujours tendre pour elle (et réciproquement), note dans ses *Souvenirs indiscrets* : *"Au début de ce siècle, lorsque je vis Colette pour la première fois, elle n'était déjà plus la mince adolescente aux longues nattes, couchée dans un hamac* [...] *mais une jeune femme bien campée sur des jambes solides et dont la chute de reins dévalait vers un derrière rebondi*[16]*."* Pas étonnant quand on lit ceci, en 1902 : *"... J'ai parié avec moi, de manger quatre cents noisettes, entre le déjeuner et le dîner*[17]*"*. En 1922, elle pèsera plus de quatre-vingts kilos, ce qui est énorme pour sa très petite taille.

De plus, elle va cesser progressivement de prendre de l'exercice. A Christiane Mendelys (la femme de Georges Wague) qui le lui reprochera sans doute, elle répond ceci : *"... qui te dit, au fait, que je néglige la culture physique? J'ai une nouvelle méthode, voilà tout. La méthode Sidi. Excellente. Pas de cours public. Leçons particulières, – bougrement particulières*[18]*."* Mais, quelques lignes plus loin, elle ajoute : *"On bouffe la brandade chez Blanc"*[19].

Hormis les dons naturels qui y prédisposent, la gourmandise s'élabore dans l'enfance. La bourguignonne Colette devait à ses jeunes années en Puisaye, à ses parents, son goût des mets et des vins. Dans *Prisons et Paradis*[20] elle racontera comment, lorsqu'elle avait trois ans, son père lui apprit la saveur du muscat de Frontignan. Comment Sido, pour fortifier son adolescence, déterrait pour elle, d'une cave où elle les avait cachées pour qu'elles échappassent aux pillages prussiens de 1870, des bouteilles de château-larose, château-lafite, des chambertin et corton... *"J'ai tari le plus fin de la cave paternelle, godet à godet, délicatement... Ma mère rebouchait la bouteille entamée et contemplait sur mes joues la gloire des crus français."*

C'est dans son enfance aussi qu'elle apprit le bonheur des fromages : camembert, roquefort, fromages à la cendre ou à la claie, ceux-ci assortis d'une salade de pissenlits à l'huile de noix et à l'ail, arrosés de vin de Treigny. Avec Sido, elle allait les choisir au marché d'où elles rapportaient aussi un beurre exquis enveloppé de feuilles de châtaignier. *"Friandes de fromage, les femmes s'en privent depuis que la terrible névrose de la maigreur les gouverne. Une femme savait mieux choisir les fromages qu'un homme. Tâter la croûte, mesurer l'élasticité de la pâte, deviner un fromage, c'est un peu affaire de radiesthésie.* [...].

"Si j'avais un fils à marier, je lui dirais : "Méfie-toi de la jeune fille qui n'aime ni le vin, ni la truffe, ni le fromage, ni la musique"[21].

Colette se souviendra toujours des recettes de sa province transmises de bouche à oreille, de mère en fille, pour soigner le feu, en respecter la cendre "*qui cuit savoureusement ce qu'on lui confie*" : pommes, poires, pommes de terre, truffes, patientes daubes ou rouelles aux carottes. C'est en Puisaye que, petite fille, elle a contracté ce goût immodéré, lyrique, des truffes qu'elle chantera, qu'elle caressera de mots gourmands, toute sa vie. Ces truffes qu'elle ira même, un jour, récolter dans le Lot, tenant en laisse une petite truie chercheuse. On peut dire que le parfum des truffes noires du Périgord accompagnera aussi toutes ses amours.

En effet, malgré son immense, sa flamboyante gourmandise, Colette n'est pas un cordon-bleu et ne fait elle-même la cuisine qu'assez rarement et toujours en état d'amour ou d'amitié, nous le verrons. Elle n'aime pas non plus, forcément, les plats les plus sophistiqués, les plus élaborés mais ce qui est bon, goûteux, ce qui réjouit les papilles, le ventre et l'âme, ce qui permet de traverser chagrins et contrariétés, ce qui réchauffe et transforme la vie aux pires moments. *"Une belle petite terrine campagnarde, Monsieur! Vous êtes bien gentil. Je suis tout sucre, d'ailleurs, depuis deux jours, et je sais que demain le hareng-saur et la morue aux pommes de terre, ou la salade à l'ail, donneront seuls du prix à la vie"*, écrit-elle en 1907 à Charles Saglio, directeur de *La Vie parisienne*[22]. Bonheur des poissons plats, des crevettes, des homards du Crotoy ou de Rozven, "*on ne résiste pas à un ravier de crevettes fraîches*"... "*Oh, le petit vin rose!*" Bonheur des confits d'oie de Marguerite Moreno, du bœuf au vin rouge d'Annie de Pène, de "*l'oignon cru à tous les repas*" de Castel-Novel... "*lourde de galette chaude, de cives crues, d'ail, je vais me coucher, – il est déjà neuf heures et quart*[23] *!*"... "*je sens l'ail, la saucisse, le fromage blanc malaxé de poivre et d'oignon cru* [...] *hier soir, nous mangions des amandes de pin faisant éclater les pignes dans le feu*[24]*.*"

Evidemment, cela ne va pas sans quelques inconvénients pour sa santé, sans parler de son poids qui augmente. Colette paye sa gourmandise par des indigestions, un foie souvent patraque et des crises d'entérite qui la laissent sur le flanc. Ici, elle se signale "*aplatie par un empoisonnement de moules*" (été 1908). Là, c'est l'indigestion carabinée, ou le mal de reins. Mais, comme le déplore sa mère, elle ne résiste pas à ses passions et, deux jours après avoir été malade, elle recommence... "*je vais mieux mais un délectable chou farci arrosé de cidre et une tarte aux raisins m'ont donné une petite rechute bien méritée*" (été 1922). Deux jours plus tard, autre rechute... "*j'avais un peu cherré dans la tomate et l'abricot, sans compter un coup de cidre*". Résultat : l'été 1923, à Rozven, elle signale "*des crapauds, aussi larges que*

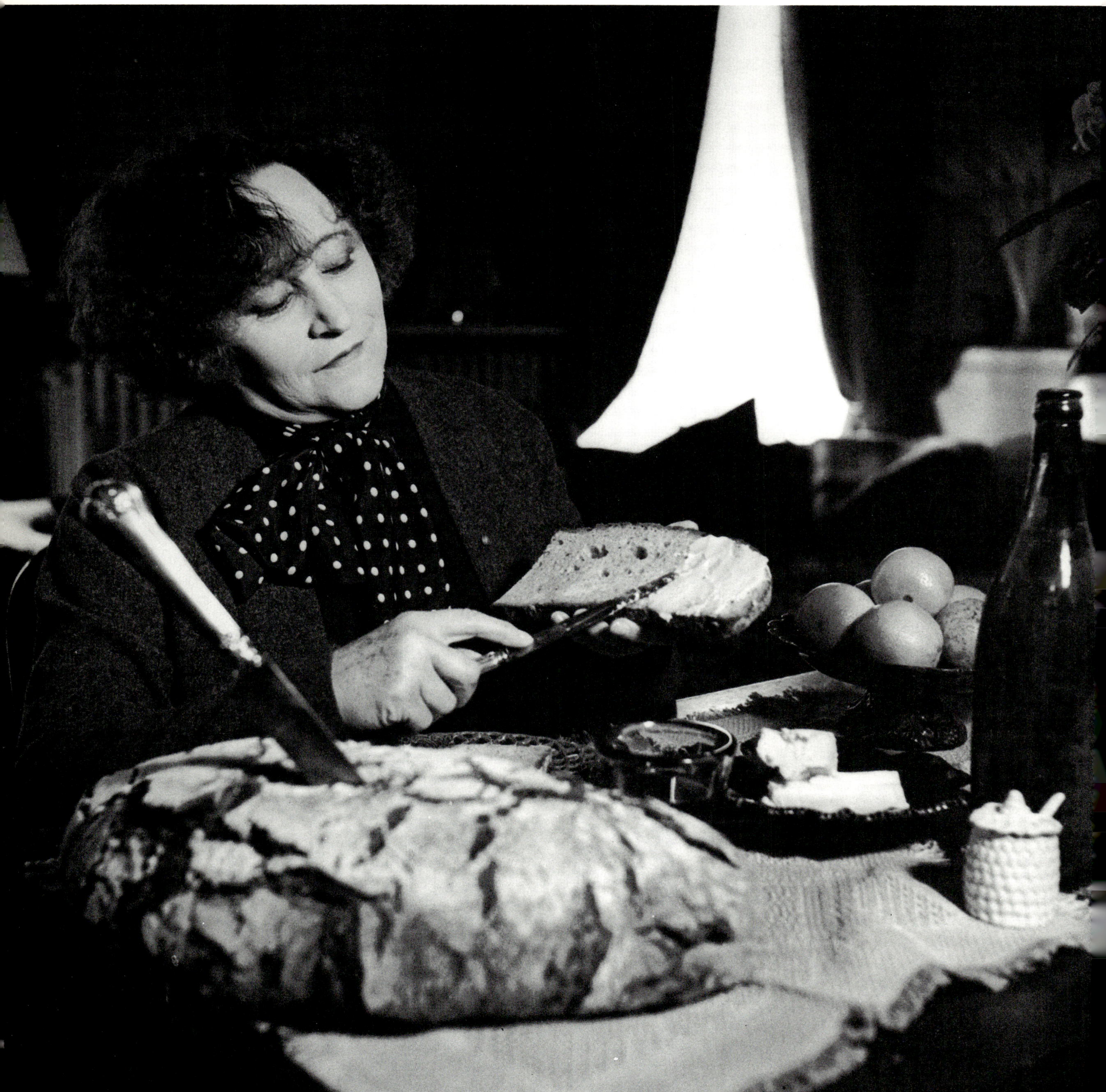

LE CAFE AU LAIT DE "CHERI"

Un certain "café au lait de concierge" dont il est question dans "Chéri" a éveillé bien des curiosités que j'ai laissées - c'est le mot - sur leur faim. Une concierge me donna autrefois la recette d'un petit déjeuner propre à chasser le frisson des matins d'hiver.

Ayez une petite soupière - la petite soupière individuelle pour soupes gratinées, ou un gros bol, en porcelaine à feu. Versez-y le café au lait, sucré et dosé à votre goût. Préparez de belles tranches de pain - pain de ménage, le pain anglais ne convient pas - beurrez-les confortablement et posez-les *sur* le café au lait qui ne doit pas les submerger. Il ne vous reste qu'à mettre le tout au four, d'où vous ne retirerez votre petit déjeuner que bruni, croustillant, crevant çà et là en grosses bulles onctueuses.

Avant de rompre votre radeau de pain recuit, jetez-y une poussière de sel. Le sel mordant le sucre, le sucre très légèrement salé, encore un grand principe que négligent nombre d'entremets et pâtisserie parisienne, qui s'affadit faute d'une pincée de sel. *(Marie-Claire, 27 janvier 1939).*

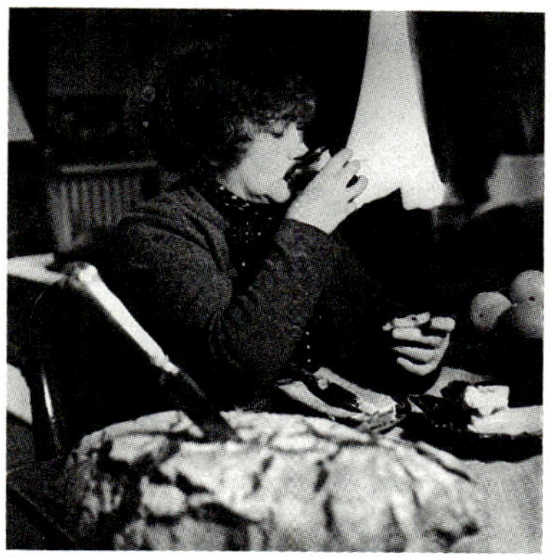

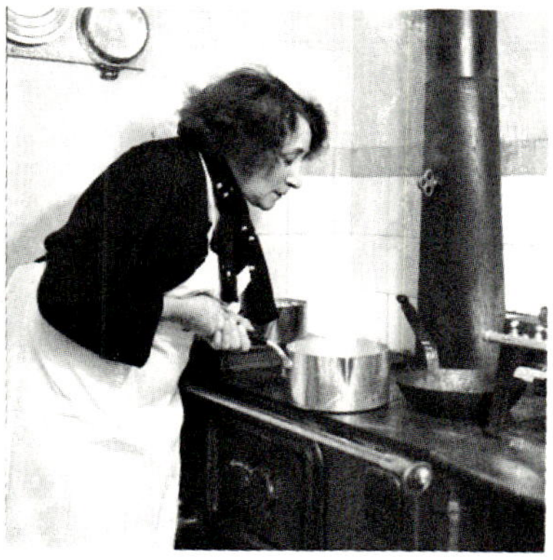

LE LAIT D'AMANDES FRAICHES

Pour deux litres de lait d'amandes, il faut plus d'un kilo d'amandes fraîches et saines, épluchées. Pilez dans un mortier de marbre, avec une petite quantité de sucre. Ajoutez, goutte à goutte, l'eau nécessaire à l'émulsion. Pendant la nuit suivante, le mortier et son contenu, voilés d'un linge, resteront au frais. Le lendemain, filtrez dans une poche de baptiste, ou de mousseline à trame serrée. Goûtez, sucrez encore un peu, ajoutez la quantité d'eau qui manque encore à vos deux litres [...] Ne frappez jamais le lait d'amandes, mais laissez flotter, sur son onde un peu bleue, crémeuse, une feuille de citronnelle verte, à peine immergée, effilée comme une jonque de Chine... Et n'oubliez pas non plus - tout est perdu sans elle ! - la goutte d'essence de rose, une goutte, une seule... *(Prisons et Paradis.)*

LES TRUFFES, FAÇON COLETTE

... l'ayant achetée, mangez-la seule, embaumée, grenue, mangez-la comme un légume qu'elle est, servie à fastueuses portions. Elle ne vous donnera pas, une fois étrillée, grand'peine ; sa souveraine saveur dédaigne les complications et les complicités. Baignée de bon vin blanc très sec - gardez le champagne pour les banquets, la truffe se passe bien de lui - salée sans excès, poivrée avec tact, elle cuira dans la cocotte noire couverte. Pendant vingt-cinq minutes, elle dansera dans l'ébullition constante, entraînant dans les remous et l'écume [...] une vingtaine de lardons, mi-gras, mi-maigres, qui étoffent la cuisson. Point d'autres épices ! [...] Vos truffes viendront à la table dans leur court-bouillon. Servez-vous sans parcimonie ; la truffe est apéritive, digestive...

Ne mangez pas la truffe sans boire. A défaut d'un grand ancêtre bourguignon au sang généreux, ayez quelque Mercurey ferme et velouté tout ensemble. Et buvez peu, s'il vous plaît. On dit, dans mon pays natal, que pendant un bon repas, on n'a pas soif, mais bien "faim de boire". *(Paysages et Portraits.)*

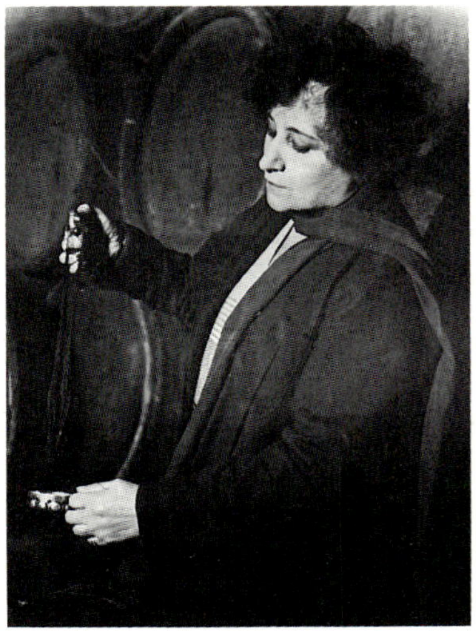

LE POULET A LA CENDRE

Le poulet à la cendre demande qu'on l'englue, emplumé, dans l'argile lisse, la glaise des sculpteurs. Il ne faut que le vider avec soin, le poivrer et le saler intérieurement. Sa graisse, prisonnière, suffit à tout. La boule d'argile et son noyau gallinacé subissent une crémation assez longue au sein d'une cendre épaisse, de toutes parts entourée de braises qu'on attise, qu'on renouvelle. La motte argile, au bout de trois quarts d'heure, est un gros œuf de terre cuite. Brisez-le : toutes les pennes, une partie de la peau, restent attachées aux tessons, et la perfection sauvage du tendre poulet vous incline vers une gourmandise un peu brutale et préhistorique... *(Prisons et Paradis.)*

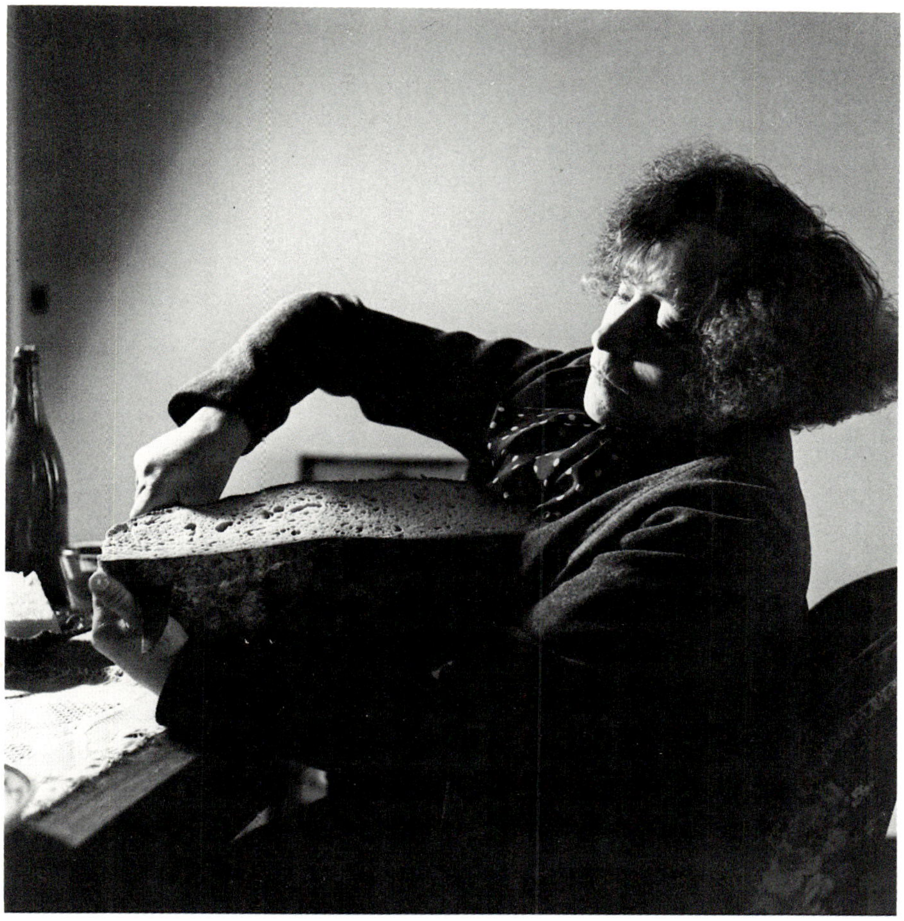

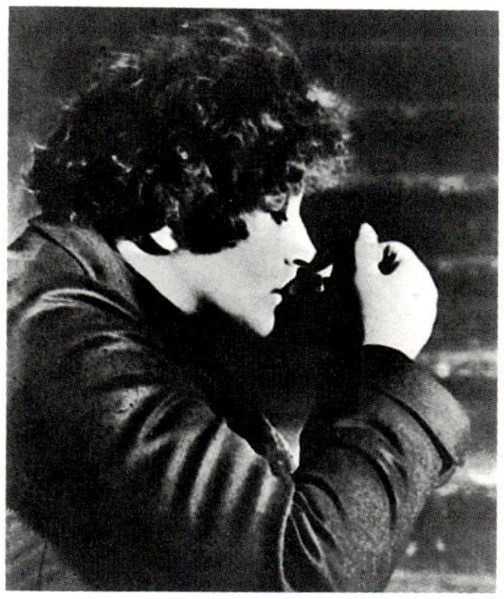

LE VIN D'ORANGES

Il date d'une année où les oranges, du côté d'Hyères, furent belles et mûries au rouge. Dans quatre litres de vin de Cavalaire, sec, jaune, je versai un litre d'Armagnac fort honnête, et mes amis de se récrier : "Quel massacre ! une eau de vie de si bon goût ! la sacrifier à un ratafia imbuvable !..." Au milieu des cris, je coupai, je noyai quatre oranges coupées en lames, un citron qui pendait, le moment d'avant, au bout de sa branche, un bâton de vanille argenté comme un vieillard, six cents grammes de sucre de canne. Un bocal ventru, bouché de liège et de linge, se chargea de la macération, qui dura cinquante jours ; je n'eus plus qu'à filtrer et mettre en bouteilles.

Si c'est bon ? Rentrez seulement chez vous, Parisiennes, à la fin d'un dur après-midi d'hiver ou de faux printemps, cinglé de pluie, de grêle, fouetté de soleil pointu, frissonnez des épaules, mouchez-vous, tâtez votre front, mirez votre langue, enfin geignez : "Je ne sais pas ce que j'ai..." Je le sais, moi. Vous avez besoin d'un petit verre de vin d'oranges. *(Prisons et Paradis.)*

ma fesse!". Il y a une certaine parenté entre notre Colette et la truculente princesse Palatine, belle-sœur de Louis XIV qui se soignait de ses indigestions en mangeant du boudin aux choux.

Si la boulimie est un signe de compensation affective, comme on dit dans le jargon psychanalytique, le goût des bonnes choses signale aussi une volonté très nette d'écarter la ravageuse tristesse.

Colette, trop intelligente et trop lucide, ne sera jamais douée pour le bonheur. Mais, en même temps, elle aura toujours une répulsion viscérale pour le chagrin et ses dommages qu'elle combattra, entre autres choses, par la gourmandise, persuadée qu'un estomac mal content est la porte ouverte au désespoir. Au besoin, elle va jusqu'à l'excès. Champagne, foie gras, huîtres, château-d'Yquem, ou ces truffes qu'elle veut pouvoir manger comme des pommes de terre –... *"si je ne peux avoir trop de truffes, je me passe de truffes*[25]*"* – sont des exorcismes et des moyens de se défendre autrement plus efficaces que les tranquillisants chimiques dont elle se méfiera toujours.

Dans un entretien à la radio, Germaine Beaumont racontait qu'à la mort de sa mère, Annie de Pène, en 1918, Colette, au lieu de partager ses larmes, lui expliqua que le bonheur physique venait à bout des plus gros chagrins. Et, pour illustrer cela, elle l'emmena illico chez Prunier où elle commanda, pour commencer, un plein saladier de crevettes roses.

Bien plus tard, alors que Colette traversera une période dépressive, sa propre fille, Colette de Jouvenel, lui rappellera ce principe dans une lettre[26] : *"Et je te retourne un maternel, ancien et excellent conseil-slogan : "la tripe d'abord!". Signé : Fille."*

Que s'est-il donc passé entre Colette et son Sidi, au début de l'été 1912? *"Une crise singulière"*, écrit-elle à son confident, Hamel. Voilà que Jouvenel et Colette ont décidé de se séparer, mais sans se séparer vraiment... Une histoire de femme, du côté de Jouvenel? Colette, visiblement, a du chagrin mais crâne, comme d'habitude. *"Je ne désespère pas,* écrit-elle à Hamel, *de le traiter aussi légèrement qu'Hériot*[27]*"*.

Oui mais voilà : elle est beaucoup plus attachée à Jouvenel qu'elle l'a jamais été à Hériot. Et elle a beau être allée faire une chronique judiciaire à Tours pour *Le Matin*, cela ne lui a guère changé les idées. *"Hélas, la présence d'un être indigne me manque terriblement, sa chaleur, le son de sa voix, ses mensonges, ses enfantillages et ses ridicules*[28]*"*.

A cela s'ajoutent des difficultés d'argent, ses cachets mettent du temps à lui parvenir; tout va mal. Colette se réfugie dans l'écriture, commence *L'Entrave*[29]. Cependant, elle habite toujours le bungalow de Jouvenel qui, avant de partir pour quelque temps, l'a chargée de certains travaux d'intérieur... *"comme si je dusse finir mes jours dans cette maison..."*, dit tristement Colette, pour conjurer le mauvais sort. Et, pour se procurer de l'argent, elle engage son collier de perles par l'entremise de... Auguste Hériot, qui lui reste dévoué malgré le congé reçu et son aventure avec la Panthère.

L'Entrave, livre amer, reflète l'attente angoissée d'une femme amoureuse et désespérée comme l'est Colette en ce sombre été 1912. Elle est tellement éprise de Jouvenel et tellement triste d'en être séparée, qu'elle courbe son orgueil, prête à tout pour le récupérer... *"J'ai entendu des jeunes femmes tranchantes déclarer : "Moi, en amour, ma devise c'est tout ou rien!" Eh! Eh! Un joli rien bien présenté, c'est déjà quelque chose"*[30]...

Mais, le 17 août, changement d'humeur : Sidi est revenu, effaçant le cauchemar et la joie de Colette éclate : *"... je me laisse aller à un éphémère bonheur de brute qui a fichtre bien son prix*[31]*..."* Et elle se compare à "une poire qui a reçu la grêle".

Cependant, elle n'est pas au bout de ses peines. Une lettre l'appelle à Châtillon où Sido, très malade, la réclame

Elle va mourir un mois plus tard, le 25 septembre, à soixante-dix-sept ans.

Colette l'annonce dans une courte lettre à Hamel, une lettre dont l'émotion plus que contenue rappelle le début d'un roman de Camus *(L'Etranger)* : *"Cher Hamel, maman est morte avant-hier. Je ne veux pas aller à l'enterrement. Je ne le dis presque à personne et je ne porte aucun deuil extérieur* [selon le vœu de Sido, rapporté par Colette dans *La Maison de Claudine* : *"... Que je ne te voie jamais porter mon deuil! Tu sais très bien que je n'aime pour toi que le rose et certains bleus..."*]. *En ce moment ça va assez bien. Mais je suis tourmentée par une idée stupide, que je ne pourrai plus écrire à maman comme je le faisais si souvent* [...] *Je continue à jouer* L'Oiseau *et à vivre comme d'habitude, ça va sans dire. Mais j'ci, comme chaque fois qu'un chagrin en vaut la peine, une crise d'inflammation... interne qui est bien douloureuse.*[32]"

Onze ans plus tard, elle racontera dans une lettre à Marguerite Moreno comment, ouvrant un tiroir, elle y retrouve, par hasard, une des dernières lettres de sa mère... *"Que c'est curieux, on résiste victorieusement aux larmes, on se "tient" très bien aux minutes les plus dures. Et puis quelqu'un vous fait un petit signe amical derrière une vitre,* [...] *une lettre tombe d'un tiroir, – et tout tombe*[33]".

Privée de sa chère correspondance avec Sido, à qui elle confiait (presque) tout de sa vie, Colette va surtout avoir pour confidentes, désormais, outre Marguerite Moreno, Annie de Pène, plus tard la fille de celle-ci, Germaine Beaumont, et la jeune poétesse Hélène Picard.

Annie de Pène, de son vrai nom Désirée Poutrel, est écrivain et journaliste (entre 1910 et 1918 où elle mourra de la grippe espagnole, elle publiera quelques romans et deux florilèges). Elle écrit au journal *L'Eclair* et aussi à *L'Œuvre*, dirigé par Gustave Téry dont elle est la maîtresse. C'est par Robert de Jouvenel, frère d'Henry et rédacteur en chef de ce même journal – il a sans doute été aussi l'amant d'Annie –, que Colette et elle se sont rencontrées et liées d'une tendre amitié. Annie est jolie, fine, drôle et excellente cuisinière. D'un mariage avec un certain Battendier, elle a eu une fille, en 1890, qui deviendra, sous le nom de Germaine Beaumont, une romancière connue, membre du jury Fémina, morte au printemps 1983.

C'est, pour Colette, l'époque du grand reportage. Le 13 juin 1912, elle s'envole à bord du ballon dirigeable le *Clément-Bayard*.

Peu de temps après la mort de Sido, Colette est enceinte. Le 19 décembre 1912, à 16 h 30, elle épouse Henry de Jouvenel avec, pour témoin, le cher Léon Hamel. Colette à présent s'appelle : Mme la baronne de Jouvenel ("une baronnie qui m'allait comme une plume dans le derrière", dira-t-elle plus tard).

Colette, donc, est enceinte mais elle en a accueilli la certitude avec une *"méfiance réfléchie"*. Contrairement à l'idée reçue qui affirme le contraire, toutes les femmes ne sont pas faites pour avoir des enfants. Colette, pour sa part, n'a pas la tripe maternelle. Ce n'est pas un hasard si elle attendra quarante ans pour mettre au monde son premier et unique enfant.

A l'automne 1912, elle est la première étonnée de se voir dans cet état; presque gênée. Elle se tait et continue à jouer *L'Oiseau de nuit*. Un jour, Sauerwein lui dit : *"Tu sais ce que tu fais? Tu fais une grossesse d'homme. Une grossesse, il faut que ça soit plus gai que ça. Mets ton chapeau et viens manger une glace à la fraise chez Poirée-Blanche*[34]."

L'attitude de Colette face à la maternité est très curieuse, quand on sait son amour de la vie, des plantes, des animaux, etc. Est-ce une réaction contre l'esprit fin XIXe siècle de son enfance qui imposait d'abord aux femmes qu'elles correspondissent à l'image "d'un ange penché sur un berceau" (voir le père Hugo et les autres!)? Est-ce parce que, quand on a été longtemps et passionnément la fille de quelqu'un, comme elle a été celle de Sido, il est plus difficile de devenir mère à son tour? Naît-on enfant ou parent pour le rester toute sa vie?

L'instinct maternel de Colette, passant par la sexualité, se manifestera surtout vis-à-vis de jeunes hommes ou de jeunes femmes. Mais, c'est évident, les vrais enfants ne l'enthousiasment guère. Elle les assimile toujours plus ou moins à des animaux. Enceinte, elle se traite elle-même de *"rate enflée"* ou dit : "... la béatitude des femelles pleines m'envahissait..." ou encore, annonce : *"Ma portée remue."*

Elle s'interdit, en tout cas, toutes les sensibleries de rigueur, les bêtifications féminines classiques, comme si elle se méfiait aussi de l'amour maternel et de ses dangereux emportements.

Un enfant, pour elle, c'est *"le fruit"* ou *"le produit"*. C'est toujours un encombrement. En 1924, elle écrira de Rozven, à Marguerite Moreno : *"Un enfant, né à sept mois, encombre le logis de mes gardiens mais il crie faiblement et demande sans doute à quitter la vie*[35]*."* En 1941, elle essaiera d'aider une dactylo qui a... *"... un enfant rachitique, attardé, de vingt-trois mois, qui ne parle ni ne marche..."* Et elle écrit à Lucie Saglio : *"... c'est de ce dernier (qui est en nourrice) que je voudrais la délivrer. Que peut-on faire pour un petit de cet âge-là puisqu'il vit, mal, mais il vit, aux dépens de sa malheureuse mère. Il n'y a pas des maisons de retraite pour enfants mal venus? Des maisons gratuites ou quasi gratuites*[36]*?"*

L'humour noir de Colette peut même friser l'image surréaliste : *"Le Dr Marthe Lamy a enfin délivré une pauvre créature dont le fruit grossissait depuis plus de 10 mois et menaçait de l'étouffer, un enfant grand comme un mouton avec cheveux, moustaches et tout le reste*[37]*."*

On jurerait même parfois qu'elle fait sienne la boutade de son vieil ami Alfred Jarry qui, au milieu d'un square rempli d'enfants, bougonnait : "L'absence d'ogre se fait cruellement sentir!"

Pourtant, une fois résignée à être mère, elle fait contre mauvaise fortune bon cœur et transforme sa *"grossesse d'homme"* en une *"longue fête"*. Et elle observe attentivement, voyeuse comme elle sait l'être, *"l'espèce d'état d'orgueil, de banale magnificence que je goûtais à préparer mon fruit"*. L'humour encore : *"...vers la fin, j'avais l'air d'un rat qui traîne un œuf volé*[38]*."*

Le 3 juillet 1913, elle met au monde sa fille, Colette de Jouvenel. *"J'ai une petite rate, j'y ai mis le prix : trente heures sans* aucun *répit, le chloroforme et les forceps. Elle est bien faite et jolie*[39]*..."*

Cette petite fille qu'elle surnommera Bel-Gazou (*gazoute,* en patois nivernais, signifie : petite fille), elle va la décrire souvent mais comme elle le ferait d'une plante ou d'un animal. Elle la regardera grandir, s'épanouir, se "déplier". Elle écrira ici et là son émerveillement de voir s'élaborer un être humain dont elle racontera les formes et les couleurs.

Elle la regardera, mais seulement de temps en temps. Colette, en effet, va très vite trouver une nurse anglaise à Bel-Gazou et s'en séparer pour ne la retrouver qu'aux vacances, à Rozven ou à Castel-Novel. Trois mois après la naissance de sa fille, elle écrit à Léon Hamel : *"J'ai connu l'angoisse, l'anxiété, l'ennui et l'emm...dement et je vous écris comme la dernière fois, en criant d'une main : Ouf! j'ai une nurse! et de l'autre je m'essuie le front*[40]*."* Plus tard, Bel-Gazou sera pensionnaire à Saint-Germain-en-Laye. Colette aime les enfants mais de loin.

J'ai connu, lorsqu'elle avait soixante ans, cette Bel-Gazou. Je l'ai connue trop peu et je le regrette car c'était une femme vive, intelligente et qui avait hérité l'humour de sa mère. Quand on lui parlait de Colette, elle demeurait étrangement silencieuse. Un jour, pourtant, elle m'a dit : "Ma mère m'intimidait beaucoup."

Ni le double assassinat de Sarajevo, en juin, ni les secousses politiques qui ébranlent une Europe au bord de la guerre ne peuvent troubler tout à fait les vacances à Rozven, en c mois de juillet 1914. Quel heureux été dans la maison de Colette, comblée par la présence de Sidi qui se baigne tout nu et se roule dans le sable et celle d'une Bel-Gazou d'un an *"superbe, dorée comme un pâté en croûte"*, dit sa mère, et qui ressemble de plus en plus à son père. Colette a aussi près d'elle son amie, la belle actrice Musidora qui interprétera, à Rome, au cinéma, le rôle de la Vagabonde.

On va à la pêche, on course les papillons, on s'extasie sur les bulles irisées des méduses. Colette, réanimée comme toujours par la mer, est infatigable. Elle nage cent brasses d'affilée, fait de la gymnastique. Quand elle ne se roule pas dans les vagues, elle bricole dans la villa qu'elle achève d'installer. Elle peint, encaustique, transporte des meubles, tout en couvant déjà un roman qui, quelques années plus tard, s'intitulera : *Chéri*.

Les conversations, évidemment, portent sur la tension internationale mais aussi sur un fait divers politique qui passionne toute la France : le procès de Mme Caillaux.

Son mari, Joseph Caillaux, ex-président du Conseil et ministre des Finances, s'est vu reprocher sa politique d'opposition à la guerre et des relations ambiguës avec l'Allemagne. Robert de Jouvenel l'a attaqué dans *L'Œuvre* mais c'est surtout *Le Figaro* qui a déclenché contre lui une campagne virulente. Et c'est au directeur du *Figaro* qu'au printemps dernier, s'en est prise Mme Caillaux, ulcérée par les attaques portées contre son mari et la divulgation de sa vie privée. Le 16 mars, elle est allée trouver Calmette au *Figaro*, rue Drouot, et l'a abattu à l'aide d'un petit browning dissimulé dans son manchon et dont elle avait appris à se servir en s'exerçant chez Gastinne-Renette.

Les délicats petits revolvers voisinent souvent dans les réticules et les manchons de 1914 avec les mouchoirs brodés et les poudriers. Colette elle-même en possédera un mais dont elle ne se servira pas.

"Ne me touchez pas, je suis une dame!" a crié Mme Caillaux, lorsqu'on est venu l'arrêter. C'est que les femmes ont encore une influence considérable, en ce début du siècle. Crime passionnel, dira-t-on à son procès, femme à bout de nerfs, etc. Quoi qu'il en soit, le 28 juillet, elle sera acquittée. Il y a des juges singulièrement attendris par les crises de nerfs féminines.

Mais à Rozven comme à Paris, une préoccupation plus grave que le sort de Mme Caillaux va occuper les esprits : la guerre.

Dans la dernière semaine de juillet, on rassemble les troupes et on rappelle les officiers en congé. Le 31 juillet, Jaurès, qui a fait accepter le principe de la grève en cas de mobilisation par le congrès "national" du parti socialiste unifié, Jaurès est assassiné rue du Croissant. Le 1er août, à 15 h 45, Viviani donne l'ordre de la mobilisation. Le 5 août, c'est la guerre. Colette l'apprend à Saint-Malo où elle est venue aux nouvelles, dans le bruit du tocsin, des cris, des pleurs de la foule et du tambour de l'appariteur. Cette fois, les vacances sont finies ; on rentre à Paris.

On arrive dans une ville morte, une ville éteinte. Dans les rues où les trams, les fiacres et les autobus ont mystérieusement disparu, on ne rencontre que des femmes qui se hâtent de faire des provisions. Les plus âgées n'ont pas oublié la famine de 1870 et les épiceries sont assiégées. On stocke des conserves, de la farine, du sucre, des pâtes. La peur de manquer de nourriture rend les Français hystériques.

La chaleur est écrasante. Rue de la Paix, les boutiques élégantes sont fermées, à part une seule où des cocottes dans tous leurs atours vendent des cocardes tricolores de leur fabrication, au profit de la Croix-Rouge. Des cartes représentant les pays où sont engagées les troupes sont affichées sur les monuments publics, afin de permettre aux passants de suivre les opérations.

Marguerite Moreno qui habite à deux pas de chez Colette, rue Jean de Bologne, se concerte avec elle pour mettre leurs ressources en commun. C'est le début du "phalanstère" dont feront également partie Annie de Pène – elle habite tout près, impasse Herran – et Musidora qui a sa "fillonnière" rue Descamps.

Le sous-lieutenant Henry de Jouvenel est mobilisé dans un régiment d'infanterie territoriale. Il part pour Verdun, le 12 août. "*Le mari de Colette est parti hier,* écrit Marguerite Moreno[41]. *Dès qu'il a revêtu son uniforme, il était loin d'elle et de tout.*" Pourtant, avant de partir, il a adressé une lettre à son ami, Anatole de Monzie : "*... je pars. Je compte bien revenir. Mais on ne sait jamais. Si par hasard je restais là-bas, je t'en prie, occupe-toi des miens*[42]."

"*Colette crâne,* écrit encore Moreno. *Les femmes se tiennent bien en ce moment.*" Colette fait ce qu'elle peut pour se débrouiller car Sidi, privé de son salaire de journaliste, ne peut plus l'aider, et elle a à peine de quoi vivre. Elle a laissé sa fille dans le calme de Rozven sous la garde de sa nurse et elle rédige des articles pour *Le Matin*.

Elle crâne mais elle est inquiète pour Sidi qui lui écrit de temps en temps, trop peu à son gré. Le courrier circule mal et les communications télégraphiques privées avec l'Est sont interdites. Quant aux nouvelles du front publiées par les journaux, elles sont, ou tronquées ou trop optimistes pour être vraies.

Heureusement, il y a les amies du "phalanstère" : Annie, Marguerite et Musidora qui vient dormir chez Colette, quand elle a peur des zeppelins qui survolent Paris. Toutes les quatre se partagent les tâches du marché, de la cuisine et du ménage... "*Quelle bonne escouade de femmes : pour essorer les draps qu'on lavait à la main, nous les tordions, cravatés au col d'un gros robinet de cuivre, et Marguerite Moreno, la cigarette aux lèvres, répandait sur nos besognes ménagères la bienfaisante rosée des nouvelles vraies ou fausses, de l'anecdote, des prédictions.* [...] *Moréno ne fit pas d'ingrates dans notre phalanstère du XVI*e *arrondissement, où elle était puissante à semer la graine miraculeuse du rire, le rire des drames, le fou rire nerveux des guerres, l'insolence qui se dresse contre le danger proche, le jeu de mots excitant comme une gorgée d'alcool*[43]."

Annie de Pène, elle, est la voluptueuse gourmande, la cuisinière émérite, celle qui trouve toujours, même quand c'est la guerre, les poulets les plus tendres, les légumes les plus frais.

Dans les rues de Paris, les enfants chantent une chanson triste dont le refrain est : "*Sous les plis du drapeau...*" et, dans les écoles, les gamins recopient pour apprendre à écrire : "*Mourir pour la Patrie c'est le sort le plus beau, le plus digne d'envie.*" Une vague de patriotisme a déferlé sur la France, patriotisme que partage Colette dont l'enfance a été imprégnée par l'esprit de revanche qui a suivi la défaite de 1870.

Comme de nombreuses femmes de l'arrière, elle a le désir de se rendre utile et, en octobre 1914, elle assure des gardes de nuit bénévoles au lycée Janson-de-Sailly, transformé en hôpital militaire... "*C'est un terrible métier et je ne suis pas surprise que ce poste ne soit pas particulièrement demandé. Treize heures sur le qui-vive, tous les soins à donner, quand le matin vient on est un peu hagard*[44]."

Bel-Gazou, toujours avec sa nurse, a quitté Rozven pour Castel-Novel et Colette, en décembre, rejoint son mari à Verdun. Ce n'est pas commode car les civils n'ont pas le droit, sans motivation précise, de se rendre dans la zone du front.

Mais Colette a tellement envie de se trouver près de Sidi que, sous un faux nom, avec des papiers d'emprunt, elle arrive à berner les gendarmes. Après treize heures de trajet, dans un "train noir" aux lumières éteintes qui chemine lentement entre Châlons et Verdun, elle rejoint son mari.

Les Jouvenel logent à Verdun, 15 bis, rue d'Anthouard. Mais défense pour Colette de se faire voir et même de s'approcher des vitres, au risque d'être aperçue des voisins.

Colette, prisonnière bénévole, ne sort que la nuit pour prendre l'air.

Elle n'est pas la seule. Il y a, à Verdun, de nombreuses épouses ou maîtresses venues là clandestinement et qui mènent, de leur plein gré, des vies de recluses... *"On en cite une qui, depuis sept mois, n'a pas franchi le seuil de sa geôle, ni vu un visage humain, hormis celui qu'elle aime. On dit qu'elle écrit au loin, qu'elle est la plus heureuse des femmes*[45]*."*

Aux souvenirs que Colette évoquera dans *Les Heures longues*, s'ajoutent les lettres qu'elle écrit à cette époque à Annie de Pène, restée à Paris. Nous avons eu la chance de lire ces lettres jusqu'à présent inédites[46] dont voici quelques extraits. Colette, de son trait vif, y raconte sa vie quotidienne à Verdun en 1914, puis plus tard à Rome où elle accompagnera Henry de Jouvenel, envoyé en mission diplomatique.

Sur son arrivée à Verdun, en 1914 :

"Ma petite Annie, j'ai eu tout juste chaud. Des fleurs de givres [sic] *admirables sur toutes les vitres du train – Une solitude relative, une arrivée facile, un gendarme indifférent : enfin, le meilleur trajet, vous voyez. Un Sidi... extrêmement à mon goût, bien que l'histoire de l'uniforme ait commencé immédiatement à jeter la zizanie, et nous avons échangé des invectives telles que je n'ose... Je crois bien que l'un de nous deux a été jusqu'à dire à l'autre : "Tu es vraiment insupportable !" C'est affreux, ces discussions conjugales.*

"[...] *Je fais le ménage. J'épluche la salade de manière à indigner Maurice Leblanc, je jette tout le vert comme les riches. "Beaucoup canon. Beaucoup Taube hier. Sidi qui prétendait me mettre dans la cave ! Un rhume est beaucoup plus dangereux qu'un coup de canon..."*

[...]

"Je mène une singulière existence, ma petite Annie. Sidi évite de prendre tous ses repas avec moi, à vrai dire je ne le vois aux repas qu'une fois sur quatre. Mais il est ici le soir à 9 h 1/2. Et comme disait Louis XIV à Mme de Maintenon, – je ne vous en mets pas plus long... On le réveille à 7 h 1/2 mais c'est uniquement pour qu'il ait le plaisir de déjeuner et de se rendormir jusqu'à 9 h moins le quart. A cette heure-là on devient sérieux, il appartient à la citadelle et moi au balayage, au seau de toilette, au tub.

"Et puis, je vois réapparaître Sidi vers 2 h 1/2, – astre éphémère, il brille une heure et disparaît. La nuit tombée, j'ai droit à une courte promenade – hygiène ! – le long de la Meuse. Une étrange promenade, Annie, le long d'une eau que je ne vois pas, sur une rive que je ne vois pas, que je ne verrai pas. Plus loin, le canon qui nous rassure. Dans la journée, par ordre de nos hommes, on rentre au rez-de-chaussée à l'heure des Tauben. C'est tout."

Et, toujours fidèle à sa gourmandise, Colette remercie Annie pour un envoi de poulet farci, qu'elle a cuisiné elle-même :

"Et maintenant je peux vous chanter le los du poulet farci ! Et quel monstre, et combien ce parfum de cognac lui était doux, et, s'il avait des cuisses comme une femme, il avait aussi des ailes comme un ange ! En confidence, Annie, je vous redis l'exclamation de Sidi : "Il ne faut pas qu'elle épouse Téry ! C'est lui qui aurait tous les poulets farcis !" Reconnaissez là l'égoïsme de l'artiste véritable et du gourmet fanatique. [...] *Tout est calme autour de nous. Seulement on apprend tout d'un coup que huit cents blessés viennent d'arriver."...*

Colette revient à Paris, repart pour Verdun, toujours clandestinement.

Verdun, 1914 (lettre écrite au crayon)

"... J'ai peu vu Sidi, assez pourtant pour constater qu'il est aussi "très joli" qu'un pharmacien de 1re classe, et que je n'ai pas trop démérité à ses yeux. Il vient dîner tout à l'heure, – il reste à dîner jusqu'à demain, si j'ose dire.

"Mais quelle épouvante à la gare de Verdun ! Le gendarme voulait nous faire reprendre le train – simplement. Il nous menace de venir nous chercher ici dans quatre jours

mais... on obviera. Je suis plus bête que les paroles ne peuvent l'exprimer. Mais Sidi n'est pas tellement plus intelligent, vous savez.

"Me voilà en cellule. Je vous écris au crayon parce que l'électricité ne marche pas. Aux premières phrases de notre revoir qui furent idiotes, je dis à Sidi : " D'ailleurs Annie va venir. - Mais pourquoi ? – Pour faire du bœuf au vin rouge." Je ne croyais pas cette réplique très drôle et pourtant Sidi m'a pris un fou rire qui ne pouvait plus cesser [...] *J'oubliais de mentionner que nous avons passé sur une voie canonnée. Beaux éclairs dans la nuit et beaux "boum" sourds. Ne vous effrayez pas, il n'y a eu qu'un obus dans toute la journée, qui est tombé près de la voie. On se bat très activement, me dit Sidi, à quelques kilomètres d'ici, – je l'entends bien d'ailleurs.*

[...]

Verdun, lundi 2 décembre 1914.

"*... A part ça, il y a l'offensive générale, dit-on ; et on dirait vraiment qu'elle devient assez particulière. Quelle belle canonnade, Annie ! C'est magnifique. La maison tremble, les vitres tintent, on a un gong dans l'estomac et un tam-tam dans les oreilles. Pas de nouvelles, mais j'espère bien qu'on en aura demain ou ce soir. Hamel vous dira que j'ai été "voir la bataille" sur la place de la Citadelle. C'est déjà beau de voir si près, la source des lueurs roses et les aurores rondes dans la brume, qui s'allument et s'éteignent dans le même dixième de seconde. Le bruit est magnifique, varié, aussi varié qu'un orage, proche, lointain, sec ou rond. A part "ça", enfin, il y a qu'on ne parle pas de la guerre, ici, et qu'on ne s'en occupe pas. Les gens de Verdun se tordraient s'ils voyaient Paris à l'heure où brille "LaLibertél'intran"* !

"[...]

[...] *Quand venez-vous ? Les gendarmes à la gare, sont au nombre de deux. Il faut choisir le plus joli des deux, le très joli gendarme. Et allez-y. "Les yeux en tire-bouchon, la ganache désossée, le nez en drapeau!" selon l'expression de Wague..."*

[...]

27 décembre 1914.

"J'ai passé la journée "sur le front", comme tout le monde, je vous raconterai [...] *Je meurs de sommeil ce soir, je partais ce matin à 8 h pour Clermont sur Argonne et autres lieux réduits en cendre."*

[...]

Henry de Jouvenel à Annie de Pène. Verdun 26 décembre 1914.

"[...] *Je n'espère guère vous voir ici car à Verdun les militaires se croient d'autant plus obligés de se prendre au sérieux qu'ils n'y font rien. Verdun, il faut vous l'avouer, est le plus beau four de cette guerre. On nous avait promis que nous serions le centre de tout et nous ne sommes qu'un coin négligé. Vous pensez dans quelle humeur cette déception a jeté nos chefs. Aussi, leur rigueur est-elle grande."*

Colette, c'est visible, est dans l'un des rares moments de bonheur de sa vie. Le mardi, 14 mai 1915, elle écrit à Annie :

"[...] *Pour l'être, je le suis (Pourquoi riez-vous? je veux dire simplement : pour l'être, je le suis passionnée). C'est le horreur* [sic]. *Je suis là, derrière des jalousies – J'y suis très bien. Je goûte le calme des gens qui ont atteint leur but dans l'existence. Et le canon bat les secondes d'une bonne pulsation qui rassure. Il y a au-dessous de moi un très beau jardin, marronniers et lilas habités d'oiseaux. La chienne, cloîtrée aussi est grasse. La chatte a deux petits. Tout est charmant. Je n'ai encore rien dit de Sidi mais quand il fait jour on ne pense pas tout le temps à noter "il fait jour" et je n'ai pas besoin de parler de lui pour que vous sachiez qu'il m'éclaire.*

"Le voyage par Bar est un supplice..."

Lettre sans date.

"...Savez-vous qui j'ai rencontré dans le train, entre Paris et Châlons? Mais Madame du Gast. Coiffée d'un chapeau couvert de cerises, maquillée comme une pêche d'août,

décolletée et parée de mille perles fausses, j'ai reconnu tout de suite qu'elle devait voyager incognita..."

[...]

Verdun, 1914.

"*Il faut que je vous avoue un grand bouleversement dans mon existence : j'apprends à jouer aux échecs avec Sidi. Je n'avais plus que cette preuve d'amour à lui donner : je la lui donne...*"

[...]

Verdun, samedi (début 1915.)

"*Tout est changé, je pars lundi soir.*

"*Ma petite Annie, je vais revenir. Je ne m'en plains pas puisque je vais vous retrouver vous et ma fille. Et d'ailleurs Sidi m'assure que je pourrai revenir ici trois semaines après – Donc je pars mercredi soir, j'arrive jeudi matin et... je me couche* [...]

" *Annie, le boudin!!! le boudin et le beurre!!! Si c'est le même ébéniste qui fabrique les deux, béni soit le ventre qui l'a porté! Et je ne vous ai pas encore chanté le los posthume des truffes, des belles truffes nobles, noires, sans trous, sans taches blanches et en l'honneur desquelles je suis devenue cuisinière, le croiriez-vous? Depuis ma réussite, je ne rêve que de prendre des leçons avec vous. Dites, vous m'apprendrez le bœuf au vin rouge et les craquelins? J'aurais avec vous de passionnantes heures de classe, si vous vouliez* [...]. *Je projette déjà de folles soirées de ciné et des heures incomparables au Petit-Casino...*"

[...]

21 juillet 1915

"*... je travaille honnêtement pour* le Matin *et* le Flambeau. *Je me dérouille les membres avec un peu de culture physique. Je m'occupe de ce qu'on mange. Annie, je n'aime pas travailler, comme dit Robert de Jouvenel* [...] *Je reviendrai le 1er août ou la veille ou le lendemain. Tressez les guirlandes de bœuf au vin et que l'oignon haché coule à pleins verres! Vous voyez, je suis toujours aussi bête. Votre filleul* [Jouvenel avait décidé qu'Annie était sa "marraine de guerre"] *aussi, grâce à Dieu. Vous verrez comme il est joli quand on lui fait subir un petit examen oral :*

– Qu'est-ce que vous êtes?

– Une chérie.

– Et quoi encore?

– Une sorte de beauté, etc, etc.

Et votre poison d'Abramibarbusse ne perd pas une occasion de déclarer avec un grand sérieux, quand Sidi a donné des preuves quelconques d'intelligence stratégique ou littéraire :

– C'est tout à fait ce qu'on peut appeler une chérie.

"[...] *j'ai accompli ma mélancolique tâche pour* le Matin *aujourd'hui. Je m'en vais faire du pastel.*"

La période voyageuse de la vie de Colette commence en 1915. Elle va découvrir l'Italie, d'abord en y allant faire des reportages pour *Le Matin*, ensuite avec son mari qui y séjournera en mission diplomatique. Pendant deux ans, elle sera, tantôt en Italie, tantôt à Paris et, pendant les vacances, à Castel-Novel où elle retrouve sa fille.

Passant par Turin et Modène, elle arrive à Rome, fin juin 1915. Elle descend à l'hôtel Excelsior sous le nom de baronne de Jouvenel, ce qui crée un incident : on refuse de la recevoir. L'explication est simple : Claire Boas, divorcée d'Henry de Jouvenel mais qui a tenu à conserver le nom et le titre de son ex-mari, est justement descendue à l'hôtel Excelsior un mois plus tôt, et elle n'y est pas passée inaperçue...

Claire Boas, en effet, n'est pas le prototype de la femme effacée. A Paris, dans son luxueux appartement du boulevard Saint-Germain, elle tient table ouverte – et table excellente, malgré les restrictions – pour le gratin de la politique et de la diplomatie internationales. Claire, encore jeune, riche et belle, toute frémissante dans ses boas de plumes, les cheveux piqués de violettes, évolue gracieusement au milieu d'Anatole France, du charmant Philippe Berthelot, secrétaire général du ministère des Affaires étrangères, qui préside souvent ses déjeuners, d'Henri Bergson, Paul Claudel ou Gabriele d'Annunzio.

Gabriele d'Annunzio, prince de Monte Nevoso, est alors au sommet de sa gloire littéraire. Ses romans et ses poèmes sont dans toutes les bonnes maisons et, à cinquante-deux ans, il est encore fringant comme un jeune homme. Malgré sa laideur et sa calvitie, ce jouisseur traîne tous les cœurs après soi et ses aventures amoureuses ne se comptent plus. Quelques années plus tôt, il a été condamné à cinq mois de prison pour adultère, après avoir enlevé une princesse romaine. Son interprète, la célèbre actrice Eleonora Duse, a été folle de lui. Il est laid mais il a tant de charme et il parle si bien !

Il s'est aussi lancé dans la politique. Elu député, il est considéré comme le chantre du nationalisme. Mais sa folle vie a fini par le ruiner et, criblé de dettes, il s'est réfugié en France où il vit tantôt à Paris, tantôt à Arcachon, entretenu par une princesse russe.

Peu de temps avant l'arrivée de Colette à Rome, en mai 1915, d'Annunzio est venu à Gênes faire un retentissant appel au peuple italien pour l'exhorter à se ranger, enfin, aux côtés des Alliés. Claire Boas l'a accompagné, aussi exaltée que lui. Elle a fait faire, à Paris, un immense drapeau italien, avec une hampe ciselée par un joaillier parisien et c'est dans cet appareil qu'elle a pris le train pour Gênes – Louise Weiss faisait partie du voyage – avec le frémissant d'Annunzio, acclamés par la foule à chaque arrêt du train et couverts de bouquets de muguet. Puis, ils étaient allés à Rome.

On comprendra pourquoi l'arrivée de Colette en seconde baronne de Jouvenel est accueillie avec méfiance. On la prend ni plus ni moins pour une aventurière. *"Qu'en dites-vous?* écrit-elle à Léon Hamel. *Cela pourrait bien mettre fin à ma mansuétude*[47]*."* Il est évident que les rapports entre Colette et Claire Boas ne seront jamais chaleureux, même si elles useront parfois de diplomatie l'une envers l'autre.

En attendant, Colette va s'installer dans un autre hôtel où elle sera voisine de chambre de D'Annunzio avec qui elle va sympathiser. Il y a là aussi Boni de Castellane qui sert de facteur en portant du courrier à Paris, pour lui éviter la censure.

Colette se promène dans Rome dont elle apprécie surtout les jardins et les fontaines. *"Il fait très chaud,* écrit-elle à Annie de Pène. *Je regarde, je visite, j'emmagasine jusqu'à ce que je succombe, – et alors, comment voulez-vous que je travaille? Je verse des notes pêle-mêle mais je crois bien que je ne travaillerai qu'en revenant."* En août, elle est à Venise qui, dit-elle, *"ne ressemble à rien de ce qu'on a lu*[48]*".* Malgré la *"chaleur asiatique",* elle est ravie d'avoir, enfin, reçu une dépêche de Sidi, absent, comme d'habitude.

Il ne la rejoindra qu'en septembre, à Cernobbio, sur le lac de Côme où Colette l'attend impatiemment, en jouant au bésigue avec son beau-frère, Robert de Jouvenel, et la maîtresse de celui-ci, Zou.

Les deux frères Jouvenel sont ravis de se retrouver. Ils ont entre eux une connivence d'enfance, un goût du rire qui en font des compagnons agréables. Tous deux séduisants, tous deux brillants, Henry le diplomate et Robert l'homme d'affaires doublé d'un redoutable pamphlétaire, s'amusent encore comme des enfants. Bertrand de Jouvenel, fils d'Henry, se souvient encore d'avoir vu, lorsqu'il était adolescent, son père et son oncle Robert jouer "aux Pieds nickelés" à Castel-Novel[49].

Colette va rester à Cernobbio jusqu'à la fin de l'année, avec un Sidi à éclipses dont elle attend impatiemment les retours, à l'hôtel de la Villa d'Este où les soirées sont d'une grande élégance... *"Trois toilettes par jour, (pour les autres) et pour le soir. Les frères Jouvenel adorent ça...*[50]*."*

Quand Sidi s'en va... *"Je me console avec le lac qui est beau, sans trop de mièvrerie ni d'azur* [...] écrit-elle. *Annie, je rame! Mes gros bras donnent des résultats superbes, en deux leçons, je ne rame pas mal, et surtout, quel fond! Je vous traverse le lac, je vous le retraverse, traînant Zou, comme une flaque d'eau. Je vous mènerais jusqu'à Côme comme un zèbre* [expression familière de Colette qu'elle emploie souvent], *et il faut en tout trois heures de rames. Je suis fière comme un pou sur ses pattes de derrière*[51]."

A la fin de 1916, Colette est à Paris et déménage encore une fois. Les Jouvenel habiteront désormais un hôtel particulier entre deux jardins, 69, boulevard Suchet, y prenant la succession de l'actrice Eve Lavallière : "*... j'y respectai ce qu'elle avait laissé. Un batik ocre et noir resta aux murs de la chambre à coucher, un autre batik blanc et rouge drapait abondamment trois fenêtres. Une moquette imitait le dallage blanc et noir. Un lit-divan très bas, houssé de dentelle d'or ternie, offensait le toucher, et les jours humides l'odorat*[52]."

Pendant toute la guerre, elle y vivra seule, quand elle sera à Paris. "*Autour de moi cette maison où j'étais seule – l'homme dans l'Est, l'enfant aux champs, – résonnait comme un tonneau vide quand les avions de bombardement passaient au-dessus d'elle. J'admirais que ma chatte âgée, une grande persane bleue, eût l'air de les voir et de suivre leur vol à travers le plafond*[53]."

Les hommes en âge de combattre étant au front, Paris est devenue une ville féminine. Les femmes attendent, espèrent ou pleurent. D'autres mettent à profit leur célibat temporaire et – faute de grives on mange des merles – découvrent le charme des très jeunes gens (voir *Le Diable au corps* de Radiguet, qui fera scandale en 1923). Tout cela se soldera, après la guerre, par de nombreux divorces. Beaucoup de femmes sont en deuil mais toutes s'agitent, remplaçant les hommes au travail ou, dans les classes aisées, consacrant leurs loisirs à soigner les blessés. La tenue d'infirmière est à la mode. Les jupes commencent à raccourcir et le féminisme se fortifie : les absents ont toujours tort.

Si le canon tonne à moins de cent kilomètres de Paris, le bruit de la guerre se réduit, en ville, aux moteurs des zeppelins nocturnes qui tentent de venir lâcher leurs bombes. Ordre est donné par le préfet d'obscurcir les fenêtres dès le soir venu.

En revanche, tout parle de la guerre. Les journaux font des réclames pour des membres artificiels. On offre une jambe de bois comme on offrait naguère une raquette de tennis. Dès 1915, les boîtes de bonbons des étrennes sont en forme de képi, de gamelle ou de tambour et la traditionnelle bûche de Noël a été remplacée par une tranchée miniature en chocolat. Une campagne anti-alcoolique, qui obtient peu de suffrages, a été lancée. Argument de propagande : le président Poincaré ne boit que de l'eau, ce qui fait bien rire les poilus de Verdun et n'empêche pas Colette de trinquer à l'avance de nos troupes.

Le patriotisme imprègne la vie quotidienne. Le prénom à la mode pour les petites filles est Joffrette et les *girls* des Folies-Bergère lèvent la jambe dans une revue intitulée : *En avant!*

Le Touring Club de France a adressé une circulaire aux hôteliers des stations balnéaires pour les engager à ne plus employer d'Austro-Allemands sous peine de se voir ôter le panonceau T.C.F. Il est vrai qu'avant la guerre, le personnel hôtelier était allemand à 75 % sur la côte d'Azur.

Dans les dernières collections, les deux couleurs à la mode flattent les blondes : gris-des-tranchées et bleu-de-poilu. Le mot "embusqué" est devenu une injure grave.

Ce patriotisme exalte même les enfants. Dans les écoles, on plante des petits drapeaux qui signalent l'avancée des troupes françaises sur le front de l'Est et Bel-Gazou, fille de Colette, sait reconnaître les *tauben* et chante allégrement : *A mon zafa de la patri-i-e...*

Les sacs des facteurs sont bourrés de lettres d'amour qui partent pour Verdun, le fort de Douaumont ou le Chemin des Dames, de Lou à Guillaume Apollinaire, de Colette à

Henry de Jouvenel... tandis que des chansons mélancoliques : *Roses de Picardie* ou *La Valse bleu horizon* s'opposent à la gaillarde *Madelon*. Plus tard, Pierre Mac Orlan fera chanter ce temps d'attente amoureuse des femmes :

"J'ai dans la mémoir', un' chanson qui bouge
Le nom des pat'lins où t'as derrouillé
Carency, Hablin, le Cabaret Rouge
La rout' de Bapaum' où tu es resté..."

A Paris, si le préfet a interdit de danser le tango, jugé peu convenable pour une période aussi dramatique, si les gens respectueux des convenances se demandent s'il est séant ou non d'aller au théâtre, une certaine vie mondaine continue et les spectacles ne sont pas annulés. Les cinématographes sont bondés et réservent des places gratuites pour les blessés ; on y passe des scènes militaires et les premiers films de Charlot.

En ville, les réceptions continuent, malgré les restrictions. Il reste tout de même du monde à l'arrière ; il y a les permissionnaires et ceux qui ont réussi à s'embusquer, il y a des diplomates en poste et des étrangers. Le 28 décembre 1916, Paul Morand, jeune attaché d'ambassade au cabinet du ministre des Affaires étrangères, rencontre Auguste Hériot à un déjeuner de la baronne Henri de Rothschild, au Ritz. "Chéri", toujours copurchic, roule sa belle mécanique et exhibe un pansement tout frais qu'il rapporte du front... *"genre blessé élégant pour couverture de* La Vie parisienne, note Morand, *plaque d'identité de chez Cartier; disant "ma prochaine blessure sera en mars", "moi qui ne demande jamais de convalo..." et autres fanfaronnades*[54]*."*

Colette n'en a pas terminé avec l'Italie. Elle retourne à Rome, en 1917, avec Henry de Jouvenel. Il vient d'être nommé chef de cabinet de son ami, Anatole de Monzie, sous-secrétaire d'État à la Marine marchande. Sidi, momentanément démobilisé, est délégué de la France à Rome, à la Conférence des Délégués de l'Entente. A Rome, les Jouvenel habitent le Palace Hôtel,... *"Un petit appartement sur le toit avec une grande terrasse pour nous seuls, une terrasse grande comme mon jardin Suchet, celui de derrière ! Et une vue étourdissante sur Rome et jusqu'après Rome, on voit par beau temps les montagnes et les neiges! Aux heures froides, et elles ne manquent pas, poële à pétrole. Pas de charbon dans l'hôtel, on en garde seulement pour les bains, dieu merci*[55]*."*

Rome, avec son climat doux et sa tranquillité, est en 1917 la cour de récréation de l'Europe. Sous prétexte politique ou diplomatique, on y vient pour oublier un peu les horreurs de la guerre. *"Berthelot, entre deux séances court à Rome, sous la pluie battante, au Pincio avec Gonse, marchander une cage vénitienne de sept mille francs*[56]*."*

La vie mondaine y bat son plein et Colette, près de Jouvenel, est au cœur de cette vie-là, dont elle fait à son amie Annie un reportage épistolaire... *"Ah ! ma petite Annie, quel arrivage aujourd'hui ! Briand, Lyautey, et Thomas et je ne sais combien de Berthellots* [sic][57] *!"* Les Jouvenel vont aussi se lier d'amitié avec Pierre Laval, socialiste militant qui vient de refuser un poste de sous-secrétaire d'État à l'Intérieur, pour obéir à son parti qui ne souhaite pas collaborer avec Clemenceau.

Colette fuit un peu ces hommes politiques qui l'étourdissent et va se promener avec sa chienne Gamelle... *"une merveille de tact, un beau caractère de chienne de voyage*[58]*...",* dans les endroits de Rome les plus calmes, ceux qu'elle préfère : le jardin des chevaliers de Malte ou les abords de la petite église Santa Maria in Cosmedine. Elle va acheter des fleurs sur les marches de Trinita del Monte. Elle ne se lasse pas du spectacle des rues. Elle racontera à Annie sa surprise de voir, pendant la Semaine Sainte, des... *"scènes de ce que je nomme la sauvagerie catholique : escalier saints gravis sur les genoux, pavés pleins de crachats et de terre et de saloperies léchés en croix avec la langue, confession tous les dix pas dans la basilique Saint-Pierre*[59]*."*

Pour compenser la nourriture de guerre de l'hôtel – deux plats maximum, ni beurre ni fromage à table – Colette achète au marché *"... du fromage blanc qu'on appelle "œil de buffle" qu'on vend dans un pot de grès couvert avec des feuilles d'iris fraîches, entrelacées; il y en a dix dans un pot, serrés, mous et fermes à la fois; je les mange comme ça, comme des bonbons, l'après-midi ou dans la soirée. Et je me rends compte que vous aimeriez la vie que je mène ici, c'est à peu de choses près la même qu'à Auteuil[60]."*

Elle écrit *Les Heures longues* dont les droits lui permettront, plus tard, de meubler plus confortablement sa maison de Rozven et elle espère Musidora qui doit tourner *La Vagabonde* à Rome.

"Si j'entamais mon chapitre des "mondanités romaines", je n'en finirais pas. L'abondance de noblesse romaine, logée dans les palais inchauffables sous huit et dix mètres de plafonds, ces gens grelottants et toussant autour d'un petit poële à pétrole, c'est comique et triste. L'abondance non moindre de dames teutonnes ou divorcées de généraux prussiens ou de polonaises nées pour quelque chose est comique et inquiétant."

"[...] *Sidi est revenu ce matin! J'exulte mais avec réserve, car depuis ce matin je l'ai aperçu pendant trois quarts d'heure; nous avons déjeuné brièvement, et depuis il balade 24 parlementaires français!!! J'aime mieux que ce soit lui que moi[61]."*

"Je vois beaucoup de gens mais je ne me laisse pas envahir," écrit-elle encore à Annie. Cependant, Colette, qui ne dédaigne pas les potins mondains quand ils sont drôles, ne se prive pas d'échanger avec Annie des pia-pias de choix. On se raconte les amours des unes ou des autres et l'on médit joyeusement quand l'occasion en est offerte. La baronne Deslandes, entre autres. Cette vieille belle, bien conservée, d'origine allemande – on l'appelait naguère "la petite fille de Cologne" –, femme de lettres dont Barrès fut amoureux, fournit à Colette l'occasion d'une lettre qui est un chef-d'œuvre de rosserie et d'humour. *"Rome, 6 mars 1917. – Annie, vous connaissez la baronne Deslandes, n'est-ce pas? L'ex-épouse morganatique de Robert de Broglie et avant Comtesse Fleury et en littérature* [?] *"Ossit"? Elle est ici et il y a sur elle des histoires délicieuses. Ses 54 ans ne se résignent pas, au contraire. Elle a recommencé ici le coup déjà essayé sur le jeune Broglie mais ses feux quinquagénaires brûlent aujourd'hui un jeune duc de Galese, qui atteint 17 ans 1/2!*

"Elle lui a fait croire qu'elle a 25 ans et qu'elle est vierge (naturellement). Campagne, villégiatures princières, rencontre : elle le nomme "mon petit page" et le rend idiot (le travail était déjà à moitié fait). Intrigue, promenade sous la lune, lettres, domestiques soudoyés. Le père Galese apprend tout : il fourre le petit au couvent comme sous Louis XIV. La douce fiancée demande justice, crie sa douleur, et s'en va en appeler à un vieux comte de Cossato, un vieux Romain sinistre dans un palais lugubre. "Voyez, crie-t-elle, ce qu'on me fait! On enferme mon fiancé au couvent!... etc,." Le vieux Cossato écoute, tapi sous ses sourcils blancs, sans mot dire. Puis il éclate : "Vous venez me dire ça à moi? Vous venez pour savoir ce que j'en pense? Je pense que Galese aurait dû donner cent sous à son fils, deux fois par semaine, cent sous, vous m'entendez, cent sous pour aller voir les putains, vous m'entendez? Il aurait appris au moins ce que c'est qu'une femme et il ne serait pas tombé dans les mains d'une vieille folle comme vous! Cent sous, vous m'entendez? Une vieille folle, vous m'entendez?" En italien, c'est encore mieux, il y a ce mot de "cinque lire! cinque lire!" qui sonne, – et il lui criait ça jusque sous l'escalier. N'est-ce pas une jolie histoire[62]?"

L'une à Paris, l'autre à Rome, Annie et Colette complotent pour le bonheur de Musidora, affligée d'un maquereau dont elle est amoureuse, pour son malheur. Colette pense même à lui présenter Auguste Hériot pour la détourner de ses dangereuses amours.

En 1917, Musidora (pseudonyme tiré d'une romance de l'époque Louis-Philippe; elle s'appelle en réalité Jeanne Roques), Musidora est une superbe brune de vingt-huit ans, aux yeux sombres et à la peau blanche. Elle a commencé sa carrière en chantant et en dansant en tenue légère dans des théâtres de quartiers; puis elle a joué, aux Folies-Bergère, le rôle d'une Virginie presque nue qui aurait fait frémir Bernardin de Saint-Pierre. Ce rôle lui a valu d'être pressentie par la Gaumont, pour incarner la Sainte Vierge, en Palestine, projet demeuré sans suite à cause des cent francs par jour qu'exigeait la douce enfant. Ensuite, Musidora avait tourné près de vingt-cinq films avant de remporter un véritable triomphe dans les douze épisodes des *Vampires* de Louis Feuillade (1915) puis les douze épisodes de *Judex*, du même auteur, suivis encore de quatre films à succès. Désormais consacrée star, Musidora a pu imposer aux producteurs le scénario de son amie Colette, *La Vagabonde*, qui sera tourné à Rome, en 1917, par Eugenio Perego et Ugo Falena. Mais Musidora qui en plus de sa beauté et de son talent est intelligente – elle a écrit de nombreux articles sur le cinéma, deux romans, une pièce de théâtre et un livre de souvenirs –, Musidora a le cœur trop sensible pour des hommes qui ne la valent pas.

En 1916, Colette hésite à signer le contrat proposé... "*Ici, pluie mais pas froid. Mille cinémas, mille films, mille interprètes : c'est effrayant de bêtise. Et me voilà encore arrêtée, pleine d'horreur, devant un traité plein de charmes, à cause des interprètes. Je vous jure, Annie, que c'est* impossible. *Les marquises authentiques se disputent l'écran, pour y rivaliser de niaiserie, de gaucherie – par contre, nous avons aussi la professionnelle qui, pour exprimer* une idée, *se livre à une telle débauche d'expression à l'aide du visage, des mains, du ventre et des doigts de pieds qu'on en a le mal de mer. Quelle situation! On voulait faire venir Musi; elle est engagée brillamment, et puis elle ne quitterait pas son requin. Flûte*[63]."

Le 20 avril, gros chagrin pour Colette qui apprend la mort de son cher Hamel... "*Je sens,* écrit-elle à Annie, *qu'à mon retour à Paris, cet ami transparent et fragile, qui avait l'air de vivre le strict nécessaire va me manquer bien plus que je ne le sens à présent*[64]."

Poussée par le manque d'argent, Colette a fini par signer le contrat d'adaptation de *La Vagabonde*. En effet, les Jouvenel ont de la peine à boucler leurs fins de mois. La vie à Rome est chère et Mme de Comminges qui reçoit pourtant une pension de six mille francs annuelle d'Henry pour élever leur fils Renaud, vient de réclamer en plus mille sept cents francs pour la pension de son fils, ce qui compromet le paiement d'avril de l'appartement romain. Et Colette supplie Annie de lui vendre, à Paris, le manuscrit de *L'Ingénue libertine*. Elle compte en tirer trois mille francs d'une personne qui lui a déjà acheté des manuscrits.

Enfin, fin avril, Musi est à Rome et Colette travaille à l'adaptation de son roman... "*On tourne* La Vagabonde *tantôt (et le plus souvent) sous le hall vitré où l'on dépérit de chaleur sèche, tantôt à l'extérieur. On nous a prêté les jardins de l'ancien palais Sciarra et vous n'auriez plus jamais voulu en sortir. Un déluge de fleurs lourdes, de pommiers pruniers doubles roses, d'iris noirs, blancs et bleus, de pivoines, de roses en cascades, de glycines torrentielles, de lys rouges, de rosiers de mai, – je ne peux pas vous dire, Annie, ce que sont ces jardins enchantés. Des arbres géants, des pins en ombrelles, des fontaines antiques où chantent les eaux pures de Rome, et là-dedans, libres, étincelants, avec des cous de serpents et des traînes de reine, deux cents paons, les uns bleus, les autres blancs de neige. Des terrasses consacrées aux très vieilles fleurs de notre enfance, des lézards verts tout vifs, des lilas gros et bleus comme des nuages d'orage.*

"*Je ne peux pas assez vous raconter les jardins Sciarra.*

"*Musi fait en conscience son dur métier, sans jamais se plaindre. Il lui arrive de tourner de 9 h 1/2 à 6 h 1/2 sans qu'elle ait le temps de déjeuner, elle gobe des œufs et boit du café. Le soir, elle tombe endormie ou bien s'en va dans des dîners de gens de ciné, où elle fait parmi les directeurs des conquêtes fort utiles. Moi, depuis trois semaines, je fais un film. "Trois semaines!" s'écrie Annie. Mais oui, car je le fais "par image" et je ne suis pas peu fière d'être un des premiers écrivains qui auront fait, sans aide, un film "par image". Cela n'a absolument aucun point de rencontre avec la littérature, vous le pressentez. Mais c'est une étonnante gymnastique, que vous pourrez apprendre car il y a bien des chances pour qu'elle puisse vous servir. Comprenez-vous? Mon manuscrit devient celui que serait forcé de faire d'après une nouvelle ou un scénario, et après moi, un metteur en scène professionnel. Cela vous amusera[65]."*

Il ne faut pas croire que les restrictions alimentaires dues à la guerre freinent un tant soit peu la gourmandise de Colette. Les lettres qu'elle adresse à Annie de Pène, de Rome, en 1917, en témoignent. Dans l'une, elle raconte s'être régalée de *"derrières d'agneaux grillés – des agneaux d'un âge qui aurait dû les rendre sacrés! – avec peau et graisse craquantes et la petite queue rissolée, une merveille."* Dans une autre, elle fait la description d'un marché où elle se gave de beignets à l'huile, poissons, artichauts crus et amandes grillées.

Avec Katia Barjansky – une jeune femme sculpteur – elle a découvert, dans la banlieue de Rome, une *"auberge de rouliers"* où elles vont manger des pâtes au fromage, de l'omelette aux artichauts, du jambon rouge, etc.

Elle écrit même à Annie, la recette savoureuse d'une friandise, *"une chose à manger unique qu'on fait en Sicile"* et dont l'énoncé est un chef-d'œuvre de sensualité gustative : *"Dans une poignée de feuilles de châtaignier vertes, vous roulez, au mois de juillet quand on vendange (je parle pour la Sicile!) une poignée de grains de raisin muscat. Vous roulez, roulez, feuille à feuille, jusqu'à faire un petit paquet bien clos et bien serré, que vous nouez d'une herbe longue. Et puis?... C'est tout. Vous laissez faire le soleil. Et quand le petit "pochetto" est sec et craque sous les doigts et que les feuilles s'émiettent si on insiste, – ce qui se produit au bout de...? semaines, – vous pouvez, d'août en août suivant, manger une cuisine inédite, un dessert cuit par Dieu : Annie, quand on développe le pochetto, qu'on déroule ces feuilles qui sentent déjà bon toutes seules, on trouve au centre, et baignée d'une juteuse pourriture divine, la poignée de raisins, confite, écrasée, sentant le musc et la cuve où l'on foule, collante d'un sirop noir... Annie, un dessert poissé de sucre naturel et qui saoûle!*

"Je vous chante mon délire car cette gourmandise qui ne coûte rien est une de ces deux ou trois trouvailles de la gueule qu'on rencontre en un pays[66]."

A Castel-Novel, l'été et l'automne suivant, le délire gustatif continue. Miss Draper, la nurse de Bel-Gazou, est aussi une cuisinière dont Colette loue les trouvailles, en particulier, *"des meringues au cognac avec de la crème dedans"*.

Entre deux descriptions de Bel-Gazou qui court, chaussée de sabots garnis de foin, attrape les coqs, parle patois ou improvise une chanson sur quatre gros œufs de chat couvés par une chatte (*"Colette II enchante son père, qui a partout cette petite ombre dansante sur ses pas"*), Colette essaye d'attirer Annie de Pène à Castel-Novel, en lui décrivant les fêtes de l'estomac qu'on s'y donne. *"Salade à l'ail deux fois par jour. Oignons frais le reste du temps, lait mousseux à toute heure."* Elle se vante, avant un départ de Sidi, de l'avoir, pendant deux jours "*... gobergé de lièvre, de fruits, d'ail, d'oignon, de fromage blanc, de confitures de mûres, de cerises à l'eau de vie, qu'il en claque*[67]".

On sent Colette heureuse dans cette campagne de Castel-Novel où elle retrouve les bonheurs de sa Puisaye d'enfance qu'elle voudrait tant partager avec son amie, faute d'y voir plus souvent son mari. "*... Sidi arrive, Sidi s'en va. Moins de 48 heures, c'est peu pour le savourer...*" *"Annie, vous me manquez, et cette maison sans homme est faite pour vous.*

Pas de bas, pas de souliers, pas de frisure. Les foins qu'on rentre. Les étables pleines. Trois cent soixante volailles, des dindons, des petits pintadons, six veaux du mois, des oies de Toulouse. Les taureaux de saillie sont si beaux avec leurs cheveux frisés sur le front. Et surtout la belle campagne qui enveloppe tout cela[68]*".*

Comme on la sent loin de ces travaux d'écriture qui lui sont si pénibles mais auxquels elle se livre, de temps en temps, non sans contrainte. *"Je viens de faire, avec désolation, mon papier pour* Excelsior*...",* alors qu'il est tellement plus amusant de s'occuper par exemple à *"... Savonnage de chienne dans la rivière, par mes soins. J'enlève : 1° mes souliers. 2° mes bas. 3° mon pantalon. 4° ma jupe. 5° mon chandail. 6° ma chemise. 7° j'entre dans l'eau jusqu'à la taille et je m'essuie avec le mouchoir de Sidi, – il n'y avait rien d'autre*[69]*..."*

Ou encore, de faire soi-même son beurre : *"... du beurre qui mérite d'être appelé normand... j'en ai fait un kilo ce matin... nous le faisons dans la maison, avec la machine à fouetter les blancs d'œufs en neige, il est exquis*[70] *!"*

Qui donc imaginerait Colette en trafiquante de pommes ? Cette lettre à Annie, datée de l'automne 1917, dessine une singulière image de paysanne au marché, une paysanne qui sait compter :

"Avez-vous dans vos relations mondaines, des personnes qui veulent de la reinette de Canada, pour provision ? J'en ai encore deux à trois cents kilos à vendre, le reste est déjà vendu. Je fournis l'emballage par postaux de dix kilos, on me rend les paniers et le foin, on paie 1 F,50 F de port par dix kilos, et je les vends sept sous la livre. Avis aux amateurs. Le gros Charles m'en achète cent kilos, et un autre sans doute autant. Et puis j'ai passé contrat avec Mirmont, au buffet de la gare, et je lui vends tout ce que la vieille imbécile de courtière envoyait jusqu'à présent au marché, à bas prix. Dès que les transports iront mieux, je vendrai à Paris. Annie, venez, on s'établit fermières ici, on vit épatamment, et tous les deux mois, six jours de bombe à Paris ! Voulez-vous ?"

C'est l'éternel et irréalisable rêve de Colette car Sidi, diplomate et homme politique, ne peut se fixer loin de Paris. Et docilement, comme toujours, elle va suivre l'homme qu'elle aime, même contre son gré. *"... S'il n'y avait pas dans ma vie l'Amour, ce sacré bon sang de goret d'encombroir d'amour, je ne vivrais plus jamais à Paris*[71]*."*

C'est à la fin de la guerre que Colette engagera une petite servante de treize ans, Pauline Tissandier, originaire des environs de Brive, qui l'accompagnera jusqu'au bout de sa vie.

Après les grandes vacances à Castel-Novel, Sidi, réincorporé, est reparti à la guerre. Colette, seule à Paris, travaille. *Les Heures longues,* chronique de la guerre, paraissent en librairie. Colette écrit un nouveau roman qui évoquera, lui aussi, cette période de guerre : *Mitsou.*

Comme elle ne roule pas sur l'or, elle continue à travailler pour les journaux : critiques cinématographiques pour l'hebdo *Film* (Louis Delluc lui succédera), articles pour *Excelsior,* et critiques dramatiques pour *L'Eclair,* le journal de sa chère Annie et où elle rencontrera Francis Carco en permission.

En 1917, 1918, Colette est encore amoureuse de son mari, ce qui n'est pas, pour elle, de tout repos car Jouvenel, polygame par tempérament et qui a un succès fou auprès des femmes, ne cesse de papillonner, de-ci, de-là. Et Colette, une fois encore, souffre de cette jalousie aiguë, peut-être héritée de sa provençale grand'mère paternelle, celle qui, par méfiance jalouse et à soixante ans passés, suivait son mari jusqu'à la porte des cabinets et l'y attendait, expliquant à sa fille, scandalisée : *"Vaï, petite... Un homme qui veut nous tromper s'échappe par de plus petits trous encore*[72] *!"*

Colette, plus tard, analysera sa propre jalousie dans les

pages admirables de son livre *Le Pur et l'Impur.* Cette jalousie... *"purgatoire gymnique où s'entraînent tour à tour tous les sens* [...] *je parle bien entendu de la jalousie motivée, avouable* [...] *culture de l'ouïe, virtuosité optique, célérité et silence du pas, odorat tendu vers les parcelles abandonnées dans l'air par une chevelure, une poudre parfumée, le passage d'un être indiscrètement heureux".*

Jalousie qui peut aller jusqu'au souhait homicide. Colette medium (tous ceux qui l'ont approchée parlent de son magnétisme), Colette superstitieuse (les voyantes la fascinaient, elle jouait du pendule et plantait des cierges dans les églises), Colette femme, donc sorcière, avoue avoir été jusqu'à jeter des sorts... *"Comme tout le monde, j'ai souhaité un peu plus que la mort à une femme, deux femmes, trois femmes... Je parle là de ces envoûtements qui ne nuisent gravement à personne, pas même à l'envoûteuse, s'ils sont dédiés à des personnes robustes* [...][73]". Mais, dans sa nouvelle, *Lune de pluie,*[74] Colette raconte l'histoire d'un envoûtement qui se termine très mal.

En effet, ce genre de pratiques n'est pas toujours sans danger. *"Dans une période de jalousie assez brûlante, j'ai couru moi-même des risques,* écrit Colette[75]. *Une rivale* [...] *pensait à moi fortement et fortement je pensais à elle."* Mais trop prise par son travail journalistique, Colette avait remis ses malédictions à plus tard, alors que l'autre femme, plus désœuvrée, avait tout le temps de faire ses manigances. Le résultat ne s'était pas fait attendre : en quelques jours, Colette tomba dans une tranchée de travaux, attrapa une bronchite, perdit un manuscrit dans le métro, on lui vola de l'argent et une épidémie mystérieuse fit mourir trois de ses chatons angora. *"Il suffit,* dit-elle [...], *que je revinsse à un échange équilibré de trajectoires mentales entre Mme X et moi, pour mettre fin à la série maligne. Et nous vécûmes en bonne inintelligence..."*

Colette ne dit pas qui est cette mystérieuse Mme X *"aux yeux pers",* avec laquelle, des années plus tard, elle se réconciliera et contrôlera, à postériori, les effets de leur mutuelle malédiction. S'agit-il de la princesse Marthe Bibesco, romancière elle aussi et maîtresse d'Henry de Jouvenel, celle que Colette désigne ainsi à Marguerite Moreno : *"Anagramme d'amour : rouma. Ajoute "nia" et... tu trouves au bout une dame qui a des os de cheval et qui pond des livres en deux volumes. Il n'a pas de chance, notre Sidi*[76]*..."* Est-ce, déjà, la blonde Germaine Patat, autre maîtresse de Sidi et directrice d'une maison de couture ? Avec cette dernière, Colette finira par se lier d'amitié et elle en fera le personnage de Jane dans son roman *La Seconde,* qui paraîtra en 1929.

Toutefois, on peut dater l'époque de cette jalousie et des envoûtements car, au début de septembre 1917, Colette dans une lettre à Georges Wague[77] évoque une *crise* qu'elle est en train de *conjurer* et la perte dans le métro d'un manuscrit – celui de *Mitsou* – *"... dont je n'avais pas une ligne de brouillon"* (le cauchemar, pour un écrivain !).

Avec Mitsou qui ressemble à Colette – une Colette transposée en une petite actrice de music-hall – et le Lieutenant bleu qui a des traits de Jouvenel, ce roman annonce entre ses lignes la fin d'un amour. Ses dernières pages vont émouvoir Proust aux larmes.

Si Colette supporte de moins en moins les absences et les frasques de Sidi, le couple ne se porte pas encore trop mal, en 1918. En témoigne la lettre que lui envoie Jouvenel, en juin :

"Mon cher amour,

"Je te récris une petite lettre parce que je viens de recevoir ma citation à l'ordre de la 125e division, et que tu m'as paru, ô fille de militaire, y tenir.

"Voici son texte exact :

"de Jouvenel, Henry, lieutenant à la 10e Cie du 29e RTT

"Officier courageux, dévoué et d'un sang-froid remarquable. S'est particulièrement distingué le 11 juin 1918 en se

portant seul, sous le feu, à la rencontre d'une patrouille ennemie que l'on supposait devoir se rendre, donnant à tous l'exemple du plus complet mépris du danger."

"Eh bien, ma chérie, je suis assez content en la recopiant. Je songe à toi, d'abord, et puis à Jeanneney qui eût voulu me faire passer pour un lâche. Tu te rappelles ce que je t'avais dit : "il me faut une citation." Mais je n'espérais pas que le hasard me fût assez providentiel pour me tendre celle-là qui, par bonheur, sort un peu de la banalité !

"Fille et épouse de militaire, n'oublie pas qu'à ma prochaine permission de détente, j'aurai deux jours de détente en plus. Soyons pratiques, et viens çà, que je te baise.

"ton Sidi[78]*."*

C'est Henry de Jouvenel qui, en 1920, aura l'idée d'inhumer un soldat inconnu sous l'arc de triomphe de l'Etoile, pour perpétuer la mémoire de la guerre et, aussi, pour faire de la publicité à son journal, *Le Matin*.

Automne 1918. La grippe espagnole sévit à Paris et Colette, une fois encore, va être blessée dans ses amitiés. De Castel-Novel où, comme elle dit, elle est en *"permission agricole"* entre Sidi et sa fille, elle apprend la mort d'Annie de Pène.

Annie, l'amie chère, la complice, la correspondante préférée depuis la mort de Sido, Annie la joyeuse et jolie petite Normande ne viendra plus raconter à Colette ses amours aussi variées qu'éphémères. Elles n'échangeront plus des potins, des fous rires, des noms de fleurs ou des recettes. Elles n'iront plus, ensemble, au marché aux Puces, marchander lampes d'opaline, assiettes de Rubelles ou presse-papier sulfures, en buvant de la limonade. Annie de Pène, *"la bougresse"* comme l'appelait tendrement Sidi, la *"meilleure que les meilleures"* n'est plus et Colette n'a pas fini de regretter *"la subtile oreille d'Annie, son œil vif et mordoré*[79]*."* Et, si elle a succombé à la ravageuse grippe, Colette a son idée là-dessus : *"Elle oubliait de déjeuner ou de dîner, ou bien sautait un repas pour ne pas engraisser, et la grippe l'a saisie dehors sans défense, c'est-à-dire l'estomac vide*[80]*."*

Deux ans plus tôt, comme si, pressentant sa fin prochaine, Annie s'était souciée d'assurer sa succession amicale auprès de Colette, elle lui avait envoyé sa fille Germaine, pour lui porter une lettre.

Germaine Battendier, qui deviendra la romancière Germaine Beaumont, avait alors vingt-cinq ans. Elle racontera plus tard que, très intimidée par cette Colette qu'elle admirait sans la connaître bien, elle s'était empressée de se friser les cheveux pour paraître plus à son avantage, devant l'amie de sa mère.

Quand, tremblante d'émotion, elle était arrivée rue Cortambert, elle avait trouvé Colette en train de faire des conserves. "Fille d'Annie, lui avait dit celle-ci, tu tombes bien. Tu vas m'aider à finir d'éplucher des haricots verts." Puis, considérant les cheveux frisés de la jeune fille, elle avait ajouté : "Tu as l'air d'une cervelle."

Et Germaine était tombée, pour longtemps, sous le charme de Colette. Pendant des années, elle ne la quittera plus, deviendra sa secrétaire bénévole au *Matin*, partagera ses vacances à Rozven et deviendra, avec Marguerite Moreno et la poétesse Hélène Picard, sa confidente épistolaire. Germaine Beaumont sera celle que Colette appellera *"ma fille"*, en souvenir de la tendresse qu'elle éprouvait pour sa mère. Elle l'encouragera dans son métier d'écrivain et de journaliste et la réconfortera dans les moments de désarroi que vaudra à Germaine une vie sentimentale mouvementée.

En agitation sentimentale, Colette commence à être experte. On dirait qu'elle attire à plaisir les hommes volages : Willy, Henry de Jouvenel, pour en souffrir ensuite. A chaque fois, elle s'engage, confiante, dans un amour passionné, à chaque fois, elle est déçue.

En 1919, le couple Colette-Jouvenel commence à se disloquer. Aux absences de ses intrigues amoureuses, Sidi ajoute celles de sa nouvelle carrière politique. Membre de la délégation française à la commission du Désarmement à la fin de la guerre, il sera bientôt sénateur de la Corrèze puis délégué à la Société des Nations.

Colette n'est ni assez effacée, ni assez patiente, ni assez mondaine pour être une parfaite épouse d'homme politique. La liberté de penser et le franc-parler ne sont pas des qualités requises pour cette fonction. Elle se sent étrangère au milieu dans lequel évolue Jouvenel et elle l'est réellement.

Même si l'ambassadeur Claudel est poète, même si le futur président du Conseil Berthelot est l'ami des écrivains, le monde de la politique et celui des artistes et des écrivains sont deux planètes distinctes qui fusionnent rarement. Pour les premiers, les seconds seront toujours plus ou moins des saltimbanques qui, de leur côté, considèrent les autres comme des raseurs, même s'ils profitent parfois de la protection qu'un pouvoir provisoire leur permet d'accorder.

Colette a beau être déjà une romancière que son talent a rendue célèbre et s'appeler officiellement baronne de Jouvenel, les scandales de naguère ne sont pas oubliés. Quand Jouvenel fera sa campagne sénatoriale en Corrèze, un de ses adversaires politiques clamera qu'il a épousé une "danseuse". Si Colette dîne avec Poincaré à l'Elysée, c'est parce que son mari y est invité et l'a imposée à ses côtés. D'autre part, les femmes de ces messieurs ne sont pas toujours tendres pour elle. Ou bien elles sont secrètement jalouses de cette liberté que Colette affiche ou bien elles sont choquées par l'agitation de sa vie amoureuse que, bien entendu, on croit encore plus agitée qu'elle n'est. Certains maris redoutent aussi la séduction que Colette exerce sur leurs femmes.

Elle est trop sensible pour ne pas être agacée par le mépris dont elle se sent l'objet, de la part de ces gens-là. Et puis, la politique et les discussions infinies et souvent oiseuses qu'elle suscite l'assomment. *"Lorsque, vers quarante-cinq ans, une femme n'a pas mordu à la politique, il n'y a guère de chances pour que l'appétit plus tard lui en vienne*[81]*."*

Avec les nouvelles fonctions de Sidi, Colette est obligée de recevoir et elle organise, de son mieux, des dîners qui ne l'amusent guère, sinon pour observer, en entomologiste, ces hommes affairés et bavards qui dévorent distraitement ses gigots, ses foies gras et ses tartes, en refaisant le monde. *"Avant de regagner, ma chienne sur les talons, la petite pièce que je me réservais au premier étage, je me donnais un bon moment l'air de les écouter, mais c'était pour pouvoir les regarder à mon aise* [...] *Une passagère violence effaçait sur des physionomies ce que je croyais connaître, ce qui m'était familier c'est-à-dire le désir de plaire. Oubliée et silencieuse, je me sentais vaguement coupable de surprendre un spectacle qui ne m'était pas destiné. L'instinct du départ ramenait à moi de très loin ces hommes épris de ce qu'on n'étreint pas impunément*[82]*."*

Non pas que Colette soit absolument insensible à ce milieu brillant et privilégié auquel son mariage l'a intégrée – de même qu'elle ne sera pas, loin de là, indifférente aux honneurs officiels, nous le verrons – mais son amour sensuel de la vie refuse les contraintes. Elle va même s'arranger pour couper carrément aux corvées des dîners politiques. Ces soirs-là, elle s'en va rejoindre le noctambule Francis Carco qui a toujours un divertissement amusant à lui proposer dans un de ces lieux plus ou moins bien famés mais pittoresques qu'il aime. Avec lui, Colette baguenaudera des cabarets de Montmartre aux cafés de Montparnasse, en passant par les bals musette de la rue de Lappe et les caf'conç' de quartiers, découvrant un Paris nocturne surprenant et des fêtes insolites qui se terminent à l'aube, devant une soupe à l'oignon, aux Halles.

Et ainsi, peu à peu, la vie de Colette s'éloigne de celle de Jouvenel. Ils ne travaillent plus ensemble, leurs amis ne sont plus les mêmes, ils se croisent plus qu'ils ne se retrouvent, boulevard Suchet. Chacun supporte moins bien les manies de l'autre. Colette est agacée par l'ambition de Sidi… *"C'est une période bien redoutable qu'aborde au sortir de son obscurité première l'homme public*[83]*…"*

Jouvenel, lui, est de plus en plus irrité par l'amour invétéré de sa femme pour les animaux et la ménagerie dans laquelle elle le fait vivre depuis tantôt huit ans. En effet, outre les nombreux chiens et chats de sa vie, Colette a trimballé avec elle tortues, écureuils, couleuvres, lézards, un chat-tigre et même une petite panthère, Bâ-Tou, qui a fini ses jours au Jardin des Plantes.

Il faut dire, à ce propos, que l'amour de Colette pour les animaux qui, longtemps, a réduit sa réputation à celle d'écrivain animalier, au détriment du reste de son œuvre, est surtout un amour littéraire. Certes, elle les préfère aux enfants mais la façon dont elle les traite dans la vie ne va pas sans choquer les vrais amoureux des bêtes. Ainsi, Paul Léautaud, qui appréciait beaucoup le talent de Colette, disait à ce propos : *"En réalité, elle aime surtout les bêtes de luxe."* Il avait été scandalisé de l'amusement pris par Colette à voir se battre entre eux les chiens et les chats ; et aussi du fait qu'elle s'était débarrassée de la dépouille mortuaire de sa chère Kiki-la-Doucette en la jetant dans le fossé des Fortifications. Il concluait : *"Elle donne l'impression d'aimer les bêtes, un peu en dompteur*[84]*."* En réponse à une lettre d'Annie de Pène, désolée de voir très malade sa chatte Musette, Colette répondit : *"Si Musette est aussi mal, faites-lui donner la piqûre. Ne prolongez pas sa fin lucide, qui vous fait aussi mal qu'à elle*[85]*."* Il est vrai que Colette, avec sa dureté paysanne et son horreur viscérale du chagrin, y réagit toujours brutalement, que celui-ci lui vienne des bêtes ou des gens. Mais elle n'aime pas non plus être contrainte ou dérangée par les animaux. Héléna Bossis, fille de Simone Berriau, raconte avoir été témoin, dans le Midi, d'une colère de Colette contre une petite chienne qui jouait trop bruyamment à rapporter des cailloux.

Le mariage de Colette et d'Henry de Jouvenel a-t-il été une erreur ? C'est ce que dira, plus tard, Natalie Barney que l'échec de ce mariage conforte, on s'en doute, dans le bien-fondé de son célibat personnel. *"Ce n'est pas sans appréhension que je vis Colette, mariée à Henry de Jouvenel, s'installer amoureusement et vaillamment dans une vraie maison avec ce bel époux, un bébé, une nourrice, des domestiques, etc. Malgré bien des goûts en commun, dont la table et le lit, malgré les intérêts qui les liaient dans leur double emploi au journal* Le Matin, *rien ne m'assurait que cette réunion, qui semblait pourtant heureuse, pût durer.* […] *ce grand brun dans la force de l'âge, intelligent et vaniteux, et qui plaisait tant aux femmes – qui tant lui plaisaient – comment l'arrêter et le fixer auprès d'une seule, fût-elle Colette – une Colette qui pourtant lui offrait non seulement son amour total, mais l'originalité de son esprit et de tout un nouveau milieu ?*[86]*"*

En effet, plus que les divergences de leurs vies, ce sont les aventures féminines répétées d'Henry qui vont finir par éloigner de lui la jalouse Colette. Sa propre belle-mère, celle qu'on appelle Mamita et dont Colette imite si drôlement les tics de langage – une de ses lettres à A. de Pène est un véritable sketch d'imitation –, Mme de Jouvenel mère qui a fait bon visage à Colette quand elle a épousé son fils, joue contre elle, à présent, encourageant les frasques de celui-ci. Par exemple, son snobisme se satisferait assez bien de lui voir épouser la princesse Bibesco…

1 . Louise Weiss, *Mémoires d'une Européenne*, t. 1, Éd. Payot, 1968.
2 . *Lettres de la Vagabonde*, à G. Wague, juin 1911, *op. cit.*
3 . Paul Barlet, ancien secrétaire de Willy qui resta un fidèle ami de Colette. C'est lui qui publiera *L'Entrave*, en 1913, dans la maison d'édition qu'il dirige, rue Séguier.
4 . Jules Sauerwein et Stéphane Lauzanne étaient les deux autres rédacteurs en chef du *Matin*. Sapène, ami de Jouvenel, en gérait la publicité.
5 . *Lettres de la Vagabonde*, à Léon Hamel, 31 juillet 1911, *op. cit.*
6 . Mimodrame de Georges Wague, d'après un roman d'Aristide Bruant.
7 . *L'Entrave*, Librairie des lettres, 1913.
8 . *Ibid.*
9 . Trois... six... neuf..., Corrêa, 1944.
10 . *Ibid.*
11 . 27 octobre 1911. Cité par *Le Figaro littéraire* du 24 janvier 1953.
12 . 8 janvier 1911, coll. Bertrand de Jouvenel.
13 . Sans date. Cité par *Le Figaro littéraire* du 24 janvier 1953.
14 . *La Naissance du jour*, Flammarion, 1928.
15 . *Lettres de la Vagabonde*, à Léon Hamel, 13 mai 1912, *op. cit.*
16 . Natalie Clifford Barney, *Souvenirs indiscrets*, Flammarion, 1960.
17 . *Lettres à ses pairs*, à Jeanne Muhlfeld, août 1902, *op. cit.*
18 . *Lettres de la Vagabonde*, 29 août 1911, *op. cit.*
19 . Restaurant situé près de l'Opéra-Comique et qui était réputé pour sa cuisine méridionale.
20 . *Prisons et Paradis*, Ferenczi, 1932.
21 . *Paysages et Portraits*, Flammarion, 1958.
22 . *Lettres à ses pairs*, *op. cit.*
23 . *Lettres à Hélène Picard*, Flammarion, 1958.
24 . *Ibid.*
25 . M. Goudeket, *Près de Colette*, Flammarion, 1956.
26 . Inédite, coll. Bertrand de Jouvenel.
27 . *Lettres de la Vagabonde*, 26 juin 1912, *op. cit.*
28 . *Ibid.*, 10 juillet 1912.
29 . *L'Entrave*, *op. cit.*
30 . *Ibid.*
31 . *Lettres de la Vagabonde*, à G. Hamel, 17 août 1912, *op. cit.*
32 . *Ibid.*, 27 septembre 1912.
33 . *Lettres à Marguerite Moreno*, 27 septembre 1912. *Flammarion, 1959.*
34 . Poirée-Blanche était un célèbre traiteur du boulevard Saint-Germain, assorti d'un salon de thé.
35 . *L'Étoile Vesper*, Ed. du Milieu du Monde, Genève, 1946.
36 . *Lettres à ses pairs*, 26 juillet 1946, *op. cit.*
37 . *Lettres à Marguerite Moreno*, 21 septembre 1943, *op. cit.*
38 . *L'Étoile Vesper*, *op. cit.*
39 . *Lettres de la Vagabonde*, à G. Wague, juillet 1913, *op. cit.*
40 . *Lettres de la Vagabonde*, 4 octobre 1913, *op. cit.*
41 . M. Moreno, *Souvenirs de ma vie*, *op. cit.*
42 . Coll. Louis Guitard.
43 . *Le Fanal bleu*, Ferenczi, 1949.
44 . *Lettres de la Vagabonde*, à Léon Hamel, 16 octobre 1914, *op. cit.*
45 . *Les Heures longues, 1914 - 1917*, Arthème Fayard, 1917.
46 . Grâce à l'amabilité de M. J.-L. Lécard qui en est l'héritier.
47 . *Lettres de la Vagabonde*, 28 juin 1915, *op. cit.*
48 . Cartes postales à Annie de Pène, 26 juin et 3 juillet 1915, coll. J.-L. Lécard.
49 . Voir *Un Voyageur dans le siècle*, par Bertrand de Jouvenel, Laffont, 1983.
50 . Lettre inédite à Annie de Pène, *op. cit.*
51 . *Ibid.*
52 . *Trois... six... neuf...*, *op. cit.*
53 . *Ibid.*
54 . Paul Morand, *Journal d'un attaché d Ambassade*, Gallimard.
55 . Lettre inédite à A. de Pène, 3 décembre 1917, coll. J.-L. Lécard.
56 . Paul Morand. *op. cit.*
57 . Lettre inédite à A. de Pène, 3 décembre 1917, coll. J.-L. Lécard.
58 . Lettre inédite à A. de Pène, 1917, coll. J.-L. Lécard.
59 . *Ibid.*
60 . Lettre inédite à A. de Pène, 5 janvier 1917, coll. J.-L. Lécard.
61 . *Ibid.*, 1917.
62 . *Ibid.*, 6 mars 1917.
63 . *Ibid.*, 22 septembre 1916.
64 . *Ibid.*, 30 avril 1917.
65 . *Ibid.*, 30 avril 1917.
66 . *Ibid.*, été-automne 1917.
67 . *Ibid.*
68 . *Ibid.*
69 . *Ibid.*
70 . *Ibid.*
71 . *Ibid.*, 1917.
72 . *Le Pur et l'Impur*, Hachette, 1941.
73 . *Le Pur et l'Impur*, *op. cit.*
74 . Voir *Chambre d'hôtel*, Arthème Fayard, 1940.
75 . *Le Pur et l'Impur*, *op. cit.*
76 . *Lettres à Marguerite Moreno*, 23 octobre 1923, *op. cit.*
77 . *Lettres de la Vagabonde*, *op. cit.*
78 . Lettre inédite d'Henry de Jouvenel, coll. Bertrand de Jouvenel.
79 . *La Lune de pluie*. Fayard, 1954.
80 . *Lettres de la Vagabonde*, à G. Wague, fin octobre 1918.
81 . *Trait pour trait*, éd. Le Fleuron, 1949.
82 . *Trait pour trait*, *op. cit.*
83 . *L'Étoile Vesper*, *op. cit.*
84 . Paul Léautaud, *Journal littéraire*, 22 mai 1912, *op. cit.*
85 . Lettre inédite à Annie de Pène, 6 août 1917, coll. J.-L. Lécard.
86 . Natalie Clifford Barney, *Souvenirs indiscrets*, *op. cit.*

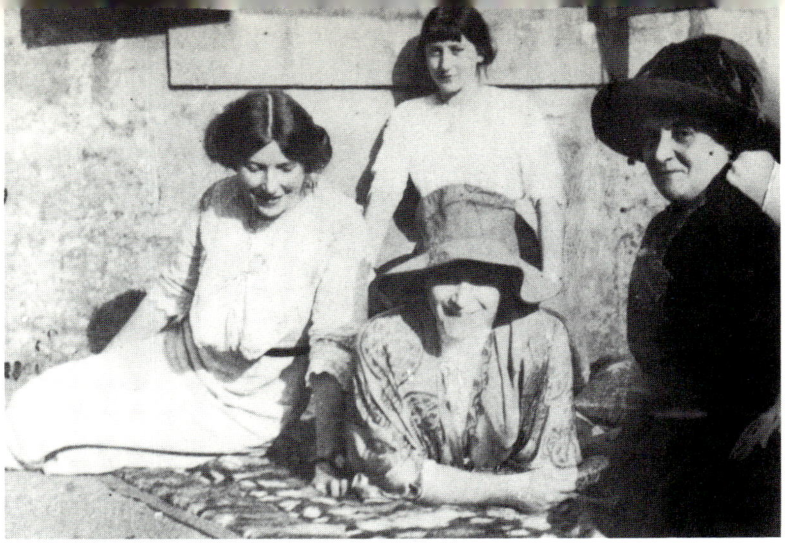
1

LES FIANCES D'EDITH (DRAME). 14 Octobre 1916.

Dans une lettre à Annie de Pène Colette parodie sa belle-mère, Mme de Jouvenel, mère d'Henry, dite "Mamita". Edith est sa fille, la demi-sœur de Henry. La scène représente une salle à manger grandiose donnant sur une petite cour.

Mamita - Hein, non mais, croyez-vous, dites, qu'elle n'a pas de chance, cette pauvre Didi, voilà son troisième fiancé de tué depuis le début de la guerre!
Colette - ??...
M. - Mais houi, son troisième! Le petit de Lhomond, le petit Montroudenez et le petit duc Honneau! Ma pauvre Didi! C'est le troisième qu'était le plus gentil! Et puis enfin il était duc...
C. - ??...
M. - Non, je ne le connaissais pas. Mais ça se serait arrangé très bien.
C. - ???
M. - Non, je ne connaissais pas la famille non plus, mais (air fin) je crois savoir que les parents n'auraient pas demandé mieux. Moi, vous savez, non, mais, moi, quand j'ai une intuition, je suis straordinaire. Mme Speyo me le disait encore hier: "Non, mais, vous savez, vous vrai, vous êtes strordinaire!" Ma pauvre Didi, va, tu n'as pas de chance!
C. - ???...
M. - Non, Didi ne l'avait jamais vu. Mais ça lui fait du chagrin, surtout que c'est le troisième. Elle se dit : "Je suis donc maudite!"
C. - ???
M. - Non, elle ne connaissait pas non plus les deux autres. Mais ça lui a fait bien de la peine tout de même. Pas, mon Didi? On t'en retrouvera un autre, va, mon Didi! Une belle fille comme toi, et bonne et riche, et intelligente! Si vous saviez tout ce qu'elle a fait pour Castel-Novel, là-bas! Ah! Henry lui doit une fière chandelle! Elle a compté tous les poulets, et puis tous les canards, et puis elle est allée voir les petits cochons quand ils sont nés, et puis elle a attrapé un refroidissement à aller compter les arbres avec le régisseur au bord de la rivière... Non, vrai, vous savez, sans rire, dites, Henry lui doit des remerciements! Sans elle, je ne sais pas comment on aurait fait! Pas, mon Didi? Aussi son futur mari ne connaît pas son bonheur... Il est charmant son futur mari d'ailleurs. C'est le petit de Franqueville. Quand ils se marieront, ils vont aller en voyage de noces à Ceylan. Et puis ils se marieront le même jour que la petite Franqueville et ils partiront tous les quatre, mon Didi a déjà choisi sa robe de voyage, et les Franqueville ont un cousin qui a un yacht qui les emmènera tous ensemble, oh! non, vrai, moi, vous savez, sans blague, je ne conçois un voyage chic que sur un yacht, et je suis sûre que le petit Franqueville sera tout à fait de notre avis, pas, mon Didi. - quand nous le connaîtrons?
(Assentiment général. Rideau.)

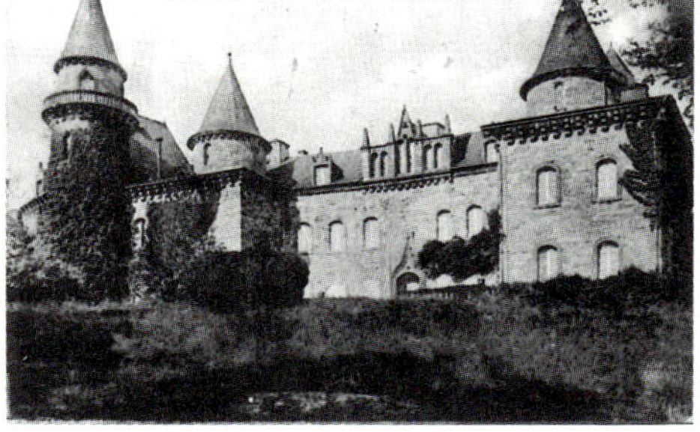

2

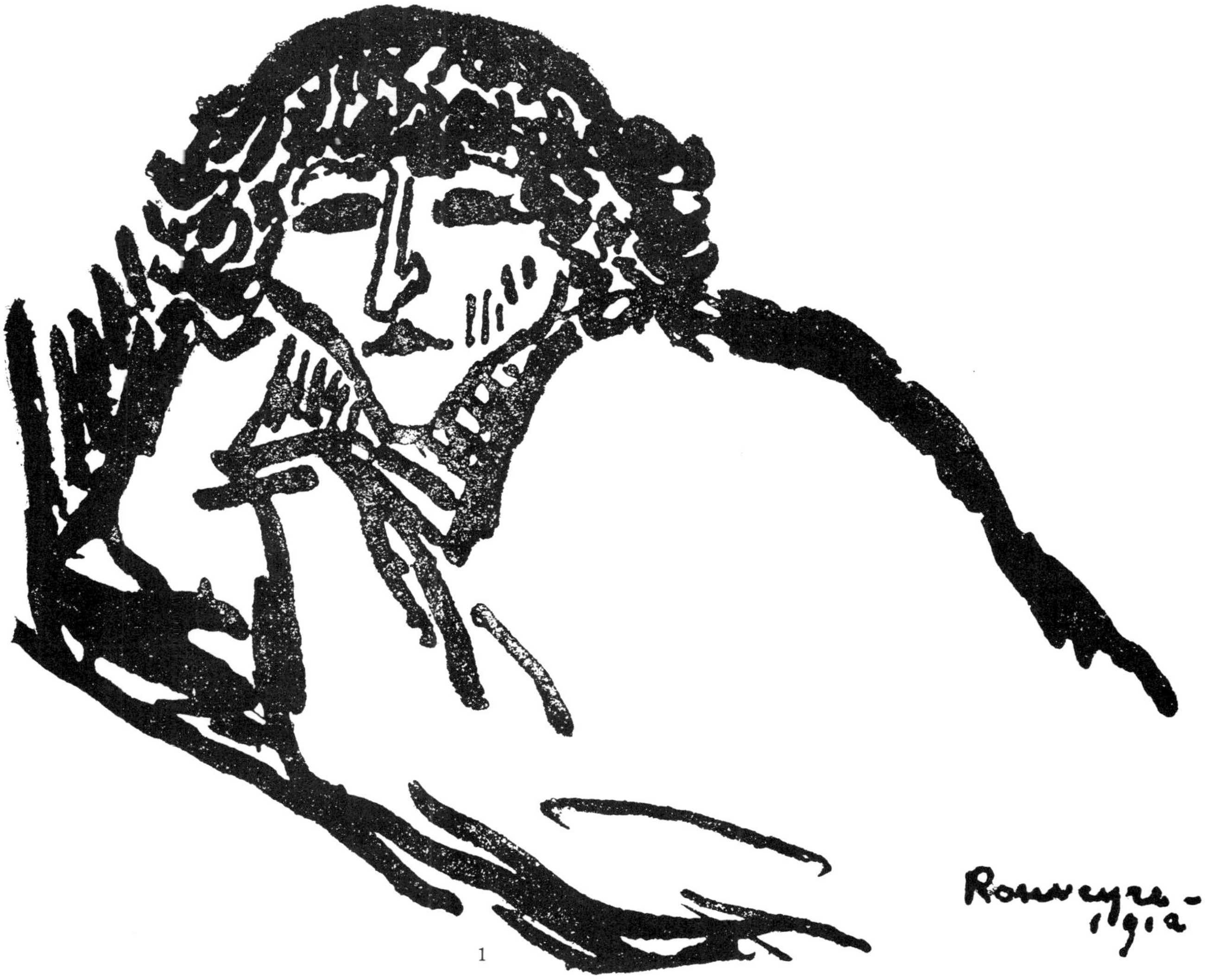

1

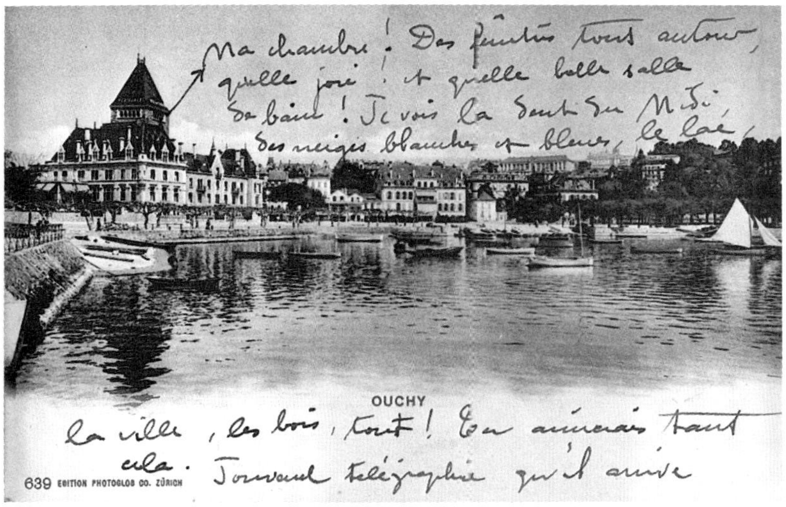

Page de gauche : (1) Colette à Castel-Novel avec (à droite) sa belle-mère, Mamita. En dessous : une parodie espiègle de Colette. – (2) Le château de Castel-Novel, propriété des Jouvenel à Varetz, en Corrèze. – **Page de droite :** (1) Caricature de Colette par Rouveyre. – (2) Premier voyage, en Suisse, de Sidi et Colette. Sido recevra d'Ouchy cette carte postale où Colette lui annonce que Jouvenel ne peut vivre hors de sa présence.

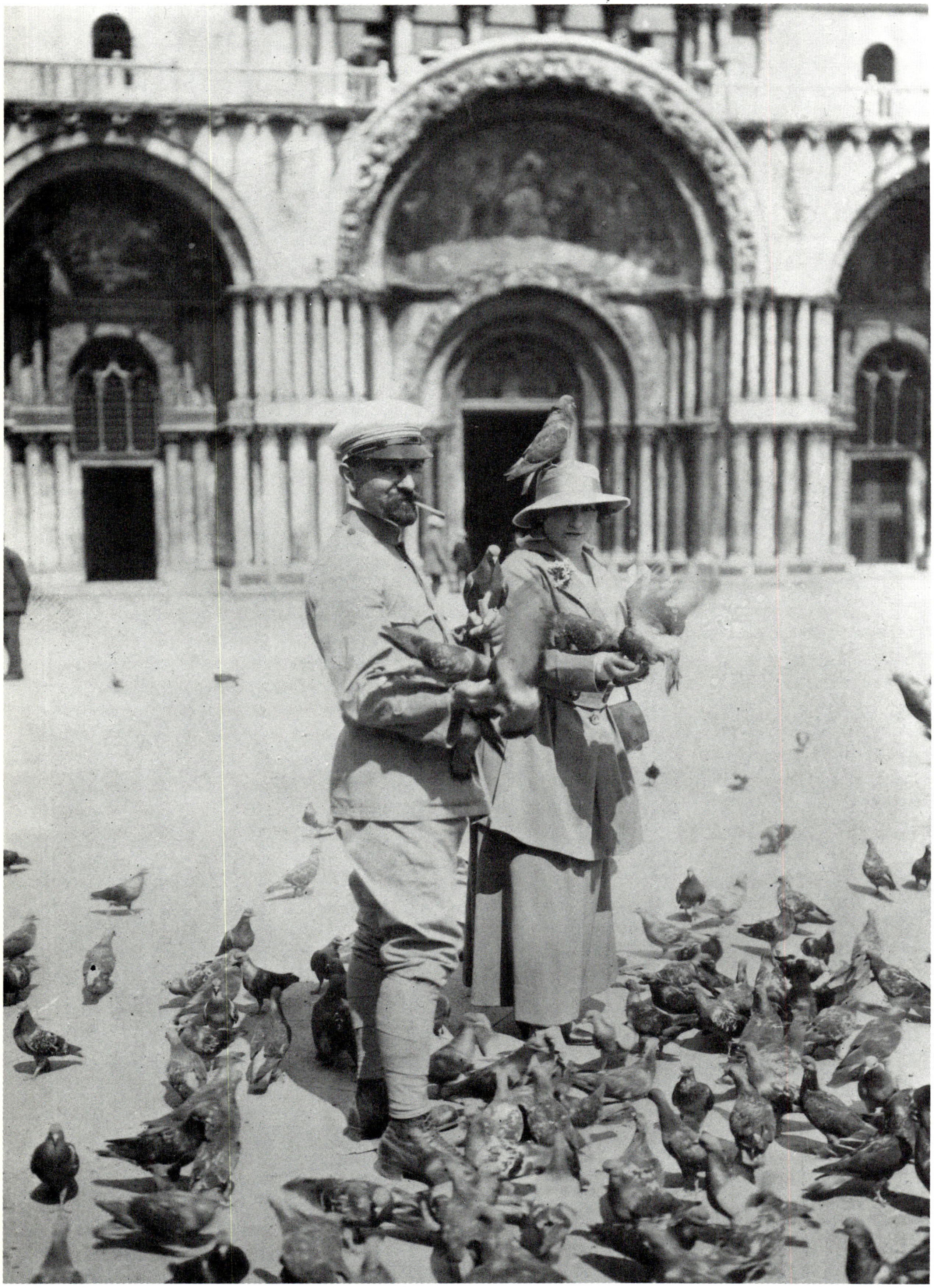

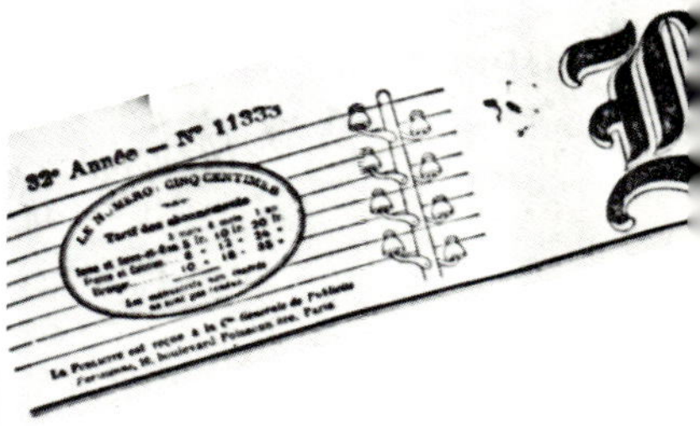

Colette journaliste. A la fin de 1911, elle collabore régulièrement au *Matin* dont Jouvenel est l'un des rédacteurs en chef. – Ci-contre : Colette en reportage à Venise, en 1915, avec M. de Beaumont.
Page suivante : (1) Colette couvre l'affaire Bonnot pour *Le Matin*. Ici, prise de Bonnot en 1912, dans le garage de Choisy-le-Roi.
(2) Jules Joseph Bonnot (1876-1912), meneur de la célèbre bande de malfrats qui portait son nom. Ils se livraient au banditisme, sous couvert d'anarchie.
(3) Colette, au banc de la presse, pendant le procès de Landru.

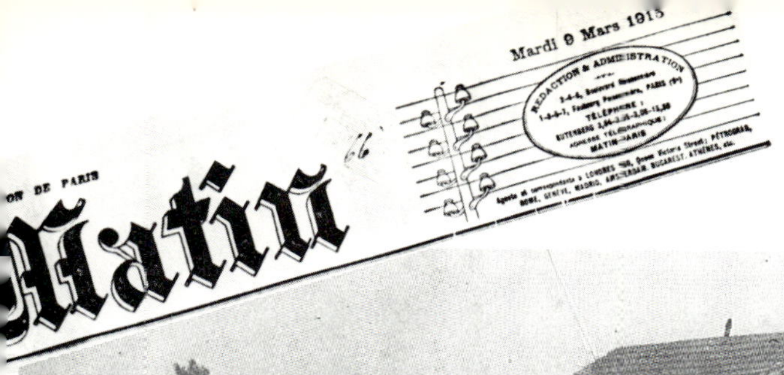

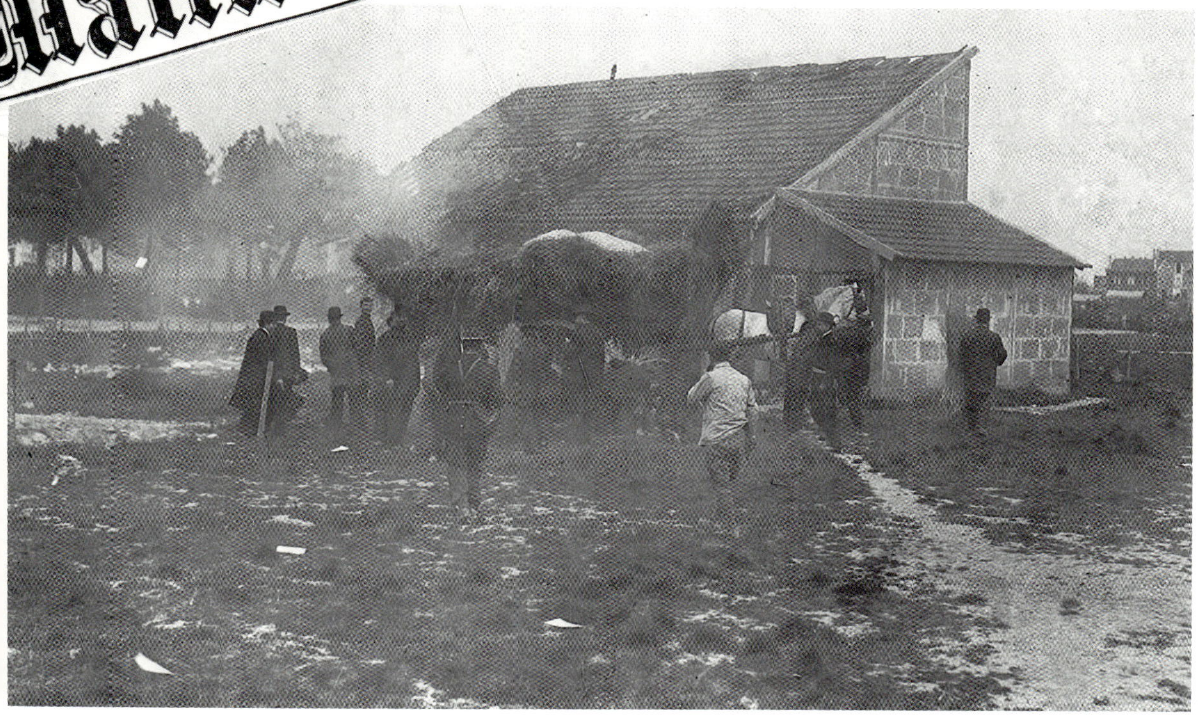
1

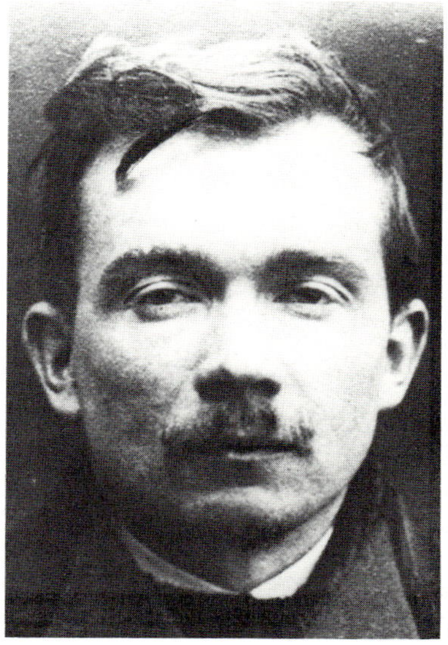
2

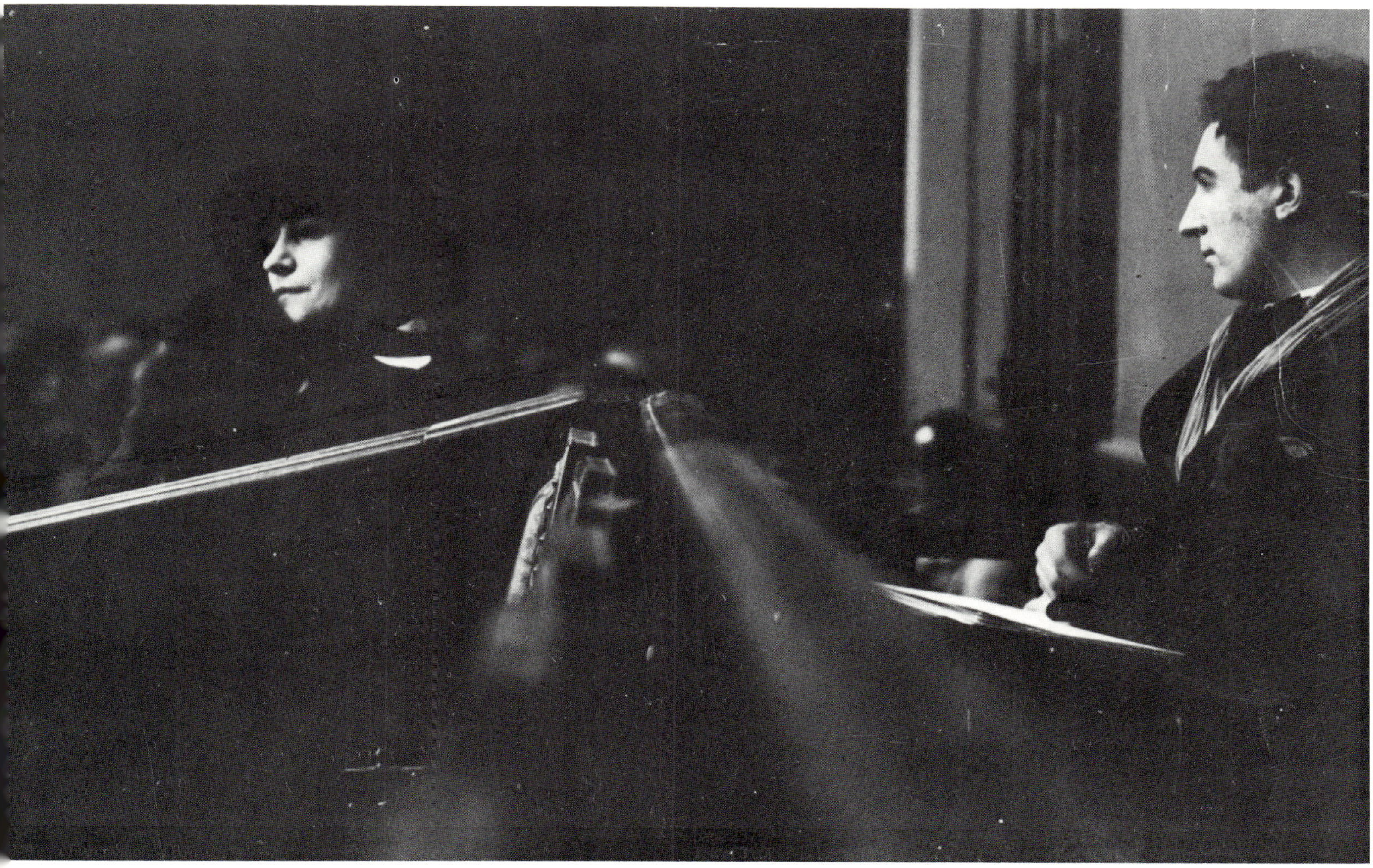
3

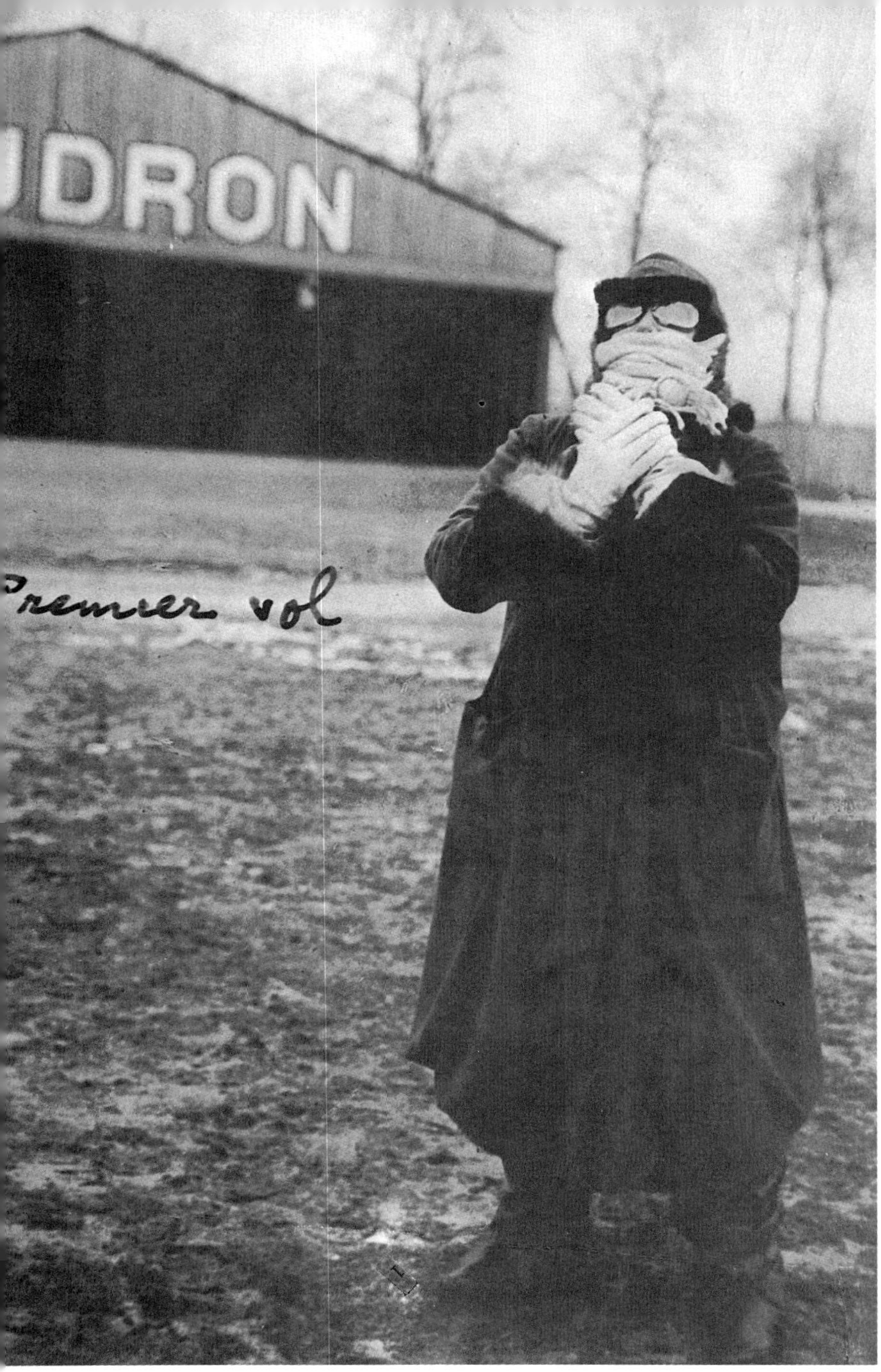

1

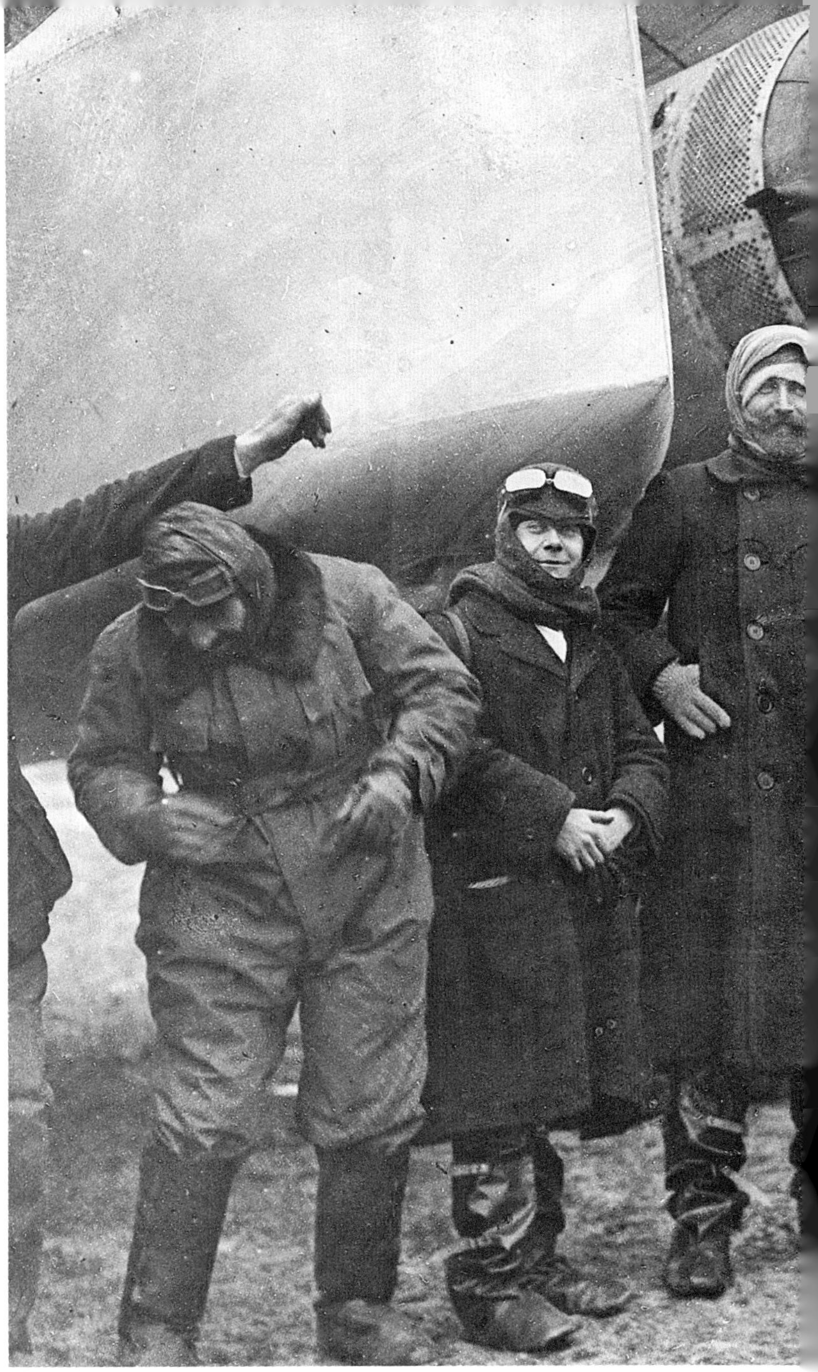

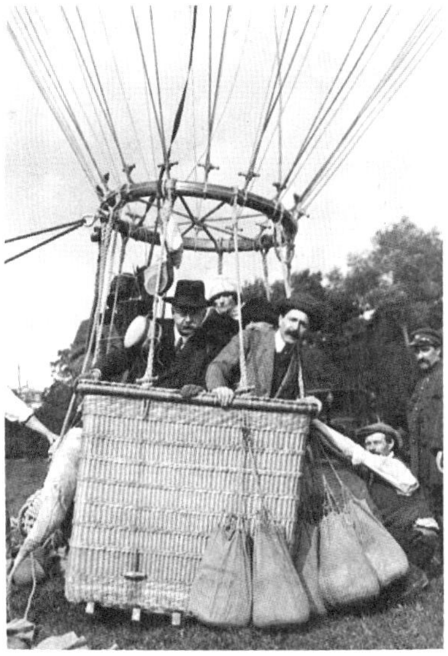
3

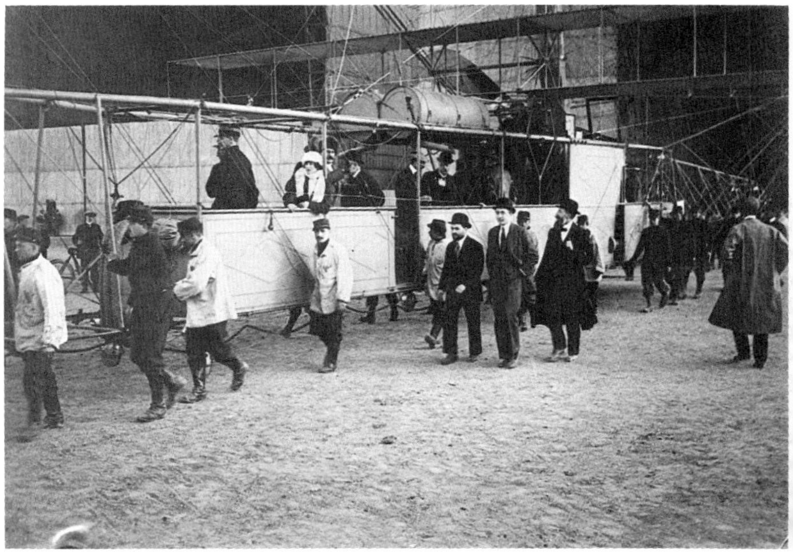

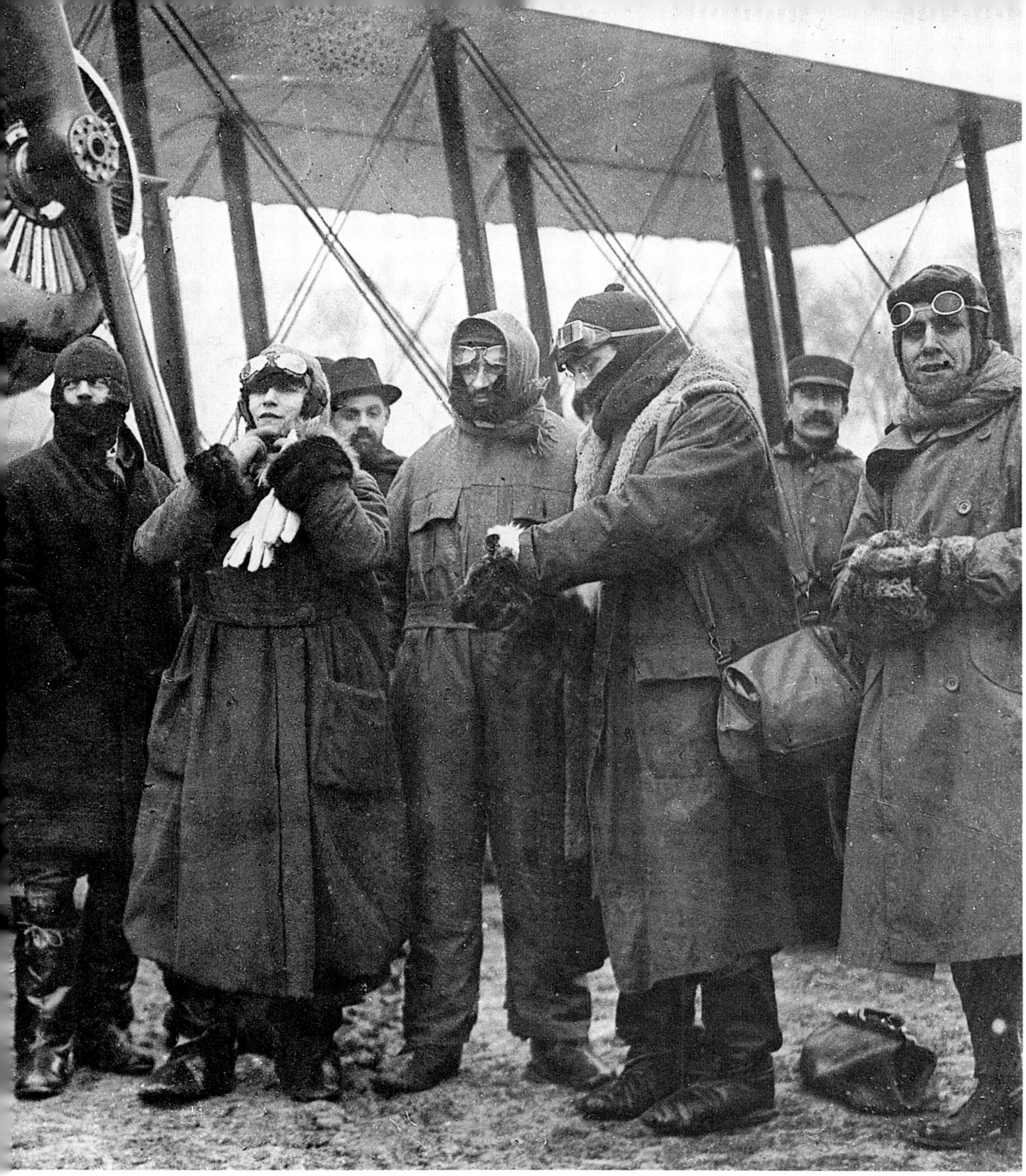

2

(1) Colette, parée pour son baptême de l'air sur l'aérobus Caudron. –
(2) 26 janvier 1912, Colette parmi les pilotes de l'aérobus Caudron. –
(3) Jusqu'où montera-t-elle? Colette, en ballon, pour *Le Matin*, le 12 septembre 1912 ... *"la nacelle contient, outre le pilote, le novice mais intrépide passager, l'avocat célèbre, la dame aguerrie et moi."* –
(4) En route pour le voyage inaugural du dirigeable "Clément-Bayard", en juin 1912.

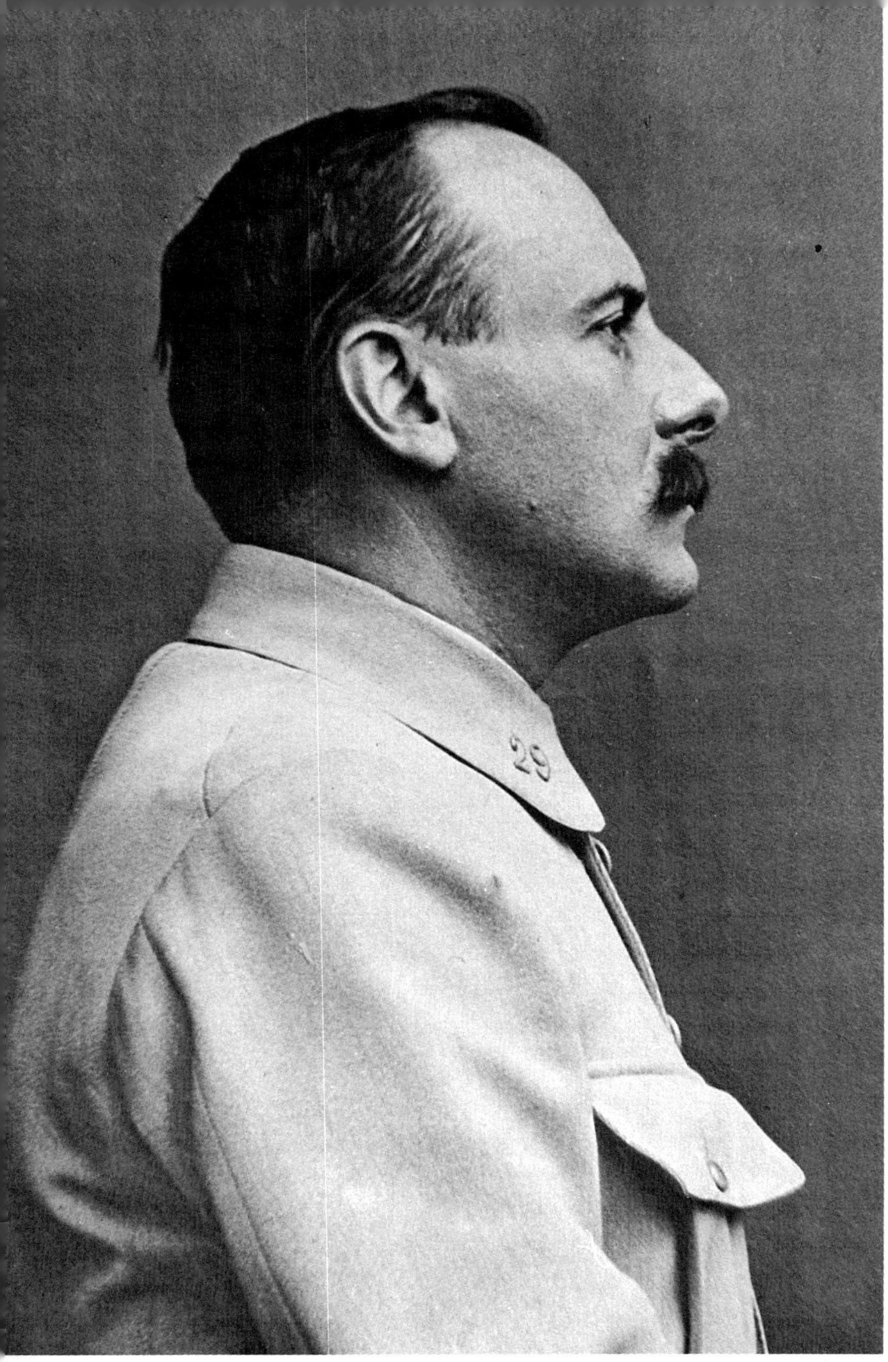
1

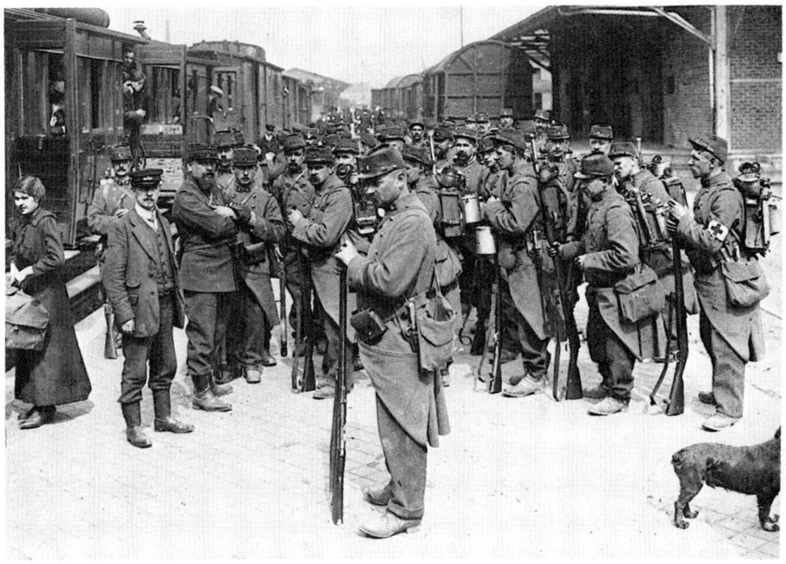
3

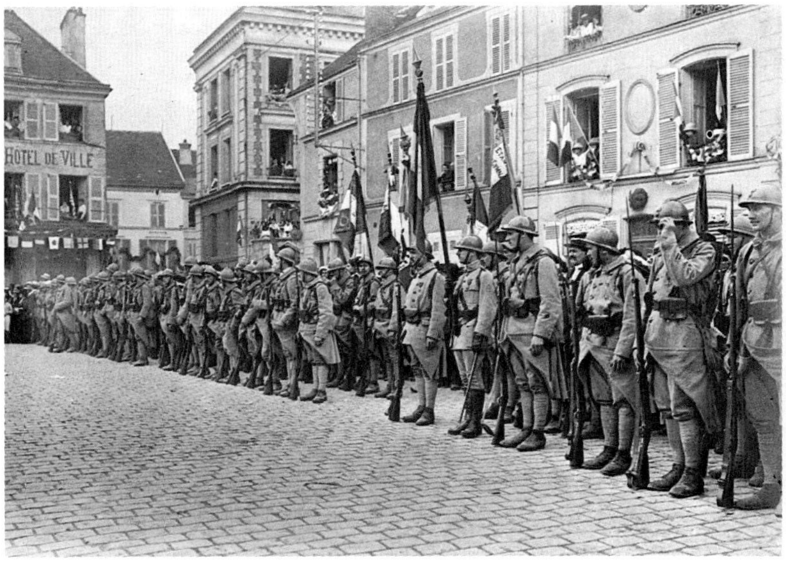

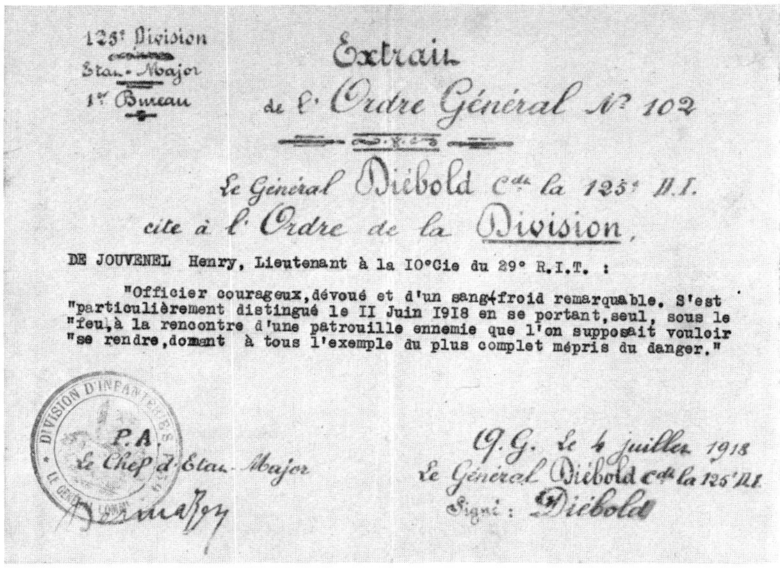
125e Division
Etat-Major
1er Bureau

Extrait
de l'Ordre Général N° 102

Le Général Diébold Cdt la 125e D.I.
cite à l'Ordre de la Division,

DE JOUVENEL Henry, Lieutenant à la IO°Cie du 29° R.I.T. :

"Officier courageux, dévoué et d'un sang-froid remarquable. S'est "particulièrement distingué le II Juin 1918 en se portant, seul, sous le "feu, à la rencontre d'une patrouille ennemie que l'on supposait vouloir "se rendre, donnant à tous l'exemple du plus complet mépris du danger."

Q.G. le 4 juillet 1918
Le Général Diébold Cdt la 125e D.I.
Signé : Diébold

P.A.
Le Chef d'Etat-Major

2

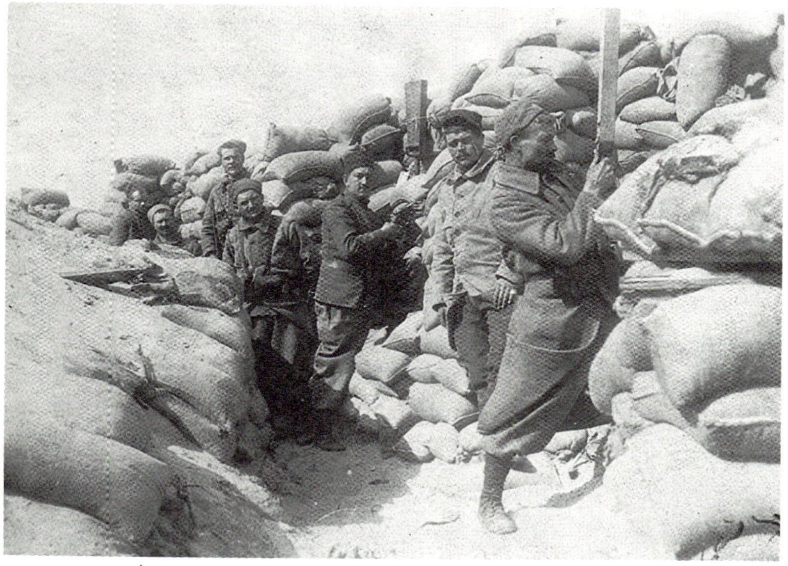

1

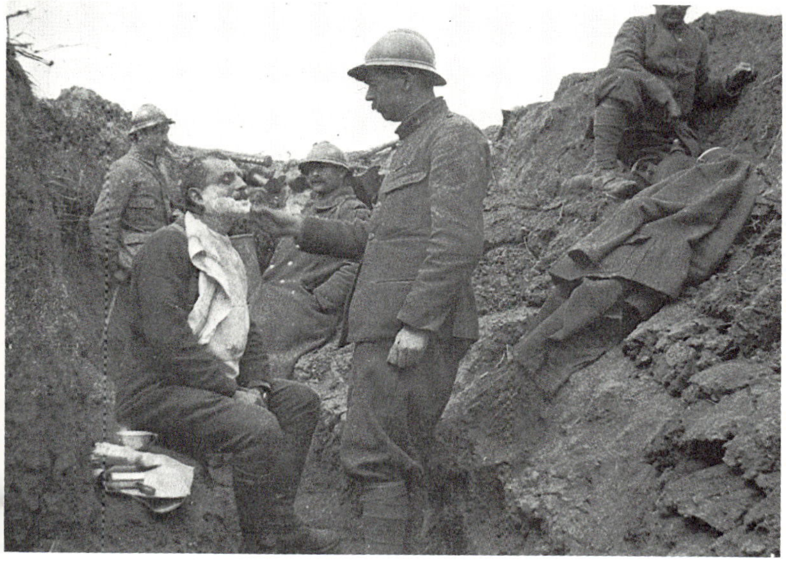

2

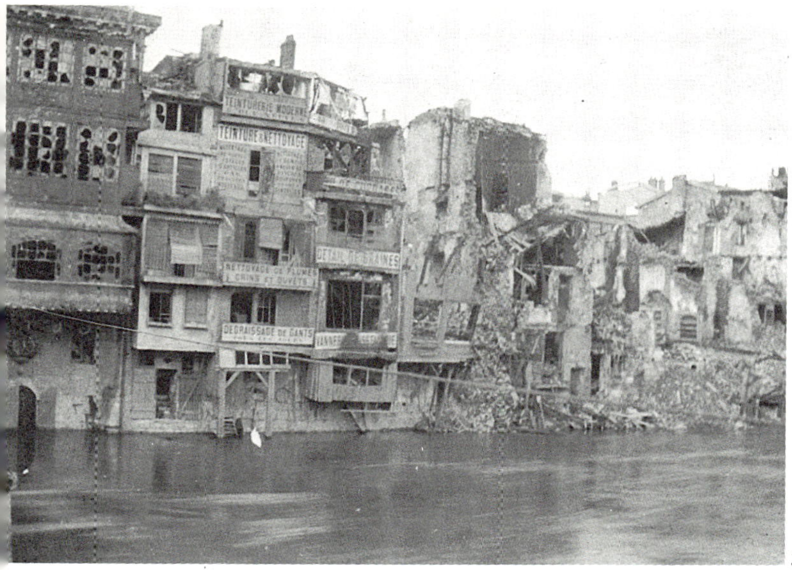

3

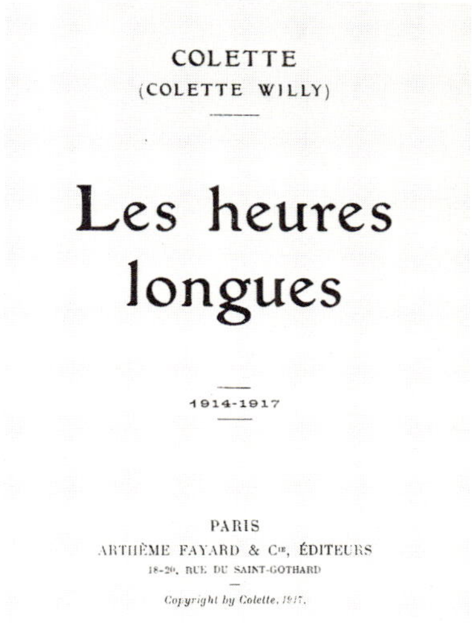

COLETTE
(COLETTE WILLY)

Les heures longues

1914-1917

PARIS
ARTHÈME FAYARD & Cie, ÉDITEURS
18-20, RUE DU SAINT-GOTHARD

Copyright by Colette, 1917.

4

Page précédente : – (1) Le fantassin Henry de Jouvenel ... *"Le mari de Colette est parti hier* [...] *dès qu'il a revêtu son uniforme, il était loin d'elle et de tout..."* (M. Moreno).
(2) A l'ordre de la division.
(3) Août 1914. Les hommes s'en vont. Embarquement du 6e territorial à Dunkerque.
(4) Les adieux de 1914, dans une petite ville d'Ile-de-France.
Ci-contre : (1) Tranchée de première ligne à Verdun. A l'arrière, on danse "La Valse bleu horizon". – (2) La vie dans les tranchées ... *"on apprend tout d'un coup que huit cents blessés viennent d'arriver".*
(3) A Verdun, en 1914, Colette habitait clandestinement avec Jouvenel, rue d'Anthouard. La nuit, elle prenait l'air sur les bords de la Meuse. Ici, en 1916, les berges sont ravagées. – (4) Son récit de la guerre.

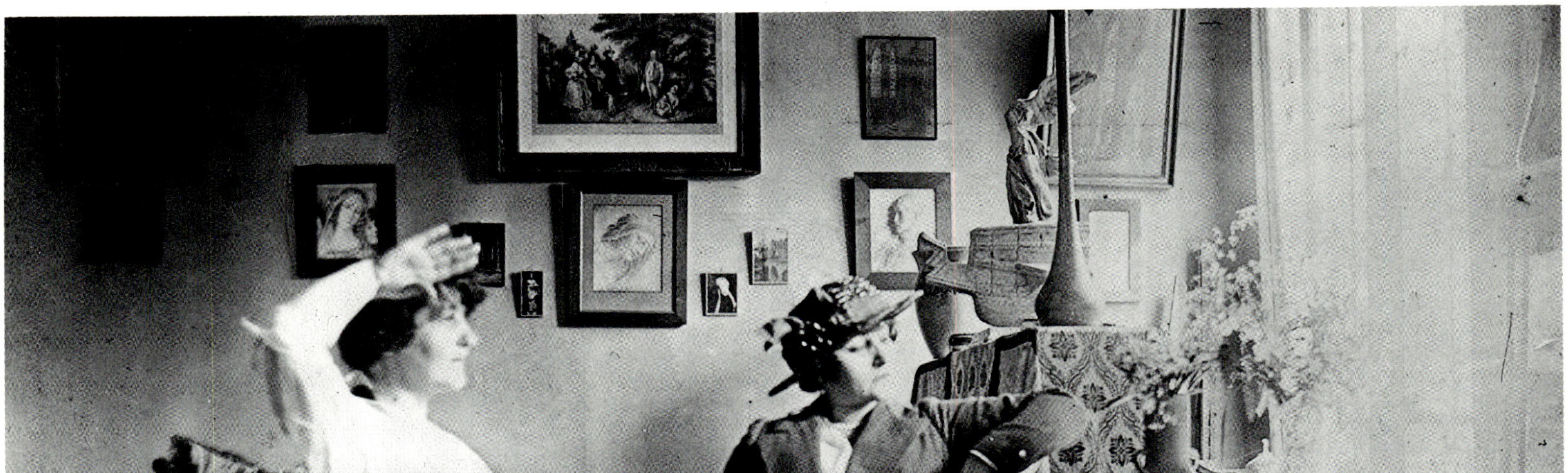
Debout au lieutenant !

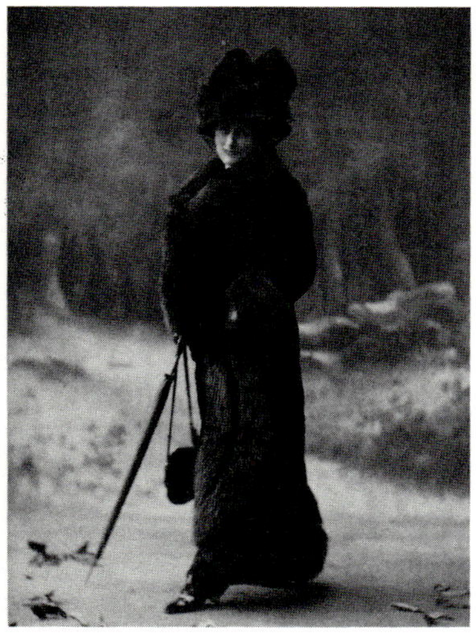

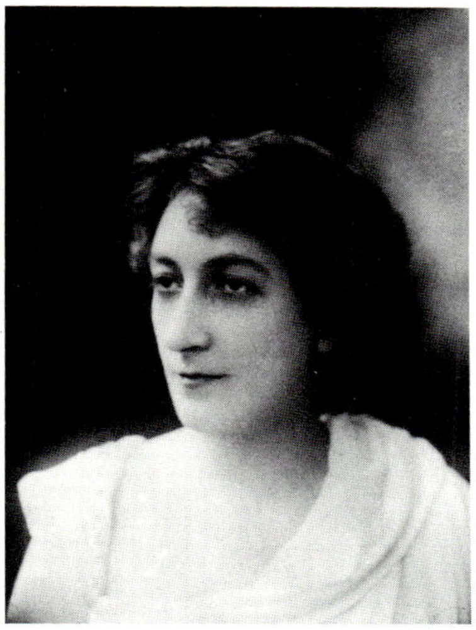

2

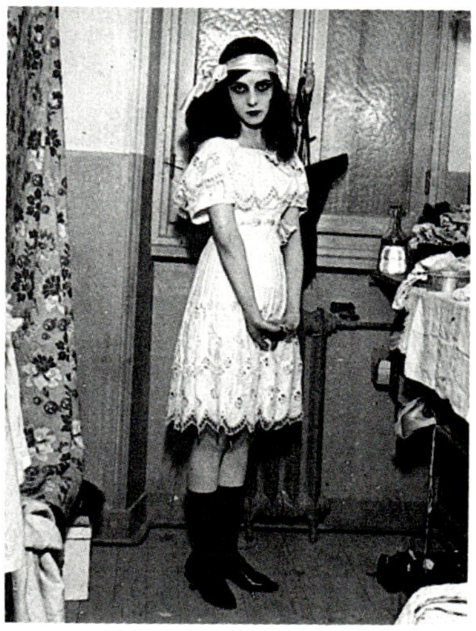

3

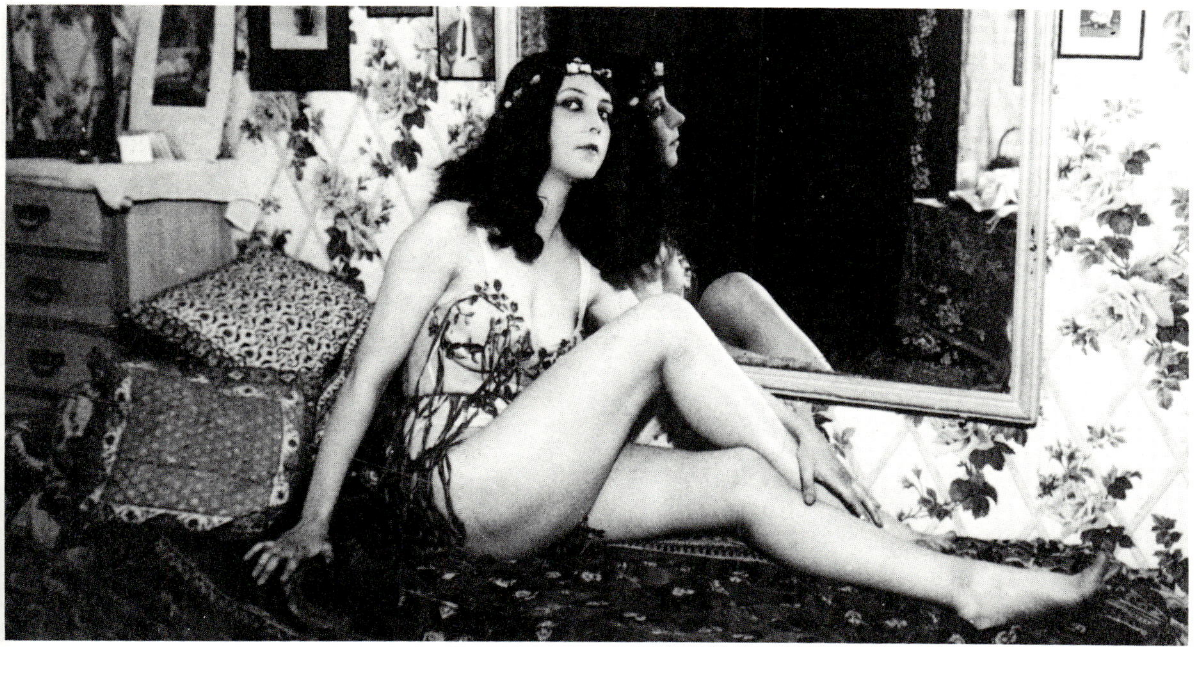

...*"Les femmes se tiennent bien en ce moment."* Le phalanstère du XVIe arrondissement. – **Page précédente :** Colette et Annie de Pène. – Ci-contre : (1) Annie, normande, gourmande ...*"meilleure que les meilleures".* – (2) Marguerite Moreno ...*"la graine miraculeuse du rire".* – (3) Jeanne Roques, dite Musidora ou Musi : solide au cinéma, faible dans ses amours. – (4) Musi en vamp. Elle tournera *La Vagabonde,* à Rome. Elle écrivit sous cette photo :"A Annie de Pène. En souvenir de la campagne 1914 qui m'a permis de l'apprécier et de l'aimer comme une seconde Colette."

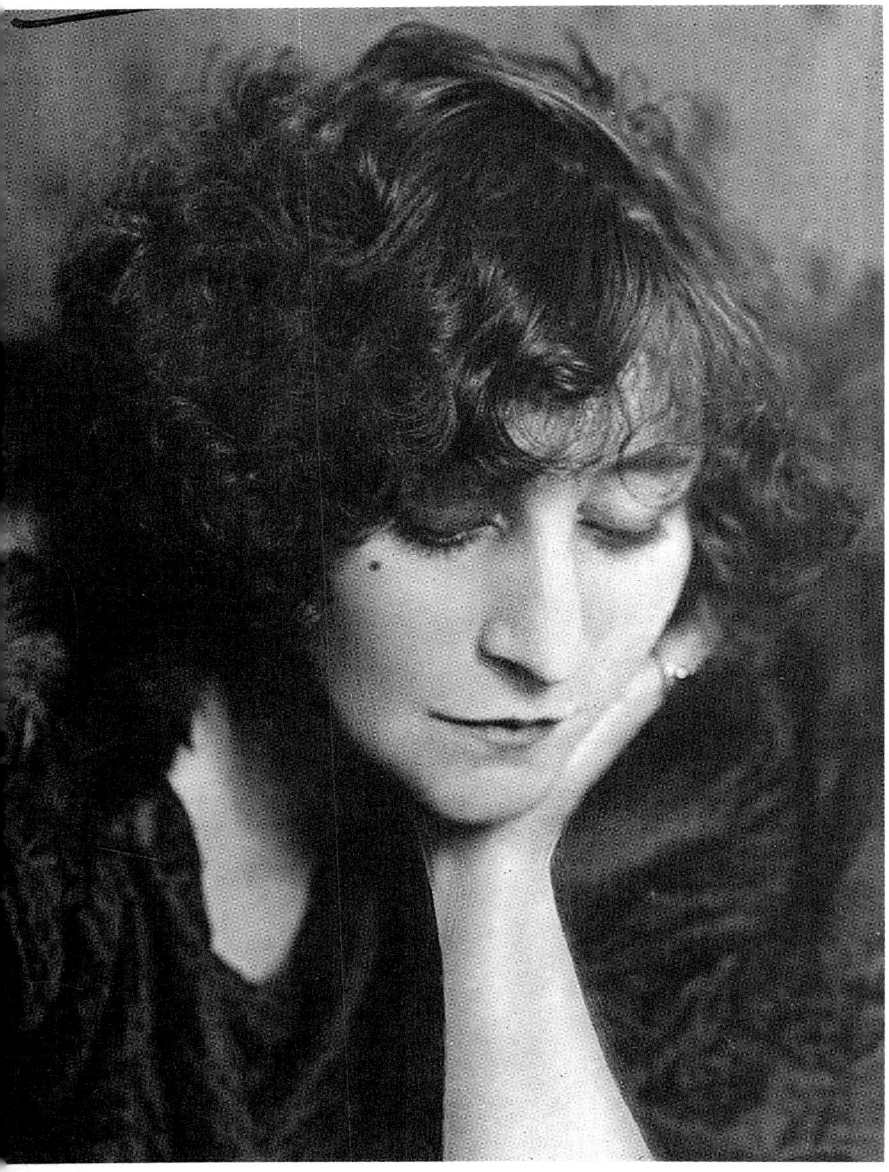

1

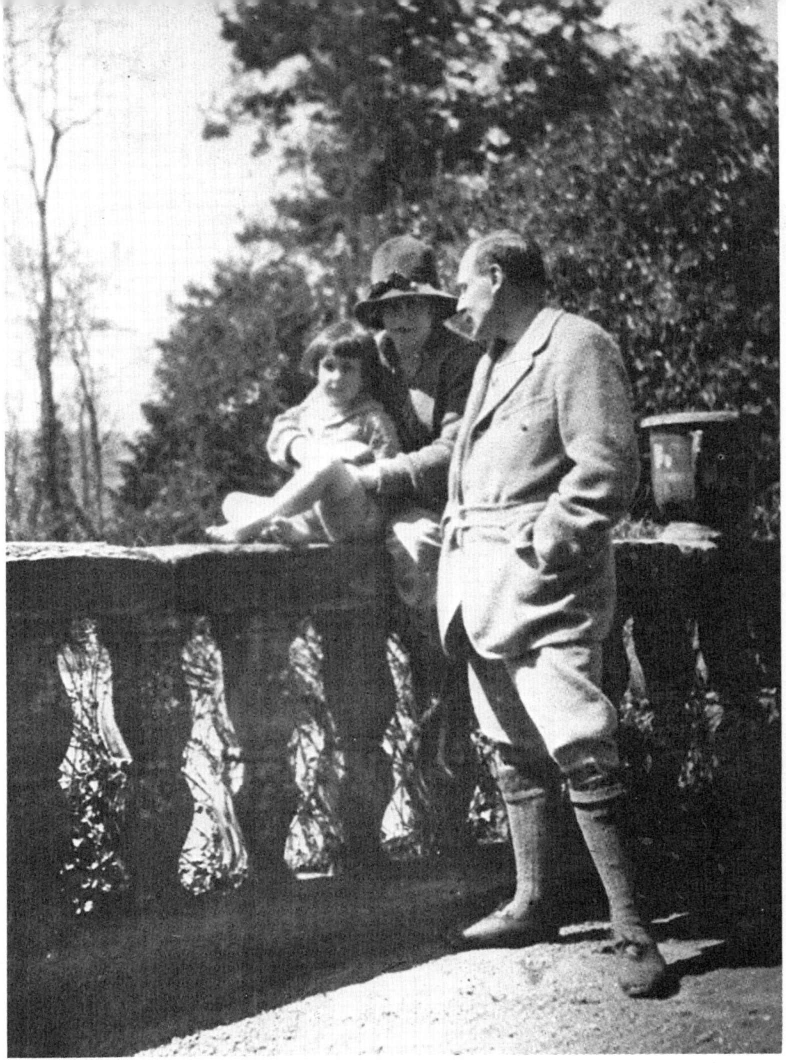

2

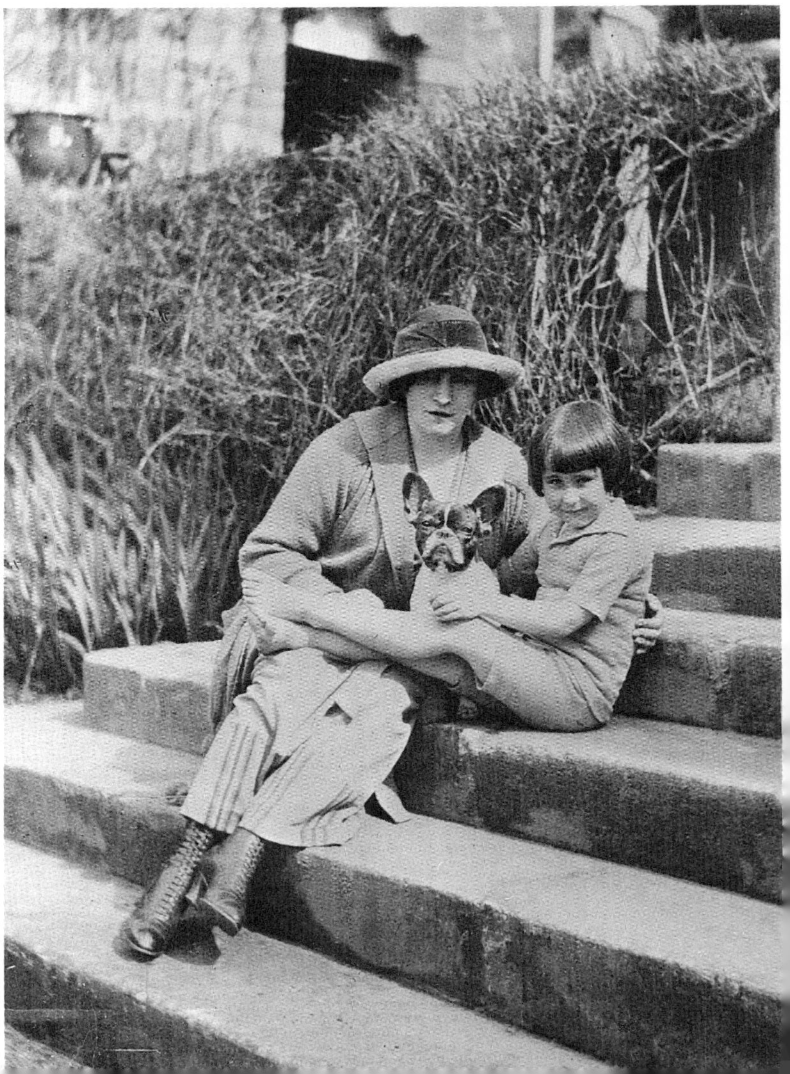

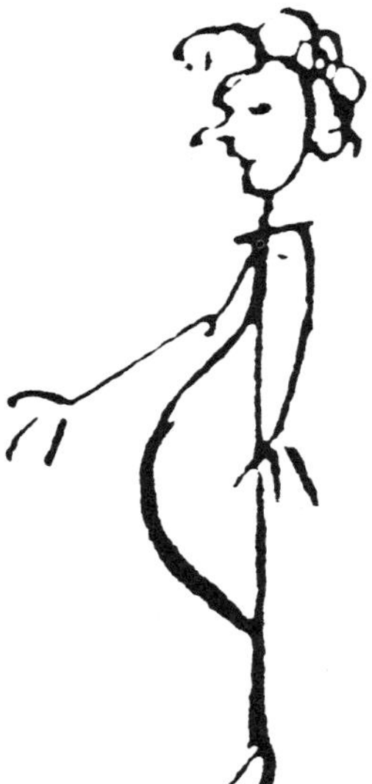

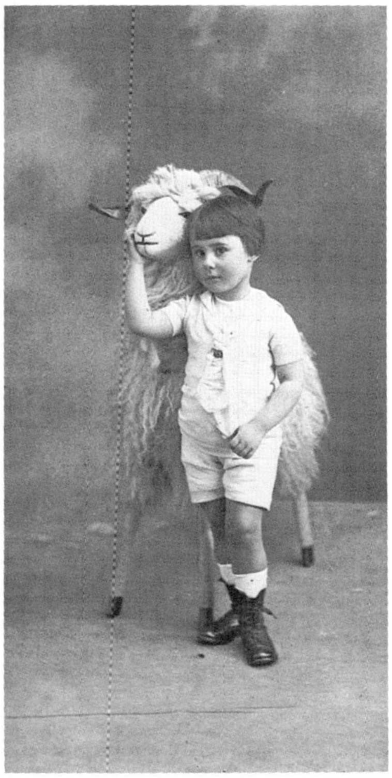

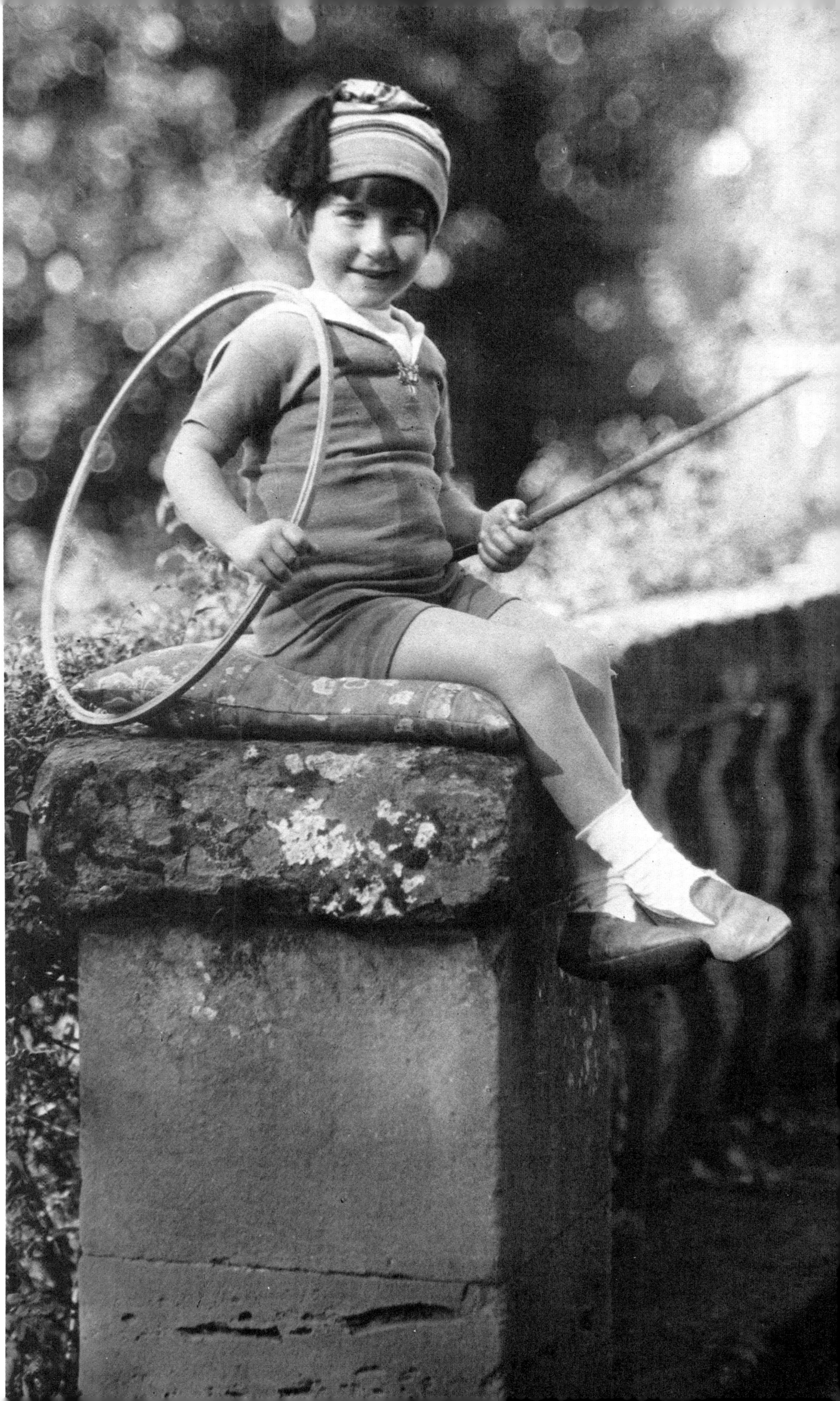

Page précédente : (1) Colette en 1912. – Dessous : dessin de Colette enceinte par elle-même, dans une lettre à Sacha Guitry, en avril 1913. – (2) Henry de Jouvenel, Colette et leur fille à Castel-Novel. – (3) Colette, sa fille et son chien. – Ci-dessus : (1) Colette de Jouvenel ...*"elle ressemble à Sidi et à moi aussi".* (2) ..."elle est superbe, dorée comme un pâté en croûte, musclée comme sa mère elle-même, gaie..."

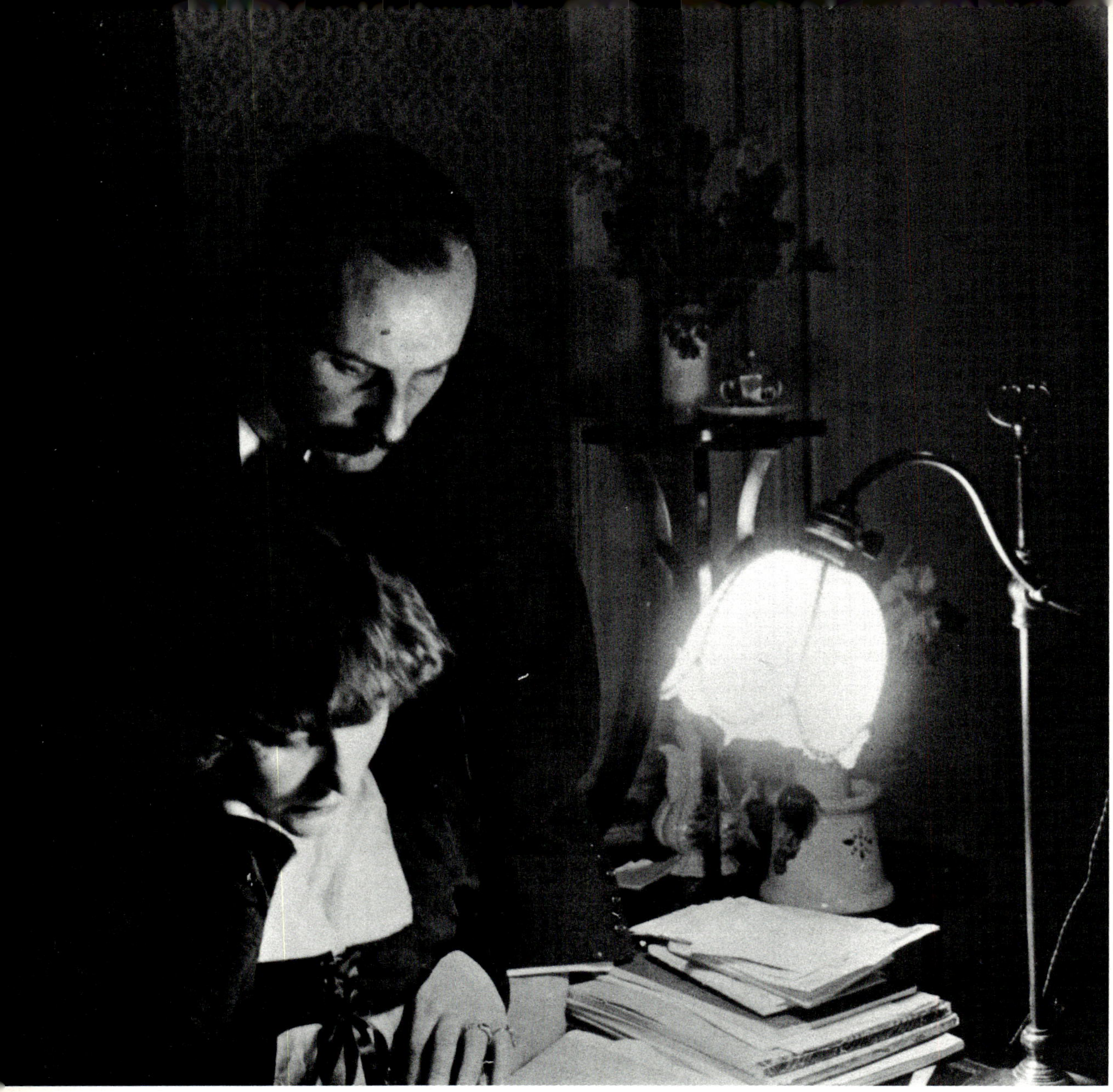

1

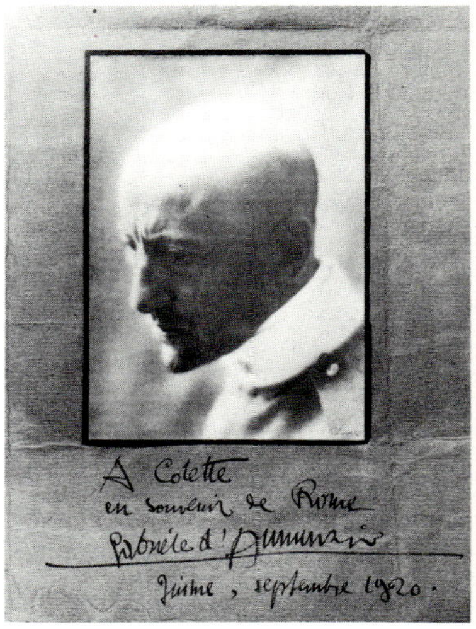

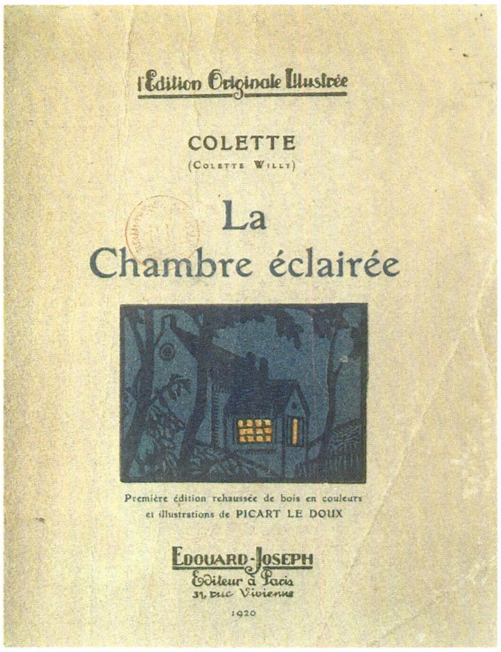

3

(1) Rome, 1917. Colette et Sidi. Jouvenel est délégué de la France à la conférence de l'Entente ... *"je vois beaucoup de gens mais je ne me laisse pas envahir..."*
(2) Le bouillant Gabriele D'Annunzio, voisin de chambre de Colette, à Rome. – (3) *La chambre éclairée,* recueil de courts récits écrits pendant la guerre, paraîtra en 1920. – **Page suivante :** portrait de Colette à Rome par René Carrère. Elle a quarante-quatre ans.

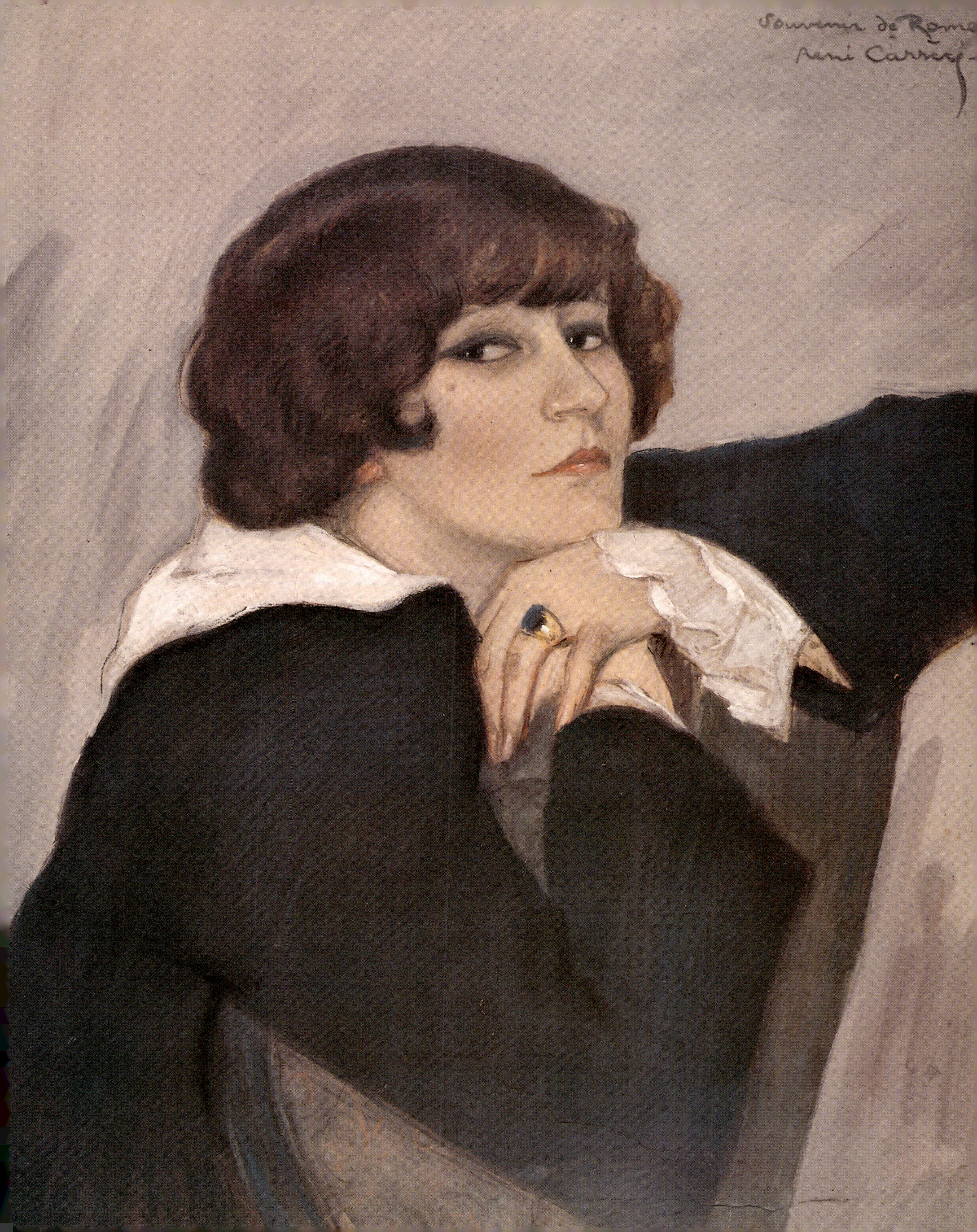
Souvenir de Rome
René Carrère

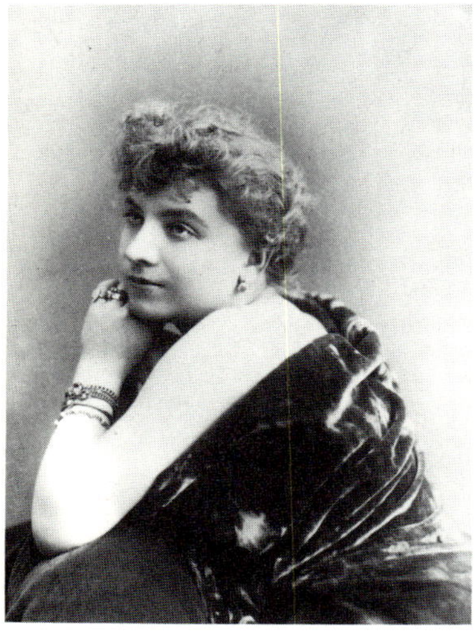

1

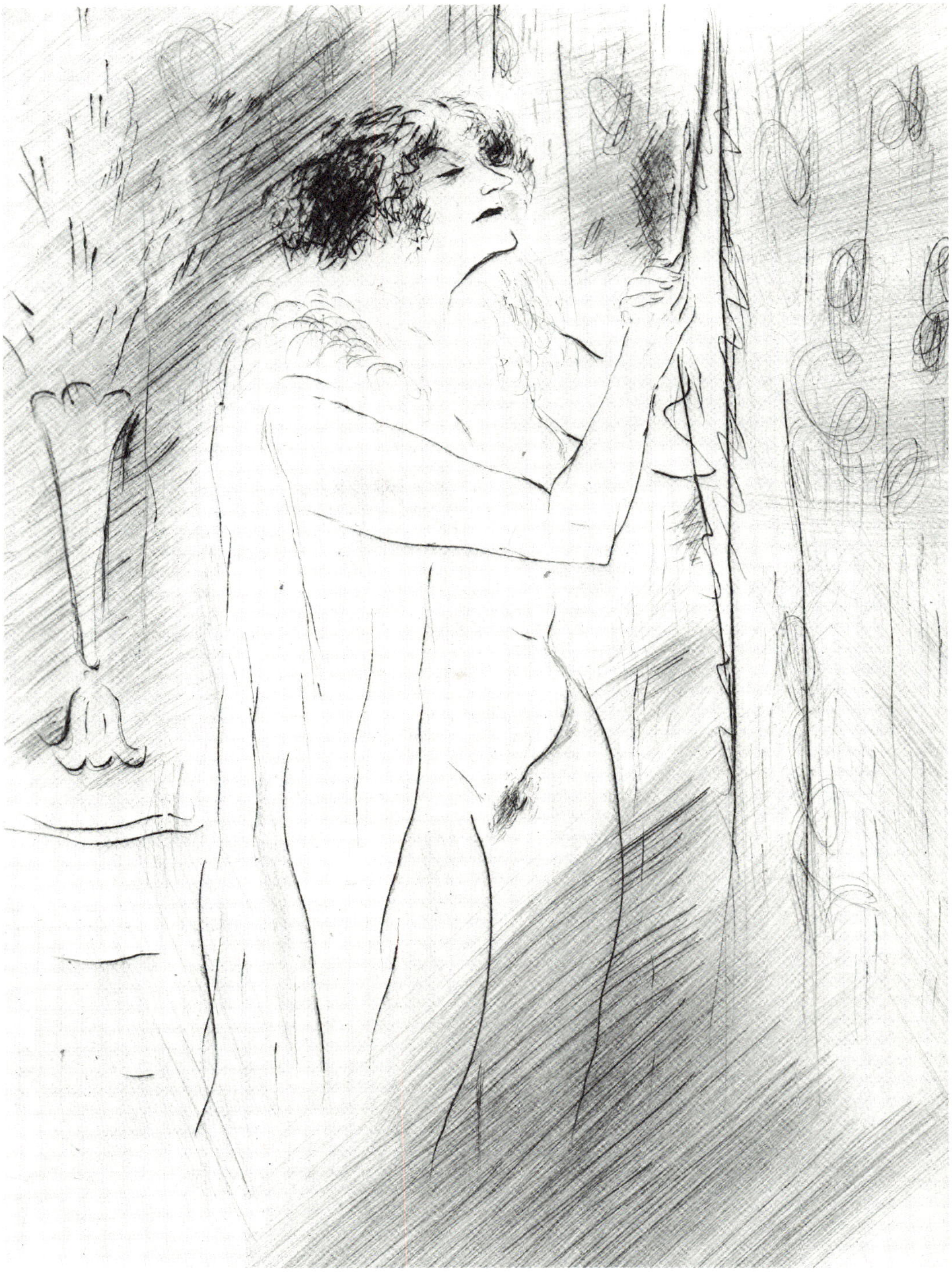

Chéri, terminé en juin 1919 à Castel-Novel, parut d'abord en feuilleton dans *La Vie parisienne*.

(1) L'actrice Suzanne Derval servit de modèle à Colette pour Léa.
(2) et, page suivante, (1) illustrations de Vertès pour *Chéri*.
(3) Drieu La Rochelle qui n'aimait pas Colette, admirait pourtant *La Fin de Chéri* et en recommandait la lecture pour comprendre le désarroi des jeunes hommes, à la fin de la Grande Guerre.

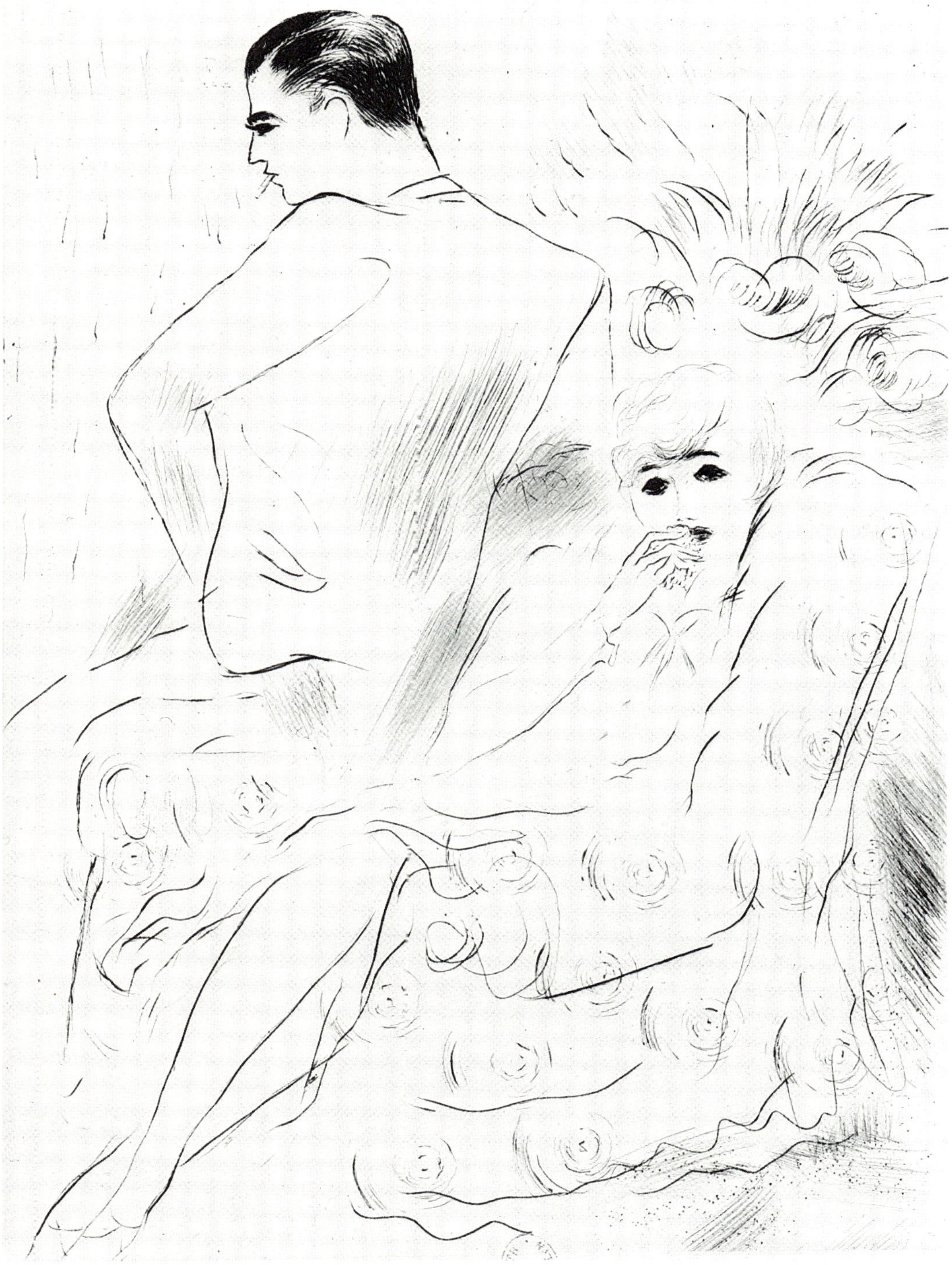

1

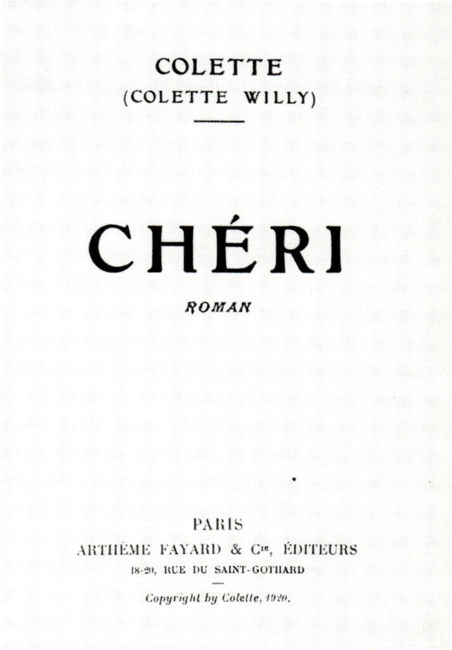
COLETTE
(COLETTE WILLY)

CHÉRI

ROMAN

PARIS
ARTHÈME FAYARD & Cie, ÉDITEURS
18-20, RUE DU SAINT-GOTHARD

Copyright by Colette, 1920.

2

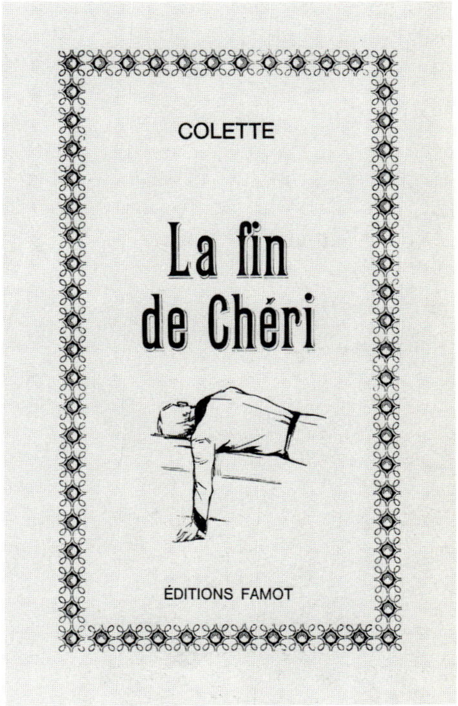
COLETTE

La fin
de Chéri

ÉDITIONS FAMOT

3

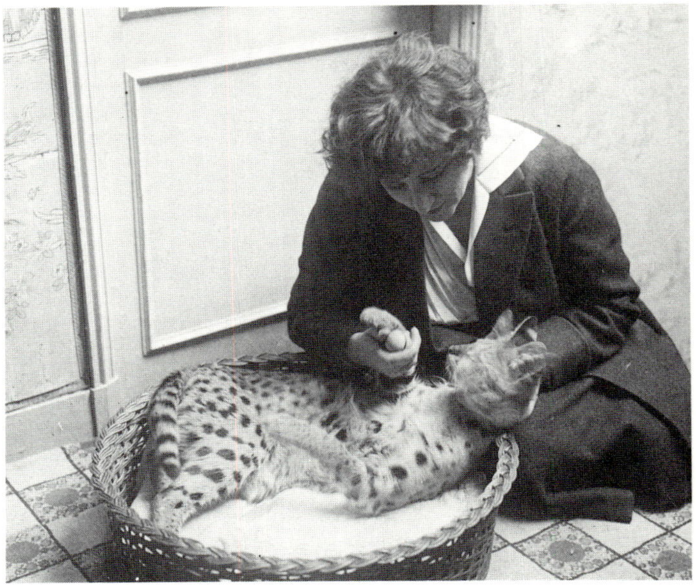

1

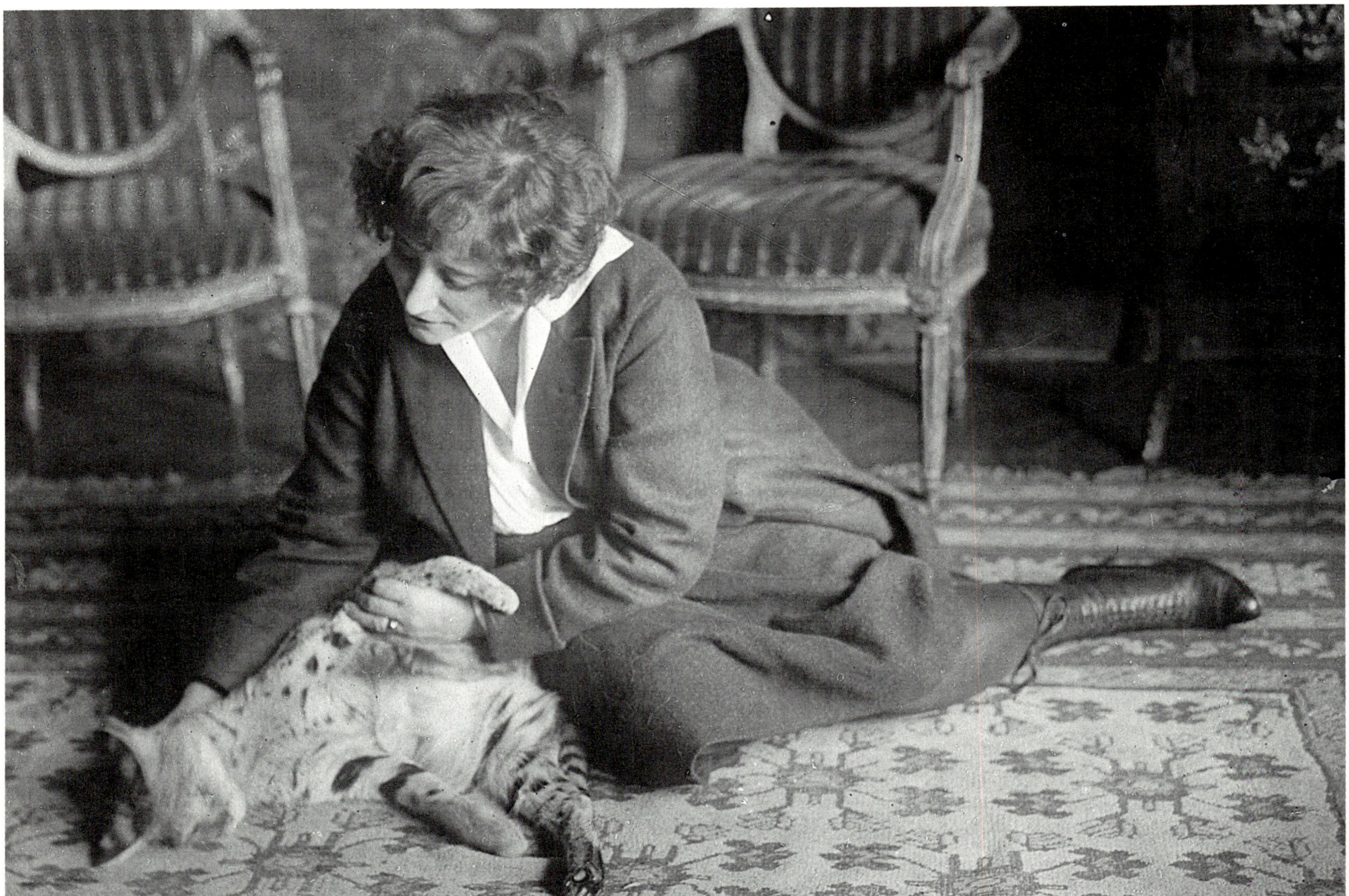

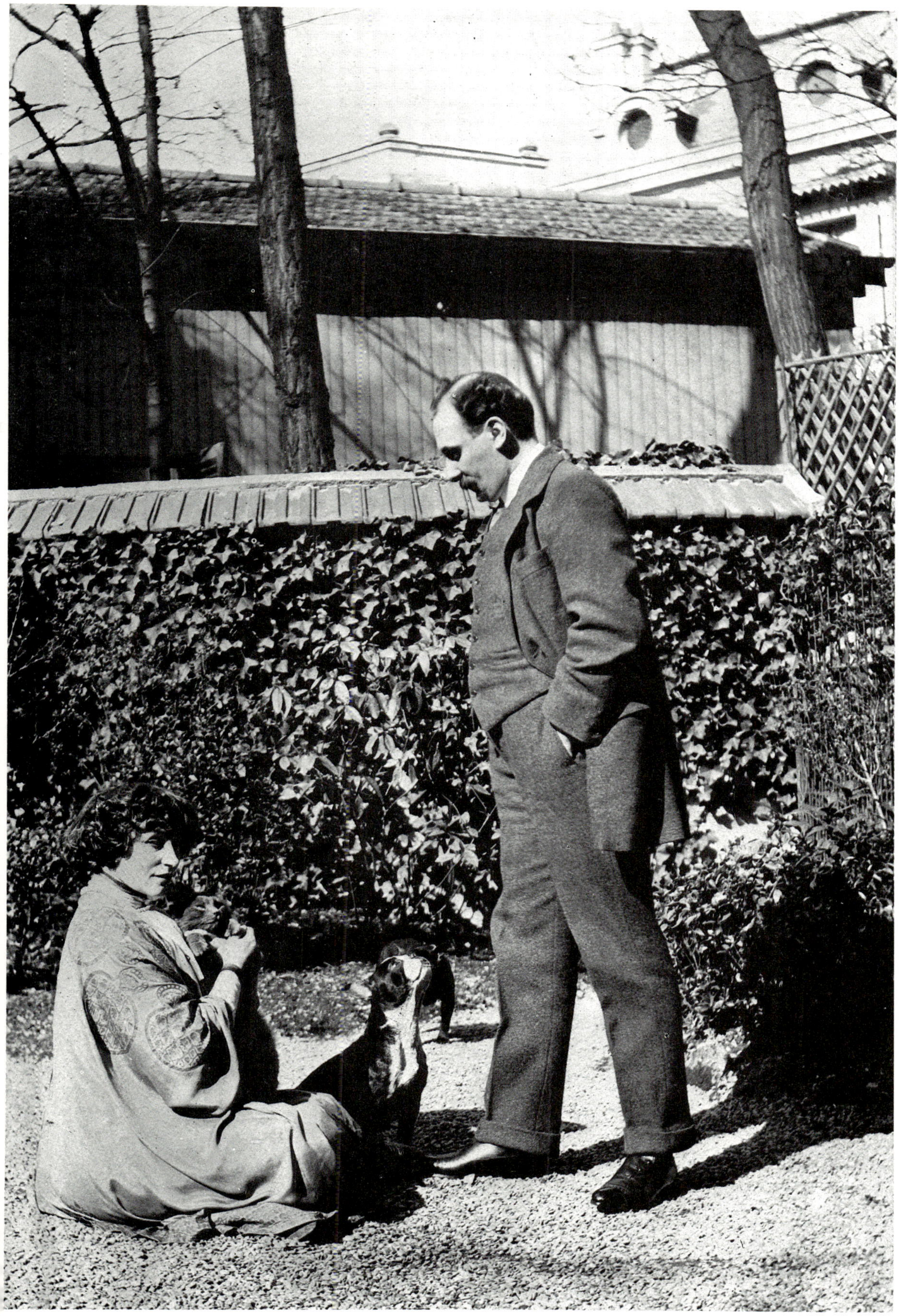

Page précédente : (1) et (2) Colette et l'once Bâ-Tou qui terminera ses jours au Jardin des Plantes. Henry de Jouvenel finira par se lasser de la ménagerie dans laquelle Colette le fait vivre. – Ci-contre : Colette, son mari et ses chiens, dans leur jardin parisien.

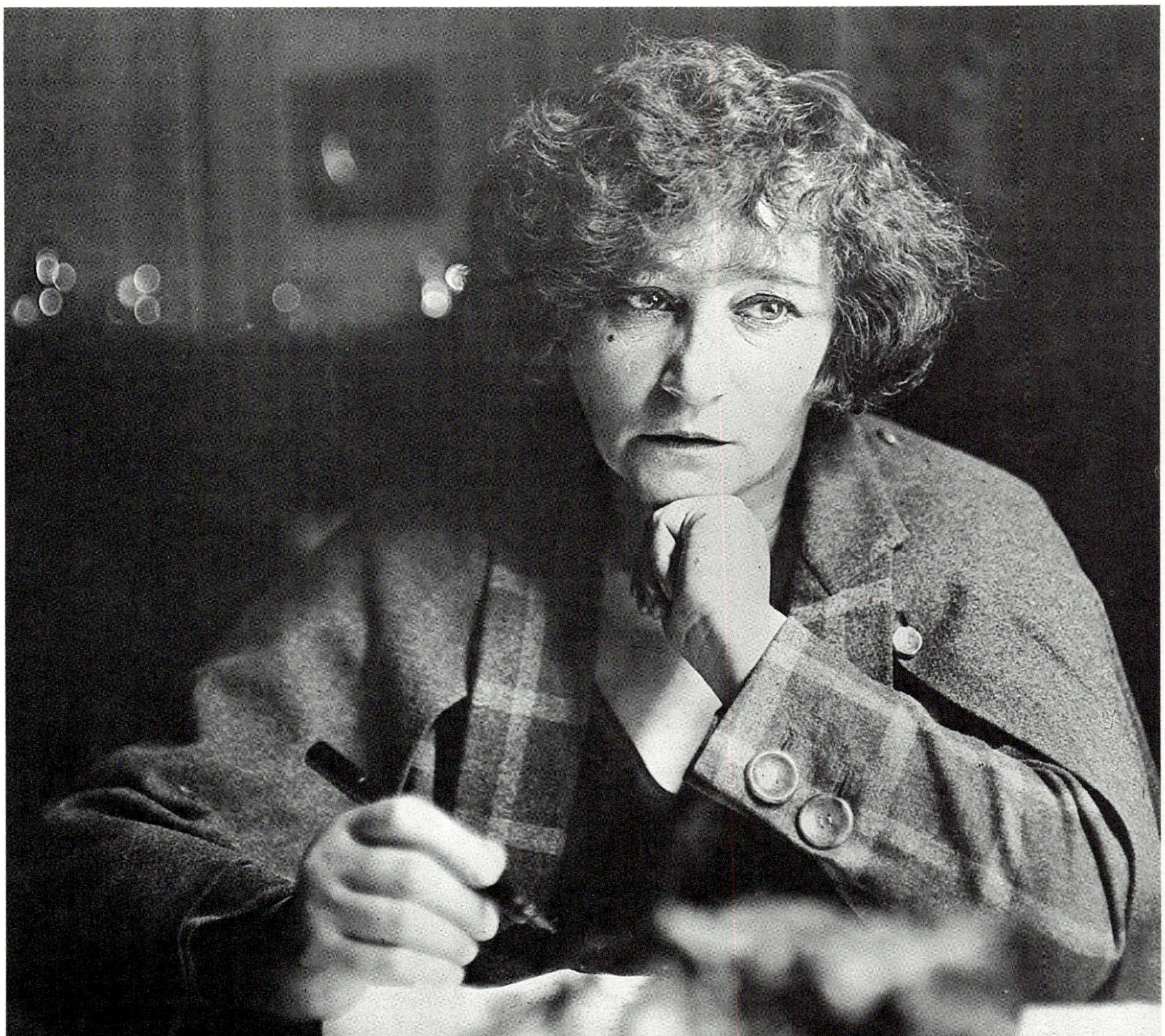

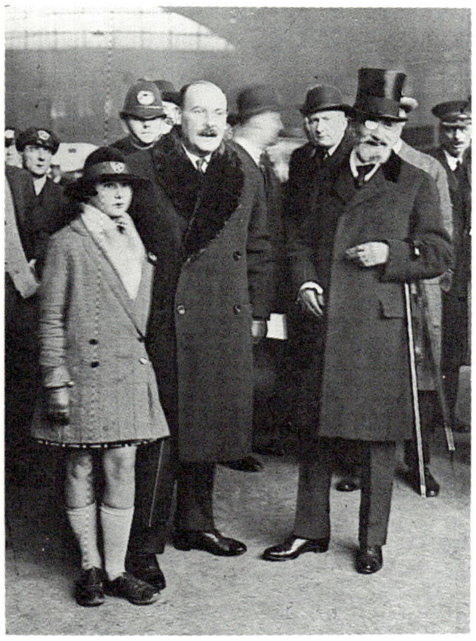

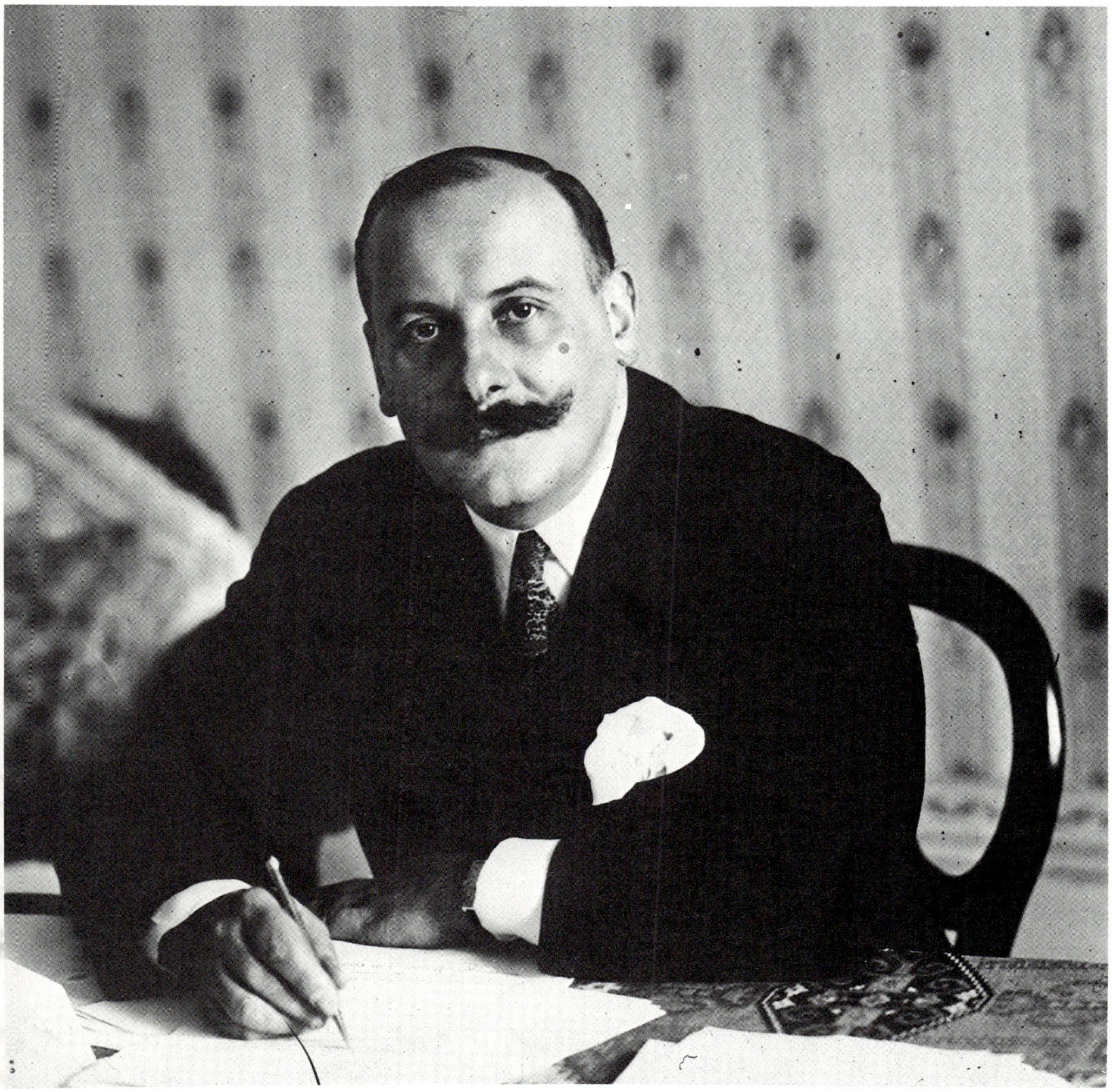

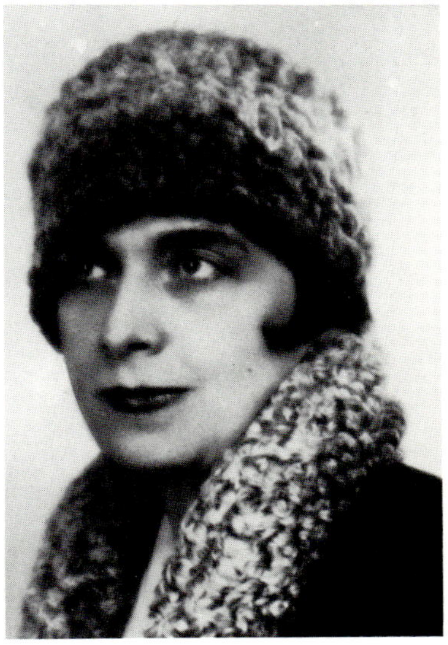

3

Page de gauche : Colette et l'angoisse de la page bleue. – **Page de droite :** (1) La petite Colette de Jouvenel et son père, à Londres. – (2) Henry de Jouvenel, fasciné par les femmes et la politique. – (3) La Roumaine Marthe Bibesco, princesse et l'une des rivales de Colette auprès de Sidi ...*"Anagramme d'amour : rouma. Ajoute "nia" et... tu trouves au bout une dame qui a des os de cheval et qui pond des livres en deux volumes"*..., écrivait Colette, à Marguerite Moreno.

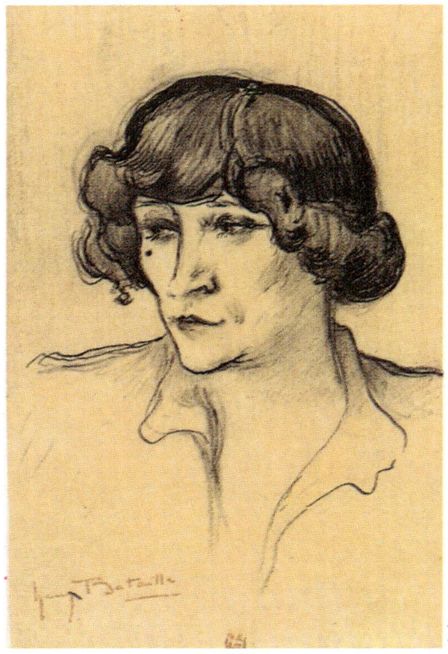

1

(1) Portrait de Colette par Henry Bataille. – (2) Colette des Années folles. Fusain de 1925.
(3) La conférencière à sa table.
(4) Dessin satirique de Julhès, dans *Guignol* (1923). En légende : “Du Moulin-Rouge à l’Institut, que d’Académies ! Que d’Académies !”
Page suivante : première photo de Colette en couleurs.

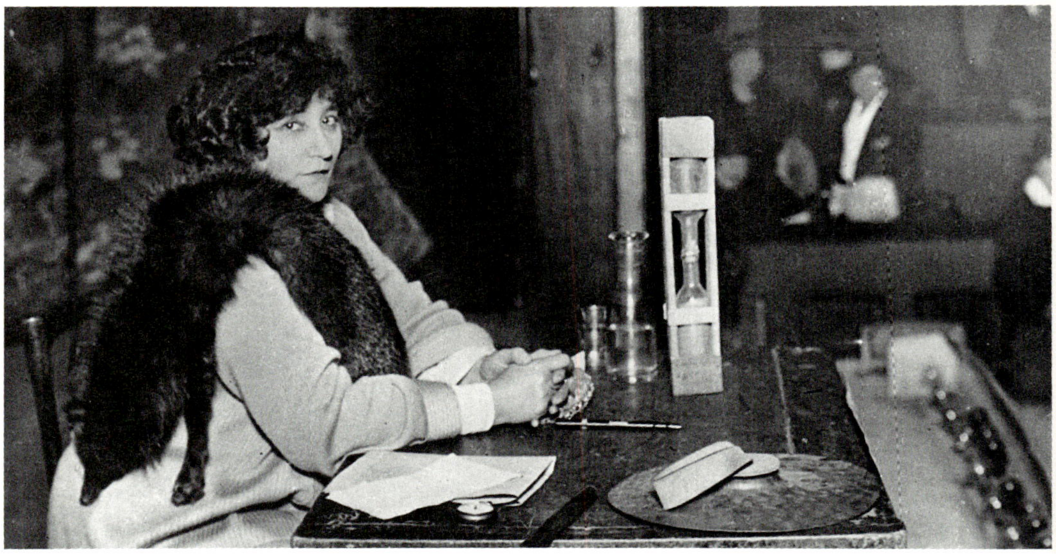

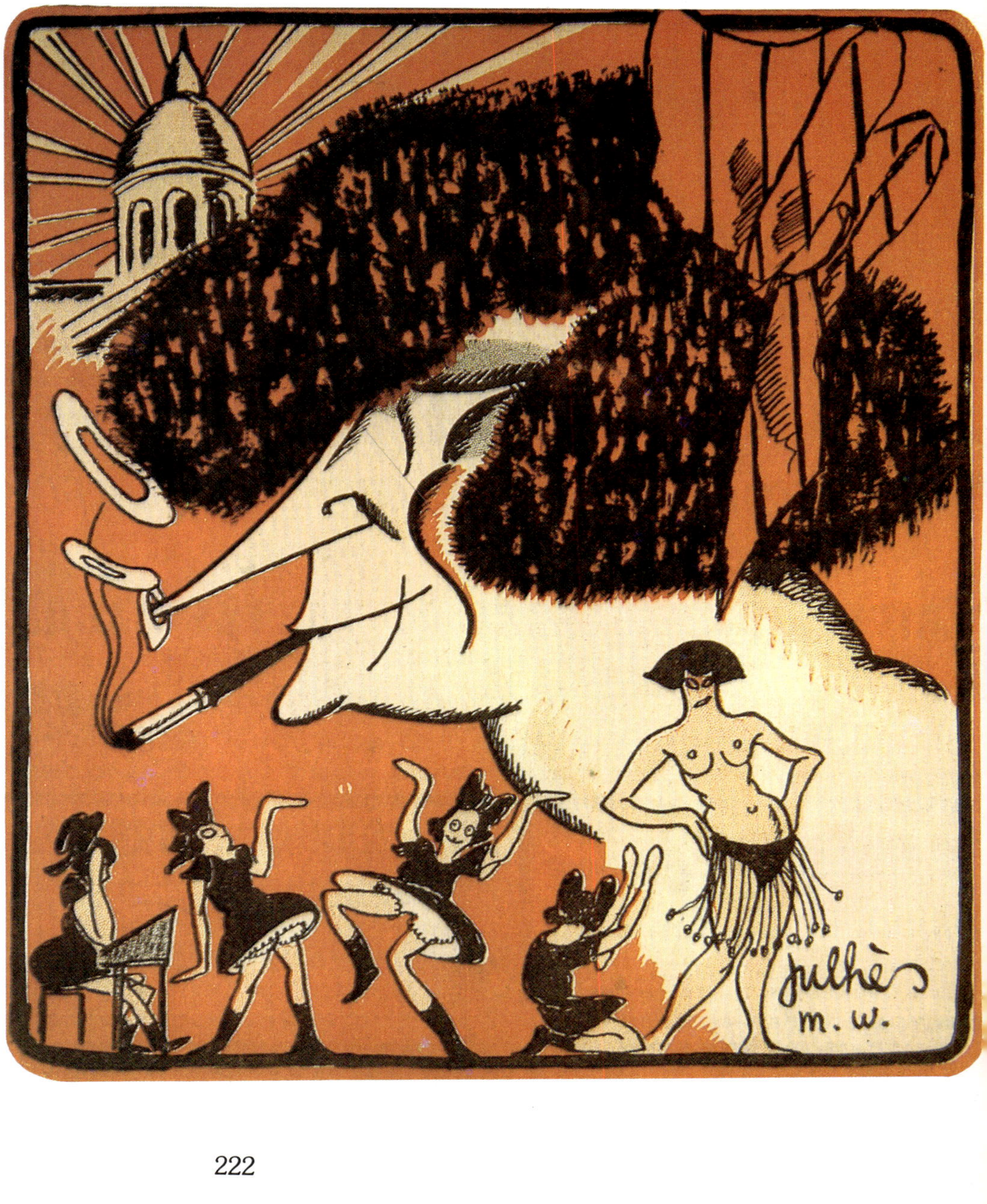

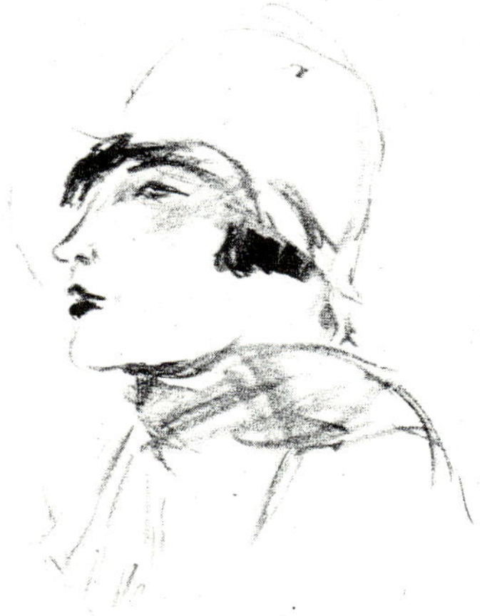

2

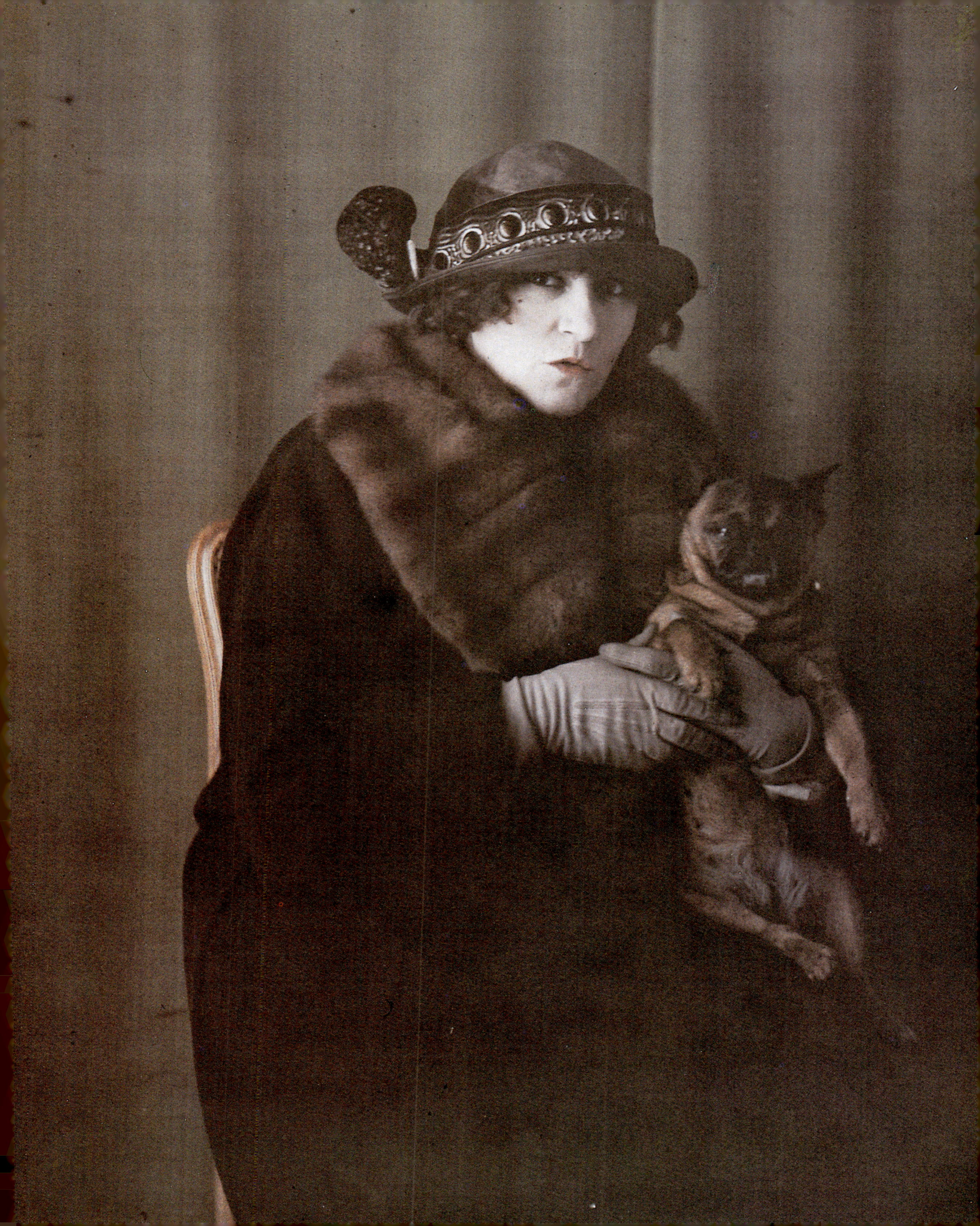

Le Blé en herbe

C'est au début de 1920 qu'un nouveau personnage entre en scène dans la vie de Colette pour y jouer un rôle important. C'est le fils d'Henry de Jouvenel et de Claire Boas. Il s'appelle Bertrand et il a seize ans. Colette, elle, en a quarante-sept et elle vient de publier *Chéri* dont Auguste Hériot a inspiré le personnage principal. *Chéri*, roman prémonitoire, raconte l'histoire d'amour d'une femme mûre et d'un jeune homme.

Claire Boas, première baronne de Jouvenel, divorcée d'Henry, n'a jamais voulu jusqu'à présent que son fils Bertrand, dont elle a la garde, fréquentât le nouveau foyer de son père. Situation classique. Mais voilà que soudain, en 1920, Henry de Jouvenel a envie de connaître mieux ce fils qui est devenu un adolescent. Il se fâche et déclare à son ex-épouse que, si elle s'obstine encore à empêcher Bertrand de venir chez son père – donc chez Colette –, il lui interdira désormais de continuer à porter son nom.

Claire Boas, qui tient à conserver ce nom et qui n'est pas sotte, comprend qu'il lui faut assouplir sa position et envoie Bertrand porter une gerbe de fleurs à Colette, boulevard Suchet. Et Bertrand obéit en tremblant de timidité. C'est que ce grand dadais, très grand pour son âge, maigre mais déjà très beau est tout sauf un garçon hardi.

Bertrand, fils de grands bourgeois dont les parents ont divorcé quand il avait quatre ans, a été élevé par une gouvernante irlandaise dans le grand appartement de sa mère où il rencontrait Claudel, Bergson, d'Annunzio et Anatole France qui lui racontait des histoires quand il était petit. A part deux courts séjours scolaires dans un collège en Normandie et dans une école boulevard Suchet, ce fils unique gâté n'a jamais été en classe. Il a été instruit à domicile par des professeurs particuliers. Sa première vraie année scolaire aura lieu seulement deux ans avant sa rencontre avec Colette. En 1918, il est, en effet, entré au lycée Hoche de Versailles, directement en classe de première et il est en pension, dans la ville, chez une vieille demoiselle protestante. C'est un élève très brillant – il savait lire à moins de cinq ans – et il prépare un double bachot de math élem et de philo. Plus tard, il deviendra un politologue distingué.

Des femmes, il ne connaît rien. Il a bien quelque peu chahuté dans les meules de foin de Castel-Novel avec sa jeune tante Edith qui n'a que cinq ans de plus que lui, il a bien une petite amie qui est la sœur de son meilleur ami mais ses rapports avec elle ont toujours été platoniques. Ce qu'aime Bertrand par-dessus tout, c'est la lecture. Assez sportif, il préfère la boxe au golf à quoi sa mère aimerait le voir jouer. Il n'aime pas non plus les élégantes soirées dansantes où elle l'engage à se rendre. C'est que Bertrand est très, très timide.

Tel est celui qui attend Colette dans son salon, en ce jour de février 1920. Et il n'en mène pas large à l'idée de rencontrer cette femme de son père qu'il n'a jamais vue mais dont il a tant entendu parler, on devine en quels termes. Et il est tellement intimidé qu'il s'est dissimulé derrière un piano, dans le coin le plus obscur du salon.

Mais voilà que, soudain, la porte s'ouvre, livrant passage à une toute petite femme assez ronde, qui traverse la pièce en courant assez lourdement et, ne voyant personne, dit : "Mais où est-il ? Où est-il donc, cet enfant ?" Puis, l'apercevant enfin, elle lui fonce dessus et le dévisage avec curiosité, le visage levé vers lui car il est tellement plus grand qu'elle.

Et Bertrand remarque la mèche bouclée sur son front, les triangles parfaits de ses narines, ses superbes yeux bleus maquillés de khôl, le rouge de ses lèvres finement dessinées. *"Ma seule impression fut de force et d'une force dont le choc m'était doux*[1]*."*

Bref, Colette l'apprivoise, lui montre ses jardins, ses animaux et Bertrand est obligé de convenir que cette "marâtre" n'a rien à voir avec celle qu'il redoutait.

Il la retrouvera à Castel-Novel pour les vacances de Pâques, avec sa demi-sœur, Colette de Jouvenel, qui a sept ans. Colette, en effet, écrit de Corrèze à Marguerite Moreno :

"Claire Boas a failli nous accompagner, car nous avons lié à Paris une vieille amitié en l'espace de vingt minutes. Elle m'a confié son fils qui est charmant et Mamita a bien voulu se joindre à nous."

C'est encore Henry de Jouvenel qui exige, de son ex-femme, que Bertrand vienne passer les grandes vacances suivantes à Rozven.

Cette villa de Rozven située à Saint-Coulomb, près de Saint-Malo, avec son grand jardin est, pour Colette, une sorte de paradis. D'abord, elle est ici chez elle car la généreuse Missy est partie sans reprendre son cadeau. Cadeau un peu forcé sans doute, car la baronne du Crest, à qui appartenait la villa, avait refusé de la vendre à Missy *"parce que la marquise était habillée en homme[2]."* La maison, payée par Missy, avait donc officiellement été vendue à Colette et mise à son nom.

A Rozven, Colette a tout ce qu'elle aime : la mer dont elle raffole et qui lui est toujours bénéfique, la maison au fond d'un joli vallon qui descend à la plage de la Touesse, avec ses troènes odorants, sa terrasse, ses fleurs et ses arbres, les bois et les landes alentour où elle s'en va faire de longues promenades avec ses chiens, herborisant au long des chemins.

Rozven est loin d'être un palace; le confort y est même très approximatif; on s'éclaire au pétrole, un calorifère réchauffe parfois les fraîches soirées bretonnes, la lessive bout sur un feu de charbon et l'eau courante n'y sera installée qu'en 1921. Mais c'est une maison chaleureuse où les amis de Colette aiment à venir la rejoindre : les Guitry, Sacha et Charlotte, qui achèteront un moulin dans les environs, Francis Carco et sa femme Germaine, Léopold Marchand et sa femme Misz, Hélène Picard, Germaine Beaumont et même Meg Villars qui vient de divorcer de Willy, ce qui l'a rapprochée de Colette. Ils viennent souvent à Rozven en ordre dispersé car la maison n'est pas très grande, ce qui pose à Colette des problèmes de chambres.

Avec eux, elle partage joyeusement les bonheurs de l'été et des vacances : baignades, "lézardisme", pêches à la crevette dans les flaques et sous les algues des rochers que découvrent les marées, sans compter les simples mais divines "gueulardises" à base de homards, poissons et coquillages, arrosés de cidre ou de muscadet.

A Rozven, Colette est infatigable et belle. Elle reprend du muscle et des couleurs superbes, sur la longue plage que les vacanciers ne déshonorent pas encore. Elle y passe des heures, pieds nus ou en espadrilles, à chercher des coquillages rares ou à se rouler dans les vagues et le sable. Elle observe, émerveillée, l'errance gracieuse de méduses irisées qu'elle associe à ces presse-papiers de verre dont elle fait collection. Ici, point de cérémonie ni d'habillement sophistiqué. Le comble du chic c'est, écrit-elle, *"un galure en toile à 14,90"*.

Colette s'occupe aussi beaucoup de sa maison et de son jardin qu'elle défriche, plante et soigne. Elle bricole, repeint ce qui doit l'être : *"... ce qui longtemps me rendait fière : ma compétence de bricoleur, mon amitié avec le marteau et le clou, le râteau et le plantoir[3]."* Elle répare et transporte des meubles – avec ses droits d'auteur, elle a remplacé ceux que Missy, tout de même, a emportés – et elle ne répugne même pas aux tâches rebutantes. Ainsi, elle racontera à Germaine Beaumont comment *"... méprisant les doléances passives de mon entourage j'ai – seule, armée, sereine, superbe – j'ai vidangé les cabinets du bas[4]"*.

Colette est aussi une manuelle. Elle aime les outils et, surtout, les couteaux, simples ou à multiples lames, qu'elle sait choisir comme personne ("n'est pas couteau qui veut", dit-elle). D'un coup d'œil, elle sait reconnaître le couteau de bonne forme, celui qui ne vous trahit pas. A Paris, quand elle rentre à pied du *Matin,* à la tombée du jour, elle a ses vendeurs de couteaux attitrés, du côté de l'Hôtel des Ventes, qui l'appellent, dans leur argot parisien : *"la petite dame râleuse qu'ajète des lingues[5]."*

Elle se réfère souvent aux manuels de métiers Roret qui

donnent toutes sortes de renseignements pratiques aux bricoleurs amateurs.

Comme les femmes de sa génération, Colette a reçu une éducation ménagère soignée et *La Maison rustique des Dames* de Mme Millet-Robinet, bible du Second Empire des bonnes maîtresses de maison, fait partie de ses livres de chevet. Elle en tire sa science du pain bien pétri, des breuvages à la température convenable, du rangement rationnel des armoires ou des caves, des saisons où légumes et fruits sont les meilleurs.

Colette ne s'ennuie jamais à Rozven. Quand elle y est seule avec Germaine Beaumont, leur grand plaisir est d'aller à pied à Saint-Coulomb (1,500 kilomètre environ de Rozven) pour s'acheter des coupons de batiste de coton ou de crêpon de soie chez Mahé-Guilbert, la mercerie du village, au tournant de l'église. Colette et Germaine adorent la mercière qui parle de ses tissus en disant fièrement : "Nous les recevons de Saint-Malo !" et les étale sur une grande table dans un fouillis d'arc-en-ciel.

Elles rentrent ensuite se confectionner des chemises de nuit dont elles ont inventé le modèle très simple : quatre mètres de tissu plié en deux, un trou pour la tête, deux coutures sur les côtés et un ourlet. Pour agrémenter le tout, elles font un feston au crochet autour de l'encolure carrée et des manches flottantes avec des cotons perlés de couleurs contrastées, en piquant directement dans le tissu. Comme elles ne sont pas des couturières habiles, leurs chemises, une fois terminées, ont souvent un aplomb bizarre, remontent ou pendouillent sur les côtés. *"Ça ne fait rien, dit Colette. Nous resterons couchées. On ne verra que le haut*[6]*."* Ce qui les amuse surtout, c'est le plaisir féminin de tripoter des tissus et des fils de couleurs.

En revanche, ce que Germaine fait très bien, c'est la tapisserie. Et c'est elle qui en donnera le goût à Colette. Des années plus tard, celle-ci en chantera les louanges dans *L'Etoile Vesper* et, comme George Sand, délassera son esprit en poussant dans un canevas *"l'aiguille qui remorque sa queue de laine".*

Que de bavardages entre les deux femmes, durant ces séances de couture à Rozven, que de fous rires et que de médisances. Aussi rosses et aussi douées d'humour l'une que l'autre, elles ne se gênent pas pour arranger de la belle façon ceux qui leur déplaisent.

De dix ans plus jeune que Colette, Germaine Beaumont voue à celle-ci une admiration éperdue. Colette lui apprend à écrire, à nommer les fleurs, les insectes. Elle lui apprend à acheter dans les bric-à-brac... : *"méfie-toi, me dit-elle, de ce qui a une mauvaise forme"*, c'est-à-dire, les choses qui ont *"quelque chose de tors, d'oblique, de réfractaire au maniement, qui rend l'objet maléfique au regard et dangereux à l'usage* [...]

"Colette m'apprit encore à répudier tout ce qui sonne creux, aussi bien les radis que les discours, tout ce qui est superficiel, indigent ou hâtif, les mets cuits trop vite, les digestions abrégées en faveur d'une promenade, les stupides excès sportifs ; elle m'apprit, elle si naturellement vigoureuse, à économiser la vigueur, elle qui se dit paresseuse, à subordonner le plaisir au travail[7]*."*

Colette l'étonne toujours. Germaine raconte qu'un jour où elles étaient invitées à prendre le thé à Paramé pour entendre une dame qui chantait à ravir des mélodies de Fauré, Duparc ou Debussy, elles la trouvèrent consternée car son accompagnatrice était malade et le récital ne pouvait donc avoir lieu. A sa grande stupeur, Germaine vit Colette se mettre au piano et déchiffrer immédiatement pour accompagner la chanteuse. Elle jouait parfaitement mais jamais ne s'était vantée à Germaine de ce talent-là. "Rappelle-toi, lui dit-elle, il y a toujours dans la vie des choses qu'on doit garder pour soi."

A Germaine, elle apprend aussi à vivre. Elle est sa conseillère sentimentale. En témoignent d'admirables lettres que nous avons retrouvées. En 1921, quand Germaine hésitera à épouser le chroniqueur politique Henry Barde, dont elle est pourtant amoureuse, elle s'en ouvre à Colette qui lui répond ceci : "*... Décidons après mille hésitations la couleur d'une robe, mais, au nom du ciel, marions-nous sans réfléchir! C'est la grâce que je te souhaite. Et même, sois si distraite ce jour-là que tu passeras devant le maire sans penser à t'y arrêter*[8]."

Une autre fois, alors que Germaine, sans doute, lui a fait part de ses difficultés à vivre avec un homme, Colette lui répond : "*...j'ai acquis depuis bien longtemps la conviction que toute présence masculine active – c'est-à-dire l'homme aimé, l'homme qui peut être aimé, l'homme qui veut l'être – est, à de certains et de nombreux moments, nocive. Nous n'avons pas, en sa présence, la même figure, la même attitude, la même manière de penser ou de ne pas penser. La présence mâle est, quand nous sommes fatiguées, déprimées, comme tu l'es actuellement – une espèce de poison, excitant ou accablant. Excitant, il nous abuse sur ses effets réels; accablant, il opère une destruction devant laquelle nous sommes lucides*[9]."

Et encore, cette terrible mise en garde :

"*Tu sais combien je persiste à croire au hasard, à la rencontre que rien n'a préparée, à l'homme qui peut-être tourne en ce moment le coin de la rue pour nous rencontrer. Tu le rencontreras. C'est quand tu l'auras devant toi, à une table de restaurant ou dans ton bureau qu'il faudra te souvenir de certains avortements passés, et commencer ce grand travail de trahison, de guet-apens, de fausse franchise – ce jeu aux règles duquel tu as certainement manqué plusieurs fois. Peut-être celui-là sera-t-il l'homme que tu aimeras le mieux, c'est-à-dire à qui tu mentiras le plus, le plus assidûment, avec un zèle qui participe de la dévotion, – puisque tu voudras le garder*[10]."

Bertrand de Jouvenel, qui a aujourd'hui quatre-vingts ans passés et qui est toujours beau sous sa barbe et ses abondants cheveux blancs, est encore ému au souvenir de cet été 1920, si important dans sa vie d'homme. "Oh, dit-il, maintenant, tout le monde est mort, je peux bien vous raconter ce qui s'est passé..." Dans ses yeux bleus? gris? verts? – "Regardez mes yeux, Colette avait les mêmes et nous voulions fonder le club des yeux pers..." – dans les yeux de Bertrand passent les images de Rozven, de la mer qu'il découvre pour la première fois avec Colette. Elle lui apprend à nager; en deux jours, il se tient sur l'eau. Il voit la plage à marée basse, avec ses rochers où Colette lui montre comment relever son haveneau sous l'ombre des algues où se cachent les crevettes; sa demi-sœur, Bel-Gazou, est déjà une bonne pêcheuse. Il se voit, courant sur la longue plage déserte, en maillot de bain. Il remonte vers la maison, en nage, et Colette qui l'attend passe sa main sur ses reins, de ce geste instinctif qui lui fait toucher ce qui est beau, les salades bien pommées, le dos élastique des chats ou les hommes bien faits. Et Bertrand tressaille, étonné de ce trouble jamais ressenti qui vient de le saisir.

Il y a, dans la maison de Rozven, cet été-là, Germaine Beaumont et Hélène Picard. Les Carco viendront plus tard. Henry de Jouvenel, à peine arrivé, est reparti vers ses amours ou sa politique, on ne sait. Bertrand reste seul avec les trois femmes.

Il est émerveillé. Habitué au luxe de sa mère, il n'a jamais passé de vacances aussi simples mais aussi gaies. Avec Colette, il découvre d'autres livres que ceux qui sont à sa disposition dans la bibliothèque de Claire Boas. Elle lui fait découvrir Marcel Schwob, Jean de Tinan et, surtout, *A l'ombre des jeunes filles en fleurs*; Colette, en effet, a une passion pour Proust, pas encore très connu et qu'elle compare à Balzac.

Elle a offert à Bertrand son dernier roman, *Chéri*, en incluant son titre dans la dédicace : "*A mon fils* chéri, *Bertrand de Jouvenel*", ce qui, peut-être, aidera à la confusion qui met, aujourd'hui encore, Bertrand en colère. Non, ce n'est pas lui, Chéri! S'il a inspiré un livre de Colette, c'est plutôt dans *Le Blé en herbe* qu'il faut le chercher ou, à la rigueur, dans *La Fin de Chéri*.

Un soir, à Rozven, il vient souhaiter une bonne nuit à Colette, avant d'aller se coucher. Il porte à la main sa lampe à pétrole. Mais au lieu de sa joue, c'est sur ses lèvres que se posent celles de Colette et la surprise de Bertrand fait vaciller sa lampe. "Tiens ta lampe droite, dit-elle, simplement[11]."

La mer donne de l'appétit aux femmes, c'est bien connu, et leur met toutes sortes d'idées folles en tête. Hélène, Germaine et Colette ont de mystérieux conciliabules qui les font pouffer de rire. Bertrand, innocent, ne comprend rien. Même quand Colette lui dit : "Il te faudrait être un homme..."

Un jour, elle lui demande laquelle, de Germaine, d'Hélène ou d'elle-même, il trouve la plus séduisante. Bertrand est bien embarrassé : il aime écouter Hélène réciter des vers, Germaine le fait rire et Colette le fascine, mais il ne comprend pas encore ce qu'on lui veut. Il pense que toutes trois sont aimables, un point, c'est tout.

Un soir, c'est Germaine qui l'entraîne dans sa chambre. D'où Bertrand ressort penaud au milieu de la nuit. Mais Colette veille et le rassure. Le rassure si bien, avec tous les talents dont elle dispose, que Bertrand, avec elle, non seulement "est devenu un homme", mais encore est tombé amoureux.

Et, ce qui a commencé comme une histoire libertine du XVIIIe siècle va continuer comme une histoire d'amour tout court, entre la romancière de quarante-sept ans et le damoiseau qui n'en a pas dix-sept.

Voilez-vous la face, esprits bien-pensants et hurlez au scandale, si vous tolérez qu'un barbon s'éprenne d'une gamine, pour fustiger le contraire !

Les biographes de Colette, tous comme un seul homme, ont repris la thèse de Natalie Barney : en séduisant son beau-fils, Colette a voulu se venger d'un mari infidèle. Facile. Il est possible que, dans un premier temps, cette idée perfide lui ait traversé la tête. Oui, mais la vengeance accomplie, elle s'en serait tenue là. Il est plus vraisemblable qu'ayant cédé à une convoitise brutale, elle s'est ensuite prise au jeu. Le fait est là : si Bertrand est amoureux de cette femme qui pourrait être sa mère, Colette est amoureuse de ce garçon qu'elle traite comme son fils. Et cet amour partagé va durer cinq ans. Et ces cinq années seront, sans doute, les plus heureuses de la vie de Colette.

Ce Bertrand qui sera l'objet de sa dernière vraie flambée amoureuse lui apportera une tendresse et une fidélité qu'elle n'aura rencontrées nulle part ailleurs. "Jusqu'en 1925, dit Bertrand, je lui ai été entièrement, absolument fidèle et sans effort." Quand ils se sépareront, ce sera sur l'initiative de Colette, trop lucide pour prolonger une belle histoire qu'elle sait condamnée. Celle qui déteste le chagrin, l'auteur de *Chéri* qui répète après Oscar Wilde que "ce qu'on écrit arrive", Colette n'aura pas envie de subir le sort de Léa.

En attendant, les jours passent joyeusement à Rozven et Bertrand s'attache de plus en plus à cette belle-mère qui éclipse, pour lui, toutes les jeunes filles. Elle lui apprend que *"le pain a du goût, les troènes un parfum, les pavots de la couleur*[12]*".* Elle le rend attentif à la beauté et à la gourmandise. A toutes les gourmandises.

En septembre, Bertrand doit partir pour terminer ses vacances avec sa mère qui aura du mal à le reconnaître : il s'est développé, il a pris des couleurs, il est plus vif, sinon plus gai. Colette écrit à Francis Carco : *"Bertrand a fait du désespoir dès qu'on nous l'a enlevé. Il n'avait jamais eu de vacances frivoles et il n'en revient pas. Ça se tassera*[13]*."*

Ça ne se tasse pas. En octobre, Bertrand adresse à Colette, au *Matin* – où, depuis l'année précédente, elle assume la direction littéraire et la critique dramatique – une longue lettre passionnée qui lui vaut de se faire gronder. Colette, en effet, n'est pas tranquille : si Henry avait vu cette lettre ! Bertrand ne recommencera plus.

Henry, heureusement, comme tous les maris très occupés, est distrait. "Ma mère, au contraire, dit Bertrand, fut la première à soupçonner quelque chose." Claire Boas, en effet, avec sa perspicacité de mère – et surtout de mère juive – pour tout ce qui concerne son fils et qui, de plus, déteste Colette, a très vite flairé la vérité. Plus tard, elle essaiera par tous les moyens de mettre d'autres femmes dans les bras de Bertrand pour le séparer de Colette, mais en vain.

En ce mois de septembre 1920, Colette est au mieux. *Chéri* se vend comme des petits pains. Le succès de ce roman passe, encore une fois, par le scandale. L'histoire de ce jeune homme et de cette femme mûre choque beaucoup les hommes. Ils trouvent invraisemblable que Chéri, marié avec une jeune et belle femme, regrette sa vieille maîtresse. Les femmes, elles, sont d'un avis différent. Quant à Gide, il est enthousiaste et l'écrit à Colette.

Et, comme un bonheur ne vient jamais seul, Colette vient de recevoir ce à quoi elle tient beaucoup : la Légion d'honneur. Hé oui, cela ne va guère avec l'idée que l'on se fait d'elle mais son charme ne réside-t-il pas dans les contrastes de sa personnalité? Et puis, il est peut-être normal qu'en vieillissant, la fille du zouave Jules Colette ait envie, elle aussi, de porter son ruban rouge. Elle écrit à Natalie Barney : *"... avec mon ruban rouge, je ne parais plus que quarante ans aux lumières*[14]*..."*

La prétendue amitié de Claire Boas pour Colette aura fait long feu. Après le premier séjour de son fils à Rozven, Claire va s'arranger pour que Bertrand ne rencontre Colette que le moins possible. Dans un premier temps, elle ne verra son beau-fils que les dimanches, car Sidi tient à ce qu'il soit présent, boulevard Suchet, aux déjeuners dominicaux.

Pendant ces déjeuners, Bertrand trouve sa belle-mère trop froide, trop réservée à son égard. Colette, en effet, a pris un certain recul ; sans doute est-elle consciente de la folie de son aventure avec Bertrand et essaye-t-elle, par une certaine froideur, de l'éloigner d'elle. Mais c'est le contraire qui se produit et, dès l'été suivant, leur liaison se confirmera quand Bertrand reviendra à Rozven, avec son demi-frère Renaud, cette fois.

Colette, à présent, travaille beaucoup au *Matin* où elle reçoit des manuscrits de jeunes écrivains pour sa rubrique "Les Contes des mille et un matins". C'est elle qui va révéler au public les premières nouvelles de l'un d'entre eux : Georges Simenon.

Irène Le Cornec (quatre-vingt-neuf ans aujourd'hui et une vivacité étonnante) fait partie de cette équipe de jeunes écrivains. Colette va publier douze nouvelles de cette timide jeune femme pour laquelle elle se prend d'amitié. Elle commencera à correspondre avec elle, quand Irène ira s'installer à Vire avec son mari pour y diriger un journal local, correspondance qui se poursuivra jusquà sa mort[15].

Colette goûte l'humour d'Irène mais réprouve sa docilité de femme mariée soumise qui cumule son travail de journaliste avec ses tâches de mère de famille... "Un jour, dit Irène, elle m'a coupé les cheveux. Elle n'aimait pas les cheveux longs : "Ça fait esclave", disait-elle." Ayant appris qu'Irène s'était blessée au pouce avec un élévateur de linotype, Colette lui écrit aussitôt : *"De par votre charmante nature de chèvre romantique, je suis portée à vous ranger parmi les êtres que l'on ne doit pas laisser seuls cinq minutes, d'abord parce qu'ils aiment la solitude, ensuite parce qu'ils en usent pour leur plus grand dommage... Quand travaillez-vous pour vous-même? Je n'imagine pas que vous puissiez travailler bien parmi tant d'hommes* [son mari et ses fils] *ou parmi le souci que vous avez d'eux*[16]*."*

Au début de 1921, Henry de Jouvenel est élu sénateur de la Corrèze et Colette va souvent à Castel-Novel pour remplir ses devoirs d'épouse de parlementaire. Les plantureux repas officiels de soixante couverts auxquels elle est tenue d'assister n'arrangent pas sa ligne.

Mais revient bientôt le temps béni de Rozven, c'est-à-dire, d'abord, de Bertrand. Renaud, fils de la Panthère, est là aussi. Les deux garçons, dix-sept et quatorze ans, s'entendent très bien avec Bel-Gazou qui en a huit et Colette, sûrement, doit répéter souvent ce cri de Sido : "Où sont les enfants ?" Bel-Gazou et Renaud, qu'on appelle le Kid, sont surtout complices, liés par les turbulences dont ils sont coutumiers et les gronderies de celle que Bel-Gazou appelle "maman", Renaud, "madame" ou "tante Colette", et Bertrand, "ma mère chérie".

Colette, elle, est tout simplement heureuse, comme elle l'exprime à Léopold Marchand, invité à Rozven, à qui elle décrit les images de *"cette mer, ces bains de sable, de soleil et d'eau, la respiration incessante de la vague, du cidre, des nuits tièdes, des jours frais, des chats rayés, trois enfants aimables, – et moi* [...] *La côte est brûlée et odorante, un chapelet de phares brille autour des baies le soir*[17]*."*

Léopold Marchand, dit Léo, est un grand gaillard d'une trentaine d'années dont Colette a fait la connaissance parmi ses jeunes écrivains du *Matin.* Il est en train de travailler avec Colette à l'adaptation pour le théâtre de *Chéri* qui sera joué en décembre au Théâtre Michel. Ils sont très amis mais si Colette le tutoie, Léo la voussoie et l'appelle "Madame".

Les enfants l'adorent car Léo, d'un naturel très gai, invente toujours des jeux amusants comme celui qui consiste à glisser des adjectifs insolites dans une phrase, ce qui donne toujours un résultat désopilant. Exemple : *"... lorsque nous arrivâmes à un presbytère badin, la servante qui était moisie nous offrit des mûres gothiques accompagnées d'un verre d'eau bien camphré*[18]*..."* Un autre jeu consiste à trouver des définitions pour des personnages absurdes que dessine Léo : le Khong (tribu chananéenne à crâne piriforme raréfiée par les massacres) ou le Gondin (sorte de petite femme, esclave de la mode). Bertrand, surtout, apprécie beaucoup ce Léo sportif, grand amateur de boxe.

Désormais, c'est le grand amour (clandestin) entre Bertrand et sa "mère chérie" et les lettres de Colette, jusqu'en 1925, mentionneront souvent le jeune homme avec la tendresse d'une amante, doublée d'une mère. C'est *"le léopard", "mon grand lévrier de garçon"* qui *"me suit caninement",* le *"petit serin bien gentil",* le *"grand petit garçon".* Elle se soucie beaucoup de sa santé – Bertrand est assez fragile –, de son poids – il sera toujours très maigre –, de son bonheur. Quand il la quitte pour revenir à Paris, elle le confie à Germaine Patat. En août 1921, elle écrit à Marguerite Moreno : *"... Non seulement je suis gâteuse, et vivant seulement par le corps mais encore j'ai autour de moi une terrible horde. Ces Jouvenel's brothers, lâchés, jouent avec les chiens, se roulent par terre, crient et bondissent* [...] *Il y a aussi Bertrand de Jouvenel, que sa mère m'a confié, pour son hygiène et son malheur. Je le frictionne, le gave, le frotte au sable, le brunis au soleil*[19]*."*

En septembre, Bertrand la suit à Castel-Novel avec les deux autres enfants et Sidi qui doit s'occuper de son fief. La tendresse de Colette pour sa fille commence à se mitiger d'agacement. Elle signale qu'elle ressemble de plus en plus à Sidi dont elle a les traits et les manières impérieuses *"extrêmement Jouvenel".* Et comme Colette aime de moins en moins Henry de Jouvenel, sa patience pour sa fille ira en diminuant. Avec Bertrand, au contraire, c'est le bonheur, mais un bonheur que Colette sait devoir être limité dans le temps. A Marguerite Moreno qui hésite sans doute à se lancer dans une aventure (féminine ?), Colette écrit, en septembre 1921 : *"Contente-toi, je t'en conjure, d'une tentation qui passe, et satisfais-la. De quoi est-on sûr, sinon de ce qu'on tient dans les bras, à l'heure où on le tient dans les bras ? Nous avons si peu d'occasions d'être propriétaires*[20]*..."*

Le 28 février 1922, pour la centième de *Chéri,* Colette remonte sur les planches dans le rôle de Léa. Bertrand a commencé à Paris, sa vie d'étudiant. Fac de sciences, fac de droit, il se prépare à une carrière diplomatique et commence à échapper à la surveillance de Claire Boas qui, pourtant, veille au grain, animée par la vieille jalousie qu'elle porte à Colette.

Cette dernière, avec la complicité d'Hélène Picard, a loué dans son immeuble, rue d'Alleray, un studio au deuxième étage (Hélène habite au quatrième) qu'elle a meublé et fait tapisser d'un papier à fleurs collé jusque sur le plafond (Colette détestera toujours les plafonds blancs). Là, elle retrouve secrètement Bertrand.

Comme tous les amants qui échangent des résumés de leurs chapitres précédents, Colette a raconté à Bertrand son enfance à Saint-Sauveur où elle est retournée avec lui, l'automne d'avant, comme jadis avec Willy. Sur l'instigation de Bertrand elle écrit la délicieuse *Maison de Claudine,* qui paraît en 1922.

"Nous avons même fait ensemble un voyage en Algérie, dit Bertrand et il ajoute, rêveur... tiens, ça, ça ne s'est jamais su..."

En effet, si Colette a raconté des scènes algériennes dans *Prisons et Paradis,* elle ne s'est jamais vantée d'avoir emmené Bertrand en Algérie, à la fin d'avril 1922. Ils ont pris le bateau à Marseille. A Alger, dans le jardin de l'hôtel Saint-Georges, ils s'émerveillent sur la fleur strelizie, en forme d'oiseau huppé que, des années plus tard, Colette comparera à la main d'une danseuse siamoise *"le pouce et l'index joints, les trois doigts libres rebroussés*[21]*".*

"Quand Colette fera paraître *Pour un herbier,* en 1948, dit Bertrand, elle me rappellera dans sa dédicace, le souvenir de *notre* fleur strelizie."

Bou-Saada, Ouled-Naïl, le sable tiède, soyeux, enserre leurs chevilles et ils vont regarder danser, nue, la belle Yamina. "Par défi, sans doute, dit Bertrand, Colette me proposa la jeune danseuse. C'était possible. Mais je n'en avais pas envie."

Quel prétexte cette rusée Colette avait-elle bien pu donner chez elle pour cette échappée ? Reportage ? Documentation ? Ce voyage avec Bertrand, personne ne l'a su. Personne, sauf Germaine Beaumont (et sans doute aussi Moreno) à qui Colette, de Castel-Novel, fait le récit d'un retour mouvementé : *"Nous nous sommes embarqués, tanguant deux nuits et un jour. Arrivés à Marseille, nous nous apercevons que l'Exposition coloniale n'a laissé ni une chambre ni un lit vacants. Rien au Bristol ni au Louvre. Enfin, au Splendid, un départ nous laisse pour quelques heures une chambre à deux lits et une baignoire : nous en usons.*

"Pour le train, rien avant une semaine. Or, un Arabe m'avait volé, trois heures avant l'embarquement, les 1300 F qui me restaient. Je ne pouvais prolonger mon séjour à Marseille. Le portier du Splendid fait un miracle (lucratif) il découvre 2 sleepings le soir même à 7 heures. Nous les prenons. En arrivant Bd Suchet, nous trouvons Sidi en train de faire sa valise. "Je pars pour Castel-Novel, venez-vous?" Défaillante, je dis oui..." Et elle signale *"... Bertrand ici, payant par des affres intestinales, sa contention héroïque du mal de mer*[22]*."*

Le moins qu'on puisse dire c'est qu'elle ne va pas bien, en ce printemps 1922. En mai, elle sort miraculeusement indemne d'un accident de voiture. Avenue de Breteuil, un camion a percuté sa voiture décapotable et l'a réduite en miettes. Colette ne se sent pas en bonne santé; elle pèse quatre-vingt-un kilos (... "elle n'a jamais voulu que je la voie toute nue", dit Bertrand), se croit enceinte, consulte le Dr Trognon qui lui annonce plutôt les débuts de la ménopause.

Au début de juillet, Bertrand vient passer seulement quatre jours à Rozven; il reviendra en août. Colette, au bain, se compare elle-même à *"une grosse tritonne"* et entreprend, dit-elle, un régime mais qu'elle suivra combien de temps? Sa relation avec Sidi se détériore de jour en jour. Heureusement, comme d'habitude, il restera peu de temps à Rozven. Comme il est déjà loin, le temps où Colette attendait fiévreusement son arrivée et gémissait sur ses départs ! Cet été-là, Bel-Gazou lui tape de plus en plus sur les nerfs ; c'est décidé :

à la rentrée, Colette la mettra en pension à Saint-Germain-en-Laye.

Bel-Gazou n'a que neuf ans. Elle restera un an à Saint-Germain et, en 1925, partira pour l'Angleterre. Elle passera ses vacances chez Germaine Patat, dans le Loiret. Plus tard, elle sera plus souvent chez les Jouvenel que chez sa mère.

Pourquoi Colette exile-t-elle ainsi une enfant – sa fille unique –, pas plus insupportable que toutes les petites filles de son âge, une Bel-Gazou jolie, vive, intelligente et sensible (nous l'avons connue à la fin de sa vie, elle n'avait pas changé) et que sa mère, tant de fois, a prétendu idolâtrer? Parce que, pensait Natalie Barney, *"la ressemblance croissante de sa fillette avec l'époux haï, mit peut-être à l'épreuve l'amour maternel de Colette*[23]*."* C'est peut-être excessif. Nous pensons plutôt que Colette aimait sa fille mais de loin. L'amour maternel ou l'idée reçue qu'on s'en fait ne prime pas forcément chez toutes les femmes. Colette, on le sait, n'avait pas une passion pour les enfants et, si elle a éloigné d'elle une Bel-Gazou enfant, elle s'est quand même rapprochée de Bel-Gazou adulte. Même si mère et fille n'étaient pas toujours d'accord, il s'en faut.

Et puis, la période de 1922 à 1925 ne sera pas facile pour Colette. Le bouleversement qui s'annonce déjà, la rupture avec Henry de Jouvenel, l'amour qu'elle porte à Bertrand mais dont elle ne veut ni l'accabler, ni être terrassée, tout cela requiert, pour conserver un équilibre, des forces que des soucis maternels traditionnels et quotidiennement assumés affaibliraient. Et Colette, qui est finalement un modèle d'équilibre, pare au plus pressé : ne pas sombrer. Egoïsme? Peut-être. Cela peut choquer. Il est vrai que l'égoïsme n'est pas une qualité féminine.

1923 : année de séisme dans la vie de Colette. Elle a cinquante ans et *Le Blé en herbe*, le premier de ses livres qui sera signé : Colette, commence à paraître en feuilleton dans *Le Matin*, avant de sortir chez Flammarion, en juin. Mais les lecteurs du *Matin*, choqués par l'histoire du roman, exigent l'interruption de sa publication dans le journal.

L'été à Rozven est assez calme. Il fait très chaud. Colette, comme d'habitude, mange trop. Il fait chaud, la pêche est bonne... *"je retrouve ma vigueur dès que je touche la mer"*, écrit Colette à Marguerite Moreno. Sidi, de retour des Balkans où il vient d'assister à la Conférence de la Petite Entente, va rester une semaine. Bertrand, lui aussi, est là, venant de Saint-Moritz où il était en vacances avec Claire Boas. *"Rien de nouveau ici,* écrit Colette à Marguerite Moreno, *sauf un enfant qu'on m'a rendu abîmé à la fois par l'altitude excessive, le tennis, la danse, les nuits de bal costumé, – enfin tout ce qu'une présence maternelle la plus néfaste a encouragé. Auprès de celle-là, toutes les mamitas du monde* [allusion à sa propre belle-mère] *ne sont que des betteraves sucrières*[24]*."* On imagine que Claire Boas a dû mettre tout en œuvre pour distraire Bertrand de Colette!

En octobre, Sidi file le parfait amour avec la princesse Bibesco, tandis que Colette est à Castel-Novel où les roses d'automne sont plus belles que jamais. Tout s'envenime entre Colette et Sidi mais c'est à la fin d'octobre que le drame éclate.

"Nous étions à table, dit Bertrand, et mon père m'annonça qu'il allait m'envoyer faire un stage à Prague. – Non! dit Colette. – Comment, non? dit mon père. – Bertrand reste avec moi, dit Colette, je ne veux pas qu'il s'en aille!"

Et, soudain, elle révèle à son mari une vérité qu'elle cache depuis des mois : sa liaison avec Bertrand.

Stupeur du père, fureur du mari puis abattement. N'avait-il vraiment rien deviné?

L'atmosphère est devenue irrespirable, boulevard Suchet. En décembre, Colette part faire une tournée de conférences à Marseille, à Nantes, à Bordeaux. Elle a changé le sujet de sa conférence qui devait être primitivement : "Le problème de la vie à deux", qui n'est vraiment plus de circonstance, et l'a remplacé par des souvenirs de théâtre.

Malgré son soulagement d'avoir avoué Bertrand, Colette est assez secouée par les conséquences inévitables de son aveu, et se demande ce qui va se passer à son retour à Paris. Qu'espère-t-elle au juste? Certes, le morceau est dur à avaler pour Henry mais de son côté, ne mène-t-il pas sa vie depuis belle lurette? Elle écrit à Anatole de Monzie, alors ministre de l'Education nationale, avocat et ami commun du couple, une lettre où elle apparaît vraiment désemparée : *"Toute la journée je plastronne et je m'en tire mais il y a après toute la journée, le reste du temps. Faites bien comprendre à Sidi que je ne fais pas une manifestation hostile en refusant justement d'ouvrir les hostilités. Mais pour rien au monde je ne serai légalement, une femme qui a à se plaindre de lui. S'il a des raisons assez graves pour exiger qu'une séparation se transforme en divorce, il en peut user*[25]*."*

Il va en user.

Colette, comme toujours, trompe son angoisse par la gourmandise. Elle fait part à Léopold Marchand d'un projet de dégustation *"d'andouillette et de gras double"*. A son amie Marguerite, elle écrit de Marseille : *"D'avance je lutte contre tout par un appétit méthodique qui s'adresse surtout aux fruits de mer*[26]*."*

Ce qui va se passer est simple : pendant qu'elle fait ses conférences en province, Henry de Jouvenel quitte le boulevard Suchet, sans même lui laisser un mot.

Mais Bertrand, lui, est là et, en janvier 1924, Colette, qui a grand besoin de repos, l'emmène avec elle à Gstaadt puis à Montreux, en Suisse. C'est la première fois qu'elle va aux sports d'hiver.

A Gstaadt, ils descendent au Royal Hotel et Winter Palace et Colette écrit à Germaine Beaumont : *"Il n'est que 8 h 1/2 du matin, j'ai déjà déjeuné et fait déjeuner l'enfant. Ce grand galapiat, comme tu le dis avec ton sens si fin du terme technique, m'a donné du mal les premiers jours avec son snobisme du ski rapporté de Megève. Mais Dieu veille; il a mis de planton à Gstaadt un médecin sensé qui a dit au petit : "Buvez du lait, mangez, dormez, remuez. Remuez ne veut pas signifier qu'il faille, en des sports aussi durs que le ski, dépenser des acquisitions lentement amassées." Je triomphe – Bertrand fait la gueule, tout va bien*[27]*."* A Marguerite, elle raconte ses débuts dans la neige... *"Dès mon arrivée, j'ai senti que je ne pourrais jamais m'empêcher de vivre physiquement avec une grande intensité. Le premier jour, je prenais ma première leçon de ski. Puis je patinais, puis je lugeais. Aucune chance de chute ne m'échappera! On me trouve sur les pentes voisines, versée sur le dos comme un scarabée, et agitant deux pattes de devant gantées de laine, deux pattes de derrière entravées par les skis [...] Quand Bertrand m'accompagne – car il skie bien et va en promenades guidées – il s'occupe de moi. La luge me répand aux tournants, et je trouve tout ça charmant. [...] Je rentrerai ruinée et de belle humeur, et j'ai un coup de soleil sur le nez*[28]*."* A Montreux, elle écrit à Germaine Beaumont : *"Je suis arrivée ici avec la colique à l'âme et l'intestin neurasthénique et, quarante-huit heures après, je faisais du bobsleigh avec Galliffet (deux f? un f?)*[29]*."*

Ruinée et de belle humeur... dit-elle. Colette va, en effet, devoir faire face à des problèmes d'argent compliqués car sa séparation d'avec Jouvenel, elle s'en doute, va entraîner la fin de sa collaboration au *Matin*. Le 17 février 1924, elle écrit à Monzie : *"... resterai-je au* Matin, *entrerai-je au* Journal [le concurrent du *Matin*]*? Le* Journal, *je pense, m'aura, moyennant que, – déontologie! – je demeure flottante et rentière pendant trois mois entre les deux journaux.*

"Flottante, bon; rentière, ça ne marche pas. Je n'ai pas fait d'économies pendant ma gérance conjugale. Le 11 mai me trouvera fort désargentée[30]*."*

Colette a-t-elle vraiment autant de problèmes d'argent? Dans une autre lettre à Monzie, à la fin de février, elle donne des détails sur ce qu'elle doit payer et qui va l'obliger à recommencer à trouver de l'argent, à partir du 15 avril. Le lycée de Bel-Gazou lui coûte 6000 F par an et, d'ici juin, elle doit payer 5500 F, solde du linge de maison de Castel-Novel. Son échappée en Suisse avec Bertrand lui coûte 75 F français par jour. Elle dit avoir vendu, pour faire face, *"une charmante pochade de Toulouse-Lautrec qui m'appartenait"*. Chez Flammarion, elle n'a que 21000 F d'avance en droits d'auteur... *"voyez combien la phynance périclite toujours pour moi..."*

Il est certain que si Colette, dans sa vie, n'a pas souvent roulé sur l'or, sa peur paysanne de manquer lui donnera toujours des angoisses excessives à ce sujet. Non pas qu'elle soit avare. Colette est même généreuse. Il lui arrivera, par exemple, d'aider Hélène Picard qui est pauvre et dont les livres se vendent peu en demandant à leur éditeur commun de verser secrètement une part de ses droits d'auteur à elle sur le compte d'Hélène. Elle peut même, à ses heures, jeter l'argent par les fenêtres. Mais la peur de manquer ne la lâche pas. En 1940, Colette, archi-célèbre et qui n'a plus aucune raison de se faire des soucis pour son avenir, posera la question suivante à Lucie Delarue-Mardrus : *"Dis-moi ce que c'est qu'une rente de la Société des Gens de lettres? Est-ce qu'on m'en ferait une[31] ?"*

Colette cesse de collaborer au *Matin* en février 1924. Robert de Flers, directeur du *Figaro*, lui commande une chronique par semaine qui doit paraître le dimanche. Mais cette collaboration, commencée en mai, s'achèvera en septembre : *Le Figaro* exige deux chroniques au lieu d'une pour le même prix, "à cause de la vie chère". Ce n'est pas un argument pour Colette qui donne sa démission.

En avril 1924, Bertrand, de son plein gré, cette fois, est allé faire un stage en Tchécoslovaquie. Colette, pas un instant, ne l'a retenu. *"...Bertrand est parti pour Prague, c'est une absence assez longue, je crois. Mais il a raison de s'absenter. D'abord parce que sa carrière débute là-bas, et sur sa route à Strasbourg et à Nuremberg, il connaît les premières joies triomphales, il a déjà des réceptions, des ovations, il parle, – avec cette étrange liberté et sécurité que cette graine de parlementaire recouvre devant le public – il salue d'une voiture, la foule, il est invité par la reine de Roumanie. Enfin, c'est très gentil, et il a bien fait de choisir son temps pour accomplir, bénévolement, un voyage dont on voulut lui faire, il y a quelques mois, un exil forcé. Dieu merci, je ne suis pas, pour ce petit, une mauvaise conseillère[32]."* L'ironie voilée que contiennent pourtant ces lignes est un début d'adieu. Colette a compris que Bertrand, comme son père, se dirige vers une planète qui n'est pas la sienne.

En juillet, Bertrand, de retour, assiste aux obsèques de son oncle Robert de Jouvenel. Colette est agacée d'apprendre que, parmi les personnalités invitées à cette occasion et logées "au château", figure la fille du sénateur Lémery (on ne désespère pas de "caser" Bertrand)... *"ravissante fille d'ambre clair qui fut mariée trois mois* [...] *je pense qu'on l'avait emportée comme "provision"* [...] *c'est une petite épervière qui a du bec[33]."*

A Rozven, cette année, Colette est seule avec Germaine Beaumont puis avec les Marchand... *"Bertrand est à Paris depuis huit jours, l'imbécile. Il organise je ne sais quelle jeunesse démocratique ou autre fantaisie. Il doit revenir le 15, je crois[34]..."*

A la fin du mois, Colette part toute seule, en auto, pour le Mont-Saint-Michel où elle a rendez-vous avec Bertrand. Ils vont manger l'omelette de la Mère Poulard et regardent *"la mer accourir autour de cet étrange bazar cônique[35]."*

En décembre, elle part en tournée à Monte-Carlo et à Marseille pour jouer dans *Chéri*. C'est Pierre Fresnay qui interprète le rôle du fils Peloux. Elle continuera toute l'année suivante, à Paris et dans diverses villes d'eaux, avec Marguerite Moreno dans le rôle de Charlotte Peloux. Mais Colette, décidément, est moins faite pour le théâtre que pour le mimodrame. Son accent est un handicap de taille. Si son nom sur une affiche attire des spectateurs, cela est dû davantage à la curiosité que suscite son personnage qu'à son talent d'actrice. Certains critiques ne le lui enverront pas dire. En 1926, elle partira pour la dernière fois en tournée, jouer *La Vagabonde.* Puis, elle renoncera au théâtre.

A force de vouloir marier Bertrand, la conjuration Boas-Jouvenel va finir par être efficace. En 1924, Bertrand, de guerre lasse, se laisse fiancer à une demoiselle de Ricqulès, qui est une très riche héritière. Henry de Jouvenel, gants beurre frais et jaquette, est allé faire la demande officielle, dans les règles. Arrive le jour des fiançailles. Au matin, Bertrand, atterré à l'idée du déjeuner qui l'attend, débarque chez Colette, boulevard Suchet. "Cette réception m'ennuie", dit-il.

Colette, silencieuse mais une lueur dans l'œil, répond simplement : "Si ça t'ennuie tellement, n'y va pas."

Bertrand la quitte en traînant les pieds, marchant à ses fiançailles comme au supplice. Dans le jardin, il se retourne. Colette, à sa fenêtre, le regarde partir. Elle lâche dans le vide un petit morceau de papier blanc qui descend en voletant vers Bertrand. Il le ramasse. Sur le papier, deux mots sont écrits de la main de Colette : *"Je t'aime."*

"C'est la première fois qu'elle me le disait, dit Bertrand, et je ne suis pas allé à mon déjeuner de fiançailles."

Scandale épouvantable. Les deux familles se brouillent, les Ricqulès considérant qu'on vient de leur faire un affront. Claire Boas et Henry de Jouvenel sont furieux ; Colette, une fois encore, a gagné.

Donc, elle a récupéré Bertrand mais elle sait que, tôt ou tard, soumis comme il l'est à des pressions contre lesquelles elle est désarmée, elle le perdra. Et même si aucune influence familiale ne s'exerçait sur lui, elle sait, la lucide Colette, que la différence d'âge qui les sépare est la pire ennemie de leur amour. Bertrand a sa vie devant lui, elle a la sienne derrière elle. Et celle qui s'apprête à écrire *La Fin de Chéri,* celle pour qui le chagrin est la pire des malédictions, Colette va prendre les devants.

1 . Bertrand de Jouvenel, *Un Voyageur dans le siècle, op. cit.*
2 . Abbé J. Auffret, *Saint-Coulomb des origines à nos jours,* Les Presses bretonnes, Saint-Brieuc. 1982.
3 . *L'Étoile Vesper, op. cit.*
4 . Lettre inédite à G. Beaumont, coll. J.-L. Lécard.
5 . *Gîte d'écrivain,* texte de Colette, *Figaro littéraire* du 24 janvier 1953.
6 . G. Beaumont et A. Parinaud, *Colette par elle-même, op. cit.*
7 . *Ibid.*
8 . Lettre inédite à G. Beaumont, 21 février 1921, coll. J.-L. Lécard.
9 . *Ibid.,* juillet 1921.
10 . *Ibid.,* 23 septembre 1921.
11 . *La Vérité sur Chéri,* texte inédit de Bertrand de Jouvenel.
12 . *Un Voyageur dans le siècle,* Bertrand de Jouvenel, *op. cit.*
13 . *Lettres à ses pairs,* septembre 1920.
14 . Lettre inédite à Natalie Barney, coll. Richard Anacréon.
15 . Lettres malheureusement détruites en grande partie lors des bombardements de Vire.
16 . Lettre inédite à Irène Le Cornec.
17 . *Lettres de la Vagabonde, op. cit.*
18 . G. Beaumont et A. Parinaud, *Colette par elle-même, op. cit.*
19 . *Lettres à M. Moreno, op. cit.*
20 . *Ibid.*
21 . *Pour un herbier,* Mermod, Lausanne 1948.
22 . Lettre inédite à G. Beaumont, coll. J.-L. Lécard.
23 . Natalie Barney, *Souvenirs indiscrets, Flammarion.*
24 . *Lettres à M. Moreno,* 18 août 1923.
25 . Lettre inédite à A. de Monzie, coll. Richard Anacréon.
26 . *Lettres à M. Moreno,* 23 novembre 1923.
27 . Lettre inédite, coll. J.-L. Lécard.
28 . *Lettres à M. Moreno,* 22 janvier 1924, *op. cit.*
29 . Lettre inédite, coll. J.-L. Lécard. Il s'agit du petit-fils du général Galliffet que Colette a connu, autrefois.
30 . Lettre inédite, coll. Richard Anacréon.
31 . *Lettres à ses pairs,* 10 avril 1940, *op. cit.*
32 . *Lettres de la Vagabonde,* à L. Marchand, 10 juillet 1924.
33 . *Lettres à M. Moreno,* 10 juillet 1924.
34 . *Id.,* 12 août 1924.
35 . *Id.,* 30 août 1924.

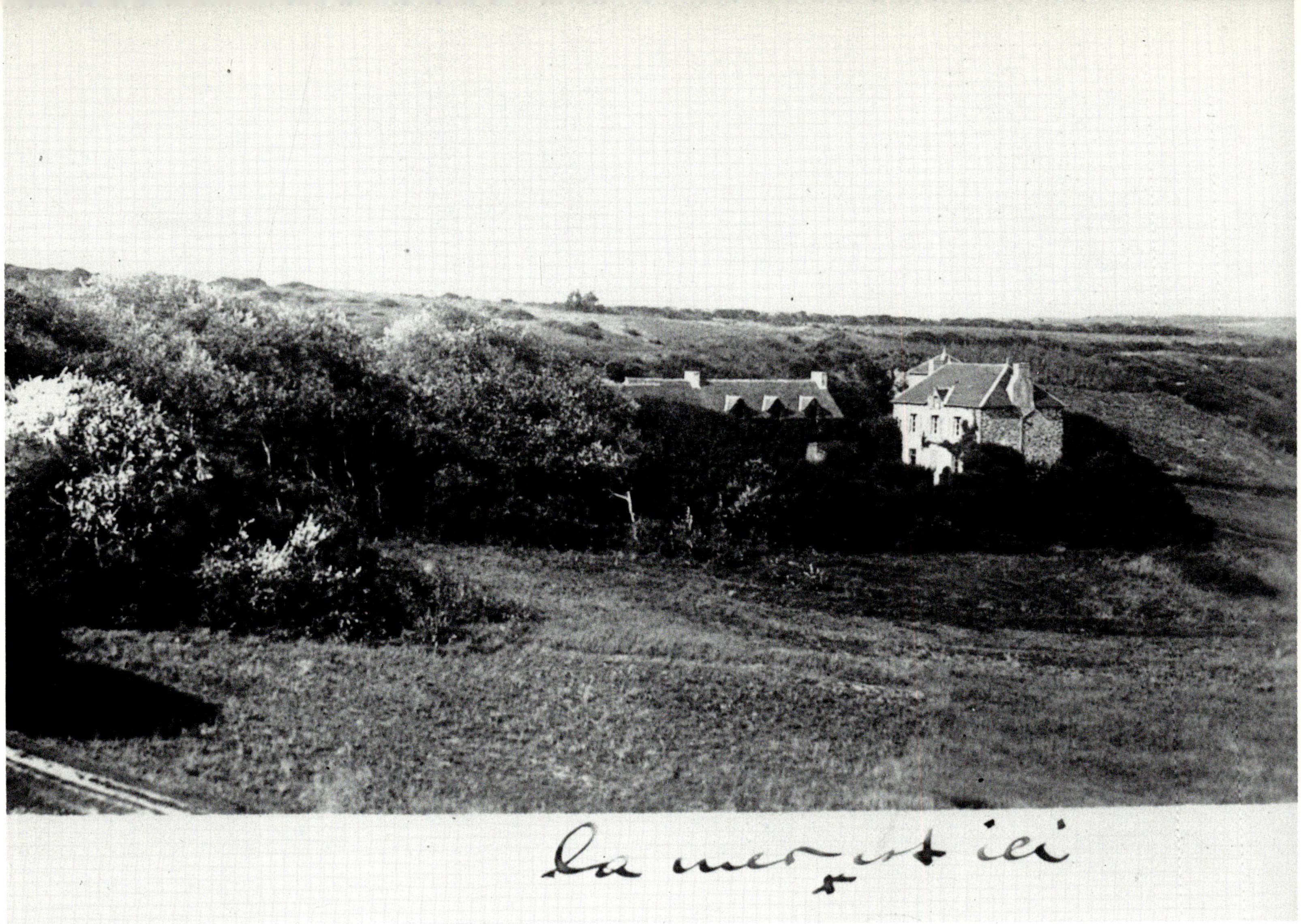

1

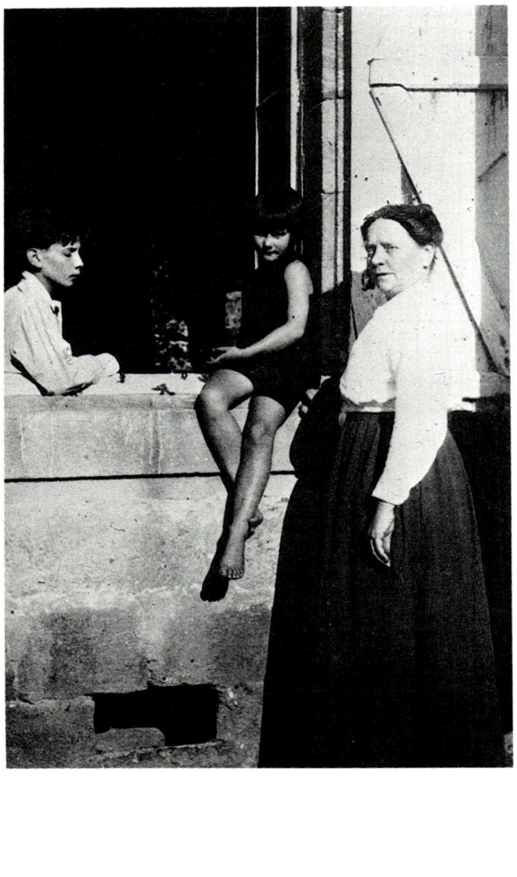

2

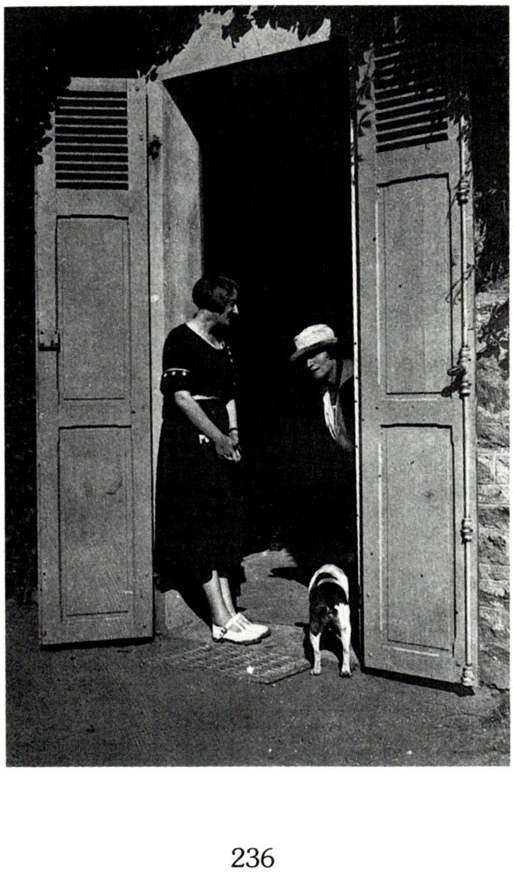

3

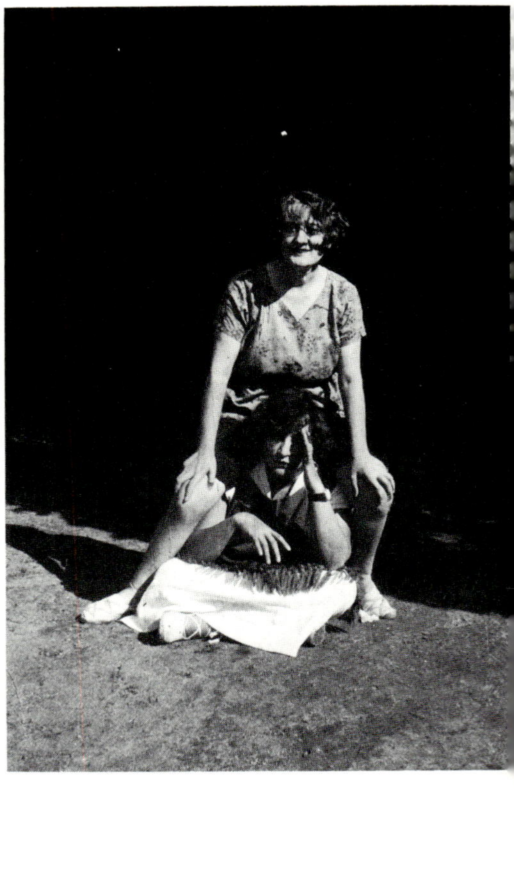

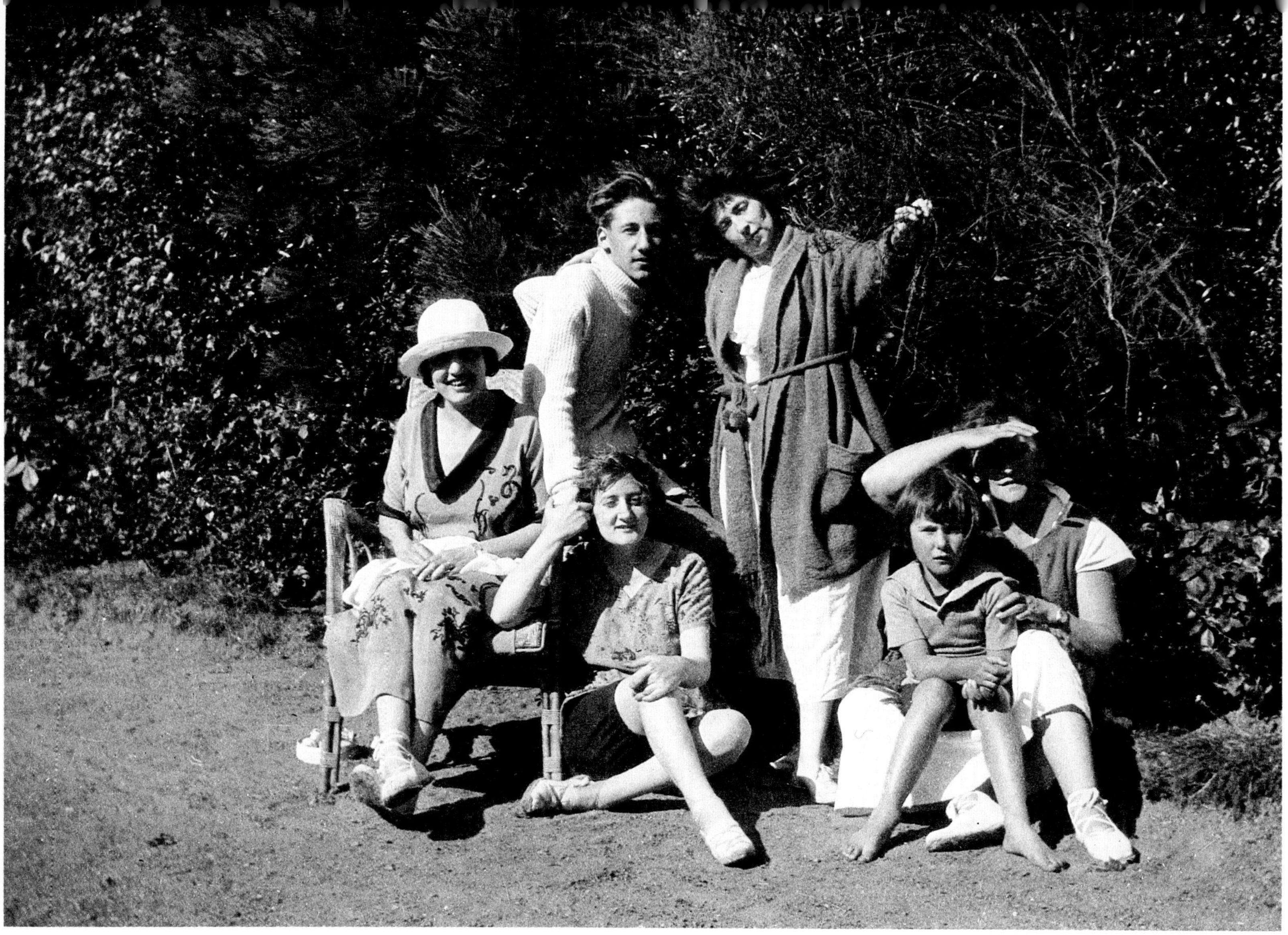

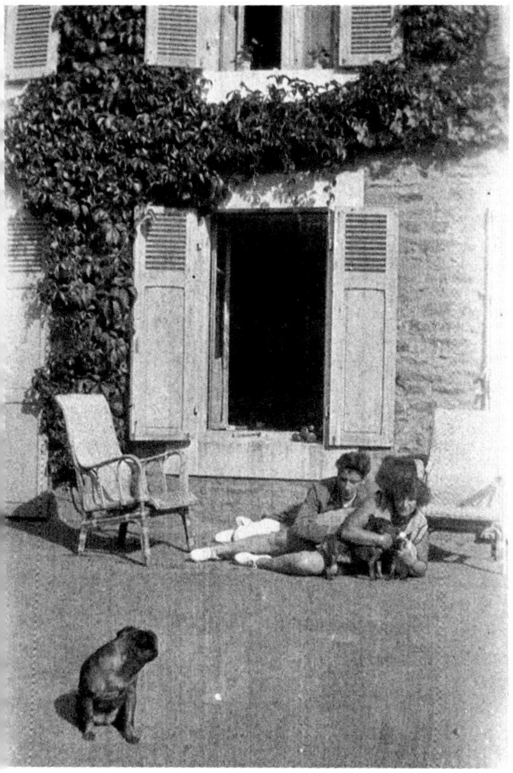

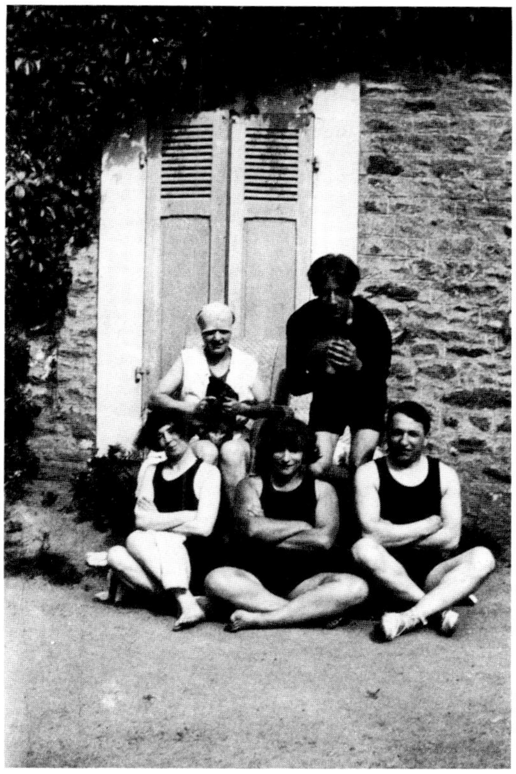

3

Page précédente : (1) De 1910 à 1924, Colette passera de délicieux étés bretons, entre Cancale et Saint-Malo, dans la villa Rozven (rose des vents), située près de Saint-Coulomb, au fond du vallon qui descend à la plage de la Touesse. C'est là le décor du *Blé en herbe* qui a laissé son nom au chemin qui mène à la mer. –
(2) Au soleil de Rozven : Renaud de Jouvenel, la petite Colette et sa nurse, miss Draper. – (3) Germaine Beaumont et Colette, en vacances à Rozven. – (4) Qui reconnaîtrait la "dame du Fémina" dans cette joyeuse luronne qui chevauche Colette ? –
Les amis de Rozven.
Ci-dessus : debout, Bertrand de Jouvenel et Hélène Picard. Assise, Germaine Carco. Par terre, Germaine Beaumont, Colette et sa fille. – (2) Bertrand et Colette.
(3) Au premier plan, de droite à gauche : Francis Carco, Colette, Hélène Picard. Derrière : Germaine Carco et Bertrand.

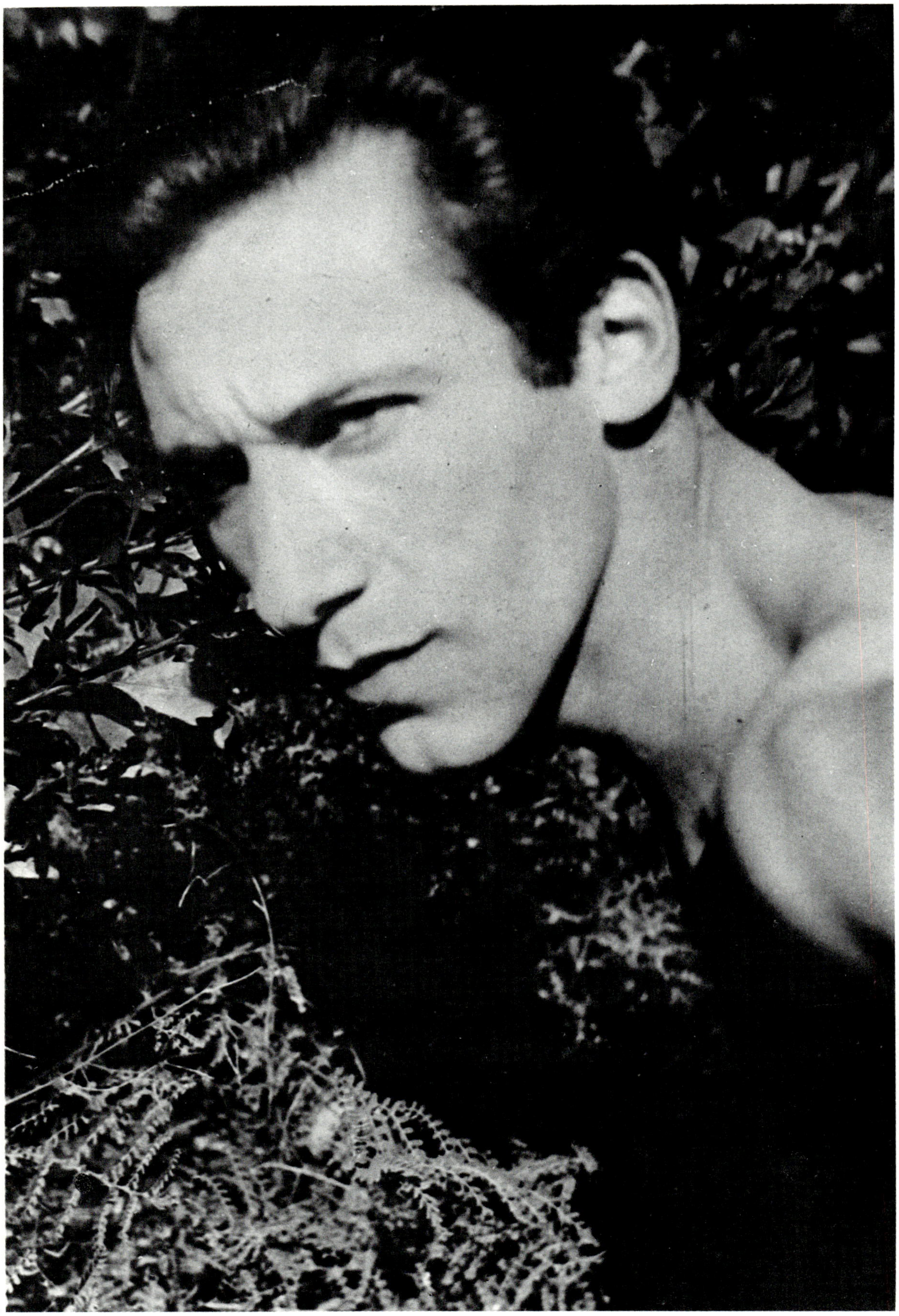

1

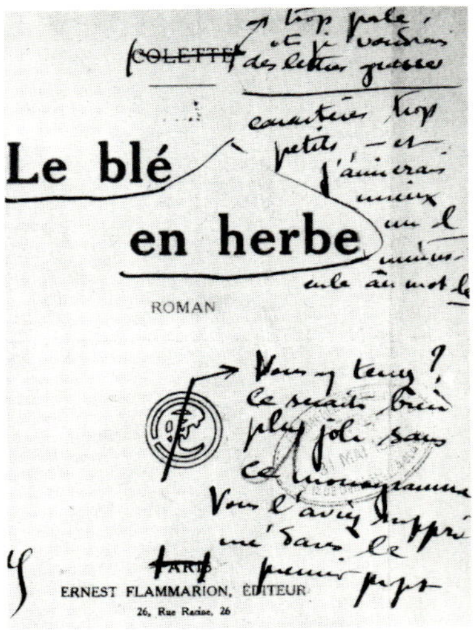

~~COLETTE~~

trop pâle, et je voudrais des lettres grosses

Le blé en herbe

caractères trop petits, — et j'aimerais mieux un l minuscule au mot le

ROMAN

Vous y tenez ? Ce serait bien plus joli sans ce monogramme. Vous l'aviez supprimé dans le premier page

PARIS
ERNEST FLAMMARION, ÉDITEUR
26, Rue Racine, 26

(1) Bertrand de Jouvenel *"... ce grand galapiat, comme tu le dis avec ton sens si fin du terme technique".*
(2) Page de titre corrigée par Colette. *Le Blé en herbe* choquera les lecteurs de 1923. – Ci-dessous : à Gstaad, le décor de l'échappée dans la neige avec Bertrand. – **Page suivante :** Colette en luge : *"... aucune chance de chute ne m'échappera."*

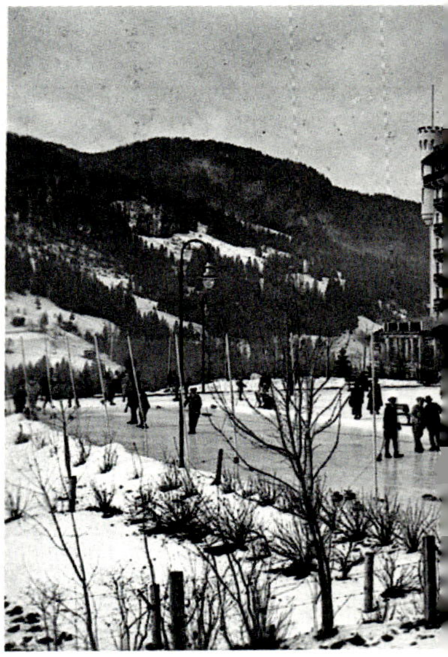

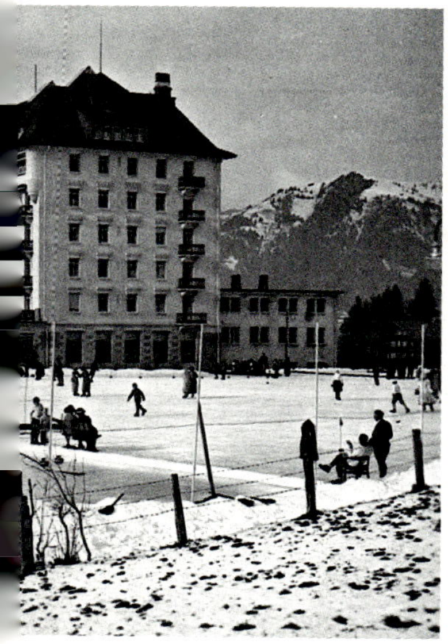

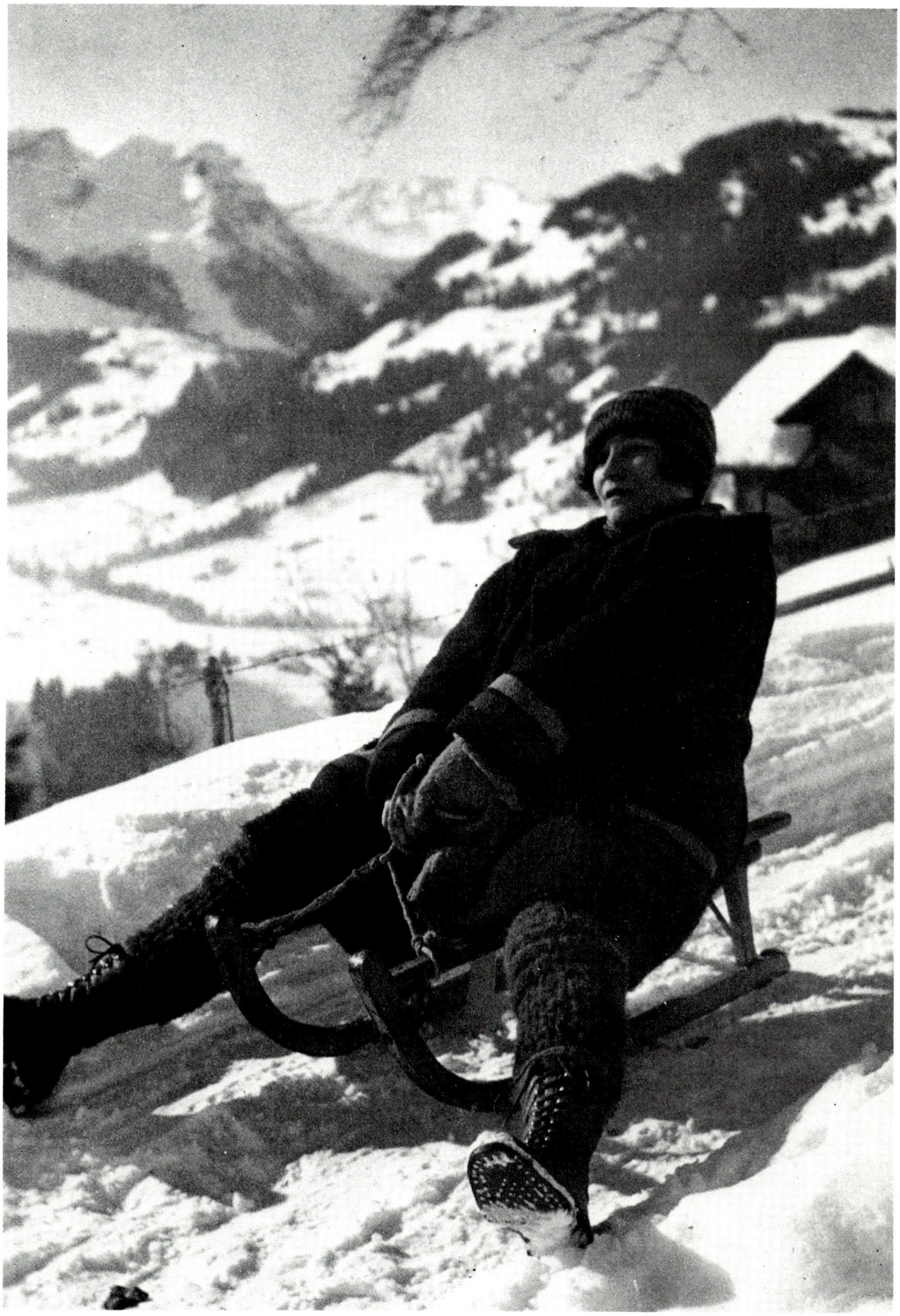

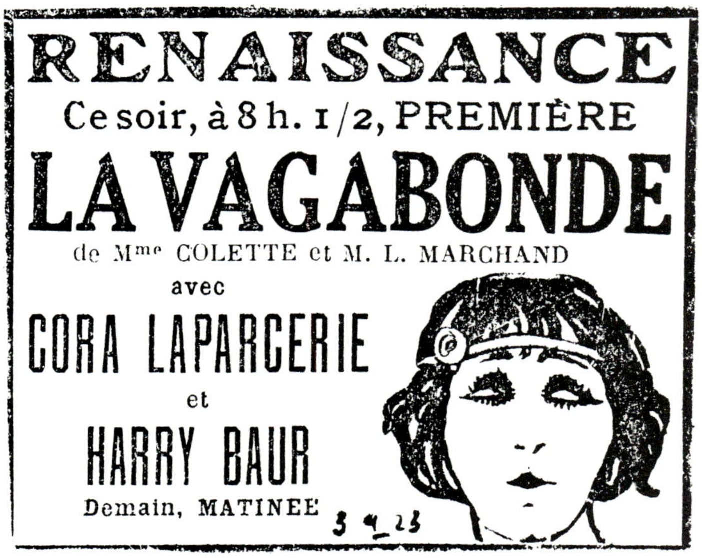

1

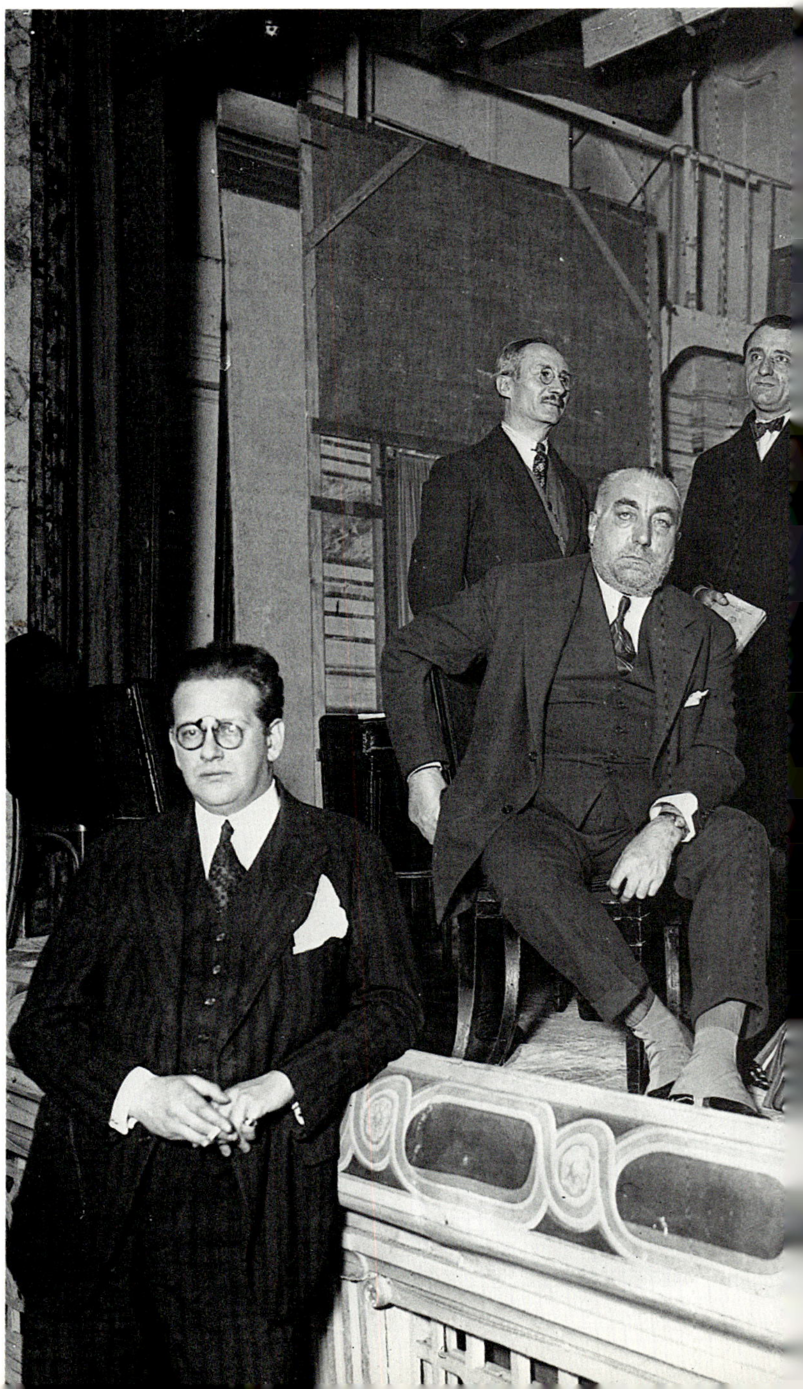

(1) En février 1923, La Vagabonde est mise en scène. – Ci-contre : autour de Colette, pendant une répétition, le célèbre couturier Paul Poiret (dans le fauteuil), partenaire de Colette dans la pièce. Au premier plan, Léopold Marchand, coadaptateur de “La Vagabonde”.
Page suivante : (1) Poiret et Colette. (2) Caricature sans tendresse par Vertès. La légende conseille à Colette de préférer son activité d’écrivain à celle de comédienne.

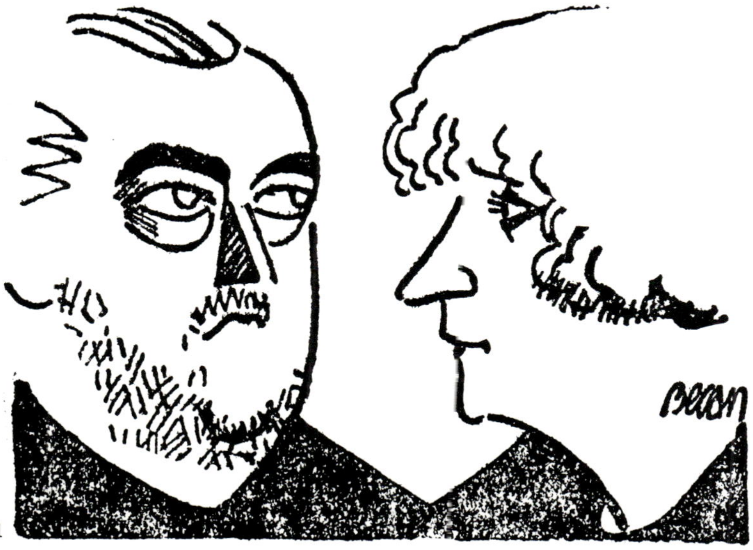
1

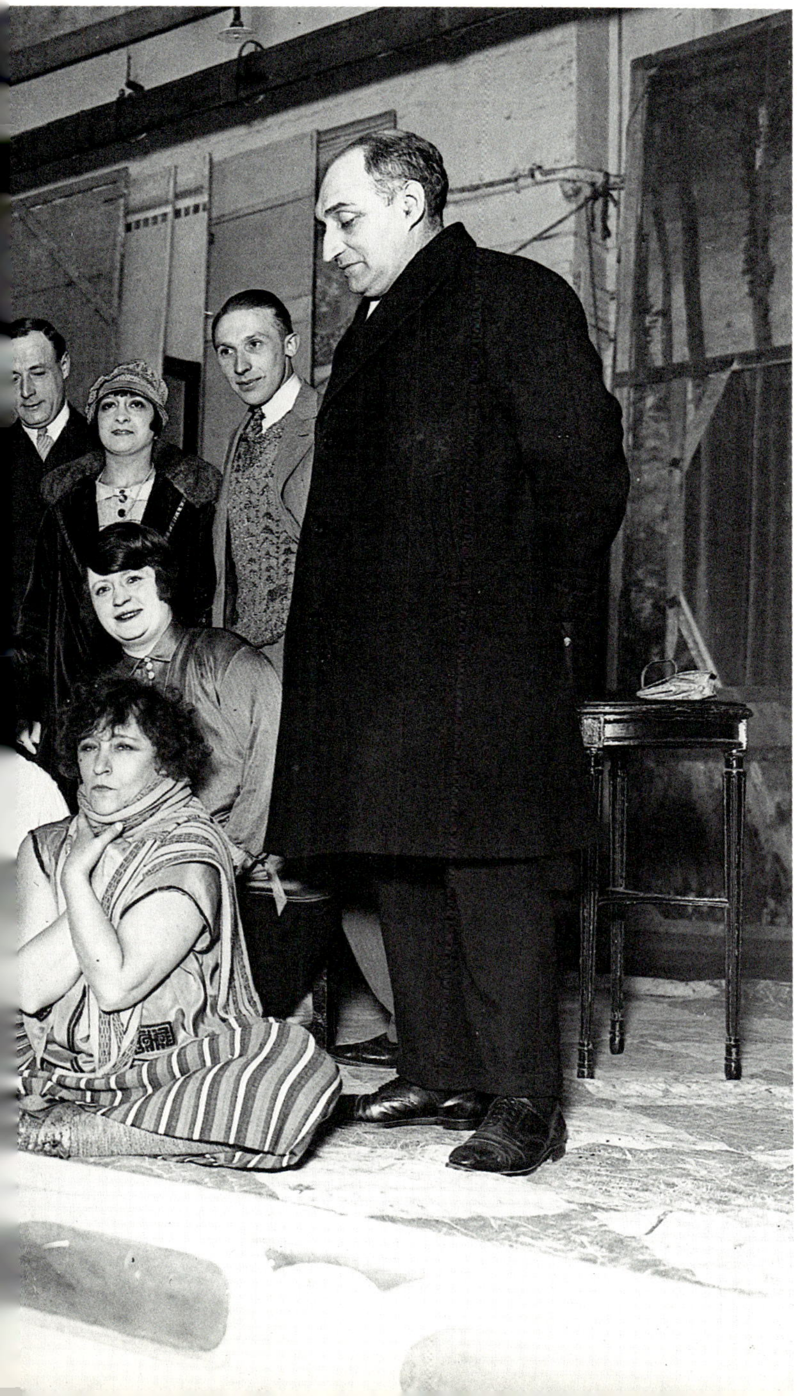

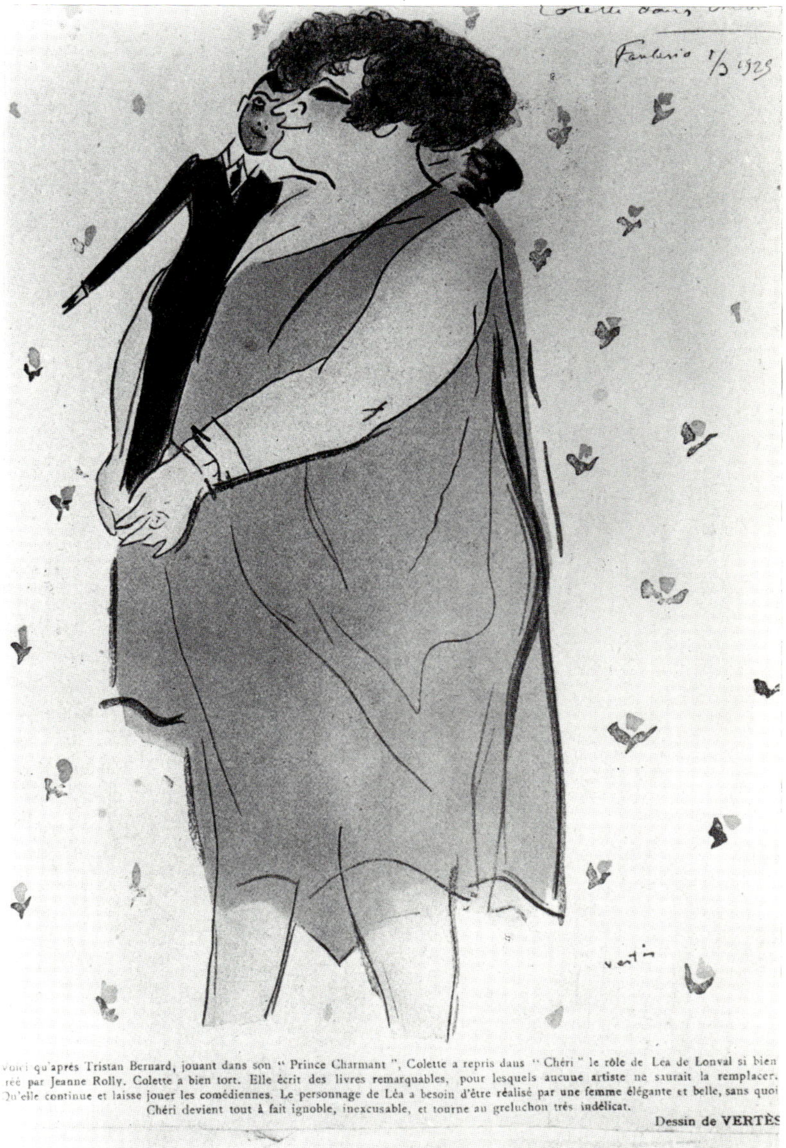
Voici qu'après Tristan Bernard, jouant dans son " Prince Charmant ", Colette a repris dans " Chéri " le rôle de Lea de Lonval si bien créé par Jeanne Rolly. Colette a bien tort. Elle écrit des livres remarquables, pour lesquels aucune artiste ne saurait la remplacer. Qu'elle continue et laisse jouer les comédiennes. Le personnage de Léa a besoin d'être réalisé par une femme élégante et belle, sans quoi Chéri devient tout à fait ignoble, inexcusable, et tourne au greluchon très indélicat.
Dessin de VERTÈS
2

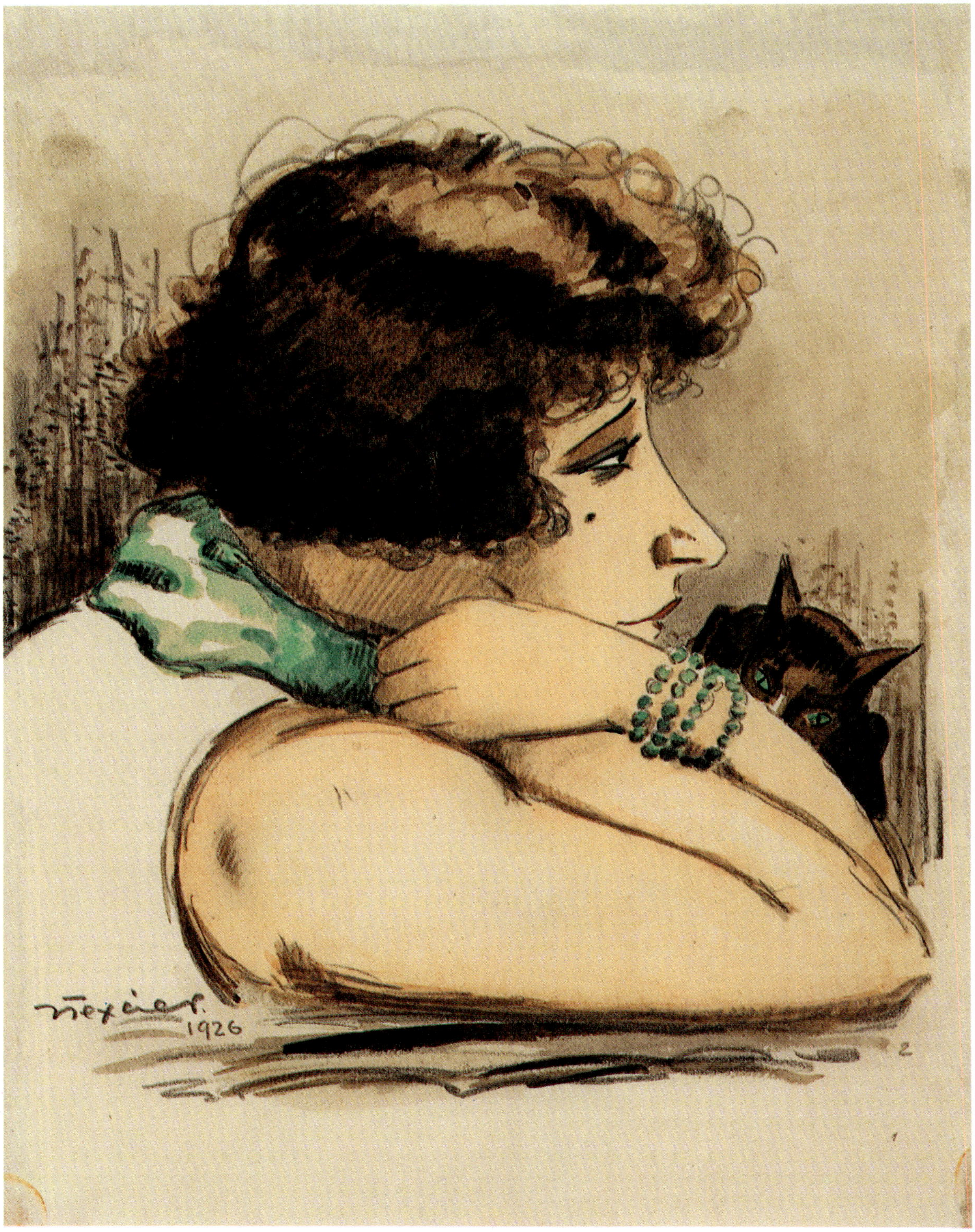

1

(1) Portrait de Colette en dessin-aquarelle par Texcier.
Page suivante : (1) Maurice Ravel à son piano ...*"le compositeur de* L'Enfant et les sortilèges *travailla quatre ans dans le silence, sous le regard nyctalope et bleu de ses chats siamois."* – (2) Colette en calèche dans les rues de Nice, quand elle vint y jouer *Chéri* en 1923. – Près d'elle, Marguerite Moreno. Debout, Léopold Marchand.

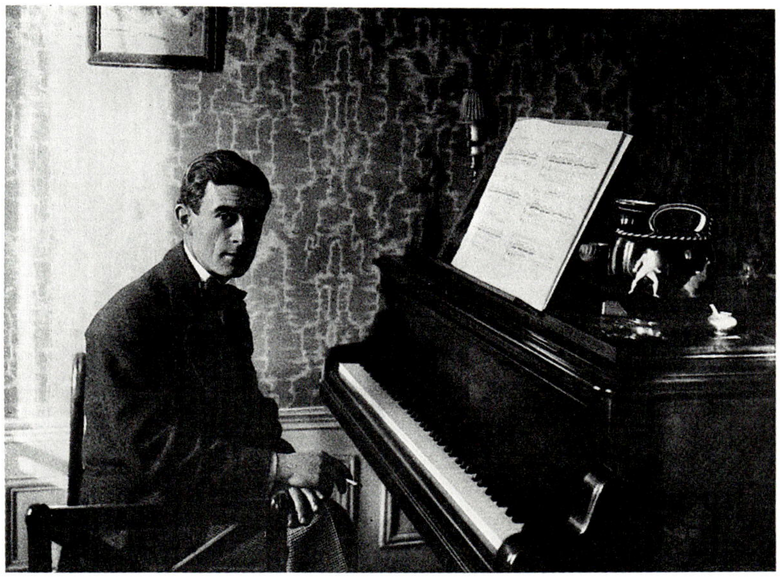

1

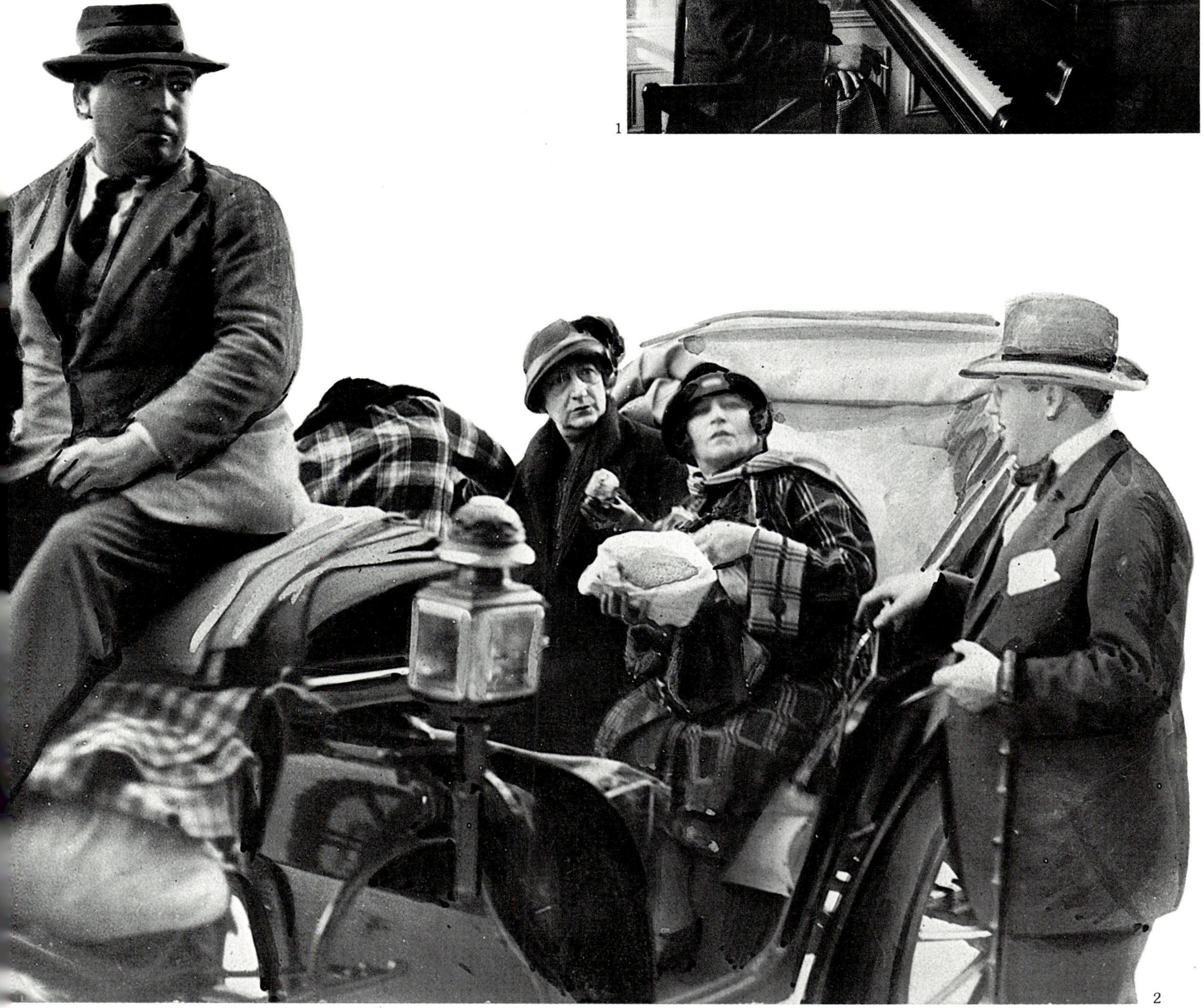

2

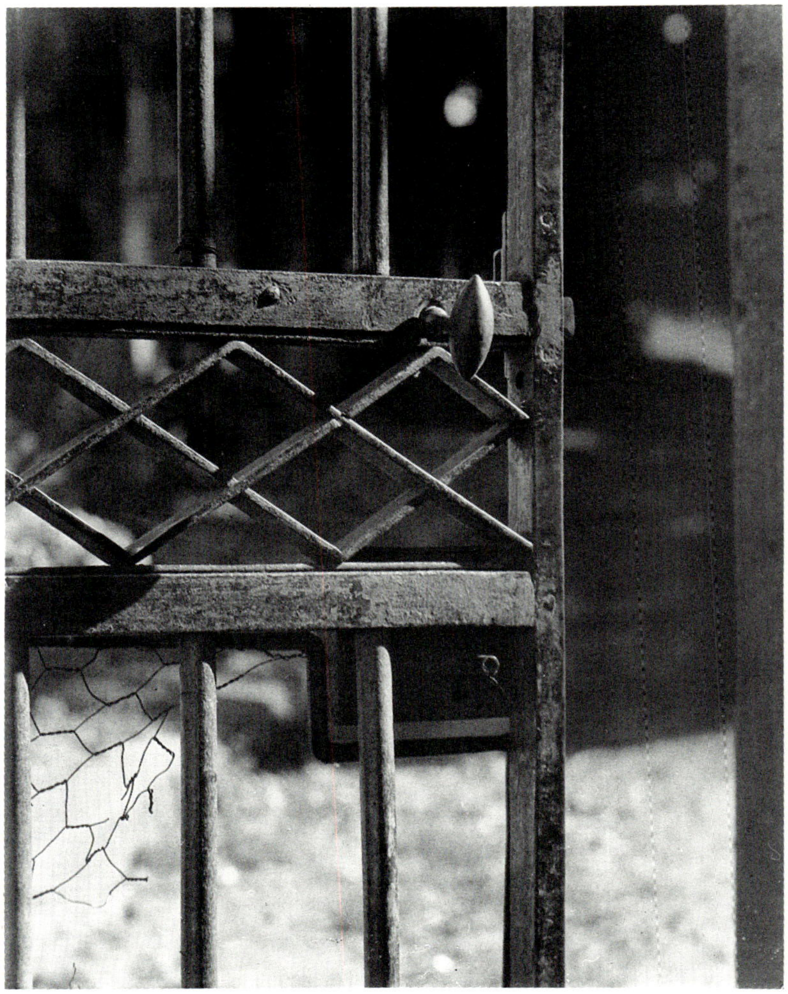

2

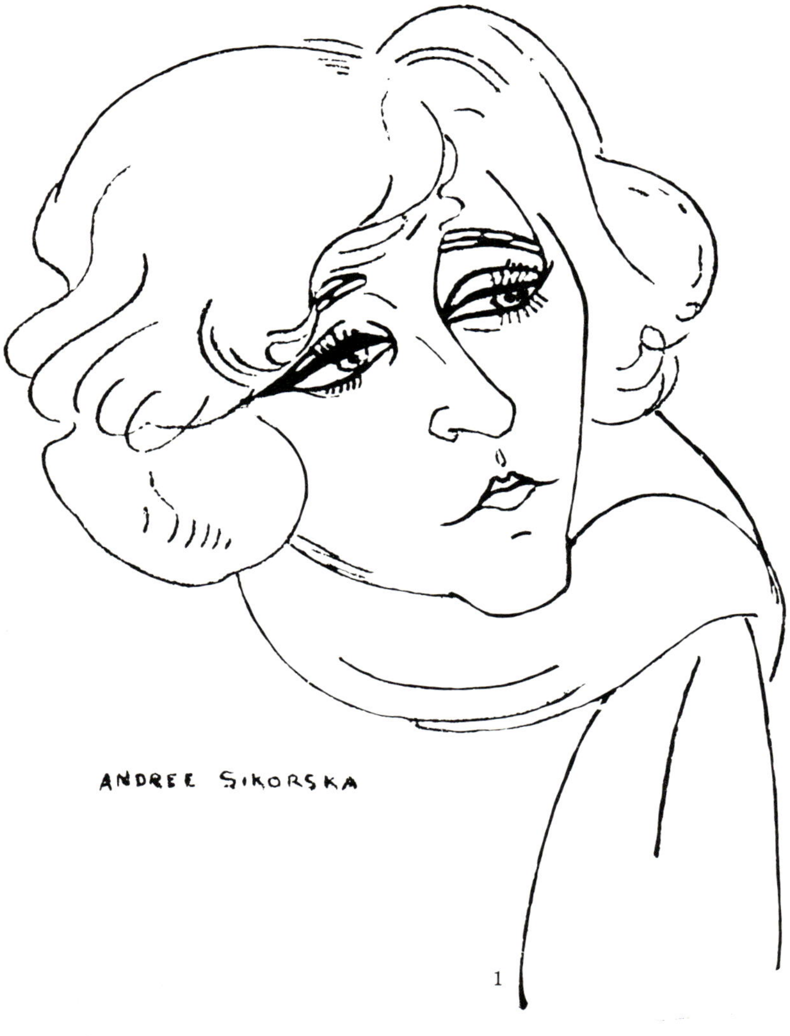

1

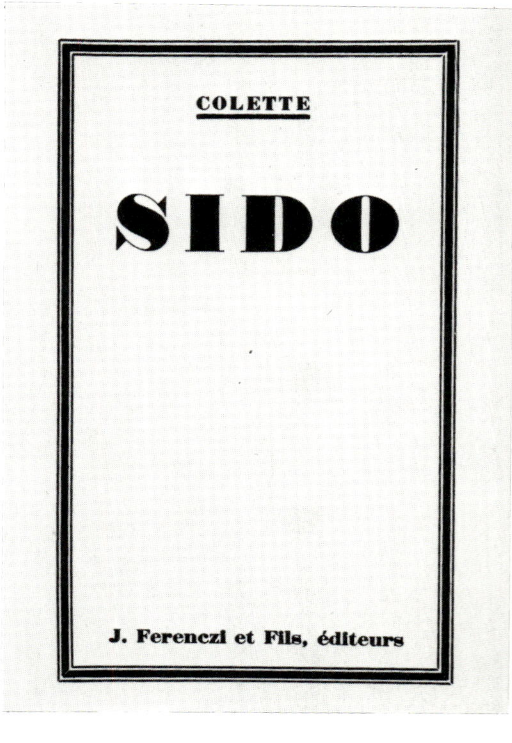

COLETTE

SIDO

J. Ferenczi et Fils, éditeurs

3

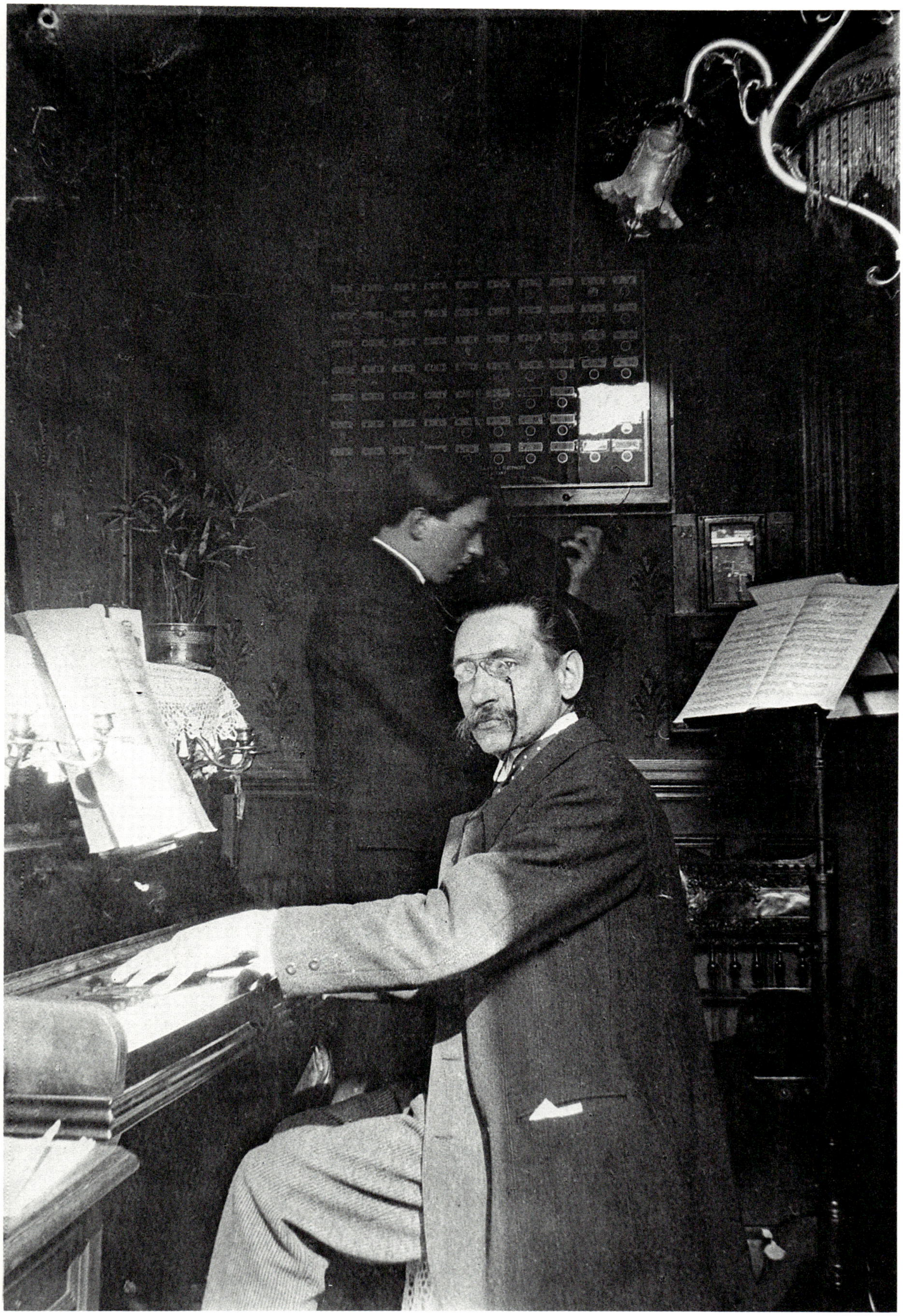

En 1930 paraît *Sido* (3) qui est, pour Colette, un nouveau et magnifique retour à son enfance. – (1) Colette en 1930 par Andrée Sikorska. – (2) La grille du château de Saint-Sauveur dont les enfants de Sido aimaient le grincement sur quatre notes. – Ci-contre : Léo, frère de Colette, à son piano ..."Léo ne pourra pas échapper à la musique..." prophétisait sa mère.

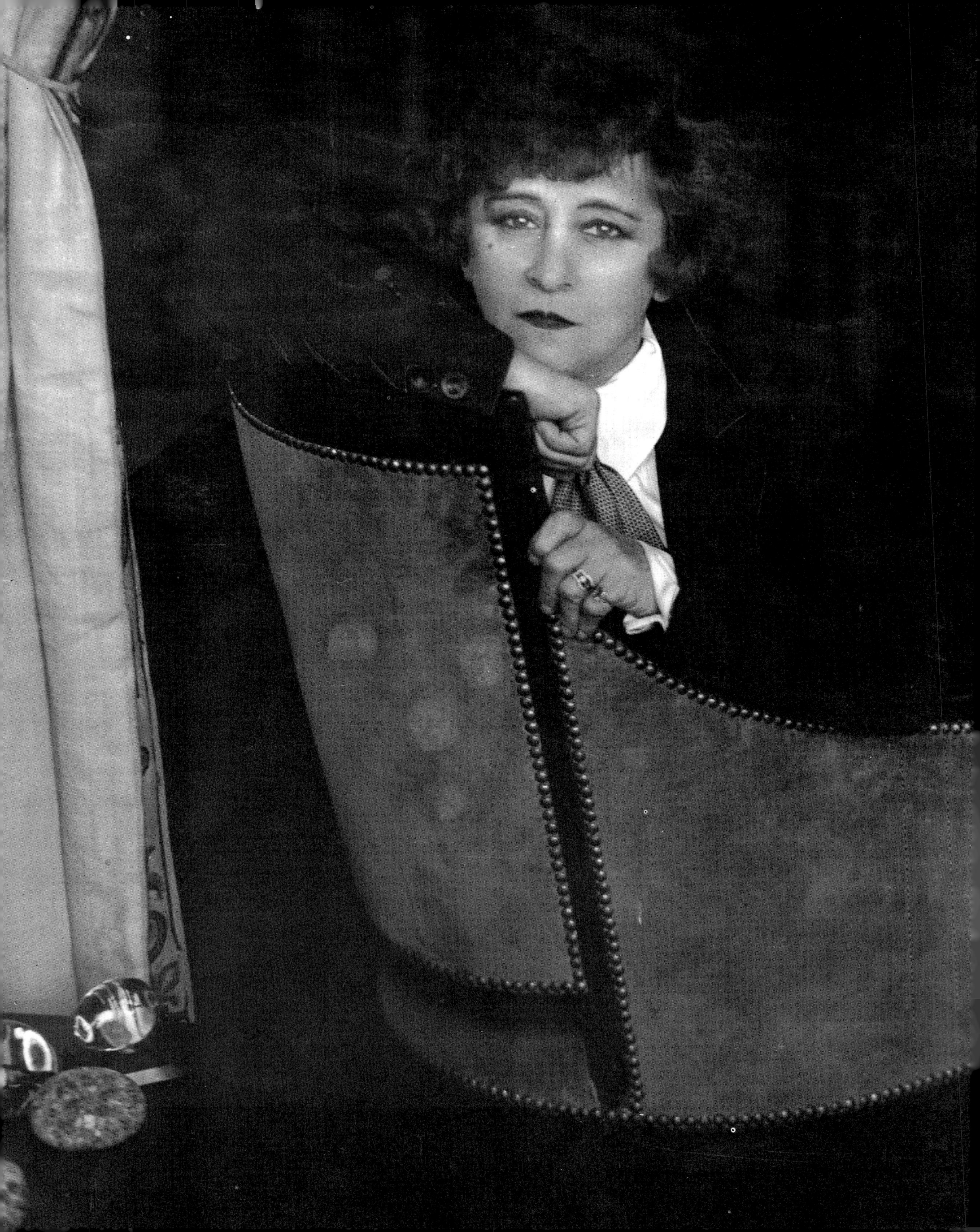

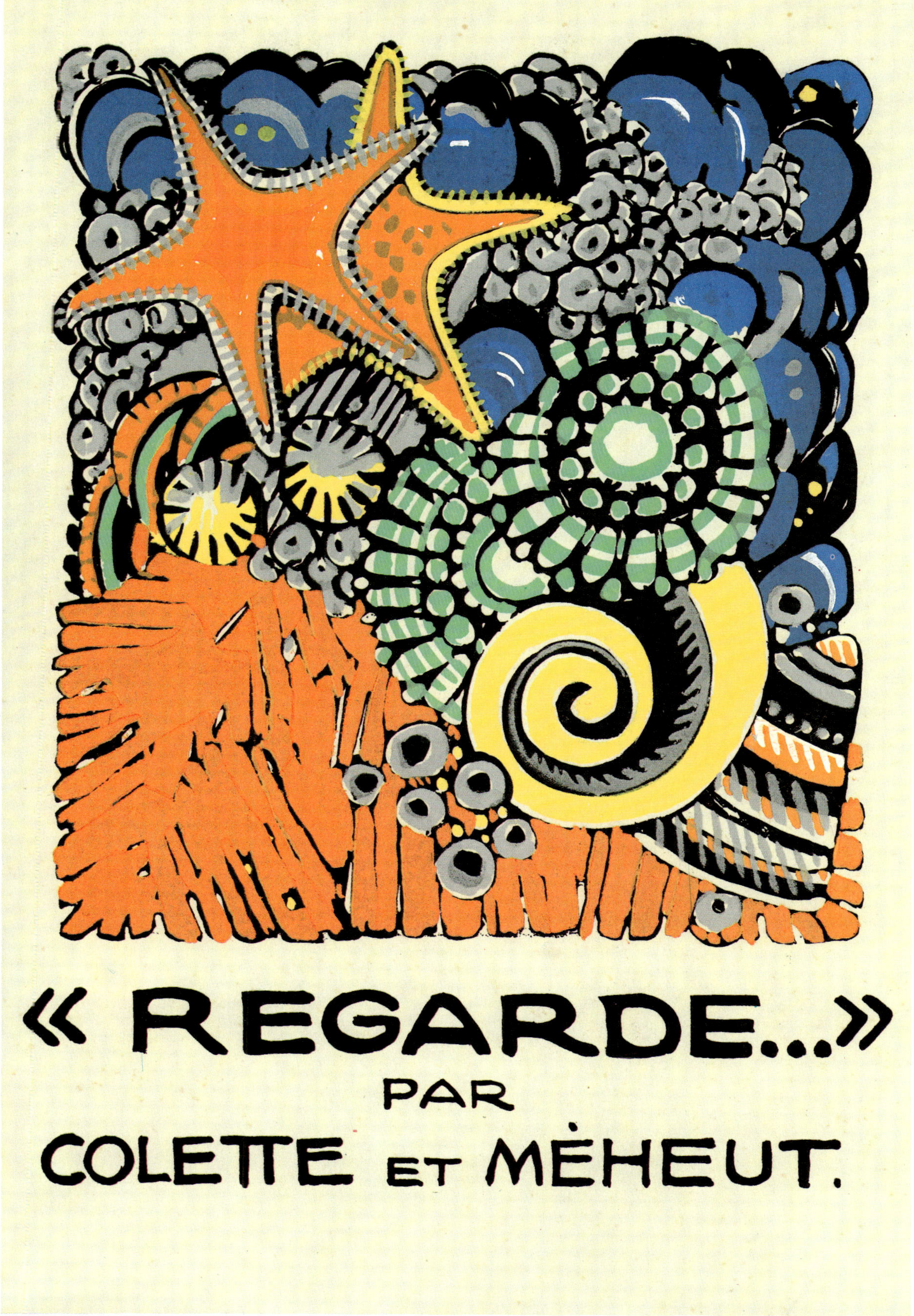

Page de gauche : Colette à cinquante-sept ans, photo de Germaine Krull. Ci-contre : *Regarde*, illustré par Mathurin Méheut.

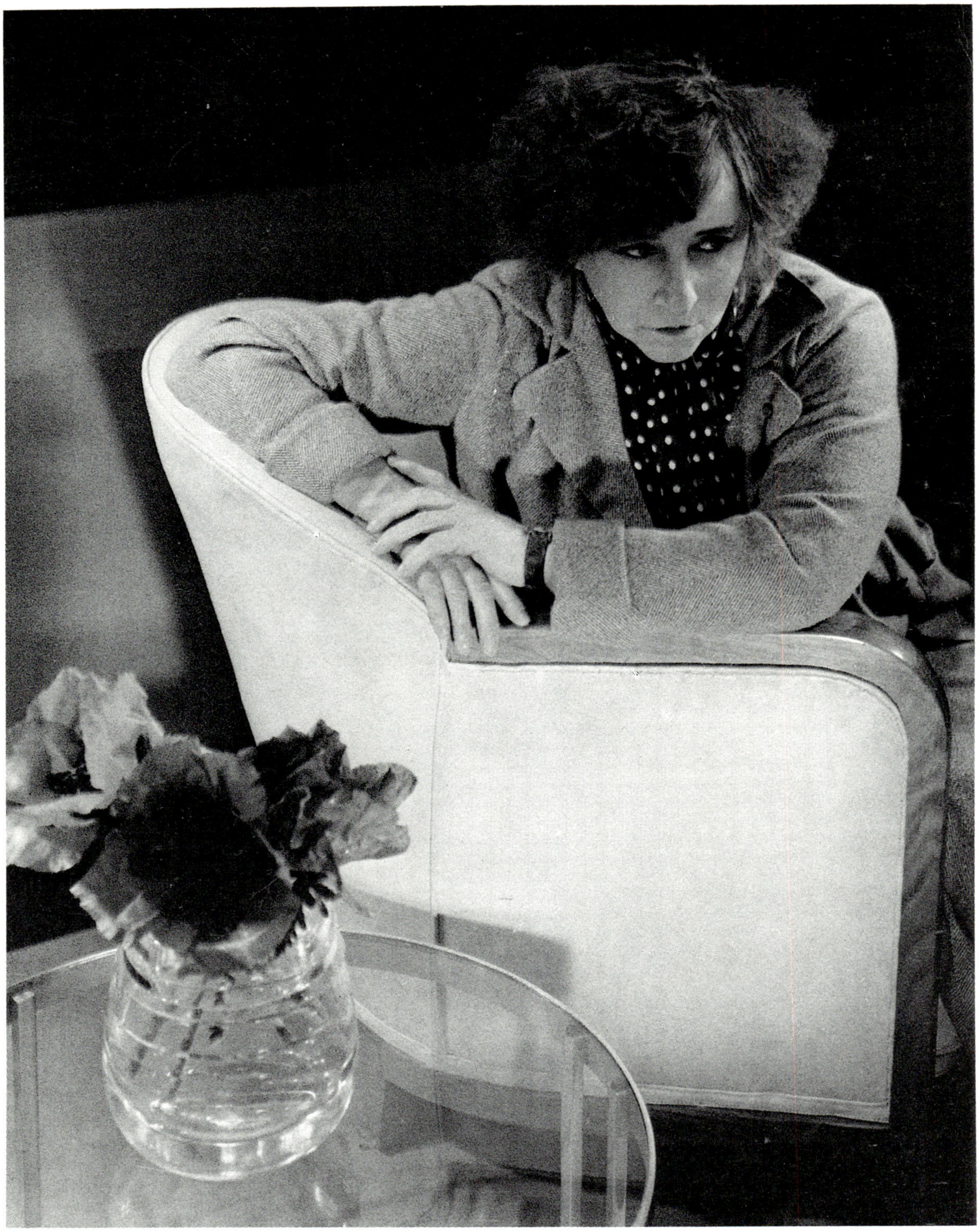

Colette photographiée par Edward Steichen.

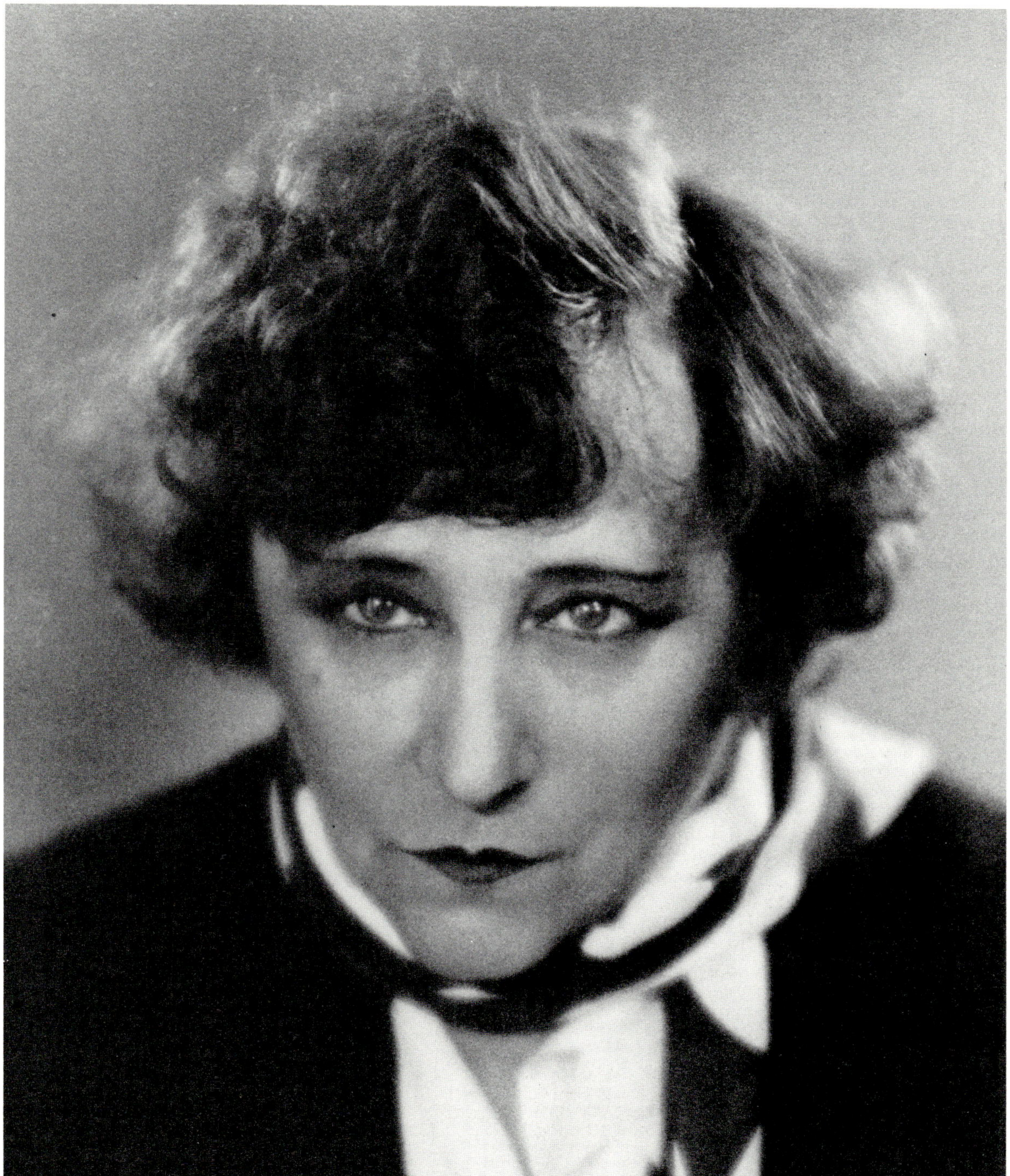

Un portrait très "1930".

Belles saisons

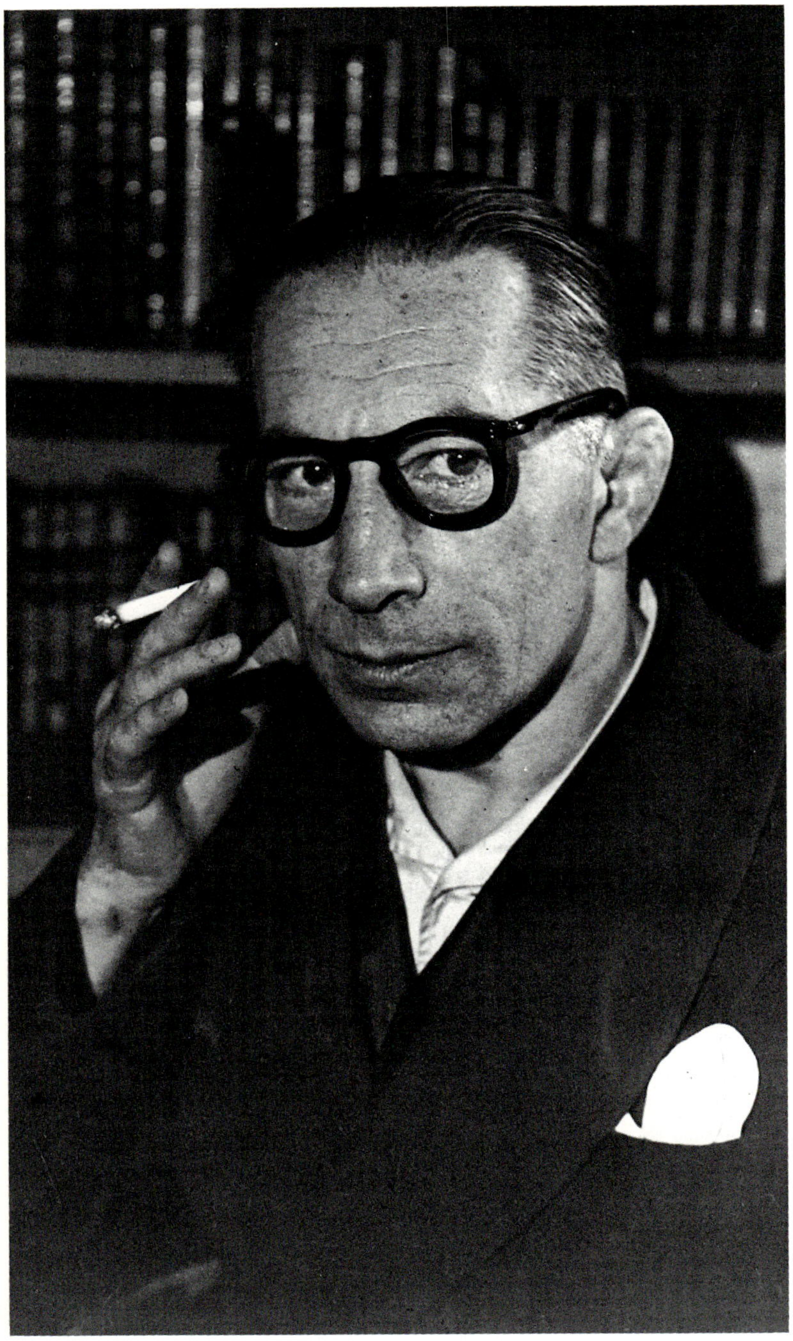

Maurice Goudeket.

Cette année-là, Marguerite Moreno qui promène son charme et sa drôlerie dans des milieux très divers, Marguerite fait rencontrer à Colette un certain Maurice Goudeket.

Né à Paris d'une famille de modeste bourgeoisie juive – père hollandais, mère française –, il est, en 1925, courtier en pierres précieuses. Un homme d'affaires. Pas sot, astucieux même. Pas vilain garçon. Une attitude réservée, du goût pour la culture. Il a trente-cinq ans – seize de moins que Colette.

Après une première entrevue, l'hiver 24-25, où chacun est resté sur ses positions, on se retrouve à Pâques au Cap-d'Ail sur la Côte d'Azur. Il y a là Goudeket, Colette, Marguerite Moreno et son jeune amant qui est aussi son neveu – Colette fait école ! –, l'acteur Pierre Moreno, et un couple dont la femme est la maîtresse de Goudeket et que Colette va surnommer "le gracieux Chiwawa". L'atmosphère est très gaie.

Bertrand de Jouvenel, lui, est à Cannes où sa mère l'a expédié après le scandale de ses fiançailles manquées. Bertrand, qui a été malade, est en convalescence, au soleil du Midi. Avec, non loin de lui, une jeune fille, Marcelle Prat, qui est la nièce de Maeterlinck. Elle est intelligente, de bonne compagnie et amoureuse de Bertrand. La présence de Bertrand à Cannes n'est pas un effet du hasard : Claire Boas estime que Marcelle Prat serait une bru parfaite, et elle s'est arrangée pour que les deux jeunes gens voisinent.

Colette est-elle au courant de ce nouveau complot?

Un matin, elle appelle Bertrand au téléphone et l'invite à déjeuner au Cap-d'Ail. Délaissant Mlle Prat, Bertrand accourt.

Le déjeuner lui sera on ne peut plus pénible. Ce Goudeket, il ne sait trop pourquoi, l'exaspère. L'aisance de cet homme fait écrase la timidité du garçon de vingt-deux ans. Il le voit près de Colette qui prend des airs de chatte sournoise. Tout cela ne dit rien de bon à Bertrand.

Pourtant, c'est lui encore que Colette va convoquer, le

soir même, dans sa chambre. C'est la dernière nuit qu'ils passeront ensemble. Bertrand et Colette parleront beaucoup, jusqu'à l'aube. ("Moi, dit Bertrand, j'étais prêt à vivre avec elle...") Mais, au matin, ils décideront de se séparer.

C'est dans la voiture de Maurice Goudeket que Colette rentre à Paris.

Au lendemain de leur dernière nuit, Colette écrira à Bertrand une longue lettre mais à laquelle il n'aura pas le loisir de répondre car la lettre sera subtilisée et détruite par Marcelle Prat, la jeune fille amoureuse de lui et jalouse de Colette. Elle ne l'avouera à Bertrand que longtemps après.

En décembre 1925, Bertrand épousera Marcelle Prat, ce qui fera très plaisir à sa famille.

Colette et Bertrand ne se rencontreront plus que de loin en loin, au cours de leur vie. Mais Bertrand ne perdra jamais le contact avec celle que, des années plus tard, il appellera encore : *"Ma mère chérie..."* En 1931, Colette recevra plusieurs lettres d'un Bertrand désespéré qui lui demande conseil : il aime une jeune fille qui ne l'aime pas. Dans l'une d'elles, il lui rappelle leur voyage en Algérie, quand le sable enserrait leurs chevilles... Lettres charmantes et nostalgiques d'un Bertrand paumé qui appelle au secours celle qui lui a appris à distinguer le parfum subtil des pivoines et qui lui a donné tant de tendresse. *"Va,* écrit-il, *je ne serai jamais que ton plus mauvais livre."*

A Paris, Colette et Maurice Goudeket se quittent de moins en moins. Dès le 7 mai 1925, Colette écrit à Marguerite Moreno : *"J'ai eu une très longue conversation avec ce garçon, la nuit dernière, je le trouve tout à fait à son avantage quand il s'abandonne un peu*[1]*."*

Il va s'abandonner beaucoup, au grand désespoir du "chiwawa" dont Colette prend la place comme elle a, autrefois, supplanté Mme la Panthère; elle n'en fait qu'une bouchée.

Le 21 juin 1925, Marguerite reçoit cette confidence sans équivoque : *"Ah! la la, et encore la la! Et jamais assez la la! Elle est propre, ton amie, va. Elle est dans un beau pétrin agréable, jusqu'aux yeux, jusqu'aux lèvres, jusque plus loin que ça! Oh! le satanisme des gens tranquilles – je dis ça pour le gars Maurice. – Veux-tu savoir ce que c'est que le gars Maurice? C'est un salaud, et un ci et un ça, et même un chic type, et une peau de satin. C'est là que j'en suis*[2]*."* Deux jours plus tard, Marguerite lui répond : *"Eh! bien! c'est du propre! C'est du joli! Te voilà tombée dans le digue-digue, maintenant! Tu ne peux donc pas connaître la paix, malheureuse! On te donne un serviteur, vlan! tu en fais un maître*[3] *!"*

Les confidences de Colette à Marguerite Moreno témoignent qu'elle est encore, à cinquante ans passés, d'une vitalité physique singulière. Paul Léautaud note, à cette époque, dans son journal, qu'à cinquante-deux ans, *"... elle est encore fort jolie, – et jolie n'est pas le mot. Ce qu'il faudrait dire c'est qu'elle respire la volupté, l'amour, la passion, avec un grand fond de mélancolie qu'on devine bien*[4]*."*

Cette sensualité vigoureuse de Colette qui lui fera goûter les plaisirs de la chair jusqu'à un âge avancé n'ira pas sans choquer quelques-uns. Le brave pépé Duhamel qui l'entendra, un jour, déclarer : *"... je ne peux pas souffrir des gens qui confondent la jouissance et la volupté"*, ajoutera un peu aigrement : *"... elle dit ça avec conviction et avec l'air d'un expert*[5]*."*

Cependant, à partir de sa rencontre avec Goudeket, la vie de Colette ralentit son allure et change du tout au tout. Adieu, le théâtre, – après avoir joué une dernière fois *La Vagabonde* avec Poiret à Monte Carlo, fin 1926, adieu les folles amours avec les jeunes gens. Non pas que Goudeket soit un vieillard mais celui dont Colette vante "la peau de satin" quand elle commence à partager sa vie en 1925 (et que Paul Valéry, volontiers paillard, surnommera "Goodkéket" ou "M. de Bonnequeue"), ce Maurice Goudeket qu'elle n'épousera que dix ans plus tard – elle aura soixante-trois ans et lui quarante-sept – sera surtout, pour elle, le "meilleur ami" qui paiera, par un dévouement infatigable, l'honneur de partager les dernières années de sa vie.

Adieu à la chère Bretagne aussi, car Colette va abandonner les marées iodées de Rozven et ses embruns pour la chaleur du Midi que jusqu'à présent elle n'aimait pas (elle l'appelait : "le bas de la France").

A ce propos, il faut noter que Colette, malgré la force de sa personnalité, aura toujours suivi, même si elle finit par le dominer, chacun de ses maris. Comme elle a adopté le Jura de Willy, la Corrèze de Jouvenel, elle suivra Goudeket – épris de la chaleur du Sud comme tous les Hollandais – sur la Côte d'Azur où elle va acheter la Treille Muscate, à Saint-Tropez.

Elle dira aussi adieu à certains de ses vieux amis – Goudeket ne fait pas parmi eux l'unanimité – comme Germaine Beaumont, par exemple, qui va s'éloigner d'elle.

A partir de 1925, elle va voyager pour son plaisir ou pour faire des conférences mais, surtout, se concentrer de plus en plus sur l'écriture.

En 1926, son poème *L'Enfant et les Sortilèges* – musique de Ravel – est joué à l'Opéra-Comique.

Sa santé va aller en se dégradant durant les vingt-huit années qui lui restent à vivre. Elle a les bronches très fragiles, les pieds sensibles – c'est pourquoi elle va adopter, pour le reste de sa vie, les sandales tropéziennes chères à Isadora Duncan et qui feront dire à Chanel que Colette a "des pieds d'apôtre". Elle souffrira de troubles intestinaux dus à ses excès alimentaires, de rhumatismes articulaires. En 1931, une fracture du péroné la ralentira beaucoup et, à partir de 1946, une arthrose de la hanche qu'elle couve sans doute depuis longtemps la condamnera à une immobilité complète jusqu'à sa mort.

L'écriture, désormais, sera son refuge et son évasion. Ce qui est paradoxal car l'immense écrivain qu'est Colette n'aura cessé, sa vie durant, de clamer son horreur et sa difficulté à écrire : "*...dans ma jeunesse je n'ai jamais,* jamais *désiré écrire. Non, je ne me suis pas levée la nuit en cachette pour écrire des vers au crayon sur le couvercle d'une boîte à chaussures ! Non, je n'ai pas jeté au vent d'Ouest et au clair de lune des paroles inspirées ! Non, je n'ai pas eu 19 ou 20 pour un devoir de style, entre douze et quinze ans ! Car je sentais chaque jour mieux, je sentais que j'étais justement faite pour ne* pas *écrire*[6]*.*"

Cette répugnance à se mettre au travail, cette difficulté à écrire, elle l'exprimera, en 1921, à Natalie Barney : "*Je suis ici* [à Fontainebleau] *parce que j'étais trop fatiguée et uniquement de travailler, ce qui est très mauvais pour moi. Je n'aime me fatiguer que de choses agréables*[7]*.*" Elle le dit à Francis Carco : "*... je tire avec une peine de terrassier, un volume de nouvelles de ma mémoire et de mon imagination, mais quel dégoûtant travail*[8]*...,* "*je travaille comme une folle et j'en mourrai peut-être ! Le travail n'est pas mon climat*". A Moreno : "*C'est une lutte si sombre celle qui use une griffe sur un papier. Et sans témoins et sans soigneurs. Et sans passion*[9]*.*" A Marguerite, encore : "*Je te laisse pour aller pondre, goutte à goutte, avec répugnance, un article destiné à un fascicule luxueux sur la Digitaline* [...] *J'ai horreur d'écrire. Je voudrais continuer cette vie de luxe effréné que je mène ici* [à la Treille Muscate] : *pieds nus, un maillot de laine décoloré, une vieille veste, beaucoup d'ail et le bain à toute heure*[10]*...,* ou encore : "*En ce moment... je travaille avec horreur à un roman* [*La Fin de Chéri*] *qui doit être fini le 5 décembre... c'est te dire qu'on ne peut même pas me prendre avec des pincettes*[11]*.*"

Pourtant, quand elle travaille, celle qui se dit paresseuse le fait avec acharnement et un respect total de son métier d'écrivain, avançant lentement (en janvier 1928, elle dit n'avoir écrit que trente-cinq pages en dix-neuf jours), déchirant, recommençant, s'interdisant tout plaisir tant que la tâche à accomplir ne l'est pas.

Colette polit ses mots, ses phrases avec une patience d'artisan consciencieux, armée de son *Rouaix* qu'elle emporte partout avec elle[12]. *"Je travaille avec une rigueur qui, si elle ne me donne pas de résultats abondants, me conserve une sorte d'estime pour moi-même : ça fait huit fois que je recommence ma scène avec l'homme* [dans *La Naissance du jour*][13]*..."* Même confidence à Irène Le Cornec : *"J'ai refait huit fois les quatre ou cinq dernières pages de* La Dame du photographe.*"*

Le style vif, spontané de Colette, son extraordinaire faculté d'évoquer beaucoup en peu de mots, la limpidité de ses phrases ne sont donc pas un effet du hasard mais le résultat d'un travail assidu et d'une impitoyable autocritique qui lui a fait froisser bien des pages jugées par elle défectueuses. C'est Willy sans doute qui, au début, lui a appris à sabrer sans pitié tout ce qui alourdit un texte, tout ce qui lui donne une enflure inutile. De chaque page relue, Colette dit qu'il faut ôter la moitié des adjectifs. En juin 1923, alors qu'elle vient de terminer *Le Blé en herbe,* elle écrit à Marguerite Moreno : *"La dernière page, exactement, m'a coûté toute ma première journée de Castel-Novel, – et je te défie bien, en la lisant, de t'en douter. Quoi, ces vingt lignes où il n'y a ni cabochon ni ciselure... Hélas, c'est comme ça. C'est la* proportion *qui m'a donné du mal. J'ai une telle horreur de la grandiloquence finale*[14]*."* Avec les années, son goût de la sobriété ira croissant. En 1949, elle remaniera son adaptation de *Chéri* pour le théâtre, en supprimant ce qu'elle appelle : des ciselures inutiles.

A Marguerite, elle donne des indications précieuses, pour la rédaction de ses souvenirs : *"Tu ne tiens pas encore le fil, tu n'as pas le lâché apparent qui ferait "journal", tu as rédigé, c'est visible, la plupart de tes bonshommes comme des sujets de devoir* [...] *Je te dis tout ça comme je le dirais à moi-même et aussi durement* [...] *toi qui es la magie même quand tu racontes, tu perds la plupart de tes effets en écrivant, tu les négliges ou tu les décolores* [...] *Pas de narration, bon Dieu ! Des touches et des couleurs détachées, et aucun besoin de conclusion* [...] *Colle-moi un décor, et des convives, et même des plats, sans quoi ça ne marche pas* [...] *Libère-toi. Et tâche, ô mon cœur, de nous cacher que ça t'emmerde d'écrire*[15]*."*

A la voyageuse Renée Hamon, que Colette appelle "le petit corsaire" et qui, désireuse d'écrire un livre, avoue ne pas savoir ce qu'il faut y mettre, Colette répond : *"Ne l'ayant jamais très bien su moi-même, je peux au moins te dire ce qu'il n'y faut pas mettre. Ne peins que ce que tu as vu. Ne regarde jamais ce que tu n'aimes pas; mais contemple longuement ce qui te fait de la peine. Sois fidèle à ton impression première, ne la modifie qu'au profit d'une vérité qui vaudrait mieux qu'elle. Ne te fatigue pas à chercher des mots rares; un mot n'est rare que lorsqu'il a la chance de rencontrer un autre mot qui le renouvelle. Ne mens pas : le mensonge développe l'imagination, et l'imagination c'est la peste du reporter.*

Prends des notes
Ne prends pas de notes } *biffer la mention inutile.*

"N'écris pas ton livre là-bas, tu le trouverais méconnaissable ici. On n'écrit pas un livre passionné pendant qu'on fait l'amour. Mais pense à lui, juste assez pour qu'il t'empoisonne un peu l'existence[16]*."*

Colette lui conseille aussi de faire attention à l'usage des points de suspension : *"Tu en mets partout. Tu gaspilles l'effet, voyons. Un point de suspension, faut que ça se sente mais on n'en met qu'une fois par hasard*[17]*."*

La méfiance que Colette manifeste pour le lyrisme, la ciselure ou la redondance l'a toujours tenue à l'écart de l'idéologie et de la poésie : *"Il y a trois parures qui me vont très mal : les chapeaux empanachés, les idées générales et les boucles d'oreille*[18]*."* Et elle se défend d'être poète : *"Moi, je n'ai pas d'extravagance et je n'ai pas non plus sur les prunelles, cette taie miraculeuse : la poésie"*, écrit-elle à Germaine Beaumont[19].

Elle qui est capable d'apprécier les poèmes des autres s'en garde soigneusement. "... *vous avez devant vous un individu d'une espèce extrêmement rare, une sorte de monstruosité : un prosateur qui n'a jamais écrit de vers* [...] *J'en appelle à vous toutes, à vous tous, vous qui avez dans la mémoire ce secret, cette rose séchée, cette cicatrice, ce péché : un poème en vers*[20] *!*". Comme elle sait réprimer, dans la vie, ses émotions, elle surveille son style pour ne pas verser dans la poésie classique, pour éviter les vers involontaires qui se glissent dans la prose : "*Si je n'exerçais sur ma prose un contrôle sans merci, je sais bien qu'au lieu d'un prosateur anxieux et appliqué, je ne serais pas autre chose qu'un mauvais poète déchaîné* [...] *Je suis là. Je veille. Pas si bien toutefois que des délinquants ne m'échappent! Dans de vieux romans qui datent de ma jeunesse, il y en a des vers involontaires, et pas camouflés. Jusqu'à trois qui se suivent, – je ne vous dirai pas où*[21]*.*"

Pourtant, si Colette refuse de s'exprimer en vers classiques, elle fait, comme M. Jourdain, de la poésie sans le savoir. Sans vouloir le savoir. Mais elle ne perd jamais son contrôle, même en prose et, par une sorte de pudeur, il lui arrive même souvent, quand elle se sent menacée de lyrisme, de choisir, exprès, les mots les plus terre à terre pour juguler une émotion qu'elle réprouve. Exemple : dans une lettre à Hélène Picard où elle raconte la splendeur des roses de Castel-Novel et de leur parfum, elle écrit ceci : "*Dans chacune des roses tu mettrais ton nez latin, et tu traiterais chacune de dégoûtation, de pervertie et de cochonne*[22]*.*"

Rebelle aux alexandrins et aux rimes, Colette, dans sa prose, fait jaillir à tout moment un chant poétique fait d'images dont la puissance d'évocation est inoubliable. Elle appréhende le monde par ses sens. Elle voit, elle touche, elle écoute et, surtout, elle sent. Ah, les parfums innombrables, les senteurs, les fragrances, les odeurs et même les relents qui surgissent d'entre ses pages! Colette fait de la poésie olfactive comme Mac Orlan fait de la poésie géographique, en utilisant les noms de pays. Tous les parfums de la terre, des plus violents aux plus subtils lui sont perceptibles. Elle hume et nous restitue les fleurs, l'herbe, la mer ou les truffes mais aussi les maisons, les rues, les choses, les saisons. Dans *Claudine à Paris*, elle décrit les odeurs des grands magasins. "*J'ai surtout fait une étude des odeurs diverses au Louvre et au Bon Marché. A la toile, c'est enivrant* [...] *Cette odeur sucrée des cotonnades bleues neuves, est-ce qu'elle me passionne, ou bien si elle me donne envie de vomir?* [...] *Honte sur la flanelle et les couvertures de laine! Ça et les œufs pourris, c'est quasiment. Le parfum des chaussures neuves a bien son prix, et aussi celui des porte-monnaie. Mais ils n'égalent pas la divine exhalaison du papier bleu gras à tracer les broderies, qui console de la poisserie écœurante des parfums et des savons*[23]*...*"

Et quoi de plus poétique que son évocation auditive : "*... le trot d'un cheval sur une route déserte, au loin, et surtout la nuit, c'est un son qui me serre la gorge. Cela vient de l'enfance, de la jument noire et des retours nocturnes d'Auxerre à St Sauveur, quarante kilomètres*[24]*...*"

La légèreté du style de Colette, son élégance, sa désinvolture aérienne sont inimitables. Faisant allusion à un très insipide roman de Francis de Miomandre qui avait obtenu le Goncourt en 1908, *Ecrit sur de l'eau*, Colette dit : "*... j'écris sur de l'air*[25]*.*" André Billy évoque "*l'impression de rafraîchissement et d'aération que nous apportèrent ses premiers livres. Cette impression où il entrait de l'enchantement et de la surprise, ceux qui ne sont venus qu'après ne peuvent guère l'imaginer, car le génie de Colette faisait déjà partie du climat littéraire, lorsqu'ils en ont eu la révélation. Il faut avoir grandi dans l'atmosphère raréfiée du symbolisme pour bien apprécier l'incomparable apport de Colette. Elle nous ouvrait le monde des odeurs, des contacts, des mille sensations dont notre vie quotidienne est tissée* [...] *Une raison de notre fidélité à Colette tient à ce que rien ne lui est plus étranger* *que l'idéologie et la déclamation, choses qui vieillissent si vite en littérature*[26]*."*

Sans parler de son humour qui arrive toujours, badaboum, au détour d'une phrase, au moment où l'on s'y attend le moins.

Mais que de travail pour en arriver là ! Parfois sept, neuf, onze heures d'affilée. *"... Je travaille comme une fourmi ; je hisse quelque chose, et puis je le fous en bas, et je recommence*[27]*."*

Quant vient l'heure du travail, Colette devient aveugle et sourde à l'extérieur. Il y a, d'abord, l'effort de la mise en train, l'envie de fuir, de retarder le moment fatal. *"... Elle retardait le moment,* dit *Germaine Beaumont, par toute une comédie, une danse d'insecte... elle s'asseyait, se relevait... j'ai oublié ma couverture... je n'ai pas le bon stylo... pas assez de papier... quelle heure est-il*[28] *?" "Je l'ai vue se refuser une partie de pêche, un vagabondage sur les prés de mer salés* [...] *et demeurer la fenêtre close, devant la tâche à entreprendre, cherchant par quelque dessin en marge, quelque caresse incantatoire aux objets qui sur son bureau amusent la main et le regard, le difficile chemin du travail et puis tout à coup le trouvant, s'y enfonçant, s'y perdant alors pour en émerger longtemps après, délivrée*[29]*."*

Comme tous les écrivains, elle a ses manies de travail qui ne sont pas des caprices mais procèdent d'un confort subjectif indispensable. Si elle n'écrit que sur son fameux papier bleu satiné qu'elle achète par rames entières chez *Toury-Méles,* rue du Four, où elle emmènera *Pierre Laval* choisir le sien, c'est que cette couleur est moins pénible aux yeux que la réverbération du papier blanc. Pour la même raison, sa lampe de la rue de Beaujolais, le "fanal bleu", sera atténuée par une feuille de papier azur.

Pour l'isolement, le recueillement nécessaire à l'écriture, Colette a ses recettes personnelles : *"Ce que l'amour préfère, le chaste travail le réclame. Il choisit lui aussi de verrouiller la porte, d'allumer en plein midi la lampe, de déployer les rideaux et de faire silence*[30]*."* Elle a besoin, pour se concentrer, de lumière artificielle. *"Il faut que la lampe soit allumée, sinon je m'éparpille. Je ne peux pas travailler à la lumière du jour."*

Mais, pour ménager ses yeux, elle achète des ampoules dites "lumières du jour", légèrement bleutées et dont se servent les artistes car elles ne transforment pas les couleurs (on les trouve toujours dans le commerce).

Elle a ses rites d'habillement pour écrire : les pieds nus, un certain peignoir... Elle enseignera à Germaine Beaumont qu'une couverture sur les genoux, en hiver, est bénéfique : *"... ne laisse pas pendre tes pieds, étends tes jambes, tâche d'avoir un peu trop chaud quand tu travailles. Vient un temps où la déperdition de chaleur nous coûte une page, – du moins "me" coûte*[31]*."* Elle est maniaque sur l'équilibrage de sa table, la hauteur de son siège ; elle tient à ce que ses livres soient facilement accessibles dans sa bibliothèque. Il y a aussi le jeu de ses nombreux stylos, les Waterman qu'elle va acheter chez Hardmuth, rue de Hanovre, les stylos américains, ceux qu'elle aime à certains moments et pas à d'autres.

Soucieuse de perfection quand elle écrit ses livres ou ses articles, Colette est très affectée de trouver coupures ou erreurs dans ses textes imprimés. En 1929, *Pierre Brisson* veut publier *La Seconde* dans la revue *Les Annales,* dirigée par sa mère, *Yvonne Sarcey.* Colette est méfiante car cette publication, plutôt destinée aux jeunes filles, lui fait redouter des coupures dans son roman, dictées par le puritanisme de la direction. On l'assure qu'il n'en sera rien, que le journal a évolué, etc. Colette cède et, bien entendu, on lui demande ensuite respectueusement de modifier certains passages. Bagarre, compromis : on finit par être d'accord. Quand paraît la première livraison du feuilleton, Colette aperçoit une coquille – un *s* malencontreux – dans son texte. Elle téléphone aussitôt à Pierre Brisson et lui reproche d'avoir ajouté une obscénité à son texte ; elle lit : *"Jane coupa son fils avec ses dents." Je vous l'avais bien dit,* ajoute-t-elle, *que cela finirait par des coupures !*[32]"

Dans une édition de luxe de *La Chambre éclairée,* illustrée par Picart-Ledoux, Colette s'aperçoit qu'un de ses chapitres a été tronqué par l'éditeur. Sur l'exemplaire qu'elle envoie à Germaine Beaumont, elle écrit au bas de la page : *"L'éditeur a laissé tomber la fin de ce chapitre. Je laisserai tomber l'éditeur*[33]*."*

Dans les années 50, elle mettra longtemps avant de céder à Hélène Lazareff qui va publier un de ses textes dans *Elle* et veut censurer la phrase de Colette parlant d'un homme qui *"avait la semence claire*[34]*".*

Celle qui, à vingt-sept ans, conseillait à Rachilde : *"Si c'est des gens qui vous font des misères, il faut cogner dessus, c'est mon grand remède*[35]" ne se laissera pas marcher sur les pieds à l'âge mûr et, si elle ne "cogne" pas lorsqu'on la contrarie, elle ne mâche pas ses mots : *"Chez Flammarion, il n'y a que de pâles larves anciennes, tremblantes, et ignorantes de tout ce qui se passe dans la maison*[36]*..."*

La discussion de ses contrats et de ses piges de journaliste est aussi rondement menée. A Arthème Fayard qui, pour avoir un texte d'elle dans *Les Nouvelles littéraires*, lui avait affirmé, grand seigneur : "Vos prix seront les miens", Colette annonça aussitôt un tel chiffre que l'autre bégaya : "Mais Gide exige le quart pour un papier ! – Gide a tort ! rétorqua Colette. Si les illustres agissent ainsi, qu'obtiendront les autres qui ont peut-être faim[37] ?"

A partir de 1926, Colette s'attache à arranger à son goût sa propriété de Saint-Tropez. La maison est moins grande que celle de Rozven qu'elle vient de vendre : quatre petites pièces sans confort et, près de la cuisine, une terrasse orientée au nord et couverte de glycine. Mais il y a aussi un hectare de terres, des vignes, un jardin, un petit bois de pins, des figuiers et un puits entouré d'un pied de raisin muscat qui inspirera le nom de la Treille Muscate. Au fil des années, Colette va transformer la maison, y faire construire de nouvelles pièces, un patio et un garage au bord de la route. Bientôt, sous ses "doigts verts", le jardin va crouler de fleurs : mimosas, lauriers-roses, térébinthes et volubilis ; Colette, en automne, sera très fière du produit de sa vendange.

Pendant douze ans, la Treille Muscate sera son domaine d'élection. Elle y viendra souvent pour écrire, en été et même en hiver. Il y a, entre les lignes de *La Naissance du jour,* tous les parfums de la Treille Muscate.

Là, Colette se lève avec le soleil et va se promener, toujours un chat ou un chien sur ses talons. Elle va se baigner – elle nage de mieux en mieux, sur et sous l'eau –, elle jardine ou bricole comme elle aime. On prend le petit déjeuner sous la glycine.

Colette, très hospitalière, recevra beaucoup à la Treille Muscate. Anciens et nouveaux amis vont, viennent, se succèdent. Il y a les peintres Dunoyer de Segonzac, Luc-Albert Moreau et sa maîtresse, Moune, la violoniste Hélène Jourdan-Morhange, le critique Gignoux, Thérèse Dorny et Nora Auric. Il y a souvent Bel-Gazou qui devient une jolie jeune fille.

Les déjeuners arrosés de vin du cru sont très gais. Beaucoup se souviendront des melons verts, des anchoïades, rascasses farcies, bouillabaisses et autres aïolis dont ils se sont régalés à la table méridionale de Colette. Héléna Bossis, qui venait à la Treille Muscate avec sa mère Simone Berriau, se souvient d'y avoir vu Colette, remuer, fatiguer la salade, à la main, les doigts luisants d'huile d'olive. L'odeur de l'ail flotte en permanence sur la maison, se mêle aux effluves des lys roses, des pétunias et des tubéreuses du jardin. Colette, toute la journée, croque des grains d'ail comme des bonbons.

Quand la nuit tombe, à l'heure où se déchaînent les cigales, où les pétunias embaument, Colette regagne sa terrasse où elle aime dormir à la belle étoile.

Elle viendra pendant douze ans à Saint-Tropez, jusqu'à ce que des vacanciers bruyants, envahissant le petit port et les environs, rendent sa maison inhabitable. Déjà, en août 1930, elle fait saisir légalement une carte postale en vente sur le port, sans son autorisation, et qui représente "la maison de Colette".

Si elle va désormais mener une vie plus calme, Colette n'a pas fini de déménager. En 1927, elle quitte son hôtel du boulevard Suchet qu'elle n'a jamais vraiment aimé et qui lui rappelle trop de souvenirs, pour un petit appartement, rue de Beaujolais, au Palais-Royal. Situé à l'entresol, sous les arcades, l'endroit est sombre, bas de plafond et Colette l'appelle mon "tunnel", mon "drain", mon "manchon" ou mon "tiroir". Goudeket, lui, habite encore sa garçonnière au rez-de-chaussée de l'avenue du Président-Wilson.

Désormais, Colette est vraiment très célèbre. Deux biographies lui sont déjà consacrées et ses livres sont traduits en Angleterre, Italie, Allemagne et même en Amérique. Que peut-elle donc désirer à présent? Un grade de plus dans la Légion d'honneur. Rien ne peut la combler davantage. Pour cela, elle fait donner la grosse artillerie d'Anna de Noailles, amie intime d'Edouard Herriot, député-maire de Lyon, alors ministre de l'Instruction publique, et, aussi, de Marguerite Moreno. L'été 1928, la comtesse de Noailles – toujours simple ! – écrit à M. Goudeket, pour le rassurer sur l'évolution des événements : "*... je suis du regard et je m'élance avec le cœur du taureau affectueux sur le rouge qu'exige l'émouvant génie de notre glorieuse amie. – Herriot est parfait et je ne vois pas quels envieux pourraient faire obstacle à la justice envers les dons suprêmes*[38]." Le 5 novembre, c'est fait : Colette, de chevalier devient officier. Elle n'en restera pas là; en février 1936, elle sera promue commandeur et, en avril 1953, grand officier. Cela fait jaser. Léautaud lui-même qui admire le talent de Colette, trouve "*... vraiment excessif d'aller jusqu'à la cravate pour les femmes, même jusqu'à officier. Qu'on les fasse* chevalier, *bon. Mais cela devrait suffire. Il y a encore là un exemple de la dégringolade de tout à notre époque*[39]."

Jusqu'en 1932, Colette va beaucoup écrire et voyager, Goudeket à ses côtés. Un Goudeket silencieux, docile et serviable, le mari idéal pour une femme écrivain. En 1929, Colette qui revient, avec lui, d'un château-hôtel en Belgique où elle est allée terminer son roman *La Seconde*, écrit à A. de Noailles : *"Maurice? Je lui ai fait une affreuse vie belge, renfrognée, muette, et des silences qui duraient neuf heures de suite, autant que mon travail. Il a été stoïque*[40]." En 1930, elle publie *Sido* et cinq nouveaux *Dialogues de bêtes*.

L'été, elle est à Saint-Tropez, parmi ses cigales et ses fleurs mais, déjà, elle commence à trouver l'endroit moins agréable. Elle écrit à Moreno : *"Je fuis avec soin le port, où tout Paris et tout Montparnasse sévissent*[41]." "*...Etre arrêtée, si je vais "en ville", par tous ceux qu'à Paris j'évite, et costumés en planteurs mexicains, en bateleuses, en mousses pour bateau de fleurs, en négresses, – Non, non et non. J'aime mieux le chemin de côte à six heures du matin, baigné de rosée, à ras de mer, et flanqué de figuiers à figues noires qui, quand on les détache, saignent blanc*[42]." Elle déteste l'agitation qui gagne la côte et ces fêtes bruyantes comme le "bal des nouilles" qui commencent à submerger le bruit des cigales.

Colette détestera toujours les snoberies, la foule et les mondanités. Elle aime choisir elle-même ceux qu'elle voit et évite ceux qu'elle appelle *"les schnocks qui usent votre temps"*. Elle surprend souvent les journalistes qui viennent la voir et ont d'elle une idée fausse ... "*(Je viens de te quitter pour une intervieweuse américaine, plus américaine que tu ne peux le penser. L'idée qu'elle se faisait de "Colette" eût fait ta joie. Elle me voyait "mondaine" et "répandue" !)*[43]."

En 1930, Colette et Goudeket achètent, non loin de Paris, une propriété au-dessus de Montfort-l'Amaury où habite Germaine Beaumont. Cette "Gerbière" est une jolie maison bourgeoise avec une pelouse, un jardin et un petit bois. Mais elle sera revendue à Chanel, au bout d'un an. Colette dit que la maison est hantée ; en réalité, la crise économique des années 30 qui fait écrouler de nombreuses affaires n'a pas été favorable à celles de Goudeket. Deux maisons plus deux appartements à Paris, c'est bien lourd pour le moment.

D'ailleurs, si Colette voyage beaucoup, pendant cette période, c'est soit parce qu'elle est invitée, soit pour son travail. En 1929, elle part avec Goudeket pour l'Espagne et le Maroc où le Glaoui, ami de Simone Berriau, a mis une maison tangéroise à sa disposition. L'été 1930, ils partiront en croisière en Norvège, invités par Henri de Rothschild sur son yacht *Eros*. Les autres voyages de Colette, en Belgique, Autriche, Roumanie et Afrique du Nord, seront payés par les conférences qu'elle va y faire.

En septembre 1931 – l'année de la mort de Willy – Colette, à Saint-Tropez, trébuche dans une ornière le long d'une route et se fracture le péroné, ce qui l'oblige à rester plâtrée trois semaines. Cette fracture, extrêmement douloureuse et longue à réduire à l'âge de Colette (elle a cinquante-huit ans), sera peut-être à l'origine de cette arthrose de la hanche qui la fera tant souffrir, huit ans plus tard, et finira par l'immobiliser complètement, à soixante-treize ans. Quand Bel-Gazou, très affectée par l'accident de sa mère, voudra le lui exprimer, Colette la recevra froidement et en donne l'explication suivante : *"Ma fille est accourue, très émue, et j'ai brisé son émotion, –* [...] *je ne suis pas mithridatisée contre toutes les émotions, – je veux dire contre leurs manifestations et j'ai peur, plus que de la gale, de montrer mon affreuse faiblesse*[44]*."*

Le pauvre André Maginot – le zozo de la fameuse ligne – fourmille décidément d'idées vouées à l'échec... C'est lui qui, en effet, dans les années 25, déjeunant un jour chez Colette boulevard Suchet, lui avait suggéré d'ouvrir un salon de beauté où elle vendrait des produits à son nom.

Ce projet en l'air ressurgit en 1931. La crise continue, les affaires de Goudeket ont mal tourné et Colette n'a pas assez de ses droits d'auteur pour faire face à toutes les dépenses. Pourquoi ne se lancerait-elle pas dans le commerce ? L'homme d'affaires, elle l'a sous la main. Le reste l'amuse : jouer à la marchande, essayer des parfums, touiller des petits pots, rechercher des couleurs et, surtout, transformer le visage des femmes à sa guise. *"Le visage humain a toujours été mon grand paysage..."* Depuis qu'elle est Colette elle a souvent éprouvé le besoin de changer la coiffure de celles qui l'ont approchée ; comme si elle voulait, sur elles, laisser sa marque personnelle. Annie, Germaine, Hélène, Claude, Irène et d'autres ont coupé leurs cheveux sur le conseil – parfois impératif – de Colette. La chanteuse Mireille, femme d'Emmanuel Berl, est encore aujourd'hui coiffée selon les indications de Colette à leur première rencontre. Colette a, sur la coiffure, des idées précises : pas de cheveux longs et, quand on a, comme elle, un très grand front, *"mon front monstrueux"*, on le cache. *"Le visage féminin a besoin de feuillage"*, dit-elle encore. Et elle n'aime pas que l'on résiste à ses suggestions. Un jour, elle conseille à une mère de couper une frange à sa fille. "Quel dommage, s'écrie l'autre, elle a un si joli front, pourquoi le lui cacher !" – C'est vrai, dit Colette, mais je suis sûre qu'elle a aussi un joli cul et pourtant, tu le lui caches !"

Quant au maquillage, Colette ne craint personne. En a-t-elle passé des heures à se maquiller dans toutes les loges de ses théâtres ! Elle sait rendre ses yeux bleus plus bleus en les cernant de khôl ou antimoine gris et faire paraître ses dents plus blanches, en se fardant la langue et les gencives à la laque de garance. Elle sait tirer parti de ses défauts physiques, attirer l'œil sur ce qu'elle a de mieux, celle qui, à partir d'un certain âge, ne se fera plus photographier que le visage et le buste, parce qu'elle sait que le reste est immontrable. Elle sait les couleurs qui donnent bonne mine, les tons pastel qui vont au hâle et le tulle rose qui réanime un teint blafard. Aussi experte que la reine de Saba, son nez hypersensible lui vaut la science des parfums qui troublent, le chypre, le patchouli, le jasmin. Elle sait toute *"l'alchimie divertissante"* qui exalte la beauté et le charme des femmes et ceux qui la pratiquent. *"Pendant de nombreux lustres, j'achetai fidèlement mon koheul chez Bichara,* "parfumeur syrien" [...] *Il vendait de chauds parfums, une argile à laver les cheveux, des savons moulés en petits cylindres, d'aspect comestible...* [...] *C'est à une Oranaise... que je dois l'usage quotidien de l'antimoine* [...] *quelques bonnes manières de harem, entre autres l'habitude, le besoin du khôl*[45]*."*

Oui, pourquoi ne pas essayer, sous son célèbre nom qui est une caution, d'en faire un métier rentable? *"Pour mes amies et moi, je faisais bouillir la pâte de coings et la mucilagineuse enveloppe de leurs pépins, je battais le cold-cream et j'exprimais le suc des concombres*[46]*..."*

Aussitôt dit, aussitôt fait. On cherche des commanditaires, on en trouve : la princesse Winnie de Polignac, le pacha de Marrakech, Simone Berriau, tous les amis riches sont mis à contribution.

Tandis que *Ces plaisirs...* (qui deviendront en 1942 *Le Pur et l'Impur*) paraissent en feuilleton dans l'hebdo d'extrême-droite *Gringoire*, Colette court les laboratoires et les usines pour mettre au point ses produits de beauté. Elle demande même à Moreno de lui voler "du Max Factor" pour en faire copier la formule. Au début de 1932, *"nous travaillons beaucoup, écrit* Colette, *l'usine nous voit souvent* [...] *nos produits sont des merveilles, – et je ne blague pas*[47]*..." "La curiosité est telle que je n'arrive pas à modérer le zèle des journalistes. Ils m'ont déjà fait, à mon corps défendant, plus de 50 000 F de réclame*[48]*..."*

Colette a abandonné le sombre "tunnel" de la rue de Beaujolais pour un petit appartement avec une terrasse en plein midi, tout en haut de l'hôtel Claridge. Après avoir couru toute une journée dans ses laboratoires, elle y revient, le soir, morte de fatigue et traînant sa jambe qui n'est pas encore guérie.

Enfin, le salon de beauté ouvre en juin 1932, 6 rue de Miromesnil, près de la place Beauvau. Toutes les femmes élégantes ont reçu une invitation pour l'inauguration, rédigée en fac-similé de l'écriture de Colette : *"J'inaugure mon magasin de produits pour la beauté, mercredi 1er juin et les jours suivants. Je serai heureuse, Madame, de vous accueillir moi-même 6 rue de Miromesnil, et de vous conseiller les maquillages les plus seyants pour la scène et pour la ville. COLETTE."*

C'est la ruée. Toutes veulent se faire maquiller par la grande romancière et l'on s'arrache ses rouges, les pinceaux courts en "patte de chat" pour les étaler, ses crèmes et ses parfums. Mme de Comminges, la Panthère, est arrivée parmi les premières. Le temps a passé depuis ce jour où, folle de jalousie, elle voulait "zigouiller" Colette ; à présent, elles sont réconciliées.

Quand les clientes s'en vont, on leur remet un petit fascicule rouge qui contient des conseils de beauté rédigés par Colette. Exemple :

"Yeux bleus, méfiez-vous d'un fard trop bleu ! Ce sont vos prunelles qui doivent être plus bleues *que le halo artificiel qui les cerne."*

"Si vous vivez au soleil le jour, aux lumières le soir, usez du khol, même pendant la nuit.

"Enfin, riez si vous avez sujet de rire. Mais ne pleurez pas, sous peine de voir trop tôt votre beauté vous quitter."

Pendant toute l'année suivante, Colette va parcourir la France pour promouvoir ses produits de beauté par des conférences et des démonstrations dans plus de trente villes de province. Un dépôt sera ouvert à Nantes, un autre sur le port de Saint-Tropez.

Mais on ne s'improvise pas esthéticienne ; Colette, décidément, est meilleur écrivain que maquilleuse ; le résultat de son improvisation n'est pas fameux. Dans ses souvenirs, Natalie Barney raconte que Cécile Sorel, sortant de la rue de Miromesnil maquillée par Colette, semblait deux fois plus âgée qu'elle ne l'était et aussi qu'elle eut de la peine à reconnaître la fraîche Bel-Gazou, elle aussi atrocement maquillée par sa mère. Les clientes se raréfient.

Un après-midi de mai 1933, Colette retourne chez la voyante Fraya qui habite à présent un petit hôtel particulier rue Chardin. (Elle lui amènera bientôt Simone Berriau.) Et Colette parle à Fraya de sa nouvelle activité qu'elle juge déjà "*futile, astreignante et, en définitive, peu rentable*".

"*Si vous m'aviez consultée plus tôt,* lui dit Fraya, *je vous aurais déconseillé de vous disperser. Avec le talent que vous avez... Quittez le domaine des affaires, vous n'y rencontrerez que des déboires*[49]*...*"

C'est ce qu'elle va faire sous peu, abandonnant cette expérience aussi désastreuse que coûteuse. Heureusement le succès de *La Chatte* qui vient de sortir en librairie va compenser un peu les dépenses engagées par les produits de beauté.

Tandis qu'elle se remet à l'écriture – dialogues du film *Lac aux dames,* tiré du roman de Vicky Baum et qui sera réalisé par Allégret –, Maurice Goudeket se tourne vers un commerce qu'il espère plus rentable : il se lance dans la quincaillerie et vend, entre autres, dit Colette "*... un tube souple à déboucher les cabinets qui devrait lui porter bonheur et qui est un petit chef d'œuvre de goût et d'ingéniosité! Je l'ai baptisé moi-même : le Furet*[50]." Bientôt, Goudeket se mettra lui aussi à l'écriture, fera du journalisme et s'essaiera au théâtre. Près de Colette, on est à bonne école.

En 1933, Anna de Noailles qui, à l'entendre, se meurt tous les jours depuis des années, meurt pour de bon et cela rapproche Colette de leur amie commune, la princesse de Polignac, veuve d'Edmond et fille de Singer, l'inventeur américain de la machine à coudre. Il y a des lustres que Colette connaît cette Winnie de Polignac, mécène des peintres et des musiciens, grande prêtresse de Lesbos. Elle l'a rencontrée, l'année de son mariage avec Willy, dans le salon musical des Saint-Marceaux. Colette et Winnie – dont Cocteau dit qu'elle ressemble au portrait de Dante par Giotto! – ne se sont jamais perdues de vue et évoquent, en buvant du vin chaud, les bons moments du "temple de l'Amitié" de Natalie Barney, rue Jacob. Elle revoit aussi Violet Tréfusis, amie de Winnie, et Misia, femme de son vieil ami le peintre José Maria Sert et qu'elle a connue, elle aussi, avec Willy, au temps où elle s'appelait Misia Natanson. Si elle se méfie des nouveaux visages, Colette est fidèle à ses vieux amis. C'est par Misia qu'elle va rencontrer Coco Chanel.

En 1934, paraît *Duo* et Colette écrit le scénario et les dialogues de *Divine* que tournera Max Ophüls.

En 1935, la faillite financière du Claridge et la désorganisation de cet hôtel où Colette, un jour, avait croisé dans un couloir Alexandre Stavisky, la chasse de son refuge en plein ciel. "*Je nouai mes meubles dans une serpillière et... je sautai par-dessus l'avenue des Champs-Elysées*[51]*...*", c'est-à-dire au 33, au huitième étage de l'immeuble Marignan où elle va vivre deux ans, avec Goudeket cette fois.

Elle va même faire mieux : elle va épouser, à soixante-trois ans, cet homme qui en a seize de moins, après avoir vécu avec lui pendant dix ans. Alibi de cette surprenante régularisation : ils sont invités en juin au voyage inaugural du paquebot *Normandie*, Le Havre-New York et retour, et ne pourraient, sans être mariés, occuper la même chambre dans une New York encore puritaine.

On peut se demander lequel des deux a le plus souhaité ce mariage tardif : Goudeket, pour des raisons que la raison ne désapprouve – c'est d'ailleurs lui qui en suggère l'idée le premier –, ou Colette que l'âge rend moins vaillante, qui n'aime pas vivre seule et est sensible aux attentions de son "meilleur ami" ?

Quoi qu'il en soit, elle signalera l'événement en style télégraphique à Hélène Picard : "*A propos, nous sommes mariés, Maurice et moi, depuis une dizaine de jours. Cérémonie de dix-sept minutes tout compris, et deux témoins* [Luc-Albert Moreau et sa femme] *en guise de cortège. Que veux-tu, en plus de dix années, nous n'avions pas trouvé une matinée libre pour "régulariser"*[52]." Elle sera plus prolixe, dans *L'Etoile Vesper,* pour raconter le déjeuner de ce jour-là... *"Il comportait des fondants jambonneaux de cochon cuits en pot-au-feu, habillés de leur lard rosé et de leur couenne, mouillés de leur bouillon qui fleurait un peu le céleri, un peu la noix muscade, un peu le raifort et tous les sains légumes, serviteurs aromatiques de la maîtresse viande. Nous eûmes aussi des crêpes*[53]*..."*

Quelques mois plus tard, en octobre, celui qui fut pour elle "Sidi", celui qui fut tant aimé et qui sera bientôt d'elle tant haï (voir *Julie de Carneilhan*), Sidi meurt d'une embolie, en sortant d'une exposition au Grand-Palais. La veille, Pierre Laval lui avait proposé le ministère des Affaires étrangères.

Pendant son bref séjour à New York – moins de trois jours –, Colette, au vingt-quatrième étage de l'hôtel Waldorf Astoria découvre une ville *"beaucoup plus belle que nous le pensions".* Et, bien sûr, elle va courir les magasins pour s'acheter des stylos. Comme son mari lui fait remarquer qu'elle trouverait les mêmes à Paris, elle répond : "Oui, mais ils sont plus frais ici."

Un soir, elle rencontre dans une rue de New York un petit chat qui miaule. "Enfin, dit-elle, quelqu'un qui parle français !"

En 1936, elle publie *Mes Apprentissages,* autobiographie de sa jeunesse où sa rancune pour Willy éclate avec une injustice qui choquera ceux qui ont connu le couple.

Avançant en âge, Colette se rapproche de son enfance. En mars, elle fait une causerie à l'ABC sur ses débuts au music-hall et se met à chanter sur scène (*"je ne sais pas chanter,* dit-elle, *c'est pourquoi j'ose le faire")* de vieilles chansons que son père lui avait apprises lorsqu'elle était enfant. Colette, de sa voix grave mais juste, entonne, sous les applaudissements *Les Filles de Marseille, Les Deux Petits Bœufs, Le Meunier, Le Pourtant temps (Il est pourtant temps...).*

Des applaudissements, elle en aura en cette année de gloire 1936 : en janvier, elle reçoit la cravate de commandeur de la Légion d'honneur et, le 4 avril, elle est appelée à succéder à Anna de Noailles – Cocteau prendra leur suite – à l'Académie royale de langue et littérature française de Belgique.

Elle est contente et intimidée à la fois, à l'idée de la réception qui l'attend. *"Ai-je besoin de te dire que je ne suis que misanthropie, angoisse, mal-au-ventre, bégaiement et débilité générale ?* [...] *j'ai pâli sur mon discours* [...] *ce n'est pas le travail pour lequel j'étais née*[54]*..."*

En effet, ce discours qu'elle doit prononcer n'est pas facile à rédiger pour Colette car son thème est l'éloge de celle dont elle va occuper le fauteuil : Anna de Noailles. Et celle-ci, il faut le dire, agaçait prodigieusement Colette lorsqu'elle se livrait à ses caprices et à ses singeries de femme-fragile-qu'un-souffle-va-emporter; sa peur théâtrale de vivre et l'expression continuelle de sa fascination par la mort faisait souvent grommeler la vivante Bourguignonne : "La mort ne m'intéresse pas; pas même la mienne." De plus, la poésie d'Anna ne la bouleversait pas.

L'arrivée de Colette en Belgique est mouvementée. Accompagnée de Goudeket et de Winnie de Polignac, elle est bloquée à la frontière : le douanier s'est aperçu que son passeport est périmé et refuse de la laisser pénétrer en Belgique. Il ne veut même pas savoir qu'elle est attendue à l'Académie royale. Il va falloir que Winnie pique une vraie colère de Polignac pour obtenir finalement qu'on laisse passer Colette.

Maurice Martin du Gard, témoin de la réception, raconte la stupeur des graves messieurs qui l'ont élue, quand elle pénètre dans le palais du prince d'Orange, vêtue d'un tailleur de soie noire cirée, d'un chemisier de satin blanc et noir mais les pieds nus aux ongles laqués d'un rouge vif dans ses sandales plates tropéziennes, seules chaussures qu'elle supporte, en toutes circonstances, depuis sa fracture.

Mais, après le discours d'accueil du poète Valère Gilles, la récipiendaire prend la parole et tient la foule qui l'écoute sous le charme de sa voix si particulière. Colette a accompli l'exploit d'évoquer Anna de Noailles d'une manière si vivante qu'on croit la voir apparaître et, cela, sans dire un mot de sa poésie. Ovations, compliments. Le lendemain, Colette est invitée à l'ambassade de France à l'un de ces dîners protocolaires qui l'assomment. Avant de s'asseoir à l'auguste table, elle glisse à l'oreille de Martin du Gard. *"Moi, les endroits où je ne peux dire : "M...", ça me rend malade*[55] *!"*

L'année suivante, Colette va déménager pour la dernière fois. Elle retourne au 9, rue de Beaujolais mais cette fois, à l'étage noble, au-dessus du sombre "tunnel", dans un petit appartement dont les fenêtres ouvrent sur les jardins du Palais-Royal. C'est là qu'elle écrira ses derniers livres, là qu'elle vivra bientôt en recluse, clouée par son arthrose de la hanche, sur ce divan qu'elle appellera mon "radeau", là qu'elle cessera de vivre, dix-sept ans plus tard.

Colette est amoureuse de son Palais-Royal qui est, dans Paris, comme un village. Elle connaît ses voisins et cela lui rappelle son enfance à Saint-Sauveur. *"Ce n'est jamais très confortable, ces appartements du carré. Mais quelle province bien fermée ! Mme Massé* [tisserand et restaurateur du passage Choiseul] *m'envoie des poires cuites, la bistrote d'en face me fait porter une paire de crêpes farcies, l'antiquaire monte avec des salutations et des bâtonnets d'encens, et le gardien s'écrie en me voyant avec ma chienne sans laisse : "Vous êtes donc incorrigible ?"*[56]*"*

L'été 1938 sera le dernier qu'elle passera à la Treille Muscate. Les "congés payés" de 36 ont fait déferler les foules sur toutes les côtes de France et Saint-Tropez n'a pas été épargné. Adieu, la petite plage déserte où elle se baignait nue. Le port voisin ne vaut guère mieux, envahi par le tout-Montparnasse, comme il le sera, vingt ans plus tard, par le tout-Saint-Germain-des-Prés.

Ces envahisseurs auront eu, au moins, le mérite d'exciter la verve satirique de Colette, dans une lettre à Goudeket : *"C'était un beau samedi. Une foule dense, un soir chaud. Le Gotha en salopettes. Une vieille tante très titrée en chemise de coton kaki à ceinture de terrassier. Des femmes "du monde" en liquettes d'homme à bon marché. Fernande C. en robe du soir, bijoux et cheveux laqués, une gueule de boucher engraissé* [...]

"D'une table de femmes en garçons et d'hommes à grands foulards se lève une longue haridelle en os, vêtue d'une culotte de toile bleue à dix-neuf francs [...] *Une gueule plâtrée de bonne sans place* [...] *Ça s'approche de moi et ça me dit : "comme je suis heureuse de vous rencontrer!" Je ne dis, comme tu penses, mot. Ça ajoute : "Nous ne nous sommes pas revues depuis une soirée chez Mme de..." Devant ma figure de hérisson obtus, elle se nomme* [...] *Ces dames dansèrent ensuite la cigarette à la bouche, et ladite princesse sifflait à table. Elles dansèrent comme on n'ose pas danser rue Blomet. Rue Blomet, les négresses se tiennent un peu*[57]*."*

D'autre part, la célébrité de Colette lui vaut des visites importunes de vacanciers qui se croient autorisés à pénétrer dans son jardin. Vingt ans avant Bardot, elle souffre à Saint-Tropez d'une invasion d'admirateurs sans-gêne. C'est pourquoi, l'année suivante, elle vendra sa chère Treille Muscate à l'acteur Charles Vanel. *"Les gens croient que je l'abandonne de gaîté ou d'indifférence de cœur. Il est vrai que je fais l'impossible pour qu'ils le croient*[58]*."*

A la place, elle va acheter une maison à Méré, près de Montfort-l'Amaury, c'est-à-dire près de chez Germaine Beaumont avec laquelle elle correspond toujours.

Bella-Vista paraît en feuilleton dans *Gringoire*, à l'automne, et *La Jumelle noire*, recueil de quatre ans de critiques dramatiques.

Colette, qui commence à souffrir sérieusement de sa hanche, travaille cependant beaucoup. *Paris-Soir* l'envoie au Maroc assister au procès d'un tueur de prostituées. Elle travaille un peu pour *Marie-Claire*, pour *Candide*, pour *Le Petit Parisien*. Elle écrit des textes publicitaires... *"et d'autres broutilles qui me servent à chauffer mon four"*, elle fait des émissions de radio. Enfin, elle rédige la suite de *Duo*, *Le Toutounier*.

Claude Farrère, qui admire ces deux livres et est encore amoureux de Colette, le lui écrira en 1940... *"Toi, mon Verre d'Eau jamais bu, toute ma folle soif têtue... Je t'ai adorée trente ans sans te le dire*[59]*..."*

Elle est à Dieppe avec les Marchand, en août 39, quand la guerre est déclarée et elle rentre à Paris. Goudeket a passé l'âge de la mobilisation.

Denise Tual, qui connaissait Colette à cette époque et était sa voisine au Palais-Royal, reçoit d'elle des directives de guerre : *"Il faut d'abord faire rentrer du charbon et ne pas oublier les pommes de terre*[60]*."* Une fois seulement, elle descendra à la cave, pendant une alerte.

En juin, au moment de l'exode, elle quitte Méré, en voiture, avec son mari et Pauline, pour se réfugier chez sa fille, en Corrèze, dans le vieux château de Curemonte à trente-huit kilomètres de Castel-Novel dont Colette de Jouvenel a hérité. En réalité, le château n'est qu'une ruine dont une petite partie, seulement, est habitable : "*... nous sommes dans un tombeau verdoyant où rien ne parvient. Pas un mot ami, pas un journal, pas une dépêche, rien. C'est bien pire qu'un danger. Nous ne savons pas où est* Paris-Soir. *Adressées à Prouvost à la propagande, nos lettres n'ont pas l'air d'être parvenues* [...] *Cent ans ont passé en quinze jours.* [...] *Nous voudrions tellement parler à âme qui vive* [...] *beaucoup de choses essentielles manquent, beurre, lait, huile, etc.*[61]" "*... on chauffe la lessiveuse (comme à Rozven) avec des débris d'alcôves Louis XV*[62]*...*"

L'été s'étire, Colette trépigne. Elle s'ennuie et voudrait retrouver son Palais-Royal *("j'ai l'habitude de passer mes guerres à Paris...")* mais l'essence manque pour le voyage du retour. Elle regarde sa fille qui fait des pickles... *"Elle met dans un bocal, des graines de capucines, des cheveux de fenouil, des cornichons, de l'ail, des carottes, des avortons de tomates, des radis ligneux, du basilic, du vinaigre et elle commence à "consommer" à partir du 9e jour*[63]*..."* Enfin, le 11 septembre, Colette revient à Paris, avec deux nouvelles : *Lune de pluie* et *Chambre d'hôtel* qui seront publiées en octobre.

Le 12 décembre 1941, Maurice Goudeket, qui est juif, est arrêté à l'aube et emmené dans un camp à Compiègne. Colette est dans tous ses états. Comme toutes les lionnes, elle défend sa tribu, même ceux qui en sont des membres rapportés. Elle s'agite – et quand Colette s'agite, elle fait du vent ! –, s'adresse à tous ceux qui, dans ses relations, ont avec les autorités d'occupation des accointances susceptibles de faire éviter le pire à Goudeket. Certains, parmi eux, ne sont pas des résistants pur porc ! On appelle à l'aide Sacha Guitry, Hélène Morand, amie de la femme d'Otto Abetz, on appelle Coco Chanel et Drieu la Rochelle – ami intime de Bertrand de Jouvenel, qui sortira Paulhan de la prison allemande et réussira à sauver de la déportation son ex-femme (devenue Mme Tchernia) et ses deux enfants en bas âge ; on appelle aussi José Maria Sert, le mari de Misia, ambassadeur de l'Espagne neutre au Vatican. Sert qui pactise ouvertement avec les Allemands profite de son crédit auprès d'eux pour sauver ses amis juifs. Il échouera pour Max Jacob mais réussira pour Goudeket[64]. Celui-ci sera libéré au bout de deux mois, quelques kilos en moins et des poux en plus, mais ayant échappé de peu à la déportation en Allemagne, c'est-à-dire à la mort.

Pendant les semaines de cette attente angoissante qu'elle racontera dans *L'Etoile Vesper*, Colette éprouvera la chaleur de l'amitié et de la solidarité féminine qui joue à plein, en cas de danger. *"On tient des conciliabules, les amis de Colette se concertent et se relaient auprès d'elle. Les bicyclettes sont nombreuses dans l'entrée. Les "dames cyclistes" comme nous les appelons, ne la laissent pas seule. Il y a là Hélène Jourdan Morhange, Antonia Lichwitz, Geneviève Leibovici; il y a aussi Simone Berriau qui, elle, a une voiture. Le docteur Marthe Lamy, qui veille avec tendresse sur la santé de Colette, vient chaque jour[65]."* Cette Marthe Lamy, amie de Paulette Gauthier-Villars, nièce de Willy et médecin elle aussi, connaît Colette de longue date. Ses soins et son amitié l'accompagneront jusqu'au bout de sa vie[66].

Années douloureuses pour Colette. Tandis que Goudeket, sauvé mais toujours menacé par les rafles antisémites qui se multiplient à Paris, va se cacher dans le Midi chez des amis, Colette souffre de plus en plus de son arthrose. Sur un conseil médical, elle fait de la bicyclette au bois de Boulogne – elle s'est fait offrir une superbe "Alcyon" par le fabricant – mais cela ne la soulage guère. *"Je vois très bien, après ma mort une notice biographique : "Vers 70 ans, elle se consacra au cyclisme, ses performances resteront célèbres, notamment un Paris-les Mesnuls* [propriété des Luc-Albert Moreau près de Montfort-l'Amaury] *accompli en moins de 48 heures, etc.[67]"*

A soixante-neuf ans, un long martyre commence pour elle. Entre les séances de rayons X qui lui brûlent le ventre, de douloureuses piqûres intraveineuses et des traitements par l'acupuncture, elle écrit *Gigi* qui paraîtra à l'automne 1942.

En vain, des médecins français mais aussi suisses, anglais ou américains tenteront de la soulager, dans les années à venir.

Aux douleurs physiques s'ajoutent des chagrins. L'été 42, la femme de Léo Marchand, qui est juive, la charmante Misz, si gaie au temps de Rozven, en pleine dépression aujourd'hui, va se suicider pour ne pas attirer d'ennuis à un mari qu'elle adore. En 1943, Colette perd Renée Hamon, le "petit corsaire" qu'elle protège. Celle-ci meurt d'un cancer à quarante-quatre ans.

Pourtant, même lorsqu'il s'agit de sa propre souffrance, Colette ne perd pas son humour. Elle a toujours souffert de ses mauvaises dents et, dès 1921, elle écrivait à Germaine Beaumont : *"Ah, pourquoi ne se fait-on pas arracher toutes les dents pour les remplacer par du jade vert[68] ?"* Au cours des nombreux traitements et cures qu'on va lui faire subir pour réduire ce qu'elle appelle ses "crises de jambes", elle plaisante encore : *"Aujourd'hui, on me fait brouter des hormones mâles. Mais pourquoi m'a-t-on dit que je verrais ma barbe pousser?*

Et autre chose itou
Que je ne saurais dire[69]..."

"Ma brouette électrique", c'est ainsi qu'elle baptise le fauteuil roulant qui va lui permettre de se déplacer. *"J'ai commandé* [...] *ma superbe voiture en forme de fauteuil de mutilé. Moteur électrique, 12 à l'heure! Distance promise : 30 km par jour! Quand tu me verras arriver là-dessus chez toi, le quartier sera fou[70]."*

Cependant, Colette continue à travailler : *Journal à rebours, Julie de Carneilhan, Paris de ma fenêtre, Le Képi, Trois...six...neuf...*

Elle écrit des nouvelles, des textes pour les journaux. Elle participe à un recueil de luxe que Sacha Guitry dédie "à la gloire de la France" et qu'il intitule maladroitement : *"De 1429 à 1942, de Jeanne d'Arc à Philippe Pétain"* (il en entendra parler, trois ans plus tard!). Colette est, là, en bonne compagnie : Paul Valéry (un texte sur Descartes), Pierre Benoit (Victor Hugo), Rosny jeune (Rousseau), Duhamel, le duc de Broglie, La Varende, Cocteau et un dessin de Maillol en frontispice qui représente "la France qui se révèle, aidée par un génie des Arts". Colette, elle, s'est chargée de Balzac. Elle rédige aussi des chroniques pour la radio où elle apprend aux auditrices comment faire face aux restrictions alimentaires, par quoi remplacer le vrai café, etc.

Car, bien portante ou arthritique, en guerre comme en paix, notre Colette n'a rien perdu de sa gourmandise, au contraire. Les privations du moment ne font que l'exalter. Privations relatives en ce qui la concerne car une chaîne d'amitié s'est tissée autour d'elle pour la ravitailler. Sans parler de sa bonne Pauline, qui connaît de mystérieuses adresses pour faire son marché, Colette reçoit des cadeaux de partout. Son vieil ami Curnonski l'emmène manger des huîtres dont elle raffole et lui envoie du lard d'un cochon qu'il fait élever à la campagne. De Bretagne, elle est gâtée par celles qu'elle appelle *"mes petites fermières"*, Thérèse Sourisse et Yvonne Blanchard, deux jeunes femmes professeurs, rencontrées à Nantes en 1933. Elles ont mis sur pied l'un des premiers élevages avicoles et elles élèvent une jeune louve qu'elles ont apprivoisée. L'une comme l'autre vouent à Colette une admiration dont Yvonne Blanchard, aujourd'hui, se fait encore l'écho. Pendant toute la guerre, elles lui enverront d'appréciables colis de ravitaillement.

Elle ne sont pas les seules. L'un lui apporte un lapin, l'autre des œufs frais. Une troisième dépose sur sa table de ces raisins muscats dont Colette est friande ou encore, un pot de confiture. En pleine guerre, Colette avoue que tout le monde a maigri de vingt kilos, sauf elle.

Les bons restaurants abondent autour du Palais-Royal. Colette est comme chez elle, place des Victoires, au Louis XIV ou au Roi Gourmet. Il y a surtout, tout près de chez elle, le Grand Véfour dont le patron, Raymond Oliver, est devenu son ami. Un jour, elle va se bourrer d'aïoli dans le restaurant qui se trouve en haut du magasin du Louvre. On peut faire confiance à Colette : même en cas de disette, elle serait capable de trouver foie gras, cassoulet, gigot, pâté ou quiche. Tant pis pour les malaises qui en résultent : "*... Intoxication intestinale... Horreur, en neuf jours, j'ai perdu un kilo ! On va entendre tous mes plis claquer comme un drapeau*[71]." Alors, elle se met à la diète, contrainte et forcée, mais pas pour longtemps.

Son ami, le granvillais Richard Anacréon, la pourvoit en beurre qu'il rapporte de sa Normandie et en histoires drôles... *"Anacréon est venu hier nous raconter les histoires folles qui sont sa spécialité*[72]."

Anacréon, libraire rue de Seine et grand collectionneur, ami de Paul Valéry, Farrère, Jouhandeau, Cocteau, etc. Anacréon qui aime les garçons et ne s'en cache pas, a une passion pour Colette qui le lui rend bien. Il l'emmène déjeuner chez Tonton, au Liberty's, place Blanche et, quand elle ne peut sortir, il lui apporte à domicile son esprit caustique, sa culture entrelardée d'un argot qui la fait rire et les mille pia-pias dont bruit un Paris mondain ou littéraire que la vieille dame ne peut plus guère fréquenter.

Anacréon qui a aujourd'hui plus de quatre-vingts ans, se souvient des parties de fou rire rue de Beaujolais, avec Colette et Cocteau. "C'est nous, dit-il, qui avons inventé le mot *"pédale"*, dans les années 35. Je connaissais un Suisse qui écrivait des livres pornos et qui avait le goût des jeunes gens et en particulier des télégraphistes. Il les attirait chez lui en s'envoyant à lui-même des pneumatiques. Cette histoire avait fait rire Colette qui me demandait tout le temps de ses nouvelles : "Comment va ta pédale ?" (à cause des bicyclettes des télégraphistes). Le mot avait amusé Cocteau qui l'avait répandu en ville."

En 1945, l'état de Colette s'est aggravé. Désormais, elle est quasiment impotente. *"Mon soixante-douzième anniversaire me voit résignée à beaucoup de choses raisonnables. Mais je discute pied à pied. Il y a plus d'un mois que je ne suis sortie. Tant que mon état général sera honorable, je consens à l'impotence officielle, sur mon lit aménagé. Quand vous me voyez cette petite écriture régulière, dites-vous seulement qu'elle camoufle de longs débats têtus avec moi-même, dans le silence*[73]."

Elle s'indigne contre les règlements de compte de l'épuration. "*... les procès intérieurs sont dégueulasses. J'emploie exprès ce mot lui-même ignoble*[74]." A ce propos, elle a quelques discussions avec sa fille. Colette de Jouvenel a fait de la "résistance" et exprime un avis contraire à celui de sa mère dans un nouvel hebdomadaire politique dont elle est corédactrice en chef. *"Avez-vous lu l'article de ma fille dans* Fraternité*?* écrit Colette à Charles Saglio. *Voyez-moi le ton de cette jouvenelle*[75] *!"*

Colette, désormais, est mondialement connue. Le 2 mai 1945, elle sera élue membre de l'Académie Goncourt – la seconde femme à y être admise depuis sa fondation, après Judith Gautier en 1910. C'est Sacha Guitry qui, le premier, a eu l'idée de sa présence, parmi les académiciens Goncourt, en remplacement de Jean de la Varende qui vient de démissionner. En 1949, doyenne des académiciens, Colette deviendra leur présidente. A dire vrai, ce n'est pas la première fois qu'elle siège dans un jury littéraire : elle faisait déjà partie des jurés du Prix de la Renaissance et écrivait à sa fille Colette de Jouvenel : "*... Si j'ose appeler plaisir, ces moments d'aigreur et de chichis qu'on nomme réunion d'un jury*[76]."

L'arrivée de cette "goncourte" (selon son expression) de soixante-douze ans va redonner un coup de jeunesse à la docte assemblée. Pour inaugurer ses fonctions au Goncourt, Colette se bat avec l'obstination qu'on lui connaît pour faire couronner le premier roman d'un jeune professeur inconnu : Jean-Louis Bory. Il a vingt-quatre ans et son roman *Mon village à l'heure allemande*[77], qui raconte la mentalité de la "France profonde" sous l'occupation, n'est pas, mais pas du tout, dans le ton de la littérature engagée "à messages" ni des grandes tartines héroïco-résistantes, à la mode ces années-là. Oui, mais Colette a aimé la fraîcheur de cette histoire villageoise qui, de surcroît, l'a fait rire. Et puis, le testament des Goncourt ne mentionne-t-il pas leur volonté d'aider matériellement et en priorité de jeunes écrivains débutants? Colette est si persuasive que Bory est élu, ce qui fera grincer quelques dents grises.

Des années plus tard, Bory me racontera la visite de remerciement qu'il fit à Colette, rue de Beaujolais : "Ecoute, j'étais mort de trouille!... [il faut se souvenir que Bory, comme il ne s'en cachait pas, aimait les garçons] la grande Colette, tu penses!... on disait qu'elle était terrible, une dévoreuse, et moi, j'étais tellement timide!... C'est mon éditeur qui avait insisté pour que j'y aille. Bon. Je sonne en tremblotant rue de Beaujolais. Pauline m'ouvre, m'introduit dans la chambre de Colette qui était allongée sur son lit et j'entends sa grosse voix qui me dit : "Apprrrochez, apprrrochez, jeune homme, j'adorrre la chairrr frrraîche!"... Elle le faisait exprès, c'était pas possible!... Ecoute, j'avais plus un poil de sec!... Tu comprends, j'avais l'âge de Chéri, après tout! Enfin, j'approche... elle me dit de m'asseoir à côté d'elle.. Je suis resté une heure. Elle a été charmante." Et Bory, les doigts en éventail, conclut : "Ecoute, elle a été très bien : elle ne m'a rien fait!"

Colette est un juré très consciencieux. En novembre 1947, elle écrit à Marguerite Moreno : *"Le plus clair de mon temps appartient à la lecture des romans qui briguent le prix Goncourt. Je crois que le nombre de l'an dernier, pourtant effarant, est dépassé. La mode des romans-fleuve nous vaut des volumes de 700 et 800 pages, caractères serrés. Demain, à l'avant-dernier déjeuner Drouant, je dirai ce que je pense des romans-fleuve(s). Je lis le jour et la nuit. L'étrange est que quelques-uns de ces monstres* (Le Temps des rencontres, Planète sans visa) *ont bien des qualités. Tant mieux, cela tient notre vigilance en éveil*[78]*."*

Comme elle a le don de détecter les sources (ce qu'elle appelle *"ma sourcellerie"*), Colette a celui de reconnaître et vite le talent d'un jeune écrivain; les choix des Goncourt se ressentiront de sa présence parmi eux. Dès 1954, après sa mort, la qualité des livres primés ne sera plus la même.

En 1948, Colette a éprouvé son dernier gros chagrin : Marguerite Moreno, *sa* Marguerite, sa plus vieille amie, sa complice, sa confidente est morte le 14 juillet. En plein été, une congestion pulmonaire l'a emportée et, cette fois, peut-être bien que Colette, dans le secret, a pleuré. Sa peine lui inspire un très beau texte sur Marguerite qui paraîtra à l'automne dans *Le Figaro littéraire*[79].

Désormais, Colette n'aura plus de maison à elle, à la campagne ou au bord de la mer et elle ne va plus guère quitter la rue de Beaujolais que pour des séjours, surtout dans le Midi, invitée par des amis : chez Simone Berriau, dans sa propriété de Mauvannes, aux Salins d'Hyères ou chez les Charles de Polignac à Grasse.

Elle transmet à ses amis une expérience acquise au cours de sa vie, pour soigner les animaux ou pour planter un jardin. Ainsi, elle apprend à la femme de Luc-Albert Moreau qu'il ne faut jamais planter un peuplier près d'une maison car cet arbre a si peu de racines, qu'une chute est toujours possible, un jour de tempête. Mais que les ifs, au contraire, sont recommandés. L'année précédente, elle avait envoyé à Marguerite Moreno une recette de Sido contre les engelures... : *"dans du très bon vinaigre de vin, fais infuser des pétales de roses rouges, pendant un mois. Et la nuit tu gardes une compresse sur l'engelure, une compresse bien imbibée. D'abord ça embaume. Quand j'étais petite, je n'avais pas d'engelures. Mais je disais que j'en avais, pour sucer la compresse. J'adorais déjà le vinaigre*[80]."

Quand elle n'écrit pas son dernier livre, *Le Fanal bleu*, Colette fait de la tapisserie. Le soir, elle joue à la belote avec Goudeket. Le dimanche, on va déjeuner à la campagne chez Luc-Albert Moreau et sa femme, Moune. Avant de partir pour Montfort-l'Amaury, Colette tient à aller elle-même choisir fromages et viandes dans les meilleures boutiques de Paris.

Rue de Beaujolais, Colette a fait tirer près de la fenêtre qui donne sur le jardin du Palais-Royal son divan recouvert d'une fourrure en ventre de petit-gris. Elle écrit sur ses genoux, appuyée sur une table sans pied que lui a offerte Mme de Polignac. A côté de son lit, une table basse en laque rouge supporte ses stylos, ses crayons, des ciseaux, une montre, un encrier de poche, ses lunettes, un flacon de sels et de quoi se maquiller.

Cette chambre dont bientôt elle ne sortira plus guère, c'est son refuge, son salon et son musée. Elle en a fait tapisser les murs et le plafond de ces papiers à fleurs de chez Dumas qu'elle a toujours aimés. Elle y a rassemblé, pour les voir à tout moment, les meubles et les bibelots qu'elle préfère, les livres, les objets de verre, miraflores et presse-papiers à sulfures qu'elle collectionne depuis des années. A-t-on trouvé parmi eux ce petit isolateur électrique de verre vert que – dans une lettre à Germaine Beaumont – elle avoue avoir dérobé dans un chantier de travaux de Saint-Tropez, fascinée par cet objet de verre sans valeur mais qui s'apparente pour elle aux billes et aux presse-papiers ?

C'est ici qu'elle reçoit ses visiteurs, filtrés par Pauline et Goudeket : admirateurs, journalistes venus de partout pour l'interviewer ou la filmer. C'est là qu'elle bavarde avec ses amis de passage : Francis Carco, Dignimont, Paul Géraldy, le vieux Marcel Boulestin, l'ancien collaborateur de Willy qui a ouvert un très bon restaurant à Londres. Il y a aussi les amis qui habitent le Palais-Royal et montent souvent chez Colette, en voisins : Emmanuel Berl qu'elle a hébergé souvent à Saint-Tropez, au temps de ses chagrins d'amour. Il est moins tourmenté aujourd'hui. Il habite à côté, rue de Montpensier, et vient voir Colette avec sa femme, la chanteuse Mireille. Un jour, il lui dit : *"A mon avis, vous êtes le plus grand écrivain français vivant."* Et Berl ajoute : "*... sans broncher, avec sa tranquillité bovine, elle m'a répondu : "En effet."*[81]" Jean Cocteau est souvent près d'elle, lui aussi... *"soucieux, charmant, tourmenté de besoins d'argent"*. Il s'assoit au pied de son lit et, sans doute, évoquent-ils le bon temps où Jean, à vingt ans, dansait sur les tables de chez Larue. Souvent l'accompagne Jean Marais, suivi de son chien Moulouk. Colette aime beaucoup Jean Marais, si attentionné, si tendre pour elle : "Tu es la seule personne, lui dit-elle, qui lorsqu'elle m'embrasse, ne me fait pas mal."

Si le dévoué Goudeket a éloigné d'elle quelques amis, d'autres s'arrangent pour venir rendre visite à Colette, quand ils savent que Goudeket n'est pas là. Bertrand de Jouvenel, par exemple. Bertrand, celui qui l'aura aimée, sans doute, le plus tendrement. Bertrand s'est marié, est devenu veuf, s'est remarié mais il gardera toujours Colette au fond de son cœur, Colette qui le lui rend bien, même à quatre-vingts ans. Un jour, elle lui écrit cette lettre douce et triste :

"Te voilà donc revenu, mon garçon? C'est bien vrai que j'ai reçu, que je reçois encore beaucoup de lettres. Comment je me tirerai du devoir de répondre, c'est une autre affaire. Ma fille n'est pas assez sotte pour vouloir m'aider, et je ne suis qu'arthrite (jambes) depuis des mois et des mois."

"Tu as une jolie maison. Des enfants desquels tu es fier? A moi qui suis quelque peu responsable de tant de biens, montre les uns et les autres, ne serait-ce que sur un bout de carte postale. Je ne puis faire un pas. C'est dans cinq jours que Maurice m'emmène, comme l'an passé, à Monte-Carlo. A mon retour, le miroir me dira si je peux t'appeler. Mais seras-tu encore assez jeune? Je t'embrasse, mon garçon, de bon cœur. Colette[82]."

De tendres liens ne seront, entre eux, jamais rompus.

Germaine Beaumont racontera plus tard comment, du vivant de Marguerite Moreno, avec Lili de Clermont-Tonnerre et Natalie Barney, elles téléphonaient à Pauline d'un café voisin de la rue de Beaujolais pour s'assurer que "madame était seule" et accouraient si la complice Pauline leur disait que Goudeket était sorti et la voie libre. Alors, elles venaient bavarder et rire comme des collégiennes avec leur vieille amie.

Denise Tual vient aussi, en voisine : *"Lorsque j'allais voir Colette, Pauline me faisait toujours attendre un peu avant de m'introduire dans sa chambre, le temps qu'elle se pomponne. De l'entrée sombre, j'apercevais sa silhouette se détachant sur la fenêtre, ses gestes, le coup de peigne qui crêpait la mèche de devant et le nuage nacré de poudre qui allait iriser son visage. Pauline nouait alors autour de son cou une écharpe en tulle mauve, qu'elle faisait bouffer d'un revers de main, puis elle se regardait dans la glace posée sur ses genoux et faisait signe que je pouvais entrer.*

"Accoudée à un monceau d'oreillers très blancs, ajourés, brodés, mousseux, elle repoussait un peu sa table de travail et posait sur moi son regard pervenche pénétrant, plein d'interrogations sur la vie "du dehors". Un orteil indiscipliné émergeait du plaid qui recouvrait ses jambes et ponctuait la conversation de pulsations d'amusement ou d'impatience[83]."

En 1951, *La Seconde* est adaptée au théâtre. André Luguet, Hélène Perdrière et Maria Casarès viennent jouer quelques scènes devant Colette, au Palais-Royal. Yannick Bellon viendra aussi la filmer à domicile.

En 1952, Colette écrit à Germaine Beaumont : *"Je ne peux pas du tout marcher – comme c'est étrange. Alors je vis couchée. Comme c'est simple. L'avion m'est complètement indifférent. Et j'entre aujourd'hui dans ma 80e année. T'en douterais-tu à me voir? Peut-être pas[84]."* Colette sera presque aussi fêtée pour ses quatre-vingts ans que Victor Hugo le fut en son temps. Les hommages afflueront, sa photo sera dans tous les journaux.

Elle prendra beaucoup l'avion, à la fin de sa vie, car la voiture la fatigue trop et circuler dans un train lui est impossible. Au printemps 1950, elle a fait son premier séjour à Monte-Carlo pour y consulter un certain Dr Gibson qui, dit-on, a un traitement efficace contre l'arthrite. Il ne la guérira pas mais elle reviendra tous les ans à Monte-Carlo dont le climat doux lui convient. Maurice la suit et Pauline aussi. A chacune de ses arrivées à l'aéroport de Nice, une délégation fleurie vient l'accueillir. "J'ai l'âme d'un sous-préfet", dit-elle.

Au luxueux Hôtel de Paris, on s'ingénie à l'entourer de confort et d'amitié. Le prince Pierre de Monaco, père de

Rainier III, qui vénère Colette, la couvre de fleurs et de bonbons. Sachant sa passion pour les plantes, il l'emmène visiter son jardin exotique. Le personnel de l'hôtel est aux petits soins pour elle. Il y a toujours, au bar, le sirop d'orgeat et les radis dont elle raffole.

Colette circule dans l'hôtel sur sa petite voiture roulante. Un jour de 1951, le hall de l'hôtel est en effervescence : on y tourne la séquence d'un film. Colette observe ce qui se passe. Une jeune actrice inconnue qui s'appelle Audrey Hepburn fixe son attention. En un éclair, Colette décide que c'est elle qui doit incarner *Gigi* dans la pièce américaine que l'on est en train d'adapter pour Broadway. La pièce doit être jouée à l'automne et le producteur cherche justement l'actrice qui doit incarner Gigi. A la demande de Colette, c'est Audrey Hepburn qui sera choisie.

Au début de 1952, Colette restera près de trois mois à Monte-Carlo. Cocteau est encore là. L'état de sa vieille amie l'inquiète, l'attriste... *"Je la trouve très mal, séparée du monde par ses oreilles et par sa fatigue. Très pâle et comme loin. J'ai déjà vu cet œil d'un bleu sombre presque noir. C'était celui de ma sauterelle verte lorsqu'elle chantait son chant de mort* [...] *Maurice roule le fauteuil de Colette dans le bar* [...] *le tzigane qui vient jouer* Gigi *derrière l'épaule de Colette* [...] *Maurice traverse le moins possible ce mur d'ouate qui enferme Colette. Il ne lui passe que l'essentiel* [...] *Maurice semble s'occuper admirablement des affaires de sa femme. Elle croit qu'il y a quelques billets dans son tiroir. Son épargne a toujours été ce tiroir qu'elle remplissait en écrivant des articles et qu'elle vidait en payant Pauline. D'après le tiers provisionnel que Maurice m'avoue, elle a dû gagner de très grosses sommes. Colette est une paysanne et une enfant. Elle se laisse vivre. Elle est presque contente de ce nuage qu'elle habite et qui la protège contre un monde cruel qui la dépasse et qui ne coïncide plus avec ses fleurs et ses animaux*[85]*."*

Colette, c'est certain, s'abstrait de plus en plus de la vie mais elle manifeste encore des éclairs d'une singulière séduction. En août 1952, elle est invitée à Deauville et le jeune écrivain Jacques Laurent (alias Cecil Saint-Laurent) se trouve à côté de son fauteuil roulant au cours d'une soirée dansante au casino. Colette regarde évoluer les danseurs et, soudain, remarque parmi eux une très jolie jeune fille vêtue d'une robe rose. "Celle-là, il me la faut", murmure-t-elle. Et elle prie Jacques Laurent d'aller lui chercher la jeune fille.

Un peu gêné, très étonné, mais curieux de ce qui va suivre, celui-ci va dire à la jeune fille que Colette souhaite lui parler. "Je me demandais ce qui allait se passer, dit Laurent, car cette jeune fille anglaise ne parlait pas un mot de français (Colette ne parlait pas l'anglais) et la jeune fille, de surcroît, ne savait pas qui était Colette. Quoi qu'il en soit, je l'ai amenée près de Colette et, un quart d'heure plus tard, je me suis aperçu que non seulement elles bavardaient ensemble mais encore, la jeune fille s'éloignait avec Colette, comme fascinée."

Très vite, Colette, qui souffre nuit et jour, va se retrancher de plus en plus dans son nuage qui va l'éloigner définitivement. Seule la gourmandise l'en fait parfois sortir.

Un de ses grands plaisirs c'est de bavarder avec son ami Raymond Oliver qui règne sur le Grand Véfour, à quelques mètres de chez elle. Celui-ci fait tout pour lui être agréable : il l'envoie chercher en chaise à porteurs pour qu'elle puisse dîner au restaurant où il lui concocte les plats qu'elle aime : cassoulet, blanquette à l'ancienne, pâtés de passereaux, d'alouettes ou d'ortolans ou ce fameux coulibiac de saumon dont Oliver a fait pour elle une version allégée et facile à manger car elle n'a plus de dents. Parfois, il fait porter chez elle une ou deux portions d'un plat dont il sait qu'elle va se régaler. Sans cesse, elle lui réclame une certaine marmelade d'abricots comme la faisait Sido. "Si vous manquez la marmelade, lui écrit-elle, je vous dirai des choses dures !"

Parfois, au milieu d'un après-midi, elle appelle Oliver au téléphone : "Je me languis de vous. Venez manger des chocolats avec moi. Nous avons des choses à nous dire." Oliver monte. Ils devisent en buvant du champagne.

"Pour ses quatre-vingts ans, je lui ai servi deux repas, dit-il. *L'un, chez elle, avec une tourte de mauviettes, l'autre au Grand Véfour, avec un lièvre à la royale qu'elle voulut à la Poitevine, avec 40 gousses d'ail et 40 d'échalotes*[86]*."*

Le 3 août 1954 au matin, Raymond Oliver lui apporte un bouillon de légumes dont elle a manifesté le désir. Ce sera le dernier.

Dans l'après-midi, Colette va de plus en plus mal. Le Dr Lamy est près d'elle avec Colette de Jouvenel et Goudeket. Le Dr Lamy est très croyante et, quand elle juge que Colette, dont la conscience est déjà floue, n'en a plus pour longtemps, elle dit qu'il est temps d'aller chercher un prêtre. Mais Goudeket s'y oppose et Colette, à huit heures du soir, a rejoint Sido.

Celle qui, deux ans plus tôt, a été faite grand officier de la Légion d'honneur aura droit à des funérailles nationales mais l'Eglise, par la voix du cardinal Feltin, archevêque de Paris, lui refusera sans merci sa bénédiction, malgré la protestation de Graham Greene qui écrira au cardinal son indignation.

Cette sévérité implacable de l'Eglise ne s'explique pas uniquement par le fait que Colette était divorcée. En effet, si Willy avait été le seul de ses maris qu'elle avait épousé religieusement, il était mort en 1931 et ses deux autres mariages civils n'avaient aucune valeur aux yeux de l'Eglise.

Non. Ce qui a fait priver Colette de bénédiction religieuse, c'est cela même qui fut opposé à Vincent Auriol, lorsqu'il intervint, deux ans avant la mort de Colette, pour forcer les réticences au sujet de sa croix de grand officier : son passé au music-hall et le relent de scandale qui la suit depuis toujours.

Jean Cocteau, dans son journal, raconte qu'en décembre 1952, invité à déjeuner à l'Elysée, le président lui dit : *"... la lutte qu'il mène pour la croix de Colette. On se demande pourquoi,* continue Cocteau, *lui ayant donné la cravate, on refuse d'aller plus haut. Rien de plus ridicule que ces nuances. "Elle s'est montrée toute nue sur la scène du music-hall"*[87]*."*

C'est ce passé de "femme de mauvaise vie" qui pèse encore lourd sur elle. Qui n'a pas fini de peser. Longtemps, les livres de Colette seront à l'Index et celle qui écrit ces lignes sera renvoyée d'un collège religieux pour avoir lu et prêté *Claudine à l'école.*

Pour une fois, l'Etat se sera montré moins pusillanime que l'Eglise, offrant à la vieille dame géniale la seule babiole qui pouvait encore lui faire plaisir avant sa mort : une croix de grand officier. Les gens de l'archevêché, au contraire, se conduiront en fonctionnaires, rejetant une brebis peut-être égarée, selon ses règles, mais que le Christ, lui, aurait recueillie sans aucun doute.

En effet, s'il est évident que Colette ni dans sa vie ni dans ses livres n'a été un modèle de piété, elle était baptisée, avait été au catéchisme, avait fait sa première communion et s'était mariée à l'église. Jamais un propos anticlérical ne s'est glissé dans ses lignes. Au contraire, on se souvient comment, au nom de la liberté, il lui était arrivé publiquement de défendre l'école religieuse quand elle était menacée.

Celle à qui Mauriac faisait lire la Bible, celle qui avait accepté d'être la marraine de son amie Claude Chauvière, celle qui, à l'un des derniers Noël de sa vie, écouta la messe de minuit à la radio, Colette avait une foi qui ne s'exprimait pas de façon orthodoxe mais qui, aux moments difficiles de sa vie, resurgissait de son enfance. Foi superstitieuse ? Elle en vaut peut-être une autre. Quand le neveu de Marguerite Moreno est en prison, pendant la guerre, Colette lui écrit : *"Je vais aller chez ma voisine Notre-Dame des Victoires, mettre un cierge pour ton absent*[88]*."* Parlant d'une médaille envoyée à une personne dans l'affliction, Colette écrit : *"Il y a des heures où on n'hésite pas à mêler gris-gris, fétiches, chapelets et où on sent qu'ils se réconcilient sans résistance*[89]*."* Et que se serait-il passé si le Dr Lamy avait réussi à amener près de son agonie le prêtre qu'elle souhaitait ?

De toute manière, ce n'est pas au Père-Lachaise, sous la dalle sans croix où elle repose que nous irons chercher Colette. Notre amoureuse Colette est là où l'amour surgit d'une couleur, d'un parfum, d'une forme heureuse, d'un plaisir sans mélange. Colette, nous la retrouverons toujours dans l'air iodé d'une plage bretonne d'où la mer se retire, la mélancolie somptueuse d'une rose de septembre, dans l'appétit joyeux qu'éveillent les huîtres fraîches ou la démarche élastique d'un jeune homme qui passe. Et le meilleur d'elle-même, l'impérissable, ses pages, nous accompagneront jusqu'au bout de la vie.

Geneviève DORMANN

1 . *Lettres à M. Marguerite Moreno, op. cit.*
2 . *Lettres à M. Marguerite Moreno,* 21 juin 1925, *op. cit.*
3 . *Lettres à M. Moreno,* 23 juin 1925, *op. cit.*
4 . Paul Léautaud. *Journal littéraire,* 16 juin 1925.
5 . Georges Duhamel, *Le Livre de l'Amertume,* Denoël.
6 . *Journal à rebours.* Arthème-Fayard, 1941.
7 . Lettre inédite à Natalie Barney, 3 novembre 1921, coll. Richard Anacréon.
8 . *Lettres à ses pairs,* été 1921, *op. cit.*
9 . *Ibid.,* 1922.
10 . *Lettres à Hélène Picard,* 1933, *op. cit.*
11 . Lettre inédite à Natalie Barney, 1925, coll. Richard Anacréon.
12 . Paul Rouaix, *Dictionnaire des idées suggérées par les mots,* Armand Colin. Il date de 1921 mais il est réédité. C'est un indispensable instrument de travail pour un écrivain. (N. d. A.)
13 . *Lettres à M. Moreno,* 5 janvier 1928, *op. cit.*
14 . *Lettres à M. Moreno,* juin 1923, *op. cit.*
15 . *Ibid.,* septembre 1924.
16 . *Lettres au Petit Corsaire,* projet de lettre-préface, 1939, Flammarion.
17 . *Id.,* journal de R. Hamon, 6 avril 1938.
18 . *Paysages et Portraits. op. cit.*
19 . Lettre inédite à Germaine Beaumont, coll. J.-L. Lécard.
20 . *Paysages et Portraits, op. cit.*
21 . *Id.,*
22 . *Lettres à Hélène Picard,* mai 1923, *op. cit.*
23 . *Claudine à Paris, op. cit.*
24 . *Lettres à M. Moreno,* 23 janvier 1932, *op. cit.*
25 . *Ibid.,* 30 octobre 1943.
26 . André Billy, article du *Figaro littéraire* du 24 janvier 1953, « Une sorte de dandysme féminin. ».
27 . *Lettres à M. Moreno,* 1er septembre 1931, *op. cit.*
28 . Enregistrement interview radio de G. Beaumont, coll. J.-L. Lécard.
29 . G. Beaumont et A. Parinaud, *Colette par elle-même, op. cit.*
30 . *Trois..., six..., neuf..., op. cit.*
31 . Lettre inédite à Germaine Beaumont, coll. J.-L. Lécard.
32 . Raconté par M. Goudeket, *Près de Colette, op. cit.*
33 . Editions Edouard-Joseph, coll. J.-L. Lécard.
34 . D. Dubois-Jallais, *La Tzarine,* Laffont. 1984.
35 . *Lettres à ses pairs,* vers 1900, *op. cit.*
36 . *Lettres à M. Moreno,* 11 septembre 1926, *op. cit.*
37 . Raconté par Claude Chauvière dans *Colette,* Firmin-Didot, 1931.
38 . *Lettres à ses pairs,* juin 1928, *op. cit.*
39 . Paul Léautaud, *Journal littéraire,* 23 octobre 1935, *op. cit.*
40 . *Lettres à ses pairs,* 10 janvier 1932, *op. cit.*
41 . *Lettres à M. Moreno,* 31 août 1930, *op. cit.*
42 . *Lettres à Hélène Picard,* 1931, *op. cit.*
43 . *Ibid.*
44 . Lettre inédite à Hélène Morhange, 28 septembre 1931.
45 . *Le Fanal bleu, op. cit.*
46 . *L'Etoile Vesper, op. cit.*
47 . *Lettres à M. Marguerite Moreno,* 19 février 1932, *op. cit.*
48 . *Lettres de la Vagabonde,* à Léopold Marchand, début 1932, *op. cit.*
49 . Simone de Tervagne, *Une Voyante à l'Elysée, op. cit.*
50 . *Lettres à Hélène Picard,* août 1933, *op. cit.*
51 . *Trois..., six..., neuf..., op. cit.*
52 . *Lettres à Hélène Picard,* 13 avril 1935, *op. cit.*
53 . *L'Etoile Vesper, op. cit.*
54 . *Lettres à Hélène Picard,* 1er avril 1936, *op. cit.*
55 . Martin du Gard, *Les Mémorables,* t. 3, Grasset, 1978.
56 . *Lettres à ses pairs,* à Ch. et L. Saglio, janvier 1938, *op. cit.*
57 . M. Goudeket, *La Douceur de vieillir,* Flammarion 1965.
58 . *Lettres au Petit Corsaire,* 9 juin 1939.
59 . Lettre inédite, coll. Bertrand de Jouvenel.
60 . Denise Tual, *Le Temps dévoré,* Fayard, 1980.
61 . *Lettres de la Vagabonde,* à L. Marchand, fin juin 40, *op. cit.*
62 . Lettre inédite à G. Beaumont, coll. J.-L. Lécard.
63 . Lettre inédite à G. Beaumont, coll. J.-L. Lécard.
64 . Voir *Misia,* de Arthur Gold et Robert Fizdale, Gallimard.
65 . Denise Tual, *Le Temps dévoré, op. cit.*
66 . Quelque temps avant sa mort, en 1979, Marthe Lamy exerçait encore son métier de gynécologue. Elle nous a parlé de Colette.
67 . Lettre inédite à Mme L.-A. Moreau.
68 . Lettre inédite à G. Beaumont, coll. J.-L. Lécard.
69 . *Ibid.*
70 . Lettre inédite à Mme L.-A. Moreau, 6 juin 1942.
71 . *Lettres à M. Moreno,* 28 juillet 1943, *op. cit.*
72 . Lettre à Mme L.-A. Moreau, 7 avril 1942.
73 . *Lettres à ses pairs,* à Lucie Saglio, début 1945, *op. cit.*
74 . *Ibid.*
75 . *Ibid.,* à Ch. Saglio, 6 mai 1945.
76 . Lettre inédite. Coll. Michel Rémy-Bieth.
77 . J.-L. Bory, *Mon village à l'heure allemande.*
78 . Lettre à M. Moreno, *op. cit.*
79 . Du 11 septembre 1948 et recueilli ensuite dans *Le Fanal bleu, op. cit.*
80 . *Lettres à M. Moreno,* février 1947, *op. cit.*
81 . Emmanuel Berl, *Interrogatoire,* par Patrick Modiano, collection Témoins/Gallimard.
82 . Lettre inédite, coll. Bertrand de Jouvenel.
83 . Denise Tual, *Le Temps dévoré, op. cit.*
84 . Lettre inédite à G. Beaumont, coll. J.-L. Lécard.
85 . Jean Cocteau, *Le Passé défini,* Gallimard, 1951-1952.
86 . Raymond Oliver, *Cuisine pour mes amis,* Albin Michel.
87 . Jean Cocteau, *Le Passé défini, op. cit.*
88 . *Lettres à M. Moreno,* 12 mars 1944, *op. cit.*
89 . *Ibid.,* 18 mars 1944, *op. cit.*

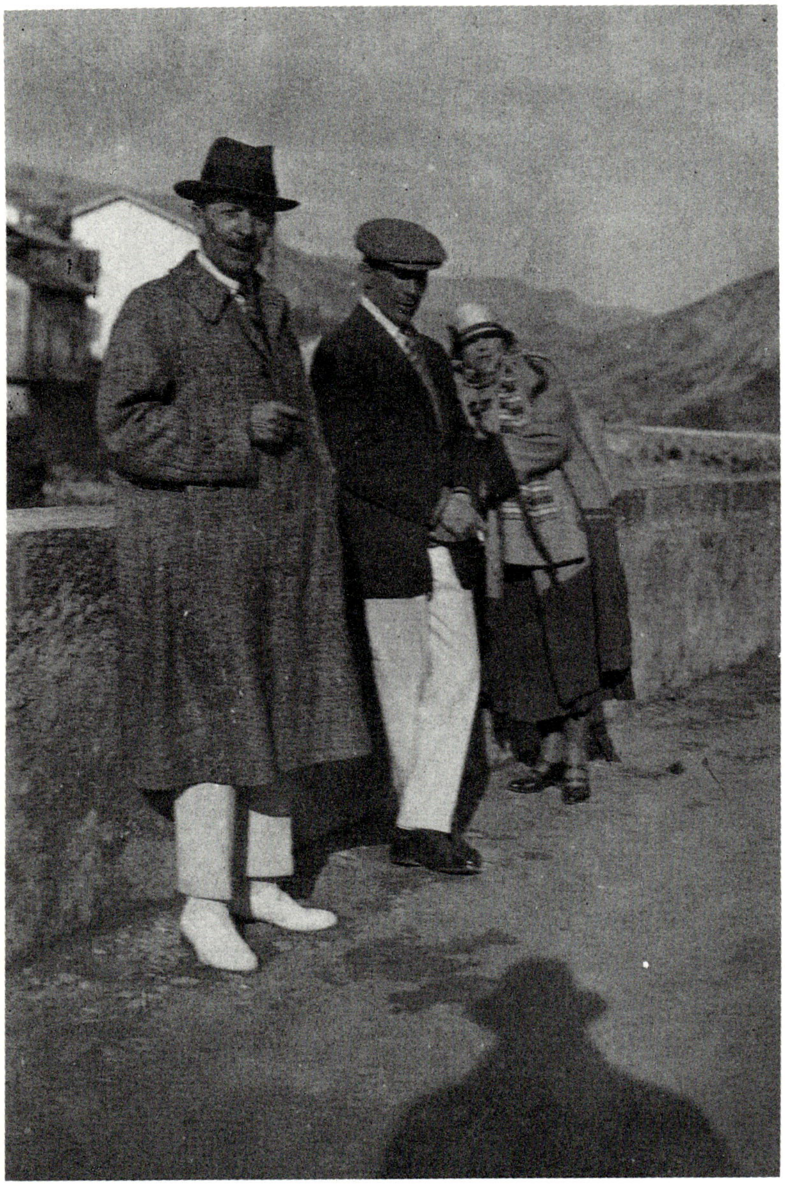
1

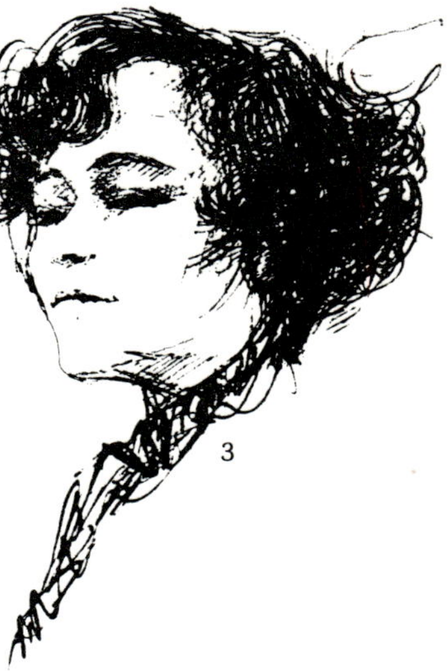
3

Le troisième mari de Colette entre en scène dès 1925. – Ci-dessus : Colette par elle-même. – Ci-contre : (1) Léon Barthou, Goudeket et Colette sur la route de Sospel. (2) Après le retour à Paris, dans la voiture de Goudeket. – **Page suivante :** Colette rêveuse, photo de Germaine Krull.

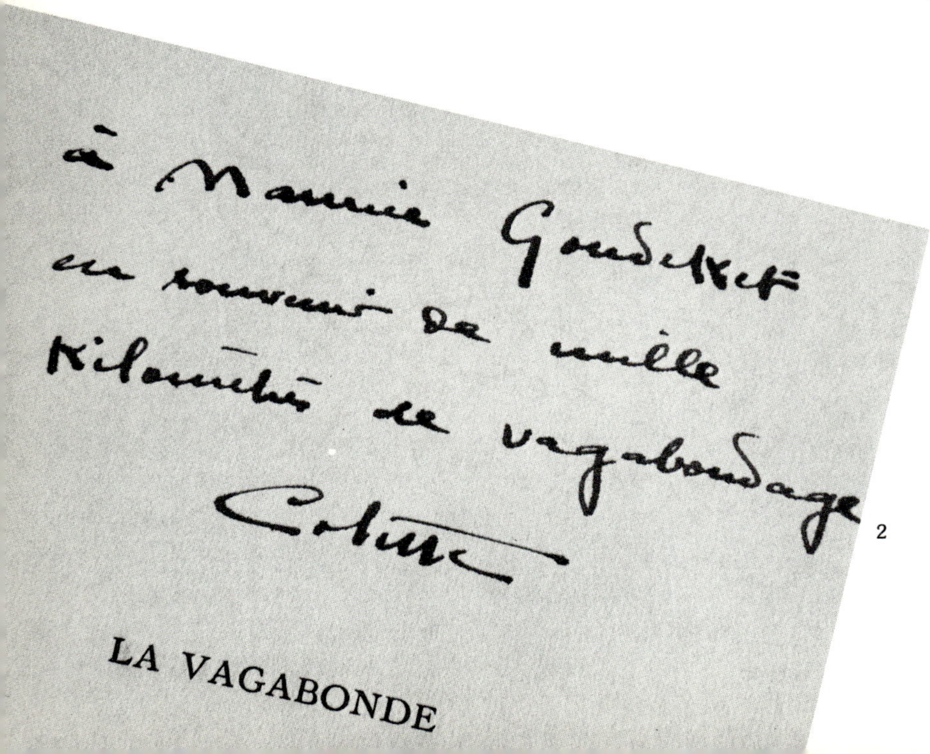
à Maurice Goudeket
en souvenir de mille
kilomètres de vagabondage
Colette

LA VAGABONDE

2

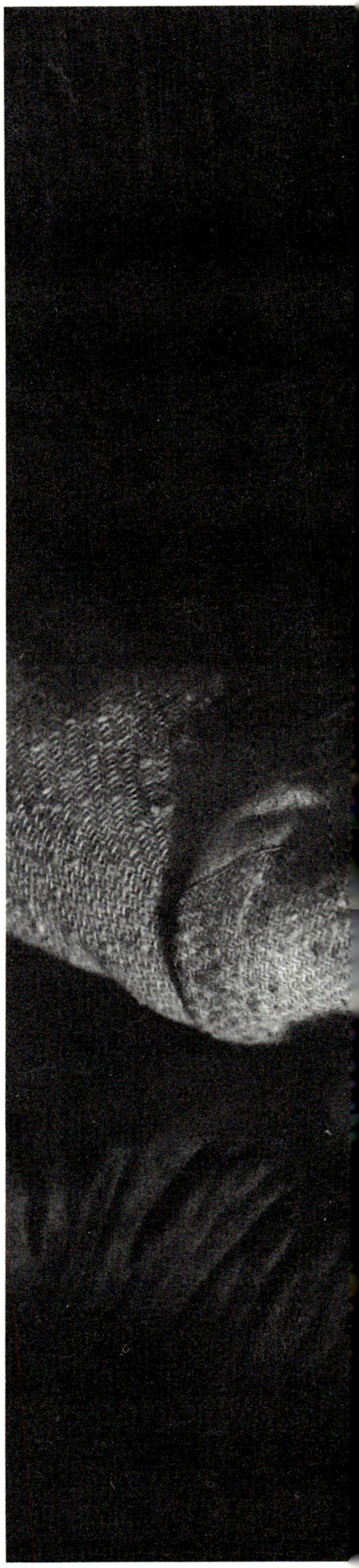

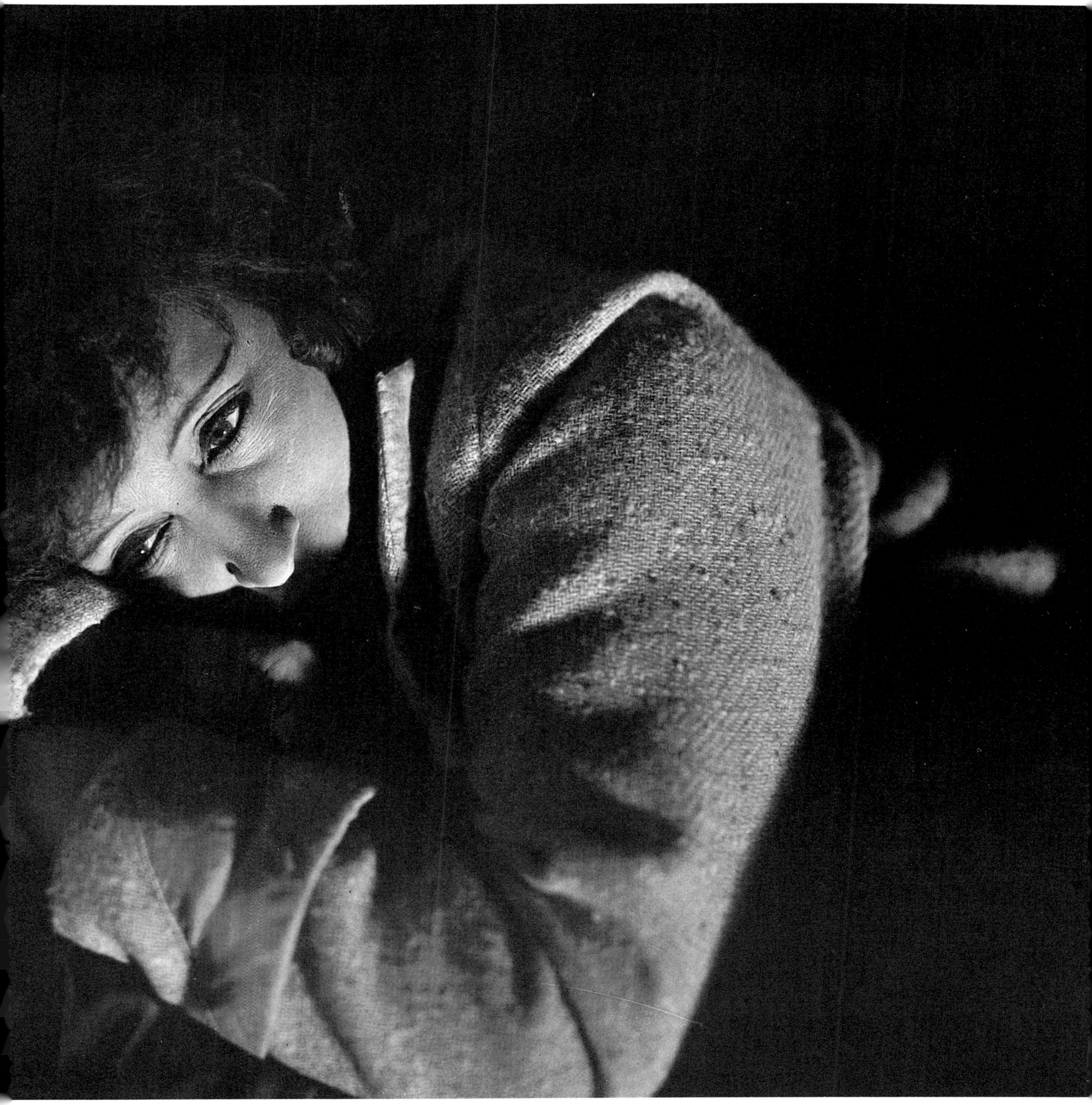

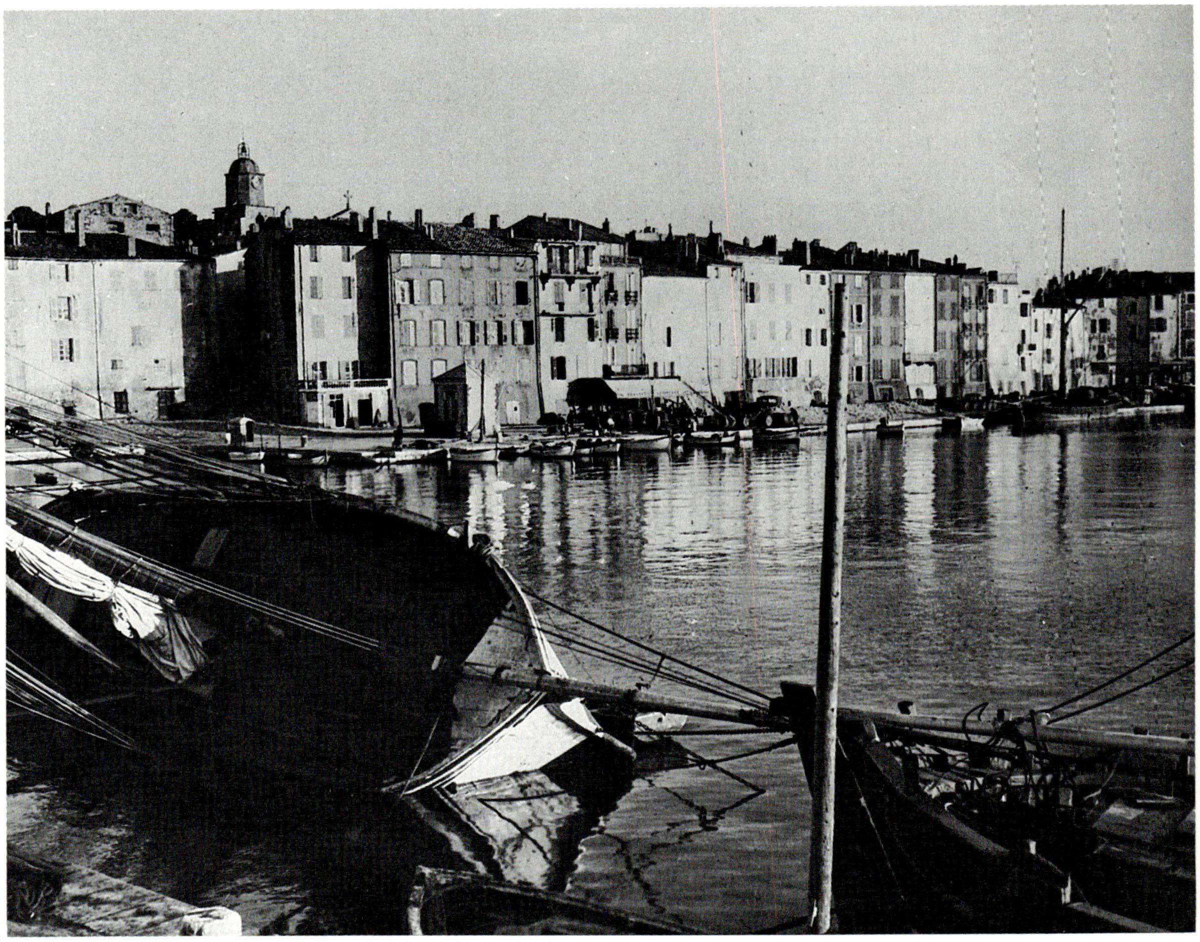

1

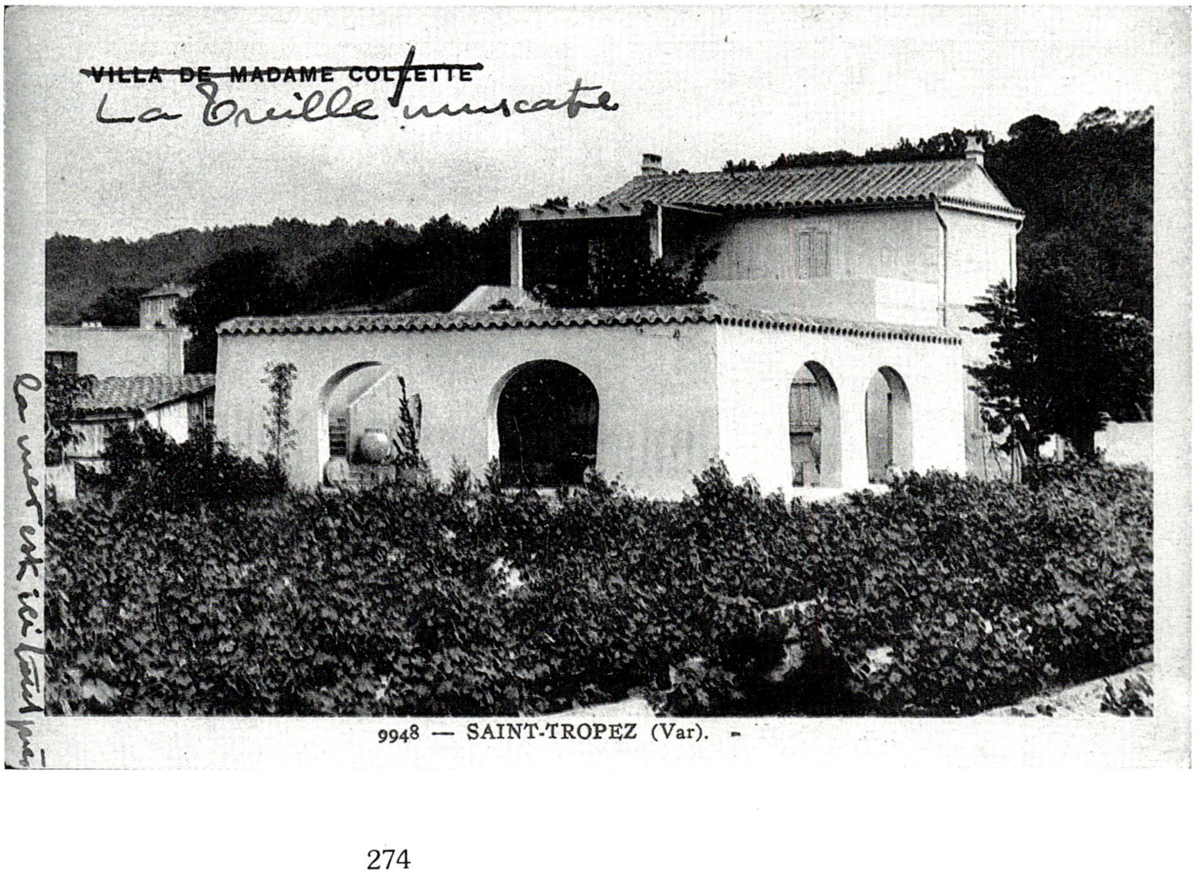
VILLA DE MADAME COLLETTE
La Treille muscate
9948 — SAINT-TROPEZ (Var).

2

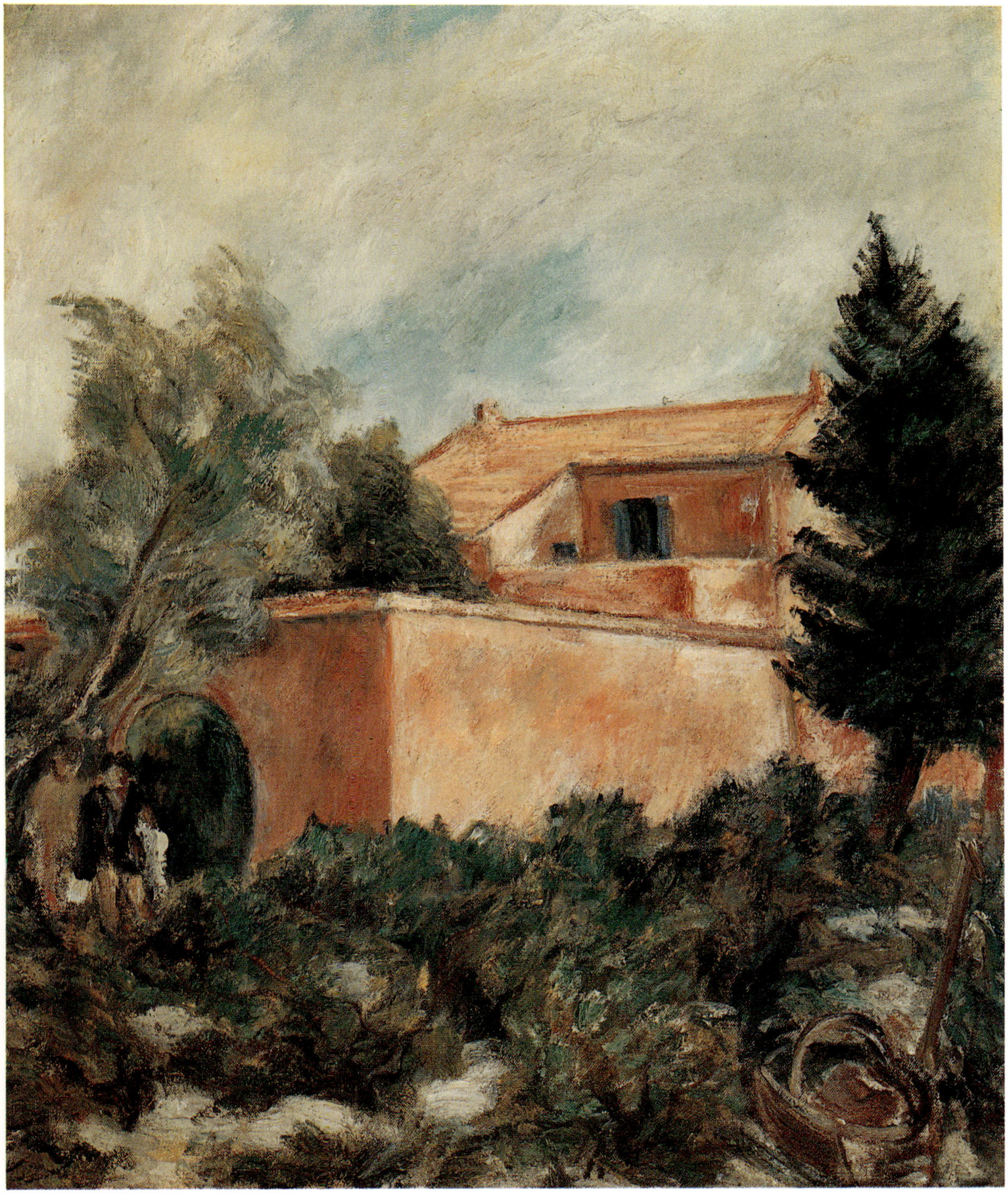

(1) La foule fera fuir Colette de Saint-Tropez. – (2) La carte postale que Colette fit interdire : le papetier du port y avait imprimé son nom sans son autorisation et avec une faute ! – (3) La Treille Muscate par Luc-Albert Moreau.

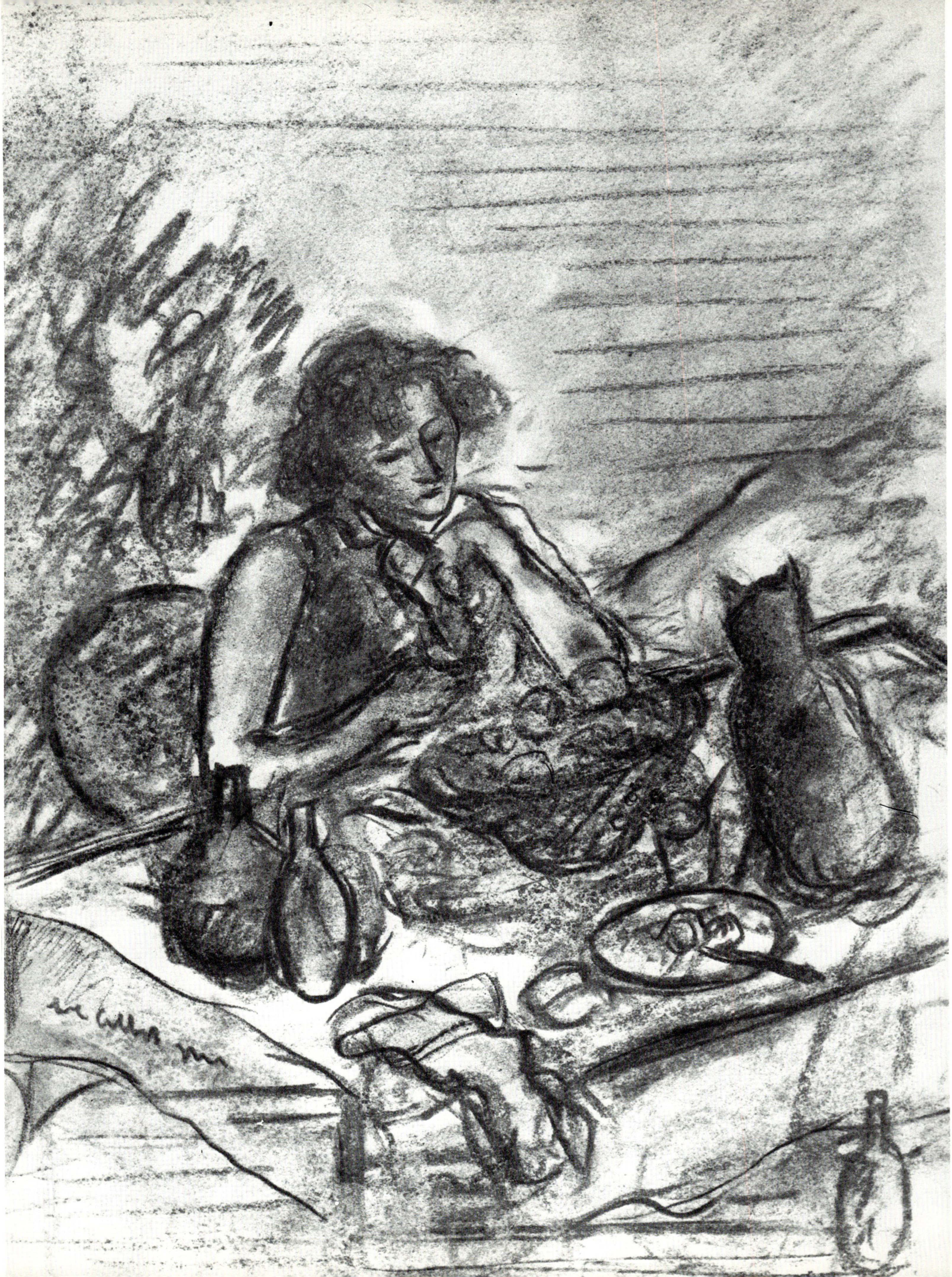

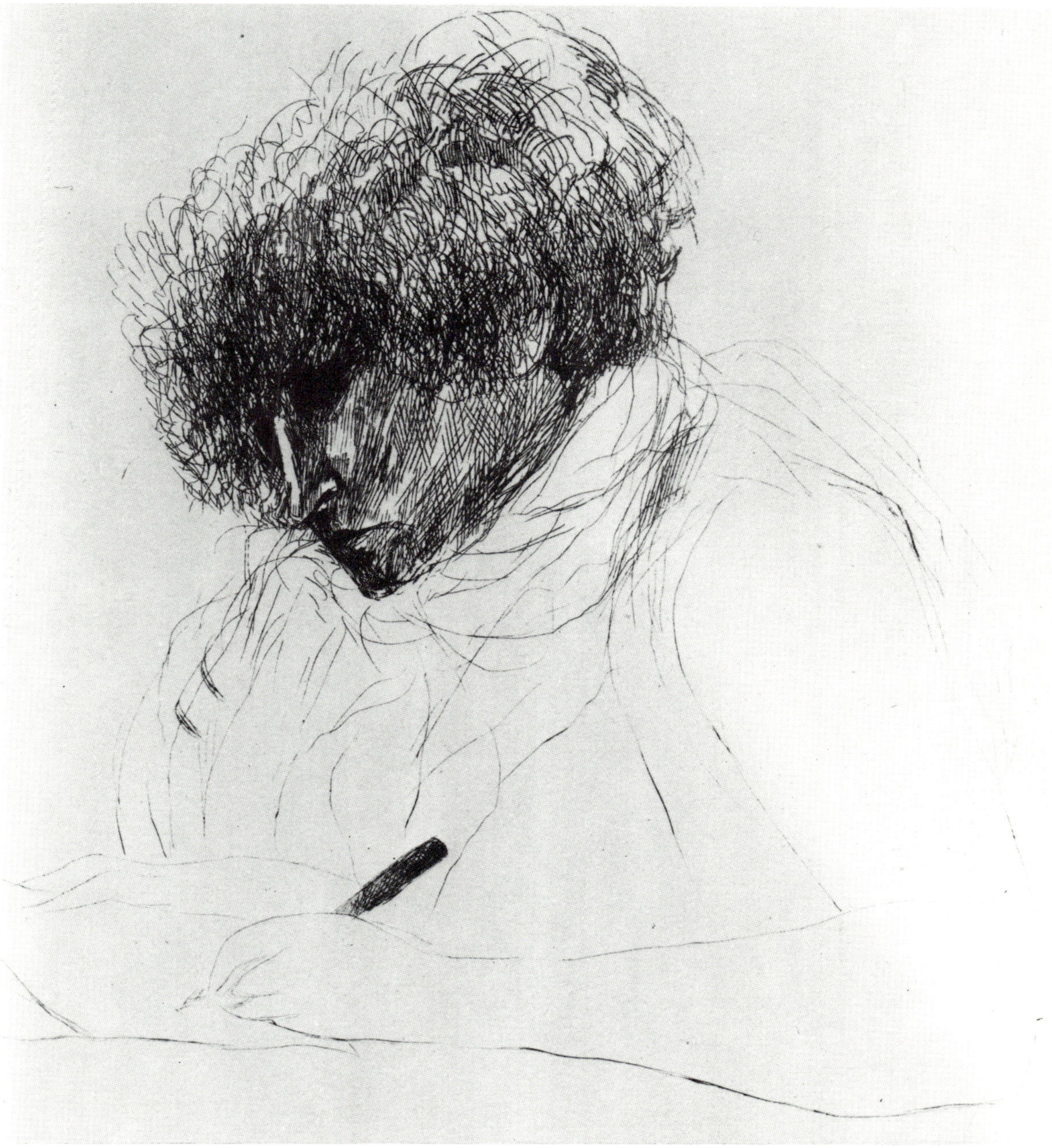

1

Page précédente : Colette à l'heure de l'aïoli à la Treille Muscate, par Luc-Albert Moreau. – Ci-contre : (1) L'écriture difficile passe avant le plaisir, même à Saint-Tropez. Gravure de Dunoyer de Segonzac. (2) Le peintre Dunoyer de Segonzac, familier de la Treille Muscate. – (3) "Lézardisme" sur la plage des Salins en 1928, un croquis de Segonzac.

2

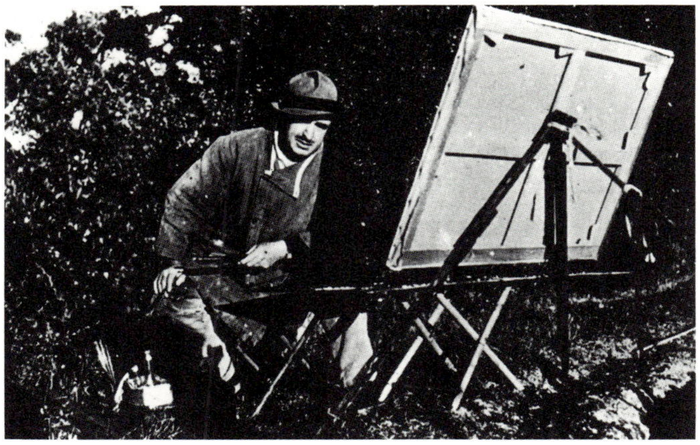

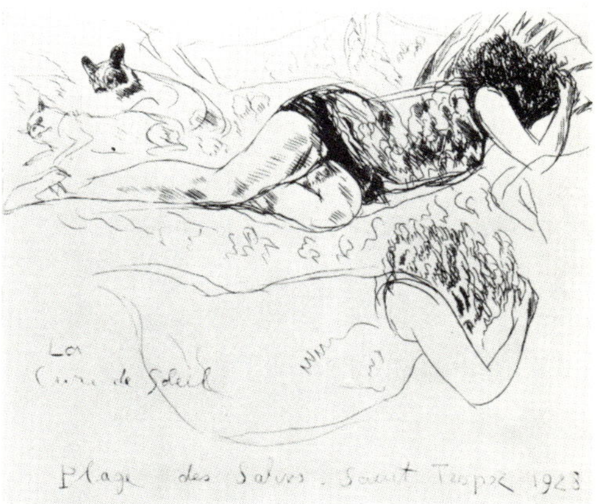

3

(1) Colette sur le perron de sa maison provençale. – (2) La table sous l'arbre. – (3) Colette et Maurice sur la terrasse. – (4) Le photographe J.H. Lartigue était, lui aussi, sur la plage. – **Page suivante :** Colette à son bureau de la Treille Muscate, vue par L.A. Moreau.

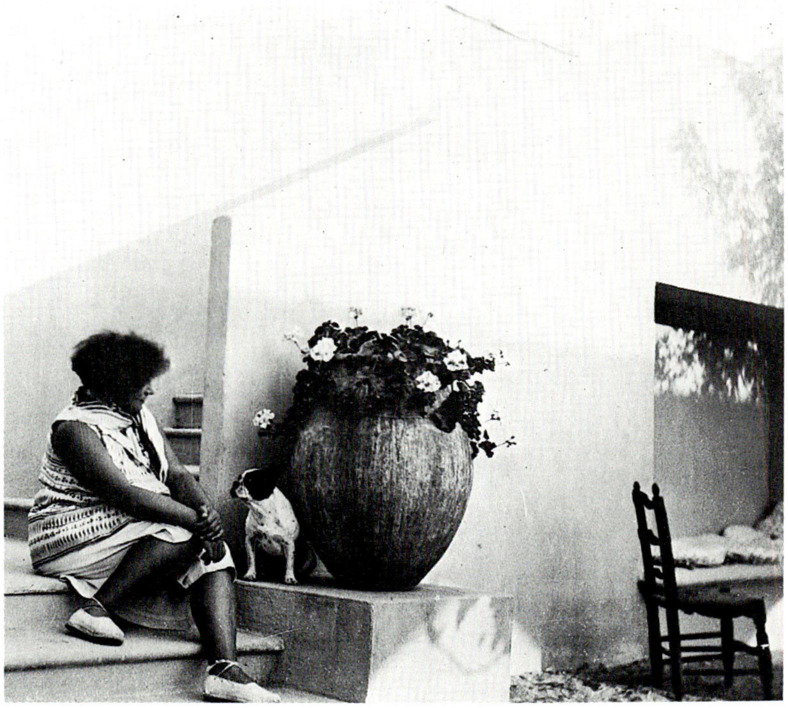

1

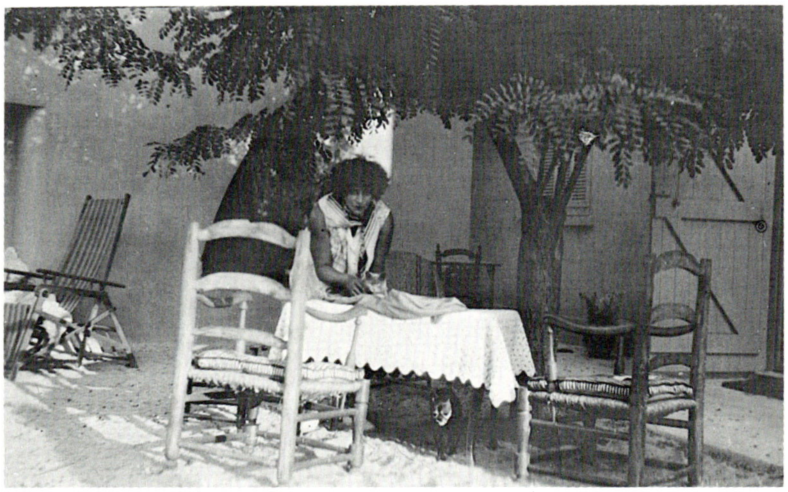

2

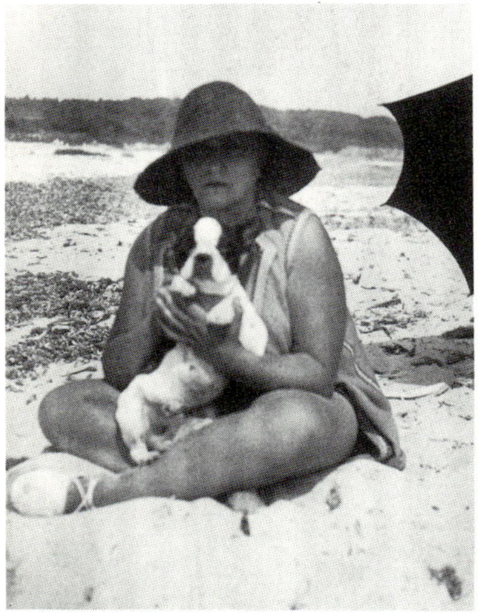

4

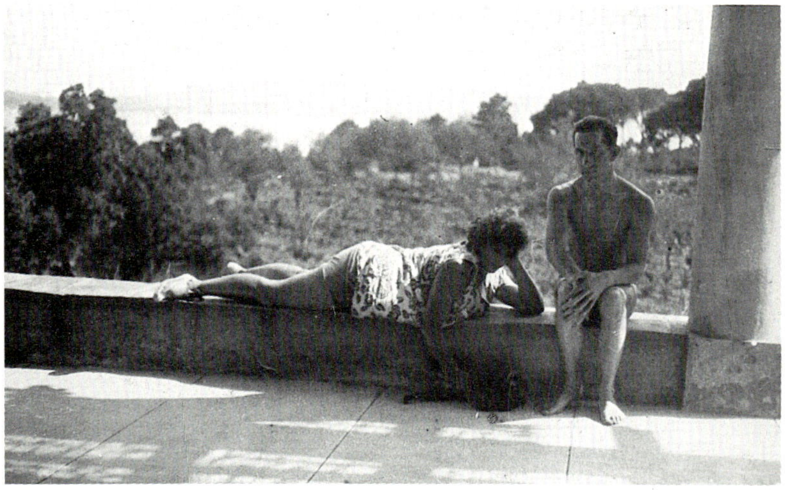

3

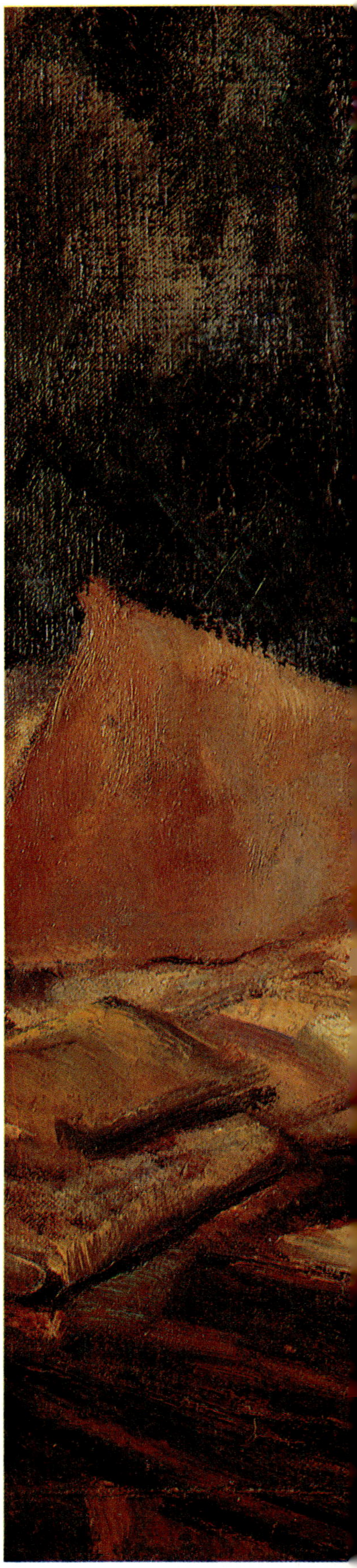

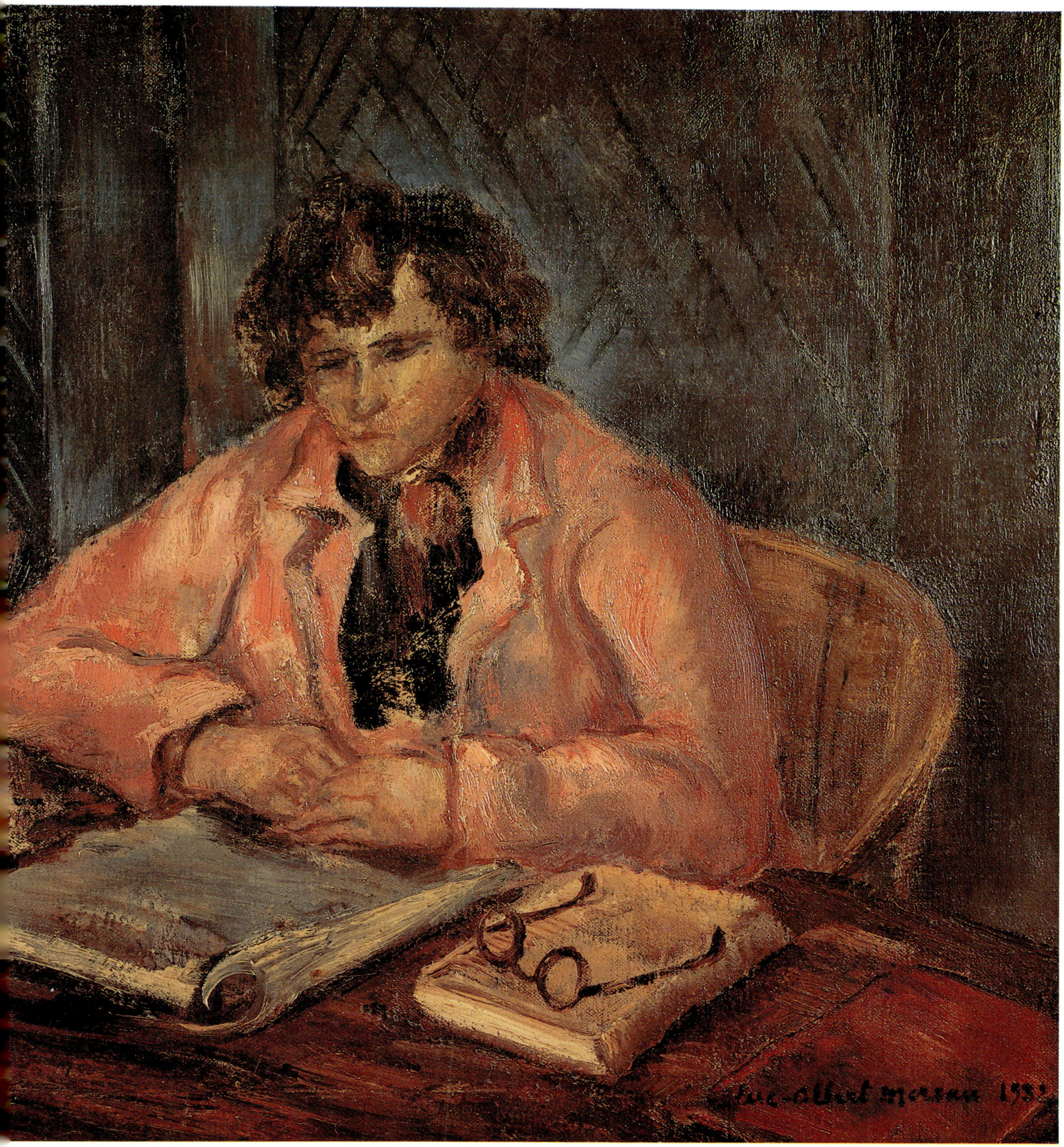

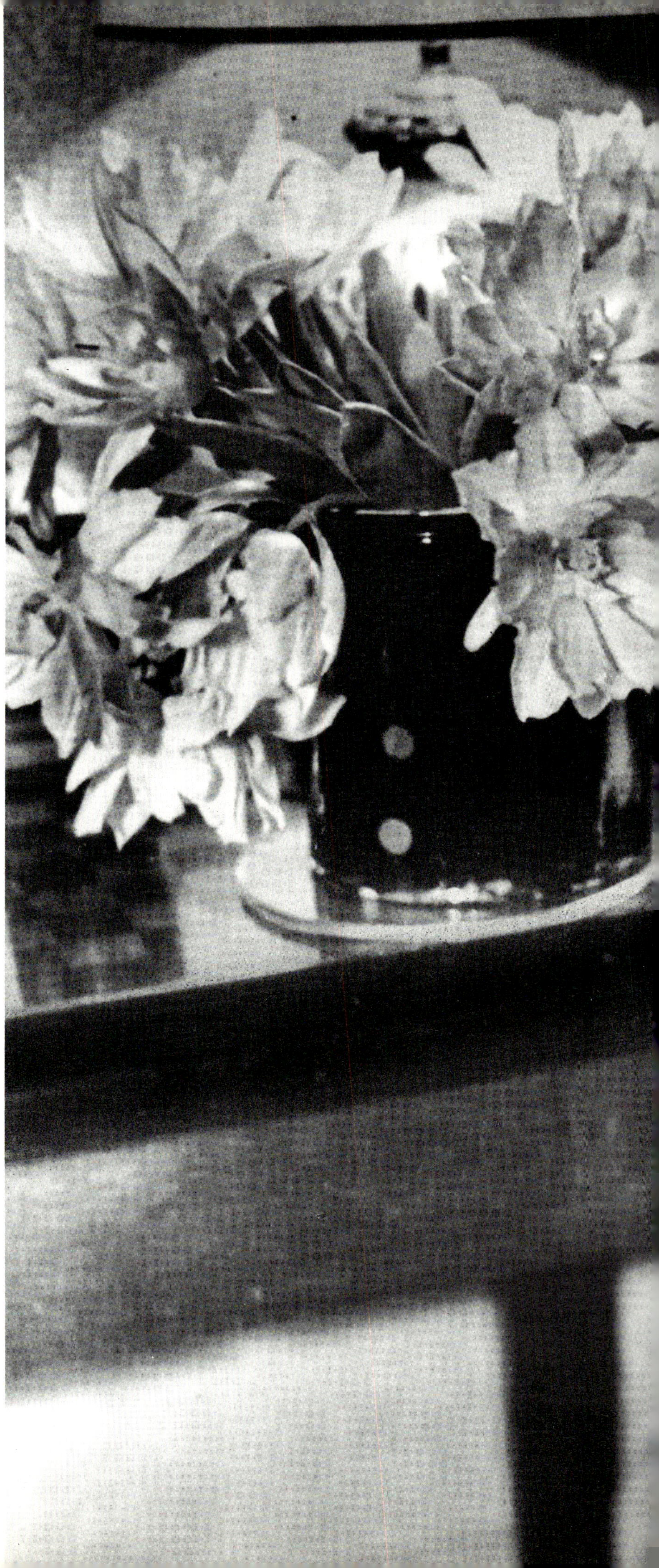

Toujours féline, Colette en 1930,
photo d'André Kertesz.

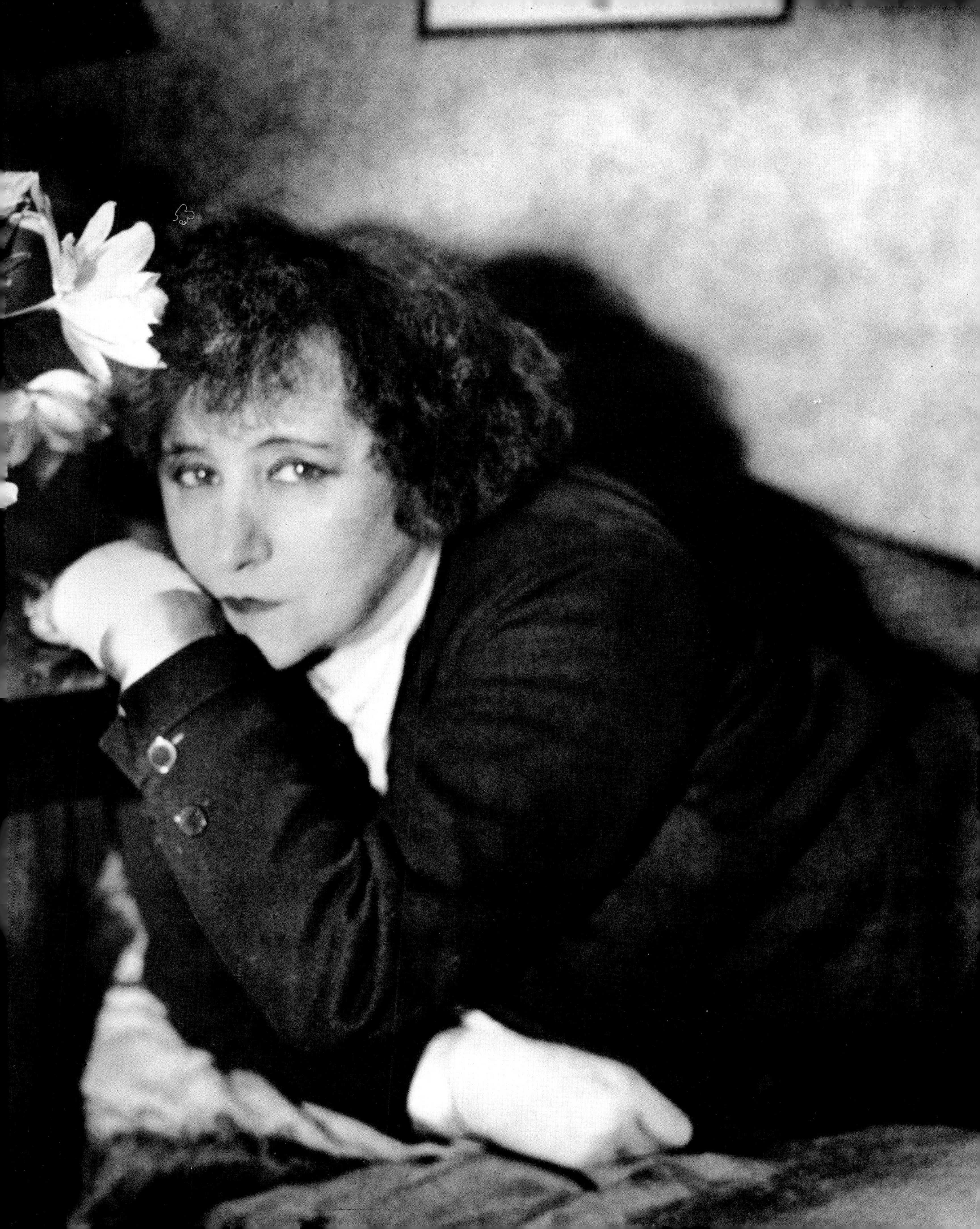

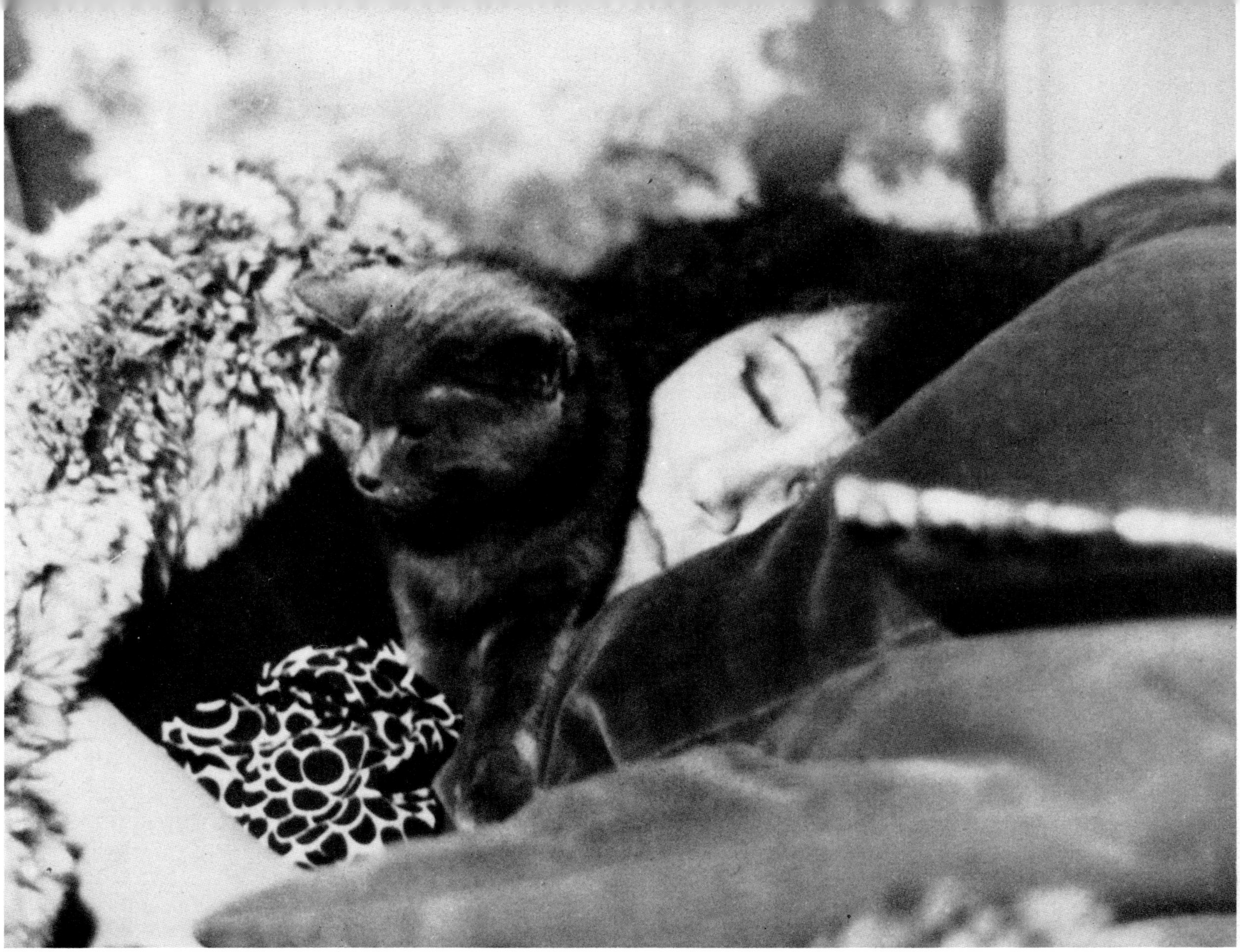

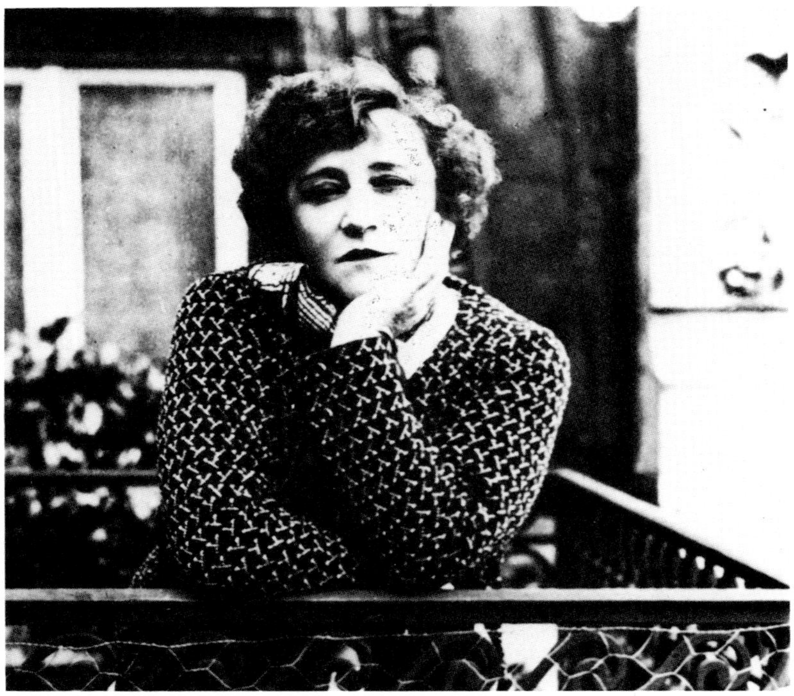

2

(1) Colette endormie dans son appartement au sommet du Claridge où elle habitera de 1931 à 1936. – (2) ...*"venez voir ma passerelle de bateau, mon vent de tempête, mon perchoir, ma vigie, l'isolement étonnant et la vue"* (Lettre à G. Wague, début 1931).
Page suivante : (1) Sous l'œil du chat, le travail quotidien. – (2) Parmi toutes les histoires de chat qu'écrira Colette, la plus sensuelle, la plus belle est sans conteste la nouvelle "Nonoche", dans *Les Vrilles de la vigne.*

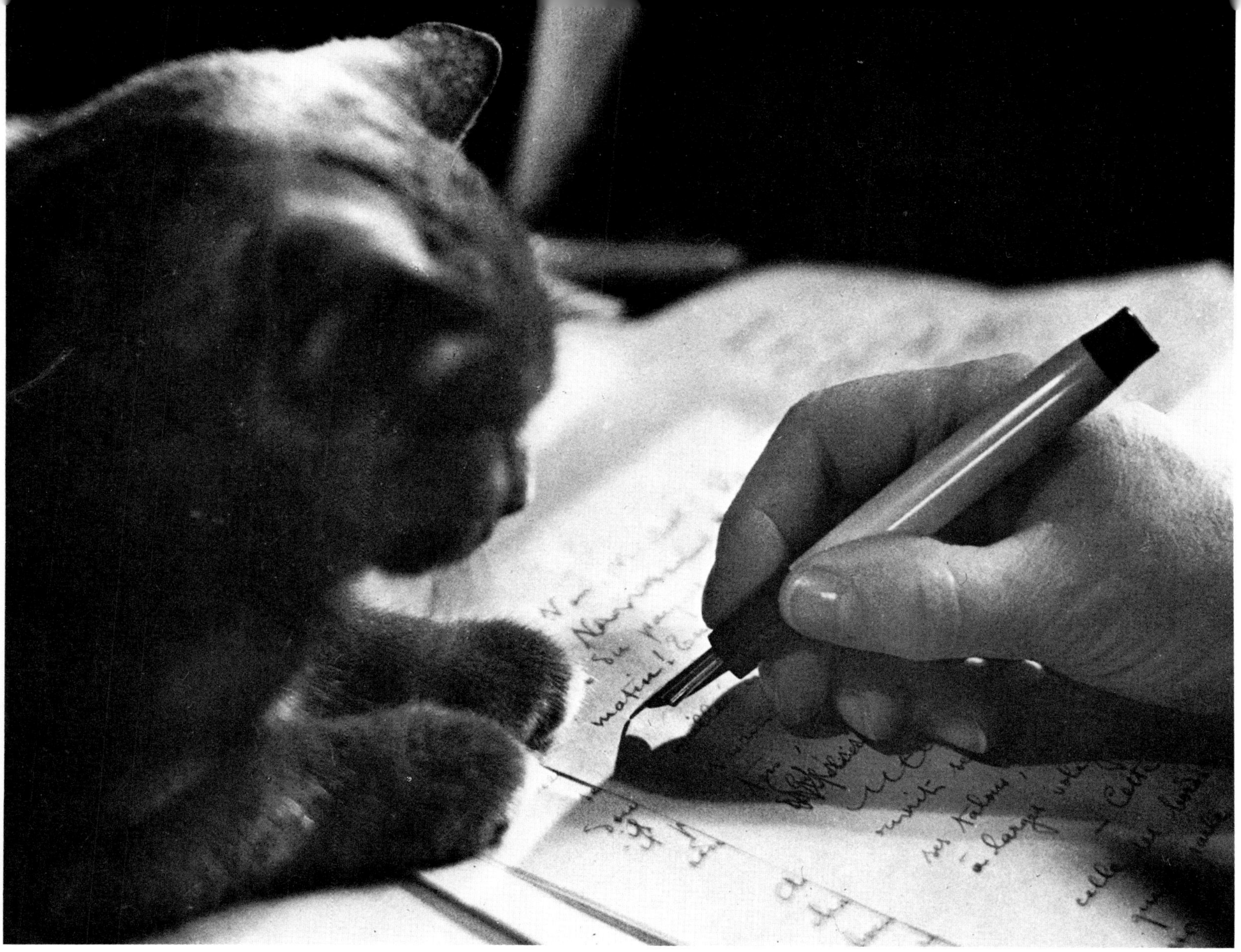

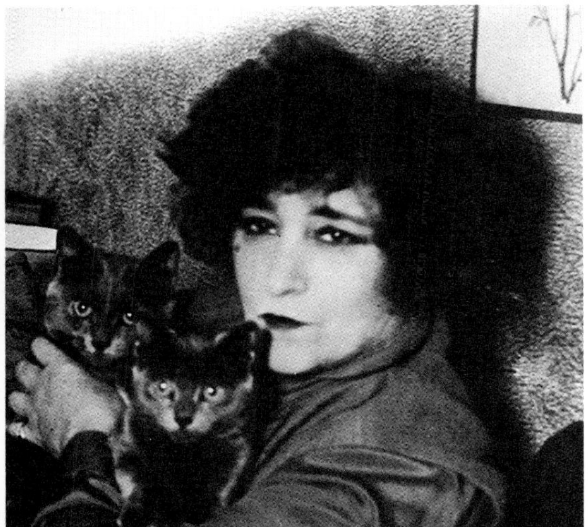

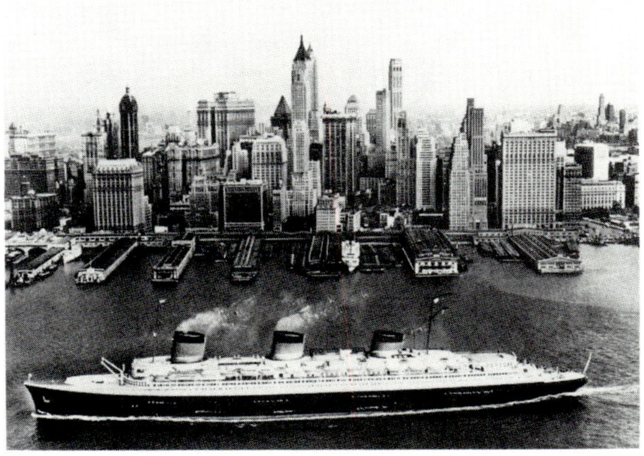

3

1

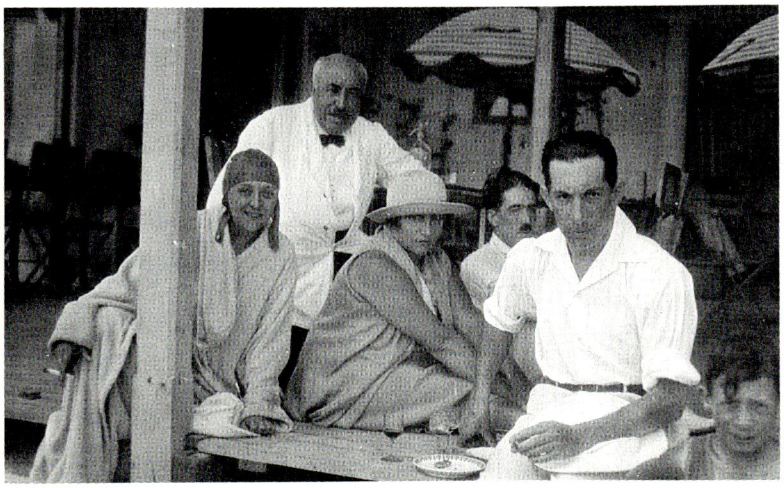

2

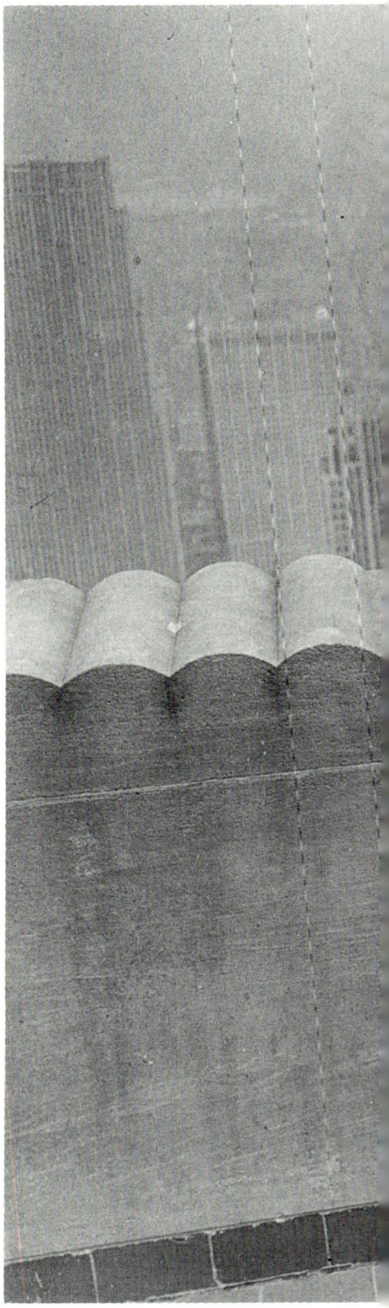

(1) Colette et M. Goudeket en 1935 sur l'Empire State Building de New York. – (2) Colette et M. Goudeket en vacances. Colette qui a apprécié sa "peau de satin" en 1925, l'épouse dix ans plus tard, à soixante-trois ans ; lui en a quarante-six. En juin 1925, son amie Marguerite Moreno s'inquiétait de cette nouvelle liaison de Colette : "On te donne un serviteur, vlan ! tu en fais un maître !" – (3) : Colette découvre New York à bord du *Normandie*... *"Jamais plus nous ne reverrons cela, jamais plus nous ne l'oublierons."*

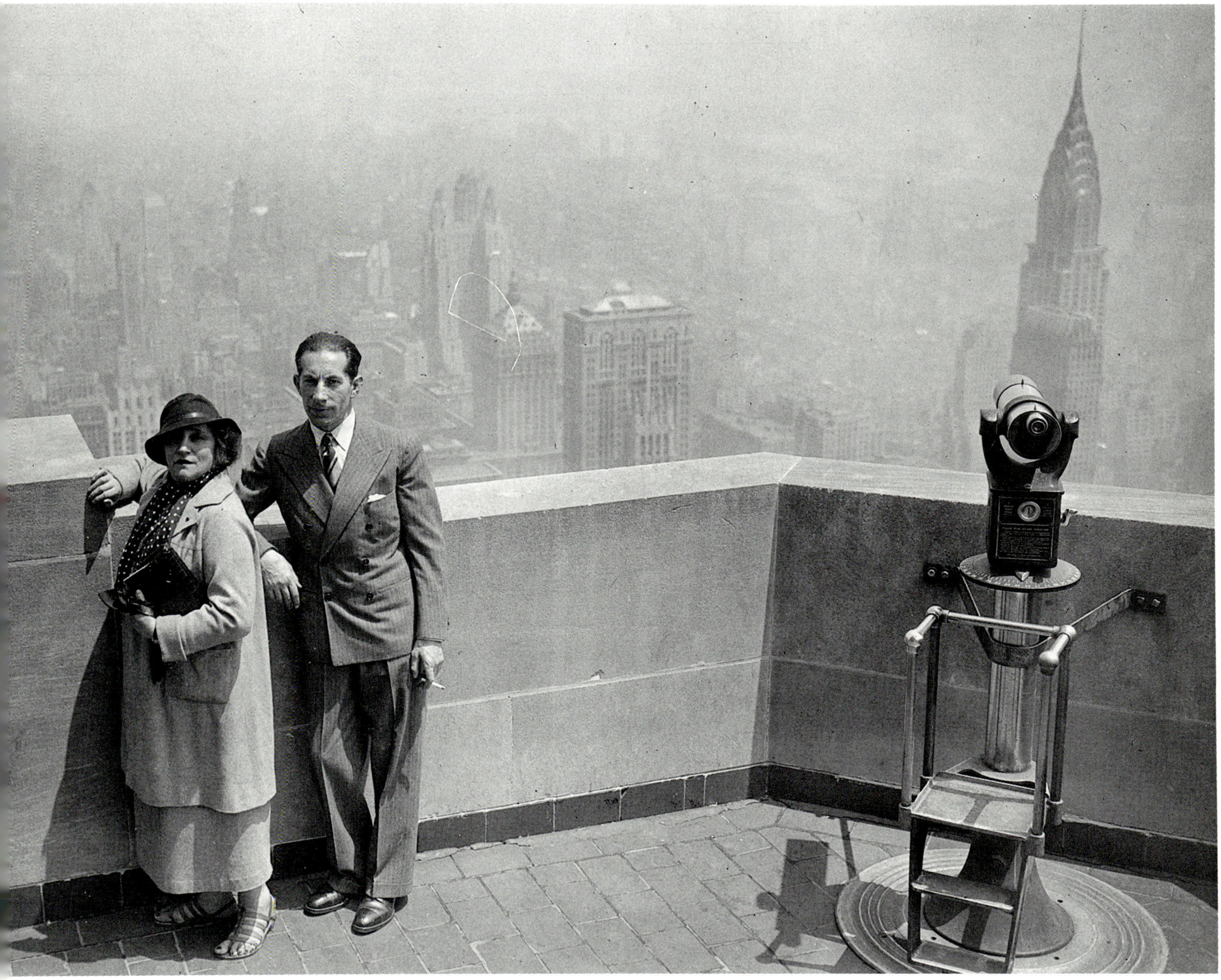

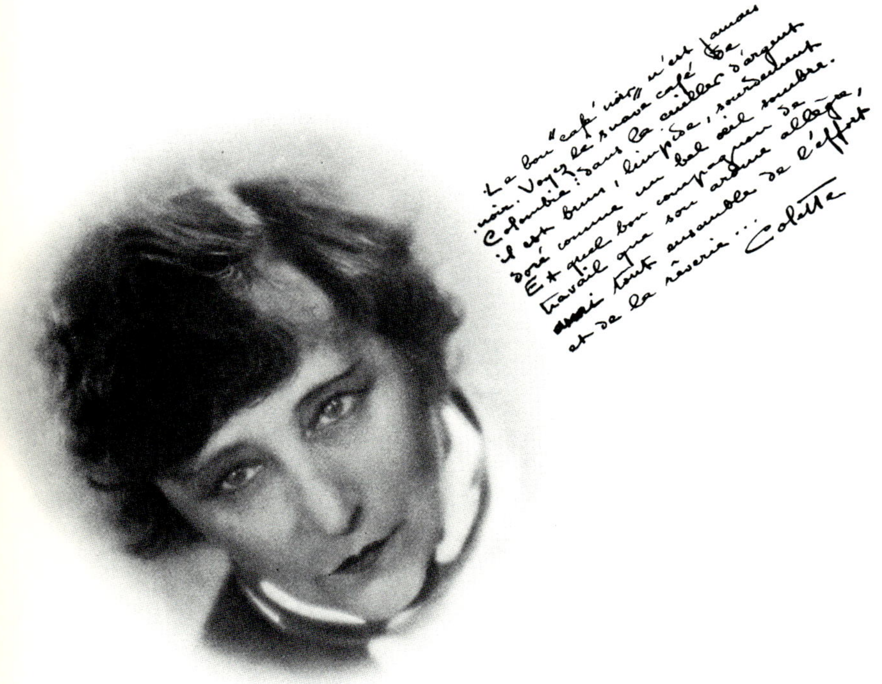

1

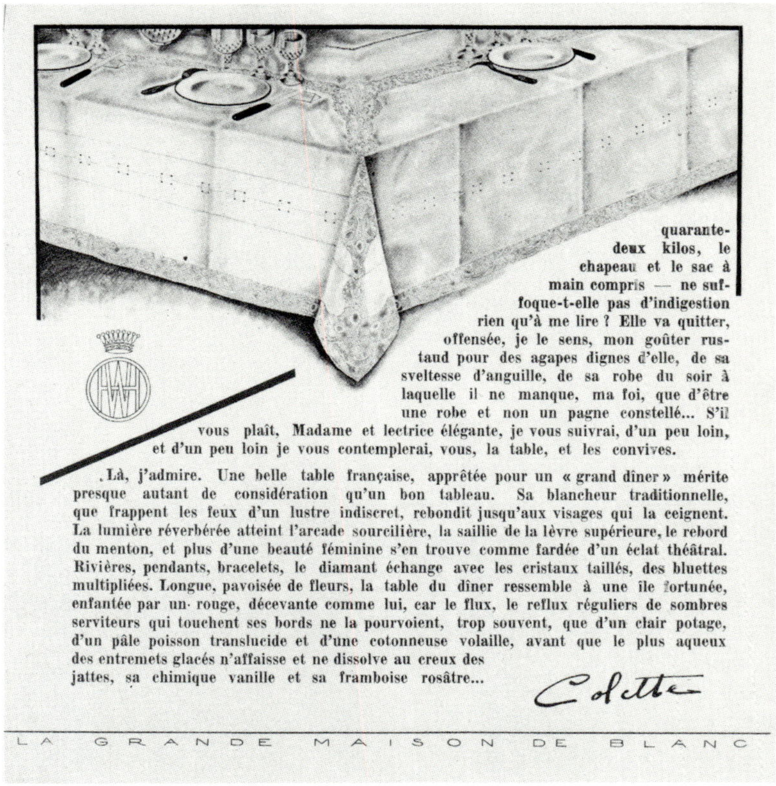

quarante-deux kilos, le chapeau et le sac à main compris — ne suffoque-t-elle pas d'indigestion rien qu'à me lire ? Elle va quitter, offensée, je le sens, mon goûter rustaud pour des agapes dignes d'elle, de sa sveltesse d'anguille, de sa robe du soir à laquelle il ne manque, ma foi, que d'être une robe et non un pagne constellé... S'il vous plaît, Madame et lectrice élégante, je vous suivrai, d'un peu loin, et d'un peu loin je vous contemplerai, vous, la table, et les convives.

Là, j'admire. Une belle table française, apprêtée pour un « grand dîner » mérite presque autant de considération qu'un bon tableau. Sa blancheur traditionnelle, que frappent les feux d'un lustre indiscret, rebondit jusqu'aux visages qui la ceignent. La lumière réverbérée atteint l'arcade sourcilière, la saillie de la lèvre supérieure, le rebord du menton, et plus d'une beauté féminine s'en trouve comme fardée d'un éclat théâtral. Rivières, pendants, bracelets, le diamant échange avec les cristaux taillés, des bluettes multipliées. Longue, pavoisée de fleurs, la table du dîner ressemble à une île fortunée, enfantée par un rouge, décevante comme lui, car le flux, le reflux réguliers de sombres serviteurs qui touchent ses bords ne la pourvoient, trop souvent, que d'un clair potage, d'un pâle poisson translucide et d'une cotonneuse volaille, avant que le plus aqueux des entremets glacés n'affaisse et ne dissolve au creux des jattes, sa chimique vanille et sa framboise rosâtre...

Colette

LA GRANDE MAISON DE BLANC

2

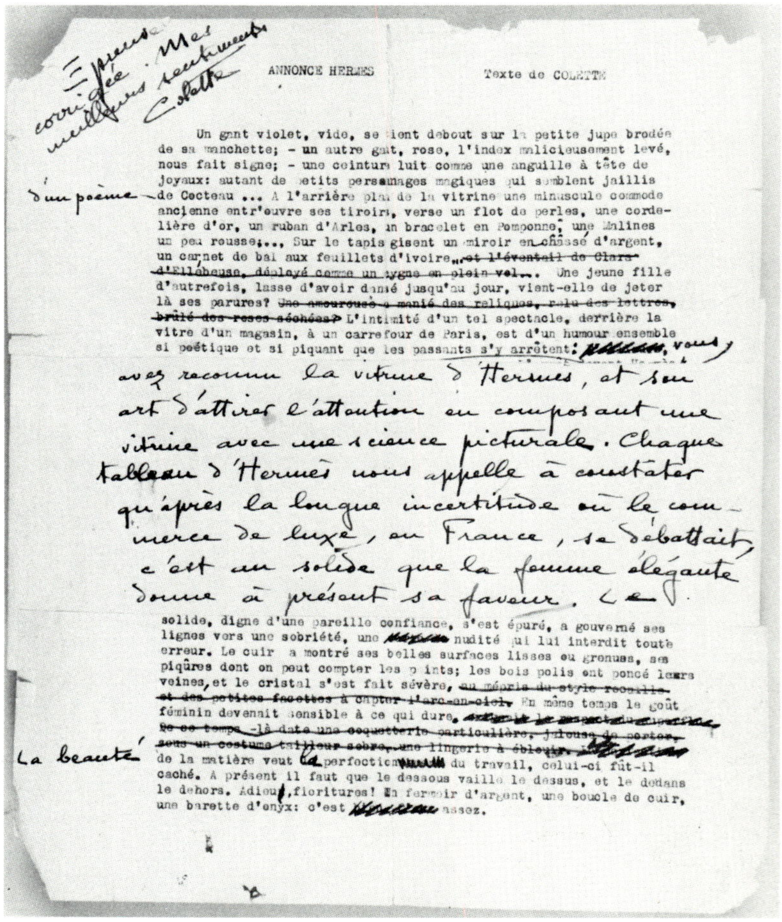

Épreuve corrigée. Mes meilleurs sentiments
Colette

ANNONCE HERMES

Texte de COLETTE

Un gant violet, vide, se tient debout sur la petite jupe brodée de sa manchette; - un autre gant, rose, l'index malicieusement levé, nous fait signe; - une ceinture luit comme une anguille à tête de joyaux: autant de petits personnages magiques qui semblent jaillis d'un poème de Cocteau ... A l'arrière plan de la vitrine une minuscule commode ancienne entr'ouvre ses tiroirs, verse un flot de perles, une cordelière d'or, un ruban d'Arles, un bracelet en Pomponne, une Malines un peu rousse;..., Sur le tapis gisent un miroir enchâssé d'argent, un carnet de bal aux feuillets d'ivoire, ~~et l'éventail de Clara d'Ellébeuse, déployé comme un cygne en plein vol~~... Une jeune fille d'autrefois, lasse d'avoir dansé jusqu'au jour, vient-elle de jeter là ses parures? ~~Une amoureuse a manié des reliques, relu des lettres, brûlé des roses séchées?~~ L'intimité d'un tel spectacle, derrière la vitre d'un magasin, à un carrefour de Paris, est d'un humour ensemble si poétique et si piquant que les passants s'y arrêtent: vous, avez reconnu la vitrine d'Hermès, et son art d'attirer l'attention en composant une vitrine avec une science picturale. Chaque tableau d'Hermès nous appelle à constater qu'après la longue incertitude où le commerce de luxe, en France, se débattait, c'est au solide que la femme élégante donne à présent sa faveur. Le solide, digne d'une pareille confiance, s'est épuré, a gouverné ses lignes vers une sobriété, une nudité qui lui interdit toute erreur. Le cuir a montré ses belles surfaces lisses ou grenues, ses piqûres dont on peut compter les points; les bois polis ont poncé leurs veines, et le cristal s'est fait sévère, ~~au mépris du style rocaille et des petites facettes à capter l'arc-en-ciel~~. En même temps le goût féminin devenait sensible à ce qui dure. ~~De ce temps-là date une coquetterie particulière, jalouse de porter, sous un costume tailleur sobre, une lingerie à éblouir.~~ La beauté de la matière veut la perfection du travail, celui-ci fût-il caché. A présent il faut que le dessous vaille le dessus, et le dedans le dehors. Adieu, fioritures! Un fermoir d'argent, une boucle de cuir, une barette d'onyx: c'est assez.

3

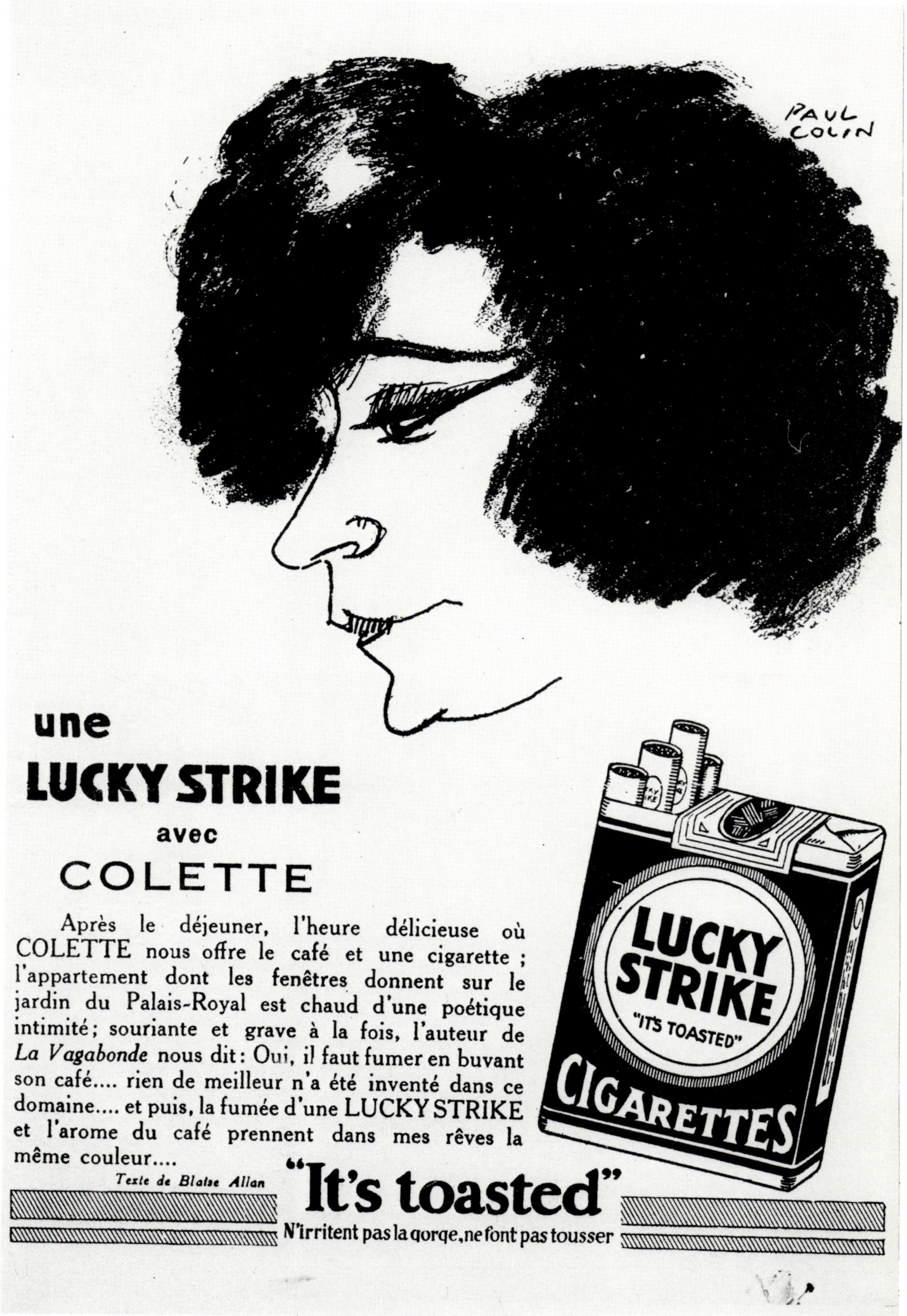

La publicité, en faisant appel aux écrivains célèbres, exerçait une forme de mécénat, dans les années 30. – **Page précédente :** (1) Colette et le café Corcellet. (2) Signé Colette, l'éloge de la Grande Maison de Blanc. (3) Un brouillon de luxe pour Hermès. – Ci-contre : Colette et Paul Colin pour du tabac blond.

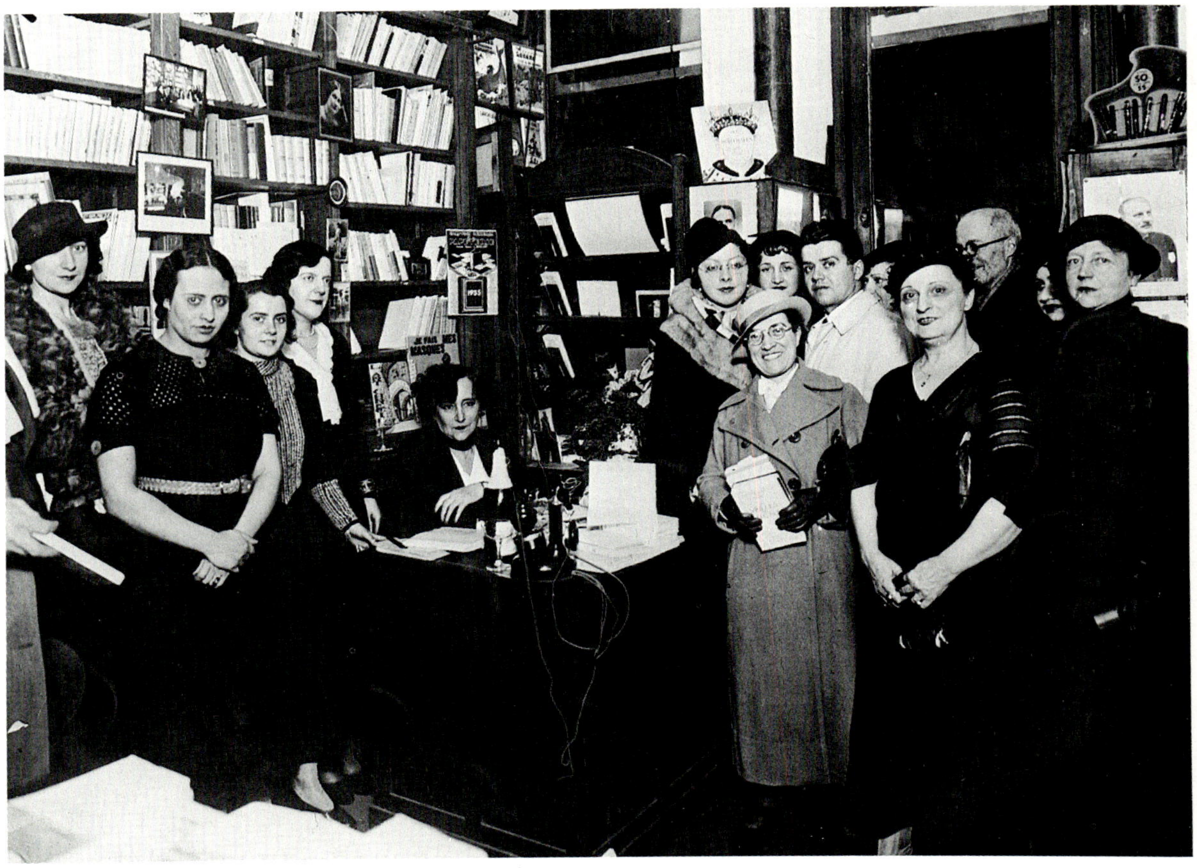

1

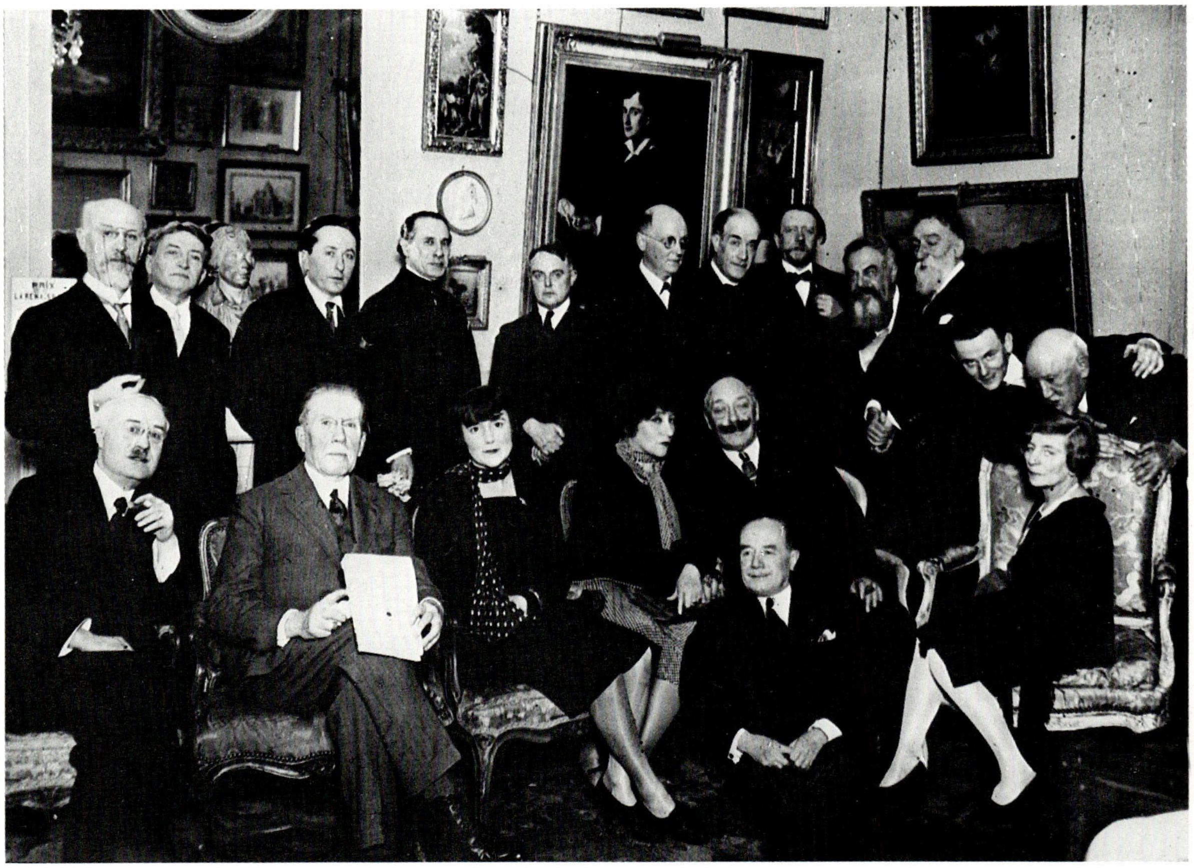

2

(1) Le revers de la gloire : la horde des admiratrices venues réclamer une signature. Ici, Colette à la librairie Girardot. – (2) Colette parmi les jurés du prix de la Renaissance à propos duquel elle écrira à sa fille : “*... ces moments d'aigreur et de chichis qu'on nomme réunion d'un jury.*”
Page suivante : le jour où Colette décida de jouer à la marchande de produits de beauté. Une autre “bonne idée” de Maginot.

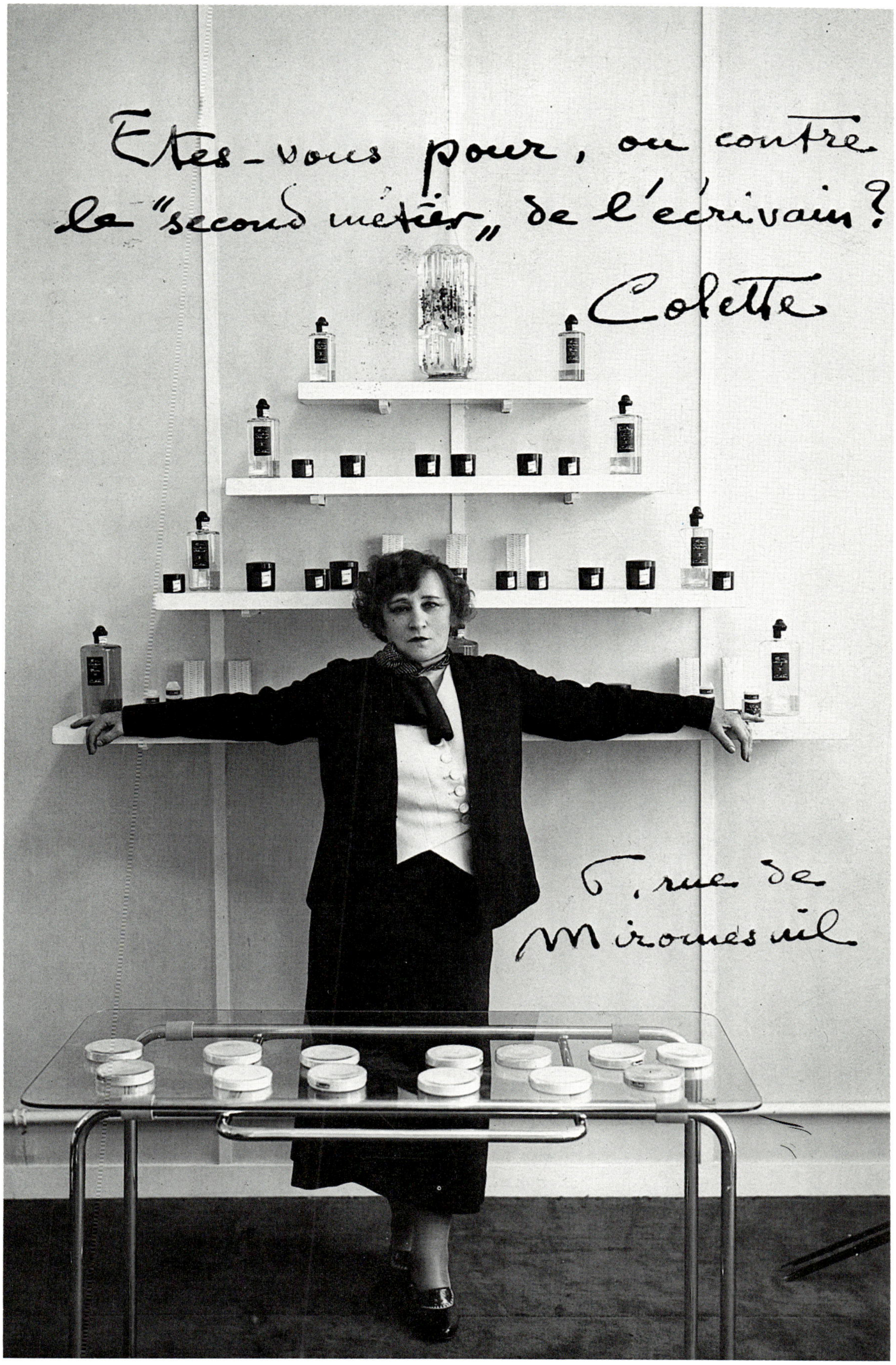
Etes-vous pour, ou contre
le "second métier" de l'écrivain?
Colette
6, rue de
Miromesnil

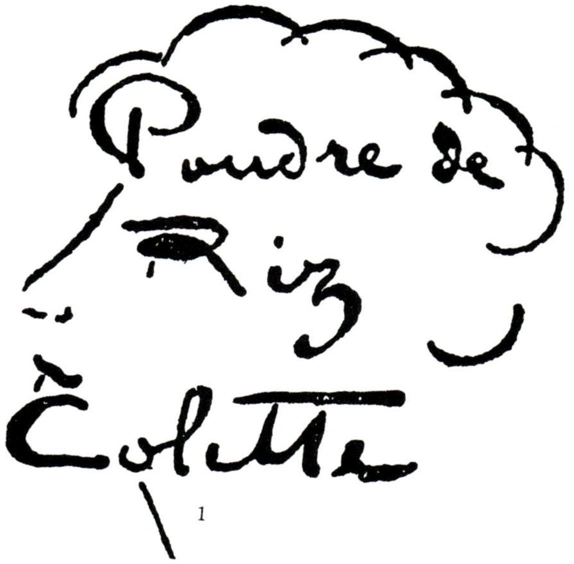

1

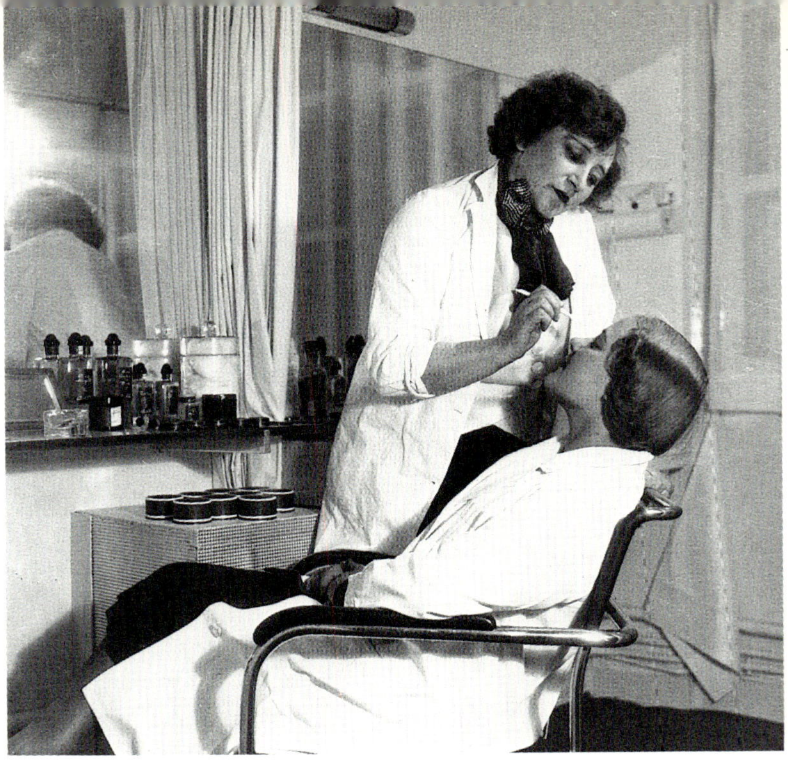

2

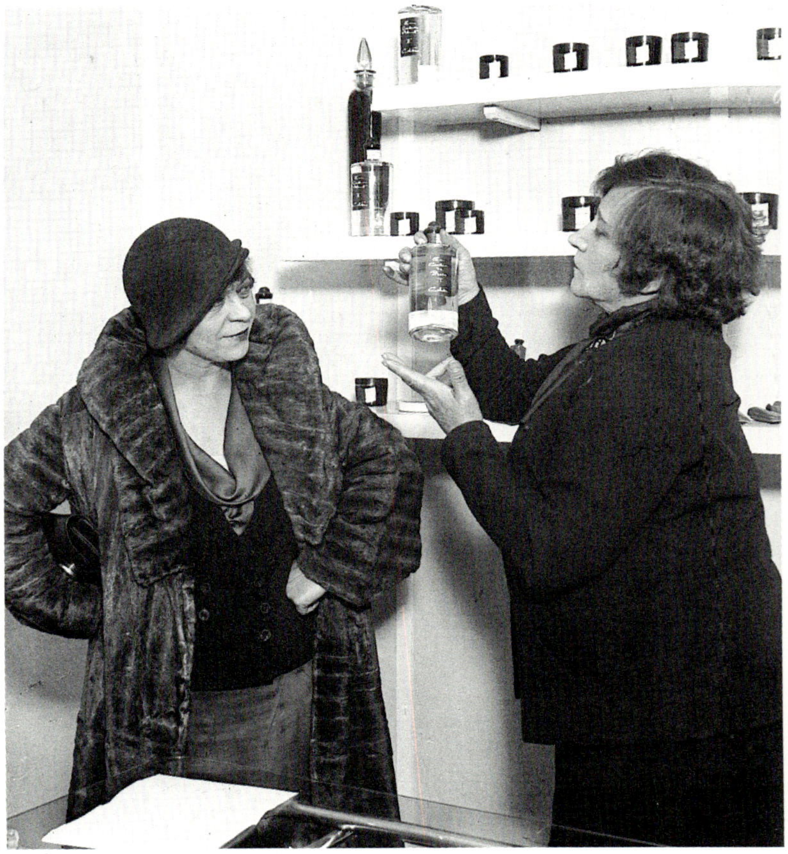

3

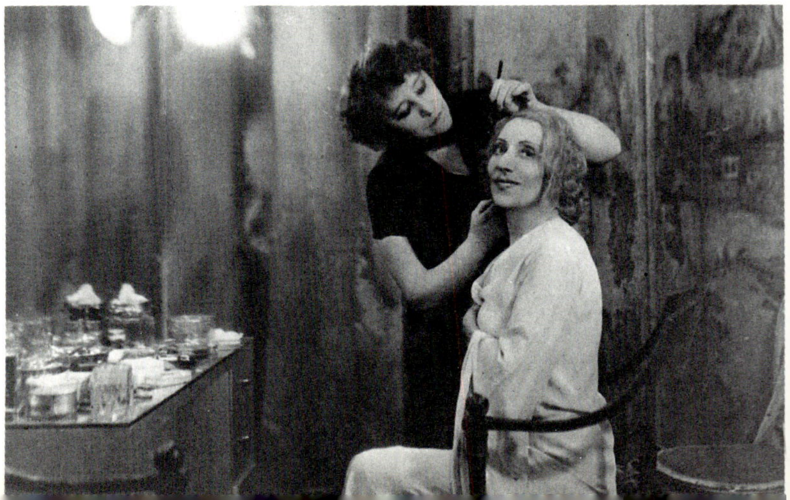

4

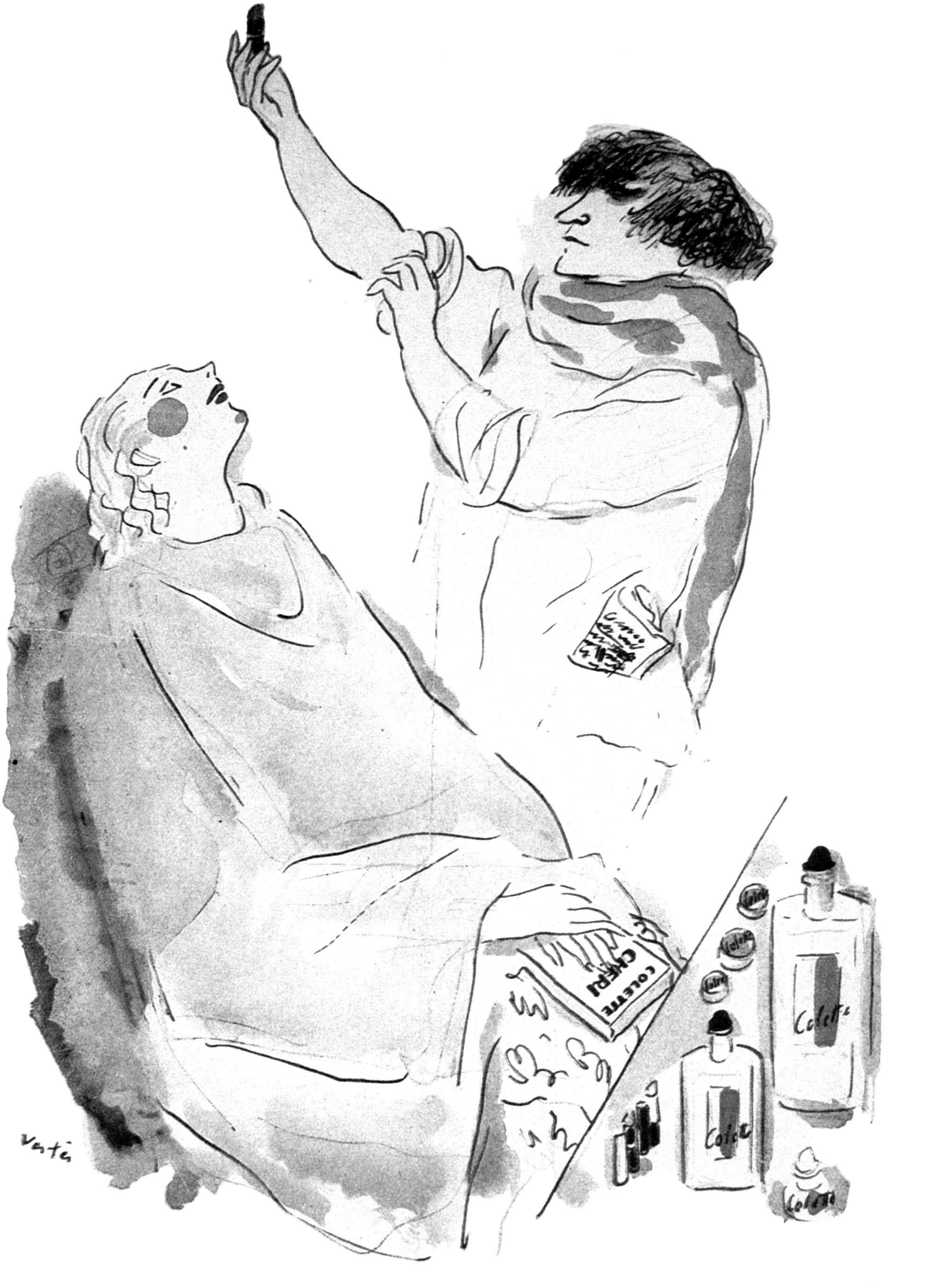

Page précédente : (1) Les produits de Colette sont à son effigie.
(2) Sa fille, Colette de Jouvenel, lui sert de cobaye. – L'eau de coings s'appelle "Peau d'ange". Elle sent la gelée de coings et l'eau de rose.
(3) Colette dans sa boutique de la rue de Miromesnil avec son amie Hélène Jourdan-Morhange.
(4) Mais Colette est moins habile en maquillage qu'en écriture et Cécile Sorel, qu'elle maquille ici pour la revue *Vive Paris !*, n'y reviendra pas.
Ci-contre : dessin de Vertès pour *Fantasio* légendé : "Colette de l'Institut." Cet institut de Colette fera long feu.

Les amies d'hier et d'aujourd'hui. (1) La poétesse Hélène Picard se coiffait comme Colette. – (2) Colette, marraine de Claude Chauvière (debout, derrière le prêtre). (3) La géniale Coco Chanel. (4) Germaine Beaumont, au repos. **Page suivante :** (1) Misia Natanson, puis Edwards, puis Sert. *"Misia,* disait Colette, *toi qui connais bien des formes de la solitude..."* (2) Renée Hamon, le "petit corsaire" aux îles Marquise, en 1937.

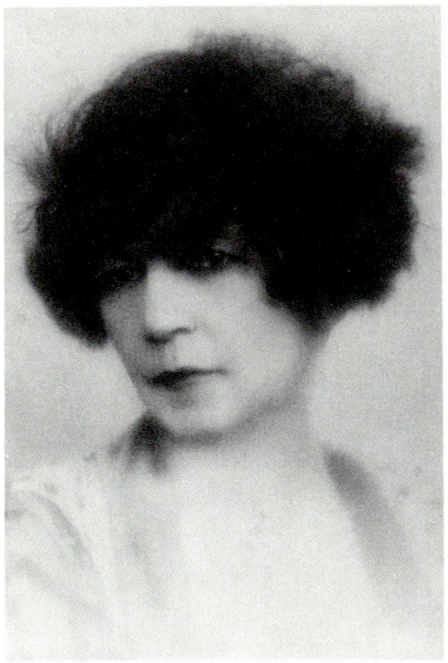

1

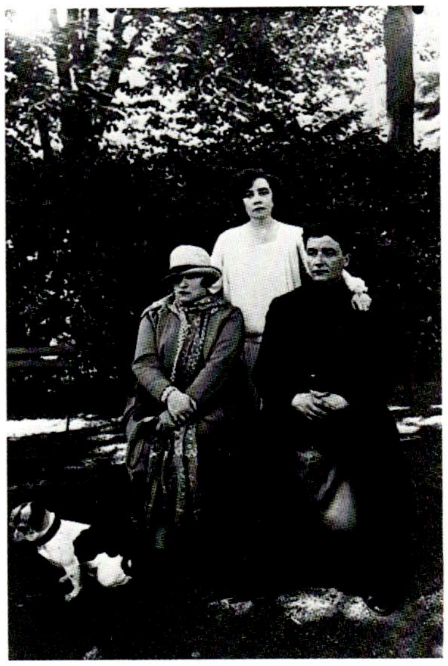

2

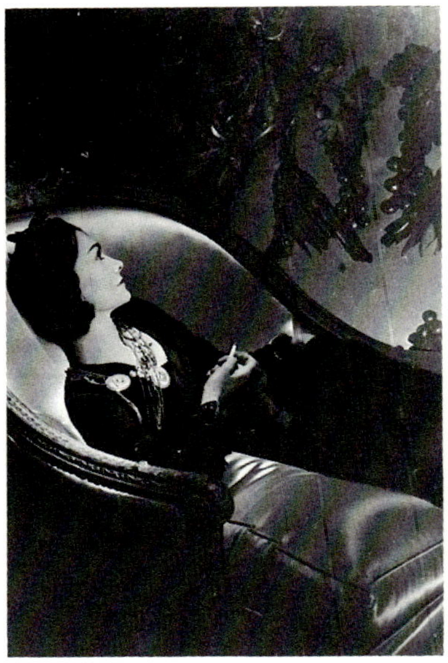

3

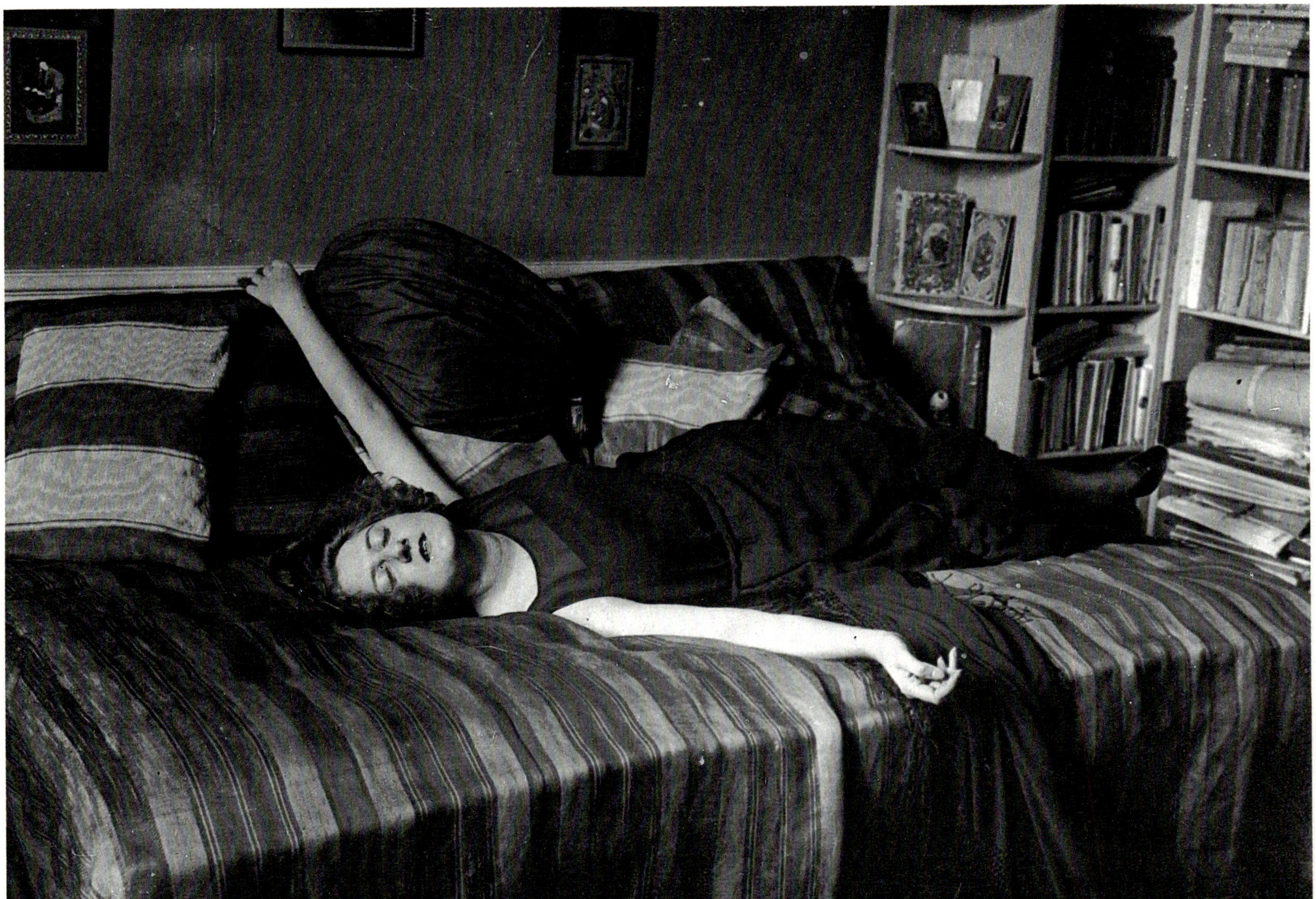

4

1
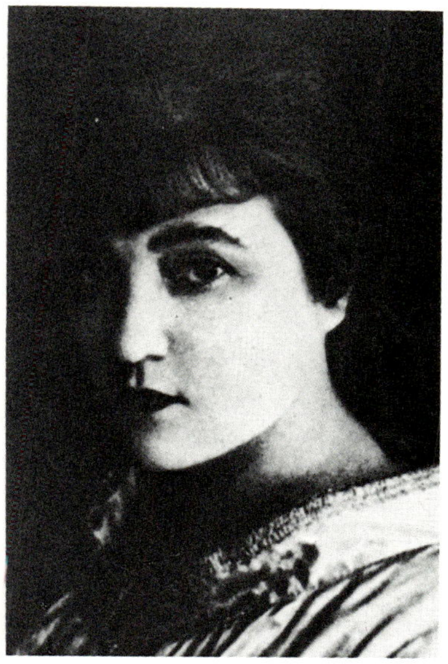

2
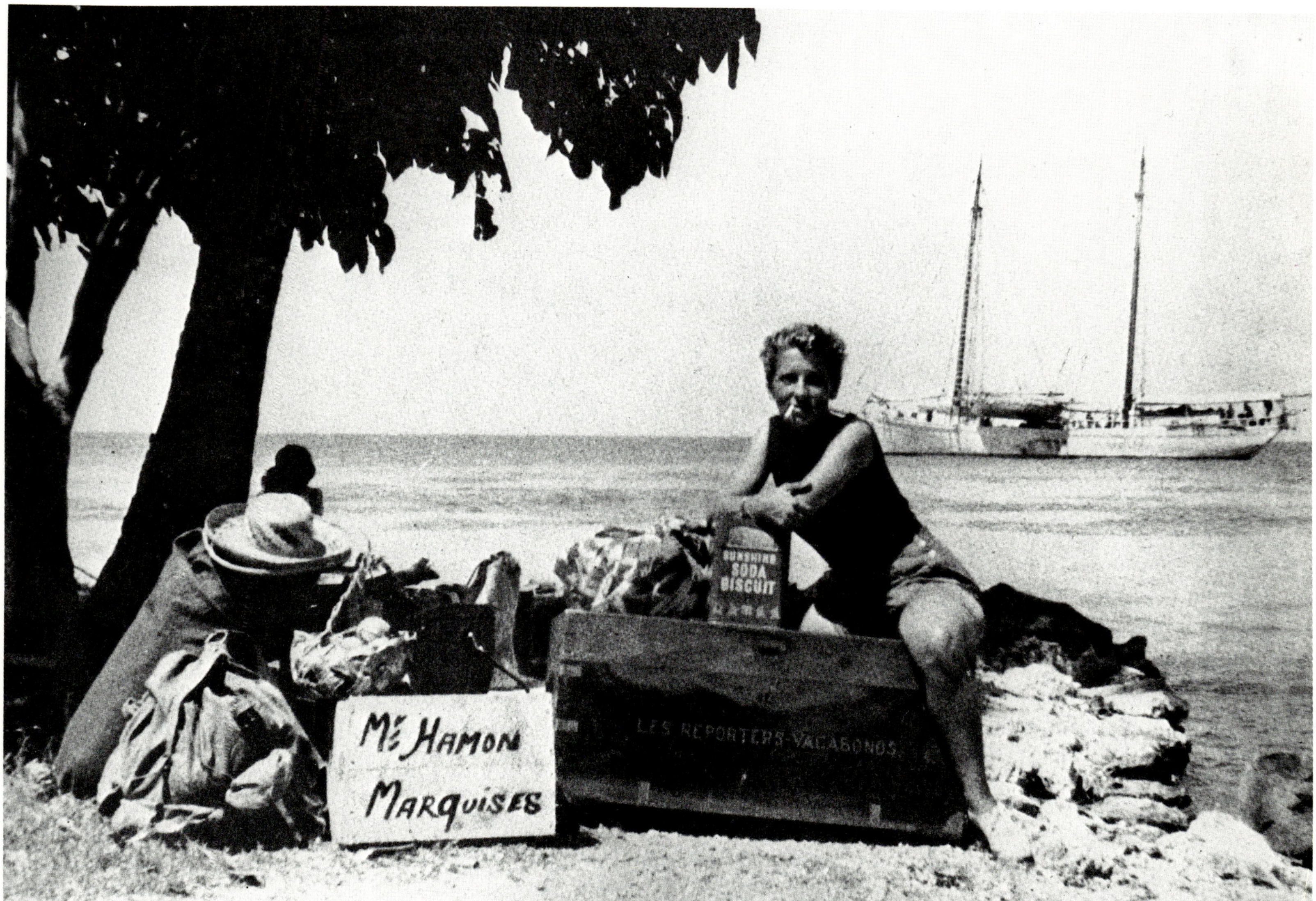
SUNSHINE
SODA
BISCUIT
Mr HAMON
MARQUISES
LES REPORTERS-VAGABONDS

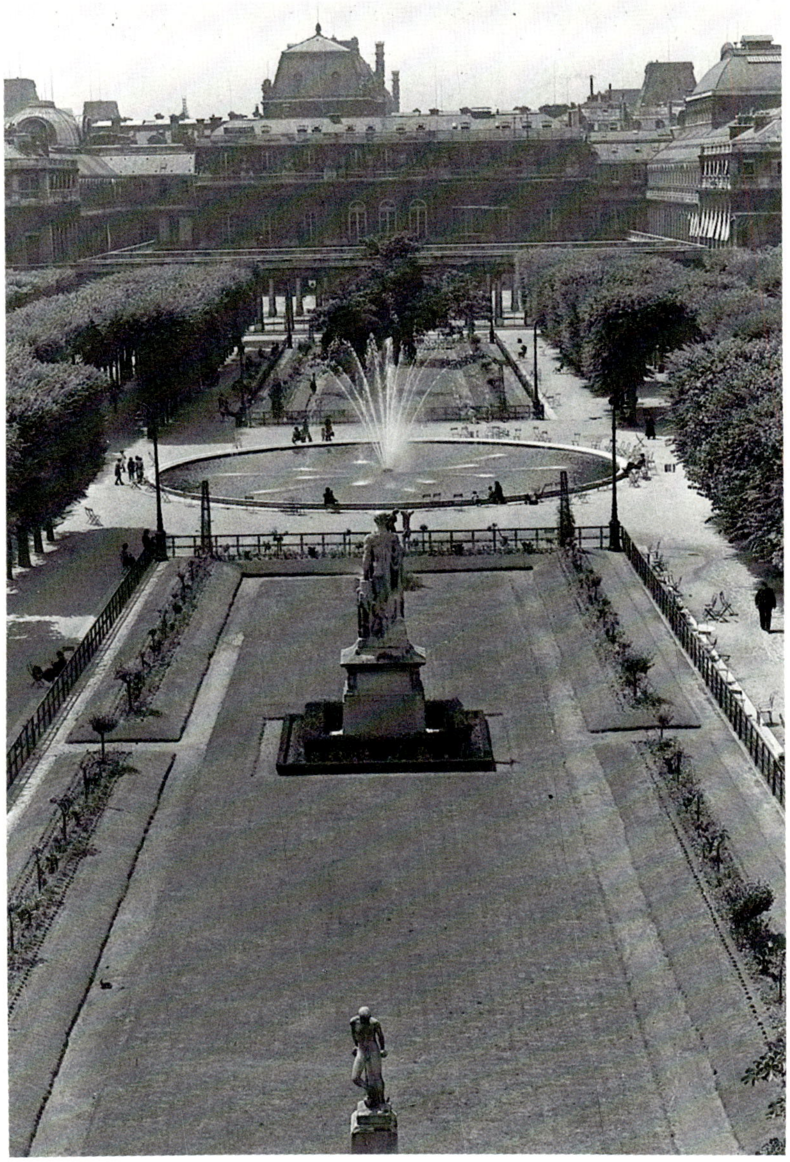

Vue des jardins du Palais-Royal prise par Robert Doisneau, des fenêtres de Colette. Qui d'autre qu'elle savait le nom de la fleur du parterre, le penstémon ?
Ci-contre : sur son bureau de la rue de Beaujolais, Colette écrira ses livres, à partir de 1938.

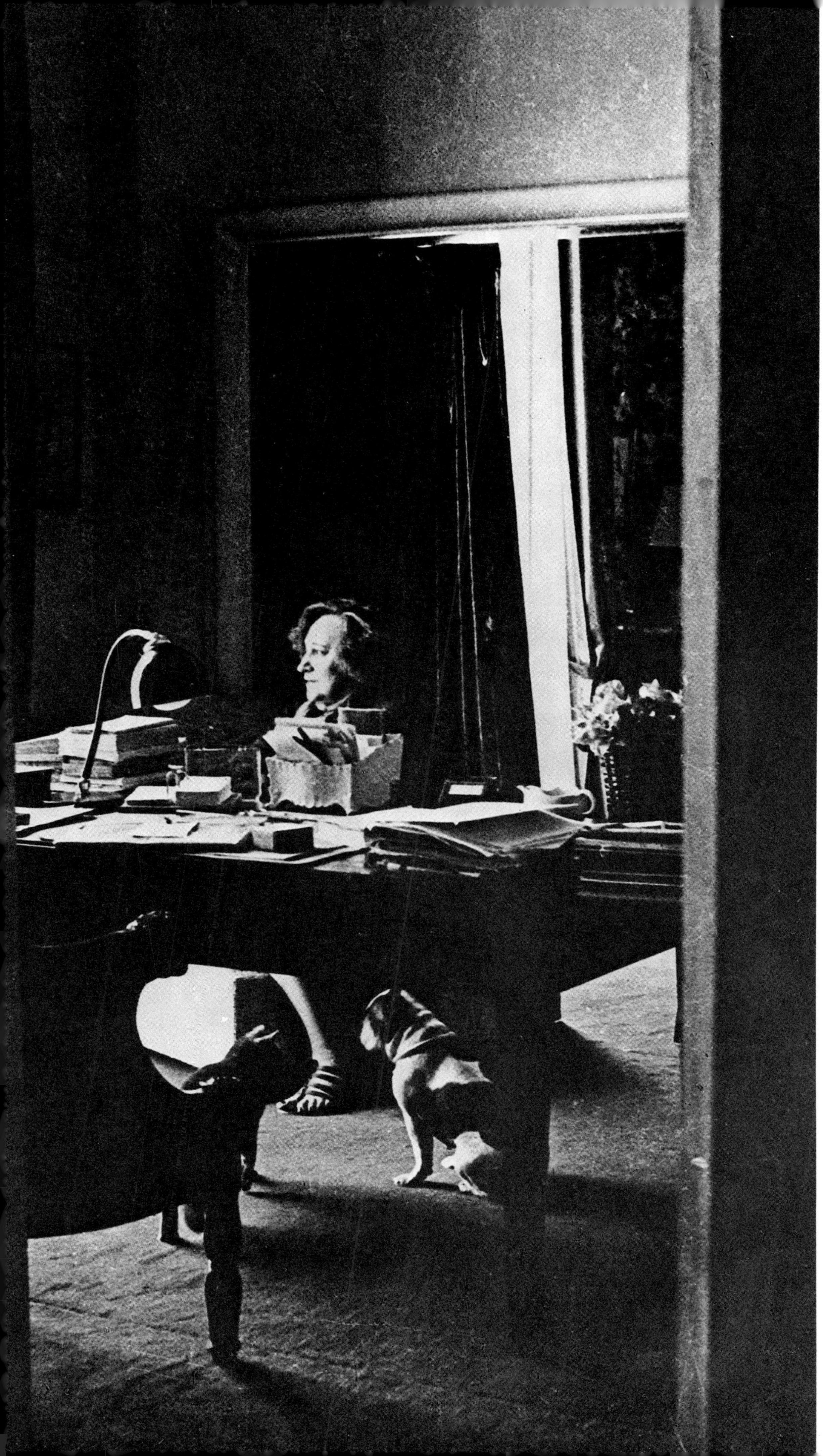

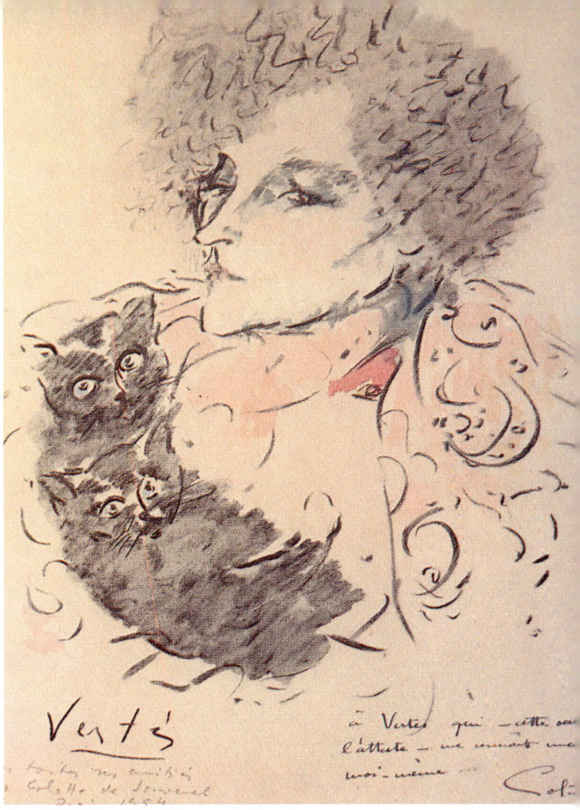

1

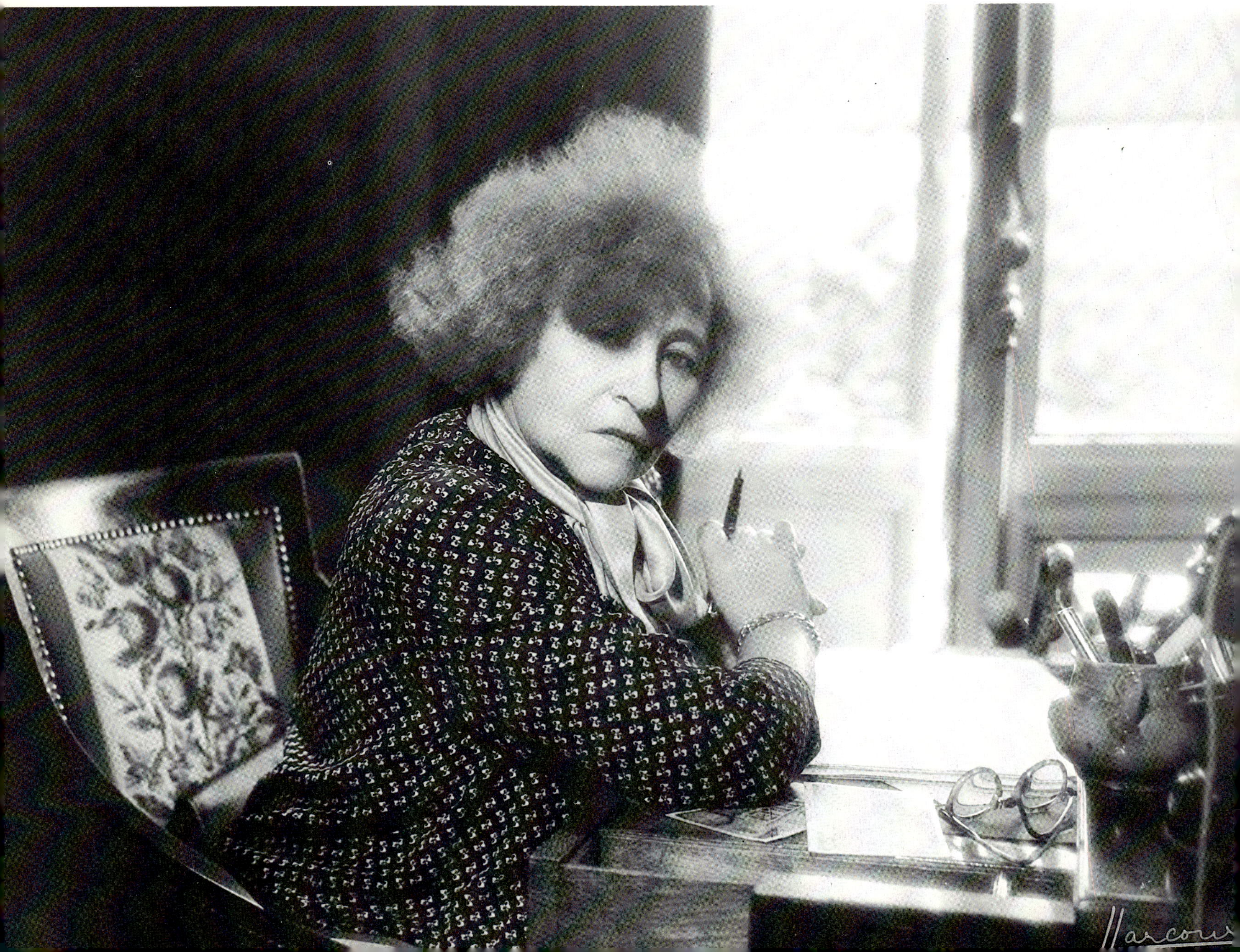

3

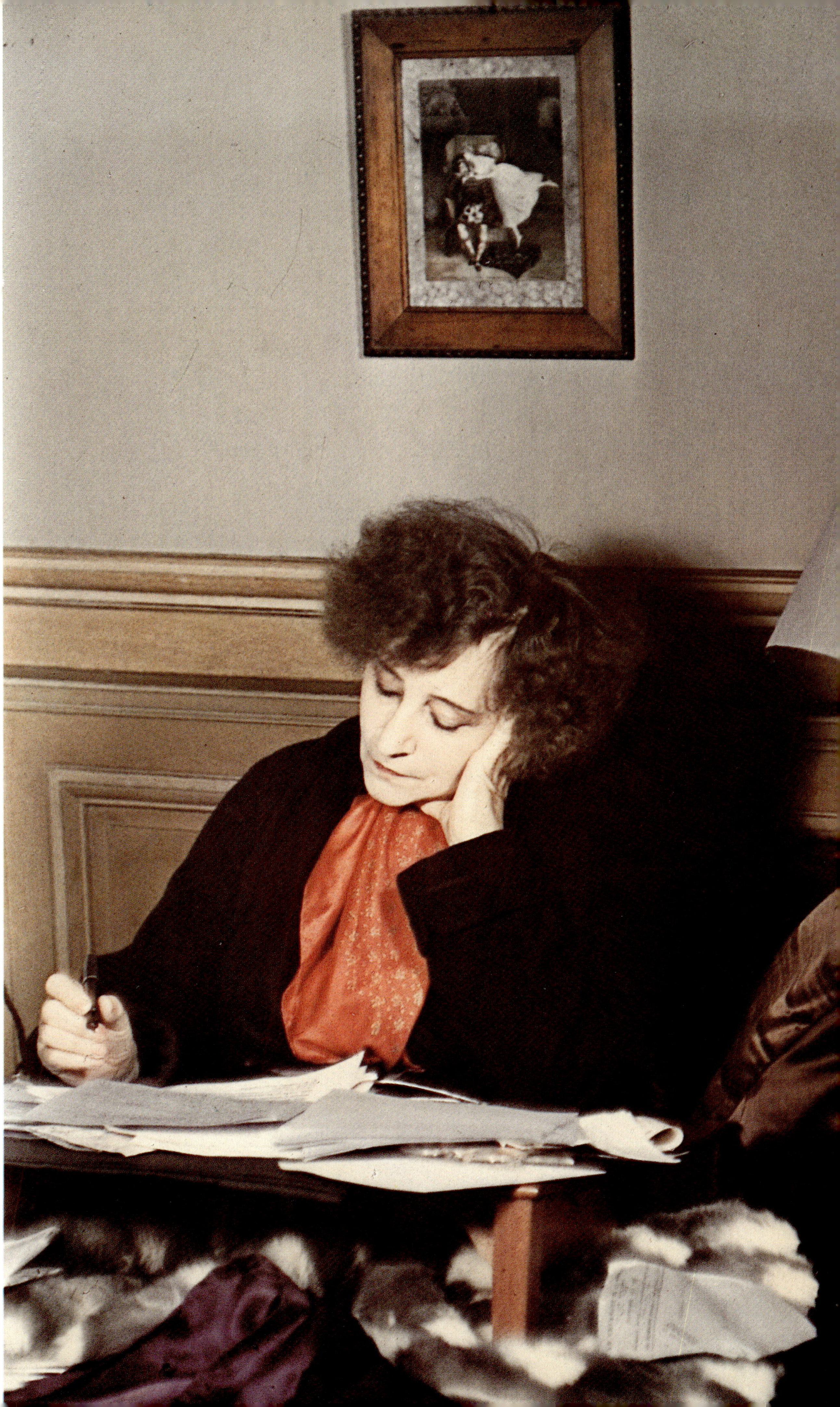

(1) Colette, par Vertès. – (2) Colette à son bureau assise sur le fauteuil dont elle a brodé la tapisserie. Il appartient aujourd'hui à Bertrand de Jouvenel Ci-contre : Portrait de Colette par Gisèle Freund.

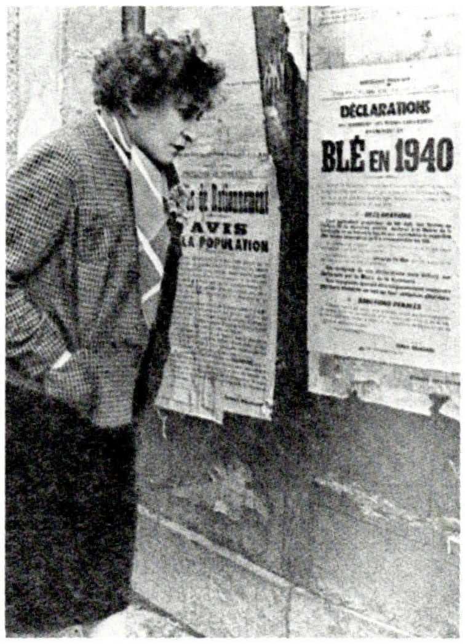
DÉCLARATIONS
BLÉ EN 1940
AVIS
LA POPULATION
1

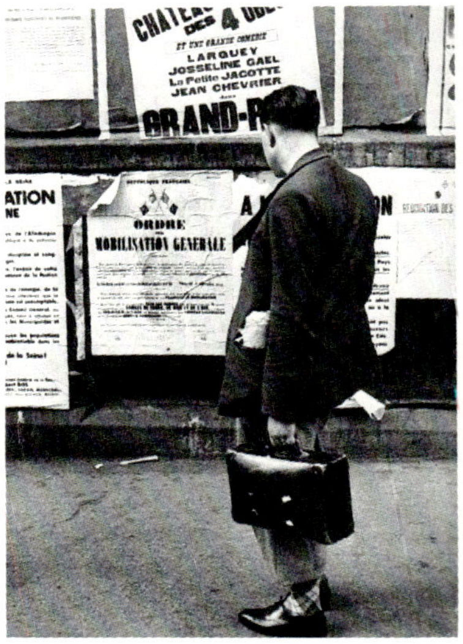
DES 4
LARGUEY
JOSSELINE GAEL
La Petite JACOTTE
JEAN CHEVRIER
ORDRE
MOBILISATION GENERALE
2

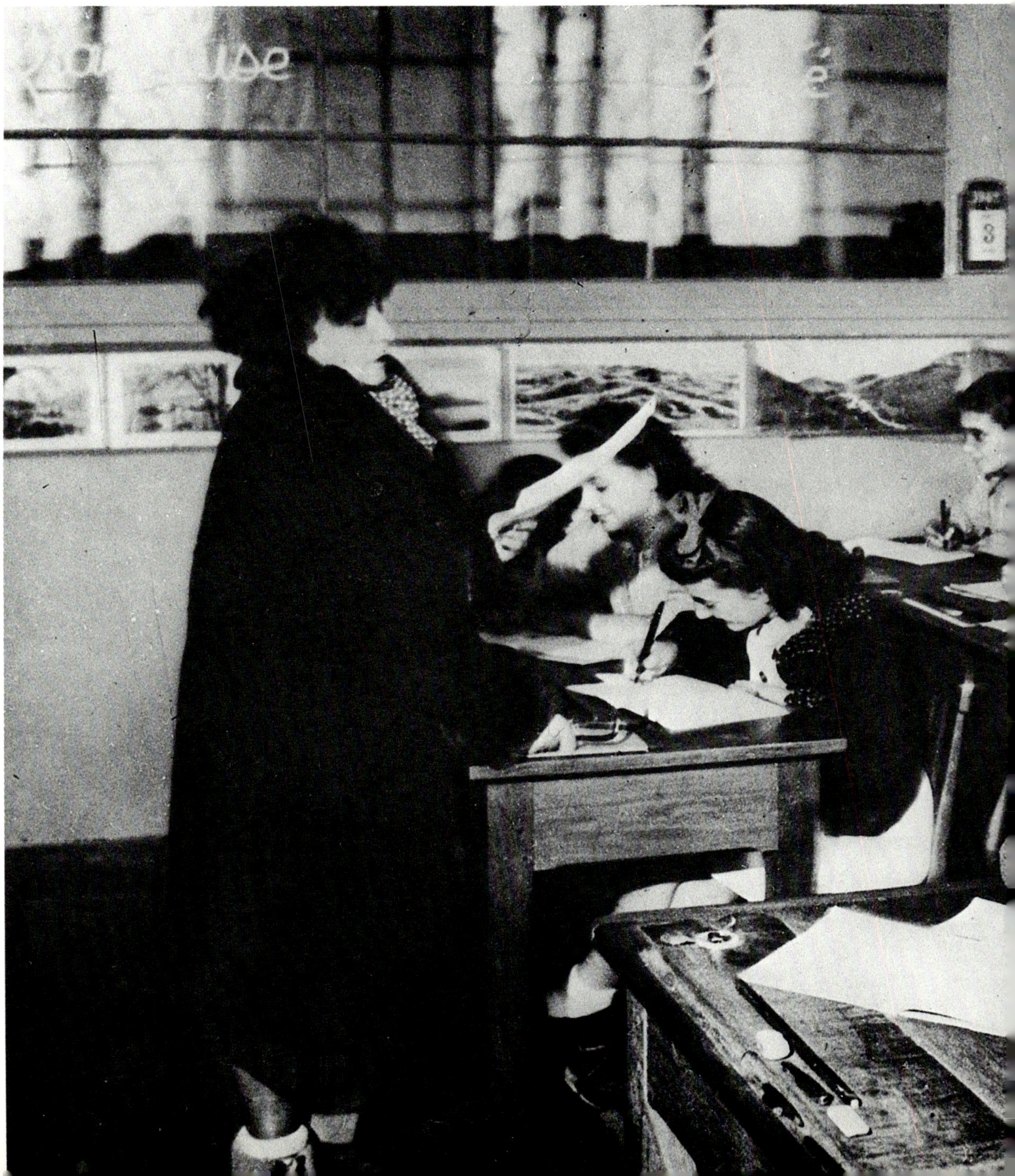
4

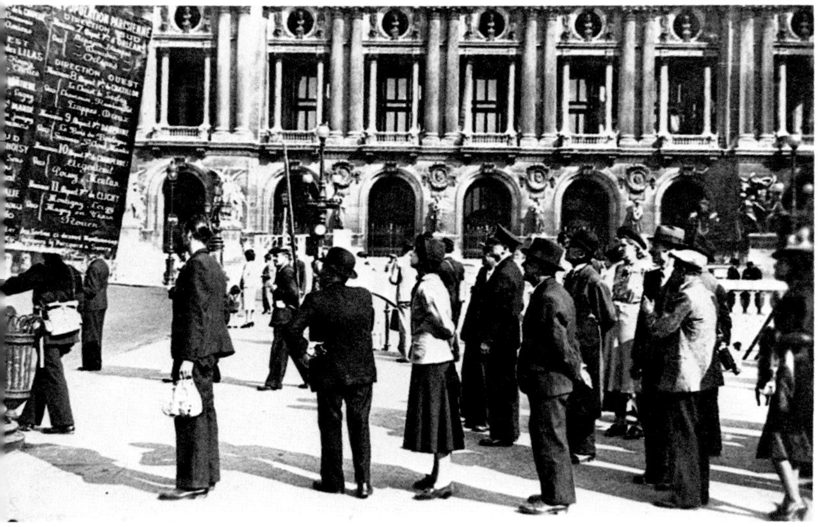

3

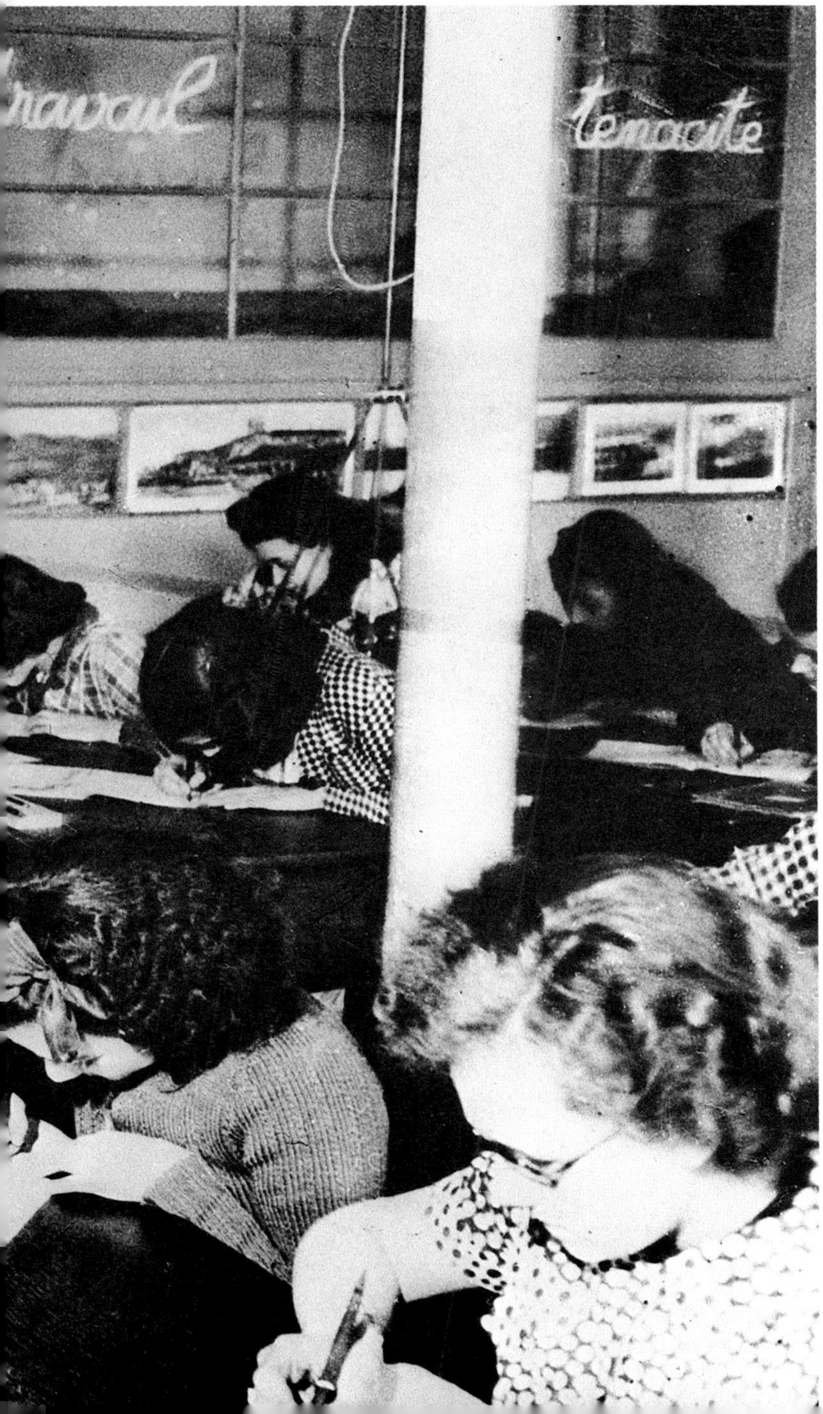

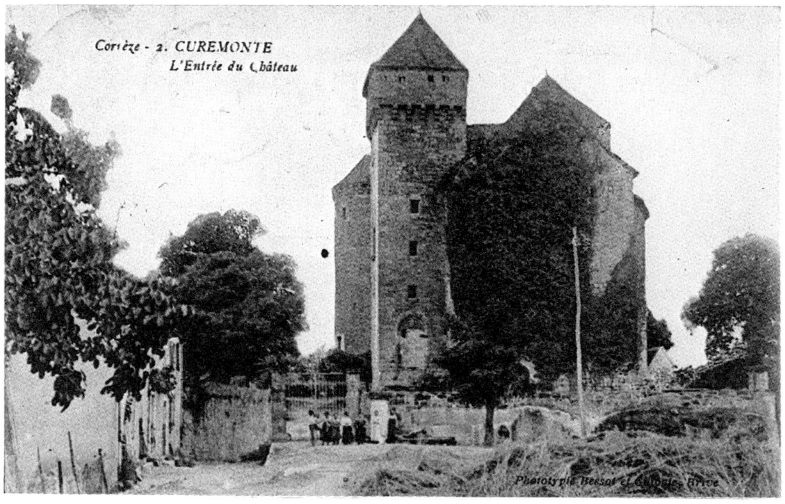

5

La guerre de 1940. – (1) Avec son expérience de la dernière guerre, la prudente Colette songe à faire des provisions. – (2) Les hommes, encore une fois, vont partir. Pas pour longtemps. – (3) L'organisation de l'exode à Paris : place de l'Opéra, en 1939, un panneau indique les itinéraires de départ. – (4) Colette, invitée à faire une dictée dans une école, pendant la guerre. – (5) C'est à Curemonte, en Corrèze, chez sa fille, que Colette va se réfugier momentanément.

1
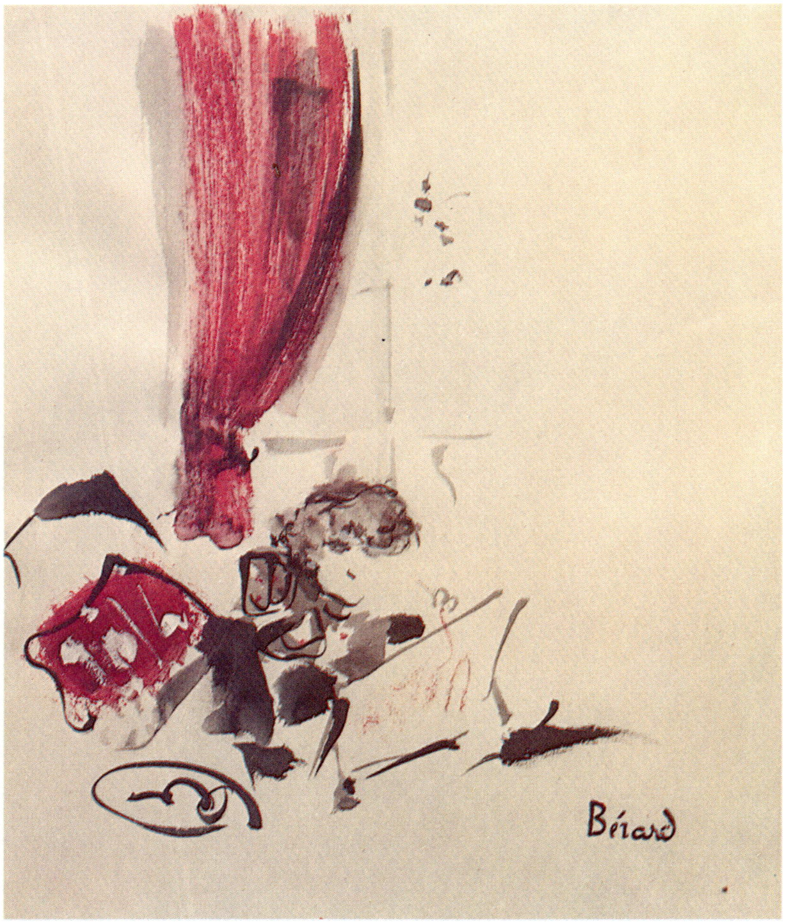

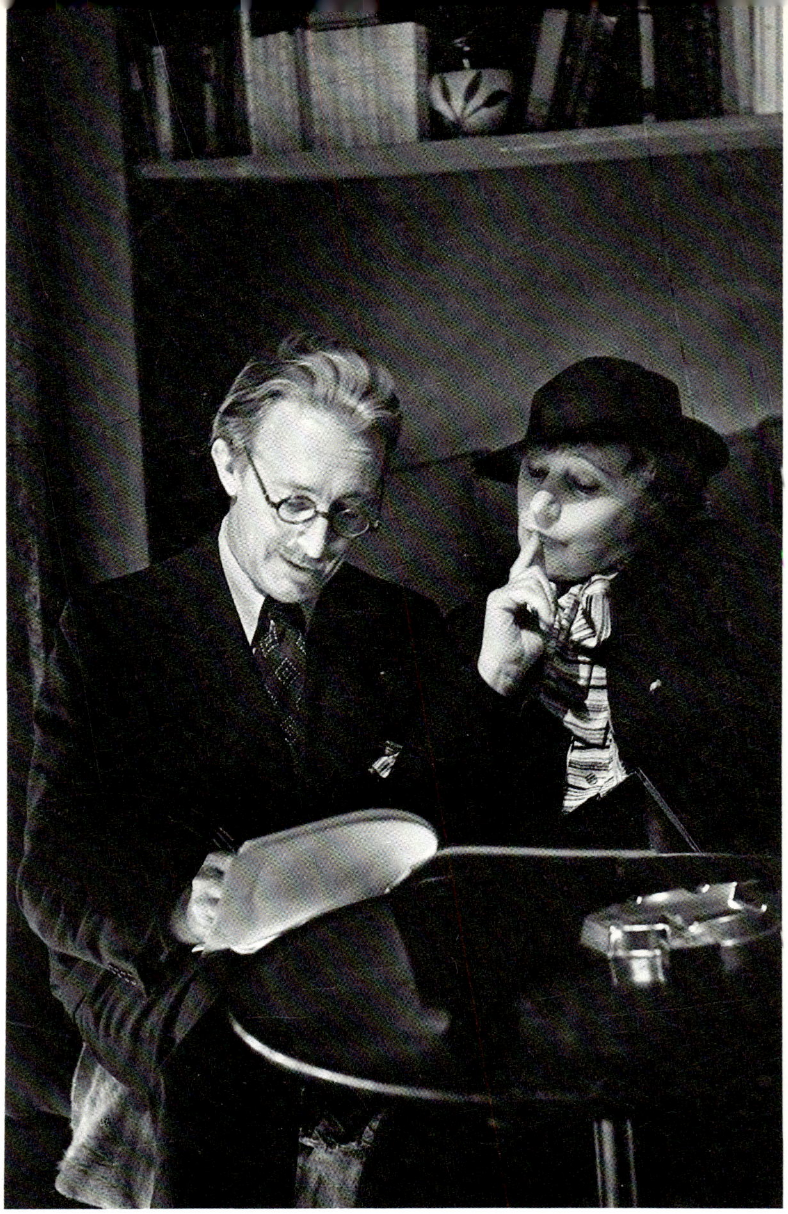
2

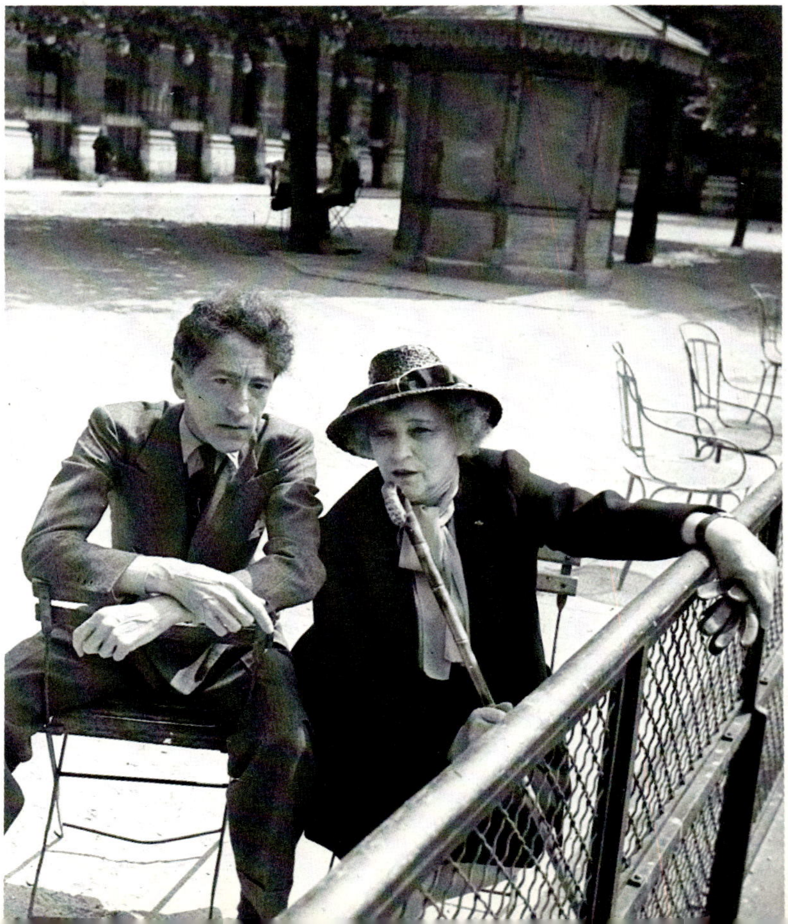
3

(1) Colette, par Christian Bérard. – (2) Colette et l'auteur de *Toi et Moi,* Paul Géraldy. – (3) Dans le jardin du Palais-Royal, Colette et son voisin Jean Cocteau. Leur amitié était faite de confidences et de rires. **Page suivante :** Colette, dessinée par Jean Cocteau.

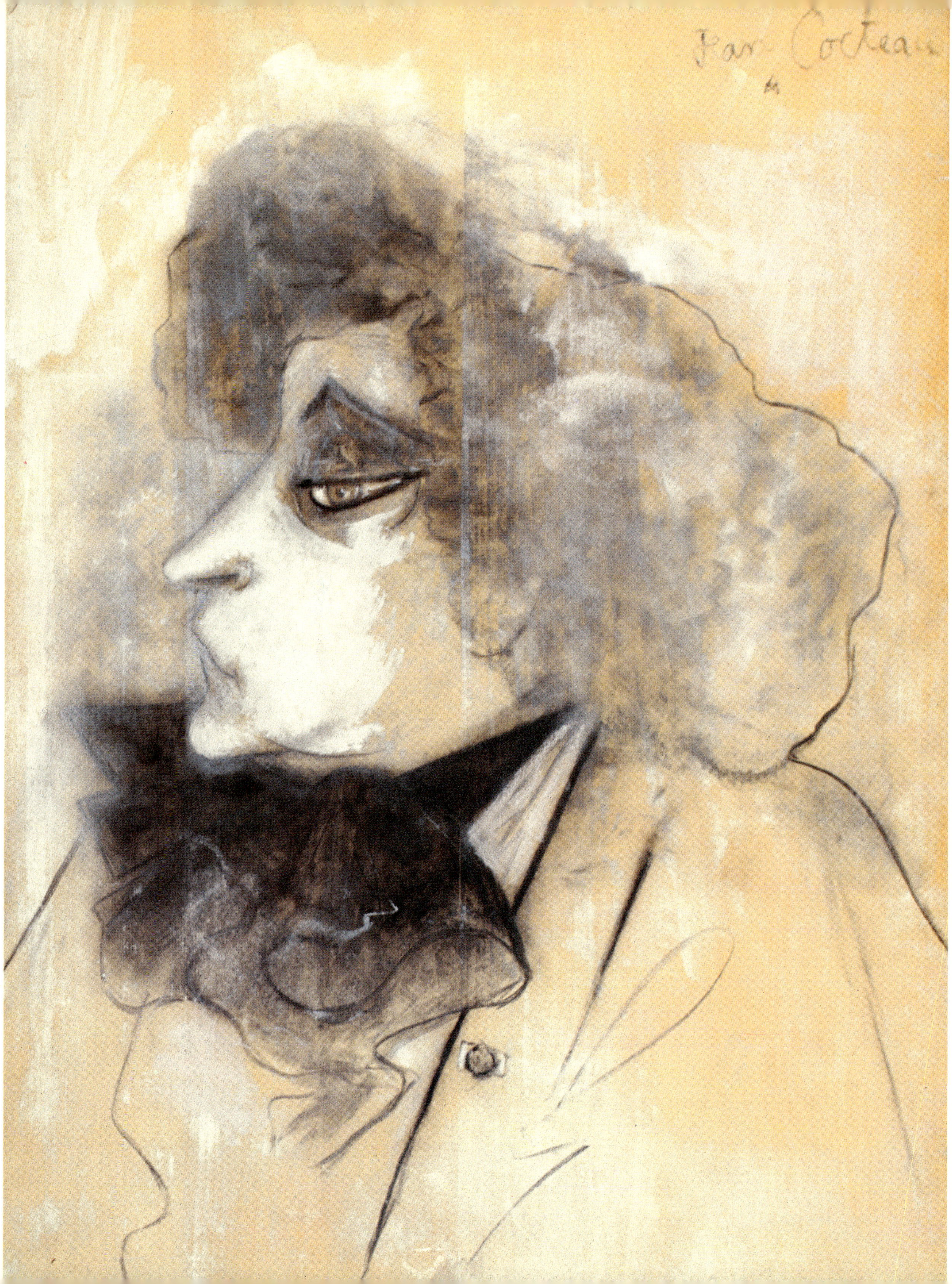
Jean Cocteau

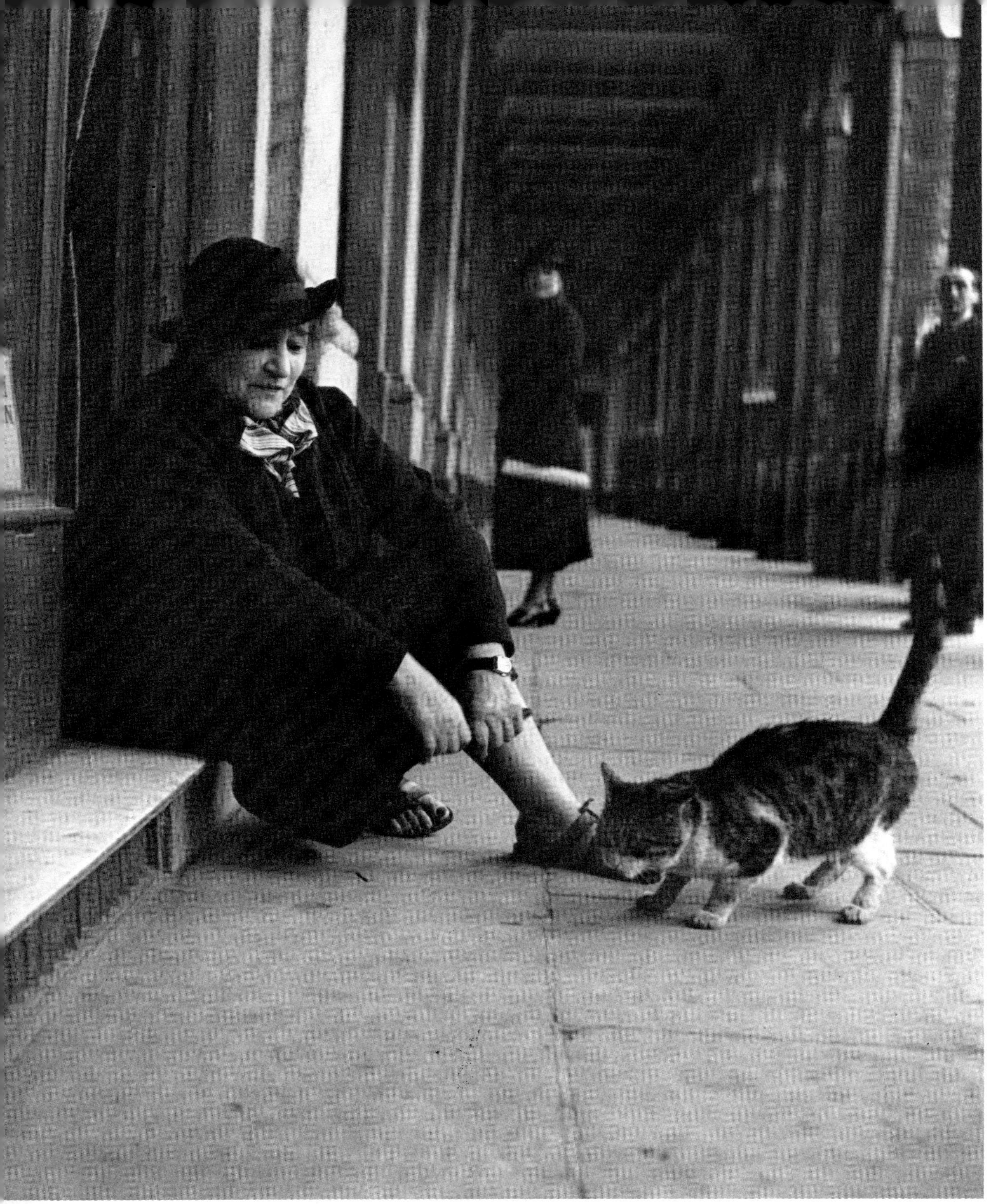

Sous les arcades de ce monde clos qu'est le Palais-Royal, Colette est chez elle. – **Page suivante :** de sa fenêtre ouverte sur le jardin qui sera sa dernière vision du monde, Colette guette les saisons, les vents et les enfants briseurs de fleurs et dénicheurs d'oiseaux. *"La nuisance chez l'enfant est instinctive et terriblement ingénieuse."*

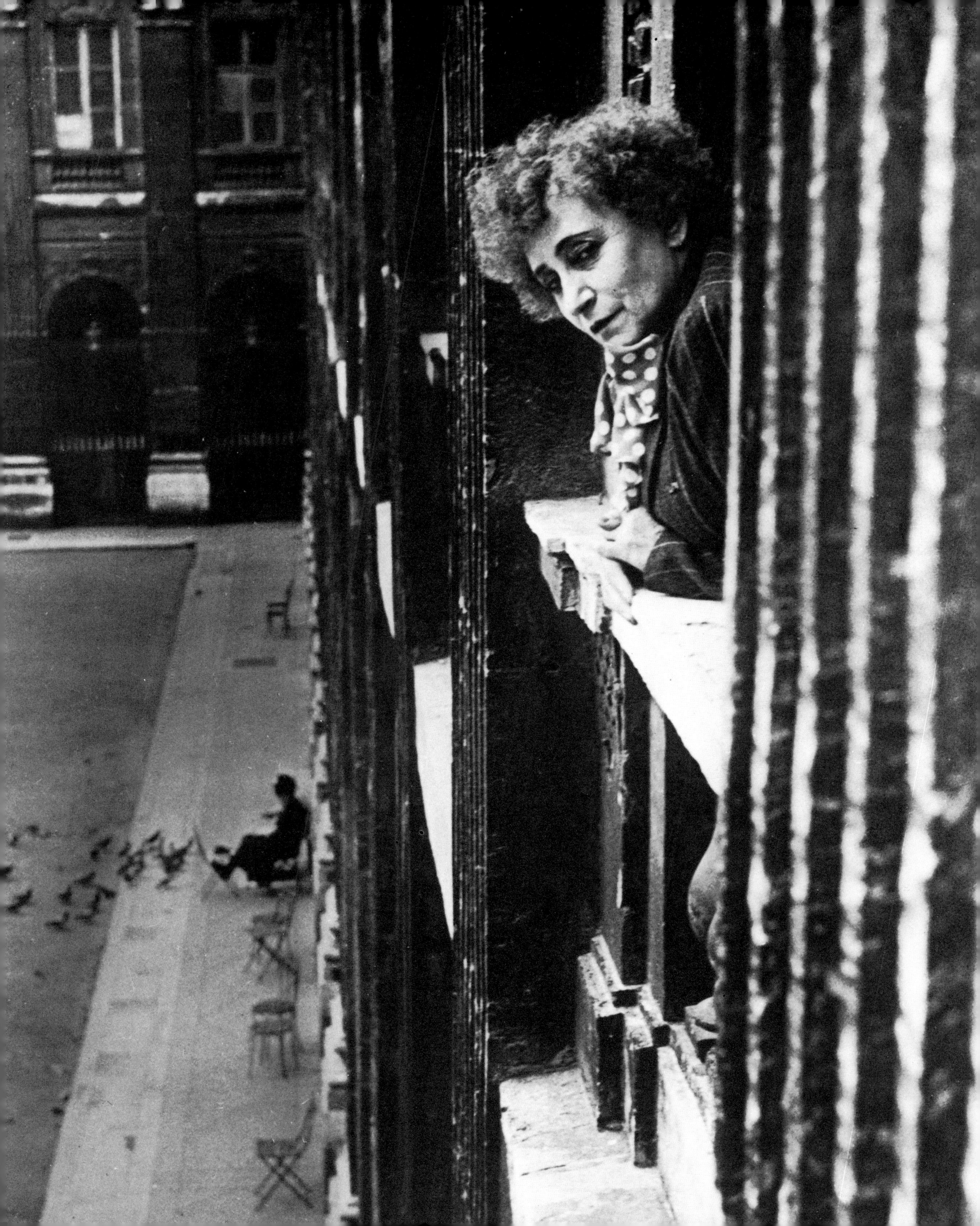

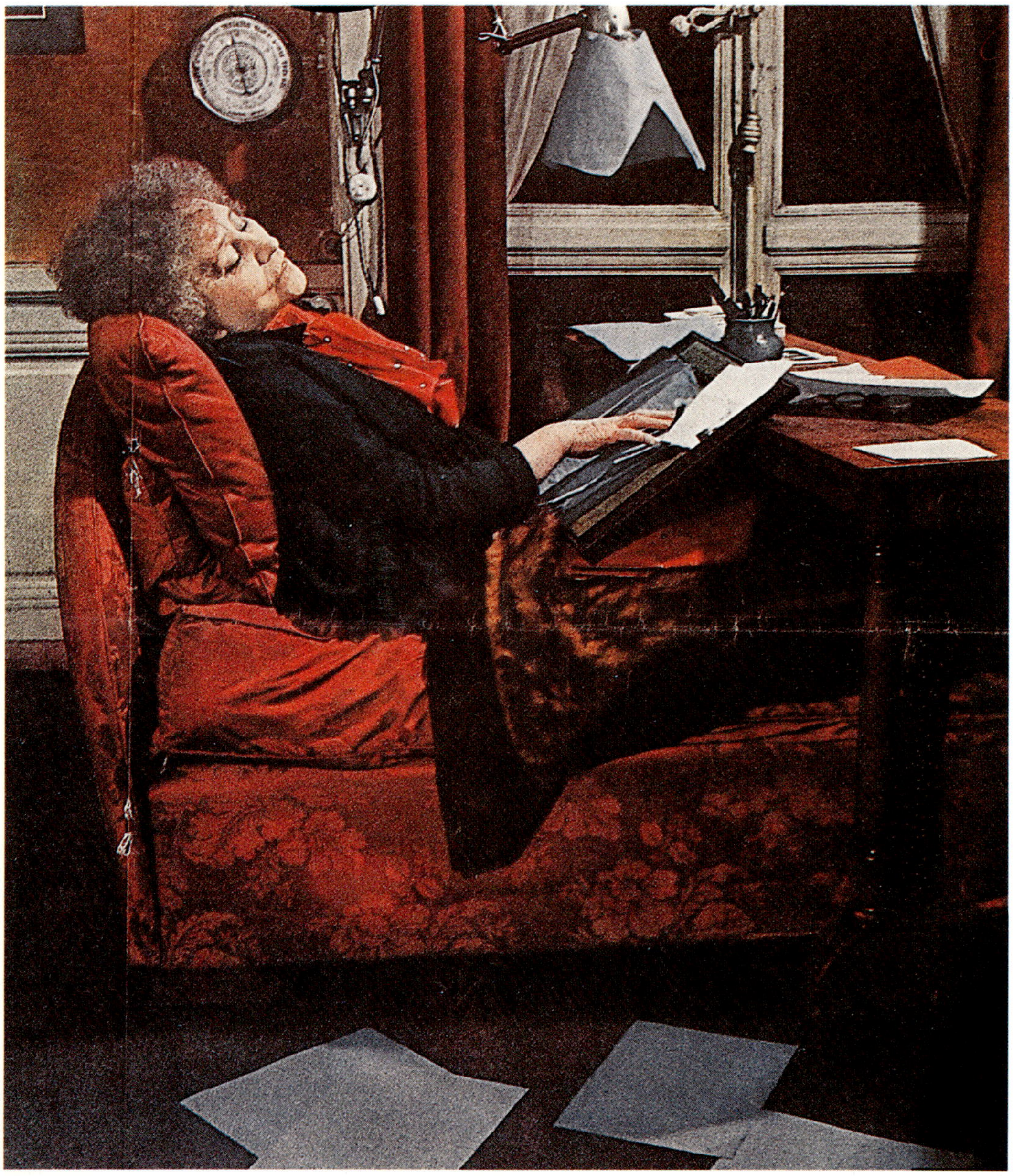
1

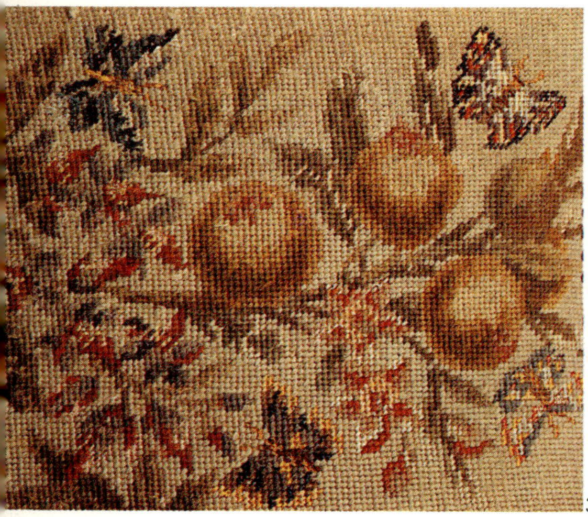
3

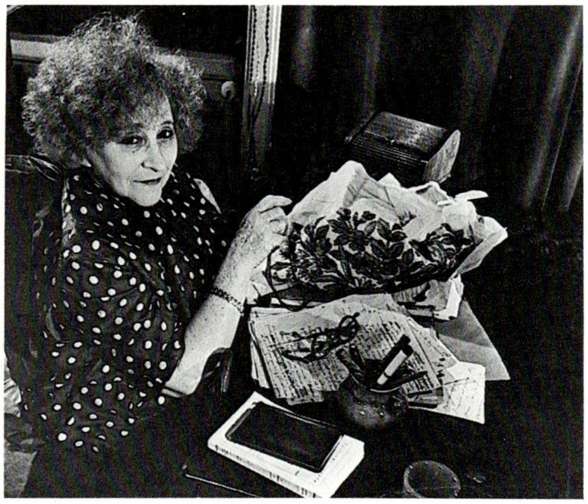
2

(1) Lecture à bord du divan-radeau, sous le "fanal bleu". – (2) Le motif fruité brodé par Colette pour un fauteuil. – (3) ...*"ayant, un demi-siècle, écrit noir sur blanc, j'écris en couleur sur canevas, depuis tantôt dix années."*
Page suivante : Colette et sa collection de presse-papier et d'objets de verre photographiés par Robert Doisneau. On les verra désormais au musée de Saint-Sauveur-en-Puisaye.

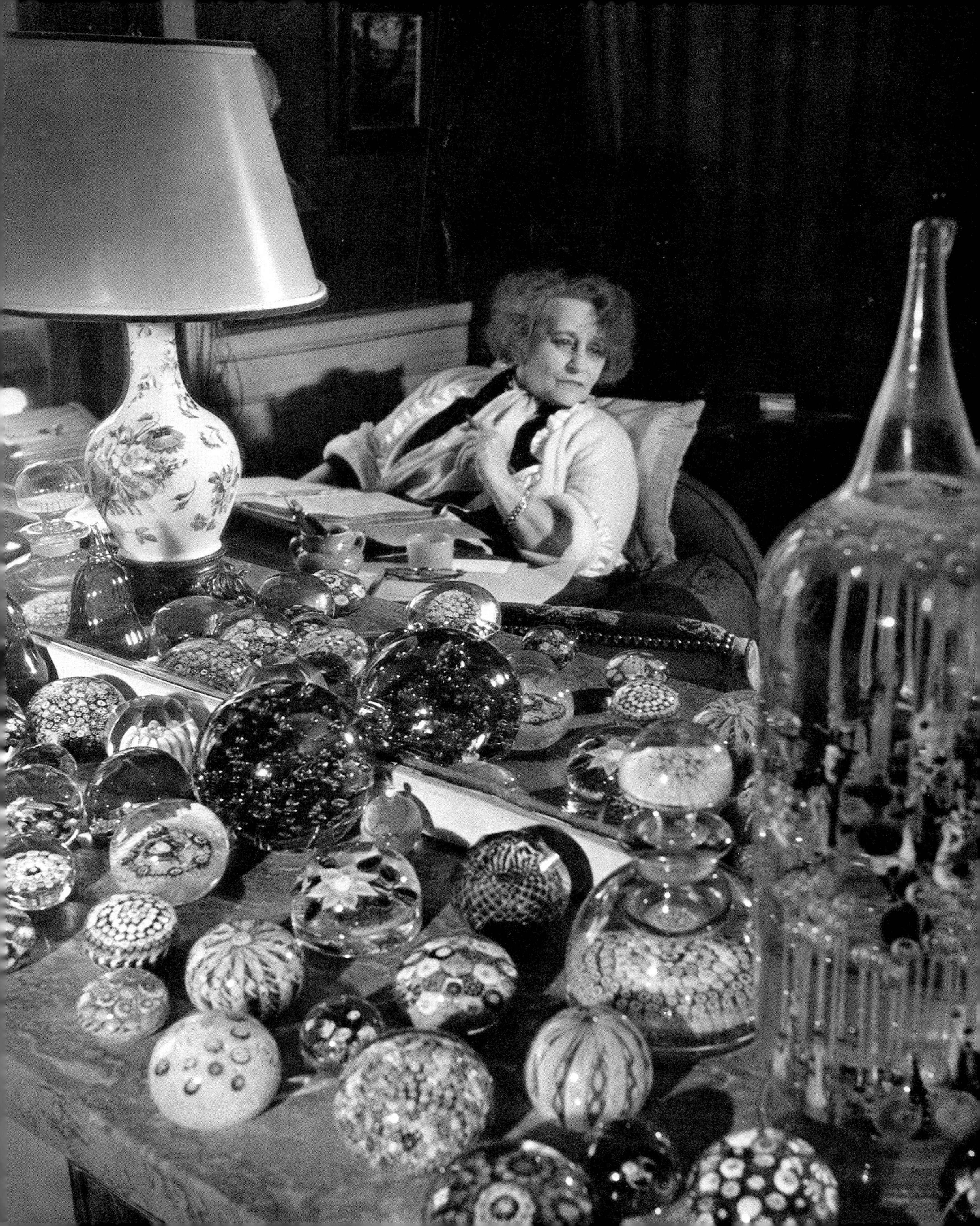

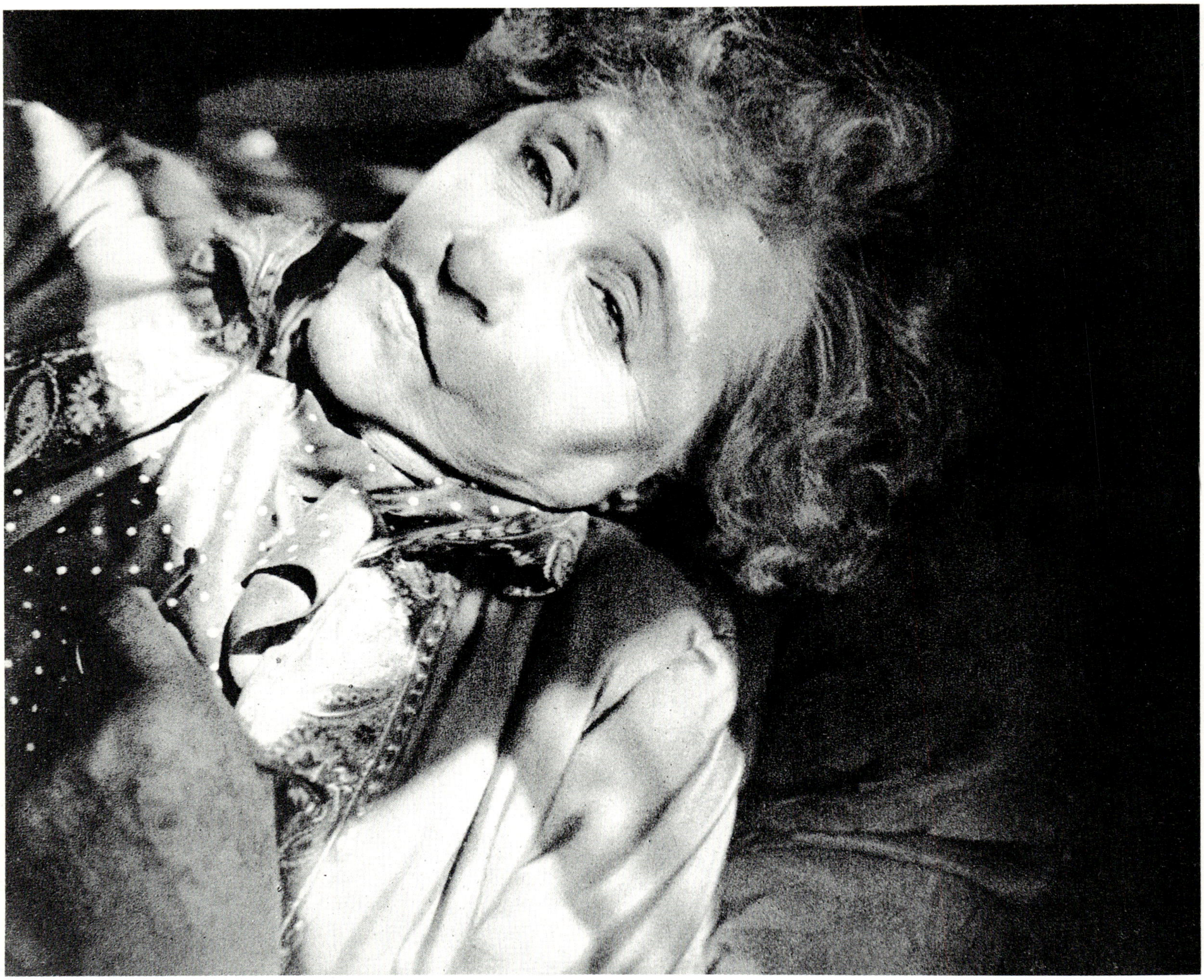

Ci-dessus : le beau visage déjà lointain de Colette, photographié par Cecil Beaton. – **Page suivante :** (1) Colette entre Edith Piaf et Edouard Herriot à une distribution des prix du Disque. – (2) Seule femme parmi ces messieurs du Goncourt. Assis près d'elle, l'ami de toujours : Francis Carco. – (3) Chez Simone Berriau, en compagnie de Jean-Paul Sartre et de Christian Bérard. – (4) En 1949, Colette ne peut plus se déplacer et Jean Marais qui va reprendre le rôle de Chéri au théâtre de la Madeleine vient chez elle répéter son texte. "Tu es le seul qui ne me fais pas mal quand il m'embrasse", lui disait-elle.

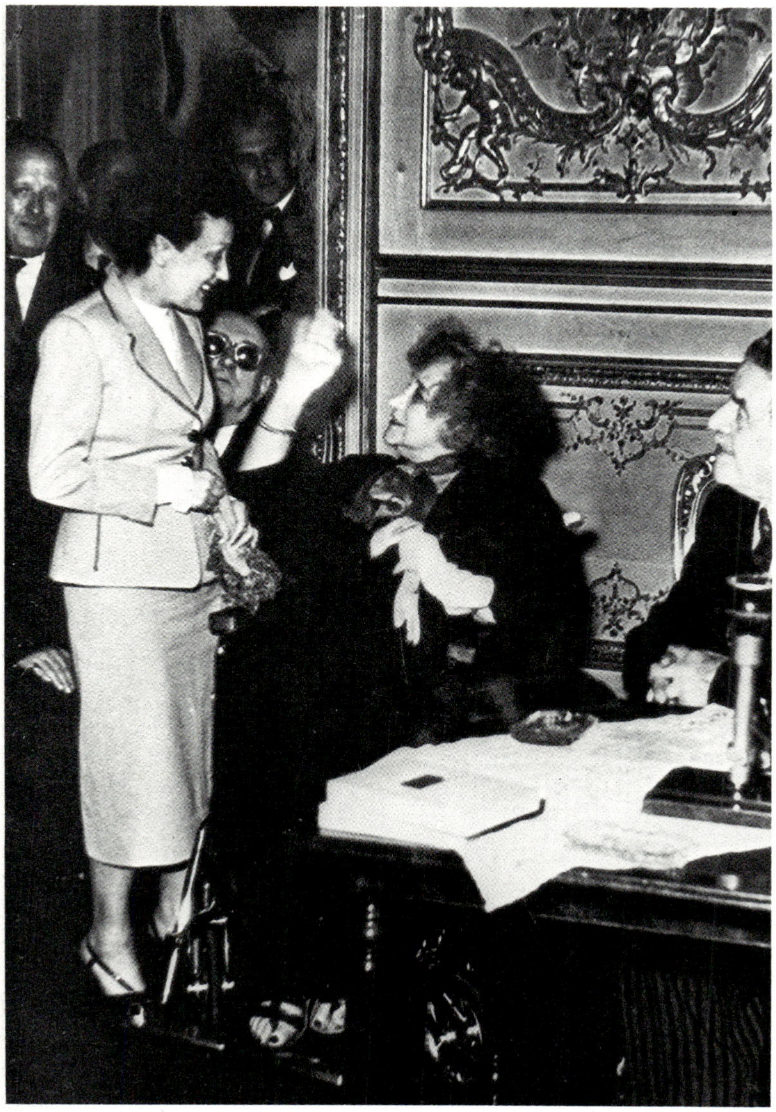
1

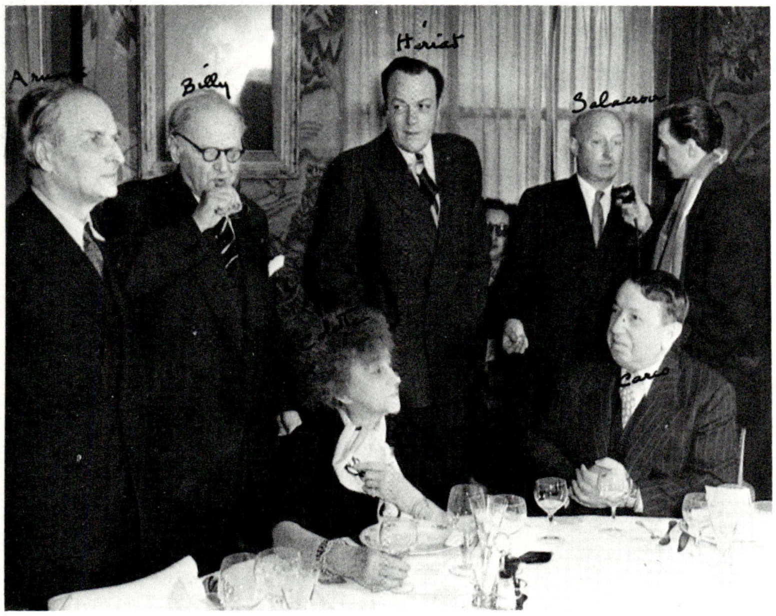

2

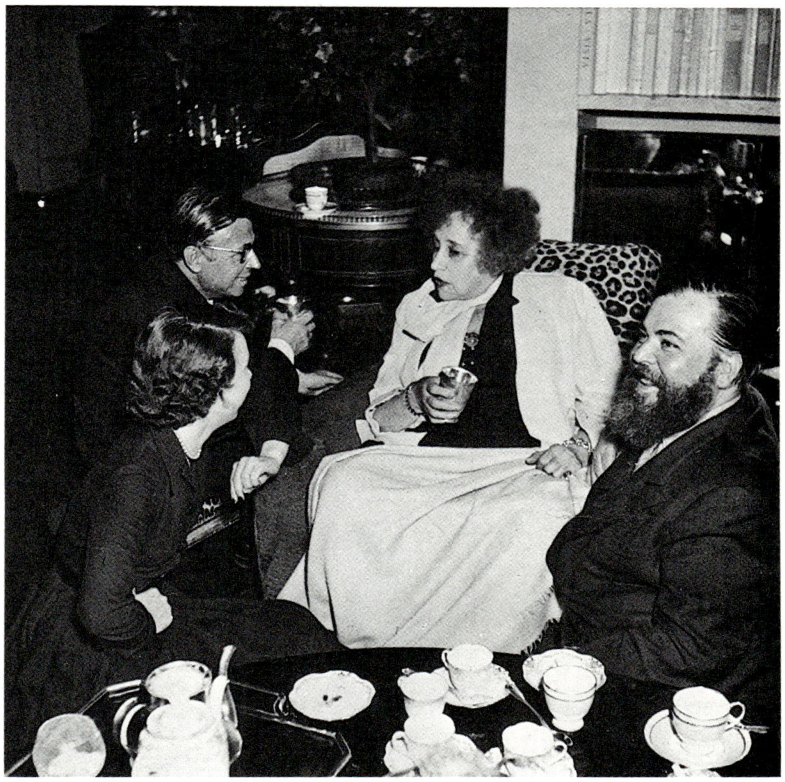
3

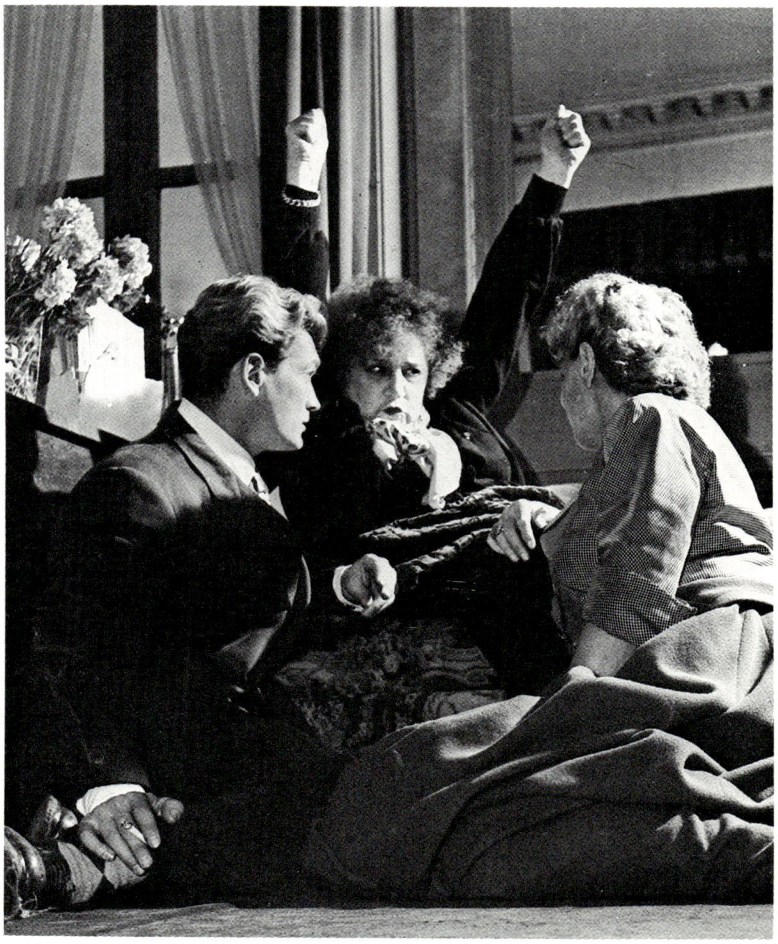
4

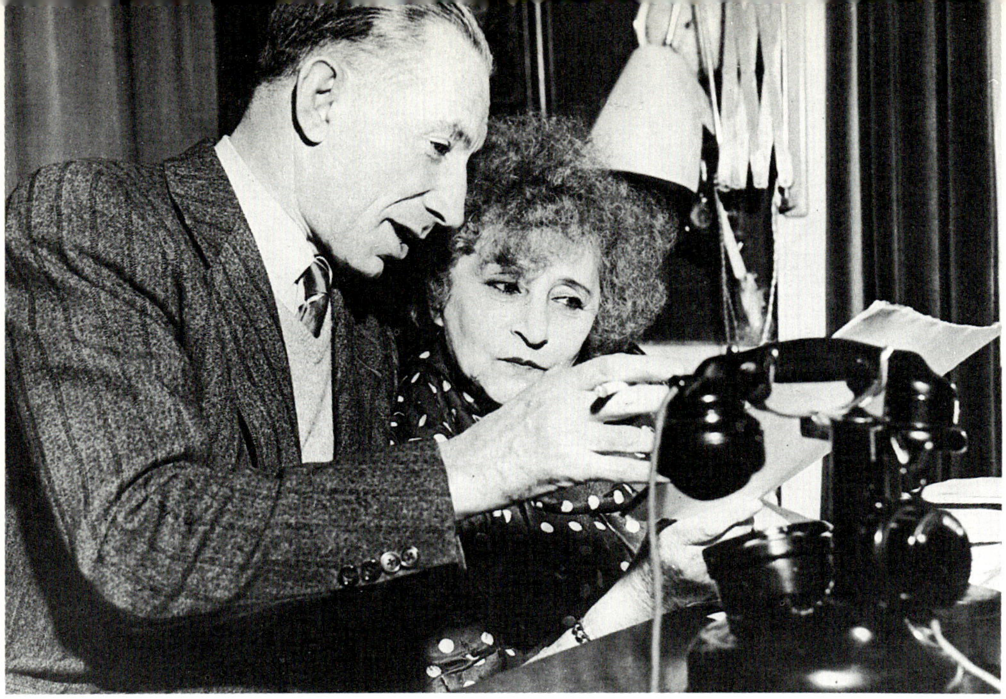

1

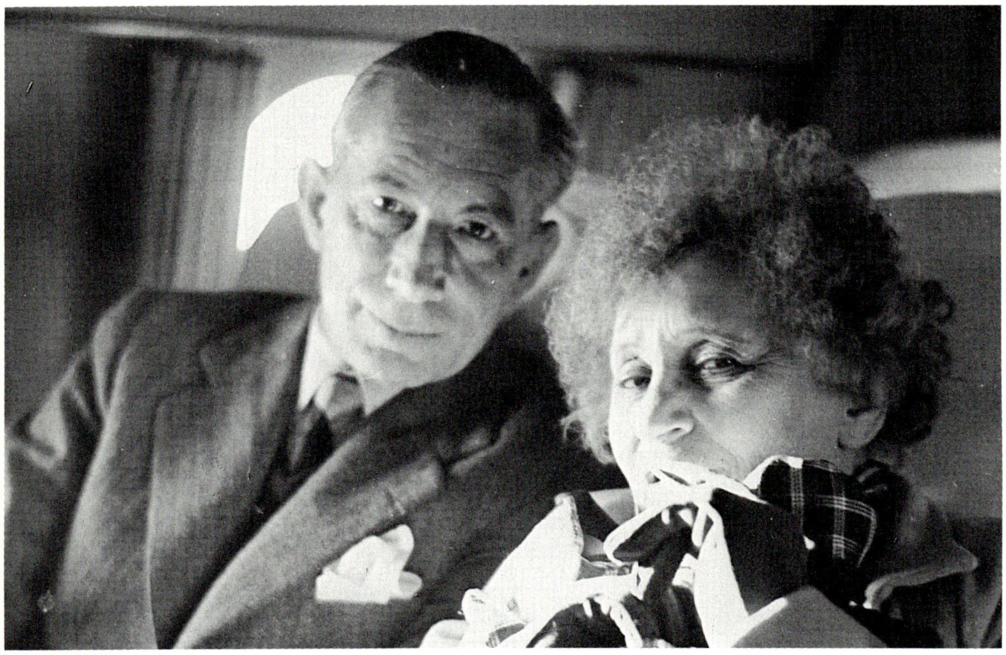

2

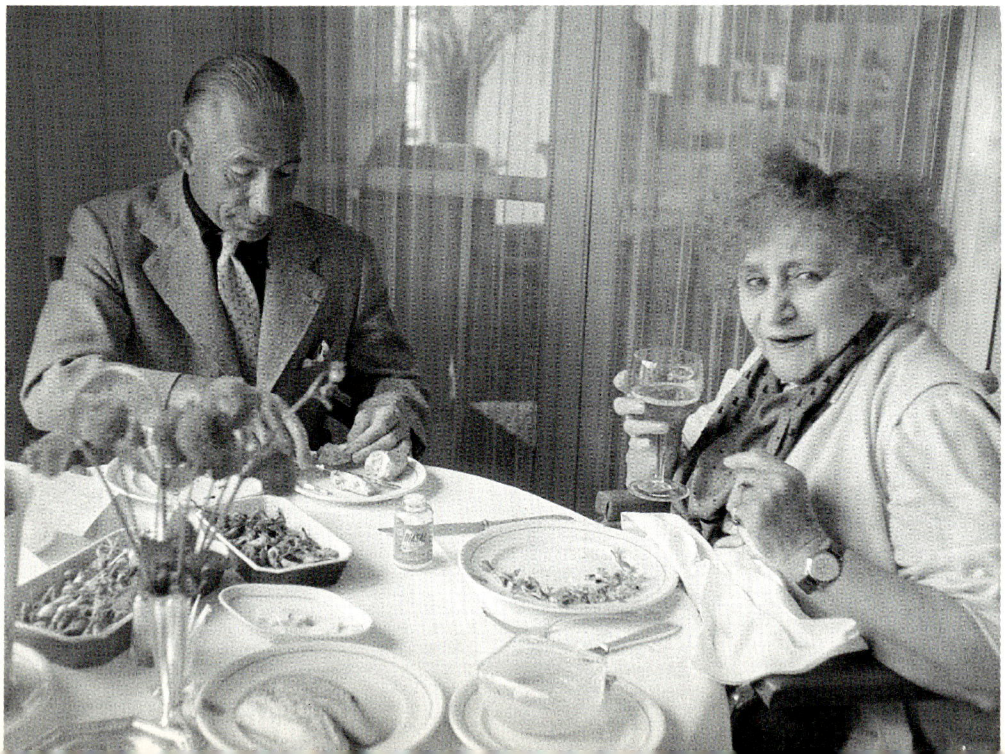

3

(1) Colette et son troisième mari, Maurice Goudeket. – (2) D'un singulier dévouement, Maurice veille sur Colette comme sur un trésor. Ici, en avion.
(3) A Deauville, en 1953, photographiés par Gisèle Freund. Si Colette sourit – ce qui est rare – c'est aux crevettes grises dont elle raffole. **Page suivante :** Colette et les oiseaux du Palais-Royal.

Double page suivante : "Elle est presque contente de ce nuage qu'elle habite et qui la protège contre un monde cruel..." (Jean Cocteau). Photo d'Ora.

Colette et sa fidèle Pauline, par Henri Cartier-Bresson.

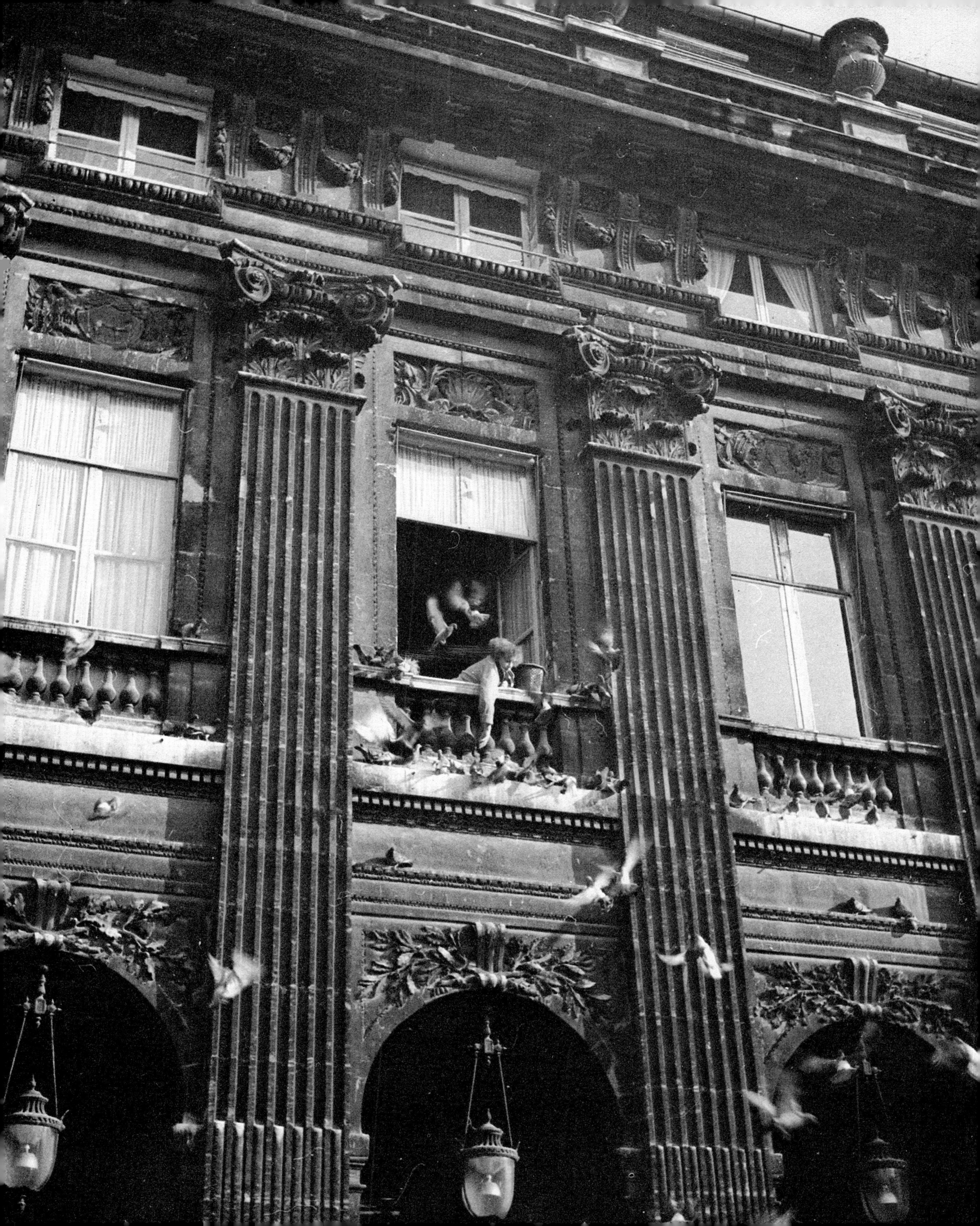

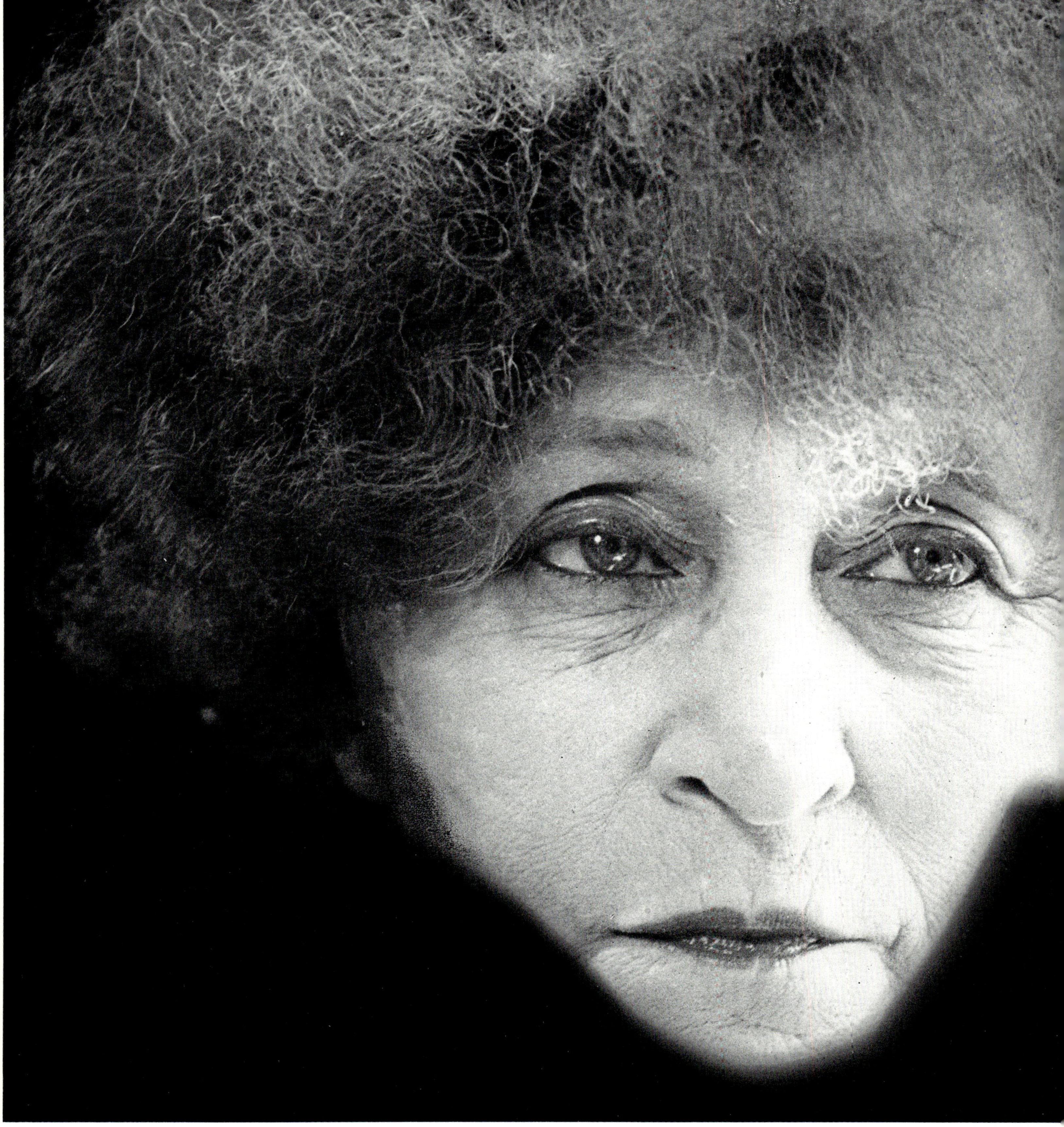

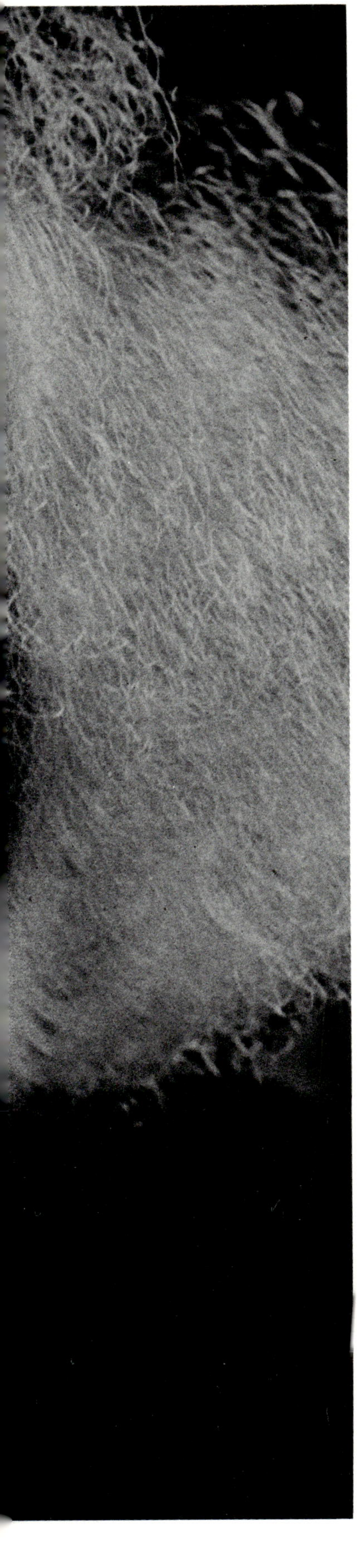

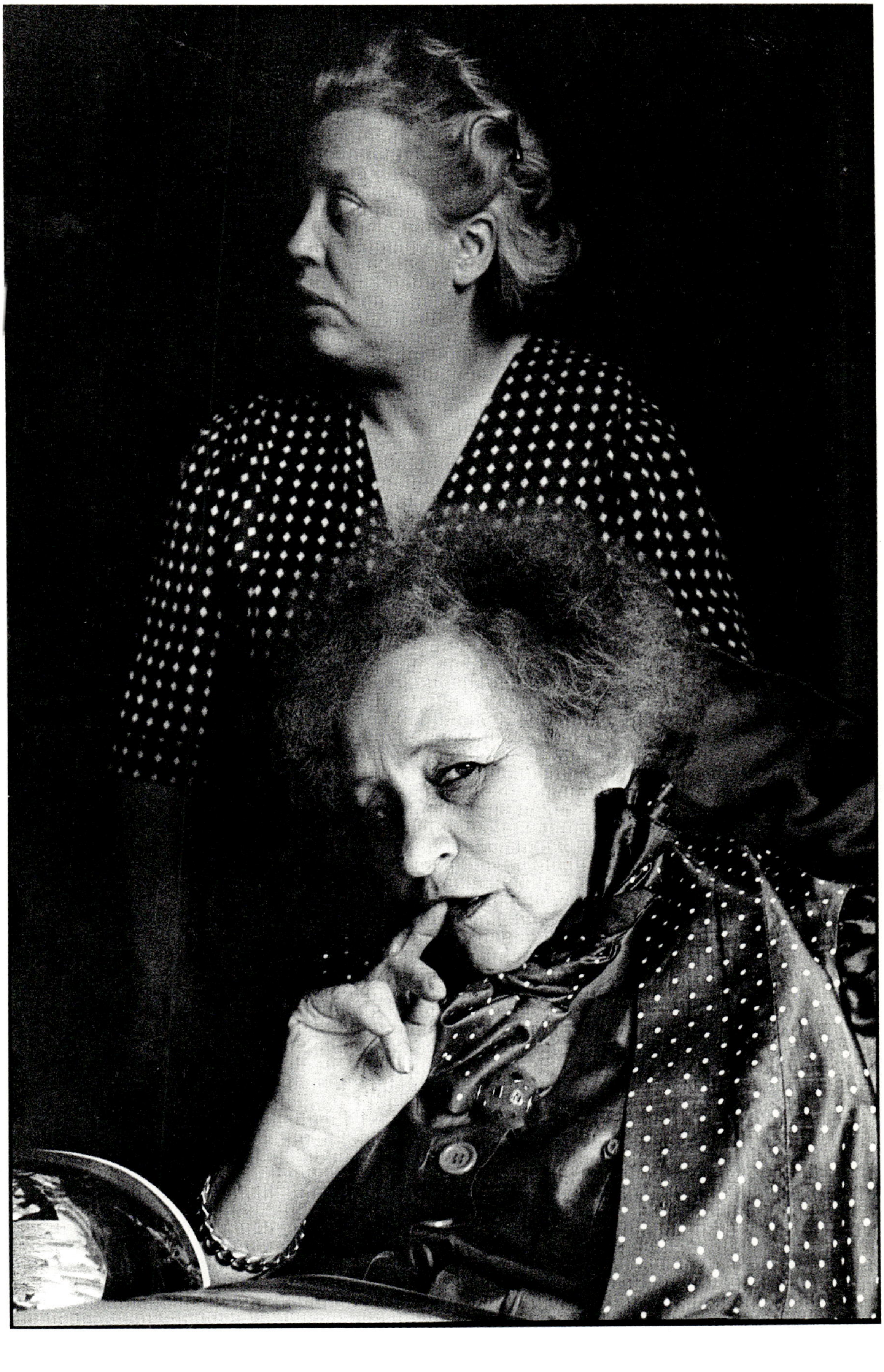

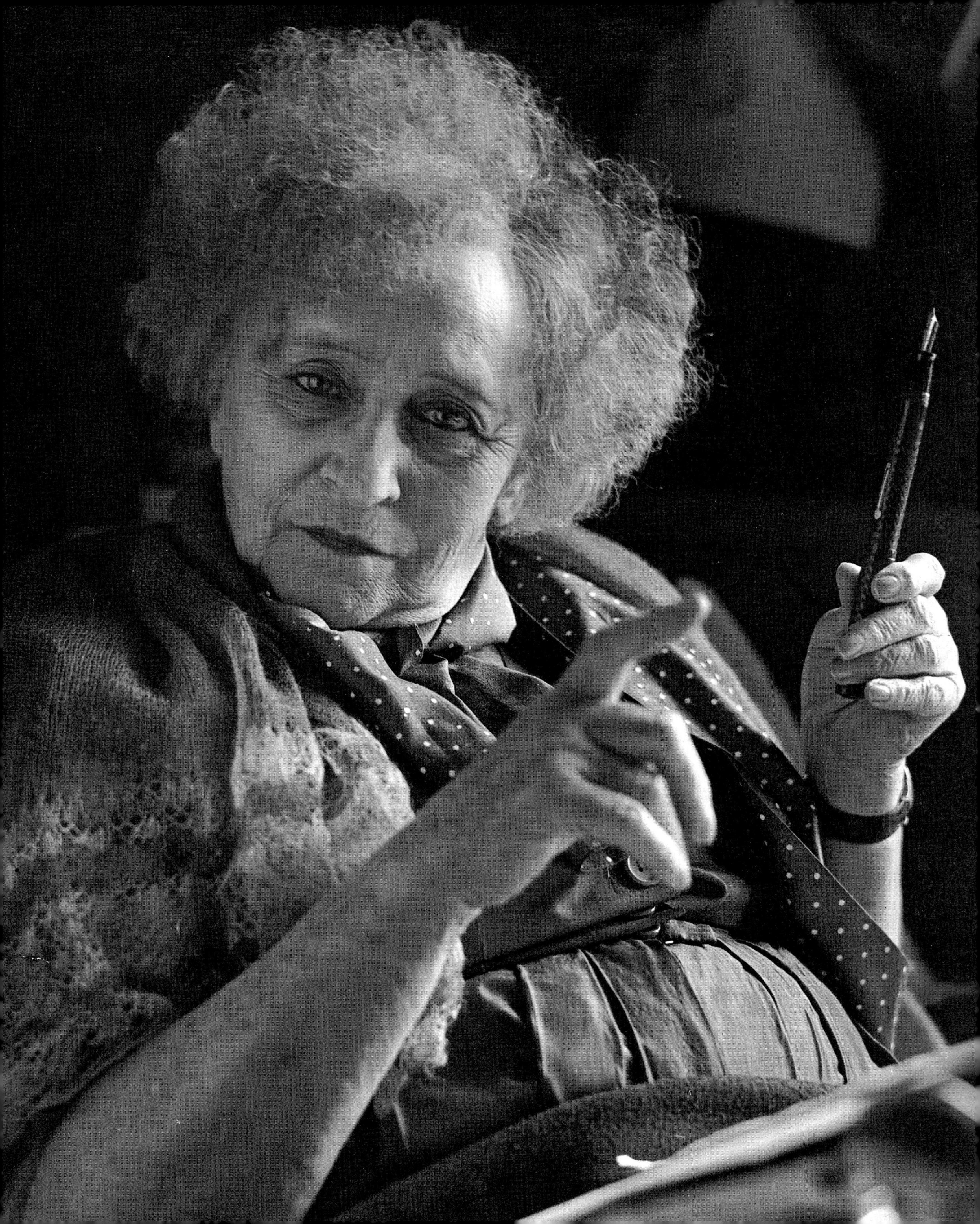

...*"Et tâche, ô mon cœur, de nous faire oublier que ça t'emmerde d'écrire"* (conseil de Colette à Marguerite Moreno).

BIOGRAPHIE ET CATALOGUE DES ŒUVRES DE COLETTE

1873 28 janvier. Naissance à Saint-Sauveur-en-Puisaye, Yonne, de Sidonie-Gabrielle Colette.

1885 Mariage de la demi-sœur de Colette, Juliette Robineau-Duclos et du docteur Roché.

1889 1er-2 juillet. Sidonie-Gabrielle Colette obtient son brevet élémentaire à Auxerre et cesse définitivement ses études.

1890 La famille s'installe auprès du fils aîné de Sido, médecin à Châtillon-sur-Loing, aujourd'hui Châtillon-Coligny (Loiret).

1893 15 mai. Mariage de Sidonie-Gabrielle Colette et d'Henry Gauthier-Villars, dit Willy. Les époux s'installent à Paris, 28, rue Jacob. Colette est introduite dans les salons littéraires et musicaux.

1894 Colette, après une sérieuse maladie, part en convalescence à Belle-Isle-en-Mer, en compagnie de Willy et de Paul Masson.

1895 juillet. Colette et Willy font un voyage à Saint-Sauveur-en-Puisaye, où ils séjournent à l'école.
septembre. Colette et Willy assistent au Festival de Bayreuth. Ils y retourneront plusieurs fois les années suivantes.

1900 *Claudine à l'Ecole* paraît sous la signature de Willy (Paris, Ollendorf).

1901 *Claudine à Paris* est publié sous la signature de Willy (Paris, Ollendorf).
Les époux Gauthier-Villars s'installent au 93, rue de Courcelles, qu'ils quitteront pour le 177 bis.

1902 *Claudine en ménage*, sous la signature de Willy (Paris, Mercure de France).
Henry Gauthier-Villars achète, en Franche-Comté, la maison des Monts-Boucons.
Claudine à Paris est porté à la scène par Willy, Lugné-Poë et Charles Vayre (22 janvier, Théâtre des Bouffes-Parisiens) et Polaire interprète le rôle de Claudine.

1903 *Claudine s'en va*, sous la signature de Willy (Paris, Ollendorf).

1904 *Minne*, sous la signature de Willy (Paris, Ollendorf).
Dialogues de bêtes (Paris, Mercure de France). Pour la première fois, Colette signe : Colette Willy. Elle gardera cette signature jusqu'en 1913.

1905 *Les Egarements de Minne*, sous la signature de Willy (Paris, Ollendorf).
Sept dialogues de bêtes, sous le nom de Colette Willy, préface de Francis Jammes (Paris, Mercure de France).
17 septembre. Mort de Jules Colette.

1906 Colette s'installe au 44, rue de Villejust.
6 février. Création au Théâtre des Mathurins du mimodrame *Le Désir, l'Amour et la Chimère*, argument de Francis de Croisset.
mars. Colette fait ses débuts au théâtre dans *Aux innocents les mains pleines*, pièce en un acte de Willy (Théâtre Royal).
1er octobre. Création à l'Olympia du mimodrame *La Romanichelle* avec Colette Willy et Paul Franck.
28 novembre. Création au Théâtre Marigny du mimodrame *Pan*, avec Colette Willy dans le rôle de Paniska.

1907 *La Retraite sentimentale* paraît sous le nom de Colette Willy (Paris, Mercure de France).
3 janvier. Le mimodrame *Rêve d'Egypte* provoque le "scandale du Moulin-Rouge".
13 février. La séparation de biens est prononcée entre les époux Gauthier-Villars.
13-16 mars. *Rêve d'Egypte* est donné à Nice.
2 novembre. Création à l'Apollo du mimodrame *La Chair*, avec Colette Willy, Georges Wague et Marcel Vallée, dont Christine Kerf reprendra le rôle en mai 1908.

1908 *Les Vrilles de la vigne*, sous la signature de Colette Willy (Paris, Editions de la Vie parisienne).
29 août. A Genève, Colette joue dans une comédie de Xanrof et Guérin, *Son premier voyage*.
18-29 novembre. Elle interprète le rôle de Claudine créé par Polaire en 1902, dans une série de 15 représentations de *Claudine à Paris* à l'Alcazar de Bruxelles.

1909 *L'Ingénue libertine* paraît sous la signature de Colette Willy (Paris, Ollendorf).
janvier-février. Colette joue *En camarades*, dont elle est l'auteur, au Théâtre des Arts, puis à la Comédie Royale.

1910 21 mai-1er octobre. *La Vagabonde* paraît en feuilleton dans *La Vie parisienne*.
21 juin. Le divorce est prononcé entre les époux Gauthier-Villars.
14 novembre. Création au Moulin-Rouge de *Claudine*, opérette en 3 actes de Willy, Henri Cain, Edouard Adenis et Henri Moreau.
2 décembre. Colette commence à collaborer au journal *Le Matin*, où elle rencontre Henry de Jouvenel.

1911 *La Vagabonde* est publié (Paris, Ollendorf).
août. Création à Ba-Ta-Clan du mimodrame *Bat'd'Af*.
Création du mimodrame *L'Oiseau de nuit* à la Gaîté-Rochechouart.
octobre. Colette va collaborer régulièrement au *Matin* auquel elle fournira un conte par semaine.

1912 4 avril. Colette joue à Ba-Ta-Clan *La Chatte amoureuse*, l'un des tableaux de la revue *Ça grise*.
26 septembre. Mort de la mère de Colette, Sido.
19 décembre. Mariage de Colette avec Henry de Jouvenel. Colette s'installe au 57, rue Cortambert.

1913 *L'Entrave* (Paris, Librairie des Lettres), *L'Envers du Music-Hall* (Paris, Flammarion), *Prrou, Poucette et quelques autres* (Paris, Librairie des Lettres), sous la signature de Colette (Colette Willy). Colette usera de cette signature jusqu'en 1923.
3 juillet. Naissance de Colette de Jouvenel, fille de Colette et d'Henry de Jouvenel, dite Bel-Gazou.

31 décembre. Mort du docteur Achille Robineau, frère aîné de Colette.

1914 2 août. Henry de Jouvenel est mobilisé.
Colette, d'abord veilleuse de nuit au lycée Janson-de-Sailly, part en décembre pour Verdun et passera le jour de l'An en Argonne.

1915 Voyage à Rome et à Venise.

1916 *La Paix chez les bêtes* (Paris, Arthème Fayard).
Un film tiré de *La Vagabonde* est tourné en Italie avec Musidora.

1917 *Les Heures longues* (Paris, Arthème Fayard) et *Les Enfants dans les ruines* (Paris, Editions de la Maison du Livre).
Colette s'installe 62, boulevard Suchet, à Auteuil.

1918 *Dans la foule* (Paris, Georges Grès et Cie).

1919 *Mitsou ou comment l'esprit vient aux filles* (suivi de *En Camarades*) (Paris, Arthème Fayard).
Colette obtient la direction littéraire au *Matin.*

1920 3 janvier au 5 juin. *Chéri* est publié en feuilleton dans *La Vie parisienne,* puis en librairie (Paris, Arthème Fayard).
La Chambre éclairée (Paris, Edouard Joseph).
25 septembre. Colette est nommée chevalier de la Légion d'honneur.

1921 *Chéri* est porté au théâtre par Colette et Léopold Marchand.
13 décembre. Création de *Chéri* au Théâtre Michel.

1922 *La Maison de Claudine* (Paris, Ferenczi).
28 février. Pour la 100e représentation de *Chéri,* Colette joue Léa.

1923 *Le Blé en herbe* (Paris, Flammarion) et *Rêverie du Nouvel An* (Paris, Stock) sont publiés en librairie sous la signature Colette (que Colette adoptera définitivement).
février. Création au Théâtre de la Renaissance de *La Vagabonde,* adaptation de Colette et Léopold Marchand.
mars. Colette part en tournée pour jouer *Chéri.*
novembre-décembre. Colette donne une série de conférences dans le Midi de la France.
décembre. Séparation de Colette et d'Henry de Jouvenel.

1924 *La Femme cachée, Aventures quotidiennes* (Paris, Flammarion).
février. Colette cesse sa collaboration au *Matin.* Elle écrira régulièrement dans *Le Figaro, Le Quotidien, L'Eclair,* etc.

1925 21 mars. Création de *L'Enfant et les sortilèges,* livret de Colette (Paris, Durand et Cie), musique de Maurice Ravel, à Monte-Carlo.
avril. Colette rencontre Maurice Goudeket.
juin. Pour la première fois Colette passe ses vacances en Provence, à Beauvallon.
Quatre saisons (Paris, Philippe Ortiz).

1926 *La Fin de Chéri* (Paris, Flammarion).
février. Colette est invitée au Maroc par le Glaoui.
Achat de la Treille muscate à Saint-Tropez. Colette s'y installe pendant l'été.
Fin décembre. Colette joue *La Vagabonde* à Monte-Carlo avec Paul Poiret.

1927 Colette emménage au 9, rue de Beaujolais (entresol). Elle y demeurera jusqu'en février 1930.

1928 *La Naissance du jour* (Paris, Flammarion), *Renée Vivien* (Abbeville, Paillart).
novembre. Colette est promue officier de la Légion d'honneur.

1929 *La Seconde* (Paris, Ferenczi), *Regarde* (Paris, Deschamps).
septembre. Colette commence la critique dramatique à *La Revue de Paris.*

1930 *Sido* (Paris, Krâ), *Histoires pour Bel-Gazou* (Paris, Stock).

1931 Colette s'installe à l'hôtel Claridge, sur les Champs-Elysées.
12 janvier. Mort de Willy.

1932 *Paradis terrestres* (Lausanne, Gonin et Cie), *La Treille Muscate* (Paris, Aimé Jourde), *Ces Plaisirs* (Paris, Ferenczi).
1er juin. Colette ouvre un magasin de produits de beauté au 6, rue de Miromesnil à Paris.
Eté. Conférences et démonstrations pour la promotion de ses produits.

1933 *La Chatte* (Paris, Bernard Grasset).
juin-juillet. Colette écrit les dialogues du film de Marc Allégret, *Lac-aux-Dames.*
8 octobre. Colette commence la critique théâtrale hebdomadaire au *Journal.*

1934 *Duo* (Paris, Ferenczi), *La Jumelle noire* (Paris, Ferenczi), 1er volume.
septembre. Colette écrit les dialogues du film de Max Ophüls, *Divine.*

1935 *Premier Cahier de Colette* (Paris, Aux Armes de France), *Deuxième Cahier de Colette* (Paris, Aux Armes de France), *Troisième Cahier de Colette* (Paris, Aux Armes de France), *La Jumelle noire* (Paris, Ferenczi), 2e volume.
3 avril. Colette épouse Maurice Goudeket.
juin. Voyage à New York sur le *Normandie* qui effectue sa première traversée.
10 août. Mariage de la fille de Colette.
octobre. Mort de Henry de Jouvenel.

1936 *Quatrième Cahier de Colette* (Paris, Aux Armes de France), *Mes Apprentissages* (Paris, Ferenczi), *Chats* (Paris, Ferenczi).
26 février. Colette est promue commandeur de la Légion d'honneur.
mars. Elle s'installe dans l'immeuble Marignan.
4 avril. Discours de réception à l'Académie royale de langue et de littérature françaises de Belgique. Colette y succède à Anna de Noailles.

1937 *Bella Vista* (Paris, Ferenczi), *Splendeur des papillons* (Paris, Plon), *Claudine et les contes de fées. La Jumelle noire,* 3e volume (Paris, Ferenczi).

1938 *Paris. La Jumelle noire,* 4ᵉ volume (Paris, Ferenczi).
Voyage à Fez pour *Paris-Soir.*
La Treille Muscate est vendue.
Colette s'installe au 9, rue de Beaujolais (1ᵉʳ étage) où elle demeurera jusqu'à sa mort.

1939 *Le Toutounier* (Paris, Ferenczi).

1940 *Chambre d'hôtel* (Paris, Arthème Fayard).
Colette fait une série d'émissions pour l'Amérique.
7 mars. Mort de Léo Colette, deuxième frère de Colette.
12 juin. Colette part pour Curemonte en Corrèze, chez sa fille.
11 septembre. Elle revient à Paris.

1941 *Journal à rebours* (Paris, Arthème Fayard). *Julie de Carneilhan* (Paris, Arthème Fayard).
12 décembre. Maurice Goudeket est arrêté par les Allemands.

1942 *De ma fenêtre* (Paris, Aux Armes de France).
6 février. Libération de Maurice Goudeket.

1943 *Le Képi* (Paris, Arthème Fayard). *De la patte à l'aile* (Paris, Corrêâ). *Flore et Pomone* (Paris, Editions de la Galerie Charpentier). *Nudité* (Bruxelles, Editions de la Mappemonde).

1944 *Gigi* (Lausanne, Guilde du Livre), *Trois-six-neuf* (Paris, Corrêâ), *Broderie ancienne* (Monaco, Editions du Rocher).

1945 *Belles saisons* (Paris, Editions de la Galerie Charpentier).
2 mai. Colette est élue à l'unanimité au fauteuil de Sacha Guitry à l'Académie Goncourt.

1946 *L'Etoile Vesper* (Genève, Editions du Milieu du Monde).

1948 *Pour un herbier* (Lausanne, Mermod). Début de la publication des *Œuvres complètes* (Paris, Le Fleuron-Flammarion).
14 juillet. Mort de Marguerite Moreno.

1949 *Le Fanal bleu* (Paris, Ferenczi).
Colette recueille d'anciennes chroniques dans *Trait pour trait* (Paris, Le Fleuron), *Journal intermittent* (Paris, Le Fleuron), *La Fleur de l'âge* (Paris, Le Fleuron), *En pays connu* (Paris, Editions Manuel Brüker).
octobre. Elle est élue présidente de l'Académie Goncourt.

1950 Premier séjour à Monte-Carlo. Colette y retournera chaque année.

1951 Présentation du film de Yannick Bellon : *Colette.*

1953 janvier. Colette reçoit la Grande Médaille de la Ville de Paris.
20 avril. Colette reçoit les insignes de grand officier de la Légion d'honneur.

1954 3 août. Mort de Colette.
7 août. Obsèques nationales. Colette est inhumée au cimetière du Père-Lachaise.

(Chronologie établie à partir du catalogue de l'exposition "Colette". 1973. Bibliothèque Nationale.).

LISTE DES ILLUSTRATIONS ET CREDITS PHOTOGRAPHIQUES

Abréviations employées : (H) = Haut, (B) = Bas, (g) = gauche, (d) = droite. B. d J. = Fonds Colette. Avec l'aimable autorisation de M. Bertrand de Jouvenel. F. J. Gould = avec l'autorisation de la Fondation Florence F.J. Gould. coll. R. Anacréon = coll. musée Richard Anacréon, Granville. D.R. = Droits réservés.
Certaines illustrations ne sont pas référencées ; il s'agit de photographies dont les auteurs n'ont malheureusement pas pu être identifiés et nous prions les personnes concernées de s'adresser directement aux Editions Herscher, 53 rue Saint-André-des-Arts, 75006 Paris.

Photo de couverture
Photo Moreau et Kivatizky, B. d J.

page 6
B. d J.
page 10
1 et **2** B. d J.
Page 11
1 et **2** coll. part.

pages 12-13
1 B. d J., **2** coll. part., **3** B. d J.

pages 14-15
1, 2, 3 et **4** B. d J.

page 16
1 coll. R. Anacréon, **2** B. d J.
page 17
B. d J.

pages 18-19
1 coll. part., **2** B. d J., **3** Roger-Viollet

page 20
1 et **2** Flammarion, **3** B. d J.
page 21
B. d J.

pages 22-23
1, 2, 3 et **4** B. d J.

page 24
1 B. d J., **2** Luc-Albert Moreau. S.P.A.D.E.M., **3** photo BN
page 25
coll. part.

page 26
1 et **2** coll. M. Boivin, **3** B. d J.
pages 26-27
1 et **2** coll. part.

page 28
1 F. J. Gould, **2** coll. R. Anacréon, **3** Flammarion
pages 28-29
B. d J.
page 29
(B) Roger-Viollet

page 30
coll. M. Remy-Bieth
page 31
1 coll. part., **2** B. d J., **3** et **4** coll. part.

page 32
(H) coll. part., **(B)** B. d J.
page 33
1 et **2** Flammarion, **3** coll. part.

page 34
1 B. d J., **2** Flammarion, **3** coll. part.
page 35
1 F. J. Gould, **2** coll. part.

page 36
B. d J.
page 52
1 coll. R. Anacréon, **2** coll. part.
page 53
1 B. d J., **2** coll. part.

page 54
1 coll. part., **2** et **3** B. d J.
pages 54-55
B. d J.

page 56
1 coll. part., **2** B. d J., **3** coll. part.
page 57
B. d J.

pages 58-59
1 Flammarion, **2** coll. R. Anacréon, **3** B. d J., **4** coll. R. Anacréon

page 60
1 coll. R. Anacréon, **2** Jacques-Emile Blanche-S.P.A.D.E.M. - photo coll. B. d J., **3** coll. M. Remy-Bieth, **4** Sem-S.P.A.D.E.M. - photo BN, **5** Roger-Viollet
page 61
F. J. Gould

pages 62-63
1 Sacha Guitry - D.R., **2** coll. Sirot-Angel, **3** et **4** B. d J., **5** et **6** B. d J., **7** Flammarion, **8** B. d J.

page 64
1 Fix Masseau - S.P.A.D.E.M., F. J. Gould photo, **2** B. d J.
page 65
Ferdinand Humbert-D.R. - coll. part. photo

page 66
B. d J.
page 67
1 Bibl. de l'Opéra-photo BN, **2** Roger-Viollet, **3** Flammarion, **4** et **5** B. d J.

page 68
1 coll. M. Remy-Bieth
pages 68-69
F. J. Gould - photo BN
page 69
1 F.J. Gould, **2** coll. R. Anacréon

page 70
1 photo Reutlinger-S.P.A.D.E.M., B. d J., **2** F. J. Gould, **3** B. d J.
page 71
1 coll. R. Anacréon, **2** F. J. Gould

page 72
B. d J.
page 73
1 Béraud-S.P.A.D.E.M., photo Giraudon, **2** et **3** coll. part.

page 74
B. d J.
page 75
F. J. Gould

page 76
1 B. d J., **2** F. J. Gould, **3** Flammarion, **4** B. d J., **5** et **6** Flammarion
page 77
coll. part.

page 78
1 et **2** photo Reutlinger-S.P.A.D.E.M., coll. B. d J., **3** B. d J.
page 79
1 Roger-Viollet, **2** photo BN

pages 80-81
1, 2, 3 et **4** B. d J.

page 82
1 Jacques-Emile Blanche-S.P.A.D.E.M., photo BN, **2** Cappiello-S.P.A.D.E.M. - photo BN, **3** Georges Lepape-S.P.A.D.E.M. - coll. Claude Lepape

page 83
1 Flammarion, **2** photo BN

pages 84-85
Forain - D.R. - Photo Bulloz
page 85
1 et **2** B. d J.

page 86
1 coll. part., **2** et **3** B. d J.
page 87
1 B. d J., **2** Flammarion

pages 88-89
Photos BN

page 90
1 coll. part., **2** coll. part., **3** D.R. Roger-Viollet
page 91
Jacques-Emile Blanche-S.P.A.D.E.M., Musée de Barcelone

page 92
1 B. d J., **2** Flammarion, **3** F. J. Gould
page 93
1 et **2** Flammarion

page 94
1 coll. R. Anacréon, **2** et **3** Flammarion, **4** et **5** F. J. Gould
page 95
Pascau-D.R.-photo BN

page 96
1 Roger-Viollet, **2** coll. M. Remy-Bieth, **3** B. d J., **4** et **5** F. J. Gould
page 97
1 B. d J., **2** photo BN, **3** et **4** F. J. Gould

page 98
1 B. d J., **2** Flammarion
page 99
B. d J.

page 100
1 Flammarion, **2** coll. Sirot-Angel, **3** Flammarion
page 101
B. d J.

page 102
1 et **2** photo BN
page 103
1, **2** et **3** coll. part.

page 104
1 Rip-D.R.-coll. R. Anacréon, **2** Rip-D.R.-Flammarion
pages 104-105
1 et **2** coll. Sirot-Angel
pages 106-107
B. d J.

page 108
1 coll. part., **2** B. d J., **3** F. J. Gould
page 109
1 Musée de la publicité, **2** F. J. Gould

page 110
Cappiello- S.P.A.D.E.M., coll. part.
page 111
1 Photo Reutlinger-S.P.A.D.E.M., B. d J., **2** coll. M. Remy-Bieth, **3** F. J. Gould

page 112
1 Flammarion, **2** Roger-Viollet, **3** Publié dans "La Vie parisienne", coll. part.
page 113
1 coll. Sirot-Angel, **2** Jean Cocteau-S.P.A.D.E.M., paru dans "Portraits souvenir" - Grasset - 1933

page 114
1 coll. R. Anacréon, **2** Georges Coudray - D.R. - photo BN, **3** Sem-S.P.A.D.E.M., - coll. R. Anacréon
page 115
Bibliothèque Forney-D.R.

page 116-117
B. d J.

page 118
Emilio della Sudda - D.R. - coll. Mme Maurice Boutterin © photo Maria-Catherine Boutterin
page 119
1 B. d J., **2** Flammarion, **3** B. d J.

page 120
1, **2** et **3** coll. part., **4** B. d J.
page 121
1 Jacques Nam-A.D.A.G.P. paru dans "Dialogues de Bêtes" - Mercure de France, **2** B. d J.

page 122
B. d J.
page 132
1 D.R., photo BN, **2** B. d J.
page 133
Roger-Viollet

page 134
1 B. d J., 22 F. J. Gould, **3** et **4** B. d J.
page 135
1, **2** et **3** B. d J.

page 136
1 Sem-S.P.A.D.E.M. - photo Roger-Viollet
pages 136-137
(H) Roger-Viollet, **(B)** Sem, S.P.A.D.E.M. - photo BN

page 138
1 B. d J.
page 139
1 B. d J., **2** F. J. Gould-photo BN, **3** et **4** B. d J., **5** F. J. Gould

page 140
1 B. d J., **2** coll. part., **3** B. d J.
page 141
1 photo BN, **2** F. J. Gould

page 142
1 coll. part., **2** B. d J., **3**, **4** et **5** photos BN
pages 142-143
B. d J.
page 143
1 coll. M. Remy-Bieth, **2** photo BN

page 144
1 F. J. Gould, **2**, **3** et **4** B. d J.
page 145
F. J. Gould

page 146
coll. M. Remy-Bieth
page 147
1 F. J. Gould, **2** et **3** Flammarion, **4** coll. R. Anacréon, **5** F. J. Gould

page 148
B. d J.
page 149
1 photo BN, **2**, **3**, **4** et **5** B. d J.

page 150
1 Flammarion, **2** coll. Sirot-Angel
pages 150-151
F. J. Gould

page 152
1 Matisse-S.P.A.D.E.M., **2** Vertès-A.D.A.G.P., coll. part., **3** B. d J., **4** Bibliothèque de l'Arsenal-photo BN
page 153
Sacha Guitry-D.R., paru dans "Comoedia"

page 154
1 B. d J., **2**, **3** et **4** Bibliothèque de l'Opéra-photo BN
page 155
B. d J.

page 156
1, **2**, **3** et **4** B. d J.
page 157
1 et **2** B. d J., **3** Bibliothèque de l'Opéra-photo BN

page 158
1 B. d J., **2** photo BN, **3** B. d J.
page 159
1 B. d J., **2** coll. René Dazy

page 160
1, **2**, **3** et **4** B. d J.
page 161
coll. part.

page 162
1 Bibliothèque de l'Opéra-photo BN, **2** et **3** B. d J.
page 162-163
B. d J.

page 164
1 Sem-S.P.A.D.E.M. - photo coll. B. d J., **2** B. d J., **3** coll. R. Dazy
page 165
coll. part.

pages 166
B. d J.

pages 166-167
photo Reutlinger - S.P.A.D.E.M., B. d J.

page 167
1 et **2** B. d J.
page 168
coll. Charles Hathaway
page 169
coll. B. d J.

page 170
1 coll. M. Remy-Bieth, **2** et **3** B. d J., **4** Flammarion, **5** B. d J., **6** photo BN, **7** B. d J.
page 171
coll. part.

page 172
B. d J.

pages 178-179
1, **2** et **3** photos Roger Schall

page 180
photo Roger Schall

page 181
1 coll. R. Dazy, **2** B. d J.
page 202
1 et **2** B. d J.
page 203
1 Rouveyre-D.R. - paru dans "Visages des Contemporains" - Mercure de France - 1913
2 coll. M. Remy-Bieth

page 204
Flammarion
page 205
1, **2** et **3** B. d J.

pages 206-207
1 Roger-Viollet, **2**, **3** et **4** B. d J.

page 208
1, **2** et **3** B. d J., **4** coll. G. Dormann
page 209
1, **2** et **3** coll. G. Dormann, **4** coll. part.

page 210
coll. J.-L. Lécard
page 211
1 coll. J.-L. Lécard, **2** B. d J., **3** et **4** coll. J.-L. Lécard

page 212
1 B. d J., **2** coll. Y. Bellon, **3** B. d J., **4** coll. M. Remy-Bieth
page 213
1 et **2** Flammarion, **3** coll. part.
page 215
René Carrère-D.R. - coll. part.

page 216
1 Flammarion, **2** Vertès-A.D.A.G.P. - photo B. d J.
page 217
1 Vertès-A.D.A.G.P. - B. d J., **2** et **3** coll. part.

page 218
1 B. d J., **2** coll. J.-L. Lécard
page 219
coll. Sirot-Angel

page 220
B. d J.
page 221
1 coll. Sirot-Angel, **2** B. d J., **3** Roger-Viollet

page 222
1 Henry Bataille - D.R. - photo BN, **2** et **3** Roger-Viollet, **4** Julhès-D.R. - coll. R. Dazy
page 223
coll. A. Kahn

page 236
1 B. d J., **2** Flammarion, **3** et **4** coll. J.-L. Lécard
page 237
1, **2** et **3** coll. J.-L. Lécard

page 238
1 B. d J.
pages 238-239
coll. J.-L. Lécard
page 239
B. d J.

page 240
1 B. d J.
pages 240-241
coll. part.
page 241
1 coll. part., **2** Vertès-A.D.A.G.P.-coll. R. Dazy

page 242
Texcier-D.R. - coll. R. Anacréon
page 243
1 B. d J., **2** Flammarion

page 244
1 Andrée Sikorska-D.R. - coll. Michaux, **2** Flammarion, **3** coll. part.
page 245
B. d J.

page 246
Photo Germaine Krull - © Galerie Wilde Köln
page 247
Méheut - S.P.A.D.E.M. - Editions Deschamps - 1929

page 248
Photo Edward Steichen © Int. Museum of Photography/George Eastman House
page 249
photo Piaz-D.R.

page 250
Flammarion

page 272
1 et **2** B. d J., **3** coll. part.
pages 272-273
photo Germaine Krull - © Galerie Wilde Köln

page 274
1 B. d J., **2** coll. M. Remy-Bieth
page 275
Luc-Albert Moreau - A.D.A.G.P. - coll. B. Villaret

page 276
Luc-Albert Moreau - A.D.A.G.P. - coll. B. Villaret
page 277
1 Dunoyer de Segonzac - S.P.A.D.E.M. - photo Flammarion, **2** coll. part., **3** Dunoyer de Segonzac - S.P.A.D.E.M., photo coll. part.

page 278
1 Flammarion, **2** photo BN., **3** B. d J., **4** photo Jacques-Henri Lartigue - S.P.A.D.E.M.
pages 278-279
Luc-Albert Moreau - A.D.A.G.P. - coll. B. Villaret

pages 280-281
photo André Kertesz

page 282
1 B. d J., **2** Flammarion
page 283
1 et **2** Flammarion

pages 284-285
1, **2** et **3** B. d J.

page 286
1 et **2** coll. M. Remy-Bieth, **3** coll. Hermès
page 287
Paul Colin-D.R. - coll. R. Dazy

page 288
1 Roger-Viollet, **2** coll. part.
page 289
B. d J.

page 290
1 coll. part., **2** et **3** Roger-Viollet, **4** coll. R. Dazy
page 291
Vertès-A.D.A.G.P. - coll. R. Dazy

page 292
1 B. d J., **2** photo BN, **3** Roger-Viollet, **4** coll. J.-L. Lécard
page 293
1 Gallimard, **2** Flammarion

page 294
Photo Robert Doisneau/Rapho
page 295
coll. R. Dazy

page 296
1 Vertès - A.D.A.G.P., coll. part., **2** B. d J.
page 297
photo Gisèle Freund

pages 298-299
1, **2**, **3** et **4** B. d J., **5** coll. J.-L. Lécard

page 300
1 Christian Bérard-S.P.A.D.E.M. - coll. part., **2** B. d J., **3** photo Serge Lido
page 301
Jean Cocteau - S.P.A.D.E.M., - coll. Edouard Dermit

page 302
photo Serge Lido
page 303
B. d J.

page 304
1 photo Walter Carone/Paris Match, 22 Photo R. Landin, **3** F. J. Gould
page 305
Photo Robert Doisneau/Rapho

page 306
Photo Cecil Beaton
page 307
1 B. d J., **2** et **3** Flammarion, **4** photo Zalewski/Rapho

page 308
1 coll. part., **2** B. d J., **3** photo Gisèle Freund

page 309
coll. Sirot-Angel

page 310-311
photo d'Ora
page 311
photo Henri-Cartier-Bresson/Magnum

page 312
photo Jannine Niepce/Rapho

INDEX

Les nombres en italique renvoient aux légendes des illustrations.

Achevé d'imprimer
le 3 septembre 1984
sur les presses
de l'imprimerie
Aubin à Poitiers